LAW&BUSINESS

法商圖書

保险公司合规管理与风险控制实务指引

|第二版|

周玉华 / 著

GUIDELINES FOR COMPLIANCE AND RISK MANAGEMENT OF INSURERS

法律出版社 | LAW PRESS
北京

图书在版编目(CIP)数据

保险公司合规管理与风险控制实务指引／周玉华著. --2版. --北京：法律出版社，2022
ISBN 978-7-5197-6448-7

Ⅰ.①保… Ⅱ.①周… Ⅲ.①保险公司-风险管理-研究 Ⅳ.①F840.32

中国版本图书馆CIP数据核字(2022)第030124号

保险公司合规管理与风险控制实务指引(第二版)
BAOXIAN GONGSI HEGUI GUANLI YU FENGXIAN KONGZHI SHIWU ZHIYIN(DI ER BAN)

周玉华 著

策划编辑 刘秀丽
责任编辑 刘秀丽
装帧设计 鲍龙卉

出版发行 法律出版社
编辑统筹 法商出版分社
责任校对 杨锦华　李景美
责任印制 胡晓雅
经　　销 新华书店

开本 787毫米×1092毫米　1/16
印张 30.5　　**字数** 593千
版本 2022年6月第2版
印次 2022年6月第1次印刷
印刷 三河市龙大印装有限公司

地址:北京市丰台区莲花池西里7号(100073)
网址:www.lawpress.com.cn
投稿邮箱:info@lawpress.com.cn
举报盗版邮箱:jbwq@lawpress.com.cn

销售电话:010-83938349
客服电话:010-83938350
咨询电话:010-63939796

书号:ISBN 978-7-5197-6448-7
定价:128.00元

再版序

在日趋严苛的合规监管环境和合规工作管理有效性不足的双重压力下,保险公司重视和加强合规管理工作已经变成必然趋势。2007 年,中国保险监督管理委员会(以下简称保监会)印发《保险公司合规管理指引》。之后,因监管法规发生较大变化,保监会于 2016 年又颁布了《保险公司合规管理办法》,废止了《保险公司合规管理指引》。这是保险公司合规管理的纲领性文件,对保险公司合规管理工作提出了更高的要求。

这十几年中,保险规章和规范性文件进行了大量的清理工作,可以查询的保监会(2018 年与银监会合并为银保监会)对部分规范性文件就作出 11 次修改、废止的决定(保监发〔2014〕68 号、银保监发〔2020〕5 号、保监发〔2010〕103 号、保监发〔2015〕4 号、保监发〔2017〕90 号、保监发〔2014〕68 号、保监发〔2012〕107 号、保监发〔2009〕128 号、保监发〔2005〕18 号、保监发〔2000〕12 号、银保监会令 2021 第 7 号)。2018 年监管整合之后,监管机构又修订和新出台了大量的规章和规范性文件。为此,笔者花费精力将所有现行有效的规章和规范性文件按照管理模块进行归纳整理,删除已经废止的部分规范性文件。为了反映这些新的修订,笔者根据现行有效的法律法规对本书进行了修订再版,以便读者及时了解和掌握最新法规变化。

随着保险公司合规管理认识和水平的提高,新版对原版内容进行大幅精简,将原第一章至第六章内容合并成一章,同时为了对公司治理、反洗钱、互联网保险业务、保险资金运用等领域法律法规、违规处罚案例、合规风险和风险控制措施进行系统总结,新增了八章内容。新增章节结合保险公司各合规管理模块对保险合规管理主要方面进行体系化整理,尝试梳理相关监管要点,帮助合规管理人员对合规管理热点、难点问题和领域有更深的认识和更多的发现。

为保证本书的时效性和针对性,笔者对银保监会及其派出机构官网近年来公开披露的监管函和行政处罚决定进行了分类整理,重点筛选最新行政处罚案例,并据此列明常见高发违规行为的表现形式,揭示保险公司经营中的风险红线和合规管理要点,以期对保险公司合规管理工作者有所裨益。

本书以一个全新的角度重新审视保险公司合规管理,并提出意见和建议,相信对广大保险业合规工作者而言是一本很好的参考书;同时也是一本风险控制的操作实务书,因此再版书名定为《保险公司合规管理与风险控制实务指引》。本书再版之际,正值银保监会在全国范围内积极开展银行业保险业"内控合规管理建设年"活动,相信本书对保险机构深化内控合规文化建设,开展多样化的合规教育宣导,加强案件警示教育,提升规矩意识和风险意识会起到极大的帮助作用。本书再版写作过程也是笔者对合规管理认识不断提高的过程,原版写作时笔者还是一名保险公司法务人员,再版写作时已经跨业转换角色。转行从业经历帮助笔者更好地跳出保险公司某个部门或者岗位的局限,从更广、更高、更全面、更深刻的角度认识保险公司合规管理。作为一个总是想不断挑战自己、主动放弃"铁饭碗"辞职跨界转行的人,虽然在转型初期遇到不少困难,有时也深感迷茫;但是全新的法律实务让笔者的眼界豁然开朗,能够通过解决疑难保险诉讼案件体会"专业创造价值"的成就感,重新点燃内心探索和学习未知法律领域的热情和动力。无论前途如何,今后仍会执着听从内心召唤,但求人生无怨无悔。

本书再版过程中,得到了法律出版社编辑刘秀丽老师的大力支持和帮助,正是她的反复督促才有本书的完稿。也感谢笔者曾经的单位和同事们,单位提供了个人学习和进步的平台,同事们的热情支持和帮助让自身的实务工作能力不断提高。由于笔者水平有限,书稿中难免有错误和缺漏,恳请广大读者批评和指正。

周玉华

2021 年 6 月 20 日于北京

序 言

自20世纪90年代以来,国际金融保险业相继发生了一系列重大的财务丑闻和操作风险案件,对国际金融市场产生了较大的震荡。究其原因,大多是因为金融保险企业自身在合规管理方面存在较大漏洞或管控缺失。为了防患于未然,国际金融保险企业纷纷组建专职部门以强化合规管理,控制经营管理风险。同时,各国金融保险监管机构也认识到,外部的合规监管不应该、事实上也不可能替代内部的合规管理,因此,先后出台了有关企业合规建设的规定。合规管理作为国际金融保险行业普遍遵循的基本准则和独特的风险管理技术,得到了普遍认同。

在《保险公司合规管理指引》颁布后,各家保险公司都根据该指引的要求和规定积极开展合规管理工作。但从我国保险公司合规管理实践总体情况来看,合规管理工作整体仍然处于初步探索阶段。虽然保险公司大多树立了合规管理的观念,但由于对合规管理的认识和理解深度不一,管理技术水准和人才储备力量不一,合规管理水平参差不齐。有的保险公司对合规管理的具体内涵认识不足,合规管理仍然主要停留在口头上,缺乏具体有效的措施和行动;有的保险公司虽然积极探索合规管理的手段和方式,但由于开展合规管理的时间不长,经验有限,可以参考和借鉴的经验不多,对于在实践中如何协调好合规管理与其他风险管理的关系,如何正确处理合规管理和业务发展之间的辩证关系,如何将合规管理纳入保险公司全面风险管理框架之中等问题仍然存在困惑。

本书的编著者利用其在保险公司从事合规和风险控制工作方面的经验,在借鉴国内外金融银行业合规管理经验的基础上,对保险公司合规管理实践进行大胆的系统化和理论化的探讨研究,撰写了《保险公司合规风险管理》一书。该书以《保险公司合规管理指引》为依据,对合规管理的内涵、技术、要素、规范等基本理论以及对合规管理的组织体系、流程、保障机制、互动关系等进行了较为详细的研究，并通过商业保险公司合规管理的具体做法和经验，以及大量的风险点剖析和实际案例的介绍，有针对性地解答了保险公司实践当中存在的疑问。本书实践性较强，较好地解决了如何将《保险公司合规管理指引》确立的合规管理基本原则和具体要求与我国保险公司的实际运作相结合的问题。保险公司合规风险管理的内容既包括合规体系建设、合规管理价值等宏观层面，也包括合规管理手册、内部制度管理、制度合规审查、日常合规管理、合规风险评估、违规举报、合规文化建设等微观层面，本书为保险公司做好合规管理工作提供了现实的范本。

本书是保险业内第一本系统阐述保险公司合规风险管理的著述，同时也是一本操作实务手册，可以用于指导保险公司如何开展合规风险管理工作，具有较强的实践指导意义。本书有些观点和看法尚有待商榷之处，但瑕不掩瑜，因此，我仍然欣然为本书作序。希望本书的出版能够解答和消除合规管理实践中存在的分歧和困扰，为传播合规管理理念，推广合规管理做法，提升我国保险业合规风险管理水平做出有益的尝试和应有的贡献。

周英

2010年6月8日

目　　录

Contents

上编　保险公司经营管理风险合规管理

下编 保险公司资金运用风险合规管理

上编　保险公司经营管理风险合规管理

Chapter 1 第一章

保险公司合规管理综述

第一节　合规与合规风险

一、国内合规监管制度的发展

合规，英文译为“Compliance”，是指企业行为符合法律法规及其内部规章制度和商业道德的要求。企业合规管理本质上是对企业内部自我管理提出的要求，不仅要求其合法合规，还要求其遵守企业自己制定的规章和社会承认的商业道德。合规风险管理理念和实践于20世纪70年代末由三资企业引入我国。就合规监管而言，我国经历了由金融机构逐步向其他行业扩散的过程。目前我国国内对于合规管理体系的建设十分重视，要求各行业都加强企业合规管理，完善企业合规建设。

1. 金融保险领域合规建设

1992年1月6日审计署颁布“审电字(1992)1号”《关于对金融机构贷款合规性审计意见》，彼时的“合规”重点包括审计贷款的发放是否突破计划规模、是否符合国家信贷政策，以及有无以贷谋私等问题。

2006年10月，银监会颁布了《商业银行合规风险管理指引》，规定商业银行合规风险管理的目标是建立健全合规风险管理框架。2007年9月，保监会颁布了《保险公司合规管理指引》，规定合规管理是保险公司全面风险管理的一项核心内容。为进一步完善保险公司合规管理制度，提高保险合规监管工作的科学性和有效性，2016年12月30日保监会修订印发的《保险公司合规管理办法》(保监发〔2016〕116号)明确了“三道防线”的合规管理框架。2008年8月，证监会颁布了《证券公司合规管理试行规定》，规定证券公司的合规管理应当贯穿决策、执行、监督、反馈等各个环节。可见，我国早期合规建设重点主要集中在银行、保险、证券等金融领域。

2. 其他领域合规建设

2016 年 4 月,国务院国有资产监督管理委员会印发了《关于在部分中央企业开展合规管理体系建设试点工作的通知》,该通知指出企业合规管理在中国移动、中国石油、东方电气集团、招商局集团、中国中铁等五家中央企业试点,自此,我国开始了合规管理体系建设的新探索。

2017 年 5 月,中央全面深化改革领导小组召开第三十五次会议,会议审议通过了《关于规范企业海外经营行为的若干意见》,提出要"加强企业海外经营行为合规制度建设"。

2017 年 12 月,国家质量监督检验检疫总局和国家标准化管理委员会颁布了《合规管理体系　指南》(GB/T 35770 - 2017/ISO 19600:2014),对于企业想要全面系统地建设合规管理体系提供了具体的指南。

2018 年 11 月,国务院国有资产监督管理委员会印发了《中央企业合规管理指引(试行)》的通知,对于中央企业的合规管理体系建设提出了要求和建议。

2018 年 12 月 26 日,国家发展和改革委员会等七部委联合发布了《企业境外经营合规管理指引》,对于推动企业持续提升合规管理水平提供了更加具体的行动指引。

2019 年 10 月,国资委发布了《关于加强中央企业内部控制体系建设与监督工作的实施意见》。

2019 年 12 月,国资委下发了《关于做好 2020 年中央企业内部控制体系建设与监督工作有关事项的通知》。

合规管理是公司自律的一种管理方式。目前,我国国内企业合规管理体系的构建还处于起步阶段,对于合规管理体系的相关法律规制也不健全,企业合规管理体系建设还存在许多不足与阻碍,但是,随着各方对于企业合规体系建设的不断重视,企业合规文化的不断培养,相信我国的企业合规发展可以迅速走上正轨,实现健康发展。

二、合规管理的基本概念

合规管理,是指公司通过促进公司的经营活动与外部法律、规则和准则、道德准则等相一致,防范和化解合规风险的过程。这里的法律、规则和准则,是指适用于保险公司业务经营活动的法律、行政法规、部门规章及其他规范性文件、经营规则、自律性组织的行业准则、行为守则和职业操守。合规管理可以分为狭义合规和广义合规。狭义合规仅指遵守或符合法律规定。但是在企业的实际经营和存续过程之中,企业仅仅守法或合法是远远不够的。社会不但越来越看重企业所承担的企业社会责任,而且也往往把企业诚信和道德行为操守作为评价企业的重要标杆。

具体到保险公司身上,合规管理的定义是什么呢?《保险公司合规管理办法》对合规风险和合规管理给出明确定义："本办法所称的合规是指保险公司及其保险从业人员的保险经营管理行为应当符合法律法规、监管规定、公司内部管理制度以及诚实守信的道德准则。本办法所称的合规风险是指保险公司及其保险从业人员因不合规的保险经营管理行为引发法律责任、财务损失或者声誉损失的风险。"因此，保险公司合规通常是广义合规，即遵守或符合伦理道德和法律法规。

目前，我国保险公司面临严峻的境内外监管环境，尤其对于中国人寿、平安保险和太平洋保险这样的上市公司而言更是如此。各项监管法律法规、行业准则和管理规约等非常繁多，归纳起来，主要有以下几种：

1. 公司外部的合规法律、规则和准则

(1)上市地立法机构发布的与证券发行和交易有关的法律法规。主要有美国的《证券法》《证券交易法》《SOX 法案》，以及我国香港地区的《证券与期货监察条例》等。

(2)上市地证券监督管理机构和交易所制定的各种规章和准则。例如，美国 SEC 制定的各种规章，纽约证交所的《上市手册》、我国香港地区联交所的《上市手册》等。

(3)上市地要求遵循的各种行业准则。如美国的通用会计准则(US GAAP)，国际会计准则、审计准则等。

(4)我国相关法律法规。保险公司的经营活动涉及了国内大部分的部门法。比如，开展业务要涉及《民法典》《保险法》；公司日常经营管理要涉及《公司法》《税收征收管理法》；在保护消费者和市场公平竞争方面涉及《消费者权益保护法》《反不正当竞争法》《反垄断法》等；在劳动用工方面涉及《劳动合同法》等；在反洗钱方面还有《反洗钱法》等法律法规。

(5)我国监管机构的各种部门规章和相关规定。主要是保监会制定的各种部门规章，如《保险公司管理规定》、《保险公司中介业务违法行为处罚办法》、《保险专业代理机构监管规定》、《保险经纪人监管规定》、《保险公估人监管规定》、《保险机构投资者股票投资管理暂行办法》(以下简称《股票投资暂行办法》)、《保险公司偿付能力管理规定》等。此外，还涉及财政部、证监会等机构制定的规章。

(6)我国相关机构制定的各种行业准则。如金融企业会计制度、会计准则、审计准则等。

(7)行业惯例。如保险行业协会制定的各种行为规范、自律公约、示范条款等。

(8)更为广义的诚实信用和道德规范方面的准则。如正在进行的保险市场诚信建设等内容。

2. 公司内部的各种行为准则和规章制度

合规管理的另外一个主要渊源就是保险公司内部的各项规章制度和行为准则。例如，保险公司制定的员工行为规范、各种业务规章制度和处理规范、财务规范、对外信息披露规范等。

3. 社会道德规范

社会道德规范也是合规管理的一个主要渊源。

广义合规和狭义合规具体关系见图 1 –1 –1。

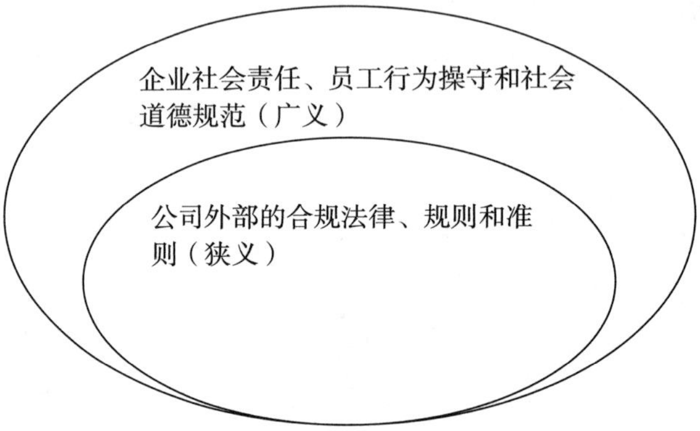

图 1 –1 –1　广义合规和狭义合规

三、合规管理的目标

应然的合规管理目标是希望通过合规管控,能预防和控制所有的合规风险,但实际操作中,合规管理的日标应转变为“对纳入实施范围的合规风险,进行防范”。进一步分析,合规管理的目标之所以限定在“对纳入实施范围内的合规风险进行防范”,是基于两点考虑:一是成本效益原则。企业管理都是有成本的,产出也都是有限的,必须衡量投入产出比。二是任何企业对风险的控制能力也是有限的。这跟企业领导意识、风险控制部门的人员、企业愿意投入的资源等有关。

在树立合规管理目标时,我们要判断“合规创造价值”这个论断的适用性。这句话本身是没错的,但要看所用场合。如果是为了宣传合规文化,强调合规价值,鼓励建立合规体系,可以说“合规创造价值”。但是,合规管理的目标,是企业价值最大化吗?笔者认为,企业任何行为都是为了企业价值最大化,这样表述其实没有什么实质意义。合规管理是一种风险管理活动,它只是通过预防和控制风险来间接创造价值。

四、合规管理的定位

合规管理、内部控制、风险管理、法务是容易混淆的概念,四者到底有什么区别?他们的关系是什么?哪个范畴更广?哪个更窄?

1. 合规管理、内部控制、风险管理和法务皆根源于企业的委托—代理机制的天然局限性,都是企业治理与管理必不可少的一部分。在经济与社会不确定性不断增加的情形下,以及法律作为经济与社会治理的重要手段不断加强的时代中,在历经一些惨痛教训之后,四者都显得越发重要。

2. 与战略管理、营销管理、人力资源管理等职能与职责相比,合规管理、内部控制、风险管理和法务在企业中偏向于后台保障、风险预防。如果将企业比喻为一艘向前行驶的车辆,那么合规管理、内部控制、风险管理和法务应该类似于刹车、前后护栏、ABS 等组合在一起的功能。

3. 合规管理、内部控制、风险管理和法务都是从不同视角来填补委托代理机制所带来的缺憾。合规管理强调对规则(法律、规章制度、商业伦理)的遵守,内部控制强调对行为(企业各层级、业务各环节)的限制,风险管理强调对风险纳入管理(战略制定与执行)的运用,法务强调将法律风险纳入管理(法律风险属于合规风险的一部分)。

4. 合规管理是管理合规风险,合规风险是风险管理的一部分。内部控制是实现风险管理的工具和手段。内部控制则被涵盖在企业风险管理之内,是风险管理的一个基础和组成部分,而法务是企业合规风险管理的一个部分。因此,从四者的内涵来看,法务小于合规管理,合规管理小于内部控制,内部控制小于风险管理(法务 < 合规管理 < 内部控制 < 风险管理)。也就是说,风险管理其实是老大。但从价值上来看,四者目前并不是可以相互取代的。未来是否可以融合在一起,暂未可知。

合规管理就是以风险管理为导向的内控与合规的整合。国资委《关于加强中央企业内部控制体系建设与监督工作的实施意见》提出,要建立健全以风险管理为导向、合规管理监督为重点的内控体系,且要将风险管理和合规管理要求嵌入业务流程,实现“强内控、防风险、促合规”的管控目标。有些企业可能早就开始实施内部控制体系,后来需要建立企业全面风险管理体系和企业全面合规管理体系。但是,如图 1 - 1 - 2 所示,企业全面风险管理、内部控制、企业合规和法务只是层级不一,并不矛盾。从四者的关系来看,全面风险管理范围大于内部控制,控制运营风险的内部控制大于控制合规风险的合规,合规大于控制法律风险的公司法务。这些企业可能需要进行流程再造,将企业全面风险管理、内部控制和企业合规、公司法务的组织、政策、流程和制度进行科学融合,统一协调,避免出现相互矛盾,避免机构重叠。我国《中央企业合规管理指引(试行)》第 4 条第 3 款就明确要求推动合规管理与法律风险防范、监察、审计、内控、法务、风险管理等工作相统筹、相衔接,确保合规管理体系有效运行。这不仅为我们实现风险管理、内部控制、合规管理与公司法务的整合提出了迫切要求,而且还提供了创新思路。整合的目的是提高风险管理、内部控制、合规管理与公司法务工作本身的效率,减少四种风险管控活动之间的重复性工作,消除目前存在的对四种活动的一些困惑之处。

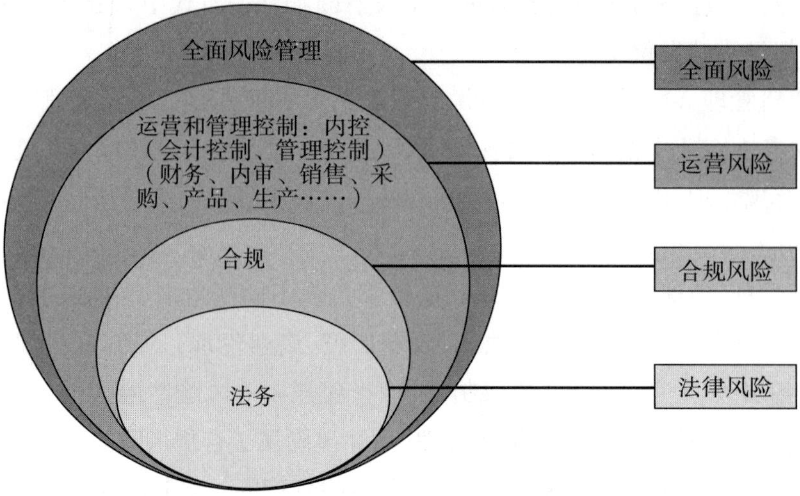

图 1-1-2　法务、合规、内控和风险管理关系

第二节　合规管理架构体系和职责

有效的合规风险管理框架是保险公司构建全面风险管理体系的基础,更是保险公司内部控制机制的核心。保险公司应当从全面风险管理的总目标出发,构建以合规部门、其他风险管理部门和内部审计部门为核心的合规风险管理框架。

一、合规风险管理体系构建原则

在设计保险公司合规管理总体框架时,同时应当充分遵循下列基本原则:(1)全面风险管理原则,即全员管理原则、全过程管理原则、全方位风险管理原则;(2)独立性原则,指合规管理部门在保险公司内部有适当的定位、授权及独立性;(3)垂直管理原则,指保险公司合规风险管理的组织架构设置应当满足垂直管理的要求;(4)协调与效率原则,指要保证合规管理部门之间的分工与合作。在设计保险公司合规管理的总体框架时,还应当明确合规风险报告的清晰路线以及报告路线所涉及的每一人员的职责等。

基于上述思路所设计的保险公司合规管理总体框架,如图 1-2-1 所示。

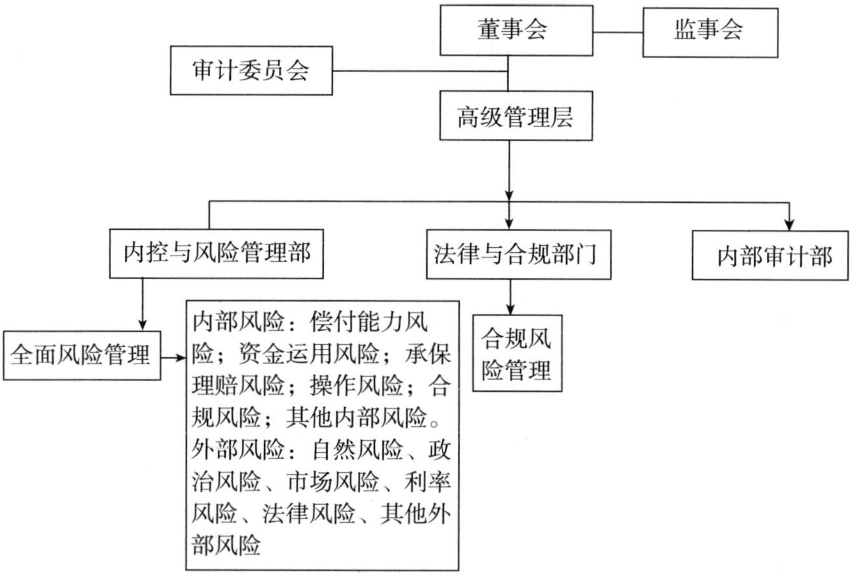

图1－2－1　保险公司合规管理总体框架

由图1－2－1可知：(1)保险公司合规风险管理总体框架设计建立在良好的公司治理结构之上，从董事会、由独立董事组成的审计管理委员会、监事会到高管层、合规管理委员会到各部门，再到保险公司员工之间形成有效权力制衡和激励约束机制，各方利益均衡、职责清晰，保障合规风险管理体系的稳健、有效运转；(2)高级管理层具体负责公司合规制度建设，高级管理层向董事会及其下属审计委员会汇报体现了合规从保险公司高层做起的理念，为培育合规文化奠定了良好的基调；(3)合规管理部门不但要向高级管理层、董事会及其所属由独立董事组成的审计及风险管理委员会、监事会报告自身部门经营中的各类风险，而且要向风险管理部和内部审计部通报本部门管理的合规风险。

二、内部合规分工与合作机制

合规不仅是保险公司经营管理的一项核心原则，更是保险公司治理的一个战略目标和重要组成部分，同时，也是保险公司风险管理战略的重要部分。保险公司只有以良好的公司治理机制做支撑，拥有一个良好的风险经营决策、执行和监督环境，建立起一套有效识别、监测和控制风险的制衡机制，以及良好的保险公司文化和正确的风险管理理念，其风险的管理才可能有效。所以，合规必须从保险公司高层——董事会和高级管理层做起，设定鼓励合规的基调。

首先，倡导并在全公司推行诚信和正直的道德行为准则和公司价值观念。这既是保险公司有效治理的基本原则，更是构建合规风险管理机制的基础。如果没有高标准道德行为准则的支撑，严格遵循合规要求就只能是一句空话。道德行为约束的缺失，不但增加经营管理成本、业务开拓成本和信息交流成本,而且还使保险公司内部无法形成有效的自律和他律机制,导致整个风险管理机制的失灵。没有自律和他律机制,仅仅依靠外在监控或分权制衡,保险公司合规风险管理将是事后的和高成本的。保险公司良好道德风气的形成,关键是董事会和高级管理层要有效履行"诚信责任",即不但要倡导和贯彻高标准的道德行为规范,而且有义务去实施它,做到身体力行和言行一致。只有自上而下地强调诚信与正直的行为准则,并由保险公司高层作出表率,合规才最为有效。

其次,切实履行自身的合规职责,建立有效的合规风险管理体系。保险公司董事会和高级管理层对合规风险管理负有最终责任。尽管合规风险管理过程的具体实施是由中级管理层来进行的,但这并不能免除董事会和高级管理层对于合规风险管理体系建立以及确保合规体系有效性的责任。董事会和高级管理层应通力合作,制定一个行之有效的合规政策。

再次,高级管理层应确保保险公司合规风险管理的有效性。组建一个值得信赖的、有效的常设合规部门。在合规部门的协助下,传达和贯彻保险公司的合规政策,确保合规政策得以有效执行,确保发现违规问题时采取适当的补救方法或惩戒措施。定期识别和评估保险公司面临的主要合规风险以及管理这些合规风险问题的计划,就保险公司合规风险管理和重大合规问题及时向董事会报告。

最后,发挥内部控制各职能部门的作用,加强风险的事前识别和事中评估,转变过去以事后惩罚为主的内控制度体系。将保险公司所适用的法律、规则和准则,保险公司合规政策,以及合规意识和合规职责等字面要求及其精神实质,有效地融进保险公司内部的各项制度之中,贯穿于保险公司的业务政策、行为手册和操作程序,直至保险公司每个岗位的具体岗位职责和做法均有详尽的描述。同时,还要及时和定期对保险公司的政策、手册和程序进行事后评价,合规部门要向高级管理层提供修改的依据或建议。合规管理的引进不是简单的嫁接,而是要完全融入保险公司的核心经营管理体制中。只有建立符合保险公司自身实际的合规管理体系,才能有效发挥其风险管理和健全企业内控的功能。

三、董事会的职责

按照《保险公司合规管理办法》第 7 条的规定,保险公司董事会对公司的合规管理承担最终责任,履行以下合规职责:(1)审议批准合规政策,监督合规政策的实施,并对实施情况进行年度评估;(2)审议批准并向保监会提交公司年度合规报告,对年度合规报告中反映出的问题,提出解决方案;(3)决定合规负责人的聘任、解聘及报酬事项;(4)决定公司合规管理部门的设置及其职能;(5)保证合规负责人独立与董事会、董事会专业委员会沟通;(6)公司章程规定的其他合规职责。同时,董事会还可以通过设置审计、合规和风险管理等专业委员会加强公司合规管理的职责。《保险公司合规管理办法》第 8 条规定,保险公司董事会可以授权专业委员会履行以下合规职责:(1)审核公司年度合规报告;(2)听取合规负责人和合规管理部门有关合规事项的报告;(3)监督公司合规管理,了解合规政策的实施情况和存在的问题,并向董事会提出意见和建议;(4)公司章程规定或者董事会确定的其他合规职责。也就是说,保险公司董事会可以授权专业委员会行使合规管理职责,但不一定是审计委员会。

四、监事会的合规职责

大陆法系的国家在公司组织架构设计上一般设置监事会,来监督董事会和高级管理层履行职责。而英美法系的公司法则设独立董事一职来行使监督职责。我国《公司法》也是秉承了大陆法系的公司法的传统,绝大部分中资保险公司均按照我国《公司法》的规定,设立有监事和监事会,由监事、监事会监督董事会和高级管理人员职责的履行情况。但是因中资保险公司在境外特别是在英美法系下的美国或者我国香港地区上市或者引入英美法系的战略合作者,需修改公司章程来满足英美法系公司法关于公司治理结构的要求,故在已有的监事会之外又设置独立董事。因此监管机构在监管文件中既对独立董事的设置和人数有强行要求,同时也承认监事会的地位和作用。导致我们常见的现象就是大型保险公司既有独立董事又有监事会(实际上独立董事和监事会的作用是一致的)。《保险公司合规管理办法》第 9 条规定,保险公司监事或者监事会履行以下合规职责:(1)监督董事和高级管理人员履行合规职责的情况;(2)监督董事会的决策及决策流程是否合规;(3)对引发重大合规风险的董事、高级管理人员提出罢免的建议;(4)向董事会提出撤换公司合规负责人的建议;(5)依法调查公司经营中引发合规风险的相关情况,并可要求公司相关高级管理人员和部门协助;(6)公司章程规定的其他合规职责。

五、高级管理层的合规职责

保险公司的高级管理层负责执行董事会批准的合规风险管理战略、总体政策及体系。按照《保险公司合规管理办法》第 10 条的规定,保险公司总经理履行以下合规职责:(1)根据董事会的决定建立健全公司合规管理组织架构,设立合规管理部门,并为合规负责人和合规管理部门履行职责提供充分条件;(2)审核公司合规政策,报经董事会审议后执行;(3)每年至少组织一次对公司合规风险的识别和评估,并审核公司年度合规管理计划;(4)审核并向董事会或者其授权的专业委员会提交公司年度合规报告;(5)发现公司有不合规的经营管理行为的,应当及时制止并纠正,追究违规责任人的相应责任,并按规定进行报告;(6)公司章程规定、董事会确定的其他合规职责。保险公司分公司和中心支公司总经理应当履行前款第 3 项和第 5 项规定的合规职责,以及保险公司确定的其他合规职责。

六、合规负责人的职责

1. 合规负责人的资格

按照《保险公司合规管理办法》(保监发〔2016〕116 号)第 11、12 条的规定,保险公司应当设立合规负责人。合规负责人是保险公司总公司的高级管理人员。合规负责人不得兼管公司的业务部门和财务部门。保险公司任命合规负责人,应当根据《保险公司董事和高级管理人员任职资格管理规定》和保监会的有关规定申报核准。保险公司解聘合规负责人的,应当在解聘后 10 日内向保监会报告并说明原因。

2. 合规负责人的职责

按照《保险公司合规管理办法》第 13 条的规定,保险公司合规负责人对董事会负责,接受董事会和总经理的领导,并履行以下职责:(1)全面负责公司的合规管理工作,领导合规管理部门;(2)制定和修订公司合规政策,制订公司年度合规管理计划,并报总经理审核;(3)将董事会审议批准后的合规政策传达给保险从业人员,并组织执行;(4)向总经理、董事会或者其授权的专业委员会定期提出合规改进建议,及时报告公司和高级管理人员的重大违规行为;(5)审核合规管理部门出具的合规报告等合规文件;(6)公司章程规定或者董事会确定的其他合规职责。

3. 合规负责人的利益冲突规避

保监会《关于印发〈保险公司合规管理办法〉的通知》进一步明确,该办法实施以前,保险公司合规负责人兼管资金运用、内部审计等可能与合规管理存在职责冲突的部门,不符合该办法要求的,应当于 2017 年 7 月 1 日前予以调整。2017 年 7 月 1 日以后,保险公司申请核准任职资格的合规负责人由总经理以外的其他高级管理人员兼任的,须提供拟任合规负责人任职期间不兼管业务、财务、资金运用和内部审计部门等可能与合规管理存在职责冲突的部门的声明。按照《保险公司合规管理办法》第 15 条的规定,保险公司应当确保合规管理部门和合规岗位的独立性,并对其实行独立预算和考评。合规管理部门和合规岗位应当独立于业务、财务、资金运用和内部审计部门等可能与合规管理存在职责冲突的部门。合规负责人不得兼管资金运用、内部审计等可能与合规管理存在职责冲突的部门。

七、合规管理部门(狭义)的职责

1. 合规管理部门的定义

合规管理部门有广义和狭义之分,广义上的合规管理部门是整个保险公司系统负有履行合规管理职责的各个业务条线与分支机构的统称。狭义的合规管理部门是识别、评估、通报、监控并报告保险公司合规风险的一个独立的职能部门。合规风险管理是公司上下的共同责任，不是单纯由合规管理部门自身独自履行。各业务条线和分支机构的负责人对本条线和本机构经营活动的合规性负首要责任，合规管理部门应根据合规管理程序主动识别和管理合规风险，按照合规风险的报告路线和报告要求及时报告。

2. 合规管理部门的地位

《保险公司合规管理办法》第 14 条明确规定，保险公司总公司及省级分公司应当设置合规管理部门。保险公司应当根据业务规模、组织架构和风险管理工作的需要，在其他分支机构设置合规管理部门或者合规岗位。保险公司分支机构的合规管理部门、合规岗位对上级合规管理部门或者合规岗位负责，同时对其所在分支机构的负责人负责。保险公司应当以合规政策或者其他正式文件的形式，确立合规管理部门和合规岗位的组织结构、职责和权利，并规定确保其独立性的措施。《保险公司合规管理办法》第 15 条规定，保险公司应当确保合规管理部门和合规岗位的独立性，并对其实行独立预算和考评。合规管理部门和合规岗位应当独立于业务、财务、资金运用和内部审计部门等可能与合规管理存在职责冲突的部门。

3. 合规管理部门的职责

按照《保险公司合规管理办法》第 16 条的规定，合规管理部门履行以下职责：(1)协助合规负责人制订、修订公司的合规政策和年度合规管理计划，并推动其贯彻落实，协助高级管理人员培育公司的合规文化；(2)组织协调公司各部门和分支机构制订、修订公司合规管理规章制度；(3)组织实施合规审核、合规检查；(4)组织实施合规风险监测，识别、评估和报告合规风险；(5)撰写年度合规报告；(6)为公司新产品和新业务的开发提供合规支持，识别、评估合规风险；(7)组织公司反洗钱等制度的制订和实施；(8)开展合规培训，推动保险从业人员遵守行为准则，并向保险从业人员提供合规咨询；(9)审查公司重要的内部规章制度和业务规程，并依据法律法规、监管规定和行业自律规则的变动和发展，提出制订或者修订公司内部规章制度和业务规程的建议；(10)保持与监管机构的日常工作联系，反馈相关意见和建议；(11)组织或者参与实施合规考核和问责；(12)董事会确定的其他合规管理职责。合规岗位的具体职责，由公司参照前款规定确定。

4. 合规管理部门的定位

合规管理部门与其他部门是一种既保持相互独立又相互协作的关系。保持独立性是合规管理部门正确履行职责的前提和保障，《保险公司合规管理办法》第 15 条就明确规定，保险公司应当确保合规管理部门和合规岗位的独立性，并对其实行独立预算和考评。合规管理部门和合规岗位应当独立于业务部门、财务部门和内部审计部门。独立性的前提是预算管理的独立性。为确保合规部门的独立性，合规部门的预算管理应与合规部门的工作目标保持一致，而不应取决于业务部门或业务条线的盈利状况。此外，应建立科学的激励考核机制。一方面,合规部门应主要接受上级合规部门的监督和评估,以确保合规部门职能的有效发挥;另一方面,保险公司对各业务部门或业务条线管理人员的绩效考核,应主动征询合规负责人对其合规风险管理能力的评价意见。但是合规风险管理是一项系统工程,不能完全独立或者游离于保险公司其他风险管理部门之外。因此,《保险公司合规管理办法》在强调保持合规部门独立性的同时,其第 24 条也明确规定:“保险公司应当在合规管理部门与内部审计部门之间建立明确的合作和信息交流机制。内部审计部门在审计结束后,应当将审计情况和结论通报合规管理部门;合规管理部门也可以根据合规风险的监测情况主动向内部审计部门提出开展审计工作的建议。”合规管理部门保持独立性同时要与其他相关部门和机构密切配合。在有效的合规管理体系下,合规管理部门要与其他职能部门对共同构筑起三道防线形成共识。

八、分支机构和其他业务、内控职能部门的职责

合规管理三道防线是指业务部门、职能部门与调查审计部门共同开展合规管理,以业务部门作为合规管理的第一道防线,职能部门作为合规管理的第二道防线,调查与审计部门作为合规管理的第三道防线。这三道防线中,各个部门在合规管理中承担的职责是,本部门的负责人是本部门合规管理的第一责任人,对本部门员工在开展业务过程中要承担合规文化的倡导,合规制度与流程的贯彻实施和监控,对合规咨询和疑虑要进行解答,对于违规行为采取适当惩处措施。各道防线除了承担以上职责外,还要承担如下其他的职责,如图 1-2-2 所示:

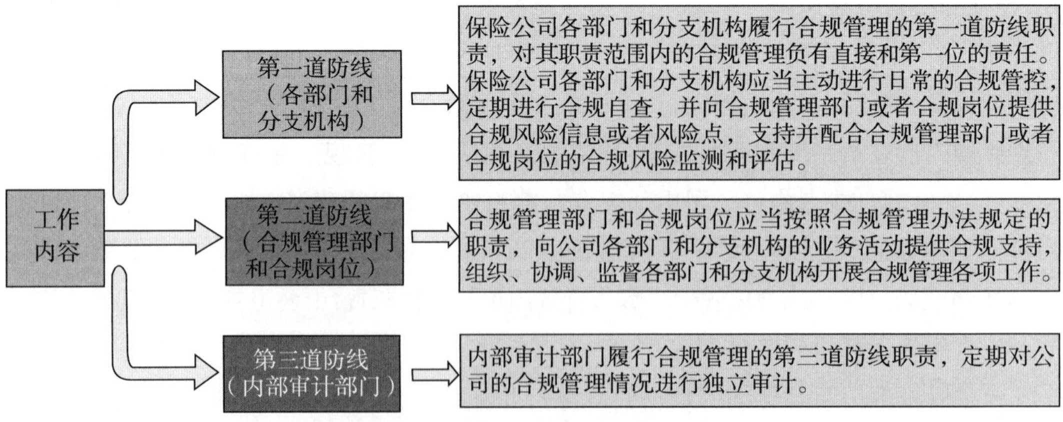

图 1-2-2 保险公司合规管理三道防线

第一道防线,业务部门和各分支机构在合规管理中的职责。业务部门和各分支机构在合规管理方面要配合合规管理部门的工作,积极组织本部门员工参加合规管理培训,主动向合规管理部门沟通部门中存在的合规风险。各个业务部门应主动寻求合规部门

的合规咨询和建议,并主动为合规部门的合规风险监测与评估,提供合规风险信息或风险点等任何必需的支持;合规部门应乐于为各业务部门和保险公司员工提供合规咨询和建议,通过提供建设性意见,帮助业务部门管理好合规风险,为保险公司业务与产品创新提供必要的合规预估和支持,包括新产品、新业务的拓展,新客户关系的建立以及客户关系发生重大变化等所产生的合规风险。同时,合规部门还要统一组织、统筹协调或参与保险公司业务政策、行为手册和操作程序的修订。

第二道防线,内部控制职能部门在合规管理中的职责。职能部门包括了法律部、内部控制、风险管理等内控职能部门,这些部门要与合规管理部门密切配合,共同推动公司的合规管理工作,包括制定合规制度流程,设计合规管理工具,提供合规培训等。有效的合规风险管理框架是保险公司构建全面风险管理体系的基础,更是保险公司内部控制机制的核心。保险公司应建立以合规部门、其他风险管理部门和内部审计部门为核心的合规风险管理框架,并嵌入整个保险公司风险的“防御体系”之中。对此,应先明确合规部门是支持、协助保险公司高级管理层做好合规风险管理的独立职能部门。董事会和高级管理层对保险公司合规经营负最终责任,一线业务部门则对合规风险的生成和管理负直接责任,每一位保险公司员工必须对其业务活动的合规负责,而合规部门则承担对合规风险管理的尽职责任。切忌将合规部门的工作是否尽职、是否到位,作为保险公司业务部门或高级管理层推卸责任的借口,合规部门绝不是高级管理层和其他部门责任追究的“替罪羊”。合规部门能否发挥好作用,关键取决于高级管理层的态度以及对合规部门工作的重视和信赖程度。

第三道防线,审计部门在合规管理中的职责。这些部门包括了审计部门、调查部门、纪检部门等,这些部门承担着公司合规风险的发现、合规问题的提出、改进措施的提出及监控相关改进结果等职责。合规部门是负责合规风险识别、量化、评估、监测、测试和报告的专职部门,此外有的保险公司合规部门还负责合规性检查,有的保险公司则将合规性检查作为内部审计部门的一项专门职责,或者两个部门联合负责合规性检查。但无论如何,合规部门的工作均可为内部审计部门的合规性检查提供方向;内部审计部门的合规性检查结果则是合规部门识别和监测合规风险信息和合规风险点的重要来源和依据。保险公司的合规风险管理工作的成效如何也是内部审计部门审计的一项重要内容。合规部门的工作应受到内部审计部门的定期审计和检查。

第三节 保险公司合规管理运行机制

《保险公司合规管理办法》第四章对于合规管理体系的运行提供了指导意见,其强调为了合规管理体系的健康运行应当建立健全合规管理制度,建立合规风险识别预警机制,加强合规风险应对,建立健全合规审查机制,强化违规问责,畅通举报渠道,开展定期合规管理评估。如图 1-3-1 所示:

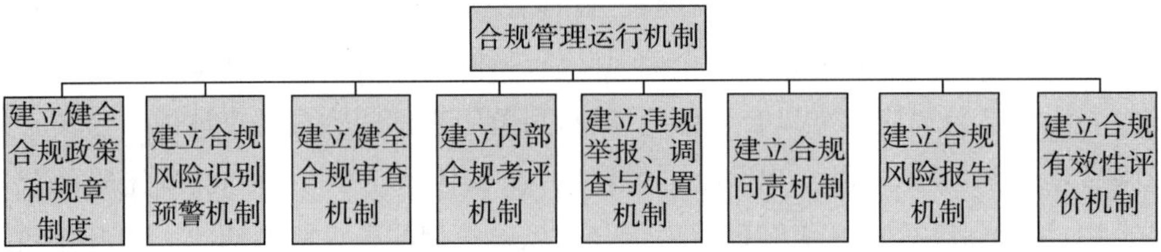

图 1-3-1 合规管理运行机制

一、合规政策和规章制度建设

(一)合规政策建设

1. 合规政策的定义

保险公司的合规政策是规定保险公司合规风险管理的基本方针和指导思想,以及合规风险管理体系的总体框架等有关保险公司合规政策基本理念的纲领性文件,是保险公司构建合规风险管理体系以及制定合规管理程序及合规手册、员工行为准则等合规指南的重要依据。保险公司的合规政策是保险公司高层向包括股东、员工、消费者、社区及监管当局等在内的利益相关者所作的明确承诺,表明了保险公司高层坚持合规经营的决心和姿态,体现了保险公司贯彻"合规应从高层做起"的原则和在全公司推行诚信与正直的价值观念,鼓励人人合规的基调。保险公司的合规政策不仅是保险公司内部风险管理的"基本法",同时也是对外表明保险公司坚持合规经营和履行社会责任基本理念的重要宣言。

2. 合规政策的主要内容

《保险公司合规管理办法》第 25 条对合规政策作出明确规定,保险公司应当制定合规政策,经董事会审议通过后报保监会备案。合规政策是保险公司进行合规管理的纲领性文件,至少应当包括以下内容:(1)公司进行合规管理的目标和基本原则;(2)公司倡导的合规文化;(3)董事会、高级管理人员的合规责任;(4)公司合规管理框架和报告路线;(5)合规管理部门的地位和职责;(6)公司识别和管理合规风险的主要程序。保险公司应当定期对合规政策进行评估,并视合规工作需要进行修订。

(二)规章制度建设

1. 总体要求

《保险公司合规管理办法》第26条规定,保险公司应当通过制定相关规章制度,明确保险从业人员行为规范,落实公司的合规政策,并为保险从业人员执行合规政策提供指引。保险公司应当制定工作岗位的业务操作程序和规范。已失效的《保险公司合规管理指引》对合规制度建设并没有明确规定。这次是《保险公司合规管理办法》新增的,说明银保监会对规章制度建设工作的重视。合规制度建设包括制度梳理、建立、执行和评估四个环节。其中,制度梳理是第一个环节,即合规管理部门成立后的第一件事情就是对公司规章制度进行系统的梳理,组织分公司进行系统范围的制度运行评估,查找制度方面存在的问题并提出整改的意见和建议。同时规章制度建立是合规管理体制的中心内容,在制度建立方面,应考虑以下几点:

第一,在董事会和高级管理层面,应制定合规政策(董事会层面)和合规管理办法(高级管理层面)等纲领性文件以及针对董事和高级管理层的行为守则,特别是要对董事和高级管理层的合规责任提出明确要求。

第二,明确员工的岗位责任和尽责义务,制定《员工岗位合规手册》。高规格的规章制度需要有效的执行和监督,否则,再好的制度也只能是形同虚设。合规制度在实施过程中,如果需要变通,任何变通都应逐级上报,由适当级别的适当人员以公开透明的方式决定,以保证不违背制度整体的意图和目的。这样的规定本身就有保证遵守规章制度的作用,因为大多数情况下,遵守规定反而要比层层报请批准变通更加简便;同时它也要求必须明确各个级别的报告义务并建立有效的报告渠道。

第三,以合规纲领性文件为统领,进行大规模的整章建制工作。整章建制工作可以促使企业及时将外部有关的合规要求内化为内部的规章制度,避免合规管理体系的运行出现瑕疵或新的问题。整章建制工作包括制定专门的规章制度管理办法,明确规章的制定、发布和实施须经严格的法律合规审查,建设规章制度的修订和评价等管理流程。制定或修改完善合同管理办法、授权经营管理办法、知识产权管理办法、品牌管理办法、员工行为准则、业务管理办法、财务管理办法、资产管理办法、投资业务管理办法等一系列规章制度。

2. 规章制度清理的基本内容

(1)制度清理的范围

规章制度清理的范围包括全公司现有的各项规章、操作流程、规范性文件等。清理工作综合考虑现行国家法律、法规和各监管部门的规章对保险公司的监管规定和要求,结合各家保险公司业务和管理工作的具体要求,遵循以下清理标准:一是确保合法合规性,即各项制度和流程符合法律、法规和规章的规定,不与之冲突;二是结构完整,即尽量将同一类问题的各种办法、制度或零散的文件进行归纳和整合,形成对同类问题的一个统一的制度,原则上一类问题制定一个制度(或者准则)、配套一个细则;三是具有协调性,即部门之间的相关制度要保持衔接、协调,避免出现重复或者矛盾的规定;四是强化操作性,即通过加强各种制度的可操作性,确保规章制度能够得到有效实施;五是改进文字表述,即文字表述清晰、明确、易于理解,避免模糊、晦涩、重复多余的语句和文字。

(2)合规制度清理的方法

考虑到部门设置变化等因素,规章制度清理以现有部门的设置为单位,根据其目前承担的职责范围为限,对过去历年来下发的各项规章制度进行全面清理。也就是说,现有部门既要按照目前承担的职责范围清理本部门历年制定的规章制度,也要按目前承担的职责范围清理已撤销或已分设的部门历年来制定的该类职责范围内的各项规章制度,并通过清理将规章制度进行系统化分类,明确现行有效的不需要修改的规章制度,对需要修订、完善或者重新厘定的规章制度进行制度重建;对已失效的规章制度要宣布废止。

(3)制度和流程梳理的方法

①调整保险公司现有文件的流转程序,明确合规部门在合规风险管理方面的核心枢纽地位

保险公司应将合规部门定位为接口外部监管的部门,监管规则、监管部门的风险提示以及监管意见等,经合规部门吸收消化后,分解给各业务部门或其他后台支持部门,并由合规部门从合规的专业角度,系统地提出执行这些外部监管要求的意见和建议。同时,所有报给监管机构的材料和信息,如果合规部门认为有必要,应经其审核同意后呈报监管机构。同样的道理,为了有效地防止冲突情况的发生,合规部门作为规章制度归口管理部门,应当定期地组织、指导业务部门清理、汇编部门现行生效和废止的规章制度。

②审查、梳理现有的规章制度,看是否符合外部法律规则的规定和要求

合规部门应当对规章制度是否符合法律、规则和准则的规定做全面的审查。这就要求合规部门通过收集与规章制度内容相关的法律、规则和准则,并且在领会其规定和立法精神的基础上进行审查,识别出其中的合规风险。如果被审查的规章制度中有明显违反法律、规则和准则的情况,诸如违反监管当局的“强制性”或“禁止性”的规定,合规管理部门应当明确指出存在的合规风险。另外,合规部门还要审查规章制度是否与同位规章或者上位规章制度之间存在冲突。对于各个合规风险点,合规部门应深入分析合规风险的形成原因,同时系统地提出相应的弥补措施和纠正建议,包括制定合规的程序性手册、修改业务政策和操作程序等。

③制定一套具有较强执行力的好制度

按照金融企业通行的稳健做法,制定可供各个岗位人员使用的业务政策、行为手册

和操作程序，清楚地界定包括高级管理层在内所有员工的尽职、问责和免责认定标准。在业务规章和操作规程制定方面，应明确内部制度梳理、整合和修订的规范要求，对新制度要有必要的合规预估，在源头上巩固合规风险管理的制度基础。在内部规定的制定中，应重视业务政策、行为手册和操作程序中对相关稳健做法的详尽描述，一定要有针对性，规章制度要具体化，可操作性要强，并要适应新时期的各种新变化，让员工清楚自己的行为操守，同时不断巩固和完善保险公司在长期经营中日积月累的许多非常好的稳健做法。

(4)及时关注和跟踪最新法律变化，将外部规范转化为内部公司制度

合规部门应密切关注和跟踪法律、规则和准则的最新发展，正确理解法律、规则和准则的规定及精神，准确把握法律、规则和准则对保险公司经营的影响，及时为高级管理层提供合规建议。因此，法律法规和外部监管规定的内部转换，是保险公司合规风险管理部门的一项重要职责。在保险公司内部应当确立合规风险管理部门在内部规范制度制定过程中的枢纽地位。合规部门应将最新法律法规和外部监管信息及时准确地分解和传递到相关业务条线和业务部门，并视情况需要对其内部相关规定或业务流程进行改造，确保修订后的政策和程序的合规性。同时为确保相关合规法律、规则和准则的恰当执行，保险公司应当对各项制度和程序的合规性进行必要的评估，及时跟进任何在政策和程序方面已经被发现的缺陷和问题，并就此提出相应的弥补措施和修改意见。对于业务部门的新发文，合规部门负责收集与合规风险点相关的控制措施，仔细分析控制措施的有效性，如确实能进一步完善原来的内控措施或者填补原来内控措施的空白点，应将相应的内控措施补充在合规风险管理手册中去。只有这样通过不断地对整改后的程序或者制度进行再测试和再评估，才能确保修订后的政策和程序始终与法律、外部监管规定要求保持一致。

二、合规风险识别预警机制

《保险公司合规管理办法》第27条明确规定，保险公司应当定期组织识别、评估和监测以下事项的合规风险：(1)业务行为；(2)财务行为；(3)资金运用行为；(4)机构管理行为；(5)其他可能引发合规风险的行为。这是合规风险识别预警机制建立的制度依据。

(一)合规风险识别和评估的重要性

1. 合规风险识别和评估是保险公司内控及合规风险管理的前提和基础

保险公司的内部控制是保险公司为实现其经营管理目标，通过制定并实施系统化的政策、程序和方案，对风险进行有效识别、评估、控制、监测和改进的动态过程和机制。因此，可以说，保险公司的内部控制过程主要就是保险公司内部的风险管理过程。而保险

公司风险管理作为保险公司一项核心的风险管理活动,也就是保险公司在日常经营活动中主动识别、评估、监测和报告合规风险,并且主动采取适当措施,控制和管理保险公司合规风险,以避免因违规经营而导致法律制裁、监管处罚、重大财务损失和声誉损失等的动态的循环过程。

国内外保险公司的实践证明,保险公司的合规风险管理过程是健全保险公司有效内部控制机制的基础和核心,而在这一过程中,合规风险的识别和评估又是整个保险公司合规风险管理的前提和基础。可以说,合规风险的识别和评估是否准确,决定着合规风险管理的效果乃至整个保险公司内控制度和合规风险管理体系的有效性。

2. 合规风险识别和评估是保险公司合规管理流程的重要环节

保险公司的合规风险管理实质上就是保险公司内部主动管理合规风险的动态过程,而保险公司的合规风险管理流程一般包括对合规风险的识别和评估、测试、应对、监控以及合规风险报告等。

(1)合规风险识别。对保险公司内部合规风险的存在或者发生的可能性以及合规风险产生的原因等进行分析判断,并且通过收集和整理保险公司所有的合规风险点形成合规风险列表,以便进一步对合规风险进行评估和监测等系统性活动。

(2)合规风险评估和测试。其是指在合规风险识别的基础上,应用一定的方法估计和测定因合规风险而可能导致法律制裁、监管处罚、重大财产损失和声誉损失等相关风险损失的概率和损失大小,以及对保险公司整体运营产生影响的程度。合规风险评估和测试的目的在于确定合规风险对保险公司影响的大小,以决定是否需要采取应对措施加以监控以及应对措施采取到何种程度最为适宜等重要问题。

(3)合规风险量化评估。通过设计合规风险评价指标,运用计量方法加强合规风险的评估。评价指标可借助技术工具,通过采集或筛选可能预示潜在合规问题的数据来进行量化测算,并深入调查任何已识别的合规缺陷,提出评估意见。

(4)合规风险应对。其是指在完成了对合规风险的分析评估之后,根据合规风险的性质、程度以及保险公司对合规风险的承受能力,确定应对策略即保险公司的合规政策,并具体制定相应的合规风险管理计划和合规管理程序等。

(5)合规风险监控。合规风险的监测与控制,是指持续追踪已识别的合规风险、监测残余的合规风险、识别新的合规风险,并对不可接受的合规风险实行有效控制的过程。

(6)合规风险报告。其是指合规管理部门等依照保险公司内部合规风险管理程序,并按照规定的报告路线,及时、全面、完整地向管理层提供定性和定量描述的保险公司经营过程中所涉及的合规风险状况的报告。由此可见,合规风险识别是合规风险管理的第一个阶段,是对合规风险的定性分析,也是整个合规风险管理的基础。

(二)合规风险的监测和分析

保险公司经营管理过程中的行为的合规性必须通过科学的手段识别合规风险点。合规风险监测和分析是识别合规风险点的重要手段之一。目前,保险公司的合规风险监测、分析呈现以下特点:一是过于分散。缺乏统一的、全面的合规风险监测组织、协调机制,造成了重复监测,互不沟通,缺乏效率,管理成本较大。二是事后性。目前,各个业务条线的合规风险的监测,主要是事后管理,缺乏事前防范和事中的监控。三是被动性。各个部门在对待监测的态度上,更像是将监测工作比做一种任务,被动地去接受。四是监测技术落后,不能用先进监测技术对过程适时进行监测、分析。为此合规风险的监测和分析应坚持动态原则、协调配合原则、主动原则、持续性原则、独立性原则,以保证风险监测得到切实公正的执行。

传统的内部风险监测方法有"横"比法、"纵"比法、指标法等。但合规风险的监测手段并不是一成不变的,它要根据不同外部监管环境变化、不同的业务特点作出适时的调整。笔者认为,在现行管理体制制约下,合规经理对合规风险监测的手段主要分为现场监测和非现场监测两个类别。但不管哪个类别,它们都有一些共性,即将监测行为表现过程、制度变量的现状与现行的法律法规、规则准则相比较,找出不相符的环节或指标进行定性与定量分析。

合规经理应对合规风险监测结果进行汇总分析、趋势分析和风险预期损失分析。对监测得到的结果进行筛选、判断、对比,查找所实施的合规管理措施中存在哪些风险防范的漏洞,便构成了合规风险分析的全过程。合规分析的目的在于:通过分析来验证各种资料所反映的合规状况;通过分析查找合规管理中制度性的漏洞;通过分析还可以查找可疑事项,为监测工作寻找线索以查找各种违法、违规现象。

保险公司合规风险的评估,就是对报告期间被评估单位的全面或专项经营管理活动中涉及的保险公司各项政策规章、指南、操作规程的合规性进行总结评价的过程。合规风险评估是对合规风险的监测和分析成果的归纳,风险的监测和识别是持续的和常态的,而评估频率和范围是相对固定的,因此合规风险评估报告以每年度一到两次为宜。合规风险评估体系主要包括评估的内容、评估的方式、评估的依据、评估的标准、评估报告的路径等几个方面。

1. 评估内容,合规风险评估应主要包括以下内容:制度是否明确,制度是否得到遵守,违反制度是否发现,违反制度是否处理,反映出的制度问题是否及时调整。此外,还可以考虑客户投诉的数量。客户投诉可以反映制度存在的问题,成为合规风险信息的重要来源和合规评价的重要途径。合规风险评估与内部审计、业务部门自律监管、内部控制评价等应有明显区别,不宜再大量地对业务操作进行具体检查,而应该把重点放在"规矩"的制定和修正上。

2. 评估方式,在各业务条线和分支机构的负责人应对本条线和本机构经营活动的合规性负首要责任的框架下,为了减少重复劳动,合规风险评估一般以非现场评估为主,现场评估为辅的评估方法进行。其中,非现场评估主要是对被评估单位提供的书面文件材料(如规章制度、操作流程、内外部监督部门的检查报告、自律监管的报告等)进行分析、归纳和评估。现场评估主要是深入被评估单位进行业务个案抽查、征询相关人员、调查问卷。

3. 评估依据,由于合规风险是指保险公司因没有遵循法律、规则和准则可能遭受法律制裁、监管处罚、重大财务损失和声誉损失的风险,因此合规风险的评估依据以法律、行政法规、部门规章、其他规范性文件、经营规则、行业准则、行为守则和职业操守等为准,而对于适用于保险公司自身业务活动的规章制度则作为重要变量进行评估。

4. 评估标准,由于合规风险与信用风险、市场风险、操作风险等风险相比具有可识别性差的特点,导致合规风险的评估标准成为实践中的难题。笔者认为,合规风险的评估标准主要应该考虑两个因素:一个因素是"违法违规"的性质和程度;另一个因素是可能对保险公司造成损失的风险程度。但是如何确定和量化合规风险仍待深入的研究。

5. 评估报告的路径,在目前合规风险监测分散于各个业务部门的情况下,实行矩阵式的报告线路,更能加强决策层对操作层的管理和监督。各业务经营部内设的合规经理对本部门领导负责,同时向合规风险归口综合管理部门报告风险信息并接受其业务指导、检查和监督。合规风险归口综合管理部门对本级公司领导负责,同时向上级分公司合规风险归口综合管理部门报告风险信息,并接受其业务指导、检查和监督。实行这种矩阵式报告路线设计,可以为保险公司内部合规风险信息归集和传递提供畅通渠道,不仅有利于提高风险管理效率,也有利于加强风险预警工作。

(三)合规风险识别和评估的方法

1. 合规风险识别和评估的基本思路

如前所述,合规风险的识别和评估需要有一套科学系统的方法,否则就不能够通过准确、有效的识别和评估来对保险公司合规风险有一个总体和综合的认识,也就不可能进一步适当地选择控制和处置合规风险的方法。概括地讲,保险公司合规风险管理与保险公司其他风险管理一样,都是一个对风险进行识别、计量、缓释、控制和监测的循环过程,因而在风险识别和评估的主要方法和基本思路方面,合规风险与一般保险公司风险管理是基本相同的。但相对而言,合规管理部门作为保险公司内部特殊的控制部门,与保险公司一般风险管理部门存在风险管理对象的不同以及技术手段方面的差异。

国际金融业对于包括合规风险在内的保险公司风险已经有一些比较成熟的识别和评估的模型及先进的技术手段,但鉴于大部分国内保险业的合规风险管理体系建设目前尚处于起步阶段,并且还存在一些客观条件和环境方面的制约。这就要求我们在学习和借鉴国际保险业的先进经验和最佳做法时，对于国外保险公司所采用的各种风险管理工具和理念等不能简单地照搬照抄。因此，国内保险业应当结合自身业务发展的特点，一方面尽可能多地参考和引进国外保险业合规风险管理的技术和经验，另一方面必须积极地探索和开发符合自身实际情况的合规风险识别和评估的方法和模型等。从国内外一些保险公司合规风险管理的实践来看，合规风险的识别和评估工作应当与保险公司设定的经营管理目标紧密结合，与保险公司的内部控制环境相匹配，并得到保险公司各业务部门或业务条线以及保险公司上下各个层面的配合和支持。

保险公司的合规管理部门在对合规风险进行识别和评估的过程中，还应考虑各种量化保险公司合规风险的方法（如应用评价指标等），并运用这些量化方法加强对合规风险的评估。关于评价指标，可以借助技术工具，通过收集或筛选可能预示潜在合规问题的数据（如消费者投诉的增长数、异常的交易或交付活动等）的方式来设计。此外，保监会颁布的《保险公司合规管理指引》和《保险公司合规管理办法》均将“合规风险识别和管理流程”列为保险公司合规风险管理体系所应当包括的基本要素，规定应在保险公司的合规政策中对保险公司识别和管理合规风险的程序加以明确。同时根据《保险公司内部控制制度建设指导原则》的相关规定，保险公司应当建立并保持识别和获取适用法律法规、监管要求和其他要求的程序，作为包括合规风险在内的保险公司风险识别与评估、监管要求和其他要求的程序，作为包括合规风险在内的保险公司风险识别与评估、制定控制目标和控制方案的依据；同时，保险公司应当建立和保持书面程序，以持续对保险公司内部的合规风险进行有效的识别和评估。对合规风险进行识别和评估时应充分考虑内部和外部因素（其中，内部因素包括组织结构的复杂程度、保险业务性质、机构变革以及员工的流动等，外部因素包括经济形势的波动、行业变动趋势等）。由于合规风险是随时存在的，因此合规风险的识别和评估也必须是一个连续和动态的过程。当环境和条件发生变化时，应及时对合规风险进行再识别和再评估，以确保任何新的和以前未曾予以控制的合规风险得到识别和控制。

2. 合规风险识别和评估的步骤和方法

（1）收集保险公司所有的合规风险点。风险识别首先需要确定、分析、收集和积累与风险相关的风险要素和风险要素数据。就保险公司的合规风险识别和评估而言，第一步要做的工作就是应当深入调查研究，在保险公司各业务部门或业务条线等各个层面的支持和配合下，收集保险公司所有的合规风险点并掌握大量的、准确的统计数据和资料，这是保险公司合规风险管理的前提和基础。一般的做法是，根据保险公司管理层设定的经营目标和合规风险管理的目标，以及保险公司各项经营活动的性质和特点，参照相关法律法规及监管要求等，由合规管理部门负责收集保险公司所有的合规风险点，通过对保险公司所有合规风险点进行盘点和排查形成相关的合规风险列表，并在工作中不断加以补充和扩展。

保险公司的合规风险点主要包括:①本保险公司或其他保险公司曾经发生过的合规问题和案件;②业务部门和风险管理部门已经发现的合规风险隐患;③合规管理部门在合规风险的识别、评估、监测、测试和咨询的日常工作中所发现的需引起足够重视的合规风险或者问题;④内外部审计检查中所发现的合规风险事件等信息;⑤监管部门发现的合规风险点和合规风险提示等。

(2)形成合规风险列表。在收集完合规风险点后,合规风险管理部门应对合规风险点进行盘点和排查,形成相关的合规风险列表。第一次合规风险列表可以作为以后识别和评估的基础,但应根据情况的变化作相应的修订、补充和扩张。

合规风险列表的格式如表1-3-1所示:

表1-3-1　合规风险

部门	主要风险点内容	风险类别	风险排序	风险认定理由	风险度	合规遵守事项
		ABCD	1		高中低	
		ABCD	2		高中低	
		ABCD	3		高中低	
		ABCD	—		高中低	
		ABCD	1		高中低	
		ABCD	2		高中低	
		ABCD	3		高中低	

(3)分析合规风险形成或者产生的原因。在合规管理部门对保险公司所有的合规风险点进行盘点、收集、整理并形成了相关的合规风险列表之后,第二步要做的工作就是应当深入分析合规风险形成或产生的原因。可以说,对于已识别的风险形成或者产生的原因进行分析是合规风险识别和评估的基本步骤之一,也是采取风险应对措施的重要基础。

就国内保险公司整体而言,合规风险形成或者产生的根本原因主要在于以下两个方面:一是包括合规风险管理在内的保险公司内控制度和风险管理体系存在缺陷;二是合规理念以及诚信与正直的价值观念等保险公司合规文化的严重缺失等。但就保险公司各个不同业务部门或者业务条线而言,各个具体的合规风险点都具有各自不同的特征,其形成或者产生的原因也不尽相同。因此,深入分析合规风险形成或者产生的具体原因,无论是对于准确识别和评估合规风险,还是对于有效防范和应对合规风险来说都显得至关重要。

(4)对合规风险进行"高、中、低"分类。合规风险识别和评估第三步要做的工作就是依据合规风险发生的可能性进行“高、中、低”分类。合规风险识别和评估的一项重要内容就是确定合规风险发生的可能性及其对保险公司影响的程度大小。一般而言，可能性是指一个给定事件发生的概率，而影响是指所造成的后果。给定事件发生的可能性可以用定性的术语（如高、中、低）或者其他的判断范围来表示；而概率则可用来表达数量上的度量，如百分比、事件发生的频率或者其他的数值度量。

（5）合规风险测试。合规风险管理部门可通过符合性测试方法对合规风险类型和合规风险程度进行认定。符合性测试具体包括两种形式：①业务测试，即对重要业务或者典型业务进行测试，按照规定的业务处理程序进行检查，确认有关控制点是否符合规定并得到认真执行，以判断内部控制的遵循情况。②功能测试，即对某项控制的特定环节，选择若干时期的同类业务进行检查，确认该环节的控制措施是否一贯或持续发挥作用。功能测试包括抽样测试和指标分析等方法。其中抽样测试，是指抽样样本取决于被识别和评估机构或被识别和评估项目的风险、业务频次、重要性等。可在根据业务频次抽样的基础上，结合被识别和评估项目的风险和重要性进行调整。指标分析，是指应收集被识别和评估单位内部合规风险管理结果指标的相关信息，进行核实、对比分析和趋势分析，从而对合规风险管理目标实现情况作出识别和评估。

（6）形成整体的合规风险评估报告并进行预警提示。合规风险识别和评估的接下来的一个步骤就是，在对保险公司合规风险进行全面、准确、有效的识别和评估的基础上，对保险公司所面临的合规风险进行基于客观事实和科学推断的表述，从而形成一份整体的合规风险评估报告。同时，针对现阶段所面临的合规风险状况及时作出必要的预警和风险提示。作为保险公司合规风险管理部门的一项重要职责，合规管理部门应当依照保险公司内部风险管理程序和报告路线向上进行合规风险的报告。合规负责人应定期向高级管理层提交合规风险评估报告。合规风险评估报告包括但不限于以下内容：报告期合规风险状况的变化情况、已识别的违规事件和合规缺陷、已采取的或者建议采取的纠正措施等。保险公司应明确合规风险报告路线以及合规风险报告的要素、格式和频率，报告的格式应与保险公司的合规风险状况和各项合规活动相匹配。

（四）保险公司合规风险涉及的领域和主要类型

保险公司合规风险管理最基础的工作就是着手收集所有合规风险点，制定公司合规手册。风险识别是一个动态的和连续不断的重复过程，需要针对环境的变化持续进行。主要方法包括：（1）问卷调查法。将可能发生的风险列入问卷，通过问卷调查、统计分析，判别风险大小和影响程度等。（2）研讨会。将跨部门或不同级别的管理人员召集在一起，就合规风险管理的特定题目（如风险事件识别、风险应对）进行讨论。（3）流程图法。通过对流程的分析，发现和识别风险可能发生的环节或地方以及流程中各个环节对风险影响的大小。(4)情景分析法。通过有关数字、图标和曲线等对未来的某个状态或某种情况进行详细的描述和分析,从而识别引起风险的关键因素以及影响程度。它注重说明某些事件出现风险的条件和因素以及当某些因素发生变化时将发生的风险和产生的后果等。(5)风险结构分解法(RBS)。将风险按照其内在结构进行逐层分解并形成结构示意图,直观地反映风险的地位与构成,以便检查。随着客观环境的变化,公司的合规风险也会改变性质或者出现新的风险。风险识别工作应当经常化,并作为一项长期制度。

合规的风险点的来源包括:(1)曾经发生过的合规问题和案件;(2)业务部门和风险管理部门已经发现的合规风险隐患;(3)合规部门在合规风险识别、评估、监测、测试和咨询的日常工作中,所发现需引起足够重视的合规风险或问题;(4)内外部审计检查中所发现的合规风险事件等信息;(5)监管部门发现的合规风险点和合规风险提示等。对于各个合规风险点,合规部门应深入分析合规风险的形成原因,同时系统地提出相应的弥补措施和纠正建议,包括制定合规的程序性手册、修改业务政策和操作程序等。

三、合规审查机制建设

(一)合规审查的定义与目标

《保险公司合规管理办法》第29条明确了合规审查制度。按照该条规定,保险公司合规管理部门应当对下列事项进行合规审核:(1)重要的内部规章制度和业务规程;(2)重要的业务行为、财务行为、资金运用行为和机构管理行为。这是合规部门开展合规审查的制度基础。

合规审查是指保险公司工作人员或借助外部人员依照法律和法规、政策和程序,常规性地核准制度、程序的合法性,确保其与监管要求符合,为业务部门提供与合规问题相关的顾问协助与支持。但理论与实践对于保险公司合规部门的合规审查这一定义的内涵及其外延,事实上却存在并不一致的看法,鉴于此,开篇有必要先就所提及的合规审查予以界定。

1. 合规审查的定义

合规审查是全公司上下的共同责任,不是单纯由合规部门独自履行,合规部门与风险控制管理部门在合规审核方相互协作。因此,保险公司合规审查应有广义和狭义之分。

广义上的合规审查,是指保险公司各个负有履行合规审查职责的业务条线与分支机构的统称,也即“大合规”。狭义的合规审查为:合规管理部门作为识别、评估、通报、监控并报告公司合规风险的一个独立职能部门,应根据法律、法规主动识别和管理合规风险,按照合规风险的报告路线和报告要求及时报告的行为,即为“小合规”。

2. 合规审查的范围

关于合规审查对象，可以从以下几个方面进行考察：

(1)全面合规审查

全面合规审查是企业合规审查的基本要求和内容，是合规管理全面性原则的重要体现，要求对企业经营管理的各个方面是否符合合规规范进行全面审查，防控合规风险，包括企业法人治理事务、企业决策、各类项目、各项合同与协议（包括其订立、变更和终止）、其他法律文件以及企业内部规章制度等。

值得提及的是，企业所有内部规章制度既是合规审查依据，也是重要的合规审查对象。对某一企业内部规章制度进行审查，除审查其是否符合外部合规规范外，还须审查其是否符合企业内部更高效力层次的内部规章制度，以及与公司内部其他规章制度是否协调一致与融合，避免相互矛盾，尽量避免相互重叠。

(2)专项合规审查

专项合规审查是对企业某一具体项目或者某一业务领域是否符合合规规范进行专门性审查，如重大项目（合资合作、投资并购、资产重组、改制上市、融资担保、解散分立、新产品、新业务等）合规审查、商业伙伴（合同对方）合规尽职调查等。

(3)重点领域合规审查

《中央企业合规管理指引（试行）》第三章，概括了一般企业合规审查的重点领域，包括市场交易、安全环保、产品质量、劳动用工、财务税收、知识产权、商业伙伴等。

(4)热点领域合规审查

除上述重点领域外，目前合规审查的热点领域还包括反垄断与公平竞争、广告、消费者权益保护、反腐败、关联交易、网络安全与信息保护等。它们是我国政府目前监管比较严格、企业合规风险比较突出的领域。

不同企业，合规审查的重点领域和热点领域也会存在差别。例如，跨国企业在华投资的外商投资企业更加侧重于上述专项合规审查以及热点领域的合规审查；金融、保险、医疗行业等，更侧重于行业监管规则的合规性审查；上市公司对是否遵守证监委监管规则的合规审查尤为重视。因此，每一个企业须根据其所属行业、企业所有权性质等，通过合规风险识别、分析和评价，发现和确定本企业的合规审查重点领域，加强对重点领域、热点领域的合规审查以及合规风险的日常监测和预警。

(二)合规审查程序

合规审查程序类似于法律审查程序。分述如下：

1. 业务部门自我合规审查

如前所述，业务部门（包括职能部门，如财务、内控、人事等部门）作为企业合规风险管理的第一道防线以及企业合规风险管理的主体，有责任对其负责的合规审查对象作自我合规审查。

对于有些合规审查对象,如企业重大决策、重大项目、重大合同、重大规章制度、合规尽职调查等,宜将合规管理部门的合规审查(尤其是法律审查)前移至项目启动阶段(如企业重大决策会议,重大项目的意向书、备忘录、框架协议、保密协议的谈判与签署等),使合规审查贯穿项目始终,实现重大项目的事前、事中和事后的全过程合规审查。

2. 提起合规审查申请

日常合规审查一般由负责合规审查对象的业务部门提起。业务部门应由其具体业务经理提起合规审查申请,注明业务部门内部合规审查情况,报业务部门负责人审批。合规审查也可以由合规管理部门主动提起,或者由审计部门或其他业务部门(如人事、财务、内控等)提起,也可以由企业董事会、监事会或管理层指令合规审查。

3. 相关部门专业合规审查

合规审查申请经业务部门负责人批准后,应首先报相关业务部门(如财务、内控、人事、技术、安全环保、IT、其他相关业务部门等)作专业合规审查。

4. 法律审查

企业法务部门与合规管理部门合二为一的,法律审查与合规审查也可以合二为一。企业法务部门与合规管理部门分别设立的,应先由法务部门做法律审查。

5. 合规管理部门最终合规审查

除重大项目合规审查前移至项目启动阶段外,合规管理部门的合规审查应置于最后环节,以确保合规审查对象事先得到业务部门自身的审查以及相关部门的专业审查,发挥合规管理部门第二道防线的作用。合规管理部门开展合规审查,应包括以下步骤:

(1)确保完全理解合规审查对象的目的和内容。必要时,应与提起合规审查的部门以及其他相关部门做充分沟通协商。

(2)确定审查依据(适用的合规规范),查询合规风险成案。

(3)确定合规审查负责人员,进行合规审查。必要时,还应聘请外部中介机构(如律师事务所、会计师事务所、劳动咨询事务所等)参与和支持。

(4)制作合规审查意见。要求对合规审查对象进行修改的,应提出修改建议,并指导合规审查申请部门进行修改。经修改的合规审查对象,须按原程序重新提起合规审查。

(5)制作合规审查记录,将相关资料存档。合规部门进行合规审查,应当将出具的合规审查意见、提供的合规咨询意见、签署的公司文件、合规检查工作底稿等与履行职责有关的文件、资料存档备查,并对履行职责的情况作出记录。合规审查是合规管理部门的重要职责,是合规管理部门开展合规培训的重要途径和实战演练,也是将合规要求融入业务部门规章和业务流程的有利途径。需要明确的是,合规审查的对象和内容,只限于合规审查对象是否符合合规规范,而不包括合规审查对象的专业内容(如业务、财务、技术、商务、技术、安全环保、IT 等)。合规审查对象的专业内容,系业务部门和其他相关部门的专业审查范畴。

(三)合规审查的建议

合规审查的建议职能,建立在以调查、监测和测试为手段的报告义务基础之上。该义务由公司合规团队履行。对合规风险进行识别、量化和评估,再向高级管理层报告。提交合规建议书,其实质是对合规风险进行状态和危害性描述,并做出明确的评估结论,最终提出避免外部风险和对制度、业务自身问题的整改方案,确保高级管理层对合规风险状况和主要合规风险环节有充分认识,以上是履行建议的职能。

作为起步阶段的必需,提供格式如下:

合规审查建议书

__________:

本合规部接受你部提交的合规审查新制度(或新业务等),经过对你方提交的材料进行审查,认为:____________________。为使所审查内容符合合规要求,现对存在的主要问题提出如下意见:

1. ____。

2. ____。

3. ____。

4. ____。

××保险公司合规部

××××年××月××日

四、合规检查机制建设

合规风险检查工作应遵循"独立、客观、公正、有效"原则。其中独立,是指合规风险管理部门在履行检查职能时,不受任何单位和个人的干涉,检查人员不得参与其被检查单位财务和经营管理活动;在存在利益冲突时应主动回避。客观,是指合规风险管理部门在合规风险检查时,应以事实为依据,以制度为准绳;秉公执法、不徇私情。公正,是指合规风险管理部门应保证合规风险检查行为的公正,按照检查依据和标准对被检查单位的行为进行检查、评价、报告和处理。有效,是指经合规风险检查后形成的合规风险检查报告是对各单位进行合规风险考核的重要依据;对查实的违规违纪行为要按照保险公司内部规章制度进行处罚,严格问责;对因制度或者流程不完善所带来的违规违纪现象,被检查单位应及时完善制度、改进流程。

(一)合规风险检查事项和检查方式

1. 合规风险检查事项

合规风险检查不同于内部审计检查,不是一般的泛泛地检查或者全面检查,而是侧重于合规风险。其检查的主要事项包括:

(1)合规风险管理与合规风险控制政策、措施是否充分、适当。

(2)合规风险管理政策、制度的贯彻落实,合规风险管理计划的实施状况以及在实现合规风险管理与控制目标方面的进展情况。

(3)员工是否能够正确理解和把握合规法律、法规、规则和准则的相关内容。

(4)当有关法律、法规等规范性制度发生变化时,是否及时修订和完善已制定的各项管理制度、操作规程及实施细则。

(5)发现违规操作或者可疑交易等合规风险问题或者合规风险隐患时,是否及时上报并采取适当处置和纠正措施的机制是否健全有效。

(6)因违规问题受到过监管机构的警示或者处罚后是否得到有效的整改。

(7)按规定应该接受合规风险审核的事项是否进行了审核;合规风险管理部门的合规风险审核、合规风险咨询、合规风险提示等合规风险管理意见是否得到遵守和执行。

2. 合规风险检查的职责职权

为保证合规风险检查的顺利进行,合规风险管理部门及其管理人员,在履行检查职责时,应享有一定的职权并承担一定的职责;被检查单位则负有配合检查的职责。

(1)总公司合规风险管理部门的合规风险检查职责,应有以下几项:

①统一策划、协调、组织、创新和推动保险公司合规风险检查工作;

②制定保险公司合规风险检查工作规划、年度工作计划;

③编制合规风险检查工作管理制度以及操作规程;

④负责总公司各部门、各级分支机构的合规风险检查工作;

⑤根据需要统一安排和组织全公司性质的合规风险检查;

⑥对保险公司合规风险管理进行监督、检查和评价,对全公司合规风险进行预警、提示;

⑦研究认定对违反合规风险管理制度的单位及其负责人的处罚意见,报公司领导审批;

⑧对省级分公司合规风险管理部门的合规风险检查工作进行评估和考核;

⑨协调监督部门对保险公司的合规风险检查工作;

⑩建立保险公司合规风险检查工作例会制度,重点研究解决存在的突出问题,把合规风险检查例会作为合规风险管理的重要手段;

⑪负责保险公司合规风险检查人员的工作管理和业务培训;

⑫推广先进的检查经验,沟通全系统的业务联系;

⑬完成总公司领导交办的其他合规风险检查工作。

（2）各级分支机构合规风险管理部门的合规风险检查职责，有以下几项：

①统一策划、协调、组织和推动分公司的合规风险检查工作；

②制定分公司的合规风险检查制度及规范，并报总公司合规风险管理部门备案；

③制订分公司的合规风险检查年度计划，并报总公司合规风险管理部门备案；

④独立行使合规风险检查职权，并向总公司合规风险管理部门报告检查情况；

⑤组织实施对分公司各单位的合规风险检查；

⑥对分公司各部门的合规风险管理进行综合评价，对各项业务管理制度的建立和执行情况进行监督检查；

⑦对分公司各部门的合规风险进行预警、提示；

⑧协调监督部门对分公司的合规风险检查工作；

⑨完成分公司领导、总公司合规风险管理部门交办的其他合规风险检查任务。

（3）合规风险检查人员享有以下工作权限：

①有权检查被检查单位的全部经营行为、管理行为；

②有权审阅各类档案、资料，有权享有保险公司内部计算机网络上较高的业务信息访问权限；

③有权要求被检查单位和个人就检查事项所涉及的问题做出的回答、解释和说明，并取得相关文件；

④有权对被检查单位提出改进和加强合规风险管理工作的意见和建议；

⑤有权对违反国家法律、法规、准则及公司内部规章制度的行为提出检查意见和处罚建议；

⑥根据需要，有权列席各单位内部会议，有权调阅相关会议记录；

⑦对正在进行的违规违法行为，有权制止和限期改正，并及时向上级报告，必要时可越级报告；有权制止被检查单位正在发生的转移、隐匿、篡改和毁弃业务记录、资产及违法所得等行为，并提出处理意见；

⑧根据需要，公司领导授予的其他职权。

3. 合规风险检查的方式

（1）合规风险检查的方式

合规风险检查方式包括日常监控和专项检查两种。

①日常监控，是指合规风险管理部门通过经常性的调查、座谈、收集信息等方式，熟悉各单位的规章制度、业务运作情况、合规风险管理状况等，发现问题并及时提出管理建议的一种日常监督检查方式。

②专项检查，是指合规风险管理部门按照规定的程序对被检查单位的合规风险管理状况、各项业务的合规性等进行的专门性检查工作。专项检查又包括现场检查和非现场

检查两种方式。1)现场检查。其是指合规风险管理部门根据合规风险管理或者业务经营管理的需要,到被检查单位进行实地详细检查的工作方式。2)非现场检查。其是指合规风险管理部门通过要求被检查单位报送各种资料或者运用计算机等工具,对各种经营管理信息进行合规性分析来发现合规风险点的工作方式。在检查工作中,凡是在非现场检查中发现的带有苗头性或者倾向性的问题,需转化为现场检查的,经合规风险管理部门负责人批准后应及时进行现场检查。

(2)实施要求

合规风险检查由被检查岗位所在单位的上级公司组织,以检查项目的形式开展,在组织上应遵循以下要求:

①检查人员应具备充分的独立性,与被检查单位无隶属关系,与被检查人员无亲友或利益关系。

②检查人员的食宿费用等工作开支应保持完全独立,不接受被检查单位及相关人员的款待。

③检查人员应亲自抽取、翻阅和查看各项信息资料,确保检查结果的真实性。

④检查前应做好信息保密,避免被检查单位及相关人员提前准备。

(二)合规检查的阶段和步骤

1. 检查前的准备

(1)收集研究信息,开展异动分析

通过收集对被检查单位财务状况、被检查单位经营状况、被检查单位内部控制状况、历次检查、审计、内部控制测试等情况、与关键岗位人员有关的信息资料和群众意见等相关数据做异动分析,以此为依据确定检查重点,选择检查方法和检查工具等。

(2)组织检查组,指定组长,进行人员分工

由检查组织单位的内控部门从本级和所辖机构选派人员组成检查组;检查组实行组长负责制,由组长对组员进行分工,监督工作质量并对检查的结果负责;检查组人员必须具备相对独立性,与被检查单位没有任何隶属关系,与被检查岗位人员没有任何亲属和利益关系。

(3)检查组制定现场检查实施方案

每次实施检查前,检查组制定《现场检查实施方案》,经检查组织单位的内控部门审核,由检查组具体实施。

关于对×××分(支)公司开展合规检查的实施方案

为了顺利开展对×××分(支)公司的合规风险现场检查工作,提高检查效率,确保工作质量,在充分收集和了解有关情况的基础上,特制定本实施方案如下:

(一)检查目的

……

(二)检查岗位及范围

……

(三)检查步骤和时间安排

……

(四)人员构成及分工

……

(五)工作要求

……

(六)其他事项

……

合规管理部

[或×××分(支)公司合规部]

××××年××月××日

(4)制定待查岗位检查预案

确定分工后,检查组人员应依据《现场检查实施方案》,并结合自身工作经验制定待查岗位的检查预案,提交组长审核。检查预案应包括以下基本内容:①检查内容及要点;②检查方法及流程;③需获取的资料。

在每次实施检查前,检查组应根据需要制作足够数量加盖有检查组织单位公章的封条,以备现场检查时使用。

(5)制定《合规检查通知书》

在每次实施检查前,检查组织单位应制定《合规检查通知书》,由检查组在到达检查现场时向被检查单位出具。

×××保险公司(合规检查通知〔××××〕×××号)

合规检查通知书

×××分(支)公司:(手工填写)

根据《×××公司××××年度合规检查工作计划》安排,经×××公司总经理室研究,定于××××年××月××日派出检查组,采取突击检查的方式,对你公司的合规风险开展现场检查。检查的岗位为×××、×××、××××,范围为××××年××月至××××年××月发生的所有业务,必要时可调整检查的岗位和范围。请你公司对本次检查工作予以积极配合,为检查组提供必要的检查环境和工作条件,服从检查安排,按照检查组要求及时提供相关信息资料并保证其真实性、完整性,确保检查的顺利进行。

特此通知。

检查组组长:

检查组成员:

××××年××月××日

被检查单位公章: 检查组织单位公章:

……………骑……………缝……………章……………

合规检查通知〔××××〕×××号回执存根

回执签名:

被检查单位名称:

回执日期:

(6)检查人员签署责任状

参与合规检查的人员应与公司签署《合规检查工作责任状》。

×××保险公司×××分公司

合规检查人员责任状

本人谨对参加合规风险检查工作做出如下承诺:

一、我将严格遵守合规风险检查的工作纪律,服从工作安排,保证工作质量,按时完成工作任务;

二、我将如实反映被检查岗位及其所在单位存在的问题,不隐瞒不漏报;

三、我将对作出检查结论的客观性负责;

四、我将严格做好保密工作,不将检查情况及结果泄露给他人,不私自向被检查人员或单位透露与检查有关的重要信息;

五、如因本人未履行职责导致重大问题未被发现,在日后检查中发现该问题时,我愿就失职行为承担责任。

签署人(签字):

××××年××月××日

2. 现场检查的实施

(1)突击盘库

在抵达检查现场后的第一时间对被检查单位的金库、单证室以及被检查对象所在办公场所的抽屉、橱柜、存放物品、电脑等进行封存清查。检查人员应亲自获取或监督他人获取相关信息资料,以确保信息资料的真实可靠。在向被检查单位借阅、获取和归还有关凭证、文件、资料或物品时,检查人员应严格履行交接手续,制作交接清单,并由交接双方签字确认。

(2)状况处理

实施检查的过程中如遇到下列情形之一,应及时向检查组织单位的内控部门汇报,并调整工作安排:

①检查组对被检查关键岗位的具体情况进行评估后,认为需要调整检查对象、范围或步骤的。

②检查组人员发生变化,足以影响检查方案执行的。

③检查过程中发现重大违规违纪线索,需集中力量对相关岗位做重点深入调查,或需要加强检查力量的。

④检查活动受到限制或阻挠,不能正常开展检查工作的。

⑤其他状况的处理:实施检查的过程中如发现重大违规违纪线索,涉及人员应当回避。如果发现被检查对象或其所在单位存在严重违规违纪行为,取证时应指派两名以上检查人员办理。

(3)证据收集

①对检查发现的问题必须在取得充分的检查证据后方可确认,检查人员应及时收集能够证明问题存在的原始资料、文件和实物等作为检查证据。检查证据必须具备客观性、相关性、充分性和合法性。

②根据检查方法的不同,检查证据可分为书面证据、实物证据、视听电子证据、口头证据、环境证据等。

③如果按照既定的检查方法难以取得充分的检查证据,应当及时实施替代的方法。如果难以取得原始资料、文件或实物等,也可采取文字记录、摘录、复印、拍照、拷贝、截屏、下载等方式获取检查证据。

④对取得的口头证据应予以文字记录,并由证据提供者签名确认。

(4)证据处理

检查人员应对获取的证据做以下处理:

①分析筛选,剔除那些与检查事项无关、无效、重复、冗余的证据。

②汇总分析,确定证据是否足以支持检查结论。

③归纳排序,为证据编制索引号,归档附于对应的工作底稿后。

对于被检查对象或其所在单位存在异议的检查证据,应当重新予以核实;对确有错误和偏差的,应当重新取证。检查组长应督导检查人员收集检查证据并进行审核,如发现证据不充分或不符合要求的,应责成相关人员进一步取证。

(5)底稿填写

检查人员应在获取充分检查证据的基础上,填制《合规检查工作底稿》,记录检查发现、结论和依据等。

×××公司×××分公司合规检查工作底稿

<table>
<tr><td>被检查公司</td><td></td><td>编　　号</td><td></td></tr>
<tr><td>被检查岗位</td><td></td><td>检查日期</td><td></td></tr>
<tr><td colspan="4">检查记录:罗列检查发现的具体问题,并对问题发生的期间、涉及事项、金额、具体事实、当事人等做详细描述。</td></tr>
<tr><td colspan="4">检查结论和制度依据:对发现问题做准确的定性描述并阐明有关制度依据。
检查人:　　　　日期:</td></tr>
<tr><td colspan="4">复核意见:
复核人:　　　　复核日期:</td></tr>
<tr><td colspan="4">被检查岗位人员意见:
被检查人员签名:　　　　日期:</td></tr>
<tr><td colspan="4">被检查单位意见:
负责人签名:　　　　日期:</td></tr>
<tr><td>附件清单</td><td colspan="3">逐项列明相关附件的编号、名称和份数等(每项证据的右上角都要写明编号、名称和份数)</td></tr>
</table>

(6)底稿编制要求

①在逐项逐事确认、编制检查工作底稿时,应做到一事一稿。如果一件检查事项涉及多个岗位,应统一填制一份工作底稿予以完整反映。

②如果一项检查证据同时对应多个底稿,应将其复制多份,每份都予以单独编号,分别附于不同底稿后。

③检查组长应对检查工作底稿内容进行复核,并在底稿中写明复核意见。如果发现底稿存在问题,应要求相关人员修改完善或重新填制。

④在复核合规风险检查工作底稿时,应关注以下事项:是否对确定的检查项目实施了检查;证据是否充分,附件是否齐全,编号是否符合要求;发现问题记录是否完整,描述是否得当,事实认定是否清楚;检查结论定性是否准确;适用法律法规、规章制度是否恰当;文字表述是否明晰、通畅。

(7)检查收尾

现场检查结束前,检查组长应与被检查岗位人员及其所属单位负责人就检查情况进行沟通,通报检查结果,分别在检查工作底稿上写明意见并签字确认。如果无法取得有关人员的签字,应在检查工作底稿中注明原因(该情况不影响底稿的有效性)。

现场检查结束后,由检查组长汇总、整理、归档所有定稿的纸质资料和电子文档。检查人员应对办公场所进行清理,及时退还借阅的凭证和资料,销毁作废的纸质材料,清除相关电子文档,防止泄密。

(8)撰写提交检查报告

报告应于现场检查结束后的规定时间内上报本级公司总经理室和总公司合规部。

①检查组人员集体撰写初稿;

②检查组长审核;

③检查组织单位的内控部门复核;

④分公司总经理室审阅;

⑤总公司合规部门审阅并提交检查任务下达的机构(董事会、高级管理层)。

3. 撰写提交检查报告

检查报告的撰写要求如下:(1)实事求是反映检查发现的问题。(2)按照规定的体例结构撰写,做到要素齐全、格式规范,不遗漏检查发现的重大事项。(3)重点突出、简明扼要、易于理解。(4)撰写提交及时。

检查报告的复核及审核事项如下:(1)事实认定是否清楚,获取证据是否充分。(2)问题阐述是否全面、公允。(3)金额计算是否准确、有据。(4)检查评价是否正确、客观。(5)管理建议是否恰当、可行。(6)附表填制是否规范、完整。

报告格式如下:

关于对×××分(支)公司×××、
×××、×××等单位的合规检查报告

主送单位:

为了××××××(检查目标),根据《×××公司××××年度关键岗位检查工作计划》安排,以《关于对×××公司开展关键岗位现场检查的实施方案》为依据,由×××公司组织检查组,于××××年××月××日至××××年××月××日对×××公司的×××、×××、×××、×××等岗位开展了现场突击检查。在检查过程中,结合×××公司的实际情况,遵循×××、×××、×××、×××的工作步骤,检查组实施了包括×××、×××、×××、×××(检查方法列举)等在内的必要手段,重点检查了×××、×××、×××等情况(检查要点)。在获取了充分、适当的检查证据的基础上,我

们对被检查对象发表了检查评价意见。现将有关情况报告如下:

(一)检查工作基本情况

……

(二)被检查单位及岗位基本情况

……

(三)检查发现(分类概述)

……

(四)检查评价及依据

……

(五)问题成因分析及管理建议

……

附表1:《×××公司合规检查发现问题汇总表》

附表2:《×××公司检查成本分析表》

检查组组长:

××××年××月××日

附表1:×××公司合规检查发现问题汇总表

序号	被检查单位	问题涉及岗位	发现问题及描述	问题涉及金额	公司损失金额	备注
1						
2						
3						
4						
5						

制表人: 复核人: 日期:

填表说明:

1. 涉及金额的栏目以元为单位进行填写。
2. 如发现问题涉及多个岗位,均应在“问题涉及岗位”栏中列明。
3. “问题涉及金额”栏应填写经计算核实后确认问题涉及的金额,如不涉及金额则填“无”。
4. “公司损失金额”栏应填写经计算核实后缺人问题给公司造成实际损失的金额,如不涉及金额则填“无”。
5. 如发现问题仍需更深入的检查核实,应在“备注”栏说明下一步工作建议等。

附表 2：×××公司检查成本分析表

检查岗位	被检查人次	检查天数	耗费工时	备注
合计				
检查成本计算	费用合计： 住宿费　元＋餐费　元＋交通费　元＋其他杂费　元＝　元 费用明细说明：			

4. 发现问题的整改

(1)总公司组织检查发现问题整改工作流程,见图1－3－2。

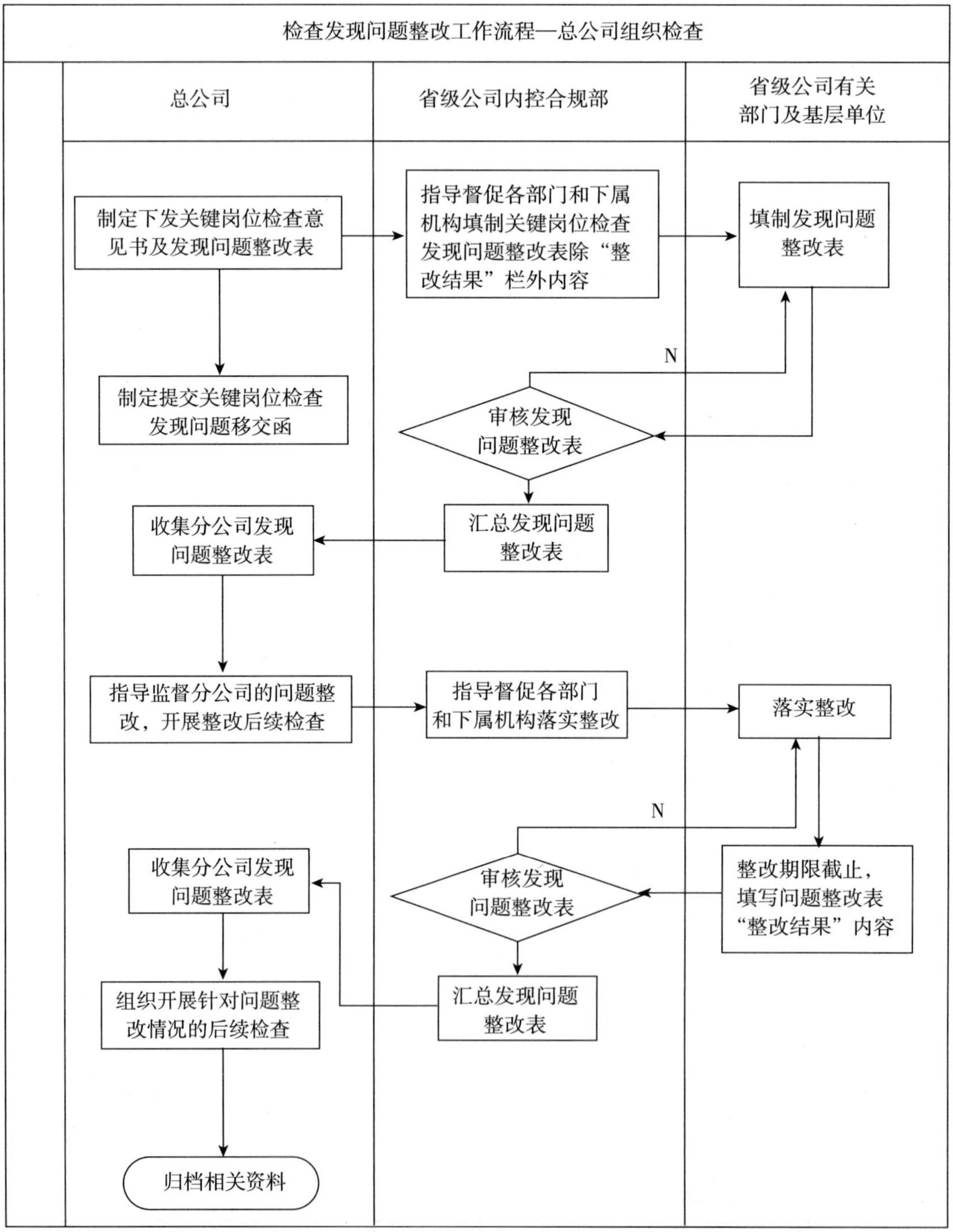

图1－3－2　检查发现问题整改工作流程—总公司组织检查

(2)省级公司组织检查发现问题整改工作流程,见图1-3-3。

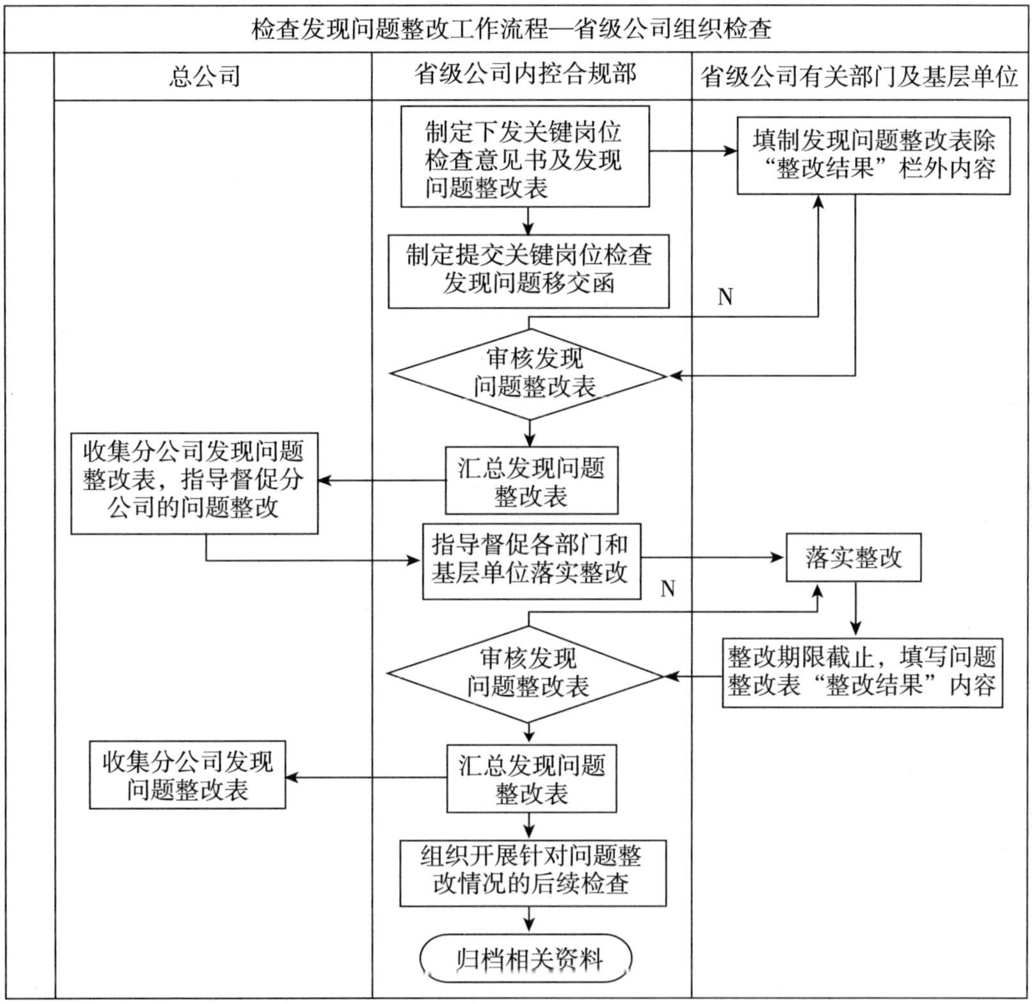

图1-3-3 检查发现问题整改工作流程—省级公司组织检查

关于对×××公司×××、×××、×××等岗位的检查意见(合规检查意见〔××××〕×××号)

被检查单位:

以合规风险检查通知〔××××〕×××号为依据,×××公司组织检查组自××××年××月××日至××××年××月××日对你公司×××、×××、×××等岗位进行了现场突击检查。在获取充分、适当检查证据的基础上,现出具检查意见如下:

(一)检查发现(分类概述,详细内容参考附表)

……

(二)检查评价及依据

……

(三)整改意见

……

附表:《×××公司合规检查发现问题整改表》

××××年××月××日

被检查单位公章: 检查组织单位公章:

……………骑……………缝……………章……………

合规检查意见〔××××〕×××号回执存根

回执签名: 被检查单位名称: 回执日期:

附表:×××公司合规检查发现问题整改表

序号	问题涉及单位	问题涉及岗位	问题描述	整改措施	责任部门	计划整改完成时间	整改结果	备注
1								
2								
3								
4								
5								

制表人: 复核人: 填表日期:

表格填写及使用说明:

1. 检查组织单位的内控部门在预先填写"问题涉及单位""问题涉及岗位""问题描述"三个栏目后,将此表随《合规风险检查意见书》下发给被检查单位。

2. 被检查单位在收到此表后20日内,填写检查发现问题对应的"整改措施""责任部门""计划整改完成时间"三个栏目,报本级公司总经理室和省级公司内控合规部审批同意后实施。省级公司内控部门进行汇总后,上报省级公司总经理室和总公司内控与风险管理部。

3. 填写的"计划整改完成时间"原则上不能晚于检查组织单位出具的《合规风险检查意见书》中规定的整改期限。

4. 当《合规风险检查意见书》规定的整改期限截止时,被检查单位应填写"整改结果"一栏内容,描述问题整改的完成情况和效果,及时上报本级公司总经理室和省级公司内控合规部。省级公司内控合规部应对整改结果进行审核,并上报省级公司总经理室和总公司内控与风险管理部。

关于对×××公司×××、×××、×××等岗位检查的发现问题移交函(合规风险检查发现问题移交函〔××××〕×××号)

监察部:

以合规风险检查通知〔××××〕×××号为依据,我们组织检查组自××××年××月××日至××××年××月××日对×××公司的×××、×××、×××等岗位进行了现场突击检查,发现该公司存在×××、×××、×××等重大违规违纪问题,具体详见附件。

请贵部对上述问题予以核实,并将处理结果反馈我部。

此致。

××××年××月××日

合规部门负责人签字:

……………骑……………缝……………章……………

合规风险检查发现问题移交函

〔××××〕×××号回执存根

回执签名:　　　　　　　　回执日期:

五、保险公司内部合规考评机制建设

(一)合规考评的含义

《保险公司合规管理办法》第31条明确保险公司应当建立有效的合规考核和问责制度,将合规管理作为公司年度考核的重要指标,对各部门、分支机构及其人员的合规职责履行情况进行考核和评价,并追究违法违规事件责任人员的责任。保险公司的绩效考核应体现倡导合规和惩处违规的价值观念。保险公司内部必须具有清晰的责任制以及相应的激励约束机制,形成所有员工理所当然要为其从事的职业和所在岗位的工作负责任的氛围,充分体现保险公司倡导合规和惩处违规的价值观念。可以参照企业考核机制建立平衡计分卡绩效评价机制,将财务、顾客、企业内部流程、学习与成长等财务指标与非财务指标综合起来,根据各指标的评分取均值,以此来实现测评标准的宽泛化和测评结果的数据化,为保险公司的奖惩制度提供可靠的依据。

(二)合规考核制

为加强合规管理的权威性,各家保险公司基本上都将考核机制引入合规管理,在业务条线和相关人员绩效考核体系中,设定了10%左右权重的合规指标,由合规部门打分、评价。在积极探索量化合规风险、评估合规风险的数学模型和手段方面,有些保险公司已经卓有成效。考核标准,是考核项目和考核分值的总和。考核标准具体导向作用,应科学设置。一般而言,考核项目应包括合规风险管理所设计的所有方面;合规风险考核应实行量化制,总分可以设置为100分。合规风险考核标准一经确定,不得随意变动。当然,为体现不同阶段合规风险管理的重点,总公司合规风险管理部门可根据不同时期合规风险管理目标和工作重点的变化,调整考核标准;调整的考核标准应公布,并在调整后的下一个季度适用。

1. 具体考核项目及其分值

具体考核项目及其分值等考核标准可参考表1-3-2。

表1-3-2 合规风险考核表

被考核单位名称:

<table>
<tr><th>类别</th><th colspan="2">考核事项</th><th>分值</th><th>得分</th></tr>
<tr><td rowspan="5">负责人合规履行</td><td colspan="2">1. 制定合规风险管理政策</td><td>2</td><td></td></tr>
<tr><td colspan="2">2. 建立识别、计量、监测并控制合规风险的程序和措施</td><td>2</td><td></td></tr>
<tr><td colspan="2">3. 建立和完善合规管理机制,合规风险管理的职责得到有效履行</td><td>2</td><td></td></tr>
<tr><td colspan="2">4. 建立畅通的信息沟通渠道,确保及时获取合规风险管理资源</td><td>2</td><td></td></tr>
<tr><td colspan="2">5. 培育合规风险管理文化,提高员工的风险意识和职责道德素质</td><td>2</td><td></td></tr>
<tr><td rowspan="8">合规风险管理政策</td><td colspan="2">1. 与保险公司的经营宗旨和发展战略相一致</td><td>2</td><td></td></tr>
<tr><td colspan="2">2. 体现持续改进本单位合规风险管理的要求</td><td>2</td><td></td></tr>
<tr><td colspan="2">3. 符合现行法律法规和监管要求</td><td>2</td><td></td></tr>
<tr><td colspan="2">4. 体现侧重控制的合规风险类型</td><td>2</td><td></td></tr>
<tr><td colspan="2">5. 体现对不同地区、行业、产品的合规风险管理要求</td><td>2</td><td></td></tr>
<tr><td colspan="2">6. 可为合规风险相关方所获取,并寻求互利合作</td><td>2</td><td></td></tr>
<tr><td colspan="2">7. 传达给适当岗位的员工,并指导员工实施风险控制措施</td><td>2</td><td></td></tr>
<tr><td colspan="2">8. 定期进行回顾,确保其持续的适宜性和有效性</td><td>2</td><td></td></tr>
<tr><td rowspan="20">合规风险管理职责(注:当被考核单位是一个部门或者条线时,仅进行部门考核;当被考核单位是分公司时,包括所有部门,但总分值为10分,各项分值按10/8计算)</td><td rowspan="7">法律合规部门</td><td>1. 持续跟踪法律法规的发展,并解释它们对保险公司的影响</td><td>2</td><td></td></tr>
<tr><td>2. 根据单位合规管理的要求,向管理层提供建议</td><td>2</td><td></td></tr>
<tr><td>3. 代表保险公司利益,处理相关法律事务与合规事件</td><td>2</td><td></td></tr>
<tr><td>4. 按照合规管理工作需要,发展与监管机构的交流关系</td><td>2</td><td></td></tr>
<tr><td>5. 支持合规管理部门对员工的培训及与员工的沟通</td><td>2</td><td></td></tr>
<tr><td>6. 参与调查合规薄弱环节与违规问题</td><td>2</td><td></td></tr>
<tr><td>7. 就纪律惩处问题提供意见</td><td>2</td><td></td></tr>
<tr><td rowspan="4">风险管理部门</td><td>1. 负责识别、评估包括自身合规风险在内的各类风险</td><td>2</td><td></td></tr>
<tr><td>2. 向合规管理部门报送相关合规风险信息,支持合规风险管理部门的风险监测</td><td>2</td><td></td></tr>
<tr><td>3. 通过在风险管理过程中对合规风险的强调等方式,增强保险公司内部对合规风险的认识</td><td>2</td><td></td></tr>
<tr><td>4. 与合规管理部门协作,向管理层提供相关建议</td><td>2</td><td></td></tr>
<tr><td rowspan="3">稽核(审计)部门</td><td>1. 负责保险公司各项经营活动的合规性审计,并将合规性审计结果告知合规管理部门负责人</td><td>2</td><td></td></tr>
<tr><td>2. 定期对合规管理职能的履行情况进行独立评价</td><td>2</td><td></td></tr>
<tr><td>3. 对合规问题进行专题复查以及参与调查合规薄弱环节和违规问题</td><td>2</td><td></td></tr>
<tr><td rowspan="6">人力资源部门</td><td>1. 为合规管理部门配备高素质的职员,并确保他们能够履行特定职责</td><td>2</td><td></td></tr>
<tr><td>2. 通过员工手册和入行教育,帮助贯彻监管要求与遵守行为准则</td><td>2</td><td></td></tr>
<tr><td>3. 协助制定有关处理合规事件措施的政策</td><td>2</td><td></td></tr>
<tr><td>4. 帮助管理和开发合规培训和交流</td><td>2</td><td></td></tr>
<tr><td>5. 在招聘敏感职位新员工方面,支持合规管理部门</td><td>2</td><td></td></tr>
<tr><td>6. 将绩效薪酬与合规履责挂钩,以激励合规行为、支持合规管理部门</td><td>2</td><td></td></tr>
</table>

续表

<table>
<tr><th>类别</th><th colspan="2">考核事项</th><th>分值</th><th>得分</th></tr>
<tr><td rowspan="15">合规风险管理职责（注：当被考核单位是一个部门或者条线时，仅进行部门考核；当被考核单位是分公司时，包括所有部门，但总分值为10分，各项分值按10/8计算）</td><td rowspan="4">各业务部门、各业务条线</td><td>1. 主动进行日常和（或）定期合规性检查，并向合规管理部门提供合规风险信息和风险点</td><td>2</td><td></td></tr>
<tr><td>2. 在发布业务信息、产品信息等市场信息时，应确保信息发布的合规性</td><td>2</td><td></td></tr>
<tr><td>3. 支持并配合合规管理部门的风险监测和评估</td><td>2</td><td></td></tr>
<tr><td>4. 在合规管理部门的统一组织和统筹协调下进行保险公司业务政策、行为手册和操作程序等的起草和修订工作</td><td>2</td><td></td></tr>
<tr><td rowspan="6">财务会计部门</td><td>1. 客户开户满足合规性要求</td><td>2</td><td></td></tr>
<tr><td>2. 客户款项支付满足合规性要求</td><td>2</td><td></td></tr>
<tr><td>3. 将会计业务中发现的合规性问题反馈给合规管理部门</td><td>2</td><td></td></tr>
<tr><td>4. 根据监管要求计提各类准备金</td><td>2</td><td></td></tr>
<tr><td>5. 根据监管要求核算利润</td><td>2</td><td></td></tr>
<tr><td>6. 费用计算及其发放满足合规性，杜绝“小金库”</td><td>2</td><td></td></tr>
<tr><td rowspan="3">投资及固定资产管理</td><td>1. 根据规定的程序和要求监控投资及固定资产管理的变化</td><td>2</td><td></td></tr>
<tr><td>2. 对投资、资产管理质量的分类符合监管要求</td><td>2</td><td></td></tr>
<tr><td>3. 将投资、资产管理监控中发现的合规性问题反馈给合规管理部门</td><td>2</td><td></td></tr>
<tr><td>客服部门</td><td>通过客户投诉报告向合规管理部门提供信息</td><td>2</td><td></td></tr>
<tr><td>IT部门</td><td>为合规管理部门的合规风险监测等提供技术支持</td><td>2</td><td></td></tr>
<tr><td rowspan="10">经营业务活动中的合规风险管理</td><td rowspan="3">合规风险控制方案</td><td>1. 为实现对风险的控制而规定的相关职责与权限</td><td>2</td><td></td></tr>
<tr><td>2. 控制的策略、方法、资源需求和时限要求</td><td>2</td><td></td></tr>
<tr><td>3. 控制方案的落实执行</td><td>2</td><td></td></tr>
<tr><td rowspan="7">合规风险控制措施</td><td>1. 负责人检查</td><td>1</td><td></td></tr>
<tr><td>2. 行为控制</td><td>1</td><td></td></tr>
<tr><td>3. 实物控制</td><td>1</td><td></td></tr>
<tr><td>4. 风险暴露限制的审查</td><td>1</td><td></td></tr>
<tr><td>5. 审批与授权</td><td>1</td><td></td></tr>
<tr><td>6. 验证与核实</td><td>1</td><td></td></tr>
<tr><td>7. 不兼容岗位的适当分离</td><td>1</td><td></td></tr>
<tr><td rowspan="6">合规风险管理的贯彻执行</td><td rowspan="2">合规审核</td><td>1. 对应该接受合规风险审核的事项进行审核</td><td>1</td><td></td></tr>
<tr><td>2. 落实合规风险管理部门的合规风险审核意见</td><td>1</td><td></td></tr>
<tr><td rowspan="2">合规咨询</td><td>1. 对合规风险管理有疑问时进行合规咨询</td><td>1</td><td></td></tr>
<tr><td>2. 落实合规风险管理部门的合规风险咨询意见</td><td>1</td><td></td></tr>
<tr><td rowspan="2">合规培训</td><td>1. 按规定进行合规培训</td><td>1</td><td></td></tr>
<tr><td>2. 为员工接受合规培训提供必要的方便</td><td>1</td><td></td></tr>
</table>

续表

类别	考核事项		分值	得分
合规风险管理的贯彻执行	合规风险识别评估	1. 接受合规风险管理部门的合规风险识别和评估	1	
		2. 协助合规风险管理部门的合规风险识别和评估	1	
		3. 如无正当理由,接受合规风险识别和评估的结论	1	
		4. 根据识别和评估结论、建议,采取完善措施	1	
	合规风险报告	1. 按时提交合规风险报告	1	
		2. 合规风险报告客观、全面,没有明显错误	1	
		3. 为兼职合规经理提交报告提供必要的工作条件	1	
	合规风险检查	1. 接受合规风险检查	1	
		2. 按要求及时提供检查所需的材料	1	
		3. 在工作场所、人员协助、技术手段等方面提供便利条件	1	
		4. 执行《合规风险检查意见书》的意见和建议	1	
	合规风险问责	1. 配合、协助合规风险问责调查	1	
		2. 不得对调查人员和处理人员打击报复	1	
		3. 执行合规风险问责处罚决定	1	
应急准备和预案程序管理	1. 建立并保持预案和程序,以识别可能发生的意外事件或者紧急情况(包括计算机系统)		1	
	2. 意外事件和紧急情况发生时,及时作出应急处置,以预防或减少可能造成的损失,确保业务持续开展		1	
	3. 定期检查、维护应急的设施、设备和系统,确保其处于适用状态;如可行,应定期测试应急预案		1	
	4. 定期回顾本单位应急预案,特别是意外事件或者紧急情况发生之后		1	
管理绩效预测	1. 合规风险管理目标的实现程序		2	
	2. 法律、法规及监管要求的遵循程序		2	
	3. 事故、险情和其他不良的合规风险管理绩效的历史情况		2	
合规风险管理回顾	1. 发现违规、险情、事故并及时报告		1	
	2. 及时处置违规、险情、事故		1	
	3. 制定纠正与预防措施,防止违规、险情、事故的发生和再发生		1	
	4. 纠正与预防措施在实施之前应进行风险评估		2	
	5. 实施并跟踪、验证纠正与预防措施		2	
	6. 险情和事故的责任追究		2	
与监管部门、员工的沟通	1. 及时识别、处置、标识监管部门的文件,必要时转化为内部文件		2	
	2. 及时、真实、完整地向监管机构和外界报告、披露相关信息		2	
	3. 所有员工充分了解相关信息、遵守涉及其责任的政策和程序		2	
	4. 违规违纪行为发生时,相关信息能得到及时报告和有效沟通		1	
	5. 信息交流与沟通应考虑信息的安全性和保密性要求		1	
	6. 相关信息报告、发布、披露经过授权		1	

续表

类别	考核事项	分值	得分
加分项目	1. 合规风险管理工作良好,被监管部门肯定的	3	
	2. 合规风险管理工作积极主动,并能提出有效建议的	4	
	3. 合规风险管理建议取得良好效果的	4	
减分项目	1. 发生合规风险行为,被监管部门通报批评的	7	
	2. 发生合规风险行为,被监管部门处以经济处罚的	7	
	3. 发生合规风险行为,被监管部门限制业务的	7	
	4. 在考核中,虚报、漏报材料或者弄虚作假的	5	
	5. 下属单位发生合规风险行为,上级单位监管不力的	3	

合规经营评估分值等于总分减扣分,扣分项目包括员工违法违规违纪案件、行政处罚案件、营销员重大违法违规案件、重大审计发现、品牌宣传违规案件和其他重大违法违规行为等。

2. 合规考核数据采集

合规考核的数据主要源于被考核基层经营单位上报的内部控制评估测试结果、缺陷整改情况、内控标准执行情况以及基层公司上报的其他报表、报告等,包括但不限于员工违法违规违纪案件统计表、行政处罚案件统计表和营销员重大违法违规案件统计表、重大司法案件统计表等。

(三)合规考核流程

合规风险考核,包括初步考核、考核申诉、确定考核结果、考核应用四个流程。

1. 初步考核

(1)考核时限。在每半年过后的第5~15个工作日内,合规风险管理部门应完成合规风险考核。

(2)考核环节。合规风险考核包括自评和复核两个环节。①自评。在进行合规风险考核时,合规风险管理部门应将合规风险考核表发给被考核单位。被考核单位应根据合规风险考核表进行自评;并在3个工作日内将填写完毕的合规风险考核表返回合规风险管理部门。②复核。合规风险管理部门根据平时对被考核单位的跟踪记录,对被考核单位的自评进行复核,得出初步考核结果。

(3)初步结果。在得出初步考核结果后,合规风险管理部门将考核结果告知被考核单位。被考核单位对考核结果无异议的,在考核结果表上签字表示确认;若被考核单位对考核结果有异议的,在考核结果表上签字表示确认;若被考核单位对考核结果有异议的可进入考核申诉。被考核单位对考核结果既不签字确认,又不按要求提出申诉的,视为默认考核结果。

2. 考核申诉

被考核单位如对考核结果不服,可以按照规定的程序进行申诉。

(1)申诉时限。考核申诉应在考核沟通结束后的5个工作日内提出。

(2)申诉提交。被考核单位对考核结果提出申诉时,须向负责考核的合规风险管理部门提交《合规风险考核申诉书》,并提供相应的书面材料。《合规风险考核申诉书》应列明对考核结果不服的事实、理由和要求。提交的《合规风险考核申诉书》不符合要求的,视为未申诉。

(3)调查核实。合规风险管理部门接到考核申诉表后,应指定专人到申诉单位了解情况,进行调查核实。调查人调查后,将具体情况反映给合规风险管理部门负责人,由合规风险管理部门负责人与申诉单位负责人沟通。

(4)申诉处理。合规风险管理部门负责人认为申诉单位的申诉事实和理由成立的,根据情况调整考核结果;认为申诉单位的申诉事实和理由不成立的,维持原有的考核结果。

(5)申诉结果。经申诉程序后的考核结果是最终考核结果。被考核单位应在经申诉程序后的考核结果表上签字确认;但签字与否,不影响考核结果。

3. 确定考核结果

被考核单位的考核总得分=常规类实际得分+分类实际得分-分类实际减分。

合规风险每半年的得分为根据上述公式计算的总得分;全年考核得分为两个半年得分的平均值。考核实际分类制,其中总得分在90分以上的为优秀;60~90分的为合格;60分以下的为不合格。

4. 考核应用

为保证合规风险考核目标的实现,特别是为保证通过考核促进合规风险管理目标的实现,合规风险考核结果的应用可实行双轨制。两种考核应用方式,可单独运用,也可合并运用。

(1)单独的合规风险考核。由合规风险管理部门单独应用考核结果,并由合规风险管理部门单独实施奖惩。具体的奖惩标准可根据保险公司的具体情况确定。如考核结果在90分以上的单位,可由合规风险管理部门给予通报表扬;考核结果在60分以下的单位,由合规风险管理部门给予通报批评;在考核期内发生严重合规风险行为,或者连续两年考核结果在60分以下的单位,由合规风险管理部门给予重点批评。

(2)纳入全公司考核体系。将合规风险考核纳入全公司考核体系中,并占有一定的权重;考核结果由人力资源部门根据商业银行考核制度实施管理。如合规风险考核占全公司考核权重的×%,合规风险考核得分与全公司考核得分的换算关系为:

$$S = A \times B/100 \times \times \%$$

其中,S 为换算后在全公司考核中的实际得分;A 为全公司考核总分值;B 为合规风险考核得分。

在分值换算时应根据同季换算原则,即季度考核,以合规风险季度考核得分实行换算;半年度考核,以合规风险半年考核得分实行换算;年度考核,以合规风险年度考核得分实行换算。

将合规风险考核纳入全公司考核体系,更能体现合规风险管理的导向作用。这种考核制度,是合规风险管理机制的重要组成部分,可直接影响合规风险管理的实际效果。另外,在合规风险考核结束后,合规风险管理部门应及时对被考核单位所存在的问题进行分析并制订出相应的改进计划;为被考核单位合规风险管理的改进提供指导和帮助,并跟踪其改进结果。被考核单位应在合规风险管理部门的指导下,积极改进合规风险管理。

(四)合规审计

企业内审部门对企业经营管理的合规性开展审计,在于对企业合规管理体系运营的结果及企业守法合规状况做全面的、专项的或者重点的审核与评价,发现存在的违规问题并提出整改要求和建议。对合规管理的有效性开展审计,重点在于对合规管理体系其他十一大构成要素运行的有效性进行审核监督。合规审计与合规管理评估的内容和范畴趋同,但合规管理评估是合规管理部门内部的自我监督与评价,合规审计则是企业审计部门对企业合规管理实施独立的外部监督。企业防范合规风险要筑牢"三道防线",业务部门是"第一道防线",合规部门及其合规管理是"第二道防线",审计部门是"第三道防线"。企业合规管理是内部审计的对象和内容,同时又向内部审计提供支持,包括提供审计所依据的合规规范,提供法律意见及合规意见等。

六、违规举报、调查与处置机制建设

保险公司应当建立违规事件举报机制,确保每一位员工和营销员都有权利和途径举报违规事件。建立违规举报的制度,包括提供违规举报的方式和途径(如举报电话,举报信箱,接受违规举报的管理人员的姓名、电话、电子邮件等),做到有报必查、违规必究,并建立举报保密和反打击报复机制,向举报人员提供可靠保护。企业违规举报、违规调查和违规处置机制,以及对举报人员的保护机制,有利于引导员工自觉合规,促进员工相互约束和监督,及时预警和识别合规风险,促进企业合规文化建设。

1. 违规举报

企业须建立违规举报制度,鼓励员工和第三方(如供应商、经销商、服务提供者、工程承包商等)进行违规举报。很多大型企业集团都设立了违规举报热线电话,甚至提供不同语种的接听服务;提供接受违规举报的电子邮件和信箱地址;公开接受违规举报的部门、人员、电话、电子邮件等。由于担心保密问题和打击报复,举报人一般都采取匿名举报方式举报违规行为。但是,为了提高举报人员的诚信度以及便利后续违规证据调查,企业仍然宜倡导实名举报。也正因如此,对举报人严格保密尤为重要。

2. 违规调查

任何部门或个人收到违规举报以后,企业应当展开违规调查,做到有报必查。在欧美跨国公司,违规调查一般由合规管理部门负责。在保监会《保险公司合规管理指引》中明确规定了合规风险调查管理制度。《保险公司合规管理办法》第 30 条也明确保险公司合规管理部门应当按照合规负责人、总经理、董事会或者其授权的专业委员会的要求,在公司内部进行合规调查。合规调查结束后,合规管理部门应当就调查情况和结论制作报告,并报送提出调查要求的机构。

合规部门为履行其职责应有权获取必要的信息,保险公司其他部门和员工在提供这些信息方面有给予密切合作的义务。合规部门有权独立调查保险公司内部可能违反合规政策的事件,对于调查所发现的任何异常情况或可能的违规行为,合规部门可随时向上一级合规部门和(或)所属机构管理层报告。保险公司高层应确保合规部门报告路线的畅通,并采取切实保障措施使合规部门不用担心来自管理层或其他员工的报复或冷遇。违规调查可能涉及专业技术和知识。必要时,还需要企业法务部门、内审部门、财务部门、人力资源部门、技术部门等参与违规调查。必要时,还需要聘请调查公司或者律师提供专业性调查服务。违规调查应独立地、秘密地开展,不受其他部门或者管理层的干涉。违规调查一般先从企业外围展开,再缩小到企业内部,最后与被举报员工约谈和质证。银保监会 2020 年印发的《银行保险机构涉刑案件管理办法(试行)》(银保监发〔2020〕20 号)还专门对案件风险事件规定了案件调查制度。

3. 违规处置

违规调查结束后,须向企业合规委员会或其他决策机构提出调查报告和处置建议,由其作出违规处置决定,人力资源部门负责具体执行。

4. 反打击报复

对违规举报提供有力保护,需要严厉惩处打击报复行为,但同时不能姑息利用违规举报污蔑诽谤他人的行为。企业需要制定专门的反打击报复办法,作为企业合规管理制度的一部分。为了鼓励员工举报和确保员工有畅通的渠道举报保险公司内部存在的道德和合规问题的同时,切实保护举报者不会因举报违规行为而受到打击报复、冷遇等各种不公正待遇和其他不利影响,保险公司应当制定相关的制度和程序,规定接受和处理举报事项的相关知情人员必须严格履行保密义务,禁止将举报材料转给被举报人或向其他人员泄露举报内容。同时,为确保对举报事项调查处理的客观性、公正性,应严格规定与举报事项有利害关系者不得承办处理相关举报事项。

七、合规问责机制建设

合规问责制是保险公司合规风险管理体系能否有效运作的关键所在,保险公司应制定违规的内部责任追究制度和纠错规范,明确和细化相应的合规管理职责,确保奖惩分明、违规必究,使合规责任能够真正落到实处。《保险公司合规管理办法》第 31 条规定,保险公司应当建立有效的合规考核和问责制度,将合规管理作为公司年度考核的重要指标,对各部门、分支机构及其人员的合规职责履行情况进行考核和评价,并追究违法违规事件责任人员的责任。

1. 明确合规职责

即明确风险和责任的有效归属,确保“责任该是谁的就该由谁承担”“权力有多大就必须负多大的责任”。合规管理部门要协助管理层制定合规手册和员工行为准则等合规指南,明确哪些行为是允许的、鼓励的;哪些行为是绝对不能接受的、不能容忍的,是监管机构所禁止的;哪些人或者部门应当对哪些违规行为负责。

2. 合规问责的内容

从前述保险公司合规问责制的含义来看,保险公司问责内容主要包括:保险公司内部各级管理人员由于故意或者过失,不履行或者未能正确履行应负的合规管理职责或相应的合规责任,以致保险公司受到或可能遭受法律制裁、监管处罚、重大财务损失或声誉损失等严重后果及合规风险的行为。其中不履行合规管理职责,主要是指拒绝、放弃、推诿、不适当履行岗位合规管理职责等情形;而未能正确履行合规职责,主要是指无合法依据以及不依据规定程序、规定权限和规定时限履行岗位合规职责等情形。

3. 合规问责的方式

保险公司应当按照问责对象的岗位职责及管理权限,并且按照规定的问责程序来进行合规责任的认定与追究。同时应当根据问责结果,视其情节轻重或影响大小,依照保险公司内部纪律处分办法或者人事惩戒制度等的有关规定,对相关责任人员进行严肃追究和处罚。保险公司对相关责任人进行追究和处罚的方式主要包括:通报批评、诫勉警告、书面检查、停职检查、调离岗位、降级减薪、引咎辞职、免职以及解雇除名等。除了上述纪律处分外,还可以视情况给予一定的经济处罚以及责令被处分人履行赔偿责任等。

4 合规问责的程序

保险公司的合规问责,尤其是对违规行为进行处理和处罚时应当确定严谨、透明、公正和合法的问责程序。保险公司内部的合规问责程序一般包括:问责启动—调查取证—审核决定—申诉复议—监督执行—后续处理等过程。

(1)问责启动。保险公司内部的违法行为一般通过保险公司内部的稽核检查、监管机构的现场检查以及行内举报、客户投诉等途径被发现。在发现保险公司内部的违规行为后,保险公司负责合规问责的监察部门等要经过保险公司高级管理层的有关负责人批准之后,作出立案或者不予立案的决定。决定立案的,应立即启动相关问责程序。

(2)调查取证。根据立案决定,合规风险管理部门应成立调查组,进行案件调查。调查组在调查取证过程中,有权采取下列措施:第一,询问当事人、询问证人以及利害关系人,对相关事实进行核实和取证;调查取证过程中所有的询问都应当制作笔录,并由被询问人核对后签名。第二,经保险公司主管领导批准,可以将有关证据封存并将证据登记在案。

(3)审核决定。在事实清楚、证据充分的基础上,承办人员或者承办部门将调查结果向上级监察部门或者公司高管层报告。公司监察部门对相关事实进行全面审核,审查违规行为是否成立,有无从轻、减轻处理的情节,并作出相应的处罚决定或者免予处罚的决定。合规风险问责的处罚方式有:①经济处分:包括罚款、扣减绩效工资、降低薪酬级次、责令赔偿经济损失。②行政处分:包括警告、记过、记大过、降级、撤职、留用察看、引咎辞职、责令辞职、开除。同时,员工受行政处分期间不得晋升职务和级别。③其他处分:包括通报批评、书面检查、停职检查、调离岗位、下岗待聘、解除劳动合同等。这些处罚种类可以独立适用,也可合并适用。应予纪律处分的,不得以经济处分或其他问责方式替代。

(4)申诉复议。受处罚人对处罚决定不服,可以在接到处罚决定后在规定时间内向作出处罚决定的部门请求复议,并向上级机关或监察机构等提出申诉。上级机关获知监察机构要认真研究处理,并在规定的期限内给予书面答复。总公司合规风险管理部门在复议调查时,应当认真听取当事人的意见和辩解,注重维护当事人的合法权益。但是在复议期间,不停止处罚决定的执行。复议后,总公司合规风险管理部门经与纪检监察部门、人力资源部门会商,并报公司领导批准后维持或改变原处罚决定。经公司领导批准后,总公司合规风险管理部门应制作复议通知书,并送达给当事人;在改变原处罚决定时,复议通知书应送达相关机构。

(5)监督执行。对当事人作出行政纪律处分或者解除劳动合同的处罚的,应当由人事、监察部门负责监督执行。在监督执行中,应当采取有力措施,确保问责决定的执行和实施,切实维护问责决定的严肃性和权威性。合规风险处罚问责执行完毕后,负责执行的部门应将执行结果及时书面告知合规部门。

(6)后续处理。为将合规风险问责进一步落到实处,应根据情况采取后续措施:①在合规风险问责程序中,如发现相关的管理制度、操作流程、操作手册存在矛盾、冲突、漏洞等情形的,合规风险管理部门应制作意见书,提醒相关部门予以完善。②在问责过程中发现的重大违法违规问题或者线索,应予以进一步立案调查,从严追究,并经公司领导批准后及时向监管机构报告;对在重大违规事件中负有主要责任并涉嫌违法犯罪的高管人员或其他直接责任人,经公司领导批准后移送司法机关。

八、合规风险报告机制建设

(一)合规风险报告的定义和类别

保险公司合规风险报告是指保险公司合规部门等依照保险公司内部合规风险管理程序,并按规定的合规报告路线,向管理层提供定性和定量描述的保险公司经营过程中所涉及的合规风险状况的报告。与其他风险报告一样,合规风险报告一般也可按报告内容划分为综合合规风险报告和专项合规风险报告,也可以按照报告的时间和频率分为定期合规风险报告和不定期合规风险报告。不同层次和种类的合规风险报告应当遵循规定的发送范围、程序和频率。

1. 综合合规风险报告

综合合规风险报告一般为定期报告,是按照保险公司合规方案以及保险公司内部合规风险报告制度的规定,定期向管理层报告保险公司在报告期内所面临的合规风险状况的报告。如果按照规定的报告时间和频率,综合合规风险报告可分为月度报告、季度报告、半年度报告和年度报告等。有关合规风险定期报告的时间和频率,应当按照保险公司合规风险管理的具体情况和实际需要加以明确规定。

2. 专项合规风险报告

专项合规风险报告为不定期报告,主要是向管理层随时反馈重要的合规问题及其他重要信息,包括合规法律、规则和准则的最新变动情况。尤其是一旦发生或者发现了重大合规违规事件或其他重大风险事项的报告等。

(二)合规风险报告路线

《保险公司合规管理办法》第 28 条明确保险公司应当明确合规风险报告的路线,规定报告路线涉及的每个人员和机构的职责,明确报告人的报告内容、方式和频率以及接受报告人直接处理或者向上级报告的规范要求。这是建立合规风险报告路线保障机制的制度基础。现有国际上的两种合规管理组织架构可分为集中化的框架模式和分散化的框架模式。集中化的框架模式是一种采取中央集权形式的合规管理组织架构,一般是将所有合规人员集中在一个独立的合规部门体系之中。而分散化的框架模式是一种采取分权形式的合规管理组织架构,即合规人员分布在不同业务部门或业务线条。报告线路可分为矩阵式报告路线和条线式报告路线。矩阵式报告路线是一种"双线"报告制,即要求下级合规管理部门在向上一级合规主管报告时,应向合规管理部门所在分支机构行政主管报告。大部分保险公司都采取此报告路线。条线式报告路线是规定下级合规管理部门直接并且只向上一级合规管理部门主管报告的合规报告路线。合规报告路线问题对于保险公司合规风险管理机制建设至关重要,国内保险公司应该根据自身特点和实际情况,选择适当的合规报告路线。对符合《银行保险机构涉刑案件管理办法(试行)》(银保监发〔2020〕20号)、《银行业保险业突发事件信息报告办法》(银保监发〔2019〕29号)的案件,应于报送突发事件信息后规定时间内及时报送案件确认报告和事件情况。

九、合规管理有效性评价机制

合规风险管理是整个保险公司全面风险管理的一个重要组成部分,因此保险公司也应当建立相应的内部控制措施和手段来实现对合规风险的有效管理。这些措施包括适当的报告路线、职责分离、激励和奖惩机制等。合规管理的有效性评价就是评估这些内部控制措施是否到位。实践证明,有效性是保险公司合规风险管理体系的灵魂和关键所在;有效性也凸显合规风险管理过程的重要性。可见,有效性评价是保险公司合规风险管理体系建设的重要环节。合规管理有效性评价是对保险公司的合规风险管理的有效性进行检查、测试、分析和评估的系统性活动。其中有效性是指保险公司内部的合规政策和合规管理程序等内容以及其他相关合规程序、制度和做法等与合规法律、规则和准则的规定相一致,因而是合法有效的。也指保险公司的合规政策等能够真正得到贯彻执行,并且设计完整、合理的保险公司合规风险管理组织框架和合规风险管理体系在保险公司的经营活动及合规风险管理过程中,能够有效地发挥作用,从而实现其确保保险公司的活动与所适用的法律法规、监管规定、规则、自律性组织制定的有关准则,以及适用于因自身业务活动的规章制定和行为准则相一致的目标。

保险公司内部的合规管理有效性评价主要包括高层、合规管理部门和内部审计部门对保险公司内部有效管理合规风险的情况所进行的定期和(或)动态的检测和评审以及各业务部门的自查。从一些保险公司的做法来看,保险公司内部的合规管理有效性评价主要是通过实施合规检查的方式完成,当然公司或者董事会也可以委托内部审计或者第三方(咨询公司或者会计师事务所)通过审计的方式来进行。审计报告由于由独立的审计人员来完成,比合规管理部门人员组织的检查可能权威性更强一些。

第四节　合规管理的外部监管

一、保险公司内部合规与外部监管的关系

保险监督管理机构负有合规性监管的职责,监管机构有责任给予保险公司执行法律、规则和准则的正向激励,使保险公司的合规风险管理目标与监管机构的监管目标相

一致。但是外因还需要通过内因起作用,外部监管事实上并不能替代商业银行内部的合规风险管理。作为外部监督者,保险监督管理机构合规性监管的重心应是以监督和评价商业保险公司合规风险管理机制的有效性为主,引导和督促保险公司完善合规风险管理体系,而不再是事无巨细的合规性检查和监管。《保险公司合规管理办法》第 36 条规定保监会通过合规报告或者现场检查等方式对保险公司合规管理工作进行监督和评价,评价结果将作为实施风险综合评级的重要依据。其着眼点就是通过提倡鼓励、监管要求,来推动保险公司的合规风险管理,最终提高合规性监管的有效性。同时,银保监会正在组织力量对已经颁布的保险业监管规章和规范性文件进行梳理和整合,并指导保险业协会等有关机构加强对合规管理人员的法规培训,以帮助合规管理人员正确理解法律、规则和准则的规定及其精神,准确把握法律、规则和准则对保险公司经营的影响,为保险业机构合规风险管理创造良好的条件。

二、保险监督管理机构的职责

作为监管部门,一方面,要求保险公司树立风险为本的合规管理理念,加强合规风险识别和管理的流程建设;另一方面,监管部门也要进一步加强合规风险监管的能力建设,合规风险监管的理念应当与时俱进,监管方法需要不断改进。在与保险公司内部合规建设进行监督的同时,保险监督管理机构应当重视做好以下 3 项工作:

1. 监管部门应定期对保险公司合规风险管理体系的有效性进行评价,并且将评估结果(评估报告)作为监管部门实施分类监管的重要依据。以前监管部门依据保监会 2008 年 12 月下发的《关于实施保险公司分类监管有关事项的通知》(保监发〔2008〕120 号),设置公司治理、内控和合规性风险指标,与偿付能力充足率、资金运用风险指标、业务经营风险指标和财务风险指标等方面最终评定保险公司风险等级(A、B、C、D 四类),相对应地采取不同的监管措施。后来 2016 年保监会颁布实施《保监会关于正式实施中国风险导向的偿付能力体系有关事项的通知》取代前述分类监管标准。自 2016 年第 1 季度起,保险公司只向保监会报送偿二代报告。从公司情况看,偿二代能更好识别高风险公司,引导保险公司积极调整经营理念、市场策略和风险管理,完善风险管理体系,提升风险管理能力,不断改善偿付能力,对保险公司的分级评价标准更加全面和客观。

2. 监管部门应体现鼓励保险公司主动报告合规风险管理的基调,倡导保险公司主动发现和暴露自身的合规风险隐患或问题。对于主动报告违规问题,以及主动避免或主动纠正违规事件的保险公司,监管部门可酌情减轻处罚,甚至予以免责或给予奖励;对于发现违规问题却隐瞒不报,甚至抗拒监管检查或者拒不改正的保险公司,应当从严从重处罚。

3. 对发现合规风险事件或者隐患的保险公司,保险监督管理部门有权开展作为各种现场或者非现场检查,甚至有权采取行政处罚的手段。监管部门在实施合规风险监管的检查过程中,对于检查所发现的违规行为要进行深入分析,评价保险公司合规风险管理体系的有效性,并及时向保险公司进行必要的风险提示以及系统地提出相关的改进意见。当地保监局根据现场检查中发现的问题,对保险公司法人机构或者分支机构提出整改意见和采取监管措施,对保险公司分支机构有关责任人直接进行处罚,并将处罚结果及时报银保监会。

三、保险公司内部合规部门的职责

与监管部门保持密切的日常工作联系,形成主动与监管部门进行沟通和交流的良好的互动机制,深刻理解和领会监管机构的监管理念、导向和要求,这对于保险公司主动做好内部合规来说至关重要。作为合规方面接口外部监管的对口部门,保险公司的合规管理部门在与监管部门的有效互动中主要应承担以下相关职责:

(一)监管政策的学习和贯彻

保持与监管机构日常的工作联系,跟踪和评估监管意见与监管要求的落实情况,是合规风险管理部门的职责之一。因此保险公司的合规风险管理部门作为接口外部监管的对口部门,承担着监管政策的学习和贯彻的职责。保险公司合规管理部门负责组织学习保监会发布的重要监管文件,进行风险提示,并提出合规建议。保险公司合规管理部门应当及时向保监会咨询,准确理解和把握监管要求,并反馈公司的意见和建议。

(二)合规风险报告的职责

为实现与监管机构的良好沟通,保险公司应该具体做到以下 5 点:(1)及时将合规政策、合规管理程序和合规指南等内部制度向银保监会(局)备案。(2)及时到银保监会(局)报送合规风险管理计划和合规风险评估报告。(3)发现重大违规事件应按照重大事项报告制度的规定向银保监会(局)报告。(4)任命合规负责人,应按有关规定报告银保监会(局)。在合规负责人离任后的 10 个工作日内,应向银保监会(局)报告离任原因等有关情况。(5)积极应对银保监会(局)的各项检查,做好检查后的整改工作,并及时将整改落实情况向银保监会(局)报告。根据财政部有关企业内部控制制度建设的指导原则和意见,合规部门的工作范围和广度应受到内部审计部门的定期复查。所以,合规部门的沟通职能,还包括处理好与内部审计部门的关系,接受内部审计的检查。保险公司保持良好的声誉是健康发展的必需。因此,合规部门还应该与客户群保持良好的沟通,及时解答客户对保险公司业务提出的各种问题,尽可能满足客户各种适宜的需求。

(三)配合监管部门现场检查的职责

保险监督管理机构依法履行职责,被检查、调查的单位和个人应当配合,如实提供有关文件和资料,不得拒绝、阻碍和隐瞒。《保险法》第 155 条明确规定保险监督管理机构依法履行职责,被检查、调查的单位和个人应当配合。保险监督管理机构依法履行职责,被检查、调查的单位和个人应当配合,如实提供有关文件和资料,不得拒绝、阻碍和隐瞒。《保险法》第176条规定拒绝、阻碍保险监督管理机构及其工作人员依法行使监督检查、调查职权,未使用暴力、威胁方法的,依法给予治安管理处罚。如果阻碍、拒绝调查时,使用暴力或以暴力相威胁的,可能构成妨害公务罪。

第五节 合规文化的建设

一、合规文化建设

(一)总体要求

《保险公司合规管理办法》第4条明确规定:"保险公司应当倡导和培育良好的合规文化,努力培育公司全体保险从业人员的合规意识,并将合规文化建设作为公司文化建设的一个重要组成部分。保险公司董事会和高级管理人员应当在公司倡导诚实守信的道德准则和价值观念,推行主动合规、合规创造价值等合规理念,促进保险公司内部合规管理与外部监管的有效互动。"一个高效的合规文化的主要特征是员工对保险公司所适用的法律、监管规定、规则、保险行业协会制定的有关部门准则,以及适用于保险公司自身业务活动的行为准则的掌握和对违规的高度敏感,它要求合规意识贯穿在企业所有员工的行为中,成为一种自觉和必然的行为准则。

(二)主要内容

1. 树立"合规从高层做起"的理念

"合规从高层做起"是有效的合规管理体制得以建立的基础。企业高层应当在整个企业中作出表率,设定鼓励合规的基调。"当企业文化强调诚信与正直的准则并由董事会和高级管理层作出表率时,合规才最为有效。"而且,"来自高层的支持必须持续不断、毫不动摇,并将其纳入核心管理目标之中……任何一级业务经理唆使或默许下级员工规避内部规定和适用法律,标准化管理体制也将名存实亡。企业内部任何环节一旦容忍规避行为,都将清晰地暗示管理层实际上并不完全支持合规制度,员工会从其实际行动而不是年报的说辞中,很容易领会他们真正的优先取向"。

2. 树立"合规人人有责"的观念

合规并不仅仅是合规部门或合规员工的职责,更是保险公司所有员工的责任。只有合规成为每一个保险公司员工的行为准则,成为各级各岗位员工每日的自觉行动,才能共同保证有关法律、规则和标准及其精神得到遵循和贯彻落实。由于合规文化体现在每一个保险公司职员对合规理念的认知及其日常的行为规范和准则之中,这不但需要董事会及高级管理层在全公司推行诚实与正直的价值观念,还需要制定和执行清晰的员工行为准则和规范。只有保险公司的员工遵守高标准的职业道德规范,人人都能有效履行自身合规职责,保险公司合规风险管理才会有效。

3. 建立科学有效的激励约束机制

保持激励约束机制与企业倡导的合规文化和价值观的一致性,严格责任追究制度。企业应"切实有效地落实问责制,确保奖惩分明、违规必究"。不仅要奖励好的道德行为和良好合规做法,更要惩罚不道德的行为和违规行为,要将资源用于良好的控制系统、优良的客户服务和尽职员工的激励上,而不只是单纯的业绩激励。企业要纠正"重经营业绩、轻内控管理"的绩效考核理念,平衡业务拓展与风险管理的关系,重视对优秀员工的行为约束。企业要破除以信任代替管理、以习惯代替制度、以情面代替纪律等不良文化的桎梏,明确对违法违规行为的零容忍理念,以扭转长期职责不清、责任落实难的状况,强化政策和程序等规章制度的执行力。

二、合规教育与培训

保险公司内部合规培训应当注重培训的内容与保险公司自身的合规风险管理的实际相结合,并且应确保各种形式的合规培训都能够真正收到预期的效果。因此,保险公司应根据不同的培训类别和不同层次的培训对象等来确定具体的合规培训内容。以下三个方面的内容是各层级培训不可或缺的重要组成部分。

1. 对全体员工积极开展依法合规和案件防范教育。一方面,通过进行正面典型事例教育,用先进的合规文化来教育、引导和规范员工的思想行为,使依法经营、规范操作在员工中入脑入心,不断提高员工依法合规经营的自觉性。另一方面,利用保险系统身边发生的案例进行反面警示教育,通过分析案例成因,剖析风险点,讲解责任追究的后果,计算案件成本账,警示员工提高防范意识,提高员工遵纪守法的自觉性。

2. 切实抓好员工规章制度学习,熟练掌握保险公司的各项规章制度、操作流程,深刻理解文件精神,认清自身的岗位职责、权限范围,弄清岗位易发案件部位、环节风险点及控制办法,规范自身操作,遏制各类违法违规操作风险的发生,为依法合规开展各项业务打好基础,使制度根植于员工意识,在实际操作中做到有法可依,有章必循,规范行为,把握尺度,提高执行力。

3. 高度重视员工职业道德教育,帮助员工树立正确的职业理想和人生定位。把职业道德教育与社会公德、家庭美德等紧密结合起来,与思想政治工作紧密结合起来,与党风廉政主题教育结合起来,引导和帮助干部员工树立良好的道德风尚和职业操守,自觉规范从业行为。

Chapter 2

第二章 保险公司经营管理合规风险管理要点及风险控制

第一节 保险公司人事机构管理合规风险管理要点及风险控制

一、机构人事管理类相关规定梳理

（一）机构管理类法规规范文件

1.《保险公司管理规定》（2009 年 9 月 25 日保监会令 2009 年第 1 号发布，根据 2015 年 10 月 19 日保监会令 2015 年第 3 号《关于修改〈保险公司设立境外保险类机构管理办法〉等八部规章的决定》修订，2015 年 10 月 19 日发布，2015 年 10 月 19 日施行）

2.《银保监会行政处罚办法》（2020 年 4 月 9 日经银保监会 2020 年第 3 次委务会议通过，银保监会令 2020 年第 8 号公布，自 2020 年 8 月 1 日起施行）

3.《银保监会行政许可实施程序规定》（2020 年 4 月 9 日经银保监会 2020 年第 3 次委务会议通过，银保监会令 2020 年第 7 号公布，自 2020 年 7 月 1 日起施行）

4.《中国银保监会关于印发〈保险公司分支机构市场准入管理办法〉的通知》（银保监发〔2021〕37 号，2021 年 9 月 13 日发布，2021 年 9 月 13 日实施）

5.《保险公司保险业务转让管理暂行办法》（保监会令〔2011〕1 号，2011 年 8 月 26 日发布，2011 年 10 月 1 日施行）

6.《再保险公司设立规定》（保监会令〔2002〕4 号，2002 年 9 月 17 日发布，2002 年 9 月 17 日施行）

7.《保险资产管理公司管理暂行规定》(2011 年修订)(保监发〔2011〕19 号,2011 年 4 月 7 日发布,2011 年 4 月 7 日实施)

8.《外资保险公司管理条例实施细则(2021 年版)》(根据 2021 年 3 月 10 日《银保监会关于修改〈外资保险公司管理条例实施细则〉的决定》修正,2021 年 3 月 10 日发布,2021 年 3 月 10 日施行)

9.《外国保险机构驻华代表机构管理办法》(2018 年修正)(2006 年 6 月 12 日保监会令 2006 年第 5 号发布,根据 2018 年 2 月 13 日保监会令 2018 年第 4 号《保监会关于修改〈外资保险公司管理条例实施细则〉等四部规章的决定》修正)

10.《保险公司设立境外保险类机构管理办法》(2006 年 7 月 31 日保监会令 2006 年第 7 号发布,根据 2015 年 10 月 19 日保监会令 2015 年第 3 号《关于修改〈保险公司设立境外保险类机构管理办法〉等八部规章的决定》修订)

11.《银行保险机构许可证管理办法》[2020 年 12 月 8 日经银保监会令 2021 年第 3 号发布,自 2021 年 7 月 1 日起施行,原《保险许可证管理办法》(保监会令〔2007〕第 1 号)失效]

12.《保监会关于加强保险公司筹建期治理机制有关问题的通知》(保监发〔2015〕61 号,2015 年 7 月 1 日发布,2015 年 7 月 1 日实施)

13.《保监会关于印发〈相互保险组织监管试行办法〉的通知》(保监发〔2015〕11 号,2015 年 2 月 2 日发布,2015 年 2 月 2 日实施)

14.《保监会关于印发〈保险公司业务范围分级管理办法〉的通知》(保监发〔2013〕41 号,2013 年 5 月 2 日发布,2013 年 5 月 2 日实施)

15.《保险集团公司管理办法》[银保监令 2021 年第 13 号,2021 年 11 月 30 日发布,2021 年 11 月 30 日实施,原《保险集团公司管理办法(试行)》(保监发〔2010〕29 号)同时废止]

16.《关于保险公司擅自撤销分支机构处理问题的复函》(保监厅函〔2005〕207 号,2005 年 11 月 8 日发布,2005 年 11 月 8 日施行)

17.《关于保险公司地市级分支机构命名等有关问题的批复》(保监法规〔2007〕1497 号,2007 年 11 月 27 日发布,2007 年 11 月 27 日生效)

18.《关于明确保险公司法人机构直接经营保险业务行为监管有关问题的通知》(保监机构〔2008〕384 号,2008 年 4 月 2 日发布,2008 年 4 月 2 日生效)

19.《关于保险许可证采用新编码规则的通知》(保监厅发〔2009〕18 号,2009 年 3 月 13 日发布,2009 年 3 月 13 日生效)

20.《关于明确保险公司分支机构管理有关问题的通知》(保监发〔2010〕49 号,2010 年 6 月 10 日发布,2010 年 6 月 10 日生效)

21.《关于明确保险公司分支机构管理有关问题的复函》(保监厅函〔2010〕477号,2010年10月21日发布,2010年10月21日生效)

22.《关于印发〈保险公司开业验收指引〉的通知》(保监发〔2011〕14号,2011年3月30日发布,2011年3月30日生效)

23.《保监会关于进一步加强保险公司开业验收工作的通知》(保监发〔2017〕51号,2017年6月22日发布,2017年6月22日生效)

24.《关于印发〈保险公司发展规划管理指引〉的通知》(保监发〔2013〕18号,2013年3月12日发布,2013年3月12日生效)

25.《关于专业网络保险公司开业验收有关问题的通知》(保监发〔2013〕66号,2013年8月13日发布,2013年8月13日生效)

26.《保险公司股权管理办法(2018)》(2018年2月7日保监会主席办公会审议通过,以保监会令〔2018〕5号公布,自2018年4月10日起实施)

27.《关于印发〈财产保险公司分支机构监管指标(试行)〉的通知》(保监发〔2003〕20号,2003年2月20日发布,2003年4月1日生效)

28.《关于印发〈保险公司分支机构分类监管暂行办法〉的通知》(保监发〔2010〕45号,2010年5月25日发布,2010年5月25日生效)

29.《关于建立分类监管评价结果通报制度的通知》(保监财会〔2013〕619号,2013年7月30日发布,2013年7月30日生效)

30.《关于外国财产保险分公司改建为独资财产保险公司有关问题的通知》(保监发〔2004〕45号,2004年5月10日发布,2004年5月10日生效)

31.《关于外资保险公司设立营销服务部有关事宜的复函》(保监厅函〔2009〕445号,2009年12月18日发布,2009年12月18日生效)

32.《关于保险中介机构管理有关问题的批复》(保监函〔2002〕30号,2002年3月13日发布,2002年3月13日生效)

33.《关于企业名称登记有关问题的函》(保监函〔2003〕1077号,2003年11月11日发布,2003年11月11日生效)

34.《关于保险索赔代理公司有关问题的复函》(保监厅函〔2008〕112号,2008年5月5日发布,2008年5月5日生效)

35.《关于印发〈保险中介服务集团公司监管办法(试行)〉的通知》(保监发〔2011〕54号,2011年9月22日发布,2011年9月22日生效)

36.《关于保险代理机构异地设立出单点有关问题的复函》(保监厅函〔2012〕93号,2012年3月27日发布,2012年3月27日生效)

(二)高管人员管理规范性文件

1.《保险公司总精算师管理办法》(保监会令〔2007〕3 号,本法规根据 2010 年 12 月 3 日保监会令 2010 年第 10 号《保监会关于修改部分规章的决定》修正)

2.《保险公司财务负责人任职资格管理规定》(保监会令〔2008〕4 号,本法规根据 2010 年 12 月 3 日保监会令 2010 年第 10 号《保监会关于修改部分规章的决定》修正)

3.《关于实施〈保险公司财务负责人任职资格管理规定〉有关事项的通知》(保监发〔2009〕23 号,本法规根据 2010 年 12 月 3 日保监会令 2010 年第 10 号《保监会关于修改部分规章的决定》修正)

4.《保险公司董事、监事和高级管理人员任职资格管理规定》(中国银保监会令 2021 年第 6 号,2021 年 6 月 3 日发布,2021 年 7 月 3 日实施)

5.《关于高级管理人员任职资格审查名称报送问题的复函》(保监厅函〔2007〕284 号,2007 年 10 月 22 日发布,2007 年 10 月 22 日生效)

6.《关于保险公司高级管理人员任职资格有关问题的复函》(保监厅函〔2008〕3 号)

7.《关于加强人身保险公司总精算师管理的通知》(保监寿险〔2013〕620 号,2013 年 8 月 1 日实施,2013 年 8 月 5 日生效)

8.《中国银保监会办公厅关于加强保险公司省级分公司以下分支机构负责人管理的通知》(银保监办发〔2021〕74 号,2021 年 6 月 21 日发布,2021 年 6 月 21 日实施)

二、机构设置和高管聘用方面合规风险审查要点

保险公司机构报批和管理环节的合规风险,见表 2-1-1。

表 2-1-1 保险公司机构报批和管理环节的合规风险

项目	主要合规风险	问题描述	触犯的法规规章或者规范性文件名称	风险分析	风险级别
机构设置方面	违规设立和撤并分支机构	违反法人授权经营管理规定,未经批准,自行设立和撤并营业部等分支机构的行为	《保险公司管理规定》《银行保险机构许可证管理办法》	与公司经营方针相背离,会受到保险监管机构的处罚	高
	分支机构在筹建期间从事经营	违反法人授权经营管理规定,保险公司在筹建期间从事经营	《保险公司管理规定》《银行保险机构许可证管理办法》	与公司经营方针相背离,会受到保险监管机构的处罚	低
	超出业务范围从事经营活动	违反保险法规定,超出批准的业务范围经营的行为	《保险法》	会受到保险监督管理机构的处罚	高
	保险公司违反保险法规定,转让、出租、出借业务许可证	保险公司违反保险法规定,转让、出租、出借业务许可证	《银行保险机构许可证管理办法》	会受到保险监督管理机构的处罚	低

续表

项目	主要合规风险	问题描述	触犯的法规规章或者规范性文件名称	风险分析	风险级别
机构设置方面	擅自变更登记事项	保险公司未按照规定擅自变更登记事项的行为。分支机构主要表现为擅自变更营业场所的行为	《保险法》	违反行政许可的规定，会受到行政处罚	高
	任命不具有任职资格的高管人员	违反保险法规定，聘任不具有任职资格、从业资格的人员，如表现为保险公司以虚假材料申请公司设立或者高管批准许可	《保险法》	违反行政许可的规定，会受到保险监督管理机构的处罚	高

三、保险公司人事机构管理类违规行政处罚案例

（一）保险公司超业务范围经营

保险公司超业务范围经营遭受行政处罚的案例摘要，见表2－1－2。

表2－1－2　保险公司超业务范围经营行政处罚案例摘要

行政处罚决定书文号	被处罚单位或者个人	违法行为	处罚依据	处罚结果
银保监罚决字〔2019〕10号 2019－06－29	华海财产保险股份有限公司	违规销售投资型保险产品。华海康盈产品标准全称为“附加个人生活质量保障津贴保险”，该产品的销售期间为2016年5月至12月，保费收入3.19亿元。根据条款规定及理赔规则，公司应对所有保单给予“保费＋固定比例收益”全额赔付，且实务中华海财险对上述几乎所有的附加险都进行了赔付。因此，该附加险具有明显的投资属性，应认定为投资型保险产品。《关于进一步加强财产保险公司投资型保险业务管理的通知》（保监发〔2012〕40号）第3条对财产保险公司经营投资型产品的资质条件作出了规定，华海财险不符合“公司持续经营3个以上完整的会计年度，最近3个会计年度盈利和亏损相抵后为净盈利”的要求，不具备经营投资型保险产品的资质条件。华海财险上述行为属于超出批准的业务范围经营的行为。 时任华海财险总经理姜某、时任华海财险意健险部负责人李某银、时任华海财险营销管理部负责人马某、时任华海财险客服部意外及健康险理赔处经理王某对上述违法行为负有直接责任	华海财险违规销售华海康盈投资型产品的行为，违反《保险法》第95条	根据《保险法》第160条，对华海财险罚款50万元；根据该法第171条，对姜某警告并罚款10万元，同时撤销其任职资格；对李某银警告并罚款10万元；对马某警告并罚款10万元；对王某警告并罚款10万元

续表

行政处罚决定书文号	被处罚单位或者个人	违法行为	处罚依据	处罚结果
阿银保监罚决字〔2020〕8 号 2020-12-10	中国人民人寿保险股份有限公司阿拉尔市支公司	2019 年 10 月至 2020 年 3 月,公司员工违规收取农业政策性保险保费,超出你公司《经营保险业务许可证》中监管部门批准的业务范围。上述事实,有询问调查笔录、账户流水、转账凭证、相关协议、农业保险投保清册等证据证明	超业务范围经营的行为,违反了《保险法》第 95 条的规定	根据《保险法》第 160 条,决定对公司予以责令改正,并处 25 万元罚款的行政处罚
粤保监罚〔2018〕49 号	众诚汽车保险股份有限公司广东分公司	超出批准的业务范围经营	上述行为违反了《保险法》第 95 条的规定	依据《保险法》第 160 条的规定,责令公司改正,并决定给予罚款 30 万元的行政处罚。依据《保险法》第 171 条的规定,决定给予伏某维警告并罚款 6 万元的行政处罚

【行为表现形式】

超业务范围经营是指保险机构在经营中,从事保险监管机构核准的业务项目以外的保险业务,或者经营未经保险监管机构批准的与保险相关的其他业务,以及寿险机构兼营财产保险业务和财险机构兼营除短期健康保险业务和意外伤害保险业务之外的其他人身保险业务。保险公司超出核定的业务范围从事保险业务,是指保险公司违反分业经营管理的原则,从事核定业务范围以外的其他保险业务的行为。《保险法》第 95 条第 1 款对保险公司的业务范围作出了明确规定。保险公司的业务范围包括:(1)人身保险业务,包括人寿保险、健康保险、意外伤害保险等保险业务;(2)财产保险业务,包括财产损失保险、责任保险、信用保险、保证保险等保险业务;(3)国务院保险监督管理机构批准的与保险有关的其他业务。按照原保险法的规定,保险公司的业务范围仅限于财产保险、人身保险及其再保险业务。这一规定已不适应保险业发展和养老、医疗体制改革的需要。目前,保险公司的业务范围依据有关规定已有所拓展,如从事企业补充保险受托管理业务,参与失地农民养老保险、新型农村合作医疗制度改革试点工作等。为了适应现实需要,并借鉴商业银行法、证券法和国外有关立法例,《保险法》第 95 条第 1 款除传统的人身保险业务和财产保险业务外,还增加规定第 3 项:"(三)国务院保险监督管理机构批准的与保险有关的其他业务"。

【法律依据】

(1)《保险法》第 95 条第 2 款。保险人不得兼营人身保险业务和财产保险业务。但是,经营财产保险业务的保险公司经国务院保险监督管理机构批准,可以经营短期健康保险业务和意外伤害保险业务。

(2)《保险法》第 95 条第 3 款。保险公司应当在国务院保险监督管理机构依法批准的业务范围内从事保险经营活动。

【法律责任分析】

保险公司是经营风险的金融企业,其经营的业务直接关系社会公众利益和国家金融的安全稳定。为防范风险、保护被保险人利益,必须对保险公司的经营业务进行严格的监管。根据《保险法》第 95 条的规定,保险公司经营的业务主要是:人寿保险、健康保险、意外伤害保险等人身保险业务;财产损失保险、责任保险、信用保险、保证保险等财产保险业务;国务院保险监督管理机构批准的与保险有关的其他业务;上述保险业务的再保险业务。因此,保险公司经营的业务是法定的,并需要经保险监督管理机构批准。保险公司违反《保险法》规定,超出批准的业务范围经营的,按照《保险法》第 160 条的规定,由保险监督管理机构责令限期改正,没收违法所得,并处违法所得 1 倍以上 5 倍以下的罚款;没有违法所得或者违法所得不足 10 万元的,处 10 万元以上 50 万元以下的罚款。逾期不改正或者造成严重后果的,责令停业整顿或者吊销业务许可证。

(二)保险公司未经批准设立分支机构

保险公司未经批准设立分支机构遭受行政处罚的案件摘要,见表 2－1－3。

表 2－1－3　保险公司未经批准设立分支机构行政处罚案例摘要

处罚决定书	被处罚的单位或者个人	违法行为	处罚依据	处罚结果
甬保监罚〔2018〕27 号 2018－04－23	东海航运保险股份有限公司宁波分公司	2017 年 6 月 21 日,我局批准东海航运保险宁波分公司筹建象山支公司。象山支公司筹建期间,在位于象山县石浦镇海宁路 180 号的职场对外营业,接待消费者上门咨询并收取承保理赔资料,共发生承保业务 103 笔,保费收入 194.35 万元;发生批改业务 57 笔,批退金额 54.35 万元;发生理赔业务 8 笔,赔款金额 134.74 万元。时任宁波分公司负责人王某先、象山支公司筹建负责人林某为该行为的责任人	东海航运保险宁波分公司下辖分支机构在筹建期间从事保险经营活动的行为,违反了《保险公司管理规定》第 21 条的规定	根据《保险公司管理规定》第 69 条的规定,给予林某罚款 1 万元的行政处罚
菏银保监罚决字〔2020〕22 号 2020－06－23	中国平安人寿保险股份有限公司菏泽中心支公司	自 2018 年 11 月至 2020 年 1 月 17 日,平安人寿菏泽中心支公司存在未经监管部门批准在菏泽成武地区设立分支机构的情况下擅自在某财险菏泽成武支公司营业场所二楼经理室外办公区域从事保险经营活动。沙某利作为平安人寿菏泽中心支公司主要负责人,是对该项违法行为直接负责的主管人员	上述平安人寿菏泽中心支公司未经批准设立分支机构行为,违反了《保险法》第 74 条第 1 款的规定,根据《保险法》第 164 条第 6 项的规定,决定对平安人寿菏泽中心支公司予以罚款 8 万元的行政处罚	根据《保险法》第 171 条的规定,决定对沙某利予以警告,并处罚款 2 万元的行政处罚

续表

处罚决定书	被处罚的单位或者个人	违法行为	处罚依据	处罚结果
渝银保监罚决字〔2020〕3号 2020－04－08	建信人寿保险股份有限公司重庆分公司	原重庆保监局于2017年12月27日批准建信人寿重庆分公司筹建永川中心支公司,筹建期限为6个月。建信人寿重庆分公司于2018年1月5日成立业务三部,于2018年4月1日将业务三部搬入永川区萱花路64号,开始筹建与经营活动。分公司计划在永川中心支公司(筹)开业后,将业务三部的业务、人员转入永川中心支公司。由于筹建负责人未通过高管任职资格考试,不能申报高管,分公司在筹建期内找不到其他负责人,导致筹建失败。筹建失败后,业务三部未搬回分公司职场办公,继续留在永川职场从事经营活动,至2019年6月13日被发现后停止。2018年4月1日至2019年6月13日,建信人寿重庆分公司业务系统内归属在业务三部下的新保单2012件,涉及保费17,710.20万元。 建信人寿重庆分公司财务部总经理王某龙对违法行为承担直接管理责任	上述行为,违反《保险法》第74条的规定	根据《保险法》第164条第6项的规定,决定对建信人寿重庆分公司罚款12万元;根据《保险法》第171条的规定,决定对王某龙警告并罚款4万元
甘保监罚〔2017〕5号 2017－07－18	永安财产保险股份有限公司甘肃分公司	永安保险甘肃分公司未经甘肃保监局批准,批复同意永安财产保险股份有限公司庆阳中心支公司于2017年2月上旬至5月上旬,在庆阳市西峰区庆化二区2幢1单元12号设立下级营业机构开办车险业务,该营业机构外部门头标识为“永安保险”,机构内部配备有电脑、打印机等固定设备,有相应的公司业务人员。时任永安保险甘肃分公司总经理王某东是对上述违法行为直接负责的主管人员	永安保险甘肃分公司未经批准设立分支机构的行为,违反了《保险法》第74条第1款的规定	根据《保险法》第164条第6项的规定,决定对永安保险甘肃分公司给予罚款5万元;根据《保险法》第171条的规定,决定对王某东给予警告并处罚款1万元

【行为表现形式】

未经批准设立保险分支机构是指保险机构未经批准自行筹建或者自行直接营业,或者批准筹建后,不经开业批准就对外营业的行为。《保险法》第74条明确规定,保险公司在境内设立分支机构,须经保险监督管理机构批准。保险公司的分支机构,是保险公司依照法定程序设立的,以保险公司名义进行经营活动,其经营后果由保险公司承担的分公司、支公司或办事处。保险公司分支机构不具有法人资格,其民事责任由保险公司承担。设立分支机构的保险公司可以称为总公司。保险公司的分支机构有两种:一种是在境内设立的分支机构;另一种是在境内外设立的代表机构。不论是在境内设立分支机构,还是在境内外设立代表机构,均须经银保监会批准。未经银保监会批准,任何保险公司均不得设立分支机构。保险公司设立分支机构由其总公司统一向银保监会提出申请。银保监会根据市场发展需要并结合保险公司保费收入规模、偿付能力、经营效益、经营管理水平、内控制度建设、已有分支机构的分布和数量等情况对保险公司申请设立分支机构予以审批。银保监会收到设立分支机构的申请后,3 个月内作出批准或不批准的决定;逾期未答复的,视为不批准。申请未被批准的,保险公司 6 个月内不得再次提出同样内容的申请。申请被批准后,保险公司应当进行分支机构的筹建。筹建期一般不超过 6 个月;逾期未完成筹建工作的,原批准文件自动失效。经保险公司申请,银保监会批准,筹建期可延长 3 个月。分支机构筹建工作完成后,保险公司应向银保监会提交开业申请报告,申请领取《经营保险业务许可证》。开业申请报告应包括:筹建工作完成情况,业务经营范围,机构负责人,办公场所及有关证明,计算机设备配置情况,内部机构设置及从业人员情况等。按照《外国保险机构驻华代表机构管理办法》的规定,外国保险机构未经银保监会批准不准在境内设立代表机构。

【法律依据】

(1)《保险法》第 74 条第 1 款。保险公司在境内设立分支机构,应当经保险监督管理机构批准。

(2)《保险法》第 79 条。保险公司在境外设立子公司、分支机构,应当经国务院保险监督管理机构批准。

(3)《保监会行政许可事项实施规程》(保监发〔2007〕54 号)。

(4)《保险公司分支机构市场准入管理办法》(保监发〔2013〕20 号)。

【法律责任分析】

保险公司在境内外设立分支机构,须经保险监督管理机构批准,取得分支机构经营保险业务许可证。未经保监会批准,任何保险公司均不得设立分支机构。违反本规定的,由保险监督管理机构责令改正,处 5 万元以上 30 万元以下的罚款;情节严重的,可以限制其业务范围、责令停止接受新业务或者吊销业务许可证。同时,对违反本法规定尚未构成犯罪的直接负责的主管人员和其他直接责任人给予警告,并处 1 万元以上 10 万元以下的罚款;情节严重的,撤销任职资格或者从业资格。

(三)保险公司未按照规定擅自变更登记事项

保险公司未按照规定擅自变更登记事项遭受行政处罚的案例摘要,见表2-1-4。

表2-1-4 保险公司未按照规定擅自变更登记事项行政处罚案例摘要

行政处罚决定书	被处罚的单位或者个人	违法行为	处罚依据	处罚结果
银保监罚决字〔2021〕4号 2021-04-20	久隆财产保险有限公司徐某(时任久隆财险总经理)	久隆财险2016年3月开业时批复的公司住所(营业场所)为广东省横琴新区金融产业基地12号楼A-2单元。2018年1月1日,久隆财险将运营中心迁至广东省横琴新区金融产业基地17号楼E区(以下简称珠海17号楼职场)。2018年年底,久隆财险将运营中心由珠海迁至广州市海珠区琶醍澜创空间。2019年1月1日,久隆财险将全部人员和部门迁至广州市海珠区阅江中路832号保利天幕广场17层09-10单元(以下简称广州天幕职场)。久隆财险运营中心所在职场实际是公司提供承保、理赔等保险服务的营业场所。截至2019年10月31日,珠海17号楼职场、广州天幕职场作为久隆财险营业场所均未经监管部门批准,广州天幕职场正常办公且对外开放。 时任公司总经理徐某全面负责公司管理,对该违法行为负有直接责任。上述事实有租赁协议、租赁费支付凭证及内部审批文件、现场勘验笔录、调查笔录、公司对相关情况的说明、监管部门对丁开业的批复及修改章程的批复等证据证明	上述未经批准搬迁公司营业场所的行为,违反了《保险法》第84条的规定	根据《保险法》第162条的规定,对久隆财险罚款6万元;根据《保险法》第171条的规定,对徐某警告并罚款6万元
苏银保监罚决字〔2021〕11号 2021-03-19	利安人寿保险股份有限公司江苏分公司	2013年6月20日,监管部门批复利安人寿保险股份有限公司扬州分公司高邮支公司(以下简称利安人寿扬州分公司高邮支公司)营业场所为高邮市文游中路10号高峰大楼三楼。 经利安人寿江苏分公司时任总经理张某立审批同意,利安人寿扬州分公司高邮支公司在原营业场所的基础上,扩租高峰大楼四楼北侧5间作为利安人寿扬州分公司高邮支公司新增设的营业场所,自2015年5月20日启用。2019年4月30日,该扩租的营业场所停止使用。 利安人寿内部规定,利安人寿省级分公司承担辖区内分支机构的行政许可申报工作。截至2019年4月30日,监管部门未收到利安人寿江苏分公司关于利安人寿扬州分公司高邮支公司变更营业场所的书面申报材料。 利安人寿江苏分公司时任总经理张某立,2014年7月至2015年9月主持该分公司全面工作,分管行政综合部等部门,审批同意利安人寿扬州分公司高邮支公司的营业场所扩租申请并同意支付租金,对利安人寿江苏分公司上述违法行为负有管理责任,是对违法行为直接负责的主管人员	上述未经监管部门批准,审批同意下辖分支机构擅自变更营业场所的行为违反了《保险法》第84条第3项的规定	根据《保险法》第171条的规定,对张某立给予警告,并处2万元罚款

续表

行政处罚决定书	被处罚的单位或者个人	违法行为	处罚依据	处罚结果
吉银保监罚决字〔2021〕2号 2021－01－28	中国人民财产保险股份有限公司舒兰支公司	人保财险舒兰支公司在“银保监会保险机构和高管信息系统”和《经营保险业务许可证》上显示的机构住所均为舒兰市人民大路253号，人保财险舒兰支公司现经营地址实际为人民大路3580号，变更营业场所未经保险监督管理机构批准	上述行为，违反了《保险法》第84条的规定	根据《保险法》第162条的规定，决定对人保财险舒兰支公司予以罚款4万元
苏银保监罚决字〔2020〕78号 2020－12－12	中国人民财产保险股份有限公司南京市浦口支公司汤泉营销服务部	2020年7月，收到中国人民财产保险股份有限公司江苏省分公司提交的关于南京市浦口支公司汤泉营销服务部变更营业场所的行政许可申请。在材料审核中，发现人保财险汤泉营销服务部自2019年3月起已在拟申请变更后的营业场所“江苏省南京市浦口区汤泉街道高华社区水墨东路2号之8号门面房”开展业务	上述未经批准擅自变更营业场所的行为违反了《保险法》第84条第3项的规定	根据《保险法》第162条的规定，对中国人民财产保险股份有限公司南京市浦口支公司汤泉营销服务部处1万元罚款

【行为表现形式】

按照《保险法》第84条的有关规定，变更保险公司的有关事项时，若法律要求必须审批的，应当报请审批；未经保险监督管理机构审批，不发生变更的效果。关于这方面的内容，主要有：

(1)名称。保险公司的名称，是保险公司存在的标志，具有公示意义，不得随意变更；若有必要变更保险公司的名称，哪怕是改变保险公司名称中的一个文字或者符号，也应当经过保险监督管理机构批准。在保险监督管理机构批准前，保险公司不得改变其名称或者使用与其经批准的名称不符的名称。

(2)注册资本。变更注册资本，涉及保险公司的偿付能力的维持，事关被保险人或者受益人的切身利益，应当经保险监督管理机构批准；保险公司增加或者减少注册资本的，都应当报经批准。未经批准，保险公司的注册资本不得予以变更。

(3)营业场所。营业场所为保险公司设立和营业的必要条件，不具备相应的营业场所的，不得设立保险公司。保险公司及其分支机构有固定的营业场所，便于保险监督管理机构监督管理，营业场所的任何变更应当及时通知保险监督管理机构，并报其审批。

(4)撤销分支机构。保险公司分支机构是公司展业、管理和提供售后服务的主要机构，其设立时，需要由保险监管机构进行综合审核，其撤销时，由于涉及交付后续保费、领取保险金等投保人、被保险人基本权益的保护，因此，更需要慎重对待。监管实践中，保险监督管理机构已将分支机构撤销作为重大变更事项，需要在事前得到批准。保险公司分公司的撤销应由总公司或其分公司持总公司批准文件提出申请。申请时，申请人需陈述撤销原因、机构批准后业务后续处理方案以及其他善后事宜的处理情况等材料。获得批准后，保险公司应当公告，并书面通知有关投保人、被保险人或者受益人，对交付的保险费、领取保险金等事宜充分告知。

(5)分立或合并。保险公司的分立或者合并,涉及保险公司组织形式的变化以及保险公司偿付能力的维持、债务的调整等诸多方面,对保险公司的经营有重要影响。保险公司的分立或者合并,均涉及新公司的设立,应当经保险监督管理机构审批。未经审批,保险公司不得以任何形式分立或者合并。

(6)章程。公司章程为保险公司设立和运作的基础文件,规范着保险公司的全部业务活动。公司章程,必须提交保险监督管理机构审批。在设立保险公司后修改公司章程,将改变保险公司的许多运作方式,因此,修改公司章程的,应当报经保险监督管理机构审批。

(7)变更股东。保险公司变更出资额占有限责任公司资本总额5%以上的股东,或者变更持有股份有限公司股份5%以上的股东,对保险公司的经营会产生一定的影响,因此不允许其随意变更。上述事项在设立保险公司时属于必须经保险监督管理机构批准的事项,所以上述股东变更时,应当报经保险监督管理机构批准。

(8)国务院保险监督管理机构规定的其他情形。目前根据保监会的规定,保险公司变更组织形式,应当报保监会批准。保险公司如违反上述规定,将面临保监局的行政处罚。因此,保险公司对上述事项变更必须经过保险监督管理机构的批准。

【法律依据】

(1)《保险法》第84条。保险公司有下列情形之一的,应当经保险监督管理机构批准:①变更名称;②变更注册资本;③变更公司或者分支机构的营业场所;④撤销分支机构;⑤公司分立或者合并;⑥修改公司章程;⑦变更出资额占有限责任公司资本总额5%以上的股东,或者变更持有股份有限公司股份5%以上的股东;⑧国务院保险监督管理机构规定的其他情形。

(2)《保险法》第162条。保险公司违反本法第84条规定的,由保险监督管理机构责令改正,处1万元以上10万元以下的罚款。

【法律责任分析】

设立保险公司须经批准或审查确认的事项,在保险公司设立后予以变更的,应当经过保险监督管理机构批准,体现了政府监督管理的严肃性。保险公司违反规定擅自变更如下登记事项:(1)变更名称;(2)变更注册资本;(3)变更公司或者分支机构的营业场所;(4)撤销分支机构;(5)公司分立或者合并;(6)修改公司章程;(7)变更出资人或者持有公司股份5%以上的股东;(8)国务院保险监督管理机构规定的其他情形,属于违法行为。因为上述事项均属于保险公司的重大事项,事先应当通报保险监督管理机构并取得批准,以满足保险监管的要求。未按规定擅自变更保险公司重大事项的,要承担相应的法律责任。按照《保险法》第162条的规定,保险公司违反规定擅自变更保险公司重大事项的,由保险监督管理机构责令改正,处1万元以上10万元以下的罚款。

（四）高管自身未取得任职资格或聘任其他不具有任职资格的高管人员

高管自身未取得任职资格或聘任其他不具有任职资格的高管人员遭受行政处罚案例摘要，见表2－1－5。

表2－1－5 高管自身未取得任职资格或聘任其他不具有任职资格的高管人员行政处罚案例摘要

行政处罚决定书文号	被处罚的法人或者个人	违法行为	处罚的依据	处罚结果
银保监罚决字〔2021〕8号） 2021－04－20	中国人民健康保险股份有限公司华某（时任中国人民健康保险股份有限公司党委书记）	2019年8月30日，中国人民保险集团股份有限公司任命华某为人保健康党委书记、总裁，并要求“请按有关规定办理”。华某到人保健康工作之后，在未取得高管任职资格核准情况下，存在以总裁名义主持总裁办公会议、签发公司经营相关重要文件、在公司年度会议讲话等行为，实际履行高管职责。时任人保健康党委书记华某，对上述违法行为负有直接责任	上述人保健康聘任不具有任职资格人员的行为违反了《保险法》第81条的规定	根据《保险法》第167条的规定，责令人保健康立即改正，并处罚款5万元；根据《保险法》第171条的规定，对华某给予警告，并处罚款5万元
保监罚〔2017〕22号 2017－07－10	合众人寿保险股份有限公司李某（时任合众人寿副董事长兼董事会秘书）	部分人员未取得任职资格实际履行监事及高管职责 一是合众人寿张某萍、于某、占某伶三人未取得监事任职资格，但三人均实际履行监事职责，以监事身份参加相关会议，并在会议决议上签名。 当事人时任副董事长兼董事会秘书李某，当事人张某萍、于某、占某伶对上述违法行为负有直接责任。 二是合众人寿朱某、张某、王某三人未取得高管任职资格，但三人均实际履行高管职责，分管相关部门，作为分管总签批文件，并领取相应级别薪酬。 当事人朱某、张某、王某对上述违法行为负有直接责任	部分人员未取得任职资格实际履行监事及高管职责的行为，违反了《保险法》第81条的规定	根据《保险法》第167条的规定，对合众人寿责令改正，并处罚款10万元；根据《保险法》第171条的规定，对李某警告并处罚款7万元，对张某萍警告并处罚款4万元，对于某警告并处罚款2万元，对占某伶警告并处罚款4万元，对朱某警告并处罚款2万元，对张某警告并处罚款2万元，对王某警告并处罚款4万元
银保监罚决字〔2019〕10号 2019－06－29	华海财产保险股份有限公司	华海财险拟任副总经理于某（2015年11月6日印发分工文件，2017年6月30日免职）、拟任总经理助理唐某明（2017年6月28日印发分工文件），截至检查日均未获得我会的相关批复，但在实际工作中履行相关职务。 时任华海财险董事长赵某鸣、时任华海财险总经理姜某、时任华海财险董事会秘书于某、时任华海财险有关负责人唐某明对上述违法行为负有直接责任	华海财险聘任不具有任职资格人员担任公司高管的行为，违反《保险法》第81条的规定	根据《保险法》第167条的规定，对华海财险罚款10万元；根据《保险法》第171条的规定，对赵某鸣警告并罚款10万元，对姜某警告并罚款10万元，对于某警告并罚款5万元，对唐某明警告并罚款2万元
银保监罚决字〔2019〕2号 2019－02－21	长江财产保险股份有限公司王某（时任长江财险党委书记），赵某元（时任长江财险湖北分公司副总经理），赵某琴［时任长江财险人力资源部副总经理（主持工作）］	当事人赵某元（2017年7月长江财险印发任命文件），截至检查组进场，未取得保险监管机构核准的高管任职资格，但在实际工作中已履行相关高管职责。王某、赵某元、赵某琴对上述行为负有直接责任	长江财险聘任不具有任职资格人员担任公司高管的行为，违反了《保险法》第81条的规定	根据《保险法》第167条的规定，对长江财险罚款10万元；根据《保险法》第171条的规定，对王某警告并罚款10万元，对赵某元警告并罚款5万元，对赵某琴警告并罚款5万元

【相关规定解读】

在该类型的行政处罚案件中,既包括高管自身未取得任职资格的行为,也包括因聘任其他不具有任职资格的高级管理人员而受到行政处罚的行为。其法律依据主要集中在《保险法》第 81 条、第 167 条、第 171 条,以及《保险公司董事、监事和高级管理人员任职资格管理规定》第 24 条、第 44 条。

1. 根据《保险法》第 81 条的规定,保险公司的董事、监事和高级管理人员,应当品行良好,熟悉与保险相关的法律、行政法规,具有履行职责所需的经营管理能力,并在任职前取得保险监督管理机构核准的任职资格。保险公司高级管理人员的范围由国务院保险监督管理机构规定。

2. 根据《保险法》第 167 条的规定,违反本法规定,聘任不具有任职资格的人员的,由保险监督管理机构责令改正,处 2 万元以上 10 万元以下的罚款。

3. 根据《保险公司董事、监事和高级管理人员任职资格管理规定》第 49 条的规定,以欺骗、贿赂等不正当手段取得任职资格的,由保监会撤销该董事、监事或者高级管理人员的任职资格,并在 3 年内不再受理其任职资格的申请。保险公司的高级管理人员具备《公司法》下高级管理人员的一般属性,但同时应符合银保监会对于该行业高级管理人员设定的特殊资质要求。除了就特定职位人员列明应具备的条件外,银保监会关于任职资格核准还设定了禁止性条件,即符合相关情形的人员将无法取得特定职位的任职资格,其中包括被金融监管部门取消、撤销任职资格,自被取消或者撤销任职资格之日起未逾 5 年,被金融监管部门禁止进入市场期满未逾 5 年,申请前 1 年内受到银保监会警告或者罚款的行政处罚等。

(五)高管人员兼任存在利益冲突的职务

高管人员兼任存在利益冲突的职务遭受行政处罚案例摘要,见表 2-1-6。

表 2-1-6 高管人员兼任存在利益冲突的职务行政处罚案例摘要

处罚决定书文号	被处罚的单位或者个人	违法行为	处罚依据	处罚结果
洛银保监罚决字〔2020〕18 号 2020-07-15	泰山财产保险股份有限公司洛阳中心支公司	保险机构高级管理人员兼任存在利益冲突的职务	《保险公司董事、监事和高级管理人员任职资格管理规定》(保监会令〔2014〕1 号)第 20 条、第 46 条	对泰山财产保险股份有限公司洛阳中心支公司罚款 32 万元;对赵某银给予警告,并罚款 5 万元;对李某贤给予警告,并罚款 6 万元
烟银保监罚决字〔2019〕5 号 2019-12-30	国华人寿保险股份有限公司烟台中心支公司	高管人员兼任存在利益冲突的职务	高管人员兼任存在利益冲突的职务行为,违反了《保险公司董事、监事和高级管理人员任职资格管理规定》第 20 条的规定,根据《保险公司董事、监事和高级管理人员任职资格管理规定》第 46 条,应予以处罚	对其进行警告,并处罚款 18.5 万元

【相关规定解读】

在该类型的上述两例案件中，保险公司高管因“兼任存在利益冲突的职务”而受到行政处罚的法律依据为《保险公司董事、监事和高级管理人员任职资格管理规定》(2021)第24条、第50条。

1. 根据《保险公司董事、监事和高级管理人员任职资格管理规定》(2021)第24条的规定，保险公司高级管理人员兼任其他经营管理职务不得违反《公司法》等国家有关规定，不得兼任存在利益冲突的职务。

2. 根据《保险公司董事、监事和高级管理人员任职资格管理规定》(2021)第50条规定，保险机构或者其从业人员违反本规定，由银保监会依照法律、行政法规进行处罚；法律、行政法规没有规定的，由银保监会责令改正，给予警告，对有违法所得的处以违法所得1倍以上3倍以下罚款，但最高不超过3万元，对没有违法所得的处以1万元以下罚款；涉嫌犯罪的，依法移交司法机构追究刑事责任。

3. 另外，《公司法》第147条规定：“董事、监事、高级管理人员应当遵守法律、行政法规和公司章程，对公司负有忠实义务和勤勉义务。”

(六)保险公司违反保险法规定，伪造、变造业务许可证

保险公司违反保险法规定，伪造、变造业务许可证遭受行政处罚案例摘要，见表2-1-7。

表2-1-7　保险公司违反保险法规定，伪造、变造业务许可证行政处罚案例摘要

行政处罚决定文号	受处罚单位或者个人	违法行为	违法处罚依据	行政处罚结果
抚银保监罚决字〔2021〕2号 2021-04-22	新华人寿保险股份有限公司抚顺中心支公司	2020年，新华人寿抚顺中支因行政许可事项变更更换保险许可证，经核实，其上交的机构编码为000019210400，旧保险许可证与2009年颁发的原件不一致，系伪造。新华人寿抚顺中支副总经理(主持工作)赵某、办公室主任杨某承认原件已于2009年12月至2017年5月遗失，上交证件系伪造。新华人寿抚顺中支报送的《新华人寿保险股份有限公司抚顺中心支公司关于〈经营保险业务许可证〉换发问题的情况汇报》中承认此前上交的保险许可证系伪造，原证已于2009年12月至2017年5月遗失，具体遗失时间不详。综合职务、岗位职责等相关因素，认定：赵某作为直接负责的主管人员应当承担领导责任	上述新华人寿抚顺中支伪造保险许可证行为，违反了《保险许可证管理办法》(保监会主席令2007年第1号)的规定	依据《保险许可证管理办法》(保监会主席令2007年第1号)第29条的规定，对赵某作出罚款人民币5000元的行政处罚

续表

行政处罚决定文号	受处罚单位或者个人	违法行为	违法处罚依据	行政处罚结果
唐银保监罚决字〔2020〕9号 2020－11－10	阳光人寿保险股份有限公司滦南支公司、阳光人寿保险股份有限公司唐山中心支公司孙某峰(时任阳光人寿滦南支公司经理)、冯某义(阳光人寿唐山中心支公司总经理)、张某(阳光人寿唐山中心支公司人事行政部经理)、杜某智(阳光人寿滦南支公司经理)	(1)阳光人寿滦南支公司伪造保险许可证,孙某峰负有直接责任。 (2)阳光人寿唐山中心支公司妨碍依法监督检查,冯某义负有管理责任,张某、杜某智负有直接责任	《保险许可证管理办法》第29条;《保险法》第170条、第171条	(1)对阳光人寿滦南支公司责令改正,处以3万元罚款;对孙某峰处以5000元罚款。 (2)对阳光人寿唐山中心支公司责令改正,处25万元罚款;对冯某义给予警告,并处3万元罚款;对张某给予警告,并处1万元罚款;对杜某智给予警告,并处1万元罚款
陕银保监罚决字〔2020〕42号 2020－07－09	中国太平洋保险股份有限公司陕西分公司	机构管理岗人员伪造经营保险业务许可证	《保险许可证管理办法》第29条	责令改正,处以3万元罚款
临银保监罚决字〔2020〕3号 2020－09－24	重庆市邮政公司奉节县邮政局夔州路邮政支局	2017年1月26日,中国太平洋财产保险股份有限公司乡宁支公司领取"经营保险业务许可证"后,未妥善保管,不慎遗失。2019年1月,为应付内部审计,你单位参照业务许可证模板,彩色打印许可证并塑封。中国太平洋财产保险股份有限公司乡宁支公司时任经理李某未严格履行经营保险业务许可证管理第一责任人责任,对丢失、伪造经营保险业务许可证负直接责任	邮政公司夔州路邮政支局使用过期《保险兼业代理业务许可证》从事保险代理业务的行为,违反《保险许可证管理办法》第20条的规定	依据《保险许可证管理办法》第29条第2项的规定,决定对邮政公司夔州路邮政支局罚款5000元

【相关规定解读】

根据《银行保险许可证管理办法》(2021年银保监会3号令)的规定,所谓许可证是指银保监会依法颁发的特许银行保险机构经营金融业务的法律文件。包括三种类型:金融许可证;保险许可证;保险中介许可证。金融许可证适用于政策性银行、大型银行、股份制银行、城市商业银行、民营银行、外资银行、农村中小银行机构等银行机构及其分支机构,以及金融资产管理公司、信托公司、企业集团财务公司、金融租赁公司、汽车金融公司、货币经纪公司、消费金融公司、银行理财公司、金融资产投资公司等非银行金融机构及其分支机构。保险许可证适用于保险集团(控股)公司、保险公司、保险资产管理公司等保险机构及其分支机构。保险中介许可证适用于保险代理(集团)控股公司、保险公司、保险资产管理公司等保险机构及其分支机构。保险中介许可证还适用于保险代理集团(控股)公司、保险经纪集团(控股)公司、保险专业代理公司、保险经纪公司、保险兼业代理机构等保险中介机构。《银行保险机构许可证管理办法》(银保监会令2021年第3

号,2021 年 4 月 28 日发布)第 18 条将银保监会向银行保险机构颁布的许可证整合为金融许可证、保险许可证和保险中介许可证三类,同时沿袭了《保险许可证管理办法(2007)》对伪造、变造、出租、出借许可证行为严厉打击的精神,明确规定,银行保险机构违反本办法,转让、出租、出借、伪造、变造许可证的,依照《银行业监督管理法》《商业银行法》《保险法》有关规定进行处罚;法律、行政法规没有规定的,由银保监会及其派出机构责令改正,予以警告,对有违法所得的处以违法所得 1 倍以上 3 倍以下罚款,但最高不超过 3 万元,对没有违法所得的处以 1 万元以下罚款;构成犯罪的,依法追究刑事责任。本违法行为的主体仅限于银行保险类机构,不包括个人。应当依法取得金融、保险许可证的中国境内的银行保险类机构,包括:(1)经营保险业务的保险控股公司和保险集团公司;(2)保险公司及其分支机构;(3)保险资产管理公司及其分支机构;(4)保险代理机构、保险经纪机构、保险公估机构及其分支机构;(5)保险兼业代理机构及其分支机构;(6)银保监会规定的其他保险类机构。本违法行为主要有以下几种表现形式:(1)转让,是指行为人将自己或他人的业务许可证有偿地永久地通过出售的方式交给别的单位或个人使用的行为。交与的证件既可以是真的,也可以是伪造或变造等假的;转交的证件既可以是自己的,也可以是通过购买、出租等方式获得的;至于转交的对象,既可以是金融机构,也可以是非金融机构,既包括单位,也包括个人。(2)出租、出借,是指行为人将自己或者他人的业务许可证以有偿或者无偿的方式临时交给别的单位和个人使用的行为。有偿的就是出租,无偿的就是出借。总之,交付行为的方式、时间、对象等不同会影响转让行为的性质之成立。(3)伪造,是指行为人伪造保险业务许可证的行为。(4)变造,是指行为人变造保险业务许可证的行为。

【法律依据】

1.《保险法》第 168 条。违反本法规定,转让、出租、出借业务许可证的,由保险监督管理机构处 1 万元以上 10 万元以下的罚款;情节严重的,责令停业整顿或者吊销业务许可证。

2.《保险许可证管理办法》(2007 年保监会 1 号令)第 29 条。保险类机构有下列情形之一的,由保监会责令改正,处以 3 万元以下罚款,并对直接负责的高级管理人员处以 5000 元罚款;构成犯罪的,依法追究其刑事责任:(1)伪造、变造、出租、转借、转让保险许可证的……《银行保险机构许可证管理办法》(2021 年颁布实施)第 18 条规定,银行保险机构违反本办法,转让、出租、出借、伪造、变造许可证的,依照《银行业监督管理法》《商业银行法》《保险法》有关规定进行处罚;法律、行政法规没有规定的,由银保监会及其派出机构责令改正,予以警告,对有违法所得的处以违法所得 1 倍以上 3 倍以下罚款,但最高不超过 3 万元,对没有违法所得的处以 1 万元以下罚款;构成犯罪的,依法追究刑事责任。

3.《保险公司管理规定》(2015 年修订)第 58 条。保险机构应当依照《保险法》和保监会的有关规定管理、使用经营保险业务许可证。

4.《保险公司管理规定》(2015 年修订)第 69 条。保险机构或者其从业人员违反本规定,由保监会依照法律、行政法规进行处罚;法律、行政法规没有规定的,由保监会责令改正,给予警告,对有违法所得的处以违法所得 1 倍以上 3 倍以下罚款,但最高不得超过 3 万元,对没有违法所得的处以 1 万元以下罚款;涉嫌犯罪的,依法移交司法机关追究其刑事责任。

5.《刑法》(2020 年修订)第 280 条。伪造、变造、买卖或者盗窃、抢夺、毁灭国家机关的公文、证件、印章的,处 3 年以下有期徒刑、拘役、管制或者剥夺政治权利,并处罚金;情节严重的,处 3 年以上 10 年以下有期徒刑,并处罚金。

【法律责任分析】

1. 行政责任。《保险许可证管理办法》(保监会 2007 年 1 号令)第 29 条明确规定,保险类机构伪造、变造、出租、转借、转让保险许可证的,由保监会责令改正,处以 3 万元以下罚款,并对直接负责的高级管理人员处以 5000 元罚款;构成犯罪的,依法追究其刑事责任;《银行保险机构许可证管理办法》(银保监会令 2021 年第 3 号)第 18 条规定,银行保险机构违反本办法,转让、出租、出借、伪造、变造许可证的,依照《银行业监督管理法》《商业银行法》《保险法》有关规定进行处罚;法律、行政法规没有规定的,由银保监会及其派出机构责令改正,予以警告,对有违法所得的处以违法所得 1 倍以上 3 倍以下罚款,但最高不超过 3 万元,对没有违法所得的处以 1 万元以下罚款;构成犯罪的,依法追究刑事责任。

2. 刑事责任。伪造、变造、转让业务许可证的行为,情节严重,构成伪造、变造、转让金融机构经营许可证罪的,根据《刑法》(2020 年修订)第 280 条的规定,处 3 年以下有期徒刑或者拘役,并处罚金;如果"情节严重"的,加重处罚,处 3 年以上 10 年以下有期徒刑,并处罚金。这里所说的"情节严重"的具体情况由最高司法机关在总结司法实践经验的基础上,通过司法解释予以明确。一般而言,情节严重应包括下列情形:多次伪造、变造、转让经营许可证或者批准文件的;伪造、变造经营许可证或者批准文件数量较大的;伪造、变造经营许可证或者批准文件又出售、出租的;利用伪造、变造、转让的经营许可证或者批准文件进行经营,严重干扰国家金融秩序的;利用伪造、变造、转让的经营许可证或者批准文件,进行诈骗的;利用伪造、变造、转让的经营许可证或者批准文件进行营业,给客户、经营单位造成重大经济损失的或者造成其他严重后果的。单位犯本罪的,对单位判处罚金,并对其直接负责的主管人员和其他责任人员,依照上述的规定处罚。

第二节　保险公司销售管理合规要点及违规案例

一、销售管理类相关规定梳理

(一)综合类

1.《保险法》(1995 年 6 月 30 日第八届全国人大常委会第十四次会议通过,根据 2002 年 10 月 28 日第九届全国人大常委会第三十次会议《关于修改〈保险法〉的决定》第一次修正,2009 年 2 月 28 日第十一届全国人大常委会第七次会议修订,根据 2014 年 8 月 31 日第十二届全国人大常委会第十次会议《关于修改〈保险法〉等五部法律的决定》第二次修正,根据 2015 年 4 月 24 日第十二届全国人大常委会第十四次会议《关于修改〈计量法〉等五部法律的决定》第三次修正)

2.《保险公司管理规定》(2009 年 9 月 25 日以保监会令 2009 年第 1 号发布,根据 2015 年 10 月 19 日保监会令 2015 年第 3 号《关于修改〈保险公司设立境外保险类机构管理办法〉等八部规章的决定》修订)

3.《保险公估人监管规定》[2018 年 1 月 17 日保监会第 6 次主席办公会审议通过,自 2018 年 5 月 1 日起实施,原《保险公估机构监管规定》(2009 年)被废止]

4.《保险代理人监管规定》[2020 年第 11 号,2019 年 12 月 19 日经银保监会 2019 年第 13 次委务会议通过,自 2021 年 1 月 1 日起施行,原保监会 2009 年 9 月 25 日发布的《保险专业代理机构监管规定》(保监会令 2009 年第 5 号)、2013 年 1 月 6 日发布的《保险销售从业人员监管办法》(保监会令 2013 年第 2 号)、2013 年 4 月 27 日发布的《保监会关于修改〈保险专业代理机构监管规定〉的决定》(保监会令 2013 年第 7 号)、2000 年 8 月 4 日发布的《保险兼业代理管理暂行办法》(保监发〔2000〕144 号)同时废止]

5.《保险经纪人监管规定》[保监会令〔2018〕3 号,2018 年 2 月 1 日发布,2018 年 5 月 1 日实施,保监会 2009 年 9 月 25 日发布的《保险经纪机构监管规定》(保监会令 2009 年第 6 号)、2013 年 1 月 6 日发布的《保险经纪从业人员、保险公估从业人员监管办法》(保监会令 2013 年第 3 号)、2013 年 4 月 27 日发布的《保监会关于修改〈保险经纪机构监管规定〉的决定》(保监会令 2013 年第 6 号)同时废止]

6.《银行业保险业消费投诉处理管理办法》(银保监会令 2020 年第 3 号,2020 年 1 月 14 日公布,自 2020 年 3 月 1 日起施行)

7.《银保监会关于银行保险机构加强消费者权益保护工作体制机制建设的指导意见》(银保监发〔2019〕38 号,2019 年 11 月 2 日公布,2019 年 11 月 2 日实施)

8.《保险销售行为可回溯管理暂行办法》(保监发〔2017〕54 号,2017 年 6 月 28 日发布,自 2017 年 11 月 1 日起实施)

9.《保监会关于印发〈关于加强保险消费者权益保护工作的意见〉的通知》(保监发〔2014〕89 号,2014 年 11 月 14 日发布,2014 年 11 月 14 日施行)

10.《银保监会办公厅关于加强保险公司中介渠道业务管理的通知》(银保监办发〔2019〕19 号,2019 年 2 月 26 日发布,2019 年 6 月 26 日生效)

11.《银保监会关于印发〈保险公估基本准则〉的通知》(银保监办发〔2018〕21 号,2018 年 5 月 2 日发布,2018 年 5 月 2 日生效)

12.《保监会关于印发〈人身保险客户信息真实性管理暂行办法〉的通知》(保监发〔2013〕82 号,2013 年 11 月 4 日发布,2013 年 11 月 4 日生效)

13.《关于实施〈保险专业代理机构基本服务标准〉〈保险经纪机构基本服务标准〉〈保险公估机构基本服务标准〉的通知》[保监发〔2013〕3 号,2013 年 1 月 6 日发布并生效;本篇法规被《银保监会关于印发〈保险公估基本准则〉的通知》(2018 年 5 月 2 日发布)部分废止]

14.《保监会关于进一步规范保险专业中介机构激励行为的通知》(保监中介〔2012〕202 号,2012 年 2 月 28 日发布,2012 年 2 月 28 日生效)

15.《关于印发〈保险中介服务集团公司监管办法(试行)〉的通知》(保监发〔2011〕54 号,2011 年 9 月 22 日发布,2011 年 9 月 22 日生效)

16.《银保监会办公厅关于印发〈保险中介机构信息化工作监管办法〉的通知》(银保监办发〔2021〕3 号,2021 年 1 月 5 日发布,2021 年 2 月 1 日生效)

17.《银保监会办公厅关于规范两全保险产品有关问题的通知》(银保监办发〔2019〕228 号,2019 年 12 月 4 日发布,2019 年 12 月 4 日生效)

18.《银保监会办公厅关于坚决杜绝保险机构及从业人员违规销售非保险金融产品的通知》(银保监办发〔2019〕20 号)

19.《银保监会关于加强自媒体保险营销宣传行为管理的通知》(银保监发〔2018〕27 号,2018 年 6 月 1 日发布,2018 年 6 月 1 日生效)

20.《关于依法严肃处理保险公司中介业务违法违规机构和责任人员有关问题的通知》(保监中介〔2010〕248 号,2010 年 3 月 16 日发布,2010 年 3 月 16 日生效)

21.《保监会关于严厉打击制售假保单等违法行为的通知》(保监发〔2009〕19 号,2009 年 2 月 24 日发布,2009 年 2 月 24 日生效)

22.《保监会关于遏制保险中介机构挪用侵占保费违法违规行为的通知》(保监发〔2008〕117 号,2008 年 12 月 20 日发布,2008 年 12 月 20 日生效)

23.《关于印发〈保险业内涉嫌非法集资活动预警和查处工作暂行办法〉的通知》(保

监发〔2007〕127 号,2007 年 12 月 26 日发布,2007 年 12 月 26 日生效)

24.《关于打击非法销售境外保单工作有关问题的复函》(保监厅函〔2005〕223 号,2005 年 12 月 2 日发布,2005 年 12 月 2 日生效)

25.《关于切实加强保险专业中介机构从业人员管理的通知》(银保监办发〔2020〕42 号,2020 年 5 月 12 日发布,2020 年 5 月 12 日生效)

26.《保险公司中介业务违法行为处罚办法》(保监会 2009 年 4 号令,2009 年 9 月 25 日发布,2009 年 10 月 1 日生效)

27.《关于印发〈保险监管人员行为准则〉和〈保险从业人员行为准则〉的通知》(保监发〔2009〕24 号,2009 年 2 月 28 日发布,2009 年 2 月 28 日生效)

28.《关于明确保险公司法人机构直接经营保险业务行为监管有关问题的通知》(保监机构〔2008〕384 号,2008 年 4 月 2 日发布,2008 年 4 月 2 日生效)

29.《银保监会办公厅关于发展独立个人保险代理人有关事项的通知》(银保监办发〔2020〕118 号,2020 年 12 月 23 日发布,2020 年 12 月 23 日生效)

30.《银保监会办公厅关于落实保险公司主体责任加强销售人员管理的通知》(银保监办发〔2020〕41 号,2020 年 5 月 12 日发布,2020 年 5 月 12 日生效)

31.《银行保险业消费投诉处理管理办法》(银保监会 2020 第 3 号主席令,2020 年 1 月 14 日发布,2020 年 1 月 14 日实施)

32.《关于保险公司中介业务检查中代理人、经纪人佣金监管有关问题的通知》(保监中介〔2010〕507 号,2010 年 5 月 6 日发布,2010 年 5 月 6 日生效)

33.《银保监会关于开展银行业保险业市场乱象整治"回头看"工作的通知》(银保监发〔2020〕27 号,2020 年 6 月 23 日生效,2020 年 6 月 23 日实施)

34.《银保监会办公厅关于落实保险公司主体责任加强保险销售人员管理的通知》(银保监办发〔2020〕41 号,2020 年 5 月 12 日发布,2020 年 5 月 12 日生效)

35.《银保监会办公厅关于开展银行保险机构侵害消费者权益乱象整治工作的通知》(银保监办发〔2019〕194 号,2019 年 9 月 24 日发布,2019 年 9 月 24 日生效)

36.《银保监会关于开展"巩固治乱象成果　促进合规建设"工作的通知》(银保监发〔2019〕23 号,2019 年 5 月 8 日生效,2019 年 5 月 8 日实施)

37.《银保监会关于印发〈人身保险公司监管主体职责改革方案〉的通知》(银保监发〔2021〕1 号,2021 年 1 月 8 日生效,2021 年 1 月 8 日实施)

38.《关于印发〈财产保险公司、再保险公司监管主体职责改革方案〉的通知》(2020 年 7 月 16 日发布,2020 年 7 月 16 日生效)

39.《保监会关于严格规范非保险金融产品销售的通知(2015 年修订)》(2015 年 10 月 24 日发布,2015 年 10 月 24 日实施)

40.《关于印发〈反保险欺诈指引〉的通知》(保监发〔2018〕24号,2018年2月11日发布,自2018年4月1日起实施)

41.《关于进一步做好保险业防范和处置非法集资工作的通知》(保监稽查〔2015〕263号,2016年1月7日发布,2016年1月7日实施)

42.《关于印发〈保险公司经营评价指标体系(试行)〉的通知》(保监发〔2015〕80号,2015年8月7日发布,2015年8月7日实施)

43.《关于印发〈保险公司服务评价管理办法(试行)〉的通知》(保监发〔2015〕75号,2015年7月31日发布,2015年7月31日实施)

44.《银行保险违法行为举报处理办法》(银保监会令2019年第8号,2019年12月25日公布,自2020年3月1日起实施)

45.《关于印发〈保监局案件风险监管考核办法(试行)〉的通知》(保监稽查〔2013〕643号,2013年9月10日发布,2013年9月10日实施)

46.《关于印发〈关于加强反保险欺诈工作的指导意见〉的通知》(保监发〔2012〕69号,2012年8月6日发布,2012年8月6日生效)

47.《关于印发〈保险公司分支机构分类监管暂行办法〉的通知》(保监发〔2010〕45号,2010年6月8日发布,2010年6月8日实施)

48.《关于印发〈保险专业中介机构分类监管暂行办法〉的通知》[保监发〔2008〕122号,2008年12月31日发布,2009年1月1日实施,本篇法规被《关于修改部分规范性文件的通知》(2010年12月3日发布,2010年12月3日实施)修订,本文第3条中涉及"《保险代理机构管理规定》《保险经纪机构管理规定》《保险公估机构管理规定》"修改为"《保险专业代理机构监管规定》《保险经纪机构监管规定》《保险公估机构监管规定》"]

(二)从业人员管理类

1.《关于发展独立个人保险代理人有关事项的通知》(银保监发〔2020〕118号,2020年12月23日发布,2020年12月23日实施)

2.《银保监会办公厅关于切实加强保险专业中介机构从业人员管理的通知》(银保监办发〔2020〕42号,2020年5月12日发布,2020年5月12日实施)

3.《关于印发〈保险监管人员行为准则〉和〈保险从业人员行为准则〉的通知》(保监发〔2009〕24号,2009年2月28日发布,2009年2月28日生效)

4.《关于印发〈保险公估基本准则〉的通知》[银保监发〔2018〕21号,2018年5月2日发布,2018年5月2日生效,《保险公估从业人员职业道德指引》(保监发〔2004〕143号)、《保险公估机构基本服务标准》(保监发〔2013〕3号)与本准则不一致的,以本准则为准]

5.《关于明确保险营销员佣金构成的通知》(保监发〔2006〕48号,2006年4月27日发布,2006年4月27日生效)

6.《关于改革完善保险营销员管理体制的意见》(保监发〔2010〕84号,2010年9月20日发布,2010年9月20日生效)

7.《关于加强和完善保险营销员管理工作有关事项的通知》(保监发〔2009〕98号,2009年9月11日发布,2009年9月11日生效)

8.《关于进一步加强和完善保险营销员管理工作有关事项的通知》(保监中介〔2010〕544号,2010年5月18日发布,2010年5月18日生效)

9.《关于贯彻落实〈关于改革完善保险营销员管理体制的意见〉的通知》(保监中介〔2010〕1221号,2010年10月13日发布,2010年10月13日生效)

10.《关于坚定不移推进保险营销员管理体制改革的意见》(保监发〔2012〕83号,2012年9月14日发布,2012年9月14日生效)

11.《关于印发〈保险营销员诚信记录管理办法〉的通知》(保监发〔2007〕98号,2007年9月27日发布,2008年1月1日发布)

12.《关于实施农村保险营销员资格分类管理有关事宜的通知》(保监发〔2008〕17号,2008年2月22日发布,2008年2月22日实施)

13.《关于个人保险代理人法律地位的复函》(2006年10月9日发布,2006年10月9日生效)

(三)保险中介机构管理类

1.《银保监会办公厅关于印发〈商业银行代理保险业务管理办法〉的通知》(银保监办发〔2019〕179号,2019年8月23日生效,2019年10月1日实施)

2.《银保监会办公厅关于加强保险公司中介渠道业务管理的通知》(银保监办发〔2019〕19号,2019年2月6日生效,2019年2月6日实施)

3.《中国银监会关于进一步规范商业银行代理保险业务销售行为的通知》(保监发〔2014〕3号,2014年1月8日发布,2014年4月1日实施)

4.《关于印发〈商业银行代理保险业务监管指引〉的通知》(保监发〔2011〕10号,2011年3月7日发布,2011年3月7日实施)

5.《关于严格规范保险专业中介机构激励行为的通知》(保监中介〔2010〕1333号,2010年11月15日发布,2010年11月15日实施)

6.《关于保险经纪公司选择保险人方式的复函》(保监函〔2002〕183号,2002年8月29日发布,2002年8月29日生效)

7.《关于保险公估机构设立外汇账户有关问题的批复》(保监复〔2003〕4号,2003年1月14日发布,2003年1月14日生效)

8.《关于保险兼业代理机构外设网点合规性等问题的复函》(保监办函〔2003〕136号,2003年8月26日发布,2003年8月26日生效)

9.《关于保险公司分支机构相互代理保险业务有关问题的复函》(保监办函〔2003〕227号,2003年12月9日发布,2003年12月9日生效)

10.《关于保险经纪公司向境外保险机构安排有关国际海上运输保险业务的批复》(保监函〔2003〕625号,2003年2月18日发布,2003年2月18日生效)

11.《关于保险经纪机构开展异地业务有关问题的通知》(保监中介〔2005〕97号,2005年10月11日发布,2005年10月11日生效)

12.《关于加强机动车交通事故责任强制保险中介业务管理的通知》(保监发〔2006〕86号,2006年8月2日发布,2006年8月2日生效)

13.《关于规范银行代理保险业务的通知》(保监发〔2006〕70号,2006年6月15日发布,2006年6月15日生效)

14.《关于保险代理机构超出代理业务范围经营问题的复函》(保监厅函〔2007〕178号,2007年6月28日发布,2007年6月28日生效)

15.《关于保险经纪公司从事企业年金管理咨询业务的复函》(保监厅函〔2007〕314号,2007年11月16日发布,2007年11月16日生效)

16.《关于保险公估机构参与车险查勘定损问题的复函》(保监厅函〔2009〕425号,2009年11月27日发布,2009年11月27日生效)

17.《关于依法严肃处理保险公司中介业务违法违规机构和责任人员有关问题的通知》(保监中介〔2010〕248号,2010年3月16日发布,2010年3月16日生效)

18.《关于保险公司中介业务检查中代理人、经纪人佣金监管有关问题的通知》(保监中介〔2010〕507号,2010年5月6日发布,2010年5月6日实施)

19.《银保监会办公厅关于加强保险公司中介渠道业务管理的通知》(银保监办发〔2019〕19号,2019年2月26日发布,2019年2月26日实施)

20.《关于加强保险公司中介业务管理的通知》(保监发〔2010〕107号,2010年12月23日发布,自2011年3月1日起施行)

21.《关于支持汽车企业代理保险业务专业化经营有关事项的通知》(保监发〔2012〕82号,2012年9月14日发布,2012年9月14日实施)

22.《关于严格规范保险专业中介机构激励行为的通知》(保监中介〔2010〕1333号,2010年11月15日发布,2010年11月15日生效)

23.《关于进一步规范保险专业中介机构激励行为的通知》(保监中介〔2012〕202号,2012年2月28日发布,2012年2月28日生效)

24.《关于重申保险专业中介机构激励行为监管要求的通知》(保监中介〔2012〕559

号,2012 年 5 月 8 日发布,2012 年 5 月 8 日生效)

25.《关于实施〈保险专业代理机构基本服务标准〉〈保险经纪机构基本服务标准〉〈保险公估机构基本服务标准〉的通知》[保监发〔2013〕3 号,2013 年 1 月 16 日发布,2013 年 1 月 16 日实施,本篇法规被《银保监会关于印发〈保险公估基本准则〉的通知》(2018 年 5 月 2 日发布,2018 年 5 月 2 日实施)部分废止;本法中的《保险公估机构基本服务标准》被废止]

26.《关于进一步发挥保险经纪公司促进保险创新作用的意见》(保监发〔2013〕16 号,2013 年 2 月 25 日发布,2013 年 2 月 25 日实施)

27.《关于进一步明确保险专业中介机构市场准入有关问题的通知》(保监发〔2013〕44 号,2013 年 5 月 16 日发布,2013 年 5 月 16 日实施)

二、销售管理的基本制度内容及合规要点检查

保险公司保险销售行为,是指保险销售主体以推动缔结保险合同为目的,面向具体消费主体实施的相关行为。包括为订立保险合同而提供的保险信息咨询、产品推荐、意见建议或其他服务性工作的行为,订立保险合同的行为,以及面向具体客户或明确的客户群体实施的营销宣传行为。销售渠道一般包括直销渠道(团体销售、电话销售和互联网销售)和中介渠道(个险销售和银行保险销售、中介业务三个渠道)。间接销售的三个销售渠道应成立有对应的销售管理部门,销售管理部门负责制定渠道业务销售方案,并组织实施;负责销售队伍管理;负责对个险、团险、银行保险等销售渠道的绩效考核、销售费用的预算管控。此外,销售管理部门还应当建立并保持书面程序,对销售人员或机构的甄选、签约、解约、薪酬、考核、档案、品质管理、宣传材料管理等进行控制;定期对销售人员进行专业培训和职业道德教育,建立销售人员失信惩戒机制。建立完善销售人员督察工作制度,并监督执行情况;组织或参与辖内销售人员案件的处理工作,预防和处理各种销售人员有关违规行为;对于销售过程中已识别的风险,建立并保持控制程序,并将有关程序和要求及时通报销售人员或机构,确保其遵守寿险公司相关的控制要求;建立并实施客户回访制度,按照有关规定确定客户回访范围和内容,对客户反馈信息进行分析整改并定期跟踪;负责受理、调查和处理各类销售渠道的投诉和纠纷;负责组织开展有针对性的风险管控工作专项检查,定期完成所辖销售人员的违规数据统计和相关分析报告,并将有关情况及时上报。

(一)销售资质管理

1. 统一的销售人员招录管理办法。按照审慎原则严格审核个人信用及工作经历,严禁招录不符合监管规定的人员从事保险销售。积极支持行业搭建平台加强销售人员流动自律管理。保险机构不得委托未取得合法资格的机构或者个人从事保险销售活动,不

得向未取得合法资格的机构或者个人支付佣金或者其他利益(《保险公司管理规定》);从事保险营销活动的人员应当取得资格证书和所属保险公司发放的《保险营销员展业证》,方可从事保险营销活动;保险公司不得委托没有取得经营保险代理业务许可证的商业银行网点开展代理保险业务。

2. 严格管控招录过程。保险公司应严格控制招录权限,加强招录宣传资料管理,规范招录信息发布,严禁模糊单位主体、误导职位性质、混淆合同类型、夸大收入水平等做法,严禁怂恿销售人员频繁无序流动。

3. 加强基础信息管理。保险公司应对销售从业人员的身份信息、业务信息、财务信息等情况进行全面记录和管理,确保数据全面、真实、可回溯,落实从业人员入职、在职、离职的全过程执业信息登记和维护。加强销售人员基础数据管理。应严格按照销售人员执业登记管理规定,落实入职、在职、离职全过程的执业信息登记和维护要求。加强不同信息系统之间销售人员数据的勾稽审查核对,确保同口径下本公司销售人员在保险中介监管信息系统中的登记数据、在本公司人员管理系统中的记载数据、在银保监会统计信息系统的报送数据、公司对外公开的披露数据一致。

(二)营销人员销售行为管理

1. 严密管理销售人员从业行为。保险公司应严格防范销售人员从业中出现《保险法》第116条、第131条列示的禁止性行为,发现销售人员从业违法违规的,要及时惩戒和内部追责。保险公司销售新型产品,应当向投保人出示保险条款、产品说明书。向个人销售新型产品的,还应当出示投保提示书。保险公司向投保人提供的投保单应当附格式条款,保险公司应当向投保人说明合同的内容。向个人销售新型产品的,保险公司提供的投保单应当包含投保人确认栏,并由投保人抄录下列语句后签名:"本人已阅读保险条款、产品说明书和投保提示书,了解本产品的特点和保单利益的不确定性"。新型产品的信息披露,不得使用比率性指标与其他保险产品以及银行储蓄、基金、国债等进行简单对比,也不得对投保人、被保险人、受益人及社会公众作引人误解的宣传或者虚假宣传。投资连结保险应当建立风险测评制度。如果投保人在银行等兼业代理机构购买保险,应提醒投保人注意该产品属于保险产品,经营主体是保险公司,投保人不宜将保险产品与银行存款、国债、基金等进行片面比较。

2. 加强销售人员诚信管理。保险公司应将销售人员受到的表彰奖励、监管行政处罚等信息,按照监管要求准确、及时、完整地录入保险中介监管信息系统。离职销售人员的相关诚信记录信息录入工作应当在注销其执业登记前完成。保险公司应认真审核审查销售人员诚信记录信息,并对其真实性负责。

3. 开展销售人员综合评价管理。保险公司应提高销售人员管理的针对性和有效性,建立健全销售人员诚信评价体系和荣誉体系,发挥正向激励倡导与负向警示约束的双重作用。保险公司应积极探索利用科技手段开展客户对销售人员从业过程的评价,并将客户评价结果有效运用到销售人员诚信评价中。

4. 加强销售人员失信惩戒。保险公司应积极支持行业自律组织搭建销售人员失信行为管理平台,建立销售人员失信联合惩戒机制。保险公司不得录用尚处于失信联合惩戒状态的人员从事保险销售服务活动。保险公司发现销售人员在保险销售服务活动或其他经济社会活动中存在严重失信行为的,应及时向失信行为管理平台报告,并严肃处理直至解除代理(劳动)合同,解除合同后两年内不得再次录用。

(三)销售培训管理

1. 建立销售人员职业培训体系。保险公司应针对销售人员入职和在职分阶段制定培训规划,根据公司销售人员数量、业务规模、保险产品复杂程度,建立专业稳定的培训师资队伍,编制金融保险知识、法律法规制度、监管标准规则、职业道德规范、保险产品等方面的培训大纲和培训教材。

2. 加强销售人员法律法规和职业道德培训。保险公司应切实提升销售人员合规守法意识和诚信规范展业理念,要将法律法规、监管规章制度、从业规则标准、职业道德规范作为销售人员入职和在职培训基本内容,每人每年培训时间不得少于 30 小时。

3. 强化销售人员培训效果管控。保险公司应制定严格的销售人员培训考核、考评与奖惩制度,建立健全入职和在职培训效果的考核机制,完善培训档案管理。采用线上培训的,应切实进行身份识别,并以完备有效的测试评估保证培训效果。不得为入职培训考核评估不合格人员办理执业登记。授权销售人员销售新保险产品前,也应组织专门培训及测试。

4. 法律、行政法规和国务院保险监督管理机构规定的其他情形。

(四)客户回访管理

除团体保险外,保险公司应当建立一年期以上新型产品的回访制度。回访制度应当包括回访的时间、方式、内容、成功率以及问题件的处理等内容。回访应当在犹豫期内完成。回访应当首先采用电话方式,并制作录音;电话回访不成功的,可以采用信函或者会见等方式,但必须取得投保人签名的回执;通过以上所有方式均不能成功回访的,保险公司应当就回访情况及不能成功回访的原因等有关内容进行详细记录。分别规定投连、万能和分红产品的回访要点。实行全国统一回访的,可指定全国统一的回访话术。

(五)宣传资料管理

1. 新型产品的信息披露,应当采用通俗易懂的语言,准确描述与产品相关的信息。保险公司应当对信息披露的客观性、真实性负责,无重大遗漏,不得对投保人、被保险人、受益人及社会公众进行欺骗、误导和隐瞒。保险公司省级分公司设计、印刷新型产品的信息披露材料,应当报经其总公司批准。除省级分公司以外,保险公司的其他各级分支机构均不得设计、印刷和修改新型产品的信息披露材料。

2. 保险代理人不得设计、印刷和变更新型产品的信息披露材料。法律责任人和总精算师确保产品说明书客观、真实、无重大遗漏,并且符合银保监会对信息披露的相关要求;新型产品的其他信息披露材料与保险条款及产品说明书保持一致;以任何方式向投保人、被保险人、受益人及社会公众演示新型产品未来利益给付的,应当符合银保监会要求;禁止使用与保险条款、产品说明书不一致的信息披露材料。

3. 商业银行及其保险销售从业人员应当使用保险公司法人机构或经其授权的保险公司一级分支机构统一印制的保险产品宣传材料,不得设计、印刷、编写或者变更相关保险产品的宣传册、宣传彩页、宣传展板或其他销售辅助品。

4. 各类宣传材料应当按照保险条款全面、准确描述保险产品,要在醒目位置对经营主体、保险责任、退保费用、现金价值和费用扣除情况进行提示,不得夸大或变相夸大保险合同利益,不得承诺不确定收益或进行误导性演示,不得有虚报、欺瞒或不正当竞争的表述。各类保险单证和宣传材料在颜色、样式、材料等方面应与银行单证和宣传材料有明显区别,不得使用带有商业银行名称的中英文字样或商业银行的形象标识,不得出现"存款""储蓄""与银行共同推出"等字样。

(六)客户投诉管理

1. 保险机构应当从人力物力财力上保证消费投诉处理工作顺利开展,指定高级管理人员或者机构负责人分管本单位消费投诉处理工作,设立或者指定本单位消费投诉处埋工作的管理部门和岗位,合理配备工作人员。应当畅通投诉渠道,设立或者指定投诉接待区域,配备录音录像等设备记录并保存消费投诉接待处理过程,加强消费投诉管理信息系统建设,规范消费投诉处理流程和管理。

2. 应当在官方网站、移动客户端、营业场所或者办公场所醒目位置公布本单位的投诉电话、通信地址等投诉渠道信息和消费投诉处理流程,开通电子邮件、官网平台等互联网投诉渠道的,应当公布本单位接收消费投诉的电子邮箱、网址等。在产品或者服务合约中,应当提供投诉电话或者其他投诉渠道信息。银行保险机构开展消费投诉处理工作应当属地管理、分级负责,充分考虑和尊重消费者的合理诉求,公平合法作出处理结论。及时查找引发投诉事项的原因,健全完善溯源整改机制,切实注重消费者消费体验,提升服务水平。

3. 应当加强对第三方机构合作业务消费投诉的管理,因合作销售产品或者提供服务而产生消费纠纷的,应当要求相关第三方机构配合处理消费投诉,应当将第三方机构对消费投诉处理工作的配合情况纳入合作第三方机构的准入退出评估机制。根据《银行业保险业消费投诉处理管理办法》[中国银行保险监督管理委员会令(2020 年第 3 号)]规定,下面几种情况属于重大保险消费投诉:(1)因重大自然灾害、安全事故、公共卫生事件等引发的消费投诉;(2)20 名以上投诉人采取面谈方式提出共同消费投诉的群体性投诉；(3)银保监会及其派出机构认定的其他重大消费投诉。

三、保险公司销售管理风险要点及风险控制

保险公司销售管理风险要点，见表2-2-1。

表2-2-1　保险公司销售管理风险要点梳理

项目		主要合规风险	问题描述	相关规定名称	风险分析	风险级别
业务管理	销售管理	擅自印制宣传材料	是指未经上级公司批准，根据业务需要擅自设计、印制各类保险业务宣传材料的行为	《商业银行代理保险业务管理办法》（银保监办发〔2019〕179号）	容易误导客户，损害公司形象，给公司造成经济损失	中
		套取、截留、挤占佣金	通过虚列人员名单、虚列架构，为无业绩人员发放佣金、津贴、奖励等手段套取佣金；不及时清理架构，为实际已离司人员计提续佣并将套取的佣金挪作他用；以低于上级公司规定的比例计发佣金和津贴，将截留部分挪作他用；挤占附加佣金，将附加佣金挪作他用	《会计法》（2017年修正）	损害营销员和公司利益，容易形成账外账、小金库，导致经营成本增加，影响个险队伍建设、业务推动、培训等工作的开展、阻碍个险业务发展	高
		收取营销员相关费用不入账	收取营销员产品说明会门票费、礼品费、资料费、复印费、考勤扣款等不入公司大账，直接用于支付各类费用或者被侵占	《会计法》（2017年修正）	导致账外账、小金库形成，并可能损害营销员利益	高
		营销员保证金、养老金管理不规范	收取营销员保证金未纳入公司大账管理，业务员保证金及利息被挪用、私分、借用、截留，或者营销员解约时由内勤人员代领保证金；对上级公司划拨的养老金保费不及时办理投保或续期交费手续，将资金挪作他用，或者营销员解约时由内勤人员代领养老金	财政部《禁止金融机构设置"小金库"的财务管理规定》的通知（财金〔2005〕67号）	引起贪污挪用保证金或养老金的行为，容易导致形成账外账，小金库，损害业务员和公司的利益，并可能造成法律纠纷并带来财务损失	高
		未履行代理人管理职责导致代理人违规违纪案件发生	是指未对保险代理人违规违法展业行为进行监督和及时纠正、导致代理人从事违法行为被监管部门处罚	保监会《保险公司中介业务违法行为处罚办法》	被监管部门处罚，给公司造成经济损失，影响保险公司公众形象；加大公司经营成本且容易引发刑事案件；导致财务资料、会计数据不真实	中
		营销员无证展业	为未取得代理人资格证的人员开设营销员代码和发放佣金	《保险法》	可能导致外部监管部门的处罚风险，并且会降低营销员考证的愿望，影响营销员参加继续教育的积极性，阻碍营销员专业素养的提升	高

续表

项目		主要合规风险	问题描述	相关规定名称	风险分析	风险级别
业务管理	销售管理	误导宣传	指保险公司工作人员或者代理销售人员故意欺骗投保人、被保险人或者受益人,对投保人隐瞒与保险合同有关的重要情况;或者阻碍投保人履行《商业银行代理保险业务管理办法》规定的如实告知义务,或者诱导其不履行《商业银行代理保险业务管理办法》规定的如实告知义务等行为,如在对外宣传时,变相夸大保险合同利益,故意隐瞒退保扣除费用的行为	《商业银行代理保险业务管理办法》(银保监办发〔2019〕179号)	容易引起公司与客户之间的纠纷甚至引发法律诉讼案件,给公司造成经济损失,损害保险公司公众形象	中
	团代销售管理	违规支付手续费	指委托未取得合法资格的机构或者个人从事保险销售活动,表现为:委托不具有兼业代理资格的企业从事保险兼业代理销售;向未取得合法资格的代理人或经纪人支付手续费、佣金等类似费用;或者超过银保监会规定的手续费标准或者保险合同约定的比例支付手续费的行为	《中国保监会关于促进团体保险健康发展有关问题的通知》(保监发〔2015〕14号) 《商业银行代理保险业务管理办法》(银保监办发〔2019〕179号)	被监管部门处罚,给公司造成经济损失,影响保险公司公众形象;加大公司经营成本且容易引发刑事案件;导致财务资料、会计数据不真实	高
		为他人牟取额外利益	指保险公司及其工作人员在账外暗中直接或者间接给予保险中介机构及其工作人员委托合同约定以外的利益;利用保险中介业务,为其他机构或者个人牟取不正当利益;或者通过保险代理人、保险经纪人给予或者承诺给予投保人、被保险人、受益人保险合同约定以外的保险费回扣或者其他利益的行为	《保险公司中介业务违法行为处罚办法》	被监管部门处罚,给公司造成经济损失,影响保险公司公众形象;加大公司经营成本且容易引发刑事案件;导致财务资料、会计数据不真实	高
		非法套取费用	指利用保险代理人、保险经纪人或者保险公估机构,通过虚挂应收保险费、虚开税务发票、虚假批改或者注销保单、编造退保等方式套取费用的行为	《保险公司中介业务违法行为处罚办法》	被监管部门处罚,给公司造成经济损失,影响保险公司公众形象;加大公司经营成本且容易引发刑事案件;导致财务资料、会计数据不真实	高
		挪用、截留和侵占保险费	指串通保险代理人、保险经纪人,挪用、截留和侵占保险费的行为	《保险公司中介业务违法行为处罚办法》	被监管部门处罚,给公司造成经济损失,影响保险公司公众形象;加大公司经营成本且容易引发刑事案件;导致财务资料、会计数据不真实	高

续表

项目		主要合规风险	问题描述	相关规定名称	风险分析	风险级别
业务管理	团代销售管理	坐支保费抵扣手续费	串通或者默许代理机构坐支代理销售所得保费收入，用以抵扣手续费并以净保费入账	《关于印发〈人身意外伤害保险业务经营标准〉的通知》（保监发〔2009〕91号）	损害公司的经济利益，容易导致外部监管机构的处罚，并容易带来商业贿赂的法律风险	高
		虚假理赔	指串通保险代理人、保险经纪人、保险公估机构，虚构保险合同、故意编造未曾发生的保险事故或者故意夸大已经发生的保险事故的损失程度进行虚假理赔，骗取保险金或者牟取其他不正当利益的行为	《保险公司中介业务违法行为处罚办法》	被监管部门处罚，给公司造成经济损失，影响保险公司公众形象；加大公司经营成本且容易引发刑事案件；导致财务资料、会计数据不真实	高
		未取得保险中介服务发票或者勾结中介机构虚开中介服务发票	支付手续费，未按照税务局的规定取得保险中介服务统一发票；或者勾结中介机构虚开保险中介服务发票的行为	《保险公司中介业务违法行为处罚办法》	财会资料不规范，可能引发舞弊行为；增加公司企业所得税负担，并可能受到税务局的罚款，给公司造成经济损失	高

四、销售管理环节主要合规风险

根据中国银保监会2018年开展的人身保险治理销售乱象、打击非法经营专项活动情况的通报和相关监管函行政处罚整理而成，见表2-2-2。

表2-2-2 个人营销渠道人身保险销售风险类型汇总（四大类15种）

第一大类	**夸大收益、保障范围，混淆经营主体，炒作停售限售，给予客户额外利益，诱导客户退保等乱象成为监管打击重点**
	1. 将保险产品与存款、国债、基金、信托等业务品种进行片面比较，夸大收益或变相承诺收益。如人保健康保定中心支公司在某产品保单特别约定栏手写“本产品固定年化收益率为3.5%”字样。阳光人寿绵阳中心支公司在某产品保单特别约定栏加注“满五年保证收益4.3%”字样。阳光人寿杭州电销中心存在诱导投保人不如实回答回访问题、将保险宣传为存款等问题
	2. 使用“商业银行和保险公司联合推出”等用语混淆经营主体，将保险产品混同为理财或其他金融产品。如农银人寿山西分公司下属多家中心支公司使用载有“农业银行和农银人寿携手推出”字样的宣传资料，混淆保险产品经营主体。信泰人寿宁波分公司将保险产品的万能账户解说为股权账户，强调只有老客户才有权利享受万能账户，并宣称保险产品没有风险
	3. 夸大保险产品保障范围，将部分健康险产品以“超级社保”“超级医保”等名义包装。如国寿股份吉林市分公司以“社保大升级利益派送”为名召开产品说明会推销保险产品。中银三星天津分公司引用网络博客或搜索网站中未经核实的数据，片面强调重大疾病发生率，诱导客户购买产品
	4. 在微博、微信等自媒体渠道炒作停售、限售信息，曲解监管政策。如太保寿险浙江分公司工作人员在微信朋友圈炒作产品限量销售、停售信息。中宏人寿辽宁分公司在产品说明会中宣称某产品有限额，是无风险的产品。泰康人寿海南分公司在培训材料中使用“突破监管”“监管背锅”等字眼，曲解监管政策
	5. 部分机构和销售人员给予客户保单以外的利益。如太平人寿泉州中心支公司在6场次产品说明会中累计向客户承诺，送礼品36万余元。国寿股份吉林省分公司及下属分支机构通过多种活动给予投保人额外利益达67万余元。人保寿险嘉兴中心支公司累计向95名客户附送金牡丹112个、金如意8个，折合人民币共计7.7万元

续表

第一大类	6. 部分机构和销售人员诱导客户在购买保险产品后申请部分领取或退保已有保单,继续投保其他产品以完成自身业绩考核。如新华人寿贵州分公司销售从业人员以“保单满期”“保单升级”等虚假理由误导客户退保已有保单,并使用退保资金购买新单。阳光人寿山东分公司6名销售从业人员以保单已到期或新保险收益高等理由,误导客户将10份5年后到期的保单退保并购买新单
第一大类	7. 其他问题。如泰康人寿平凉中心支公司未严格按照公司规定,对2017年1月至2018年4月举行的产品说明会进行录音录像。民生人寿十堰中心支公司多份新型保险产品保单存在未按要求抄写风险提示用语问题。人保寿险南昌中心支公司多笔保单存在使用银行柜员、银保业务员及其亲属联系方式冒充客户联系方式并接听公司回访电话问题。君康人寿无锡中心支公司、合众人寿常州中心支公司部分保单回访未严格执行规章制度
第二大类	**套取费用、不合理上浮费率、可回溯制度落实不力、恶意挖角等扰乱市场秩序**
第二大类	8. 套取费用进行利益输送。如富德生命人寿安徽分公司套取费用1351.9万元,用于业务维护、采购礼品、个人激励等。阳光人寿深圳分公司虚列多笔业务及管理费,套取费用合计323.9万元。国华人寿新乡中心支公司套取费用145.0万元,用于银保业务维护、退保补差。国寿股份牡丹江分公司虚列营业费用28.8万元,人保寿险牡丹江市中心支公司虚列燃油费15.8万元,用于银保渠道业务满期给付利益补差。建信人寿泉州中心支公司虚列费用13.9万元,为合作银行客户经理提供聚餐、游玩、唱歌等娱乐性活动
第二大类	9. 上浮费率缺乏合理依据。如交银康联安徽分公司在银保渠道销售的12笔短期意外险上浮费率收取保费合计731.5万元,平均为基准费率30.7倍,并向合作银行支付手续费182.9万元,向客户经理支付佣金2.4万元。 农银人寿辽宁分公司通过银保渠道销售的10笔意外伤害团体保险(其中6笔业务属于无既往赔付续保业务),按照基准费率的4倍至9.2倍收取保费合计577.7万元,向合作银行等4家代理机构支付手续费合计411.1万元,占保费收入的71.2%
第二大类	10. 销售行为可回溯制度落实不力。如部分银行机构存在销售人员向投保人营销推介保险产品后,引导其至自助终端设备购买保险的情形。部分银行机构销售现场同步录音录像过程中存在不能清晰辨识保险销售从业人员向客户出示的身份证件,录音录像时间晚于保险产品销售时间、录音录像资料未能清晰记录交谈内容,录制内容未包括投保人签署投保单、投保提示书等相关文件环节的问题
第二大类	11. 部分机构保险代理人“恶意挖角”,扰乱市场秩序。如部分保险公司以高薪、高职为条件频繁挖角,部分专业代理、经纪公司以免考核、免出勤为条件诱导保险公司员工辞职,个别保险公司业务团队整体跳槽。部分从业人员变更工作岗位后,诱导原公司客户退保并到新的公司投保
第三大类	**长险短做、超比例保单贷款等问题**
第三大类	12. 费率厘定、精算假设不合规、不科学,个别产品涉嫌“长险短做”。如太平人寿湖南分公司销售的某款两全保险,设计为1年后保单现金价值超过所交保费,1年后退保比例达到96.2%。同方全球深圳分公司销售的某款趸交万能型两全保险,设计为1年后退保费用为0,该产品90%以上保单存续期为1年
第三大类	13. 保单贷款超监管规定比例。如阳光人寿深圳分公司、百年人寿鄂尔多斯中心支公司多笔保单贷款存在贷款比例超过保单现金价值或账户价值80%的问题。工银安盛山西分公司某款年金产品宣传折页中,存在“投保简便,保贷救急……最高可借现金价值的90%”表述,抽查发现确有违规业务发生
第四大类	**通过不具资质平台销售保险或保险从业人员违规消费非金融保险产品**
第四大类	14. 个别机构通过不具有合法资质的第三方网络平台等组织和机构非法经营保险业务。如新华人寿贵州分公司与不具有合法资质的第三方网络平台贵州某商务信息有限公司合作开展保险业务。太保寿险海南分公司以保费收入为基础,向不具备保险销售资质的某科技有限公司、某电子商务有限公司支付所谓技术服务费,变相规避监管规定
第四大类	15. 个别销售从业人员销售未经相关金融监管部门审批的非保险金融产品,甚至利用保险业务进行非法集资、传销或洗钱等非法活动。如中信保诚温州中心支公司41名销售从业人员代理销售北京某信息咨询公司理财产品,累计销售金额约1045万元

五、银行邮政代理渠道合规风险点监督检查对策

银行邮政代理渠道合规风险点监督检查内容，见表2-2-3。

表2-2-3　银行邮政代理渠道合规风险点监督检查内容

业务类型	业务板块	监管检查的风险点内容
银行邮政代理	销售资格管理	1.1 银行邮政代理机构是否取得《保险兼业代理许可证》，委托代理险种是否在《保险兼业代理许可证》允许的范围内，是否获得银行法人的授权。 1.2 银行邮政代理机构销售保险产品的柜员是否取得保险代理从业人员资格证。 1.3 银(邮)保通系统中是否记录银行柜员的姓名、保险代理从业人员资格证号码；是否在出单时对银行柜员和代理网点的销售资格进行自动审核校验。 1.4 银保专管员是否取得保险代理从业人员资格证，是否与保险公司签订正式的劳动合同。 1.5 销售投资连结保险的银行销售人员是否具有监管规定要求的条件
银行邮政代理	培训管理	2.1 对银行邮政代理机构销售人员的培训时间是否符合监管要求，培训内容是否包括法律法规、业务知识及职业道德；委托代理机构销售人身保险新型产品的，是否按照有关规定对销售人员进行了专门培训；是否建立银行邮政代理机构销售人员的培训档案，记录培训的时间、内容、考核结果等。 2.2 培训课件、讲义中是否包含不符合法律法规及监管规定的内容，如混淆保险与储蓄的概念、承诺和夸大保险利益、隐瞒与保险合同有关的重要事项等；是否定期对基层机构使用的培训课件进行检查。 2.3 销售投资连结保险的银行销售人员是否接受了不少于40小时的专项培训，相关培训材料是否报当地保监局备案
银行邮政代理	销售资料管理	3.1 是否存在未经总公司审核批准，下级机构或银行邮政代理机构私自设计、修改、印刷宣传单和宣传彩页等宣传材料的情况。 3.2 业务宣传资料上是否载有保险机构的名称和地址。 3.3 新型产品的宣传单、宣传彩页和产品说明会课件等其他宣传材料是否与保险条款及产品说明书保持一致。 3.4 业务宣传资料上是否使用存取、利息等银行术语，混淆保险与储蓄的概念。 3.5 业务宣传资料上是否使用比率性指标将本公司保险产品与其他同业公司保险产品进行简单对比，是否将保险产品与银行储蓄、基金、国债等进行片面比较和承诺、夸大收益。 3.6 业务宣传资料上是否明确分红的不确定性，是否使用分红率、投资回报率等比率性指标描述分红保险的红利分配情况；是否明确万能险最低保证利率之上的投资收益是不确定的，实际保单账户利益可能低于中、高档利益演示水平；是否明确投资连结保险的投资风险由投保人承担，实际投资收益可能出现负值。 3.7 新型产品的产品说明书及宣传单、宣传彩页和产品说明会课件等其他宣传材料中演示保险利益时，是否采用高、中、低三档演示新型产品未来的利益给付；用于利益演示的分红保险、投资连结保险假设投资回报率或者万能保险的假设结算利率是否超过银保监会规定的最高限额。 3.8 新型产品的产品说明书内容是否符合有关监管规定。 3.9 是否在产品说明书封面显著位置使用比正文大一号的黑体字按规定进行风险提示，是否用醒目字体注明保单利益演示是基于公司精算和其他假设，提示客户保单利益具有不确定性

续表

业务类型	业务板块	监管检查的风险点内容
银行邮政代理	销售行为管理	4.1 银行邮政网点是否公示、张贴《人身保险投保提示书基准内容》,是否在显著的位置张贴《保险兼业代理许可证》。 4.2 是否向投保人提供了保险条款、产品说明书和投保提示书。 4.3 是否存在代签名的问题。 4.4 是否存在代抄录风险提示语句的问题。 4.5 是否按照有关监管规定向投保人进行了风险提示;是否对责任免除、退保、费用扣除、现金价值、犹豫期和缴费期间等事项进行了重点说明。 4.6 在销售过程中是否存在不明确告知所销售的是保险产品,将保险产品混同为银行存款或银行理财产品进行销售。 4.7 是否存在与银行存款、国债、基金等进行片面比较和承诺、夸大收益的行为。 4.8 是否存在欺骗投保人、被保险人或者受益人,隐瞒与保险合同有关的重要事项。 4.9 是否存在向客户提供片面、虚假的产品信息,以停止使用保险条款和保险费率进行宣传和销售误导
银行邮政代理	客户投诉	5.1 是否建立了客户咨询投诉管理系统,并将所有客户的咨询投诉纳入系统统一管理,建立并保留客户咨询投诉档案。 5.2 是否制定了客户投诉处理的相关制度,是否对咨询投诉办理时限提出要求,并由专人负责监督落实。 5.3 公司是否明确和设立有关信访投诉的处理部门,是否向社会公布咨询投诉电话。 5.4 公司是否提供 24 小时的包括投诉在内的电话服务。 5.5 是否在受理投诉 10 个工作日内向投诉人做出明确答复。 5.6 银行邮政代理机构的销售人员是否向投保人告知包括信访投诉电话在内的相关服务电话。 5.7 公司是否针对银邮代理渠道客户咨询投诉反映的问题,根据公司内部制度对相关银行邮政代理机构、公司有关部门和个人进行问责
银行邮政代理	业务品质管理	6.1 是否建立了完善的业务品质管理制度,将回访成功率、客户资料真实性及是否存在代签名或代抄录风险提示语句等指标纳入品质考核体系,并进行严格考核。 6.2 是否定期开展销售误导方面的内部监督检查。 6.3 是否对发现的销售误导问题进行了责任追究
银行邮政代理	资金安全管理	7.1 保险销售人员是否有代收代付保险费或保险金的行为
银行邮政代理	档案管理	8.1 公司是否建立了档案管理制度,妥善保管业务档案、会计账簿、业务台账、人员档案、客户投保资料以及开展可回溯管理产生的视听资料、电子数据等档案资料。 8.2 公司是否明确了档案管理责任,规范归档资料和数据的保管、保密和调阅程序
银行邮政代理	适当性管理	9.1 公司是否建立了保险客户适当性制度,对保险产品和服务的风险及专业复杂程度进行评估并实施分级动态管理,完善客户风险偏好、风险认知和风险承受能力测评制度,将合适的保险产品和服务通过适当的保险销售渠道和保险销售人员销售给适当的客户。 9.2 是否做了渠道适当、销售方式适当、人员适当和需求匹配适当。 9.3 是否保障了客户的自主选择权。由消费者自主选择、自行决定是否购买保险产品,不得实施歧视性、绑定性等销售安排

续表

业务类型	业务板块	监管检查的风险点内容
银行邮政代理	禁止非法销售行为管理	10.1 销售人员是否有非法集资或者未经许可销售非保险类金融产品的活动。 10.2 业务员是否有欺骗保险人、投保人、被保险人或者受益人行为。 10.3 业务员是否有隐瞒与保险合同有关的重要情况。 10.4 业务员是否有阻碍投保人履行如实告知义务，或者诱导其不履行如实告知义务。 10.5 业务员是否有给予或者承诺给予投保人、被保险人、受益人保险合同约定以外的利益行为。 10.6 业务员是否有利用行政权力、职务或者职业便利以及其他不正当手段强迫、引诱或者限制投保人订立保险合同的行为。 10.7 业务员是否有伪造、擅自变更保险合同，或者为保险合同当事人提供虚假证明材料的行为。 10.8 业务员是否有挪用、截留、侵占保险费或保险金的行为。 10.9 业务员是否有利用业务便利为其他机构或者个人牟取不正当利益的行为。 10.10 业务员是否有串通投保人、被保险人或者受益人骗取保险金的行为。 10.11 业务员是否有泄露在业务活动中知悉的保险人、投保人、被保险人的个人隐私和商业秘密的行为。 10.12 业务员是否有以捏造、散布虚假事实等方式损害竞争对手的商业信誉，或者以其他不正当竞争行为扰乱保险市场秩序的行为。 10.13 业务员是否有收取或索要合同约定以外的酬金或其他财物的行为

六、保险公司销售合规类典型违规案例

（一）给予投保人、被保险人合同约定以外的利益

因给予投保人、被保险人合同约定以外的利益受到行政处罚的案例摘要，见表2－2－4。

表2－2－4　给予投保人、被保险人合同约定以外的利益行政处罚案例摘要

行政处罚决定书文号	被处罚当事人姓名	主要违法违规事实	处罚依据	行政处罚决定
大银保监罚决字〔2019〕60号	姜某波	太保财险大连分公司电网销业务部赠送车险客户加油卡、充值卡等礼品，姜某波为相关责任人	《保险法》（2015年修正）第116条第4项、第171条	撤销任职资格
盘银保监罚决〔2020〕1号	孙某（时任天安财产保险股份有限公司盘锦中心支公司副总经理（主持工作）	1.管理人员未取得保险监督管理机构核准的高管任职资格但实际履行了高管人员职责。 2.虚挂代理人列支手续费及虚列费用返还投保人、被保险人或受益人合同约定之外利益27.5万元，孙某为直接负责的主管人员	《保险法》第81条	对孙某警告并罚款人民币5万元
盐银保监罚决字〔2020〕12号	祁某廷	1.给予投保人保险合同约定以外的利益。 2.部分资料虚假记载经营事项的违法行为	《保险法》第171条	对祁某廷给予警告，并对上述两项违法行为分别处人民币2万元、4万元罚款的行政处罚，对祁某廷行政处罚的罚金共计人民币6万元

续表

行政处罚决定书文号	被处罚当事人姓名	主要违法违规事实	处罚依据	行政处罚决定
陕银保监保罚决字〔2019〕14号	陈某涛(时任陕西天福保险代理有限公司市场总监)、郑某(时任陕西天福保险代理有限公司市场总监)	1. 未按监管规定要求购买职业责任保险,陈某涛负有直接责任。(因该事实所受处罚仅一例) 2. 设立分支机构未按规定报告,陈某涛负有直接责任。 3. 给予投保人、被保险人合同约定以外的利益,郑某负有直接责任	1. 对于第1、2项违法违规事实,根据《保险法》第171条、《保险专业代理机构监管规定》第70条的规定,对陈某涛给予罚款3万元的行政处罚。 2. 对于第3项违法事实,根据《保险法》第131条、第171条的规定	对陈某涛给予罚款3万元的行政处罚;给予郑某罚款2万元的行政处罚
常银保监罚决字〔2019〕9号	肖某(担任中国大地财产保险股份有限公司常德中心支公司副总经理)	对大地财险常德中支给予投保人保险合同约定以外的利益的违规行为负直接管理责任	《保险法》第171条	警告,并处罚款2万元

【相关规定解读】

目前,保险公司"给予投保人保险合同约定以外其他利益"而受到行政处罚的法律依据主要集中在《保险法》第116条第4项和第171条。

1.《保险法》第116条规定:"保险公司及其工作人员在保险业务活动中不得有下列行为:……(四)给予或者承诺给予投保人、被保险人、受益人保险合同约定以外的保险费回扣或者其他利益……"

第131条规定:"保险代理人、保险经纪人及其从业人员在办理保险业务活动中不得有下列行为:……(四)给予或者承诺给予投保人、被保险人或者受益人保险合同约定以外的利益……"

2.《保险法》第161条规定:"保险公司有本法第116条规定行为之一的,由保险监督管理机构责令改正,处五万元以上三十万元以下的罚款;情节严重的,限制其业务范围、责令停止接受新业务或者吊销业务许可证。"

第165条规定:"保险代理机构、保险经纪人有本法第一百三十一条规定行为之一的,由保险监督管理机构责令改正,处五万元以上三十万元以下的罚款;情节严重的,吊销业务许可证。"

第171条规定:"保险公司、保险资产管理公司、保险专业代理机构、保险经纪人违反本法规定的,保险监督管理机构除分别依照本法第一百六十条至第一百七十条的规定对该单位给予处罚外,对其直接负责的主管人员和其他直接责任人员给予警告,并处一万元以上十万元以下的罚款；情节严重的，撤销任职资格。”

在严监管的形式下，传统保险机构也频频“踩雷”，其中不乏大型保险公司。值得关注的是，给予投保人保险合同约定以外其他利益，依然是保险机构“踩雷”的高发区域。实际业务中，部分保险机构通过现金、实物返还、增值服务等方式，向客户支付保险合同以外利益，最终被监管查处。典型给予投保人、被保险人合同约定以外利益的情形包括但不限于：(1)赠送车险客户加油卡、充值卡；(2)赠送车辆技术服务等。

（二）通过保险专业中介机构虚挂保险业务收入

通过保险专业中介机构虚挂保险业务收入受到行政处罚案例摘要，见表2-2-5。

表2-2-5 通过保险专业中介机构虚挂保险业务收入行政处罚案例摘要

行政处罚决定书文号	被处罚单位	主要违法违规事实	处罚依据	行政处罚结果
河银保监罚决字〔2020〕1号	中国人民财产保险股份有限公司大化支公司	1. 虚构保险中介业务套取费用； 2. 虚列业务及管理费用	《保险法》第161条、第170条	1. 对虚构保险中介业务套取费用的行为，责令改正，处罚款人民币10万元； 2. 对虚列业务及管理费用的行为，责令改正，处罚款人民币10万元
新银保监罚决字〔2019〕21号	中国大地财产保险股份有限公司巴音郭楞蒙古自治州中心支公司	利用保险代理人以虚构中介业务的方式套取费用。2016年至2018年，通过12名保险代理人，以虚构保险中介业务的方式，套取费用共计685,459.51元	违反了《保险法》（2015年修订）第116条的规定	依据《保险法》第161条的规定，我局决定给予你公司12万元罚款的行政处罚
黑银保监罚决字〔2019〕29号	英大泰和财产保险股份有限公司哈尔滨中心支公司	将兼业代理渠道业务虚挂在个人代理人名下套取费用的违法行为	违反了《保险法》第86条的规定	根据《保险法》第170条的规定，责令英大财险哈尔滨中心支公司改正，处罚款15万元。根据《保险法》第171条的规定，给予徐某警告并处罚款2万元，给予宋某良警告并处罚款2万元
豫银保监保罚决字〔2018〕43号	英大财险郑州中支	2016年7月至2017年12月，英大财险郑州中支存在利用保险代理人以虚构保险中介业务方式套取费用的违法行为。英大财险郑州中支总经理蔡某对上述问题负直接责任	违反了《保险法》第116条第10项的规定	依据《保险法》第161条、第171条的规定，对英大财险郑州中支责令停止接受企财险、工程险新业务3个月；对英大财险郑州中支总经理蔡某警告，并处10万元罚款
豫银保监保罚决字〔2018〕48号	中国人民财产保险股份有限公司平顶山市分公司	2017年1月至2018年6月，人保财险平顶山市分公司存在利用保险代理公司虚构中介业务套取费用的违法行为	利用保险代理公司虚构中介业务套取费用的行为，违反了《保险法》第116条第10项的规定	依据《保险法》第161条、第171条的规定，决定对人保财险平顶山市分公司责令改正，处30万元罚款；对人保财险平顶山市分公司汝州支公司经理郭某警告，并处4万元罚款

【相关规定解读】

目前保险公司"虚构保险中介业务套取费用"而受到行政处罚的法律依据主要集中在《保险法》第116条第10项、第171条。《保险法》第116条规定:"保险公司及其工作人员在保险业务活动中不得有下列行为:……(十)利用保险代理人、保险经纪人或者保险评估机构,从事以虚构保险中介业务或者编造退保等方式套取费用等违法活动……"近年来,公司虚挂中介业务违规行为呈现不断增长的趋势,在虚增公司成本的同时也给公司带来了直接的经济损失和各类风险隐患,虚构中介业务通常表现为:(1)保险公司与中介机构合作,中介机构利用营销员名单,再加上部分虚构的业务人员姓名,编造出虚假的本机构业务人员佣金表,虚开中介业务发票,以向业务人员发放佣金的名义为保险公司套取现金。(2)保险公司先将手续费转账支付给中介机构,中介机构再向业务人员发放佣金的名义按月提取,并将套取的现金汇总返还给保险公司或者转入公司账外小金库。(3)是虚构业务人员名单,实质上就是假手续费,明明是直销业务,却变性处理为代理渠道。这也是保险公司账面上中介业务占比很高,直销人员却不少的真实原因,上述行为同时涉及提供虚假中介资料等事项。套取的资金逃脱公司财务监控,存在账外账、小金库风险。套取的资金如果被个人或者小团体控制,极其容易诱使公司高管及从业人员铤而走险,通过各种方式贪污、侵占套取资金中饱私囊,可能涉嫌贪污罪、职务侵占罪、挪用公款罪、挪用资金罪、私分国有资产罪等,存在刑事追责的风险,给公司和员工带来法律风险和声誉风险。

(三)委托不具备资质的主体开展保险中介业务或者支付佣金

委托不具备资质的主体开展保险中介业务或者支付佣金受到行政处罚的案例摘要,见表2-2-6。

表2-2-6 委托不具备资质的主体开展保险中介业务或者支付佣金行政处罚案例摘要

行政处罚决定书文号	被处罚单位	违法行为	违法处罚依据	行政处罚结果
豫银保监保罚决字〔2018〕104号	都邦财产保险股份有限公司河南分公司三门峡营销服务部	存在委托未取得合法资格机构从事保险销售活动的违法行为,都邦保险三门峡营销服务部副经理(主持工作)崔某东对上述问题负直接责任	《保险法》第116条第8项	依据《保险法》第161条、第171条的规定,责令改正,处7万元罚款;对都邦保险三门峡营销服务部副经理(主持工作)崔某东给予警告,并处2万元罚款
鸡银保监罚决字〔2021〕1号	中国太平洋财产保险股份有限公司鸡西中心支公司	委托未取得合法资格的机构从事保险销售活动	《保险法》第161条	责令改正,处6万元罚款
闽银保监罚决字〔2021〕4号	太平财产保险有限公司福建分公司	委托不具有合法资格的机构从事保险销售活动	《保险法》第116条第8项、第170条、第161条、第171条	对太平财产保险有限公司福建分公司处以58万元罚款;对蔡某给予警告,并处7万元罚款;对戴某给予警告,并处14万元罚款

续表

行政处罚决定书文号	被处罚单位	违法行为	违法处罚依据	行政处罚结果
濮银保监罚决字〔2020〕14号	中华联合财产保险股份有限公司濮阳中心支公司	委托未取得合法资格的机构从事保险销售活动	《保险法》第116条、第161条	罚款6万元
沪银保监罚决字〔2020〕6号	工银安盛人寿保险有限公司	2018年1月至5月，该公司委托未取得合法资格的机构从事保险销售活动	《保险法》第161条、第170条第3项	责令改正，并处罚款60万元
银保监罚决字〔2019〕5号	永诚财产保险股份有限公司	2015年至2017年，永诚财险及下属分公司与未取得保险兼业代理证的第三方公司签订协议，委托其为永诚财险微营销平台实质开展保险销售活动，共实现保费收入27.4亿元，永诚财险共支付技术服务费用8.52亿元。时任永诚财险总裁冯某佑，时任永诚财险销售总监、总经理助理韩某直接决策和主导了上述违法行为，负有直接责任	《保险法》第116条	根据《保险法》第161条的规定，对永诚财险责令改正并罚款30万元；根据《保险法》第171条的规定，对冯某佑警告并罚款10万元，对韩某警告并罚款10万元

【相关规定解读】

目前，保险公司“委托不具有合法资格的机构从事保险销售活动”而受到行政处罚的法律依据主要集中在《保险法》第116条第8项、第171条。《保险法》第116条规定：“保险公司及其工作人员在保险业务活动中不得有下列行为……（八）委托不具有合法资格的机构从事保险销售活动……”《保险法》第161条规定：保险公司有本法第116条规定行为之一的，由保险监督管理机构责令改正，处5万元以上30万元以下的罚款；情节严重的，限制其业务范围、责令停止接受新业务或者吊销业务许可证。根据第171条的规定，保险公司、保险资产管理公司、保险专业代理机构、保险经纪人违反本法规定的，保险监督管理机构除分别依照本法第160条至第170条的规定对该单位给予处罚外，对其直接负责的主管人员和其他直接责任人员给予警告，并处1万元以上10万元以下的罚款；情节严重的，撤销任职资格。《保险公司管理规定》（保监会令2009年第1号）第54条规定，保险机构不得委托未取得合法资格的机构或者个人从事保险销售活动，不得向未取得合法资格的机构或者个人支付佣金或者其他利益。《保险公司中介业务违法行为处罚办法》第17条规定，保险公司及其工作人员不得委托未取得合法资格的机构或者个人从事保险销售活动。

(四)欺骗投保人、被保险人或者受益人

因欺骗投保人、被保险人或者受益人受到行政处罚案例摘要,见表2-2-7。

表2-2-7 欺骗投保人、被保险人或者受益人行政处罚案例摘要

行政处罚决定书文号	被处罚单位/人员	主要违法事实	处罚依据	处罚结果
银保监保罚决字〔2018〕1号	李某时任新华人寿总裁助理、副总裁,于某刚时任新华人寿总裁助理、副总裁,王某文时任新华人寿总裁助理,罗某晖时任新华人寿市场部总经理,秦某时任新华人寿银行业务管理部总经理	一是新华人寿市场部制作的《健康福星增额(2014)重大疾病保险产品培训课程》培训课件含有夸大保险责任的表述,并将之挂于内网,供公司内外勤及销售人员使用。2016年10月至2017年10月,累计销售该保险保单98,260件,涉及保费33,042万元。二是新华人寿银行业务管理部制作的《华实人生终身年金保险培训课件》部分表述与华实人生终身年金保险条款规定不一致,并于内网下发,供各分公司内外勤及销售人员使用。2017年9月至10月,累计销售该保险保单217件,涉及保费566万元。三是新华人寿银行业务管理部制作的惠添宝年金保险计划种子讲师传承课程(外训)课件没有明确说明保单利益的不确定性,并于内网下发,供各分公司内外勤及销售人员使用。2017年4月至10月,累计销售该保险保单73,277件,涉及保费159,434.7万元。 时任新华人寿市场部总经理罗某晖,时任新华人寿总裁助理、副总裁李某,时任新华人寿银行业务管理部总经理秦某,时任新华人寿副总裁于某刚,分别对上述相关违法行为负直接责任	《保险法》第116条	根据《保险法》第161条的规定,中国银保监会决定对新华人寿罚款30万元;根据《保险法》第171条的规定,中国银保监会决定对李某警告并罚款8万元,对于某刚警告并罚款10万元,对罗某晖警告并罚款10万元,对秦某警告并罚款10万元
保监罚〔2017〕47号	招商信诺人寿保险有限公司	招商信诺存在未有效履行管理责任、电话销售欺骗投保人的违法行为。我会对招商信诺2015年签单的电话销售保单业务进行检查中,随机抽查其下属3家自建电话销售中心,均发现存在电话销售欺骗投保人的违法行为,且违规保单占比较高。同时,招商信诺总公司负责电话销售业务的品质管理,建立电话销售质量检测体系等,检查发现总公司在销售业务品质管理等内控方面存在诸多问题。综上,招商信诺总公司对多个电话销售中心普遍存在的欺骗投保人问题负有直接责任。 时任招商信诺网电营销部总经理杨某亮、时任招商信诺常务副总经理兼首席网电营销官陈某松对上述违法行为负有直接责任	《保险法》第116条	根据《保险法》第161条的规定,中国保监会决定对招商信诺予以罚款25万元,根据《保险法》第171条的规定,中国保监会决定对杨某亮予以警告并罚款8万元,对陈某松予以警告并罚款8万元
川银保监罚决字〔2021〕4号	中国平安人寿保险股份有限公司都江堰支公司	存在欺骗投保人的违法违规行为,被处罚个人易某君对欺骗投保人违法违规行为负直接责任	《保险销售从业人员监管办法》第34条	对中国平安人寿保险股份有限公司都江堰支公司予以警告并罚款人民币1万元,对易某君予以警告并罚款人民币5000元

续表

行政处罚决定书文号	被处罚单位/人员	主要违法事实	处罚依据	处罚结果
渝银保监罚决字〔2021〕5号	太平人寿保险有限公司重庆分公司	欺骗投保人行为。2018年第四季度至2019年年初，太平人寿重庆分公司下辖巴南支公司在组织的客户服务活动、名仕私享会中使用存在误导内容的课件进行宣传，会后有10名客户购买了公司推荐的保险产品，涉及保单10笔，保费26.78万元。课件中的误导内容有：一是夸大产品功能和收益，混淆保险产品同其他金融产品的差异，片面解读政策规定；二是以产品限量销售等方式进行促销；三是与其他公司产品进行片面或不实比较，损害竞争对手商业信誉；四是混淆概念，将购买宣传为公司赠送；五是存在其他引人误解的不合规用语。 公司总经理庞某庚负责统筹指导个险条线工作，负有管理责任；公司个人业务部负责人李某对此负有管理责任	《保险法》第116条第1项	根据《保险法》第161条的规定，重庆银保监局决定对太平人寿重庆分公司欺骗投保人行为处以罚款20万元；根据《保险法》第171条的规定，重庆银保监局决定对责任人李某处以警告并罚款4万元，对责任人庞某庚处以警告并罚款4万元

【相关规定解读】

欺骗投保人、被保险人或者受益人的行为，违反了《保险法》(2015年)第116条第1项、《人身保险销售误导行为认定指引》(保监发〔2012〕87号)第6条第1项、《人身保险新型产品信息披露管理办法》第7条的规定。根据《保险法》(2015年)第161条的规定，保险公司及其工作人员在保险业务中隐瞒与保险合同有关的重要情况，欺骗投保人、被保险人或者受益人，或者拒不履行保险合同约定的赔偿或者给付保险金的义务，构成犯罪的，依法追究刑事责任；尚不构成犯罪的，由保险监督管理机构对保险公司处以5万元以上30万元以下的罚款；情节严重的，限制保险公司业务范围或者责令停止接受新业务。

(五)未对销售人员进行执业登记管理

未对销售人员进行执业登记管理受到行政处罚案例摘要，见表2-2-8。

表2-2-8　未对销售人员进行执业登记管理行政处罚案例摘要

行政处罚决定书文号	被处罚单位/人员	违法行为	处罚依据	处罚结果
佳银保监罚决字〔2021〕7号 2021-03-08	太平财产保险有限公司佳木斯中心支公司	未按规定注销已离职保险销售从业人员执业登记，从业人员档案不真实、不完整	《保险销售从业人员监管办法》第32条	警告并处罚款1.8万元
陕银保监罚决字〔2021〕7号 2021-02-26	中信银行股份有限公司西安分行	未按要求为保险销售从业人员进行执业登记、未按要求变更保险销售从业人员执业登记事项、未按要求注销离职保险销售从业人员的执业登记	《保险销售从业人员监管办法》第32条	警告并处3万元罚款

续表

行政处罚决定书文号	被处罚单位/人员	违法行为	处罚依据	处罚结果
新银保监罚决字〔2020〕28号 2020-06-24	中国人民财产保险股份有限公司乌鲁木齐市分公司	公司存在未按规定建立保险销售从业人员管理档案的违法行为：2018年至2019年,94名保险销售从业人员未建立保险销售从业人员管理档案;14名保险销售从业人员入职材料存在虚假学历证明;47名保险销售从业人员"个人代理销售人员保险代理合同书"存在虚假签名	上述行为违反了《保险销售从业人员监管办法》第20条的规定	依据《保险销售从业人员监管办法》第32条的规定,新疆银保监局决定给予公司警告,处1万元罚款的行政处罚
通银保监罚决字〔2021〕2号 2021-01-22	招商银行股份有限公司南通分行	截至现场检查日(2020年10月10日),招商银行南通分行未在保险中介信息系统中为3名已转岗员工注销保险执业登记。上述行为有内部转岗文件、系统截屏等证据证明	上述保险销售人员执业登记管理不到位的行为违反了《银保监会办公厅关于落实保险公司主体责任加强保险销售人员管理的通知》(银保监办发〔2020〕41号)第7条第18项、《保险公司管理规定》第55条的规定	根据《保险销售从业人员监管办法》第32条,中国银保监会南通监管分局决定对招商银行南通分行予以警告并处罚款1万元的行政处罚

【相关规定解读】

上述保险销售人员执业登记管理不到位的行为违反了《银保监会办公厅关于落实保险公司主体责任加强保险销售人员管理的通知》(银保监办发〔2020〕41号)第7条第19项、《保险公司管理规定》第55条、《保险销售从业人员监管办法》第20条的规定。《银保监会办公厅关于落实保险公司主体责任加强保险销售人员管理的通知》(银保监办发〔2020〕41号)第7条第19项规定,完善销售人员档案管理。保险公司应督促各级分支机构建立健全销售人员档案,全面反映销售人员基本情况、从业培训情况、奖惩情况、销售能力资质分级情况等。第23条规定对监管部门未全面履行监管责任、在销售人员监管方面出现失职失责渎职的,依法依规落实监管问责,坚持有责必问、问责必严,切实把问责压力转化为监管履职动力。银保监会派出机构不履行属地监管责任或监管不力,职责范围内发生销售人员严重违法违规行为、重大风险及严重群体性事件等,依法依规进行监管问责。《保险公司管理规定》(2015年修订)第53条规定,保险机构应当建立保险代理人的登记管理制度,加强对保险代理人的培训和管理,不得唆使、诱导保险代理人进行违背诚信义务的活动。《保险公司管理规定》第69条明确规定,保险机构或者其从业人员违反本规定,由保监会依照法律、行政法规进行处罚;法律、行政法规没有规定的,由保监会责令改正,给予警告,对有违法所得的处以违法所得1倍以上3倍以下罚款,但最高不得超过3万元,对没有违法所得的处以1万元以下罚款;涉嫌犯罪的,依法移交司法机关追究其刑事责任。《保险代理人监管规定》(银保监会令 2020 年第 11 号)第 67 条规定,保险公司、保险专业代理机构、保险兼业代理机构应当对个人保险代理人、保险代理机构从业人员进行执业登记信息管理,及时登记个人信息及授权范围等事项以及接受处罚、聘任或者委托关系终止等情况,确保执业登记信息的真实、准确、完整。第 94 条规定,保险公司、保险专业代理机构、保险兼业代理机构未按照规定进行执业登记和管理的,由保监会责令改正,给予警告,并处 1 万元以下罚款;对该机构直接负责的主管人员或其他直接责任人员给予警告,并处 1 万元以下罚款。

(六)未执行保险销售行为可回溯管理

未执行保险销售行为可回溯管理受到行政处罚案例摘要,见表 2-2-9。

表 2-2-9 未执行保险销售行为可回溯管理行政处罚案例摘要

行政处罚决定书文号	被处罚单位/人员	违法行为	处罚依据	处罚结果
银保监罚决字〔2020〕3 号 2020-03-09	中国农业银行股份有限公司	违反审慎经营规则 (1)可回溯制度执行不到位。 农业银行代理保险业务,存在销售行为可回溯制度执行不到位的问题:一是销售人员未出示投保单等相关文书材料,视频中无消费者签字过程;二是销售人员未出示展业证或身份证明;三是销售人员未向投保人宣读或未完整宣读免除保险人责任的条款;四是销售人员未提醒消费者如实填写投保信息及不如实填写的后果;五是销售人员未介绍产品责任等基本信息;六是销售人员未在镜头前清晰展示投保单等相关文书材料,视频中未清晰展示消费者签名。 (2)可回溯基础管理不到位。 一是制度落实文件制定滞后。保险销售行为可回溯制度于 2017 年 11 月 1 日开始执行,农业银行于 2017 年 11 月下发了《中国农业银行网点销售专区及录音录像管理办法》,但其中对涉及保险业务的可回溯要求几乎未作明确规定。直到 2018 年 9 月,农业银行才修订并下发了《中国农业银行网点销售专区、录音录像及产品信息查询平台管理办法》,对保险业务营销关键环节、录音录像资料保存时间等相关方面制度进行了完善。二是未将可回溯制度落实情况纳入总行统一制定的人员绩效考核办法。三是质检结果与保险公司交互不足。农业银行代销保险业务的可回溯视频质检工作由农业银行自行开展,质检结果由一级分行反馈给合作保险公司的省级机构。总行对相关情况缺乏掌握。 (3)部分可回溯视频质检结果未反馈给保险公司。 2018 年 1 月至 10 月,农业银行代理的中国人民人寿保险股份有限公司(以下简称人保寿险)保险业务中,农业银行自行抽查质检 2814 件,不合格 184 件,其中补录后合格 151 件,最终不合格 33 件。有 1976 件向人保寿险反馈了质检结果	上述可回溯制度执行不到位、可回溯基础管理不到位、部分可回溯视频质检结果未反馈给保险公司、可回溯资料不符合监管规定等行为,违反了《银行业监督管理法》第 21 条的规定	根据《保险法》第 46 条的规定,中国银保监会决定对农业银行总行罚款 50 万元

续表

行政处罚决定书文号	被处罚单位/人员	违法行为	处罚依据	处罚结果
银保监罚决字〔2020〕2号 2020－03－09	中国邮政储蓄银行股份有限公司	违反审慎经营规则 (1)可回溯制度执行不到位。 邮储银行代理保险业务,存在销售行为可回溯制度执行不到位的问题。一是销售人员未出示投保提示书、产品说明书、投保单、保险条款等材料,无消费者签字过程;二是销售人员未出示展业证等身份证明或视频中展示不清晰;三是销售人员未征求投保人对录音录像的意见,或是未提醒投保人注意投保信息不如实填写后果;四是销售人员未向投保人宣读或未完整宣读免除保险人责任条款;五是视频中未清晰展示投保提示书、产品说明书、保险条款、投保单等材料,未清晰展示消费者签名;六是销售人员未告知健康险观察期、合作医疗机构等。 (2)制度落实文件制定滞后。 一是保险销售行为可回溯制度于2017年11月1日开始执行,但邮储银行直到2018年2月才根据原保监会可回溯管理相关制度,制定并下发了《中国邮政储蓄银行代销与理财业务录音录像管理办法(2018年修订版)》,对保险业务营销关键环节、营销参考话术和录音录像资料保存时间等进行完善。二是未将可回溯制度落实情况纳入总行统一制定的人员绩效考核办法。三是保险公司质检结果无法与邮储银行实现线上交互。邮储银行传输给保险公司可回溯视频后,保险公司质检的结果无法通过系统回写到邮储银行录音录像资料调阅及传输平台,只能由保险公司基层机构与邮储银行基层网点通过电话、邮件或当面沟通质检结果。 (3)可回溯视频未传递给保险公司或缺失。2018年1月至10月,邮储银行代理的中国人民人寿保险股份有限公司(以下简称人保寿险)业务中,10,164笔可回溯视频应由人保寿险质检却未向人保寿险传输。未传输视频中,4700笔数据目前保存在各省平台,没有发送给总行录音录像资料调阅及传输平台,5464笔业务省平台通过生产流水没有找到对应的双录数据。 (4)质检不合格业务占比较高。邮储银行代理的人保寿险涉及可回溯管理的业务中,人保寿险共质检60,226笔。其中,最终质检不合格59,083笔,质检不合格率98.1%;合格件仅1143笔,其中包括经补录合格的566件	上述可回溯制度执行不到位、可回溯基础管理不到位、部分可回溯视频质检结果未反馈给保险公司、可回溯资料不符合监管规定等行为,违反了《银行业监督管理法》第21条的规定	根据《保险法》第46条的规定,中国银保监会决定对农业银行总行罚款50万元
通银保监罚决字〔2021〕3号 2021－01－22	招商信诺人寿保险有限公司江苏分公司南通中心支公司	招商信诺南通中支在2019年初至2020年6月末内,存在双录视听资料的质检工作不规范、投诉件通融原因缺乏证据、问题回访件处理流程存在瑕疵等问题,内部管理不到位。上述行为有承保质检不合格件情况明细表、系统截屏、调查笔录、公司制度等证据证明	上述内部管理不到位的行为违反了《保险公司管理规定》第55条的规定	根据《保险公司管理规定》第69条的规定,中国银保监会南通监管分局决定对招商信诺南通中支予以警告并处罚款1万元的行政处罚

【相关规定解读】

2017 年 11 月 1 日起,《保险销售行为可回溯管理暂行办法》已经开始正式实施,保险销售行为可回溯是指保险公司、保险中介机构通过录音录像等技术手段采集视听资料、电子数据的方式,记录和保存保险销售过程关键环节,实现销售行为可回放、重要信息可查询、问题责任可确认。《保险销售行为可回溯管理暂行办法》共计 18 条,主要涉及可回溯实施范围和方式、管理内容、信息安全责任、内外部监督管理措施等方面。一是明确了实施范围和方式。保险公司、保险中介机构开展电话销售业务的应实施全险种全过程录音;开展互联网保险业务的,应依照互联网保险业务监管的有关规定开展可回溯管理;保险公司通过保险兼业代理机构销售保险期间超过 1 年的人身保险产品的(包括利用保险兼业代理机构营业场所内自助终端等设备销售的),需要对关键环节进行录音录像;通过其他销售渠道,向 60 周岁(含)以上年龄的投保人销售保险期间超过 1 年的人身保险产品,或销售投资连结保险产品,应对关键环节进行录音录像。二是明确了可回溯管理内容。电话销售渠道的业务需要全程录音;其他实施可回溯管理的,应对销售的关键环节(保险销售人员出示证件和相关资料、履行提示及明确说明义务、投保人被保险人签名等环节)进行录音录像。同时还按照“谁保存、谁质检”的原则,明确了对可回溯资料进行质量检测的要求,以保证录音录像的质量。三是明确了信息安全责任。保险公司、保险中介机构应严格依照有关法律法规规定,加强对投保人、被保险人的个人信息保护工作,对录音录像等视听资料、电子数据严格保密,不得外泄和擅自复制,严禁将资料用作其他商业用途。同时,保险公司、银行类保险兼业代理机构应制定视听资料管理办法,明确管理责任,规范调阅程序。视听资料保管期限自保险合同终止之日起计算,保险期间在 1 年以下的不得少于 5 年,保险期间超过 1 年的不得少于 10 年。如遇消费者投诉、法律诉讼等纠纷,还应至少保存至纠纷结束后 2 年。四是明确了内外部监督管理措施。明确了保险公司应通过内控制度落实销售行为可回溯管理的主体责任及对相关失职人员问责、追责的监管要求;明确了保险监管部门对保险公司、保险中介机构违反《保险销售行为可回溯管理暂行办法》应采取相应监管措施。

(七)销售误导

因销售误导行为受到行政处罚案件摘要,见表2-2-10。

表2-2-10 销售误导行为行政处罚案例摘要

行政处罚决定书文号	被处罚单位	违法行为	处罚依据	处罚结果
苏保监罚〔2016〕45号 2016-09-20	华康保险代理有限公司南通营业部	存在使用含有误导性以及夸大收益表述的PPT并自行制作使用仅进行高档利益演示的简易计划书的违法行为。2014年3月该公司产说会使用PPT包含“优先生30岁,年存28,800元,10年共存288,000元,账户价值+终了红利则累计可领取2,654,490元”等内容;《生命富贵全能理财计划》简易计划书内容包括“第四笔钱:81岁满期一大笔终了红利771,906元”“本案81岁收益高达2,654,492元”“若保险期间发生身故或全残,返还全部本金加105%利息+累积红利”(保险条款的身故或全残保险金给付应是现金价值或是保费的105%中较大者加累积红利)等内容	依据《保险法》(2009年修订)第131条第1项的规定,依据《保险法》第166条的规定进行行政处罚	依据《保险法》第173条的规定,我局决定对你作出警告并处罚款1万元的行政处罚
甬银保监罚决字〔2019〕1号 2019-01-17	中国邮政储蓄银行股份有限公司宁波分行	邮储银行宁波分行2017年代理网点销售的保险产品同步录音录像资料中,发现存在销售人员对保险产品保障年限、现金价值、收益等情况介绍与保险条款不一致,制作并使用与保险条款不一致的保险宣传资料的行为,涉及保单5件。 上述事实,有双录资料、情况说明、调查笔录、现场检查事实确认书等证据证明	《保险法》第131条第1项	根据《保险法》第165条的规定,责令改正,给予邮储银行宁波分行罚款13万元的行政处罚
枣银保监罚决字〔2020〕31号 2020-12-01	太平人寿保险有限公司枣庄中心支公司	唆使、诱导保险代理人进行违背诚信义务的活动。 你单位对保险代理人培训中使用的课件存在夸大保险产品收益、以限额限时为由进行宣传销售等销售误导内容,如出现“会中营造浓厚升级氛围、限额、限量、限时”,“超高利率、行业第一,超高返还、行业第一”等表述	《保险公司管理规定》(2015年修订)第53条	根据《保险公司管理规定》(2015年修订)第69条的规定,我分局决定对你单位予以“警告,罚款0.5万元”的行政处罚
鲁银保监罚决字〔2020〕17号 2020-07-16	国华人寿保险股份有限公司山东分公司	2017年7月,国华人寿山东分公司对银保渠道内外勤人员进行产品培训,使用的课件等材料,仅以满期总收益等演示相关产品收益。2017年12月,国华人寿山东分公司对银保渠道内外勤人员进行产品培训,使用的课件,仅以历史收益率演示万能险产品收益	《保险公司管理规定》第53条	依据《保险公司管理规定》第69条的规定,我局决定对国华人寿山东分公司警告并罚款1万元

续表

行政处罚决定书文号	被处罚单位	违法行为	处罚依据	处罚结果
晋银保监罚决字〔2020〕15号 2020－08－11	国华人寿保险股份有限公司山西分公司	培训课件存在误导内容 国华人寿山西分公司于2019年3月在太原市举办名为“邮保协同储期共赢”邮政代理保险期交特训营培训班，参训人员包括该公司银保内勤人员、银保客户经理以及部分合作银行网点销售人员等。其中，银保客户经理与该公司签订保险代理合同，并可以开展自营业务获取佣金收入。培训过程中，公司委托第三方机构开展营销能力提升培训，在名为《精准获客营销能力提升》的培训课件中存在误导销售内容。如在“电话邀约中打消顾虑的技巧”部分，存在“一、数字化。交费3年，第5年开始，您就可以每年或每月领取年金啦，如果不领，每年都有利息，比如按3.5%来算，您就可以领××××元……二、对比法。您这个钱，一直放在活期里，您也没有什么特别的用处，不如放在这个产品里，您看，活期是0.3%，定期5年也不过是2.75%，这个产品现在计算的利率是3.5%，是活期的11倍多呢”等内容表述	《保险公司管理规定》第44条“保险机构的业务宣传资料应当客观、完整、真实”、第48条“保险机构不得将其保险条款、保险费率与其他保险公司的类似保险条款、保险费率或者金融机构的存款利率等进行片面比较”、第53条“保险机构……加强对保险代理人的培训和管理，不得唆使、诱导保险代理人进行违背诚信义务的活动”的规定	根据《保险公司管理规定》第69条“保险机构或者其从业人员违反本规定，由保监会依照法律、行政法规进行处罚；法律、行政法规没有规定的，由保监会责令改正，给予警告，对有违法所得的处以违法所得1倍以上3倍以下罚款，但最高不得超过3万元，对没有违法所得的处以1万元以下罚款”的规定，作出以下行政处罚： 对国华人寿山西分公司责令改正，警告，并处罚款1万元

【相关规定解读】

销售误导行为违反了《保险公司管理规定》第44条“保险机构的业务宣传资料应当客观、完整、真实……”、第48条“保险机构不得将其保险条款、保险费率与其他保险公司的类似保险条款、保险费率或者金融机构的存款利率等进行片面比较”、第53条“保险机构……加强对保险代理人的培训和管理，不得唆使、诱导保险代理人进行违背诚信义务的活动”的规定。《保险公司管理规定》第69条规定：“保险机构或者其从业人员违反本规定，由中国保监会依照法律、行政法规进行处罚；法律、行政法规没有规定的，由中国保监会责令改正，给予警告，对有违法所得的处以违法所得1倍以上3倍以下罚款，但最高不得超过3万元，对没有违法所得的处以1万元以下罚款……”

（八）未按照规定进行回访

因未按照规定进行回访受到行政处罚的案例摘要，见表2－2－11。

表2－2－11　保险公司未按照规定进行回访行政处罚案例摘要

行政处罚决定书文号	被处罚单位	违法行为	处罚依据	处罚结果
晋银保监罚决字〔2020〕15号 2020－08－11	国华人寿保险股份有限公司山西分公司	未按规定进行客户回访。 经抽查，2018年1月、2019年1月银保新单业务电话回访录音30件中，存在2件两全保险（万能型）保单的电话回访件均未向投保人提示或确认收益不确定性的情形。 上述行为有下列证据为证： 1. 回访录音及文字记录； 2. 公司情况说明； 3. 相关责任人任职文件、访谈笔录等	《人身保险新型产品信息披露管理办法》（保监会令2009年第3号）第33条："对分红保险投保人的回访应当包括以下内容：（四）确认投保人是否知悉宣传材料上的利益演示是基于公司精算假设，保单的红利分配是不确定的……" 第34条："保险公司未按照本办法要求及时进行回访，或者回访不符合本办法要求的，由保监会及其派出机构责令改正，给予警告……对没有违法所得的处1万元以下的罚款。对其直接负责的主管人员和其他直接责任人员给予警告，并处1万元以下的罚款。"	对国华人寿山西分公司责令改正，给予警告，罚款0.5万元；对公司运营管理部经理王某警告，罚款0.5万元
鲁银保监罚决字〔2021〕17号 2021－03－21	百年人寿山东分公司	百年人寿山东分公司未在犹豫期内完成对2018年4月2日至2018年6月14日客户签收"保单回执"的人身保险新型产品回访，涉及保单418件	《人身保险新型产品信息披露管理办法》第10条第1款	依据《人身保险新型产品信息披露管理办法》第34条的规定，山东银保监局决定对百年人寿山东分公司警告并罚款1万元，对时任百年人寿山东分公司银行保险部负责人王某明警告并罚款1万元，对时任百年人寿山东分公司个险营销部负责人鄢某文警告并罚款0.5万元，对时任百年人寿烟台中支本部营业区经理冯某鑫警告并罚款0.5万元，对时任百年人寿烟台中支银保部负责人张某警告并罚款0.5万元
川银保监罚字（2019）7号 2019－01－23	中国人民人寿保险股份有限公司四川省分公司	人民人寿川分存在未按规定进行回访的违法违规行为。赵某时系人民人寿川分员工、石某云时任人民人寿川分客户服务部电话中心主管、田某时任人民人寿川分客户服务部总经理，对该行为负有直接责任	《人身保险新型产品信息披露管理办法》第10条、第34条	四川银保监局决定作出以下行政处罚： （1）对人民人寿川分警告并罚款叁万元（￥30,000.00）； （2）对赵某警告并罚款壹万元（￥10,000.00）； （3）对石某云警告并罚款壹万元（￥10,000.00）； （4）对田某警告并罚款壹万元（￥10,000.00）

续表

行政处罚决定书文号	被处罚单位	违法行为	处罚依据	处罚结果
湘保监罚〔2018〕41号 2018-11-30	中国人民人寿保险股份有限公司湖南省分公司长沙芙蓉营销服务部	经查，人保寿险湖南省长沙芙蓉营销服务部2017年10月至2018年4月有160笔新型保险产品保单，未能在犹豫期内电话回访成功，也未采取信函或会见等方式进一步回访。截至检查日，上述保单仍未回访成功	《人身保险新型产品信息披露管理办法》第10条、第34条	湖南银保监局对人保寿险湖南省长沙芙蓉营销服务部给予警告，处以罚款0.6万元，对刘某勇给予警告，并处罚款0.5万元
保监罚〔2016〕3号 2016-03-08	中国太平洋人寿保险股份有限公司	太保寿险对2015年上半年承保的1年期以上寿险新型产品保单未按照有关规定回访，部分保单存在犹豫期外回访的情况。时任太保寿险客户服务部总经理路某对上述违规行为负有直接责任	《人身保险新型产品信息披露管理办法》第10条	根据《人身保险新型产品信息披露管理办法》第34条，中国保监会决定对太保寿险罚款1万元，对路某警告并罚款1万元

【相关规定解读】

《人身保险新型产品信息披露管理办法》第9条明确规定，除团体保险外，保险公司应当建立1年期以上新型产品的回访制度。回访制度应当包括回访的时间、方式、内容、成功率以及问题件的处理等内容。第10条明确规定，保险公司对新型产品投保人的回访应当在犹豫期内完成。回访应当首先采用电话方式，并制作录音；电话回访不成功的，可以采用信函或者会见等方式，但必须取得投保人签名的回执；通过以上所有方式均不能成功回访的，保险公司应当就回访情况及不能成功回访的原因等有关内容进行详细记录。保险公司应当妥善保管回访的录音及其他证明材料，保管期限自保险合同终止之日起计算，保险期间在1年以下的不得少于5年，保险期间超过1年的不得少于10年。同时第34条对违反回访规定的违法行为法律责任也做了明确规定。即保险公司未按照本办法要求及时进行回访，或者回访不符合本办法要求的，由保监会及其派出机构责令改正，给予警告，对有违法所得的处违法所得1倍以上3倍以下的罚款，但最高不得超过3万元，对没有违法所得的处1万元以下的罚款。对其直接负责的主管人员和其他直接责任人员给予警告，并处1万元以下的罚款。

(九)代签名(代替投保人、被保险人签订保险合同)

因代签名受到行政处罚案例摘要,见表2-2-12。

表2-2-12 代签名(代替投保人、被保险人签订保险合同)行政处罚案例摘要

行政处罚决定书文号	被处罚单位或者个人	违法行为	处罚依据	处罚结果
六银保监罚决字〔2021〕2号 2021-02-23	太平洋人寿六安中心支公司	孙某菊作为太平洋人寿六安中心支公司营销员,故意代替投保人签订保险合同,在该违法行为过程中起到决定性作用,是直接责任人	《保险销售从业人员监管办法》第34条	警告并罚款1万元
粤银保监罚决字〔2021〕19号 2021-04-14	友邦人寿保险有限公司广东分公司越秀区捷泰二处营销服务部	保险代理人欧某莲代替投保人签订保险合同	《保险销售从业人员监管办法》第24条、第34条	对友邦人寿保险有限公司广东分公司越秀区捷泰二处营销服务部警告并罚款8000元; 对欧某莲警告并罚款4000元
阿银保监罚决字〔2021〕3号 2021-02-03	新华人寿保险股份有限公司阿克苏中心支公司库车营销服务部	2019年6月,在销售人身保险过程中,你代替投保人在2份保险的投保资料上签字。你作为该公司营销员,对以上违法违规行为负直接责任	《保险法》第131条	根据《保险法》第171条的规定,决定对营销部处以警告,并处2000元人民币罚款的行政处罚
苏银保监罚决字〔2020〕25号 2020-08-17	长生人寿保险有限公司江苏分公司	2018年3月28日至4月8日,长生人寿江苏分公司保险销售人员杨某琴在向赵某某销售保险过程中,存在如下问题:一是给予投保人保险合同约定以外的利益。2018年4月8日杨某琴将销售030××××13和030××××14号保单所获得的部分佣金共计8980元通过转账方式支付给赵某某的个人账户。二是代替投保人签订保险合同。杨某琴代替投保人赵某某在030××××13、030××××14、030××××64和030××××65四份保单的投保资料上签名	《保险销售从业人员监管办法》第24条	根据《保险销售从业人员监管办法》第34条的规定,对长生人寿江苏分公司给予警告,并处1万元罚款

【相关规定解读】

代理人代签投保人姓名的行为肯定是违法的,合同可视为无效合同。由保险人或者保险人的代理人代为签字或者盖章的,对投保人不生效。但投保人已经缴纳保险费的,视为其对代签字或者盖章行为的追认。《最高人民法院关于适用〈中华人民共和国保险法〉若干问题的解释(二)》第3条明确规定,投保人或者投保人的代理人订立保险合同时没有亲自签字或者盖章,而由保险人或者保险人的代理人代为签字或者盖章的,对投保人不生效。但投保人已经缴纳保险费的,视为其对代签字或者盖章行为的追认。保险人或者保险人的代理人代为填写保险单证后经投保人签字或者盖章确认的,代为填写的内容视为投保人的真实意思表示。但有证据证明保险人或者保险人的代理人存在《保险法》第116条、第131条相关规定情形的除外。

(十)代客户缴纳保险费

因代客户缴纳保险费受到行政处罚案例摘要,见表2-2-13。

表2-2-13 代客户缴纳保险费行政处罚案例摘要

行政处罚决定书文号	被处罚单位或者个人	违法行为	处罚依据	处罚结果
河银保监罚决字〔2020〕9号 2020-12-31	中国太平洋人寿保险股份有限公司河池中心支公司	业务员为客户代缴保险费	《保险法》和《关于加强人身保险收付费相关环节风险管理的通知》(保监发〔2008〕97号)	依据《保险法》第161条,给予10万元罚款
河银保监罚决字〔2020〕11号 2020-12-31	中国太平洋人寿保险股份有限公司河池中心支公司	对中国太平洋人寿保险股份有限公司河池中心支公司给予客户保险合同约定以外的利益、业务员为客户代缴保险费的行为负领导责任	《保险法》第171条	警告,并处罚款人民币2万元

【相关规定解读】

《保险法》第116条规定,保险公司及其工作人员在保险业务活动中不得有下列行为:……(七)挪用、截留、侵占保险费;为切实保护投保人、被保险人和受益人的合法权益,防范和化解人身保险公司收付费环节的资金管理风险。银保监会颁布的《关于加强人身保险收付费相关环节风险管理的通知》(保监发〔2008〕97号)也明确规定,保险代理机构、保险代理业务人员和保险营销员不得接受投保人委托代缴保险费、代领退保金,不得接受被保险人或受益人委托代领保险金。同时该通知还规定,保险公司应建立健全责任追究制度,对内审检查中发现的违法违规问题要彻底查明原因,严格按照相关规定追究有关人员责任。

(十一)唆使、诱导保险代理人进行违背诚信义务的活动

因唆使、诱导保险代理人进行违背诚信义务活动受到行政处罚案例摘要,见表2-2-14。

表2-2-14 唆使、诱导保险代理人进行违背诚信义务的活动行政处罚案例摘要

行政处罚决定书文号	被处罚的单位或者个人	违法行为	处罚依据	处罚后果
菏银保监罚决字〔2021〕10号 2021-04-15	中国平安人寿保险股份有限公司菏泽中心支公司	经查,该公司面向个人保险代理人进行内部培训的课件中存在如下问题:一是使用第一""从未被超越"等极限词汇对保险公司经营状况作虚假或夸大宣传。二是使用"全面保障360°无死角"等表述对保险产品作虚假或夸大表述。三是将正常销售保险产品宣传为限售产品。四是以银行理财产品、存款等其他金融产品的名义宣传销售保险产品。五是宣称"守护百的优势交多少领多少",隐瞒提前解除人身保险合同可能产生的损失等	《保险公司管理规定》第53条	根据《保险公司管理规定》第69条的规定,决定对平安人寿菏泽中心支公司予以警告,并处罚款1万元的行政处罚

续表

行政处罚决定书文号	被处罚的单位或者个人	违法行为	处罚依据	处罚后果
惠银保监罚决字〔2021〕1号 2021-02-25	新华人寿保险股份有限公司惠州中心支公司惠阳支公司	唆使、诱导保险代理人进行违背诚信义务活动; 高某对上述行为负有直接责任; 王某对上述行为负有直接责任、管理责任	《保险法》第112条,《保险公司管理规定》第48条、第53条、第69条	对新华人寿保险股份有限公司惠州中心支公司惠阳支公司警告并罚款1万元; 对高某警告并罚款0.5万元; 对王某警告并罚款1万元
鲁银保监罚决字〔2020〕17号 2020-07-16	国华人寿保险股份有限公司山东分公司	2017年7月,国华人寿山东分公司对银保渠道内外勤人员进行产品培训,使用的课件等材料,仅以满期总收益等演示相关产品收益。2017年12月,国华人寿山东分公司对银保渠道内外勤人员进行产品培训,使用的课件,仅以历史收益率演示万能险产品收益	《保险公司管理规定》第5条	依据《保险公司管理规定》第69条的规定,对国华人寿山东分公司警告并罚款1万元
黑银保监罚决字〔2020〕6号 2020-01-17	中国人寿保险股份有限公司哈尔滨市香坊支公司	唆使、诱导保险代理人进行违背诚信义务活动的问题	《保险公司管理规定》第53条、第69条	责令中国人寿保险股份有限公司哈尔滨市香坊支公司改正,给予警告,并处1万元罚款

【相关规定解读】

《保险公司管理规定》第53条规定,保险机构应当建立保险代理人的登记管理制度,加强对保险代理人的培训和管理,不得唆使、诱导保险代理人进行违背诚信义务的活动。第69条规定,保险机构或者其从业人员违反本规定,由保监会依照法律、行政法规进行处罚;法律、行政法规没有规定的,由保监会责令改正,给予警告,对有违法所得的处以违法所得1倍以上3倍以下罚款,但最高不得超过3万元,对没有违法所得的处以1万元以下罚款;涉嫌犯罪的,依法移交司法机关追究其刑事责任。

（十二）对保险从业人员管理不到位

对保险从业人员管理不到位受到行政处罚案例摘要，见表2－2－15。

表2－2－15　对保险从业人员管理不到位行政处罚案例摘要

行政处罚决定书文号	被处罚单位或者个人	违法行为	处罚依据	处罚结果
济银保监罚决字〔2021〕3号 2021－03－23	平安人寿汶上支公司	平安人寿汶上支公司存在未对保险代理人保险销售活动中的违规行为予以规范的问题： 平安人寿汶上支公司原代理人张某存在欺骗投保人的违法违规问题。汶上县人民法院刑事判决书（〔2020〕鲁0830刑初72号）显示，2018年至2019年4月，张某虚构“续期宝”业务能够缩短保费交费年限、节省保险费的事实，诈骗客户张某腾、张某琳等5人共计59，923.61元。汶上县人民法院判决张某犯诈骗罪，判处有期徒刑两年三个月，罚金1万元。 经调查，2019年3月，平安人寿汶上支公司监测发现，张某名下有部分客户将缴费频次由年缴更改为月缴，随后约谈代理人张某了解情况，平安人寿汶上支公司知悉投保人保费长期滞留在代理人张某处，但未按照其内部规定《个人寿险业务人员品质管理办法（2018版）》（平保寿办〔2018〕16号）有关规定处置	《保险销售从业人员监管办法》（保监会令2013年第2号）第24条第1项	根据《保险销售从业人员监管办法》第34条，对平安人寿汶上支公司给予警告并处罚款1万元
苏银保监罚决字〔2021〕5号 2021－03－18	中国大地财产保险股份有限公司江北支公司	员工行为管理不到位，发生员工涉刑案件。2016年9月起，大地财险江北支公司劳动合同制员工卫某与其妻子经营某汽车销售有限公司，经营范围包括汽车维修等。截至2019年7月，大地财险江北支公司未对本公司基层员工经商办企业情况进行排查，未发现卫某经营有关企业的情况。 2017年3月至2019年3月，卫某利用经营上述公司的便利，伙同他人故意制造8起车辆碰撞的交通事故，骗取3家保险公司支付的保险金合计49，090元。卫某被法院以诈骗罪判处有期徒刑1年6个月并处罚金人民币25，000元	《保监会关于印发〈反保险欺诈指引〉的通知》（保监发〔2018〕24号）第20条、《保险公司管理规定》第55条	根据《保险公司管理规定》第69条的规定，对中国大地财产保险股份有限公司江北支公司给予警告，处1万元罚款

【相关规定解读】

在《保险法》及保险代理人、经纪人、公估人三部监管规章等法律法规框架下，紧密结合2019年在从业人员清核中发现的问题，2020年5月19日，银保监会发布《关于落实保险公司主体责任　加强保险销售人员管理的通知》《关于切实加强保险专业中介机构从业人员管理的通知》，明确了销售能力分级的监管要求，支持保险行业自律组织发挥平台优势，推动销售人员销售能力分级工作，督促保险机构综合考察从业人员学历水平、从业年限、保险产品知识、诚信记录等情况，推进从业人员销售能力资质建设。旨在强调保险机构对保险销售服务等保险从业人员依法承担从业人员相应业务活动的法律责任，强调保险机构在法律责任前提下所产生的对这些从业人员的管理主体责任，强调保险机构对这些从业人员的全过程、全环节管理要求。其中，《关于落实保险公司主体责任加强保险销售人员管理的通知》确立了落实法律责任、管理责任的基本原则，提出了健全管理架构体系、杜绝销售人员

"带病"入岗、持续提升销售人员职业素养、建设销售人员销售能力分级体系、建立销售人员队伍诚信体系、持续治理销售人员数据质量、依法严厉处罚和严肃责任追究等任务。《关于切实加强保险专业中介机构从业人员管理的通知》针对保险专业中介机构的特点和市场定位,从全面承担管理主体责任、加强统筹管理、严格招录管理、严格培训管理、建立销售能力分级体系、严格诚信管理、夯实基础管理、严格监管监督等方面进行了明确。

(十三)利用保险业务为他人谋取不当利益的行为

利用保险业务为他人谋取不正当利益受到行政处罚案例摘要,见表2-2-16。

表2-2-16　利用保险业务为他人谋取不当利益行为行政处罚案例摘要

行政处罚决定书文号	被处罚的单位或者个人	违法行为	处罚依据	处罚结果
台银保监罚决字〔2020〕10号 2020-10-17	张某会(阳光财险台州中心支公司)	对违规利用开展保险业务为他人谋取不正当利益负管理责任	《保险法》第171条	警告并处罚款人民币5万元
汕保监罚〔2017〕8号 2017-12-10	中国平安财产保险股份有限公司汕头市澄海支公司	2017年4月至7月,你公司业务员许某钿存在利用保险业务为他人谋取不当利益的行为	《保险法》(2015年修正)第116条第9项	根据《保险法》第161条的规定,我分局责令你公司改正,并给予5万元罚款的行政处罚。许某钿是上述违法行为直接责任人。根据《关于杜某嘉任职的通知》(平保产粤分人〔2016〕170号)规定,2016年8月5日至今,杜某嘉担任你公司经理,对公司日常经营负有管理责任。根据《保险法》第171条的规定,我分局决定给予许某钿警告并处1万元的行政处罚;给予杜某嘉警告并处1万元的行政处罚

【相关规定解读】

《保险法》第116条规定,保险公司及其工作人员在保险业务活动中不得有下列行为:……(九)利用开展保险业务为其他机构或者个人牟取不正当利益。

保险公司及其工作人员应当在保险合同订立、履行过程中恪守诚实信用原则,依法向对方提供可能影响对方是否订立合同及确定合同内容的重要事实,绝对信守保险合同中的承诺。保险公司及其工作人员不得违背诚实信用原则,利用开展保险业务为其他机构或者个人谋取不正当利益。此类违法行为表现为:保险公司及其工作人员因收受投保人、被保险人、受益人给予的财物或其他利益,违规进行承保或理赔;保险公司及其工作人员在定点、定损中,暗中收受利益相关人给予的财物或其他利益;保险公司、保险资产管理公司及其工作人员在资金运用业务中,账外暗中收受利益相关人的财物或其他利益,或账外暗中给予利益相关人财物或其他利益;或者保险行业各单位及其工作人员在业务招标、广告宣传、服务采购、研究资源采购、物资采购、资产处置、基本建设等过程中,非法收受、给予财物或其他利益等违法行为(参见《〈关于保险业开展治理商业贿赂专项工作的实施意见〉的通知》的规定)。

第三节　保险公司业务管理风险控制和合规要点

一、业务管理类适用法规规范文件梳理

（一）财产保险类

1.《关于印发〈责任保险业务监管办法〉的通知》（银保监办发〔2020〕117号，2020年12月22日发布，2021年1月1日生效）

2.《关于印发〈融资性信保业务保前管理和保后管理操作指引〉的通知》（银保监办发〔2020〕90号，2020年9月14日发布，2020年9月14日实施）

3.《关于印发〈信用保险和保证保险业务监管办法〉的通知》（2020年5月8日发布，2020年5月8日实施）

4.《关于印发〈信用保险和保证保险业务监管暂行办法〉的通知》（银保监办发〔2020〕39号，2020年5月8日发布，2020年5月8日实施）

5.《关于印发〈财产保险公司保险产品开发指引〉的通知》（保监发〔2016〕115号，2016年12月30日发布，2017年1月1日实施）

6.《关于〈开展财产保险公司备案产品自主注册改革〉的通知》（保监发〔2016〕18号，2016年2月25日发布，2016年2月25日实施）

7.《关于进一步加强财产保险公司投资型保险业务管理的通知》（保监发〔2012〕40号，2012年4月28日发布，2012年4月28日实施）

8.《关于印发〈机动车辆保险理赔管理指引〉的通知》（保监发〔2012〕15号，2012年2月21日发布，2012年2月21日实施）

9.《关于进一步加强财产保险公司电话营销专用产品管理的通知》（保监发〔2010〕94号，2010年11月9日发布，2010年11月19日实施）

10.《财产保险公司保险条款和保险费率管理办法》（银保监会令2021年第10号，2021年8月16日发布，2021年10月1日实施）

11.《关于印发〈中国保监会关于进一步规范财产保险市场秩序工作方案〉的通知》（保监发〔2008〕70号，2008年8月29日发布，2008年8月29日生效）

12.《关于规范财产保险公司电话营销业务市场秩序禁止电话营销扰民有关事项的通知》（保监产险〔2013〕42号，2013年1月14日发布，2013年1月14日实施）

（二）人身保险类

1.《中国银保监会办公厅关于进一步规范保险机构互联网人身保险业务有关事项的通知》（银保监办发〔2021〕108号，2021年10月12日发布，2021年10月12日实施）

2.《中国银保监会办公厅关于印发〈意外伤害保险业务监管办法〉的通知》(银保监办发〔2021〕106号,2021年10月13日发布,2021年10月13日实施)

3.《中国银保监会办公厅关于规范保险公司健康管理服务的通知》(银保监办〔2020〕83号,2020年9月9日发布,2020年9月9日施行)

4.《关于印发〈人身保险产品"负面清单"(2021年版)〉的通知》(人身险部函〔2021〕31号,2021年1月9日发布,2021年1月9日实施)

5.《关于规范短期健康保险业务有关问题的通知》(银保监办发〔2021〕7号,2021年1月11日发布,2021年1月11日实施)

6.《关于近期人身保险产品及监管报告报送有关问题的通报》(人身险部函〔2020〕740号,2020年12月30日发布,2020年12月30日实施)

7.《关于进一步加强人身保险公司销售管理工作的通知》(保监人身险〔2017〕136号,2017年5月17日发布,2017年5月17日实施)

8.《人身保险公司保险条款和保险费率管理办法》(2015年修订)(2011年12月30日保监会令2011年第3号发布,根据2015年10月19日保监会令2015年第3号《关于修改〈保险公司设立境外保险类机构管理办法〉等八部规章的决定》修订)

9.《保监会关于父母为其未成年子女投保以死亡为给付保险金条件人身保险有关问题的通知》(保监发〔2015〕90号,2015年9月14日发布,2016年1月1日生效)

10.《保监会关于促进团体保险健康发展有关问题的通知》(保监发〔2015〕14号,2015年1月29日发布,2015年1月29日生效)

11.《保监会关于规范人身保险公司赠送保险有关行为的通知》(保监发〔2015〕12号,2015年1月23日发布,2015年4月1日实施)

12.《关于印发〈人身保险客户信息真实性管理暂行办法〉的通知》(保监发〔2013〕82号,2013年11月4日发布,2013年11月4日实施)

13.《关于印发〈人身保险公司服务评价管理办法〉的通知》(保监发〔2013〕73号,2013年9月6日发布,2013年9月6日实施)

14.《关于禁止强制销售保险的紧急通知》(保监消保〔2013〕634号,2013年9月16日发布,2013年9月16日实施)

15.《关于印发〈人身保险公司风险排查管理规定〉的通知》(保监发〔2013〕48号,2013年7月5日发布,2013年7月5日实施)

16.《关于人身保险伤残程度与保险金给付比例有关事项的通知》(保监发〔2013〕46号,2013年6月7日发布,2013年6月7日实施)

17.《关于印发〈人身保险电话销售业务管理办法〉的通知》(保监发〔2013〕40号,2013年5月2日发布,2013年5月2日实施)

18.《关于印发〈人身保险业综合治理销售误导评价办法(试行)〉的通知》(保监发

〔2012〕105 号,2012 年 11 月 10 日发布,2012 年 11 月 10 日实施)

19.《关于印发〈人身保险公司销售误导责任追究指导意见〉的通知》(保监发〔2012〕99 号,2012 年 11 月 9 日发布,2012 年 11 月 9 日实施)

20.《关于印发〈人身保险销售误导行为认定指引〉的通知》(保监发〔2012〕87 号,2012 年 10 月 16 日发布,2012 年 10 月 16 日实施)

21.《关于人身保险业综合治理销售误导有关工作的通知》(保监发〔2012〕14 号,2012 年 2 月 16 日发布,2012 年 2 月 16 日实施)

22.《人身保险公司保险条款和保险费率管理办法》(保监会令 2011 年第 3 号,2012 年 1 月 15 日发布,2012 年 1 月 15 日实施)

23.《关于规范人身保险业务经营有关问题的通知》(保监发〔2011〕36 号,2011 年 7 月 1 日发布,2011 年 7 月 1 日实施)

24.《关于印发〈变额年金保险管理暂行办法〉的通知》(保监发〔2011〕25 号,2011 年 5 月 10 日发布,2011 年 5 月 10 日实施)

25.《人身保险业务基本服务规定》(保监会令 2010 年第 4 号,2010 年 2 月 25 日发布,2010 年 2 月 25 日实施)

26.《关于加强人身保险收付费相关环节风险管理的通知》(保监发〔2008〕97 号,2008 年 11 月 13 日发布)

27.《人身保险新型产品信息披露管理办法》(经 2009 年 9 月 18 日保监会主席办公会审议通过,2009 年 9 月 28 日以 2009 年第 3 号主席令公布,自 2009 年 10 月 1 日起施行)

28.《关于执行〈人身保险新型产品信息披露管理办法〉有关事项的通知》(保监发〔2009〕104 号,2009 年 9 月 28 日发布)

29.《关于〈人身保险新型产品信息披露管理办法〉有关条文解释的通知》(保监寿险〔2009〕1161 号,2009 年 11 月 12 日发布,2009 年 11 月 12 日生效)

30.《关于印发〈人身意外伤害保险业务经营标准〉的通知》(保监发〔2009〕91 号,2009 年 8 月 17 日发布,2010 年 1 月 1 日生效)

31.《关于发布〈寿险柜面服务规范〉行业标准的通知》(保监发〔2009〕32 号,2009 年 3 月 2 日发布,2009 年 3 月 2 日生效)

32.《保险公司养老保险业务管理办法》(2010 年修订)(保监会令 2007 年第 4 号,2007 年 11 月 2 日发布,2008 年 1 月 1 日生效,2010 年 12 月 3 日根据《保监会关于修改部分规章的决定》修订)

33.《关于推进投保提示工作的通知》(保监发〔2009〕68 号,2009 年 5 月 22 日发布,2009 年 5 月 22 日生效)

34.《关于进一步加强人身保险公司销售管理工作的通知》(保监人身险〔2017〕136 号,2017 年 5 月 17 日发布,2017 年 5 月 17 日实施)

35.《健康保险管理办法》(银保监会令 2019 年第 3 号,2019 年 10 月 31 日发布,2019 年 12 月 1 日起施行)

36.《中国银保监会办公厅关于规范保险公司健康管理服务的通知》(银保监办发〔2020〕83 号,2020 年 9 月 6 日发布,2020 年 9 月 6 日实施)

37.《人身意外伤害保险业务经营标准》(保监发〔2009〕91 号,2009 年 8 月 17 日发布,2010 年 10 月 1 日生效)

38.《关于加强人身保险收付费相关环节风险管理的通知》(保监发〔2008〕97 号,2008 年 11 月 13 日发布,2009 年 3 月 1 日生效)

39.《关于提示人身保险银邮代理业务风险的通知》(保监寿险〔2008〕576 号,2008 年 5 月 12 日发布,2008 年 5 月 12 日生效)

40.《中国保监会关于促进团体保险健康发展有关问题的通知》[(保监发〔2015〕14 号)2015 年 1 月 29 日发布,2015 年 1 月 29 日生效。本通知自下发之日起施行,《关于规范团体保险经营行为有关问题的通知》(保监发〔2005〕62 号)同时废止]

41.《关于规范人身保险业务有关问题的通知》(保监发〔2005〕22 号,2005 年 3 月 2 日发布,2005 年 3 月 2 日生效)

42.《银保监会办公厅关于规范两全保险产品有关问题的通知》(银保监办发〔2019〕228 号,2019 年 12 月 4 日发布,2019 年 12 月 4 日生效)

(三)再保险

1.《再保险业务管理规定》(2021 年修订)(2021 年 4 月 27 日保监会令 2021 年第 8 号发布,根据 2021 年 7 月 21 日保监会令 2021 年第 8 号令修订)

2.《保监会关于离岸再保险人提供担保措施有关事项的通知》(保监发〔2017〕18 号,2017 年 2 月 23 日发布,2017 年 2 月 23 日实施)

3.《保监会关于加强保险公司再保险关联交易信息披露工作的通知》(保监发〔2015〕44 号,2015 年 4 月 17 日发布,2015 年 4 月 17 日实施)

4.《保监会关于加强财产保险公司再保险分入业务管理有关事项的通知》(保监发〔2014〕76 号,2014 年 9 月 25 日发布,2014 年 9 月 25 日实施)

(四)其他

1.《关于印发〈保险机构案件责任追究指导意见〉的通知》(保监发〔2010〕12 号,2010 年 3 月 18 日发布,2010 年 3 月 18 日实施)

2. 银保监会办公厅《关于预防银行业保险业从业人员金融违法犯罪的指导意见》(2020 年 2 月 20 日发布实施)

3.《银行保险机构涉刑案件管理办法(试行)》(银保监发〔2020〕20 号,2020 年 7 月 1 日发布,2020 年 7 月 1 日生效)

二、保险公司业务管理风险控制和合规要点

保险业务合规风险分析，见表 2－3－1。

表 2－3－1　保险业务合规风险分析

项目		主要合规风险	问题描述	相关规定	风险分析	风险级别
业务管理	新契约及核保管理	擅自调整费率承保	未经上级公司允许，未按照规定使用经审批或者备案的保险条款、保险费率，擅自提高或降低条款费率承保业务。如未按照统一的保险条款和基础保险费率从事机动车交通事故责任强制保险业务；违规打折减收车险保费；通过交强险系统外套打保单出具阴阳保单等	《保险法》第 136 条	增加公司经营风险，影响公司的经营效益，承保质量不高	高
		违规协议承保	未经上级公司允许擅自改变总颁条款责任、给付标准承保	《保险法》第 136 条	可能增加理赔风险或给付金额，影响业务质量和经营效益，并容易造成手工业务和账外保费	高
		贪污、挪用保费	保险公司员工利用职务之便采取私刻印章、使用过期票据、篡改客户原始资料、压单等方式贪污、挪用客户保费	《刑法》	容易引发刑事案件并给公司造成经济损失，严重损害保险公司公众形象	高
	理赔管理	违规承保	违反保险法规定超额承保的行为；或者违反规定为无民事行为能力人承保以死亡为给付保险金条件的保险的行为	《保险法》	无法对高风险的人员做有效的风险控制，增加了公司承担的风险	中
		个单团做	指使用个人寿险条款承保团体业务的行为	《保险法》第 136 条	无法对高风险的人员做有效的风险控制，增加了公司承担的风险	中
		年金保险趸缴趸领	以趸交趸领方式承保年金险业务，并且在一年时间内（包括一年）做满期给付或年金给付的行为	《保险法》第 136 条	容易造成虚增保费收入，影响公司持续发展，对公司长期经营不利	中
		团体保险投保人数不足	团体保险投保人数低于保监会规定的承保人数承保的行为	关于促进团体健康发展有关问题的通知（保监发〔2015〕14 号）	可能导致团单个做，不能有效分散承保风险，影响公司经营效益	中
		团单个做	把不具备投保条件的个体组织起来以团单形式进行承保的行为	关于促进团体健康发展有关问题的通知（保监发〔2015〕14 号）	不能有效分散承保风险，无法对高风险的人员做有效的风险控制，增加了公司承担的风险	中
		团体保险无被保险人清单或清单未录入系统	团体保险无被保险人清单或清单未录入系统的方式承保的行为	关于促进团体健康发展有关问题的通知（保监发〔2015〕14 号）	被保险人身份不确定可能带来截留保费、冒名顶替理赔给付风险，影响公司经营成果	中

续表

项目		主要合规风险	问题描述	相关规定	风险分析	风险级别
业务管理	理赔管理	使用未经批准或停办的保险条款	使用自行设计未经批准的保险条款或使用已停办的保险条款收取保险费的行为	关于促进团体健康发展有关问题的通知(保监发〔2015〕14号)	执行力不足,给公司带来不可控风险,对公司经济效益产生重大影响	中
		坐扣保费	口子业务或者极短期业务,实际投保人数及实际收到保费金额大于录入系统的承保人数及收费金额	《会计法》	直接导致保费被截留形成账外资金,容易受到外部监管机构的处罚;少录被保险人信息会造成合同中被保险人身份不确定,可能带来非真实被保险人理赔的风险	高
		虚假赔付	通过采取填写虚假业务赔付资料方式确认未实际发生的理赔案件,骗取赔付金或利用职务之便,伪造保险合同,骗取保险金的行为	《保险法》	增加赔付支出,严重损害公司利益,给公司带来重大经济损失	高
		虚假给付保险金用于返还保费	通过办理虚假离职退保、临界年龄承保后退保等方式套取年检业务的保险费,用于返还客户保费	《保险法》	存在洗钱的风险,容易导致外部处罚和引发法律纠纷,并有可能存在虚增保费,影响业务质量	
		理赔超时效	指对理赔案件没有在规定的时间内立案、结案	《保险法》	容易引发法律纠纷,给公司造成经济损失	中
	保全及客户管理	未经客户许可擅自转保、退保	是指公司在未经客户许可的情况下,擅自将该客户已投保的险种退保或转保为其他险种的行为	《保险法》	容易引发法律纠纷,给公司造成经济损失;导致虚增保费,影响公司经营成果的真实、准确	中
		非正常退保	违反公司规定,未按现金价值退保的行为	《保险法》	增加公司退保支出,影响公司偿付能力,给公司造成经济损失	中
		违规撤单	是指未经批准擅自将超过犹豫期的撤单不按现金价值做退保处理,而是直接全额冲减保费收入的行为	《保险法》	减少保费收入,无偿承担保险责任,损害公司经济利益	中
		虚假给付保险金	虚假给付保险金的行为:1. 利用职务之便,伪造保险合同,骗取保险金的;2. 年金业务伪造被保险人离职证明,骗取离职保险金的;3. 年金业务开具虚假被保险人退休证明,领取养老保险金的	《保险法》	增加赔付支出,严重损害公司利益,给公司带来重大经济损失	中

续表

项目		主要合规风险	问题描述	相关规定	风险分析	风险级别
业务管理	保全及客户管理	伪造、变造保险单	保险公司及其工作人员自行伪造、变造保险单骗取退保金及生存给付金的行为	《刑法》	容易引发刑事案件并给公司造成经济损失，严重损害保险公司公众形象	高
		泄露客户信息	泄露客户资料或利用职权强迫他人泄露客户资料，或为他人窃取、刺探、收买提供客户资料的行为	《保险法》	影响公司信誉，容易造成不必要的纠纷或争议	低
	单证管理	擅自印刷单证	是指未经上级公司批准，擅自设计、印制保险单及其他各类保险单证的行为	《保险法》	容易引发刑事案件并给公司造成经济损失，严重损害保险公司公众形象	高

三、保险公司业务管理方面行政处罚案例

1. 未按照规定使用报备的保险条款或者费率

未按照规定使用报备的保险条款或者费率受到行政处罚案例摘要，见表2－3－2。

表2－3－2　未按照规定使用报备的保险条款或者费率行政处罚案例摘要

行政处罚决定书	被处罚的单位	违法行为	处罚依据	处罚结果
银保监罚决字〔2020〕1号 2020－03－09	中国人民人寿保险股份有限公司	未按规定使用经备案保险费率行为。 人保寿险在支付宝平台销售的“妈妈乐少儿疾病住院险”由人保寿险学生平安意外伤害保险（主险）及学生平安定期寿险（A款）、学生平安意外伤害医疗保险（A款）、学生平安疾病住院医疗保险（A款）3款附加险共同构成，保费合计200元，保险期间1年。其中学生平安意外伤害医疗保险（A款）附加险报价68元，对照该险种向保监会报备的条款费率，应执行的报备保费为5.3元（有社保）、5.88元（无社保），费率上浮均超过10.5倍。 时任人保寿险总公司电子商务部总经理王某，对上述违法行为负有直接责任	上述未按规定使用经备案保险费率行为，违反《保险法》第136条的规定	根据《保险法》第170条的规定，中国银保监会决定对人保寿险总公司予以罚款25万元，根据《保险法》第171条的规定，我会决定对王某予以警告并罚款5万元
银保监罚决字〔2021〕4号 2021－04－20	久隆财产保险有限公司 徐某（时任久隆财险总经理）	2017年4月至2019年6月，久隆财险承保的挖掘机械设备保险（2017年版）保单未执行经备案的费率表。公司针对不同代理商制定保额、单项险别费率、单项险别保费、整体打包费率等差异化的承保方案，并按照自行制定的方案承保，其承保费率显著高于备案费率，不符合《财产保险公司保险条款和保险费率管理办法》（保监会令2010年第3号）第27条的规定。其中507笔业务收取保费相比按备案条款费率计算的最高值仍高25.2%，涉及保费金额600.70万元，多收取投保人保费151.37万元。时任公司总经理徐某负责公司业务管理，对上述违法行为负有直接责任	上述未按照规定使用经备案的保险费率的行为，违反了《保险法》第136条的规定	根据《保险法》第170条的规定，对久隆财险罚款50万元；根据《保险法》第171条的规定，对徐某警告并罚款10万元

续表

行政处罚决定书	被处罚的单位	违法行为	处罚依据	处罚结果
银保监罚决字〔2019〕3 号 2019-04-08	信美人寿保险相互社	信美人寿在“相互保”业务中通过产品参数调整的方式改变了产品费率计算方法以及费率计算所需的基础数据。 时任董事长杨某和时任副总经理兼总精算师曾某对上述违法行为负有直接责任	违反了《保险法》第 136 条规定,根据《保险法》第 170 条规定	对信美人寿处以罚款40 万元;根据《保险法》第171 条的规定,对杨某给予警告并处罚款8 万元,对曾某给予警告并处罚款8 万元
银保监罚决字〔2019〕1 号 2019-01-04	华贵人寿保险股份有限公司冯某波(时任华贵人寿运营部总经理)	2017 年 3 月,华贵人寿承保保单号为666010000000002 的《华贵交通工具团体意外伤害保险》,保险期为 2017 年 4 月 1 日至 2018 年 3 月 31 日,涉及飞机、火车、轮船三项交通工具意外伤害保险责任。其中飞机意外伤害报备条款费率为 0.1‰,实际按照 0.9‰直接承保;火车意外伤害报备条款费率为 0.15‰,实际按照 0.75‰直接承保;轮船意外伤害报备条款费率为 0.2‰,实际按照 2.35‰直接承保。华贵人寿共收取保费 200 万元,向兼业代理机构支付手续费 150 万元,支付比例 75%,大幅超出相关产品备案精算报告中的预定费用率 25%。 2017 年 6 月,华贵人寿承保保单号为666010000000010 的《华贵团体意外伤害保险》,保险期间为 2017 年 6 月 9 日至 2017 年 9 月 8 日。该款产品报备的条款费率为 2.025‰(季交费率),实际按照 5.467‰(季交费率)直接承保。华贵人寿共收取保费 79.82 万元,向兼业代理机构支付手续费 31.95 万元,支付比例 40%,大幅超出相关产品备案精算报告中的预定费用率 25%。时任华贵人寿运营部总经理冯某波对上述违法行为负有直接责任	华贵人寿未按照规定使用经备案的保险条款和保险费率的行为违反了《保险法》第 136 条规定	根据《保险法》第 170 条的规定,对华贵人寿罚款 30 万元。根据《保险法》第 171 条的规定,对冯某波处以警告并罚款 6 万元

【相关规定解读】

当前,保险条款费率较为突出的问题是未按监管审批或报备的费率执行,特别是财产保险条款费率上文中的处罚案例即是如此,表现为通过保险协议、特别约定、特约条款等方式对保险条款和费率予以修改,最常见的是修改保险责任。根据《财产保险公司保险条款和保险费率管理办法》的规定,保险机构使用保险协议承保的,如协议内容对经批准或者备案的保险条款或者保险费率予以修改的,应当按照本办法的有关规定报送审批或者备案。根据《关于实施〈财产保险公司保险条款和保险费率管理办法〉有关问题的通知》的规定,财产保险公司修改经备案的保险条款中的保险责任或者调整保险费率超过报经备案范围的,应当重新报保监会备案。其中,修改保险责任是指增加、减少或免除保险人责任,增加、减少或免除投保人、被保险人责任或受益人权利,包括但不限于通过保险条款和保险单证对保险责任和责任免除进行修改。对于承担保险责任的保险条款,对应的保险费率原则上不得为零。

当前,保险条款和费率的合规风险主要有八点。一是产品报送问题。包括:(1)漏报、少报材料;(2)报送材料内容出现错误;(3)报送方式不规范。二是产品设计问题。包括:(1)产品责任设计与产品定义不符;(2)产品保障功能弱化;(3)免责约定不合常理。三是产品费率厘定及精算假设问题。包括:(1)退保假设不合理;(2)健康服务费用占比超过监管规定;(3)现金价值计算不合理;(4)费率浮动范围不明确。四是条款表述问题。包括:条款约定与法规不符。五是保险条款的合规风险,包括:产品属性分类不当、条款名称命名不规范、条款规定与保险法相违背、未正确引用相关标准、条款要素不完备、保费计算公式错误、被保险人定义范围不明确、保险责任不清晰或存在歧义、存在加重被保险人责任的条款、免除或减轻保险人责任部分未作明显标示、条款文字错误、条款表述不严谨等。六是附加险的合规风险,包括附加险混入主险一同备案、用附加险对主险进行修订、附加险未逐条单独备案、附加险归类错误等。七是费率的合规风险,包括费率表内容不完备、费率调整条件不明确、费率表调整系数无上限、费率调整系数调整幅度不合理、费率表出现文字错误等。八是精算报告和可行性报告的合规风险,包括精算报告费率定价不合理、精算报告不完备、可行性报告不完备、可行性报告内容过于简单、备案材料不一致等。

2. 虚假承保及虚假理赔

虚假承保及虚假理赔行政处罚案例摘要,见表2-3-3。

表2-3-3　虚假承保及虚假理赔行政处罚案例摘要

行政处罚决定书文号	被处罚当事人姓名	主要违法违规事实	行政处罚依据	行政处罚决定
黑银保监罚决字〔2019〕13号	赵某方(时任阳光农险佳木斯中心支公司总经理)、姜某国(时任阳光农险佳木斯中心支公司副总经理)	阳光农险佳木斯中心支公司存在虚假承保及虚假理赔的违法行为。时任总经理赵某方及副总经理姜某国对此承担直接责任	《农业保险条例》第23条、第29条	撤销赵某方及姜某国任职资格
内保监罚〔2015〕21号	范某文(时任人保财险鄂伦春自治旗支公司经理)、刘某友[时任人保财险呼伦贝尔市分公司理赔中心副主任(市公司理赔中心直管鄂伦春旗支公司理赔工作负责人)]、于某[时任人保财险呼伦贝尔市分公司(分管农险部和理赔中心)副总经理]、李某平[时任人保财险呼伦贝尔市分公司(分管财务)副总经理]	1. 中国人民财产保险股份有限公司内蒙古分公司下属分支机构2013年编制农业保险虚假承保资料; 2. 虚假理赔	《农业保险条例》第29条	对范某文给予警告,并撤销任职资格;对刘某友给予警告,并处罚款2万元;对于某给予警告,并处罚款3万元;对李某平给予警告,并处罚款2万元

续表

行政处罚决定书文号	被处罚当事人姓名	主要违法违规事实	行政处罚依据	行政处罚决定
黑保监罚〔2011〕14号	于某(时任阳光农险牡丹江中支总经理)、董某林(时任阳光农险牡丹江中支副总经理)、谭某峰[时任阳光农险牡丹江中支副总经理(主持工作)]、郑某利(阳光农险海林营销服务部经理)	1.2008年,阳光农险海林营销服务部种植业保险虚假理赔,骗取保险金5,195,059.48元。 2.2007年至2010年,阳光农险海林营销服务部采取虚假列支季节性人员工资、虚列业务及管理费等多种形式套取费用,涉及金额合计567,428.77元。 3.2009年,阳光农险海林营销服务部在商业车险理赔过程中,存在车辆先出险后承保和故意扩大损失程度的行为,涉及金额合计10,945元。 4.2008年,阳光农险牡丹江中支种植业保险虚假理赔,骗取保险金1,520,414元。 5.2008年,阳光农险牡丹江中支虚假承保家庭财产综合保险业务11笔,业务系统显示保费合计2,241,015.01元	《保险法》(2009)第173条	1.郑某利对上述第一项、第二项、第三项行为负有直接责任。根据《保险法》(2009)第173条的规定,黑龙江保监局决定对郑某利给予警告,罚款10万元的行政处罚; 2.当事人谭某峰对上述第三项行为负有直接责任。根据《保险法》(2009)第173条的规定,黑龙江保监局对谭某峰给予警告的行政处罚。 3.于某、董某林对上述第四项、第五项行为负有直接责任。根据《保险法》(2009)第173条的规定,黑龙江保监局决定对于某给予警告,罚款5万元的行政处罚;决定对董某林给予警告,罚款5万元的行政处罚

【相关规定解读】

该类型的上述三例案件均集中在农险领域,保险公司高管因公司"虚假承保及虚假理赔"而受到行政处罚的法律依据主要为:《农业保险条例》第23条、第29条。根据《农业保险条例》第23条的规定,保险费补贴的取得和使用,应当遵守依照本条例第7条制定的具体办法的规定。禁止以下列方式或者其他任何方式骗取农业保险的保险费补贴:(1)虚构或者虚增保险标的或者以同一保险标的进行多次投保;(2)以虚假理赔、虚列费用、虚假退保或者截留、挪用保险金、挪用经营费用等方式冲销投保人应缴的保险费或者财政给予的保险费补贴。根据《农业保险条例》第29条的规定,保险机构违反本条例规定,保险监督管理机构除依照本条例的规定给予处罚外,对其直接负责的主管人员和其他直接责任人员给予警告，并处1万元以上10万元以下的罚款；情节严重的，对取得任职资格或者从业资格的人员撤销其相应资格。政策性农业保险不同于商业性保险的最大特点是由财政资金给予农业保险价格补贴。由于这笔财政资金的无偿性使用，加上我国特殊的农业保险运作体制，用来进行价格补贴的这些财政资金就容易产生“跑冒滴漏”问题，在各个环节受到侵蚀。

3. 跨区域承保

跨区域承保行政处罚案例摘要，见表2－3－4。

表2－3－4　跨区域承保行政处罚案例摘要

行政处罚决定书文号	被处罚的单位或者个人	违法行为	处罚依据	处罚结果
津银保监罚决字〔2019〕63号 2019－12－24	渤海人寿保险股份有限公司天津分公司	2018年，跨区域承保1年期团体保险业务保单314件	《保险公司管理规定》第41条	依据《保险公司管理规定》第69条的规定，对渤海津分给予警告，并处罚款3万元
新保监罚〔2018〕11号 2018－10－15	中国平安财产保险股份有限公司乌鲁木齐中心支公司	2017年，违规承保异地车辆交强险及商业车险业务，涉及保单104笔，保费共计24.46万元	《保险公司管理规定》（2015年修订）第41条	依据《保险公司管理规定》（2015年修订）第69条的规定，我局决定给予你公司3万元罚款的行政处罚
新保监罚〔2017〕22号 2017－10－28	中国人民财产保险股份有限公司哈密分公司伊吾县营销服务部	2016年8月至9月，违反保险公司分支机构不得跨省、自治区、直辖市经营保险业务的规定，违规承保异地车辆交强险及商业车险业务，涉及保单共计47件，保费共计324,266.51元	《保险公司管理规定》第41条	依据《保险公司管理规定》第69条的规定，我局决定给予你机构罚款3万元的行政处罚

【相关规定解读】

跨区域承保是指企业在注册所在地之外开展经营活动。《保险公司管理规定》（2015年修订版）第41条规定，保险公司的分支机构不得跨省、自治区、直辖市经营保险业务，本规定第42条规定的情形和保监会另有规定的除外。《保险公司管理规定》（2015年修订版）第69条规定，保险机构或者其从业人员违反本规定，由保监会依照法律、行政法规进行处罚；法律、行政法规没有规定的，由保监会责令改正，给予警告，对有违法所得的处以违法所得1倍以上3倍以下罚款，但最高不得超过3万元，对没有违法所得的处以1万元以下罚款；涉嫌犯罪的，依法移交司法机关追究其刑事责任。

4. 其他不当承保行为

因其他不当承保行为受到行政处罚案例摘要,见表2-3-5。

表2-3-5 其他不当承保行为行政处罚案例摘要

行政处罚决定书	被处罚单位或者个人	违法行为	处罚依据	处罚结果
银保监罚决字〔2020〕57号 2020-08-06	中国太平洋财产保险股份有限公司深圳分公司	2018年1月至8月,太平洋财险深圳分公司将营业车辆按照非营业车辆性质承保商业车险,共涉及1363笔商业车险保单,保费合计252.79万元。王某飞分管承保条线业务,且涉案业务均由王某飞维护,对上述违法行为负有直接责任	上述行为违反《保险法》第135条的规定	根据《保险法》第170条的规定,对太平洋财险深圳分公司罚款50万元;根据《保险法》第171条,对王某飞警告并罚款10万元
佛银保监罚决字〔2021〕2号 2021-01-20	佛银保监罚决字〔2021〕2号	为无民事行为能力人承保以死亡为给付保险金条件的人身保险; 蔡某波负管理责任和直接责任	《保险法》第33条、第163条第2项、第171条	对安诚财产保险股份有限公司佛山中心支公司罚款20万元; 对蔡某波警告并处罚款6万元
苏银保监罚决字〔2020〕44号 2020-10-09	中国平安财产保险股份有限公司江苏分公司	2019年8月初,平安财险江苏分公司综合金融业务部下辖南京综合开拓部业务员在某车队车险现场竞争性谈判中故意以报低价方式获得承保资格。 杨某迪作为平安财险江苏分公司副总经理分管综合金融业务部,应对公司参与投标行为进行管控,对上述行为负有管理责任,是对上述违法行为直接负责的主管人员	上述以不正当竞争行为扰乱保险市场秩序的行为,违反了《保险法》第116条第11项的规定	根据《保险法》第171条的规定,对杨某迪给予警告,并处2万元罚款
连银保监罚决字〔2020〕3号 2020-11-27	中国大地财产保险股份有限公司连云港中心支公司	当事人存在拒绝承保摩托车交强险行为。 经核查,大地保险连云港中心支公司工作人员以系统故障为由拒绝客户李某投保要求,未按承保规定办理摩托车交强险	上述拒绝承保摩托车交强险行为,违反了《机动车交通事故责任强制保险条例》第10条的规定	根据《机动车交通事故责任强制保险条例》第37条第1款的规定,决定对大地保险连云港中心支公司予以罚款6万元
保监罚〔2017〕11号 2017-06-16	中国人民财产保险股份有限公司广东省分公司	经查,人保财险广东省分公司存在拒绝单独承保交强险的违法行为。自2011年开始,广东省分公司向总公司报送辖区内车险网销承保政策,规定辖内网销不得单独承保交强险	人保财险广东省分公司拒绝单独承保交强险的行为,违反了《机动车交通事故责任强制保险条例》第10条规定	根据《机动车交通事故责任强制保险条例》第38条的规定,决定对人保财险广东省分公司罚款5万元

【相关规定解读】

承保管理是指对签订保险合同的有关双方的权利与义务进行审核、监督和控制,以避免风险集中，提高承保业务质量，保证保险人经营稳定。控制保险责任就是保险人在承保时，依据自身的承保能力进行承保控制，并尽量防止与避免道德风险和心理风险。法律风险主要表现有：主管当局强制保险人使用一种过低的保险费标准；要求保险人提供责任范围广的保险；限制保险人使用可撤销保险单和不予续保的权利；在保险合同双方当事人对保险合同条款存在疑义时，法院往往会做出有利于被保险人的判决等。这种风险对于保险人的影响是，保险人通常迫于法律的要求和社会舆论的压力接受承保。例如，我国机动车第三者责任险就是一种强制性保险，其费率不高，赔偿责任却不小，保险人不能以此为由不承保该项保险业务。不正当承保的行为应当承担相应的法律责任。

5. 拒绝或者妨碍依法监督检查

拒绝或者妨碍依法监督检查受到行政处罚案例摘要，见表 2－3－6。

表 2－3－6　拒绝或者妨碍依法监督检查行政处罚案例摘要

处罚决定书文号	被处罚的单位或者个人	违法行为	处罚依据	处罚结果
银保监保罚决字〔2018〕4 号 2018－12－28	永安财产保险股份有限公司	在已知检查组进场情况下，永安财险决定于 2017 年 12 月 6 日上午 9 时召开董事会临时会议，拟审议《关于解聘蒋某同志公司总裁（总经理）职务的议案》。 2017 年 12 月 4 日下午，检查组在对董事会临时会议不知情的情况下，按照检查流程将现场检查事实确认会（以下简称确认会）时间定为 12 月 6 日上午 9 时并通知永安财险，要求总裁蒋某和统计负责人顾某参加会议。此后，检查组得知永安财险将于同一时间召开董事会临时会议，并拟解除总裁蒋某的职务。 12 月 4 日晚，检查组临时变更检查计划，约谈董事会秘书。检查组表示会议时间的冲突和解除蒋某总裁职务的议题将影响检查工作的开展，建议适当调整会议时间。董事会秘书表示无权决定，并将相关建议转告董事长。12 月 5 日下午，检查组约谈董事长陶某强，要求适当延后董事会临时会议。陶某强在无正当理由的情况下，拒绝接受检查组的合理建议。12 月 6 日上午，确认会和董事会临时会议同时召开，永安财险董事长和总裁均缺席确认会，影响了检查工作的正常进行。 时任永安财险董事长陶某强作为永安财险主要负责人及董事会临时会议召集人，对上述问题负有直接责任	永安财险拒绝或者妨碍依法监督检查的行为，违反了《保险法》第 155 条的规定	根据《保险法》第 170 条的规定，对永安财险罚款 30 万元；根据《保险法》第 171 条的规定，对陶某强处以警告并罚款 5 万元

续表

处罚决定书文号	被处罚的单位或者个人	违法行为	处罚依据	处罚结果
鲁保监罚〔2017〕17号 2017-07-14	英大泰和财产保险股份有限公司潍坊中心支公司	2017年1月5~6日,英大财险潍坊中支在提供给我局检查组工作使用的会议室内安装录音设备,窃听检查组调查谈话及工作交流内容,妨碍检查组依法监督检查。英大财险潍坊中支时任主要负责人鲁某涛是对该项违法事实直接负责的主管人员,韩某、杨某浩、崔某是该项违法行为的直接责任人员	妨碍依法监督检查,违反了《保险法》第155条的规定。依据《保险法》第170条第2项的规定,对英大财险潍坊中支罚款45万元	依据《保险法》第171条的规定,对鲁某涛撤销任职资格;对韩某警告并罚款10万元;对杨某浩、崔某分别警告并罚款1万元
菏银保监罚决字〔2020〕19号 2020-04-13	国华人寿保险股份有限公司菏泽中心支公司	2019年7月3日、4日,检查组两次对国华人寿菏泽中心支公司银保专管员进行询问,该专管员在询问过程中反复向检查组隐瞒事实真相、编造虚假信息,且在检查组要求国华人寿菏泽中心支公司通知其接受询问配合检查过程中,多次表述前后不一,在不说明正当理由情况下拒不到场配合监管检查并无故失联,妨碍检查组依法监督检查。国华人寿菏泽中心支公司副总经理(主持工作)盛某霞是对编制虚假资料、妨碍依法监督检查违法行为直接负责的主管人员	上述国华人寿菏泽中心支公司妨碍依法监督检查的行为,违反了《保险法》第155条的规定	根据《保险法》第170条的规定,决定对国华人寿菏泽中心支公司予以罚款10万元的行政处罚。根据《保险法》第171条的规定,决定对盛某霞予以警告,并处罚款2万元的行政处罚
淮北银保监罚决字〔2019〕5号 2019-09-28	中国平安财产保险股份有限公司淮北中心支公司	员工陈某馨在检查人员检查期间,存在妨碍监督检查的违法行为	上述中心支公司妨碍依法监督检查的行为,违反了《保险法》第155条的规定	警告并罚款1万元

【相关规定解读】

《保险法》第154条明确规定,保险监督管理机构依法履行职责,有权采取下列措施:(1)对保险公司、保险代理人、保险经纪人、保险资产管理公司、外国保险机构设立的代表机构进行现场检查;(2)进入涉嫌违法行为发生场所调查取证;(3)询问当事人及与被调查事件有关的单位和个人,要求其对与被调查事件有关的事项作出说明;(4)查阅、复制与被调查事件有关的财产权登记等资料;(5)查阅、复制保险公司、保险代理人、保险经纪人、保险资产管理公司、外国保险机构的代表机构以及与被调查事件有关的单位和个人的财务会计资料及其他相关文件和资料;对可能被转移、隐匿或者毁损的文件和资料予以封存;(6)查询涉嫌违法经营的保险公司、保险代理人、保险经纪人、保险资产管理公司外国保险机构的代表机构以及涉嫌违法事项有关的单位和个人的银行账户;(7)对有证据证明已经或者可能转移、隐匿违法资金等涉案财产或者隐匿、伪造、毁损重要证据的,经保险监督管理机构主要负责人批准,申请人民法院予以冻结或者查封。保险监督管理机构采取前款第1项、第2项、第5项措施的，应当经保险监督管理机构负责人批准；采取第6项措施的，应当经国务院保险监督管理机构负责人批准。保险监督管理机构依法进行监督检查或者调查，其监督检查、调查的人员不得少于2人，并应当出示合法证件和监督检查、调查通知书；监督检查、调查的人员少于2人或者未出示合法证件和监督检查、调查通知书的，被检查、调查的单位和个人有权拒绝。抗拒保险监督管理机构的检查和执法行为，应当承担相应的法律责任。

6. 提供、编制虚假报告、文件、资料

因提供、编制虚假报告、文件、资料受到行政处罚案例摘要，见表2－3－7。

表2－3－7　提供、编制虚假报告、文件、资料行政处罚案例摘要

行政处罚决定书文号	被处罚单位或个人	违法行为	处罚依据	处罚结果
银保监罚决字〔2020〕1号 2020－03－09	中国人民人寿保险股份有限公司	提供、编制虚假报告、文件、资料： 一是客户信息数据不真实，存在核心业务系统投保人联系电话与客户回访系统最终回访电话不一致、登记的投保人联系电话非本人电话等问题。二是部分涉及可回溯管理的业务虚假，由银行代理的业务存在由人保寿险的销售人员进行可回溯视频录制的问题，且以上业务公司均向银行支付了手续费。三是报送的2017年个人医疗理赔数据不真实，存在案件数据遗漏、字段提取不符合相关通知中的要求等问题	上述提供、编制虚假报告、文件、资料行为，违反《保险法》第68条的规定	根据《保险法》第170条的规定，决定对人保寿险总公司予以罚款50万元，根据《保险法》第171条的规定，决定对王某、廖某进、张某廷、李某彬、赵某良、司某、原某分别予以警告并罚款10万元，对陈某予以警告并罚款5万元
银保监罚决字〔2020〕52号 2020－08－20	利安人寿保险股份有限公司	利安人寿存在以下违法行为： 2017年3月20日至30日，利安人寿通过线下填写投保单、线下收缴保费、业务管理部手工录单的方式销售“多利宝终身寿险（投资连结型）”，涉及保费20，097.3万元。上述业务未通过利安人寿自营网络平台销售，也未通过第三方网络平台销售，但公司在业务投保单上“业务销售渠道”记载为“网销”，“代理人姓名”记载为“网络销售”，“代理人代码”记载为“632W10100”（江苏分公司的虚拟销售代码）。2017年4月11日，利安人寿向保监会上报“2017年3月寿险公司互联网保险统计表”，将上述业务记载为“自营网络平台—保险公司”。 时任新渠道部副总经理汤某负责公司网销业务，互联网统计数据填报由其审批上报，对提供虚假报告报表负有直接责任	上述行为违反《保险法》第86条的规定	根据《保险法》第170条的规定，对利安人寿罚款30万元；根据《保险法》第171条的规定，对汤某警告并罚款5万元

续表

行政处罚决定书文号	被处罚单位或个人	违法行为	处罚依据	处罚结果
银保监保罚决字〔2018〕1号 2018-09-29	新华人寿保险股份有限公司	编制提供虚假资料: 一是2016年1月1日至2017年5月31日,新华人寿业务系统中个险业务和银代业务承保数据存在信息不真实的问题。其中,客户电话号码不真实涉及个险业务17,788件,银代业务5020件;身份证号码不真实涉及个险业务570件,银代业务7件;地址不真实涉及个险业务5170件,银代业务237件;保单完成回访号码不真实涉及498件。二是新华人寿报送的2016年个人医疗理赔数据中,180,959件小额理赔数据中“赔款支付指令发出时间”以及193,124件理赔案中“理赔业务结案时间”存在不真实问题。三是新华人寿人力资源部于2017年12月5日11时9分提供的材料内容存在与事实不符的情况。 时任新华人寿个人业务与机构发展部总经理安某丽,时任新华人寿个人业务与机构发展部总经理、个险销售部总经理唐某飞,时任新华人寿总裁助理、副总裁李某,时任新华人寿银行业务管理部总经理刘某芳,时任新华人寿银行业务管理部总经理秦某,时任新华人寿总裁助理、副总裁于某刚,时任新华人寿核赔部总经理朱某,时任新华人寿总裁助理王某文,时任新华人寿人力资源部副总经理王某礼,分别对上述相关违法行为负有直接责任	新华人寿编制提供虚假资料的行为违反《保险法》第68条	根据《保险法》第170条的规定,决定对新华人寿罚款50万元;根据《保险法》第171条的规定,决定对李某警告并罚款10万元,对于某刚警告并罚款10万元,对王某文警告并罚款5万元,对安某丽警告并罚款10万元,对唐某飞警告并罚款10万元,对刘某芳警告并罚款10万元,对秦某警告并罚款5万元,对朱某警告并罚款5万元,对王某礼警告并罚款2万元
保监罚〔2018〕14号 2018-02-12	中国太平洋财产保险股份有限公司	编制提交虚假报表: 一是2017年6月,为调低车险综合费用率,太保财险向相关再保险公司临时分出安徽分公司商业车险保费6750万元,摊回分保费用3300.75万元。预收分保手续费率为48.9%。通过上述处理,在太保财险向我会报送的监管报表中,安徽分公司车险综合费用率从分保操作前的35.87%下降至分保操作后的32.96%,环比下降2.91个百分点。二是2017年6月,太保财险改变分公司商业车险分出业务摊回分保费用的财务处理方法,根据车险综合费用率是否满足车险产品监管标准等因素,调整相关分公司摊回分保费用。通过上述处理,在太保财险向我会报送的相关分公司监管报表中,21家分公司车险综合费用率得以下降。其中福建分公司下降幅度最大,为6.85个百分点。三是2017年6月,太保财险向太平财产保险有限公司(以下简称太平财险)临时分出福建、山东、四川、湖北、陕西、青海6家分公司商业车险保费39,700万元,摊回分保费用21,835万元。同时,太保财险从太平财险分入商业车险保费39,490万元,应向其	太保财险编制提交虚假报表的行为,违反了《保险法》第68条	根据《保险法》第171条,对太保财险罚款50万元,对陈某警告并罚款10万元,对石某警告并罚款10万元,对王某宝警告并罚款10万元

续表

行政处罚决定书文号	被处罚单位或个人	违法行为	处罚依据	处罚结果
		支付分保费用21,816万元。通过上述处理，在太保财险向中国保监会报送的相关分公司监管报表中，上述6家分公司车险综合费用率得以下降。其中福建分公司下降2.89个百分点、山东分公司下降1.78个百分点、湖北分公司下降2.37个百分点、四川分公司下降2.00个百分点、陕西分公司下降2.17个百分点、青海分公司下降2.38个百分点。在同一时期，太保财险和太平财险分入车险保费与分出车险保费金额基本相同，分保费用和摊回分保费用金额也基本相同		

【相关规定解读】

《保险法》第86条保险公司应当按照保险监督管理机构的规定，报送有关报告、报表、文件和资料。保险公司的偿付能力报告、财务会计报告、精算报告、合规报告及其他有关报告、报表、文件和资料必须如实记录保险业务事项，不得有虚假记载、误导性陈述和重大遗漏。保险公司必须依法报送并公布保险公司的偿付能力报告、财务会计报告、精算报告、合规报告及其他有关报告、报表、文件、资料和数据。其中最常见的是年度营业报告、财务会计报告及有关报表。保险公司营业报告、财务会计报告及有关报表是反映保险公司业务经营成果和财务状况的总结性的书面文件。它不仅是保险公司财产和经营状况的重要途径，也是保险监督管理机构对保险公司实施监管的重要手段。因此，保险法要求保险公司于每一会计年度将有关报表报送保险监督管理机构，并依法公布。根据《会计法》的规定，我国的会计制度为公历1月1日至12月31日，因此保险公司应当在下一年度的3月底之前向保险监督管理机构报送年度营业报告、财务会计报告及有关报表，并按照保险监督管理机构规定的方式予以公布。保险公司报送并公布的年度营业报告、财务会计报告及有关报表包括的内容，包括：(1)财务会计报告。保险公司的财务会计报告又包括下列财务会计报表和附属明细表：①资产负债表：是反映保险公司在某一特定时期财务状况的报表，是静态会计报表。它是根据资产、负债和所有者权益之间的相互关系，按照一定的分类标准和一定的顺序，把保险公司一定日期的资产、负债、所有者权益等各项目予以适当排列，并且对日常工作中形成的大量数据进行整理后编制而成的。②损益表：是反映保险公司在一定期间的经营成果及其分配情况的报表。损益表把一定期间的营业收入与其同一会计期间的净收益或者净亏损反映出来，是动态会计报表。通过损益表反映的收入、费用等情况，能够反映公司生产、经营的收益和成本费用情况，反映保险公司的生产经营成果。③财务状况变动表：是综合反映一定会计期间内营运资金来源和运用及其增减变动情况的会计报表。它是根据保险公司在一定时期内各种资产、负债和所有者权益的增减变化,来分析资金的取得来源和资金的流出用途,说明财务动态的会计报表,是沟通资产负债表和损益表的桥梁。④财务情况说明书:主要说明保险公司的经营情况、利润实现和分配情况、资金增减和周转情况、税金缴纳情况、各项财产物资变动情况;说明对本期或者下期财务状况发生重大影响的事项和对资产负债表编制日后至报出财务报告前发生的公司财务状况有重大影响的事项;以及需要说明的其他事项。它属于附属明细表。⑤利润分配表:是反映保险公司利润分配情况和年末未分配利润情况的会计报表,是损益表的附属明细表。利润分配表分为三个层次:一是计算出当年税后利润;二是计算出可供股东分配的利润;三是计算出公司累积尚未分配的利润。(2)营业报告。营业报告是指保险公司根据公司财务会计报表及其他经营情况,对其经营状况和经营成果进行总结、分析及评价后提供的总结性书面文件。(3)其他有关报表。其他有关报表是指除营业报告、财务会计报告以外的根据其他法律、新增法规或者保险监督管理机构的规定,需要由保险公司向保险监督管理机构报送的有关报表。

第四节 保险公司财务会计合规要点和风险控制

一、保险公司财务会计法规规范文件梳理

1.《会计法》(1985 年 1 月 21 日第六届全国人大常委会第九次会议通过 根据 1993 年 12 月 29 日第八届全国人大常委会第五次会议《关于修改〈会计法〉的决定》第一次修正 1999 年 10 月 31 日第九届全国人大常委会第十二次会议修订 根据 2017 年 11 月 4 日第十二届全国人大常委会第三十次会议《关于修改〈会计法〉等十一部法律的决定》第二次修正)

2.《金融企业财务规则》(财政部令 42 号,2006 年 12 月 7 日发布,2007 年 1 月 1 日实施)

3.《保险公司财会工作规范》(保监发〔2012〕8 号,2012 年 1 月 12 日发布,2012 年 7 月 1 日实施)。《保险公司内部控制基本准则》(保监发〔2010〕69 号,2010 年 8 月 10 日发布,2011 年 1 月 1 日实施)

4.《保险公司新旧会计制度衔接有关调账问题的处理规定》(财会字〔1998〕64 号,1998 年 12 月 18 日发布,1998 年 12 月 18 日实施)

5.《保险公司会计制度》(财会字〔1998〕60 号,1998 年 12 月 8 日发布,1999 年 1 月 1 日实施)

6.《〈保险公司会计制度〉问题解答》(财政部 1998 年 12 月 28 日发布,1998 年 12 月 28 日实施)

7.《保险公司偿付能力管理规定(2021)》(银保监会令 2021 年第 1 号,2021 年 1 月 15 日公布,自 2021 年 3 月 1 日起施行)

8.《关于印发〈中国第二代偿付能力监管制度体系整体框架〉的通知》(保监发〔2013〕42 号,2013 年 5 月 3 日发布,2013 年 5 月 3 日实施)

9.《关于印发〈中国第二代偿付能力监管制度体系建设规划〉的通知》(保监发〔2012〕24 号,2012 年 3 月 29 日发布,2012 年 3 月 29 日实施)

10.《关于印发〈保险资产负债管理监管暂行办法〉的通知》(银保监发〔2019〕32 号,2019 年 7 月 24 日发布,2019 年 7 月 24 日实施)

11.《银保监会办公厅关于报送保险资产负债管理能力自评估结果有关事项的通知》(银保监办发〔2018〕78 号,2018 年 8 月 20 日发布,2018 年 8 月 20 日实施)

12.《关于印发〈2018 年度保险机构 SARMRA 评估、公司治理评估、资产负债管理能力评估工作方案〉的通知》(银保监发〔2018〕37 号,2018 年 7 月 6 日发布,2018 年 7 月 6 日实施)

13.《关于印发〈保险集团并表监管指引〉的通知》(保监发〔2014〕96 号,2014 年 12 月 4 日发布,2014 年 12 月 4 日生效)

14.《保险公司财务负责人任职资格管理规定》(2010 年修订)(2010 年 12 月 3 日发布,2010 年 12 月 3 日实施)

15.《中国银保监会关于实施保险公司偿付能力监管规则(Ⅱ)有关事项的通知》(银保监发〔2021〕52 号,自 2022 年 1 月 1 日起实施)

16.《财政部关于印发〈保险合同相关会计处理规定〉的通知》(财会〔2009〕15 号,2009 年 12 月 22 日发布实施)

17.《关于优化保险合同负债评估所适用折现率曲线有关事项的通知》(保监发〔2017〕23 号,2017 年 3 月 15 日发布,2017 年 1 月 1 日生效)

18.《关于保险业做好〈企业会计准则解释第 2 号〉实施工作的通知》(保监发〔2010〕6 号,2010 年 1 月 25 日发布实施)

19.《关于印发〈保险公司偿付能力报告编报规则——第 16 号:动态偿付能力测试(财产保险公司)〉及其实务指南的通知》(保监发〔2010〕2 号,2010 年 1 月 5 日发布实施)

20.《关于印发〈分红保险专题财务报告编报规则问题解答第1号〉的通知》(保监财会〔2009〕399号,2009年5月12日发布实施)

21.《关于保监局履行偿付能力监管职责有关事项的通知》(保监发〔2009〕124号,2009年11月23日发布实施)

22.《关于印发〈保险公司偿付能力报告编报规则——问题解答第8号:临时报告〉的通知》(保监发〔2009〕89号,2009年8月11日发布实施)

23.《关于印发〈保险公司偿付能力报告编报规则第15号:再保险业务〉及其实务指南的通知》(保监发〔2009〕53号,2009年4月8日发布实施)

24.《关于修订分红保险专题财务报告编报规则的通知》(保监发〔2009〕5号,2009年1月8日发布实施)

25.《关于保险业实施〈企业会计准则解释第2号〉有关事项的通知》(保监发〔2009〕1号,2009年1月5日发布实施)

26.《关于印发〈保险公司偿付能力报告编报规则——问题解答第9号:偿付能力报告编报规则与《企业会计准则解释第2号》的衔接〉的通知》(保监发〔2010〕7号,2010年1月25日发布实施)

27.《关于缴纳保险保障基金有关事项的通知》(保监发〔2008〕116号,2008年12月19日发布实施)

28.《关于实施〈保险公司偿付能力管理规定〉有关事项的通知》(保监发〔2008〕89号,2008年10月21日发布实施)

29.《关于保险保障基金缴纳有关问题的通知》(保监发〔2008〕79号,2008年9月22日发布实施)

30.《关于保险集团(控股)公司、相互制保险公司资本保证金提存有关问题的通知》(保监发〔2008〕66号,2008年8月12日发布实施)

31.《关于印发〈保险公司偿付能力报告编报规则第14号:保险集团〉及其实务指南的通知》(保监发〔2008〕33号,2008年4月30日发布实施)

32.《关于保险资产管理公司年度财务报告有关问题的通知》(保监发〔2008〕31号,2008年4月29日发布实施)

33.《关于印发偿付能力报告编报规则实务指南的通知》(保监发〔2007〕5号,2007年1月17日发布实施)

34.《关于印发偿付能力报告编报规则的通知》(保监发〔2007〕4号,2007年1月17日发布,2007年1月17日实施)

35.《关于加强对保险机构所属境内非保险类经济实体和境外保险机构财务监管若

干事项的通知》(保监财会〔2006〕701 号,2006 年 6 月 30 日发布实施)

36.《关于变更保险业务监管费缴费账户的通知》(保监厅函〔2006〕261 号,2006 年 9 月 12 日发布实施)

37.《关于保险业实施新会计准则有关事项的通知》(保监发〔2006〕96 号,2006 年 9 月 20 日发布实施)

38.《关于印发〈保险公司费用分摊指引〉的通知》(保监发〔2006〕90 号,2006 年 8 月 29 日发布实施)

39.《关于印发〈机动车交通事故责任强制保险业务单独核算管理暂行办法〉的通知》(保监发〔2006〕74 号,2006 年 6 月 30 日发布实施)

40.《关于印发偿付能力报告编报规则(第 6 －9 号)实务指南的通知》(保监发〔2005〕120 号,2005 年 12 月 19 日发布实施)

41.《关于印发偿付能力报告编报规则(第 6 －9 号)的通知》(保监发〔2005〕119 号,2005 年 12 月 19 日发布实施)

42.《保险公司非寿险业务准备金管理办法》(中国银行保险监督管理委员会令〔2021〕11 号,2021 年 10 月 14 日发布)

二、财务合规主要合规风险点检查

从大财务的角度,保险公司的财务合规涵盖内容非常广泛,包括基础工作规范、资金管理、资产管理、负债管理、税务管理、会计核算和报表披露等。

保险公司财务会计合规风险点,见表 2 －4 －1。

表 2 －4 －1　保险公司财务会计合规风险点梳理

项目		主要合规风险	问题描述	触犯的法律法规规章或者规范性文件名称	风险分析	风险级别
财务管理	资金管理方面	坐支现金	未经开户银行审查批准或者未按开户银行核定额度和使用范围,从本单位的现金收入中直接用于现金支出	中国人民银行《现金管理暂行条例实施细则》(银发〔1988〕第 288 号)第 11 条第 2 款	违反收支两条线,造成账户资金使用混乱;坐支现金,不能真实反映库存现金收、付情况,造成会计数据失真,从而受到保险处罚	高
		白条抵库	用不符合财务制度的凭证顶替库存现金,如通过打借条的形式将现金借出,又没有及时计入现金日记账,以借条冲抵库存现金	中国人民银行《现金管理暂行条例实施细则》(银发〔1988〕第 288 号)第 12 条	以借条冲抵库存现金,造成库存现金虚列,导致会计数据不真实;极易出现资金被挪用现象,不能保证资金的安全、高效运转	高

续表

项目		主要合规风险	问题描述	触犯的法律法规规章或者规范性文件名称	风险分析	风险级别
财务管理	资金管理方面	支付大额现金	超过银行转账结算起点或超过人民银行规定的现金使用范围支付现金;以费用报销形式偿还员工借款;以转账方式将资金汇入公司内部人员个人账户,再取现支付或者作为备用金	中国人民银行《现金管理暂行条例实施细则》(银发〔1988〕第288号)第6条	为变通费用、套取现金提供方便;容易挪用侵占公司资金,受到监管部门的处罚	低
		现金支付团险资金	用现金向投保人支付团体保险业务的退保金、团体两全保险的满期生存给付金、代理手续费,或用现金或银行储蓄存单直接向个人支付团体保险业务的退保金、团体两全保险的满期生存给付金,以及用现金或银行储蓄存单方式支付代理手续费,或将团险退保金、满期金转入非原缴款账户	1. 保监会《关于人身保险业务有关问题的通知》(保监发〔1999〕15号)第2条第2款 2. 保监会《关于规范人身保险经营行为有关问题的通知》(保监发〔2000〕133号)第5条第5款 3. 保监会《关于规范团体保险经营行为有关问题的通知》(保监发〔2005〕62号)第4条	大额支付现金,为投保单位洗钱提供方便,为投保单位设立账外资金提供方便。容易将应支付给单位的代办手续费转移到个人手中。容易引发法律纠纷,受到监管机构处罚	低
	资金运用管理	违规进行资金运用	违反法律法规和公司内部管理规定,自行对外投资、委托理财、拆借,开展定期存款业务和其他形式资金运用业务以及未经审批或超过批复的额度采购重大资产的行为	《保险法》	不能保证资金安全,容易为不法之人利用谋取个人私利,造成公司经济损失	高
	资金内部控制	贪污、挪用、私分资金	贪污是公司工作人员利用职务上的便利,窃取、骗取或者以其他手段非法占有公司资金的违法行为。例如,公司人员与其他岗位经办人员勾结,通过伪造各类手续和业务资料凭证,侵占保费、退保金、满期金、红利、保单借款、赔款等客户资金或公司资金。挪用资金是指公司工作人员利用职务上的便利,挪用公款归个人使用,进行营利活动或者超过3个月未还的行为。私分是指违反国家规定,以单位名义将国有资产集体私分给个人,数额较大的行为	《刑法》	给公司造成经济损失及恶劣影响,严重影响公司声誉及保险公司形象,降低公司经营效率	高

续表

项　目		主要合规风险	问题描述	触犯的法律法规规章或者规范性文件名称	风险分析	风险级别
财务管理	资金内部控制	私设账外账、“小金库”	不在依法设置的会计账簿上对经济业务事项进行统一登记核算，而另外私设会计账簿进行登记核算的会计行为。主要表现为：收取相关业务资金（如保费等）不入账、套取相关费用（如佣金、手续费、培训费、会议费等）不入账；截留相关给付资金（如满期金、红利、赔款、利息等）不入账；截留相关营业外收入及其他收入（如处置资产、出租、收取营销员费用等）不入账	1. 中国人民银行《现金管理暂行条例实施细则》（银发〔1988〕第288号）第12条规定“不准保留账外公款（即小金库）”。 2. 财政部《禁止金融机构设立“小金库”的财务管理规定》（财金〔2005〕67号）第1章第4条	不能如实记录经济业务事项，会计核算失真，给公司造成经济损失。严重影响财经纪律，容易滋生贪污、挪用资金现象，诱发犯罪行为高	高
		零现金收付执行不到位	业务员收取客户现金保费后用个人银行卡在柜面POS机上代客户缴费；将交到柜面的现金保费归集存入公司人员的个人银行卡，再用此卡在柜面POS机上缴费；以转账方式将资金汇入公司人员个人账户，再取现金支付客户保险金或作为备用金；将实际以现金方式收付费的业务在系统中记录为非现金收付	1.《关于加强收付费管理问题的通知》（保监发〔2008〕97号） 2. 中国人民银行《现金管理暂行条例实施细则》（银发〔1988〕第288号）	严重背离了保监会推行零现金的目的，不能有效杜绝业务员侵占挪用保费或者给付款，造成公司、客户资金损失，影响公司形象，引发纠纷，同时面临监管部门的处罚	中
	资产管理	固定资产费用化	违反会计核算的真实性原则将购置的固定资产一次性列入营业费用科目核算的行为	违反公司内部制定的《保险公司固定资产管理办法》的有关规定	造成挤占经营成本，会计信息严重失真。形成账外资产，造成资产管理混乱。税金计算不准确，当年应纳税所得额不正确，漏缴企业所得税，造成公司经营成果核算不准确	中
		未经批准立项	未经上级公司批准立项，实施在建工程的行为	违反公司内部制定的《保险公司固定资产管理办法》的有关规定	容易造成盲目投资，固定资产规模过大，影响公司经营成果。同时有受到监管机构处罚的风险	中
		费用列入在建工程	将费用性支出列入在建工程，挤占在建工程成本的行为	违反公司内部制定的《保险公司固定资产管理办法》的有关规定	挤占在建工程成本，造成会计信息失真，绩效考核指标不真实，资产数据不真实	中

续表

项目		主要合规风险	问题描述	触犯的法律法规规章或者规范性文件名称	风险分析	风险级别
财务管理	资产管理	已竣工在建工程未及时转入固定资产	工程竣工验收合格后,已投入使用但未按规定及时转入固定资产进行管理	违反公司内部制定的《保险公司固定资产管理办法》的有关规定	不能及时将已竣工工程按固定资产进行管理,折旧提取滞后,容易受到税务部门处罚。造成会计信息失真,经营成果不准确,考核指标不真实	中
		折旧计提不准确	固定资产折旧计提不准确,包括未提足折旧、多提折旧、折旧计提错误等行为	违反公司内部制定的《保险公司固定资产管理办法》的有关规定	造成会计信息失真,影响损益指标真实性	中
		低于账面净值擅自处置固定资产或未达到报废条件擅自处置固定资产	以低于固定资产账面净值的价格处置固定资产或者固定资产仍处于使用状态,未达到报废条件,未报上级部门审批自行处置固定资产的行为	违反公司内部制定的《保险公司固定资产管理办法》的有关规定	容易造成资产流失,使公司利益受到损害。同时容易滋生个人舞弊行为	中
		固定资产挂账	公司已取得购置固定资产实物和发票,并已支付有关款项,但未将该资产列入固定资产科目核算而在其他科目挂账的行为	违反公司内部制定的《保险公司固定资产管理办法》的有关规定	形成账外资产,会计信息不真实。造成资产管理混乱,容易造成资产流失	中
	税务管理	未按规定办理税务登记、变更	未按照《税收征收管理法》《税务登记管理办法》规定办理税务登记、变更的行为	《税收征收管理法》(国家主席令〔2001〕49号)第2章第15条	公司受到税务部门的罚款或通报批评,损害公司形象,造成经济损失	中
		逃税	违反税法规定,少缴或不缴(代扣代缴)企业所得税、营业税及附加、营销员个税、营业税、职工个税款等各种税款的行为	《税收征收管理法》(国家主席令〔2001〕49号)第4章第63条	公司受到税务部门的罚款或通报批评,影响公司形象	高
		未按规定保存税务资料档案	未按照《税收征收管理法》及其相关规定,及时准确完成各应税税种的纳税申报工作的行为	《税收征收管理法》(国家主席令〔2001〕49号)第2章第25条	公司受到税务部门的罚款或通报批评,影响公司形象,造成公司经济损失	中
	会计核算	不同类险种保费收入串户	是指某一类险种保费收入错计入其他类险种保费收入的行为,如短期健康险保费收入计入意外险保费收入	《会计法》(国家主席令〔2000〕24号)第2章第9条	导致单险种保费核算不实,如果是长险和短险串户则影响利润,不符合会计核算的真实性原则	中
		不同类险种赔款支出串户	某一类险种赔款支出错计入其他类险种赔款支出的行为,如短期健康险赔款支出计入意外险赔款支出	《会计法》(国家主席令〔2000〕24号)第2章第9条	导致单险种保费核算不实,如果是长险和短险串户则影响利润,不符合会计核算的真实性原则	中

续表

项 目		主要合规风险	问题描述	触犯的法律法规规章或者规范性文件名称	风险分析	风险级别
财务管理	会计核算	预付赔款列支赔款支出	是指用“预付赔款”科目列支属于赔款支出的行为	《会计法》(国家主席令〔2000〕24 号)第 2 章第 9 条	影响利润,导致赔款支出、利润核算不真实	中
		工资性支出列支不规范	违反国家统计局关于工资总额口径规定,将支付给职工的劳动报酬以及其他根据有关规定支付的工资,未列入工资总额的计算范围或者违反公司规定,没有将公司聘用的从事保险业务的所有人员(以佣金形式列支费用的个人代理人除外)的工资费用开支,计入工资科目,纳入工资总额考核、管理的行为	《会计法》(国家主席令〔2000〕24 号)第 2 章第 9 条	导致工资项目核算不实,会计信息失真	中
		未按照规定提存保证金或者违反规定动用保证金	指未按照规定提存保证金或者违反规定动用保证金的行为	《保险法》	导致利润计算不准确,造成会计信息失真。影响赔付率水平,影响可提费用的计算结果,影响预算考核指标及结果的准确性	中
		未按照规定提取或者结转各项责任准备金(含未决赔款准备金)	是指未按照相关规定充分提取或者结转各项责任准备金(含未决赔款准备金)的行为	1.《保险法》 2.《会计法》(2017 年修正)	各项责任准备金(含未决赔款准备金)计算不准,导致利润计算不准确,造成会计信息失真。影响赔付率水平,影响可提费用的计算结果,影响预算考核指标及结果的准确性	高
		未按照规定缴纳保险保障基金或者提取公积金	是指保险公司未按照规定缴纳保险保障基金或者提取公积金的行为	《保险法》	导致利润计算不准确,造成会计信息失真。不缴纳保险保障基金容易遭受行政处罚	高
		未按照规定办理再保险业务	是指保险公司未按照规定办理再保险业务的行为	《保险法》	导致风险无法转移,容易遭受行政处罚,导致会计信息失真	高
		其他收入直接冲减费用	租赁收入、咨询收入、代查勘收入、手续费收入等其他收入直接冲减营业费用等科目的行为	财政部《禁止金融机构设立“小金库”的财务管理规定》(财金〔2005〕67 号)第 2 章第 9 条	违背收入确认原则,导致其他收入、营业费用核算不实	高

续表

项目		主要合规风险	问题描述	触犯的法律法规规章或者规范性文件名称	风险分析	风险级别
财务管理	会计核算	跨年度列支费用及赔款支出	指违反会计核算的权责发生制原则,将应纳入本年核算的费用支出及赔款支出推迟计入下一会计年度核算或将应计入下一年核算的费用支出及赔款支出提前列入本年度核算的行为	《会计法》(2017年修正)	导致当期利润不实。影响预算考核指标及结果的真实性	高
		费用挂账	是指公司已支付有关费用开支的款项,并已取得相关票据,但未将该费用直接列入营业费用科目核算而在其他应收款、其他应付款等科目挂账的行为	《会计法》(2017年修正)	导致费用、利润核算不实,影响预算考核指标及结果的真实性	高
		业务支出挂账	是指公司已实际付款的业务赔(给)付支出,在其他应收款、其他应付款等科目中挂账的行为	《会计法》(2017年修正)	导致利润核算不实,影响预算考核指标及结果的真实性	高
		虚列费用	是指采取虚开发票、自制报单等方式确认未实际发生的费用支出,人为调增费用支出金额的行为	《会计法》(2017年修正)	不符合会计核算的真实性原则,导致费用、利润核算不实。影响预算考核指标及结果的真实性,容易形成"小金库"等舞弊行为	高
		虚列佣金	是指通过伪造个人代理人业绩或者虚构业务员(含利用已经离司的)名单,套取佣金的行为	《会计法》(2017年修正)	不符合会计核算的真实性原则,导致佣金核算不实。影响预算考核指标及结果的真实性,容易形成"小金库"等舞弊行为	高
		虚增保费收入	是指以下行为:1. 使用非正常的公司费用投入、增加客户回报、违规减免管理费收取、减免合同终止费用等手段,吸引客户投保,给公司造成损失的;2. 鼓励、引导客户长险短做的;3. 在客户没有明确需求的情况下,主动动员客户退保或变相退保,转投新单的;4. 滥用激励政策,不注意建立竞赛奖励事后监督制度,导致承保质量明显降低、短期退保率显著提高的	《会计法》(2017年修正)	违背了收入确认的原则,导致保费收入核算不实,不符合真实性原则。这种短期行为,影响公司长期持续发展能力	高

续表

项　目		主要合规风险	问题描述	触犯的法律法规规章或者规范性文件名称	风险分析	风险级别
财务管理	会计核算	坐扣保费收入	是指保费收入在确认前将其一部分直接扣减，用于支付手续费、设立“小金库”等目的，并以扣减后的保费金额确认为收入的行为	《会计法》（2017年修正）	导致保费收入核算不实，不符合真实性原则。相关利益不能流入公司，使公司利益受损，容易形成“小金库”等舞弊行为	高
财务管理	会计核算	截留保费收入	是指违反会计核算的权责发生制原则，将应纳入本年核算的保费收入推迟计入下一会计年度核算的行为	《会计法》（2017年修正）	违背了权责发生制的原则，导致保费收入核算不实，不符合真实性原则。人为调节预算指标，影响预算考核指标及结果的准确性	高
财务管理	会计核算	未按规定计提“五险二金”	未按规定足额计提职工养老保险、医疗保险、工伤保险、失业保险、计划生育保险、公积金、残疾人基金，或由于工资总额核算不完整，没有计提公司聘用的从事保险业务的所有人员（以佣金形式列支费用的个人代理人除外）的“五险二金”	《会计法》（2017年修正）	导致工资项目核算不实，造成会计信息不真实。损害公司部分人员的利益和劳动保障，影响员工队伍稳定和工作热情。容易受到政府部门处罚，影响公司形象	中
财务管理	业务管理	超范围列支佣金	是指在佣金支出、应付佣金科目中列支手续费、非营销人员工资、津贴、奖励等行为	《会计法》（2017年修正）	挤占佣金支出，造成会计信息失真，影响公司经营决策的正确性，不利于精细化管理。影响预算考核指标及结果的准确性。佣金投入不足，影响个险业务发展，影响营销员的利益，影响营销队伍的稳定	高
财务管理	业务管理	违规为职工购买商业保险	违反财政部《关于企业为职工购买保险有关财务处理问题的通知》中规定为职工购买商业保险的行为	财政部《关于企业为职工购买保险有关财务处理问题的通知》	扩大公司经营成本，影响公司经营效益。容易受到行政处罚	中
财务管理	业务管理	其他应收、应付款项不及时清理	未按规定及时对应收、应付及预付款项进行清理及对账的行为	公司内部制定的《财务会计内部控制制度》的有关规定	挂账时间较长，容易造成账目不清，影响资金的流动性及资产的效益性；容易形成呆账、死账；影响财务指标的真实性；影响会计数据真实性	中

续表

项目		主要合规风险	问题描述	触犯的法律法规规章或者规范性文件名称	风险分析	风险级别
财务管理	业务管理	越权擅自核销投资损失、贷款呆账及坏账损失	违反法人授权经营管理规定,未经审批自行核销投资损失、贷款呆账及坏账损失的行为	公司内部制定的《财务会计内部控制制度》的有关规定	容易造成公司经济损失,影响公司经营效益。影响公司债权、所有权	中
		超越权限额度列支长期待摊费用、修理费、租赁费	违反法人授权经营管理规定,未经批复或超过批复限额权限列支长期待摊费用、修理费、租赁费的行为	公司内部制定《财务会计内部控制制度》的有关规定	扩大公司经营成本,影响公司经营效益	中
		佣金超支	指佣金支出超出本年计算的可用额度的行为	公司内部制定的《财务管理办法》的有关规定	扩大公司经营成本,影响公司经营效益	高
		费用超支	是指营业费用支出超出本年可用费用限额的行为	公司内部制定的《营业费用预算管理规定》的有关规定	扩大公司经营成本,影响公司经营效益	高
		工资总额超支	营业费用中工资总额超出本年可用工资限额的行为	公司内部制定的《分公司工资总额管理暂行办法》有关规定	扩大公司经营成本,影响公司经营效益	高
	基础工作规范	账证、账账、账表、账实不符	会计表、账、证、实物之间发生额或余额金额不一致。表现为:1. 财务账簿总账与明细账之间金额不一致;2. 明细账与明细账之间金额不一致;3. 明细账与备查账之间金额不一致;4. 账面余额与实物库存余额不一致;5. 财务报表与账簿之间金额不一致等	公司内部制定的《保险公司财务管理制度》的有关规定	无法核对账证、账账、账表、账实之间的相关性,不能真实反映财务状况	高
		会计科目使用不合规	所使用的会计核算明细科目不能如实反映实际发生的经济业务的行为,诸如职工交通费在差旅费列支、应收款项在应付账款科目核算等	公司内部制定的《保险公司财务管理制度》的有关规定	会计信息失真,不能如实反映公司的经济业务行为。造成财务管理混乱,受到税务、审计部门等外部监管部门的处罚	高
		支出凭证不合规	购买实物或支付款项所取得的原始凭证不正确、不完整、不符合规定的行为	公司内部制定的《保险公司财务管理制度》的有关规定	容易造成舞弊现象的发生。造成财务管理混乱,受到税务、审计部门等外部监管部门的处罚	高
		不相容岗位没有分离	办理资金收付业务的会计人员兼任稽核、会计档案保管和收入、支出、费用、债权、债务的登记工作	公司内部制定的《保险公司财务管理制度》的有关规定	缺少有效复核及监督,容易导致违法违纪现象的发生	中

续表

项　目		主要合规风险	问题描述	触犯的法律法规规章或者规范性文件名称	风险分析	风险级别
业务管理	基础工作规范	会计档案管理不规范	会计人员对会计凭证、会计账簿和会计报表等会计核算资料，未按照归档的要求负责整理立卷、装订成册、妥善保管；未按规定办理会计档案调阅、移交和销毁手续	《保险法》	容易发生会计档案资料丢失的现象，影响会计档案的使用	中
	财务报告义务	提供虚假的财务报告	保险公司提供虚假的营业报告、精算报告、财务会计报告、偿付能力报告、合规报告等报告、报表、文件和资料等	《保险法》	不能真实反映公司经营实际情况，影响公司经营决策，易受到行政处罚，给公司带来经济损失	高

三、保险会计财务合规违规处罚案例

1. 编制虚假材料

因编制虚假材料受到行政处罚案例摘要，见表2－4－2。

表2－4－2　编制虚假材料行政处罚案例摘要

行政处罚决定书文号	被处罚当事人姓名	主要违法违规事实	行政处罚依据	行政处罚决定
陕银保监保罚决字〔2019〕15号	倪某（陕西鑫宇保险代理有限公司执行董事兼总经理）	编制或者提供虚假报告、报表、文件、资料，倪某对该违法行为负有直接责任	《保险法》第171条	给予警告并罚款9万元的行政处罚
深保监罚〔2019〕9号	谢某平（时任中国人民人寿保险股份有限公司深圳市分公司总经理）	1. 未按规定使用经备案的保险条款； 2. 编制虚假资料。谢某平系以上两项违法行为直接负责的主管人员	1. 违反了《保险法》第135条，根据《保险法》第170条第3项予以处罚； 2. 违反了《保险法》第86条第2款，根据该法第170条第1项处罚	警告并罚款合计20万元，同时撤销任职资格
德银保监罚决字〔2019〕11号	齐某（时任安盛天平财险德州中支总经理）	1. 对给予投保人保险合同约定以外的利益问题管理不到位 （1）变相给予投保人返现；（2）给予投保人保险合同约定以外的代理审车、挂牌服务。 2. 对虚构保险中介业务套取手续费问题管理不到位 3. 对编制提供虚假报表问题管理不到位 （1）虚列宣传费，用于向员工发放绩效奖励； （2）虚列开发转让费、服务费，用于向保险中介公司的代理人支付额外手续费	1. 违反了《保险法》第116条第4项的规定，依据《保险法》第171条处罚； 2. 违反了《保险法》第116条第10项的规定，依据《保险法》第171条处罚； 3. 违反了《保险法》第86条，依据《保险法》第171条处罚	对齐某予以警告，并处罚款共计人民币7万元

续表

行政处罚决定书文号	被处罚当事人姓名	主要违法违规事实	行政处罚依据	行政处罚决定
粤银保监罚决字〔2019〕51号	陈某宏[时任阳光农险清远中支副总经理(主持工作)]	2016年1月至12月,阳光农险清远中支经营以行政村为单位集体投保的水稻种植保险等业务,其中166份投保清单的授权委托书签名不真实,77份分户定损清单的授权委托书签名不真实。陈某宏负责公司全面工作,分管农业保险(含林木保险)业务。陈某宏对上述违法、违规行为负有直接责任,是直接负责的主管人员	《保险法》第170条第1项、第171条	对阳光农险清远中支负责人陈某宏处以警告并处罚款2万元的行政处罚
银保监罚决字〔2019〕10号	胡某栋、姜某	1. 车险业务虚列费用,时任华海财险营业总部总经理胡某栋对上述违法行为负有直接责任。 2. 聘任不具有任职资格人员担任公司高管,时任华海财险总经理姜某对上述违法行为负有直接责任。 3. 超出批准的业务范围经营的行为,时任华海财险总经理姜某对上述违法行为负有直接责任(因该事实所受处罚仅一例)	1.《保险法》第86条、第170条、第171条; 2.《保险法》第81条、第167条、第171条; 3.《保险法》第95条、第160条、第171条	对胡某栋警告并罚款10万元;对姜某警告并罚款10万元;对姜某警告并罚款10万元,同时撤销其任职资格

【相关规定解读】

目前保险公司高管因公司"编制虚假材料"而受到行政处罚的法律依据主要集中在《保险法》第86条、第170条、第171条。根据《保险法》第86条的规定,保险公司应当按照保险监督管理机构的规定,报送有关报告、报表、文件和资料。保险公司的偿付能力报告、财务会计报告、精算报告、合规报告及其他有关报告、报表、文件和资料必须如实记录保险业务事项,不得有虚假记载、误导性陈述和重大遗漏。根据《保险法》第170条的规定,违反本法规定,有下列行为之一的,由保险监督管理机构责令改正,处10万元以上50万元以下的罚款;情节严重的,可以限制其业务范围、责令停止接受新业务或者吊销业务许可证:(1)编制或者提供虚假的报告、报表、文件、资料的……根据《保险法》第171条规定,保险公司、保险资产管理公司、保险专业代理机构、保险经纪人违反本法规定的,保险监督管理机构除分别依照本法第160条至第170条的规定对该单位给予处罚外,对其直接负责的主管人员和其他直接责任人员给予警告,并处1万元以上10万元以下的罚款;情节严重的,撤销任职资格。典型编制虚假材料的情形包括但不限于:(1)编制提供虚假的财务原始凭证、财务报表等;(2)未按规定使用备案的保险条款、费率;(3)对虚构保险中介业务套取手续费;(4)虚列宣传费,虚开转让费、服务费。

2. 内控制度不健全

因内控制度不健全受到行政处罚案例摘要，见表 2－4－3。

表 2－4－3　内控制度不健全行政处罚案例摘要

行政处罚决定书文号	被处罚单位或个人	违法行为	处罚依据	行政处罚结果
银保监罚决字〔2019〕20 号 2019－12－25	泰康人寿保险有限责任公司付某略（时任泰康人寿财务会计部总经理）	内部控制制度不严格，风险处置制度机制不健全。一是对分支机构业务人员违规销售非保险金融产品未及时采取有效处置措施。二是对分支机构销售非保险金融产品风险情况未进行全面风险评估并组织专项排查。三是非保险金融产品销售投诉业务记录不准确。四是保险销售从业人员执业管理制度机制不健全，存在执业登记情况不真实以及分支机构从业人员未进行执业登记开展保险销售的行为	泰康人寿内控管理不严、风险处置制度机制不健全的行为，违反《保险公司管理规定》第 55 条	根据《保险公司管理规定》第 69 条的规定，对泰康人寿警告并罚款 1 万元
津银保监罚决字〔2021〕4 号 2021－02－25	中国人民财产保险股份有限公司天津市分公司	信用保证保险内控制度不完善	《保险公司管理规定》第 55 条	对中国人民财产保险股份有限公司天津市分公司给予警告，并处 0.5 万元罚款；对刘某林给予警告，并处 0.5 万元罚款；对张某湘给予警告，并处 0.4 万元罚款
银保监罚决字〔2019〕21 号 2019－12－25	阳光人寿保险股份有限公司	内部控制不严格，风险处置制度机制不健全。一是销售非保险金融产品风险排查及处置缺乏有效性，风险排查中未能及时发现基层机构业务人员违规销售非保险金融产品相关风险。二是规范从业人员销售非保险金融产品的制度建设缺乏针对性，管理制度中未明确合同制等从业人员销售非保险金融产品的行为要求和惩处规定。三是未按照监管要求，在开展基金产品销售前 10 个工作日内向参与销售的机构所在地保险监管部门报告。四是保险销售从业人员执业管理制度机制不健全，未制定统一规范的保险销售从业人员执业管理制度，人员执业登记情况不真实	阳光人寿内控管理不严、风险处置制度机制不健全的行为，违反《保险公司管理规定》第 55 条	根据《保险公司管理规定》第 69 条，对阳光人寿警告并罚款 1 万元
津银保监罚决字〔2020〕47 号 2020－10－27	国平安财产保险股份有限公司天津分公司	信用保证保险业务内控违规	《信用保证保险业务监管暂行办法》第 14 条及第 25 条，《互联网保险业务监管暂行办法》第 20 条，《保险公司管理规定》第 55 条、第 69 条	对中国平安财产保险股份有限公司天津分公司给予警告，并处罚款 0.5 万元；对贾某松给予警告，并处罚款 0.4 万元

续表

行政处罚决定书文号	被处罚单位或个人	违法行为	处罚依据	行政处罚结果
黑银保监罚决字〔2021〕7号 2021-02-18	中国人寿保险股份有限公司黑龙江省分公司	在对中国人寿保险股份有限公司黑龙江省分公司扶贫小额保险业务整改情况核查过程中发现公司存在以下违法违规行为:1.理赔管理内控机制不健全;2.扶贫小额保险业务整改报告内容不真实。贾某雷、李某、白某滨对扶贫小额保险业务整改报告内容不真实的违法违规行为负有责任	《保险公司管理规定》第55条、第69条,《保险法》第170条、第171条	对中国人寿保险股份有限公司黑龙江省分公司理赔管理内控机制不健全给予警告并处罚款1万元;对扶贫小额保险业务整改报告内容不真实给予警告并处罚款50万元。对贾某雷给予警告并处罚款5万元,对李某给予警告并处罚款10万元,对白某滨给予警告并处罚款10万元

【相关规定解读】

《保险公司管理规定》第55条明确规定,保险公司应当建立健全公司治理结构,加强内部管理,建立严格的内部控制制度。《保险公司管理规定》第69条也规定,保险机构或者其从业人员违反本规定,由保监会依照法律、行政法规进行处罚;法律、行政法规没有规定的,由保监会责令改正,给予警告,对有违法所得的处以违法所得1倍以上3倍以下罚款,但最高不得超过3万元,对没有违法所得的处以1万元以下罚款;涉嫌犯罪的,依法移交司法机关追究其刑事责任。

3. 向监管机构提供虚假报告

向监管机构提供虚假报告受到行政处罚案例摘要,见表2-4-4。

表2-4-4 向监管机构提供虚假报告行政处罚案例摘要

行政处罚决定书文号	被处罚单位或个人	违法行为	处罚依据	处罚决定结果
银保监罚决字〔2019〕21号 2019-12-25	阳光人寿保险股份有限公司	向监管部门报送的报表未如实记录业务事项。阳光人寿2017年年末和2018年年末向监管部门报送的《保险公司机构、人员情况统计表》中,未如实填列“期末营销员人数”。时任公司企划部总经理助理(主持工作)汤某岚对上述行为负直接责任	阳光人寿向监管部门报送的报表未如实记录业务事项的行为,违反《保险法》第86条	根据《保险法》第170条的规定,对阳光人寿罚款30万元;根据《保险法》第171条的规定,对汤某岚警告并罚款1万元
银保监罚决字〔2019〕20号 2019-12-25	泰康人寿保险股份有限公司	向监管部门报送的报告报表未如实记录业务事项。一是2018年年末向监管部门报送的《保险公司机构、人员情况统计表》中,未如实填列“期末营销员人数”。二是2017年8月及2018年7月向监管部门报送的风险排查报告,未全面反映分支机构排查发现的销售非保险金融产品风险情况。时任泰康人寿财务会计部总经理付某略、时任泰康人寿法律合规部总经理王某,分别对上述相关行为负直接责任	泰康人寿向监管部门报送的报告报表未如实记录业务事项的行为,违反《保险法》第86条	根据《保险法》第170条,对泰康人寿罚款40万元;根据该法第171条,对付某略警告并罚款1万元、对王某警告并罚款1万元

续表

行政处罚决定书文号	被处罚单位或个人	违法行为	处罚依据	处罚决定结果
银保监罚决字〔2020〕65号 2020-12-03	华海财产保险股份有限公司 赵某鸣（华海财险董事长）	向监管部门提供虚假资料。 2016年5~8月，华海财险相继向保监会报送了增资申请材料，分别是华海〔2016〕195号文和245号文，申请青岛神州万向文化传播有限公司（以下简称神州万向）增资6000万元，文件显示签发人为赵某鸣；华海〔2016〕303号文和358号文，申请青岛乐保互联科技有限公司（以下简称乐保互联）增资1.2亿元，文件显示签发人为赵某鸣。经查，上述材料存在虚假的问题：一是保监会2017年查实神州万向和乐保互联的纳税证明系伪造；乐保互联出具的关联关系声明反映其与华海财险其他股东、投资人无关联关系，但其股东王某和神州万向大股东邵某为夫妻关系，故乐保互联与神州万向有关联关系，其出具的关联关系声明与实际不符。二是2016年7月8日华海财险实际未召开临时股东大会，但乐保互联增资材料中的《临时股东大会关于增加注册资本金的决议》和《2016年临时股东大会关于修订〈公司章程〉的决议》却都记录该日期召开临时股东大会。赵某鸣对上述问题负有管理责任，属于直接负责的主管人员	向监管部门提供虚假资料行为，违反了《保险法》第86条的规定	根据《保险法》第170条的规定，对华海财险予以罚款50万元；根据《保险法》第171条的规定，对赵某鸣予以警告并罚款10万元
银保监罚决字〔2021〕2号 2021-02-10	永安财产保险股份有限公司 上官某科（时任永安财险董事会办公室主任），郑某娟（时任永安财险审计责任人、审计中心总经理、审计委员会办公室主任），王某飞（时任永安财险车险管理部总经理），钟某（时任永安财险人身险管理部总经理）	永安财险存在以下编制、提供虚假报告的违法行为： 2019年4月17日至26日，永安财险审计中心对公司2018年度关联交易管理情况进行了专项审计，发现永安财险存在1827笔未识别保险业务关联交易，保费收入金额416.9万元，业务范围涉及车险管理部、人身险管理部等部门。2019年8月14日，永安财险向银保监会上报了《永安财产保险股份有限公司关于股权和关联交易专项整治工作的自查报告》（永保字〔2019〕626号），报告中未如实反映该问题。 在永安财险2019年股权和关联交易专项整治自查工作中：时任公司董事会办公室主任上官某科担任自查领导小组办公室主任，牵头公司自查工作，审核、汇总公司各股东单位和相关部门自查报告并上报监管机关；时任公司审计责任人、审计中心总经理、审计委员会办公室主任郑某娟牵头公司审计中心自查工作，审核审计中心自查报告并上报公司董事会办公室；时任公司车险管理部总经理王某飞牵头公司车险管理部自查工作，审核车险管理部自查报告并上报公司董事会办公室；时任人身险管理部总经理钟某牵头人身险管理部自查工作，审核人身险管理部自查报告并上报公司董事会办公室。上官某科、郑某娟、王某飞、钟某四人对上述问题负有直接责任	上述编制和提供虚假报告的行为，违反了《保险法》第86条的规定	根据《保险法》第170条的规定，对永安财险罚款20万元；根据《保险法》第171条的规定，对上官某科、郑某娟分别警告并罚款2万元，对王某飞、钟某分别警告并罚款1万元

【相关规定解读】

保险公司的偿付能力报告、财务会计报告、精算报告、合规报告及其他有关报告、报表、文件、资料和数据是保险公司营业信息、会计信息的载体,是记录和反映保险公司业务状况、财务状况及精算状况的证据和资料,也是保险监督管理机构对保险公司实施监督检查、查处违法行为的重要依据和证据。保险公司无论是填制凭证,登记账簿,编制保险公司的偿付能力报告、财务会计报告、精算报告、合规报告及其他有关报告、报表、文件、资料和数据,还是在编制精算报告的过程中,都应当客观、完整地记录已经发生的保险业务事项。保险公司的偿付能力报告、财务会计报告、精算报告、合规报告及其他有关报告、报表、文件、资料和数据不得有虚假记载、误导性陈述和重大遗漏。"不得有虚假记载",是指保险公司编制或者报送的有关报告、报表、文件和资料应当真实、准确,客观地记录和反映保险业务状况,不得记载未曾发生的业务情况,不得作出与实际发生的业务情况不相符的记录。"不得有误导性陈述",是指保险公司编制或者报送的有关报告、报表、文件和资料的分析、总结性语言、陈述、结论、预测等应当清楚、明了,不得含混、模糊,给社会公众及监督机构造成误解。"不得有重大遗漏",是指按照法律、行政法规及国家有关规定应当在保险公司编制或报送的有关报告、报表、文件和资料中记载、提供或者公布的事项,应当全面、完整地予以记载,不得隐瞒、遗漏重大事项。保险公司应当于每月月底前将上一月的营业统计报表报送保险监督管理机构。保险公司月度营业统计报表是反映保险公司上一月度营业状况和财务状况的书面文件。相对于保险公司的年度营业报告和财务会计报告来讲,保险公司月度营业统计报表反映的保险公司的经营状况的项目较少,内容较为简略,一般由新增保户数量、保费收入、资金运用收入、赔款及保险金给付金额、费用支出、盈利状况等主要指标组成。保险公司的营业统计报表的编制和报送,除了要遵守《保险法》的规定和保险监督管理机构的要求外,还要遵守国家统计制度的规定。要求保险公司向保险监督管理机构报送月度营业统计报表,对于保险公司来讲,可以促进保险公司对其经营情况进行长时期的系统的统计和分析,总结保险经营的内在规律和经营管理经验,从而完善保险条款,有针对性地开展防灾防损的工作,科学地制定保险费率,有效控制经营成本,及时调整经营策略,从而促进本公司的健康发展。对于保险监督管理机构来讲,既可以了解和掌握每家保险公司的经营及财务状况,监督保险公司的行为,又能够从整体上把握保险业的运作情况,为其制定保险业发展规划及宏观政策提供依据。保险公司应当在规定的时间内,即每月月底前将上一月的营业统计报表报送保险监督管理机构。

4. 偿付能力不足的合规风险

因偿付能力不足导致行政监管措施案例摘要,见表2－4－5。

表2－4－5　偿付能力不足导致行政监管措施案例摘要

处罚或者监管措施决定书	被处罚或者监管措施对象	违法行为	处罚或者强制措施的依据	处罚或者强制措施的结果
行政监管措施决定书〔2021〕1号	安心财产保险有限责任公司	根据你公司上报的《安心财产保险有限责任公司2020年10月偿付能力临时报告》,你公司2020年10月末的核心及综合偿付能力充足率均为－125.7%,偿付能力严重不足	《保险法》第138条	对你公司采取以下监管措施:(1)责令你公司增加资本金;(2)责令你公司自接到行政监管措施决定书之日起停止接受车险新业务;(3)责令你公司限制董事、监事、高级管理人员的薪酬水平,董事、监事、高级管理人员2021年的薪酬(税前)应在2020年度实际支付薪酬金额(税前)的基础上进行下浮,下浮幅度不得低于20%,其中董事长和总经理的下浮幅度应高于平均值
行政监管措施决定书〔2019〕10号	长安责任保险股份有限公司	2018年第4季度综合偿付能力充足率及核心偿付能力充足率均为－152.65%,偿付能力严重不足,风险综合评级为D类	《保险法》第138条、《保险公司偿付能力监管规则第10号:风险综合评级(分类监管)》第27条和第29条的相关规定	决定在对公司已采取监管措施的基础上,增加两项监管措施:(1)责令公司限制董事、监事和高级管理人员的薪酬水平,董事、监事和高级管理人员2019年的薪酬(税前)应在2018年度实际支付薪酬金额(税前)基础上进行下调,下调幅度不得低于20%,其中董事长和总经理的下调幅度应高于平均值。(2)责令你公司上海、山东、河南及宁波4个省(市)级分支机构停止接受责任险新业务
监管函〔2018〕74号	长安责任保险股份有限公司	2018年第3季度,公司核心偿付能力充足率和综合偿付能力充足率均为－41.50%,偿付能力不达标,风险综合评级为D类	《保险法》第138条、《保险公司偿付能力监管规则第10号:风险综合评级(分类监管)》第27条和第29条的相关规定	(1)责令增加资本金,完成增资扩股工作;(2)总公司及分支机构停止接受除车险和责任险以外的新业务(包括直接保险业务和再保险分入业务);(3)停止增设分支机构
监管函〔2017〕23号	浙商财产保险股份有限公司	2017年第2季度,公司核心偿付能力充足率为－45.40%,综合偿付能力充足率90.79%,偿付能力不达标,风险综合评级为D类	《保险法》第138条、《保险公司偿付能力监管规则第10号:风险综合评级(分类监管)》第27条和第29条的相关规定	(1)责令增加资本金,完成增资扩股工作;(2)总公司及分支机构停止接受非车险新业务(包括直接保险业务和再保险分入业务);(3)停止增设分支机构

续表

处罚或者监管措施决定书	被处罚或者监管措施对象	违法行为	处罚或者强制措施的依据	处罚或者强制措施的结果
监管函〔2014〕8号	正德人寿保险股份有限公司	公司报送的2014年第1季度末的偿付能力充足率为182.7%。但根据我会在现场检查中已查实的情况,你公司在土地使用权的交易以及相应的会计处理中,通过"政府补贴资金"和"其他应收款"项目虚增实际资本。扣除违规认可的"政府补贴资金"和"其他应收款"后,你公司2014年第1季度末的实际资本为-8.0844亿元,偿付能力充足率为-87.08%,属于偿付能力不足类公司	《保险公司偿付能力管理规定》第37条和第38条	(1)责令公司自2014年6月9日起停止开展新业务。续期业务不受此限制。(2)自本监管函下发之日起,暂停公司增设分支机构。(3)自本监管函下发之日起,暂停公司新增股票、无担保非金融企业(公司)债券、股权、不动产和金融产品投资。(4)如公司未能于2014年6月30日前有效改善偿付能力,将视情况采取进一步监管措施
监管函〔2014〕6号	长安责任保险股份有限公司	公司2013年年末经审计的偿付能力充足率为114.49%,属于偿付能力充足Ⅰ类公司	《保险公司偿付能力管理规定》第37条和第40条	(1)责令公司自2014年6月9日起停止开展新业务。续期业务不受此限制。(2)自本监管函下发之日起,暂停公司增设分支机构。(3)自本监管函下发之日起,暂停公司新增股票、无担保非金融企业(公司)债券、股权、不动产和金融产品投资。(4)如公司未能于2014年6月30日前有效改善偿付能力,我会将视情况采取进一步监管措施
监管函〔2017〕24号	信泰人寿保险股份有限公司	公司2013年第4季度末实际资本为-14.75亿元,最低资本为7.93亿元,偿付能力充足率为-185.96%,属于偿付能力不足类公司	根据《保险公司偿付能力管理规定》第37条和第38条之规定	自2014年3月17日起停止开展新业务。续期业务不受此限制
监管函〔2014〕4号	新光海航人寿保险有限责任公司	公司2013年第4季度末实际资本为0.45亿元,最低资本为0.40亿元,偿付能力充足率为113.29%,属于偿付能力充足Ⅰ类公司	《保险公司偿付能力管理规定》第37条和第40条之规定	自本监管函发文之日起,暂停公司增设分支机构
监管函〔2013〕55号	合众人寿保险股份有限公司	根据公司2013年第3季度偿付能力报告,你公司实际资本18.35亿元,最低资本14.83亿元,偿付能力充足率123.76%,属于偿付能力充足Ⅰ类公司	《保险公司偿付能力管理规定》第37条和第40条之规定	自本监管函发文之日起,暂停公司增设分支机构

续表

处罚或者监管措施决定书	被处罚或者监管措施对象	违法行为	处罚或者强制措施的依据	处罚或者强制措施的结果
监管函〔2013〕56 号	国泰人寿保险有限责任公司	根据公司 2013 年第 3 季度偿付能力报告,你公司实际资本 1.30 亿元,最低资本 1.14 亿元,偿付能力充足率 114.45%,属于偿付能力充足 I 类公司	依照《保险公司偿付能力管理规定》第 37 条和第 40 条之规定	自本监管函发文之日起,暂停公司增设分支机构
监管函〔2013〕57 号	国华人寿保险股份有限公司	根据公司 2013 年第 3 季度偿付能力报告,你公司实际资本 10.81 亿元,最低资本 8.61 亿元,偿付能力充足率 125.51%,属于偿付能力充足 I 类公司	《保险公司偿付能力管理规定》第 37 条和第 38 条之规定	自本监管函发文之日起,暂停公司增设分支机构
监管函〔2013〕8 号	幸福人寿保险股份有限公司	公司 2012 年第 4 季度末实际资本为 4.36 亿元,最低资本为 9.08 亿元,偿付能力充足率为 48.06%,属偿付能力不足类公司	《保险公司偿付能力管理规定》第 37 条和第 38 条之规定	自本监管函发文之日起,暂停公司增设分支机构

【相关规定解读】

《保险公司偿付能力管理规定》已经 2020 年 6 月 11 日银保监会 2020 年第 9 次委务会议审议通过,以银保监会 2021 年 1 号令公布,自 2021 年 3 月 1 日起施行。第 22 条规定,银保监会及其派出机构通过评估保险公司操作风险、战略风险、声誉风险和流动性风险,结合其核心偿付能力充足率和综合偿付能力充足率,对保险公司总体风险进行评价,确定其风险综合评级,分为 A 类、B 类、C 类和 D 类,并采取差别化监管措施。第 26 条规定,对于核心偿付能力充足率低于 50% 或综合偿付能力充足率低于 100% 的保险公司,银保监会应当采取以下第 1 项至第 4 项的全部措施:(1)监管谈话;(2)要求保险公司提交预防偿付能力充足率恶化或完善风险管理的计划;(3)限制董事、监事、高级管理人员的薪酬水平;(4)限制向股东分红。银保监会还可以根据其偿付能力充足率下降的具体原因,采取以下第 5 项至第 12 项的措施:(5)责令增加资本金;(6)责令停止部分或全部新业务;(7)责令调整业务结构,限制增设分支机构,限制商业性广告;(8)限制业务范围、责令转让保险业务或责令办理分出业务;(9)责令调整资产结构,限制投资形式或比例;(10)对风险和损失负有责任的董事和高级管理人员,责令保险公司根据聘用协议、书面承诺等追回其薪酬;(11)依法责令调整公司负责人及有关管理人员;(12)银保监会依法根据保险公司的风险成因和风险程度认为必要的其他监管措施。对于采取上述措施后偿付能力未明显改善或进一步恶化的,由银保监会依法采取接管、申请破产等监管措施。银保监会可以视具体情况,依法授权其派出机构实施必要的监管措施。第

27 条规定,对于核心偿付能力充足率和综合偿付能力充足率达标,但操作风险、战略风险、声誉风险、流动性风险中某一类或某几类风险较大或严重的 C 类和 D 类保险公司,银保监会及其派出机构应根据风险成因和风险程度,采取针对性的监管措施。第 28 条规定,保险公司未按规定报送偿付能力报告或公开披露偿付能力信息的,以及报送和披露虚假偿付能力信息的,银保监会及其派出机构依据《保险法》等进行处罚。

Chapter 3 第三章

保险公司公司治理合规风险控制

第一节　公司治理规则体系和立法演变

一、公司治理法律法规规范性文件梳理

（一）规章和规范性文件

1.《银行保险机构关联交易管理办法》（银保监会令〔2022〕1号，2022年1月10日公布，2022年3月1日实施，《商业银行与内部人和股东关联交易管理办法》银监会令2004年第3号和《保险公司关联交易管理办法》银保监发〔2019〕35号同时废止）

2.《银行保险机构公司治理准则》（银保监发〔2021〕14号，2021年6月2日发布，2021年6月2日实施）

3.《关于印发〈关于规范保险公司章程的意见〉的通知》（保监发〔2008〕57号，2008年7月8日发布实施）

4.《关于印发〈保险公司章程指引〉的通知》（保监发〔2017〕36号，2017年4月24日发布，2017年4月24日实施）

5.《关于印发〈保险公司董事会运作指引〉的通知》（保监发〔2008〕58号，2008年7月8日发布，2008年10月1日实施）

6.《关于印发〈保险机构独立董事管理办法〉的通知》（银保监发〔2018〕35号，2018年6月30日发布，2018年6月30日实施）

7.《关于印发〈保险公司董事及高级管理人员审计管理办法〉的通知》（保监发〔2010〕78号，2010年9月2日发布，2011年1月1日实施）

8.《保险公司股权管理办法（2018）》（保监会令〔2018〕5号，2018年3月2日发布实施）

9.《银行保险机构大股东行为监管办法（试行）》（银保监发〔2021〕43

号,2021 年 10 月 14 日发布,2021 年 10 月 14 日实施)

10.《银行保险机构董事监事履职评价办法(试行)》(中国银保监令 2021 年第 5 号,2021 年 5 月 31 日发布,2021 年 7 月 1 日实施)

11.《关于印发〈银行保险机构公司治理监管评估办法(试行)〉的通知》(银保监发〔2019〕43 号,2019 年 11 月 25 日发布,2019 年 11 月 25 日生效)

12.《保险公司信息披露管理办法》(银保监会令 2018 年第 2 号,2018 年 4 月 28 日发布,2018 年 7 月 1 日实施)

13.《保险公司控股股东管理办法》(保监会令 2012 年第 1 号,2012 年 7 月 25 日发布,2012 年 10 月 1 日实施)

14.《关于印发〈关于规范保险公司章程的意见〉的通知》(保监发〔2008〕57 号,2008 年 7 月 8 日发布,2008 年 10 月 1 日实施)

15.《关于进一步规范报送〈保险公司治理报告〉的通知》(保监发改〔2015〕95 号,2015 年 6 月 1 日发布,2015 年 6 月 1 日实施)

16.《关于贯彻实施〈保险公司董事及高级管理人员审计管理办法〉有关事项的通知》(保监发〔2012〕102 号,2012 年 11 月 12 日发布,2012 年 11 月 12 日实施)

17.《关于贯彻实施〈保险公司薪酬管理规范指引(试行)〉有关事项的通知》(保监发〔2012〕101 号,2012 年 11 月 2 日发布,2012 年 11 月 2 日实施)

18.《关于印发〈保险公司薪酬管理规范指引(试行)〉的通知》(保监发〔2012〕63 号,2012 年 7 月 19 日发布,2013 年 1 月 1 日实施)

19.《关于印发〈关于规范保险公司章程的意见〉的通知》(保监发〔2008〕57 号,2008 年 7 月 17 日发布)

20.《关于外资保险公司关联交易范围界定问题的复函》(保监厅函〔2008〕280 号,保监厅函〔2008〕280 号,2008 年 9 月 25 日发布实施)

21.《关于重大关联交易认定有关事宜的复函》(保监发改〔2010〕1199 号,2010 年 10 月 8 日发布实施)

22.《关于印发〈保险公司资金运用信息披露准则第 1 号:关联交易〉的通知》(保监发〔2014〕44 号,2014 年 5 月 19 日发布实施)

(二)行业自律规则

2014~2018 年,中国保险行业协会牵头主编了《保险公司董事履职评价操作指南》《保险公司董事会专业委员会设置指南》《保险公司董事会专业委员会设置指南》《保险公司董事会提案管理指南》《保险公司监事会工作失误指南》《保险公司信息披露工作手册》等12个实务指南。

2018年8月28日，中国保险行业协会（以下简称中保协）发布《保险业公司治理实务指南总体框架》《保险业公司治理实务指南：会议运作第1部分——股东（大）会》《保险业公司治理实务指南：会议运作第2部分——董事会》《保险业公司治理实务指南：会议运作第3部分——监事会》4项团体标准。这是我国保险业乃至金融领域的首批公司治理团体标准，填补了保险领域公司治理标准空白。

二、保险公司公司治理立法演变

2014年1月，国际保险监督官协会（IAIS）发布了《保险公司治理结构核心原则》（ICP），提出了对完善保险公司治理结构的要求及保险公司治理结构监管的重点与方法。2005年，IAIS正式将公司治理结构监管确立为与偿付能力监管、市场行为监管并列的保险监管三大支柱之一。2006年，中国保监会及时跟进和积极借鉴IAIS关于保险公司治理结构监管的原则与思路，制定了《关于规范保险公司治理结构的指导意见（试行）》，这也是我国完善保险公司治理结构的总体指导性文件。这次指导意见的出台，也标志着保险公司治理结构监管与偿付能力监管、市场行为监管一起，组成了我国现代保险监管体系框架的三大支柱。

2006年，以中国保监会印发《关于规范保险公司治理结构的指导意见》（保监发〔2006〕2号）为标志，启动了保险公司治理监管体系建设，引导保险公司完善治理体系。在监管引领和市场竞争的共同作用下，保险企业不断规范公司治理体系建设，公司重大决策开始实质纳入"三会一层"的有效运作轨道，信息披露和管理逐步透明化，制衡效果不断显现。从保险监管角度，中国保监会自2006年明确将公司治理列为保险监管的三支柱之一，逐步推动建立保险公司治理监管体系。总体而言，保险公司治理监管的发展历程可以划分为三个阶段。

一是重点突破阶段（2006～2009年）。保险公司治理规则体系建设以2006年发布的《关于规范保险公司治理结构的指导意见》（保监发〔2006〕2号）为起点，先后出台了多种规章，打下了相对完备的制度基础。在本阶段，保险公司治理监管主要基于对保险公司治理重要性和关键点的把握，以股权、董事会运作、独立董事管理、高管薪酬、治理机制为突破点，由点及面逐步引导保险公司建立健全公司治理架构。

二是全面规范阶段（2010～2016年）。以2009年8月中国保监会成立公司治理监管委员会为标志，基本建立了比较完整的公司治理监管制度体系；各保险公司也基本建立以公司章程和"三会一层"议事规则为基础，涵盖内控、合规、风险管理、内部审计、关联交易、信息披露等不同层次、多个方面的内部制度体系。特别是 2015 年 12 月,中国保监会颁布《保险法人机构公司治理评价办法(试行)》,建立了对保险公司治理水平和风险状况的判断、评价、分类的系统性指标,对公司治理的有效性进行全面预判和评价,为推动治理的完善打下了良好基础。

三是穿透治理阶段(2017 年至今)。截至 2016 年年末,我国保险公司数量达到 203 家。快速发展的保险业,吸引越来越多的投资者进入,极大地改变了保险行业的资本生态。防范和化解公司治理风险,提升公司治理的有效性,成为当前治理监管的核心目标。以 2017 年 4 月中国保监会发布《保险公司章程指引》(保监发〔2017〕36 号)为标志,从防范公司治理风险本源入手,更加注重治理的科学性和有效性;后续又出台了《关于进一步加强保险公司关联交易管理有关事项的通知》和《保险公司股权管理办法》,明确了"穿透监管""实质重于形式"等监管原则,明确"对保险公司股权实施穿透式监管"。在这个阶段,保险监管明确以公众公司、风险监管、最佳实践为原则,由柔性引导向刚性约束转变,监管力度进一步加强。之后,保险行业公司治理的相关监管制度不断完善,尤其 2018 年银监会和保监会合并之后,单独成立了公司治理监管部,并重点针对公司治理密集出台监管规范文件,补充监管短板并强化公司治理在当前保险监管体系中的重要地位。

2005 年 IAIS 正式提出市场行为、偿付能力和公司治理三支柱的保险监管框架后,中国保监会提出了在我国建立三支柱的现代保险监管体系的要求,逐步要求构建和完善现代治理体系,在方向引领、规制引领、执行引领方面发挥了重要作用。第一是方向引领。2006 年和 2014 年,国务院两次就保险业发展改革发文,提出要深入推进保险公司治理结构监管,明确了监管的定位和内容。第二是规制引领。中国保监会先后出台 20 多个规章或规范性文件,内容涵盖股东监管、董事会建设、内控内审体系、激励约束机制等保险公司治理的重要方面。第三是执行引领。在非现场监管方面,加强股东股权管理,强化治理源头监管;严格信息披露,推动公众舆论监督;开展治理评价工作,引导治理规范方向;建立公司治理问题数据库,实施分类监管。在现场监管方面,在金融行业内首先开展全面的公司治理现场评估,聚焦决策机制、授权机制、关联交易、内部审计等关键环节;定期开展专项核查,重点关注治理风险高危领域,督促公司进行整改。

第二节　保险公司公司治理行政处罚案例

一、保险公司公司治理行政处罚案例概览

保险公司公司治理行政处罚案例概览，见表 3－2－1。

表 3－2－1　保险公司公司治理行政处罚案例概览

序号	处罚(监管)对象/处罚决定书(监管函)	违法行为	处罚(监管)内容
1	泰山财险 保监会监管函(监管函〔2017〕48号)	一、公司章程与“三会一层”运作方面 (一)公司章程不规范。一是未按规定在章程正文前用表格形式列明章程的制定及历次修改情况。二是公司章程未明确董事免职程序、任职条件。三是章程与《董事会议事规则》规定的董事提名规则相冲突。上述事实违反了《关于规范保险公司章程的意见》等相关规定。(二)股东大会管理不规范。一是会议管理不到位，股东方代表持非股东单位签章的授权委托书出席会议。二是股东大会会议通知发出时间不符合法律规定。三是存在股东大会会议记录、决议对部分议题的表决结果与律师事务所出具的股东大会法律意见书不一致的情况。上述事实违反了《公司法》第 102 条、第 106 条、第 107 条等有关规定。(三)董事会运作不规范。一是董事、独立董事人数与章程规定不一致。二是会议档案内容不完整，存在档案部分缺失，缺少发言记录、董事委托出席、缺席等情况。三是部分董事一年内两次未亲自出席董事会会议，公司未发出书面提示。四是公司未制定董事、独立董事尽职考核评价制度。五是独立董事公开声明未向保监会报备。上述事实违反了《保险公司董事会运作指引》第 5 条、第 78 条、第 30 条、第 32 条，以及《保险公司独立董事管理暂行办法》第 8 条、第 30 条等有关规定。(四)高级管理人员管理不规范。审计负责人解聘后未及时向保监会报告。上述事实违反了《保险机构内部审计工作规范》第 17 条等有关规定。 二、内控与合规管理方面 (一)非保险子公司管理不规范。未按时向中国保监会报送 2015 年非保险子公司年度报告。上述事实违反了《保险公司所属非保险子公司管理暂行办法》第 40 条等有关规定。(二)违规向高管人员提供借款。公司向菏泽中心支公司主要负责人提供借款 200 万元。上述事实违反了《公司法》第 115 条等有关规定。(三)内部审计管理不规范。一是未实行内审部门垂直化管理；二是审计责任人提名程序不规范；三是专职内部审计人员数量不达标；四是未开展高管人员任中审计，部分高管离任审计未在规定期限内开展。上述事实违反了《保险机构内部审计工作规范》第 14 条、第 17 条、第 21 条，以及《保险公司董事及高级管理人员审计管理办法》第 9 条等有关规定。	上述公司应当高度重视公司治理评估发现的问题，制订切实可行的整改方案。整改方案应当明确具体时间和措施，确保将每一项问题的整改工作落实到具体部门和责任人。另外，上述公司应按照整改方案，对评估发现的问题逐项整改，形成整改报告，并于 2017 年 12 月 30 日前书面报至保监会。保监会将会跟踪检查上述公司的整改情况，并视情况采取进一步监管措施

续表

序号	处罚(监管)对象/处罚决定书(监管函)	违法行为	处罚(监管)内容
1	泰山财险 保监会监管函(监管函〔2017〕48 号)	(四)信息披露不规范、不及时。一是基本信息披露不完整,未披露 2016 年召开的股东大会情况、未披露持股比例在 5% 以上的股东持股比例等。二是重大事项信息披露不规范,未披露受到行政处罚等事项。三是非保险子公司信息披露不规范。未披露对非保险子公司持股比例、法定代表人等基本情况,未在中国保险行业协会官方网站披露非保险子公司相关信息。四是未披露产品经营信息。上述事实违反了《保险公司信息披露管理办法》第 6 条、第 7 条、第 16 条,以及《保险公司所属非保险子公司管理暂行办法》第 33 条等有关规定。 三、关联交易管控方面 (一)关联方和关联交易管理不规范。一是公司《关联交易管理办法》对重大关联交易的定义与监管规定不一致。二是关联方档案不完整、更新不及时。上述事实违反了《保险公司关联交易管理暂行办法》第 6 条、第 7 条、第 8 条、第 9 条、第 13 条等有关规定。(二)关联交易披露遗漏、不及时。一是公司与关联方威海市商业银行股份有限公司部分一般关联交易未识别,也未合并披露。二是公司与非保险子公司发生的部分保险业务类关联交易、资产类关联交易未在每季度关联交易分类合并披露报告中披露。三是 2016 年第 2 季度关联交易分类合并披露报告迟延披露。上述事实违反了《保险公司关联交易管理暂行办法》《保监会关于进一步规范保险公司关联交易有关问题的通知》《保监会关于进一步加强保险公司关联交易信息披露工作有关问题的通知》等有关规定	
2	昆仑健康险 保监会监管函(监管函〔2017〕53 号)	昆仑健康险存在董事会和监事会运作不规范的问题; 一、"三会一层"运作方面 (一)董事会运作不规范。一是公司第三届董事会未完成换届,也未及时向保监会报告。二是董事会成员中没有法律专业背景的人员。三是董事会会议记录不完整。四是董事会采用通信表决方式召开会议,审议重大投资及资产处置、聘任及解聘高管人员以及其他涉及公司风险管理的事项。五是独立董事人数不符合监管规定。六是董事会专业委员会自 2015 年以来未正常履职,没有相关会议记录。上述事实违反了《保险公司董事会运作指引》第 6 条、第 11 条、第 38 条、第 77 条、第 62 条,《保险公司独立董事管理暂行办法》第 9 条,以及《关于规范保险公司治理结构的指导意见(试行)》等有关规定。(二)监事会运作不规范。公司未按要求及时将监事尽职报告报送保监会。上述事实违反了《关于规范保险公司治理结构的指导意见(试行)》等有关规定。(三)考核激励制度不完善。一是未制定明确的薪酬管理制度。二是未制定明确的绩效薪酬延期支付制度。三是多名董事、监事和高管人员目标绩效薪酬低于基本薪酬。上述事实违反了《保险公司薪酬管理规范指引(试行)》第 7 条、第 12 条等有关规定。	上述公司应当高度重视公司治理评估发现的问题,制订切实可行的整改方案。整改方案应当明确具体时间和措施,确保将每一项问题的整改工作落实到具体部门和责任人。另外,上述公司应按照整改方案,对评估发现的问题逐项整改,形成整改报告,并于 2017 年 12 月 30 日前书面报至保监会。保监会将会跟踪检查上述公司的整改情况,并视情况采取进一步监管措施

续表

序号	处罚(监管)对象/处罚决定书(监管函)	违法行为	处罚(监管)内容
2	昆仑健康险 保监会监管函(监管函〔2017〕53号)	二、关联交易管理方面 关联交易管理不规范。关联方档案不完整,部分关联方信息缺失。上述事实违反了《保险公司关联交易管理暂行办法》第13条等有关规定	
3	永安财险 保监会监管函(监管函〔2017〕51号)	存在公司章程不完善,股东大会、董事会、监事会运作不规范的问题。 一、公司章程与"三会一层"运作方面 (一)公司章程不完善。一是章程中未明确规定监事任免程序。二是章程中未明确规定部分高级管理人员的职责。上述事实违反了《关于规范保险公司章程的意见》等有关规定。 (二)股东大会运作不规范。股东大会会议记录、决议记载不完整、不规范。上述事实违反了《公司法》第107条等有关规定。 (三)董事会运作不规范。一是个别董事未认真履职,一年内累计两次未亲自出席董事会。二是董事会审计委员会和提名薪酬委员会运作不规范,2016年均未召开现场会议、未召开定期会议。审计委员会自2016年10月后仅有1名委员,成员人数不符合规定。上述事实违反了《保险公司董事会运作指引》第29条、第30条,以及《关于规范保险公司治理结构的指导意见(试行)》等有关规定	上述公司应当高度重视公司治理评估发现的问题,制订切实可行的整改方案。整改方案应当明确具体时间和措施,确保将每一项问题的整改工作落实到具体部门和责任人。另外,上述公司应按照整改方案,对评估发现的问题逐项整改,形成整改报告,并于2017年12月30日前书面报至保监会。保监会将会跟踪检查上述公司的整改情况,并视情况采取进一步监管措施
4	鼎和财产保险股份有限公司(监管函〔2017〕42号)	在股东股权、"三会一层"运作、关联交易、合规与内控管理等方面存在问题。 一、股东股权方面 股东关联关系管理不规范。公司股东未就其与公司其他股东、其他股东的实际控制人之间是否存在以及存在何种关联关系向公司做出书面说明。上述事实违反了《保险公司股权管理办法》第10条等有关规定。 二、公司章程与"三会一层"运作方面 (一)公司章程管理不规范。一是公司章程未载明发起人的出资时间。二是未明确规定股权解质押相关事项。三是股东名册缺乏各股东所持股份数、取得股份的日期等内容。四是股东大会通过修改公司章程的决议后,未在10个工作日内报保监会核准。五是股东大会、董事会、管理层职权中,未明确公司重大资产买卖、重大投资、重大关联交易等事项的审议权限和决策方式。上述事实违反了《公司法》第81条、第130条,《保险公司股权管理办法》第25条,以及《关于规范保险公司章程的意见》等有关规定。(二)股东大会管理不规范。一是股东大会会议通知迟滞,2014年至2016年共有4次股东大会会议未按规定时间提前通知各股东。二是股东大会股东代表授权委托书内容不完整。三是股东大会会议记录不完整,缺少主持人、出席会议的董事签名等。上述事实违反了《公司法》第102条、第106条、第107条等有关规定。	应当依据相关法律法规、监管规定和公司内控制度的有关要求,按照整改方案,对评估发现的问题逐项整改,形成整改报告,并于2017年11月30日前书面报至中国保监会。已经整改完成的列明整改完成时间及具体措施;尚未完成的,列明整改时限及具体方案

续表

序号	处罚(监管)对象/处罚决定书(监管函)	违法行为	处罚(监管)内容
4	鼎和财产保险股份有限公司(监管函〔2017〕42号)	(三)董事会运作不规范。一是未以书面形式在董事会届满前3个月通知各位董事。二是未建立董事尽职考核评价制度。三是存在董事1年内2次未亲自出席董事会会议,公司未向其发出书面提示的情况。四是存在以通信方式召开会议,审议涉及风险管理议题的情况。五是存在会议通知迟滞,未按要求提前10日向保监会报告的情况。六是董事会会议通知要素不完整。七是董事会会议记录和档案不规范,缺少会议议程、董事发言要点等内容。八是未向保监会报送董事尽职报告。上述事实违反了《保险公司董事会运作指引》第6条、第30条、第32条、第53条、第54条、第62条、第77条,以及《关于规范保险公司治理结构的指导意见(试行)》等有关规定。(四)独立董事管理不规范。一是独立董事仅有两名,占董事会成员比例不足1/3。二是未向保监会报送独立董事尽职报告。三是未建立独立董事评价和考核机制。四是公司未在独立董事独立性声明发表后10个工作日内向保监会报备。上述事实违反了《保险公司独立董事管理暂行办法》第9条、第30条、第29条,以及《保险公司董事会运作指引》第21条等有关规定。(五)董事会专业委员会运作不规范。一是董事会专业委员会会议通知、会议记录和档案管理不规范。二是提名薪酬委员会的权限不符合监管规定。上述事实违反了《关于规范保险公司治理结构的指导意见(试行)》等有关规定。(六)监事会运作不规范。一是未向保监会报送监事尽职报告。二是监事会会议存在召开时间间隔超过6个月的情况。三是存在监事未获保监会任职资格核准的情况。上述事实违反了《公司法》第119条、《关于规范保险公司治理结构的指导意见(试行)》以及《保险公司董事、监事和高级管理人员任职资格管理规定》等有关规定。 三、关联交易管控方面 (一)关联交易管理不规范。一是2016年4个季度向保监会报送的关联交易季度报告中总资产、净资产等信息与资产负债表记载不一致。二是关联交易管理办法不完善,未根据监管要求及时更新。三是关联方信息档案不完整。四是存在审议重大关联交易时关联董事未回避的情形。五是存在重大关联交易报告及信息披露不及时的情况。上述事实违反了《保险公司关联交易管理暂行办法》第13条、第14条、第22条,以及《保监会关于进一步规范保险公司关联交易有关问题的通知》等有关规定。 (二)薪酬制度不符合监管要求。一是未制定绩效薪酬延期支付制度。二是高管人员的目标绩效薪酬低于基本薪酬,董事、监事、高管人员绩效薪酬延期支付比例及延期年限不符合监管要求。上述事实违反了《保险公司薪酬管理规范指引(试行)》第12条、第13条等有关规定,存在股东大会运作管理不规范、董事会运作不规范、经营管理层运作不规范、关联交易管理不规范、内部审计不规范、激励与考核相关内容不符合规定、公司章程约定存在缺失等七方面问题。	

续表

序号	处罚(监管)对象/处罚决定书(监管函)	违法行为	处罚(监管)内容
5	渤海人寿、阳光人寿、上海人寿、珠江人寿、君康人寿共5家(2017－10－12)	一、渤海人寿 股权质押管理不规范,股东大会无董事签名。 渤海人寿"十大问题"涵盖股东股权、股东大会运作、董事会运作、监事会运作、经营管理层运作、关联交易管理、信息披露、发展规划、内部审计以及考核激励等方面。 根据监管函,2016年,渤海人寿股东渤海金控投资股份有限公司、广州利迪经贸有限公司、宁波君安控股有限公司、北京国华荣网络科技有限公司办理股权质押,莱福资本管理有限公司办理股权质押和解质押未书面通知渤海人寿。渤海人寿未就上述股权质押和解质押向保监会报告,股东名册上无上述质押和解质押信息记载。 股东大会运作管理亦存在会议通知迟滞和记录不规范问题。渤海人寿2016年第一次股东大会,未于会议召开20日前通知各股东。渤海人寿2016年三次股东大会会议记录,均无会议主持人和出席会议董事签名。 高管人员任职资格管理方面。渤海人寿于2016年12月29日向保监会报告临时财务负责人、临时合规负责人,截至2017年3月底,任职期限已超过3个月。违反了《保险公司董事、监事和高级管理人员任职资格管理规定》第32条规定。 二、阳光人寿、上海人寿、珠江人寿 董事会运作不规范、内控管理问题。 三家公司均存在公司治理运作和内控管理问题,包括董事会运作不规范,内部审计不到位等。 阳光人寿公司章程不完备,关键岗位人员缺位,未设立董事会秘书岗位,信息披露亦不及时不全面,披露的公司治理概要缺失高级管理人员履职情况相关内容。 上海人寿独立董事制度缺失,未单独建立独立董事考核评价机制,在高级管理人员免职后亦未按时报备。2016年3月26日,上海人寿董事会形成免去董事会秘书职务的决议,2016年4月19日向保监会报告,违反了《保险公司董事、监事和高级管理人员任职资格管理规定》第33条规定。 珠江人寿缺少高级管理人员选任制度,董事会成员及审计委员会成员中缺乏法律方面的专业人士,独立董事占比不足,公司目前有董事9名,独立董事2名,独立董事占比未达到董事会1/3以上。 三、君康人寿存在股权代持情形,股东名册、章程及工商登记文件管理不规范、未按要求向保监会报告的情况;公司章程规定存在缺失或不规范,股东大会运作不规范,董事会议事规则约定不明确,与公司章程不一致,董事会关键岗位人员未完全履职或空缺,董事会关键岗位人员未完全履职或空缺,董事会换届程序、会议流程、决议报告和会议留档不符合监管要求,独立董事人数不足,履职不	违反了《公司法》第102条、第106条、第107条规定以及《关于规范保险公司章程的意见》相关规定,《保险公司董事会运作指引》第6条、第30条、第38条、第53条、第62条、第78条规定,《保险公司独立董事管理暂行办法》第9条,以及《关于规范保险公司治理结构的指导意见(试行)》相关规定,《关于规范保险公司治理结构的指导意见(试行)》相关规定,《保监会关于进一步规范保险公司关联交易有关问题的通知》第3条规定,《保险公司关联交易管理暂行办法》第13条规定,《保监会关于进一步规范保险公司关联交易有关问题的通知》第5条等有关规定,《保险公司董事及高级管理人员审计管理办法》第9条规定,《保险公司薪酬管理规范指引(试行)》第7条、第12条、第13条规定,《公司法》第81条规定,《保险公司股权管理办法》第25条等规定。 对于上述5家公司在公司治理评估中所体现出来的问题,保监会在监管函中进行了详细梳理,涵盖公司"三会"(股东大会、董事会、监事会)与日常经营运作、信息披露、内部审计等方方面面的问题,但其中,最受瞩目者,当属对于5家险企关联交易的部分或全部叫停: 渤海人寿:禁止公司直接或间接与海航集团有限公司及其关联方开展关联交易。 珠江人寿:禁止公司直接或间接与关联方开展关联交易。 君康人寿:禁止公司直接或间接与辽宁忠旺集团有限公司、杉杉控股有限公司及上述公司的关联方开展关联交易。 上海人寿:禁止公司直接或间接与览海控股(集团)有限公司及其关联方开展关联交易。 阳光人寿:禁止公司、集团以及集团内其他保险子公司直接或

续表

序号	处罚(监管)对象/处罚决定书(监管函)	违法行为	处罚(监管)内容
5	渤海人寿、阳光人寿、上海人寿、珠江人寿、君康人寿共5家 (2017-10-12)	规范,董事监事问责机制及尽职考核评价制度缺失,董事、监事问责机制及尽职考核评价制度缺乏,董事、监事、高管人员辞职流程不规范,监事会运作不规范,关联交易管理不规范,重大事项信息未披露,发展规划制定程序不合规;规划要素不全,审计责任人长期空缺,审计人员比例不符合监管要求,审计委员会制度不完善,履职不到位;高管人员离任、任中审计存在不符合监管规定情形,薪酬制度执行不到位等方面的问题	间接与北京阳光融和置业有限公司、深圳东方藏山资产管理有限公司、诚泰融资租赁(上海)有限公司及上述公司控制或施加重大影响的组织开展关联交易。 按照监管函,关联交易暂停的期限是半年,在此期间内,险企不得向被禁止的关联方提供借款或其他形式的财务资助,且除存量关联交易的终止行为(如到期、赎回、转让等)以外,双方不得开展资金运用类关联交易。 6个月期满之日起3个月为观察期。观察期内,保监会将对此项监管措施的落实情况进行检查,视情况采取后续监管措施
6	华汇人寿(监管函〔2017〕35号) 中华联合保险集团(监管函〔2017〕36号) 利安人寿(监管函〔2017〕37号) 信泰人寿(监管函〔2017〕38号) 弘康人寿(监管函〔2017〕39号) 长江财产保险(监管函〔2017〕40号) 华安财保资产管理(监管函〔2017〕41号) 鼎和财产保险(监管函〔2017〕42号) 安心财产保险(监管函〔2017〕43号) 长安责任保险(监管函〔2017〕44号)	一、股东股权方面 股东关联关系管理不规范。公司股东未就其与公司其他股东、其他股东的实际控制人之间是否存在以及存在何种关联关系向公司做出书面说明。 二、公司章程与"三会一层"运作方面 (一)公司章程管理不规范。一是公司章程未载明发起人的出资时间。二是未明确规定股权解质押相关事项。三是股东名册缺乏各股东所持股份数、取得股份的日期等内容。四是股东大会通过修改公司章程的决议后,未在10个工作日内报保监会核准。五是股东大会、董事会、管理层职权中,未明确公司重大资产买卖、重大投资、重大关联交易等事项的审议权限和决策方式。 (二)股东大会管理不规范。一是股东大会会议通知迟滞,2014年至2016年共有4次股东大会会议未按规定时间提前通知各股东。二是股东大会股东代表授权委托书内容不完整。三是股东大会会议记录不完整,缺少主持人、出席会议的董事签名等。 (三)董事会运作不规范。一是未以书面形式在董事会届满前3个月通知各位董事。二是未建立董事尽职考核评价制度。三是存在董事1年内2次未亲自出席董事会会议,公司未向其发出书面提示的情况。四是存在以通信方式召开会议,审议涉及风险管理议题的情况。五是存在会议通知迟滞,未按要求提前10日向保监会报告的情况。六是董事会会议通知要素不完整。七是董事会会议记录和档案不规范,缺少会议议程、董事发言要点等内容。八是未向保监会报送董事尽职报告。 (四)独立董事管理不规范。一是独立董事仅有2名,占董事会成员比例不足1/3。二是未向保监会报送独立董事尽职报告。三是未建立独立董事评价和考核机制。四是公司未在独立董事独立性声明发表后10个工作日内向保监会报备。	一、公司应当高度重视公司治理评估发现的问题,在接到本监管函后立即实施整改工作,成立由主要负责人牵头的专项工作组,制订切实可行的整改方案。整改方案应当明确具体时间和措施,确保将每一项问题的整改工作落实到具体部门和责任人。 二、公司应当依据相关法律法规、监管规定和公司内控制度的有关要求,按照整改方案,对评估发现的问题逐项整改,形成整改报告,并于2017年11月30日前书面报至保监会。已经整改完成的列明整改完成时间及具体措施;尚未完成的,列明整改时限及具体方案。 三、公司应当以此次检查和整改为契机,加强对公司治理相关监管规定的学习,牢固树立依法合规意识,全面查找公司在股东股权、"三会一层"运作、内部控制、关联交易等方面存在的问题,进一步完善制度,规范运作,加强问责,有效防范风险

续表

序号	处罚（监管）对象/处罚决定书（监管函）	违法行为	处罚（监管）内容
6	华汇人寿(监管函〔2017〕35号) 中华联合保险集团(监管函〔2017〕36号) 利安人寿(监管函〔2017〕37号) 信泰人寿(监管函〔2017〕38号) 弘康人寿(监管函〔2017〕39号) 长江财产保险(监管函〔2017〕40号) 华安财保资产管理(监管函〔2017〕41号) 鼎和财产保险(监管函〔2017〕42号) 安心财产保险(监管函〔2017〕43号) 长安责任保险(监管函〔2017〕44号)	(五)董事会专业委员会运作不规范。一是董事会专业委员会会议通知、会议记录和档案管理不规范。二是提名薪酬委员会的权限不符合监管规定。 (六)监事会运作不规范。一是未向保监会报送监事尽职报告。二是监事会会议存在召开时间间隔超过6个月的情况。三是存在监事未获保监会任职资格核准的情况。 三、关联交易管控方面 关联交易管理不规范。一是2016年4个季度向保监会报送的关联交易季度报告中总资产、净资产等信息与资产负债表记载不一致。二是关联交易管理办法不完善，未根据监管要求及时更新。三是关联方信息档案不完整。四是存在审议重大关联交易时关联董事未回避的情形。五是存在重大关联交易报告及信息披露不及时的情况。 四、内控与合规管理方面 (一)内部审计不规范。一是专职审计岗位人员低于公司员工人数的5‰。二是对部分高管人员实施任中审计的间隔时间超过3年。 (二)薪酬制度不符合监管要求。一是未制定绩效薪酬延期支付制度。二是高管人员的目标绩效薪酬低于基本薪酬，董事、监事、高管人员绩效薪酬延期支付比例及延期年限不符合监管要求。 (三)合规与内控管理不规范。未建立完善的应急管理机制。未针对重大自然灾害或意外事故、偿付能力风险等制定周全和可操作性强的应急预案	
7	燕赵财险(行政监管措施决定书〔2019〕8号)	一、股东股权方面。 公司股东在发生股权冻结情况后未向公司报告，部分股东股权变更未经监管部门批准。股权多次被质押未在股东名册中记载。 二、公司章程及"三会一层"运作方面存在的问题主要包括： 1.未按照《保险公司章程指引》要求完成章程修订。2.股东大会会议记录不完整、不规范。3.部分履行董事职责的人员未取得监管部门核准的董事任职资格。4.董事会成员中没有法律方面的专业人士。5.董事会会议记录不完整。6.董事会审计委员会人数不符合监管规定。7.董事会薪酬委员会人数不符合监管规定。8.部分董事会决议未按规定期限向监管部门报送。9.董事会专业委员会部分会议记录等档案材料不完整。10.董事会任期届满，公司未按照监管规定完成董事会换届。11.股东大会、董事会及经营管理层授权管理不规范。12.监事会会议召开时间间隔不符合监管规定。13.职工代表监事比例不符合监管规定。14.部分履行监事职责的人员未取得监管部门核准的监事任职资格。15.监事会任期届满，公司未按监管规定完成监事会换届。16.部分履行高管职责的人员未取得监管部门核准的高管任职资格。17.部分关键岗位空缺1年以上。 三、关联交易管理方面。 1.未设立关联交易控制委员会，或指定审计委员会负责关联方识别维护、关联交易的管理、审查、批注和风险控制；2.未按规定对一般关联交易进行审查。	一、公司应当高度重视公司治理评估发现的问题，在接到监管措施决定书后立即实施整改。要成立由公司主要负责人牵头的专项工作组，制订切实可行的整改方案。整改方案应当明确具体时间和措施，将每一项问题的整改工作落实到具体部门和责任人。 二、公司应当对评估发现的问题逐项整改，并形成整改报告及公司治理问题整改情况反馈表，于5月31日前书面报至银保监会。已经整改完成的，列明整改完成时间及具体措施；尚未完成的，列明具体原因、整改时限及整改方案。 三、针对此次评估发现的问题，公司应当启动问责机制，严肃追究相关人员责任，并将责任追究情况向银保监会报告。 四、公司要牢固树立依法合规意识，全面查找公司在股东股权、

续表

序号	处罚(监管)对象/处罚决定书(监管函)	违法行为	处罚(监管)内容
7	燕赵财险(行政监管措施决定书〔2019〕8号)	四、内部审计方面:1. 专职内部审计人员不符合监管要求;2. 未按照监管规定,对相关高级管理人员开展离任审计;3. 未按监管规定开展关联交易专项审计。 五、考核激励方面:1. 薪酬管理制度不明确;2. 绩效薪酬延期支付制度不明确;3. 未严格执行绩效薪酬延期支付制度。 六、发展规划方面:1. 未按照规定向监管部门报送年度发展规划实施情况评估报告;2. 监事会未对三年发展规划制定工作进行监督;3. 三年发展规划中制定的年度主要经营指标与公司实际存在较大偏差,但公司未对发展规划进行调整;4. 未根据三年规划制定年度分解任务,未按发展规划年度任务开展考核	公司章程及"三会一层"运作、关联交易管理、内部审计、考核激励、发展规划、合规与内控管理、信息披露等方面存在的问题,进一步完善制度,规范公司治理运作机制
8	都邦财产(行政监管措施决定书〔2019〕7号)	存在股东股权、公司章程及"三会一层"运作、关联交易管理、内部审计、考核激励、其他等六方面共25宗违法违规问题:一、股东股权方面。1. 部分股东股权变更未经监管部门批准。2. 股权多次被质押未在股东名册中记载。上述事实违反了《保险公司股权管理办法》第53条、第61条等有关规定。二、公司章程及"三会一层"运作方面。1. 未按照《保险公司章程指引》要求完成章程修订。2. 公司章程记载的股东股权情况与实际情况不一致。3. 公司章程未标明历次股份转让情况。4. 公司章程未明确董事会构成及人数。5. 2017年董事会定期会议召开次数不符合监管规定。6. 董事会会议档案装订管理不符合监管要求。7. 董事会提名与薪酬委员会人员构成不符合监管规定。8. 独立董事人数不足。9. 股东大会、董事会及经营管理层授权管理不规范。上述事实违反了《保险公司章程指引》第7条、第44条,《保险公司董事会运作指引》第42条、第78条,《保险机构独立董事管理办法》第5条,《关于规范保险公司治理结构的指导意见(试行)》第2条等有关规定。三、关联交易管理方面。1. 未设立关联交易控制委员会,也未指定审计委员会负责关联方识别维护,关联交易的管理、审查、批准和风险控制相关事项。2. 未按照监管规定对关联方及关联交易进行识别和管理,关联方信息不完整。上述事实违反了《关于进一步加强保险公司关联交易管理有关事项的通知》第1条,《保险公司关联交易管理暂行办法》第13条、第16条等有关规定。四、内部审计方面。1. 未对部分高级管理人员开展任中审计。2. 专职内部审计人员数量不足。3. 内部审计质量控制制度不完善,未聘请外部审计机构进行内部审计质量评估。4. 未建立内部审计信息系统。5. 审计责任人空缺。6. 任免分公司及以上机构、部门主要负责人之前,未听取审计责任人意见。7. 部分省分公司审计报告未按监管要求报送当地银保监局。上述事实违反了《保险公司董事及高级管理人员审计管理办法》第9条,《保险机构内部审计工作规范》第8条、第9条、第17条、第21条、第39条、第42条等有关规定。五、考核激励方面。1. 未严格执行绩效薪酬延期支付制度。2. 董事、独立董事尽职考核评价制度不明确。3. 董事会未对董事进行尽	一、公司应当高度重视公司治理评估发现的问题,在接到监管措施决定书后立即实施整改。要成立由公司主要负责人牵头的专项工作组,制订切实可行的整改方案。整改方案应当明确具体时间和措施,将每一项问题的整改工作落实到具体部门和责任人。 二、公司应当对评估发现的问题逐项整改,并形成整改报告及公司治理问题整改情况反馈表,于5月31日前书面报至银保监会。已经整改完成的,列明整改完成时间及具体措施;尚未完成的,列明具体原因、整改时限及整改方案。 三、针对此次评估发现的问题,公司应当启动问责机制,严肃追究相关人员责任,并将责任追究情况向银保监会报告。 四、公司要牢固树立依法合规意识,全面查找公司在股东股权、公司章程及"三会一层"运作、关联交易管理、内部审计、考核激励、发展规划、合规与内控管理、信息披露等方面存在的问题,进一步完善制度,规范公司治理运作机制

续表

序号	处罚（监管）对象/处罚决定书（监管函）	违法行为	处罚（监管）内容
8	都邦财产（行政监管措施决定书〔2019〕7号）	职考核评价，未向股东大会提交董事尽职报告。4.未向股东大会提交独立董事尽职报告，未向监管部门报告独立董事评价考核结果。上述事实违反了《保险公司薪酬管理规范指引（试行）》第13条，《保险公司董事会运作指引》第32条，《保险机构独立董事管理办法》第39条、第40条等有关规定。六、其他方面。公司《年度发展规划实施情况评估报告》未经董事会审议，也未按要求向监管部门报告	
9	弘康人寿（监管函〔2017〕39号）	发现的主要问题如下： 一、公司章程及“三会一层”运作方面 （一）公司章程内容不规范。章程规定的股东大会会议通知时限与公司法规定不符。上述事实违反了《公司法》第102条等有关规定。 （二）董事会运作不规范。一是董事会会议记录不完整，所有会议档案中均无董事会会议原始记录，档案中股东签名页为复印件。二是独立董事任职前未发表独立性声明且未及时向保监会报备。三是多名董事连续多次未亲自参加董事会，公司未向相关董事发出书面提示。四是公司董事会成员中无法律方面的专业人才。五是独立董事人数不达标。六是审计委员会履职不到位，未对公司内控、风险和合规方面的问题向董事会提出意见和改进建议。七是审计与风险控制委员会主任委员空缺。八是缺少独立董事尽职考核制度。上述事实违反了《保险公司董事会运作指引》第78条、第77条、第21条、第30条、第38条，《保险公司独立董事管理暂行办法》第9条、第30条，以及《关于规范保险公司治理结构的指导意见（试行）》等有关规定。 （三）监事会运作不规范。一是会议召开频率不符合规定。二是监督职责履行不到位。未对公司内部审计进行日常的指导和监督。上述事实违反了《公司法》第119条，《保险机构内部审计工作规范》第24条等有关规定。 二、内控与合规管理方面 （一）风险管理不规范。一是公司《偿付能力压力测试制度》基本全部照搬照抄监管规定，缺少适合公司自身发展实际的具体规定。二是公司尚未建立风险管理系统。三是公司各部门、分支机构未对可能出现操作风险的流程、人员、系统等进行日常监测识别分析。四是没有建立操作风险应急预案。上述事实违反了《保险公司风险管理指引（试行）》第6条，《保险公司内部控制基本准则》第8条，以及《保险公司合规管理指引》等有关规定。 （二）薪酬管理制度缺失。一是对董事会及监事会成员无明确的薪酬管理制度。二是薪酬延期支付不合规，部分董事未实行绩效薪酬延期支付，部分董事延期支付期限为两年，绩效薪酬延期支付制度不完善。上述事实违反了《保险公司董事会运作指引》第32条，以及《保险公司	一、公司应当高度重视公司治理评估发现的问题，在接到监管措施决定书后立即实施整改。要成立由公司主要负责人牵头的专项工作组，制订切实可行的整改方案。整改方案应当明确具体时间和措施，将每一项问题的整改工作落实到具体部门和责任人。 二、公司应当对评估发现的问题逐项整改，并形成整改报告及公司治理问题整改情况反馈表，于5月31日前书面报至银保监会。已经整改完成的，列明整改完成时间及具体措施；尚未完成的，列明具体原因、整改时限及整改方案。 三、针对此次评估发现的问题，公司应当启动问责机制，严肃追究相关人员责任，并将责任追究情况向银保监会报告。 四、公司要牢固树立依法合规意识，全面查找公司在股东股权、公司章程及“三会一层”运作、关联交易管理、内部审计、考核激励、发展规划、合规与内控管理、信息披露等方面存在的问题，进一步完善制度，规范公司治理运作机制

续表

序号	处罚(监管)对象/处罚决定书(监管函)	违法行为	处罚(监管)内容
9	弘康人寿(监管函〔2017〕39号)	薪酬管理规范指引(试行)》第12条、第13条等有关规定。 (三)发展规划管理不合规。一是2015年度规划实施情况全面评估报告未在规定时限内上报保监会。二是2016年发展规划上报保监会前未经股东大会审议。上述事实违法了《保险公司发展规划管理指引》第21条、第35条等有关规定。 三、关联交易管控方面 (一)关联方管理不规范。关联方信息档案不完善,档案未对公司的关联企业、公司股东关联方关系进行完整记录,未对公司董事、监事和总公司高级管理人员及其近亲属的信息进行完整识别记录。上述事实违反了《保险公司关联交易管理暂行办法》第13条等有关规定。 (二)关联交易管理不规范。一是未按规定报告有关关联交易情况,部分关联交易季度报告存在超期报送情况。二是公司未将与上海金诚通企业服务有限公司的业务往来纳入关联交易管理。上述事实违反了《保险公司关联交易管理暂行办法》第22条,以及《保监会关于进一步规范保险公司关联交易有关问题的通知》等有关规定	
10	华海财产保险股份有限公司(行政处罚决定书银保监罚决字〔2020〕65号)	公司治理不规范 (一)监事会运行不规范,未按照时间要求召开监事会。华海财险分别于2018年4月、2019年3月召开监事会,会议召开时间间隔超过6个月。 (二)公司信息披露管理薄弱,披露信息不真实、不完整。一是披露不真实信息。截至2019年12月9日,华海财险在2016年7月8日股东大会未召开的情况下,在官方网站披露了虚假的股东大会会议情况。二是披露不完整信息。截至2019年12月9日,华海财险在官方网站未披露2016年8月16日召开的2016年临时股东大会情况;未披露2018年9月至2019年3月召开的共3次股东大会会议出席情况及表决情况;未披露2019年8月30日召开的2019年临时股东大会主要决议情况。 (三)公司治理档案管理混乱,存在材料造假风险。一是公司治理档案缺失。华海财险2015年第一届董事会第三次会议和2016年股东大会的会议档案缺失。二是公司治理档案保存散乱。公司股东大会、董事会会议档案使用文件夹散装保存,未按每次会议单独装订成册,未连续编号。三是公司治理档案要件不齐。档案中未包含会议通知及董事的签收回执,材料中仅有会议记录,未将董事会议案等具体材料一并保存管理。四是股东大会、董事会签字页管理不规范。华海财险仅有3次股东大会和3次董事会签字页标注会议名称,其他董事会、股东大会签字页均只标注"(签字页)",未标注会议名称及会议时间;华海财险除3次股东大会参会人员在签字页签署日期外,其他均未在相关签字页签署日期,客观上存在材料造假的风险	公司治理不规范的问题,违反了《保险公司管理规定》第55条的规定。根据该规定第69条,对华海财险予以罚款1万元

二、保险业公司治理的典型合规风险

在公司治理结构方面的实际运作中，在股东股权方面主要存在虚增资本、非自有资金出资、隐藏股东关联关系、股权代持四方面的风险；在股东（大）会、董事会、监事会及管理层的"三会一层"运作方面，主要存在因"大股东控制"或"内部人控制"而导致的运作不规范风险。

1. 虚增注册资本

保险业是资金密集性行业，保险公司注册资本原则上为现金出资，因此虚增注册资本一般表现为构筑虚假验资报告、抽逃出资、利用保险资金出资等方式。特别是利用保险资金出资（包括以保险公司投资信托计划、私募基金、股权投资等获取的资金对保险公司进行循环出资），具有较大的隐蔽性和危害性。据媒体公开报道，安邦保险集团"吴某晖以虚假名义将部分超募保费转移至其个人实际控制的百余家公司，用于其个人归还公司债务、投资经营、向安邦集团增资等"。该案例因《财新》杂志刊发的《穿透安邦魔术》等重磅文章而持续发酵。最终，保监会指出"（安邦）存在违反保险法规定的经营行为，可能严重危及公司偿付能力，为保持安邦集团照常经营，保护保险消费者合法权益，保监会决定对安邦集团实施接管"，其实际控制人吴某晖也因此获刑 18 年。

2. 股权代持

股权代持一般指投资者为了规避某种限制（如不符合股东资格、持股比例超过监管要求等）而委托他人代为持有公司股份的一种做法。投资人委托他人或者接受他人委托持有保险公司股权从而规避监管审查，容易带来股权的不稳定，进而导致公司治理的不稳定。君康人寿保险股份有限公司（以下简称君康人寿）股东福州天策实业有限公司（以下简称天策公司）委托股东福建伟杰投资有限公司（以下简称伟杰公司）持有君康人寿股份，并在 2011 年签订《信托持股协议》。但之后双方发生纠纷，天策公司提起诉讼，要求判令伟杰公司将其受托持有的 4 亿股君康人寿股权过户到天策公司名下。该案例在 2018 年 4 月经最高人民法院最终裁决认为，代持保险公司股权的后果会加大保险公司经营风险，这种潜在经营风险在一定情况下将危及金融秩序和社会稳定，进而直接损害社会公共利益，因此该《信托持股协议》因违反合同法约定而无效。

3. 隐藏关联关系

保险监管机构对于保险公司股东的资格及持股比例具有严格明确的要求，股东与其关联方、一致行动人的持股比例合并计算。保险公司股东隐藏关联关系的主要目的，是获取更多的控制权。但这种做法会严重影响保险公司治理的制衡机制,因此也是监管部门监督的重点。2018年2月,保监会向华海财产保险股份有限公司(以下简称华海财险)下发的《撤销行政许可决定书》(保监许可〔2018〕184号)显示,其两家股东青岛神州万向文化传播有限公司和青岛乐保互联科技有限公司在2016年增资申请中,存在“隐瞒关联关系、提供虚假材料”的行为,因此撤销对华海财险本次增资的行政许可,并要求华海财险“自本决定下发之日起3个月内,抓紧引入合规股东”。

4. 利用非自有资金出资

投资者对保险公司的出资需使用“来源合法的自有资金”,并且对入股资金的真实性进行穿透式审查,这主要是从保险公司治理的稳定性和持续性的角度出发,让真正想做保险的人进入保险业。但在实际操作中,仍然有投资者在自身资金实力不具备的情况下,为了达到持有或超比例持有保险公司股权的目的,而作出资金来源为自有资金的不实陈述,从而遭到监管质疑甚至被撤销行政许可。《撤销行政许可决定书》(保监许可〔2017〕1418号)就昆仑健康保险股份有限公司股东福信集团有限公司在增资申请中“作出资金来源为自有资金、无关联关系的不实陈述”,而撤销其增资入股的行政许可。

5. “三会一层”运作形同虚设

“大股东控制”和“内部人控制”是在“三会一层”[股东(大)会、董事会、监事会和管理层]运作中容易出现的治理问题。“大股东控制”可能会掏空公司的利益,“内部人控制”则会使管理层以追求自身利益为目标从而背离公司利益。这两大治理问题对保险公司的“三会一层”运作提出了挑战,要求保险公司思考如何进行有效的权力分配和有效的制衡才能使公司实现更好的发展。

新华人寿保险股份有限公司(以下简称新华人寿)就曾存在“内部人控制”问题。作为动用保险保障基金第一案例的新华人寿,在公司成立十年之际,经历了一场公司成立以来最大的“地震”:董事长关某亮在控制公司8年后的2006年10月8日,被保监会宣布暂停履行董事长职责,工作移交给时任总裁孙某。2006年12月27日,关某亮的董事长职务被正式免除。

当时新华人寿存在的公司治理问题主要是什么呢? 2011年《新华人寿股份有限公司招股说明书》中明确指出“由于当时本公司在公司治理、内部控制方面存在缺陷和漏洞,关某亮利用其担任公司董事长职务的便利,违规运用保险资金”。具体的原因是“关某亮的有关行为未经本公司股东大会、董事会的合法授权”“相关资金拆借过程没有相关的法律文件一一对应并且本公司无法从资金拆入方获得关于资金拆借操作细节的其他证明资料”。

新华人寿存在的公司治理问题，核心是“内部人控制”问题。经济学家伯利、米恩斯在《现代公司与私有财产》中明确提出“公司实际控制权已落入经理人员手中，经理人员由此具有不追求股东利润最大化而有以公司资产谋取私利之倾向”。这是对“内部人控制”的最早论述。对于新华人寿，该案例表面上看是资金的违规运用，实则反映出由“内部人控制”而形成的“治理僵局”、“三会一层”运作不规范、授权机制不健全等问题，并产生了十分严重的后果：一是形成“治理僵局”，使原本应于2005年12月完成的新华人寿董事会换届，在之后长达18个月内都未能实现；二是公司业绩大幅下滑，该阶段公司保费收入增速严重放缓，大大低于行业水平，并因此收到监管函，限制其向股东分红、开设分支机构、开发新产品；三是造成了巨额的经济损失，其违规支出资金等行为造成了14.55亿元的资金缺口；四是新华人寿的商业声誉等受到较大影响。

第三节　保险机构公司治理合规审查的实务要点

2017年我国首次进行覆盖全行业的保险法人机构公司治理现场评估工作，加大了对保险机构公司治理能力的监管力度。2020年上半年受新冠肺炎疫情影响，我国部分中小型保险机构在“三会一层”以及风险防控等方面暴露出一定的问题，2020年下半年，银保监会继续开展整治工作，并通过多种渠道强调对公司治理的重视与监管决心。本书在前述介绍保险机构公司治理评估的开展历史及监管趋势的基础上，以银保监会《银行保险机构公司治理指引》《银行保险机构公司治理监管评估办法》中公司治理的评估内容为纲，结合律师参与相关项目的经验，归纳总结近三年(银)保监监管函、监管措施中公司治理问题，来阐述保险机构公司治理合规审查的实务要点。该实务要点包含“三会一层”的运作、公司章程、股东股权、关联交易、内部审计、风控合规、发展规划、考核激励、信息披露等19个大项，共计169个问题，每个问题均附上对应的监管规定，供大家参考(见表3-3-1)。保险机构公司在经营过程中，应当持续保持对公司治理合规审查的高度重视，日常工作中按照银保监会的相关监管法律文件自我约束。面对银保监会在公司治理现场评估中发现的问题，保险机构应积极反馈并配合监管，降低监管风险，完善公司治理水平。

表 3-3-1 保险机构公司治理合规审查要点

分类	违法行为表现形式	违反的法律法规规范性文件
一、党的领导	1. 公司章程未体现党的领导	《中共中央、国务院关于完善国有金融资本管理的指导意见》、《国务院办公厅关于进一步完善国有企业法人治理结构的指导意见》(国办发〔2017〕36 号)、《中共中央组织部、国务院国资委党委关于扎实推动国有企业党建工作要求写入公司章程的通知》(组通字〔2017〕11 号)、《中央金融企业将党建工作要求写入公司章程修改指引》(财金〔2017〕48 号)等文件要求,考察国有及国有控股的保险法人机构将党的领导纳入公司治理机制的实施情况。并且明确规定金融机构需要将党建工作要求纳入公司章程,在公司章程中明确党建工作总体要求,还需在公司章程中写入党组织的职责权限、机构设置、运行机制、基础保障。 《银行保险机构公司治理准则》 第 9 条　国有银行保险机构应当按照有关规定,将党的领导融入公司治理各个环节,持续探索和完善中国特色现代金融企业制度。 第 10 条　国有银行保险机构应当将党建工作要求写入公司章程,列明党组织的职责权限、机构设置、运行机制、基础保障等重要事项,落实党组织在公司治理结构中的法定地位
	2. 未明确坚持和完善“双向进入、交叉任职”领导体制	《中央金融企业将党建工作要求写入公司章程修改指引》(财金〔2017〕48 号)要求,金融机构需落实“双向进入、交叉任职”的要求,具体而言,主要考察党委(党组)书记、董事长是否由一人担任(由上级中央企业领导人员兼任董事长的除外),党委成员是否通过法定程序分别进入董事会、监事会和经理班子,董事会、监事会、经理班子中的党员是否依照有关规定进入党委会。 《银行保险机构公司治理准则》 第 11 条　国有银行保险机构应当坚持和完善“双向进入、交叉任职”领导体制,符合条件的党委班子成员可以通过法定程序进入董事会、监事会、高级管理层,董事会、监事会、高级管理层中符合条件的党员可以依照有关规定和程序进入党委。党委书记、董事长一般由一人担任,党员行长(总经理)一般担任副书记
	3. 未明确和坚持重大经营管理事项必须经党委研究讨论的必要前置程序	《中央金融企业将党建工作要求写入公司章程修改指引》(财金〔2017〕48 号)明确要求国有及国有控股的保险法人机构必须将党的领导纳入公司治理机制的实施情况,明确和坚持重大经营管理事项必须经党委研究讨论的必要前置程序。 《银行保险机构公司治理准则》 第 12 条　国有银行保险机构党委要切实发挥把方向、管大局、保落实的领导作用,重点管政治方向、领导班子、基本制度、重大决策和党的建设,切实承担好从严管党治党责任。重大经营管理事项必须经党委研究讨论后,再由董事会或高级管理层作出决定
	4. 未持续健全党委领导下以职工代表大会为基本形式的民主管理制度或者职工代表民主制度形同虚设	《中央金融企业将党建工作要求写入公司章程修改指引》(财金〔2017〕48 号)明确要求持续健全党委领导下以职工代表大会为基本形式的民主管理制度。 《银行保险机构公司治理准则》 第 13 条　国有银行保险机构要持续健全党委领导下以职工代表大会为基本形式的民主管理制度,重大决策应当听取职工意见,涉及职工切身利益的重大问题必须经过职工代表大会或者职工大会审议,保证职工代表依法有序参与公司治理
	5. 党的组织设置不健全	《中央金融企业将党建工作要求写入公司章程修改指引》(财金〔2017〕48 号)明确要求健全党的组织设置。 《银行保险机构公司治理准则》 第 14 条　民营银行保险机构要按照党组织设置有关规定,建立党的组织机构,积极发挥党组织的政治核心作用,加强政治引领,宣传贯彻党的路线方针政策,团结凝聚职工群众,维护各方合法权益,建设先进企业文化,促进银行保险机构持续健康发展

续表

分类	违法行为表现形式	违反的法律法规规范性文件
二、股东行为不规范	1. 股东权利义务不清晰、不全面或者故意限制、缩小股东的权利，扩大或者加重股东的义务	《关于规范保险公司治理结构的指导意见（试行）》 第 1 条　强化主要股东义务 对保险公司经营管理有较大影响的主要股东，应当具有良好的财务状况和持续出资能力，支持保险公司改善偿付能力，不得利用其特殊地位损害保险公司、被保险人、中小股东及其他利益相关者的合法权益。 保险公司股东之间形成关联关系的，应当主动向董事会申报。保险公司应当及时向中国保监会报告股东之间的关联情况。 《银行保险机构公司治理准则》 第 15 条　银行保险机构股东按照公司法等法律法规、监管规定和公司章程行使股东权利。 第 16 条　银行保险机构股东除按照公司法等法律法规及监管规定履行股东义务外，还应当承担如下义务： （1）使用来源合法的自有资金入股银行保险机构，不得以委托资金、债务资金等非自有资金入股，法律法规或者监管制度另有规定的除外； （2）持股比例和持股机构数量符合监管规定，不得委托他人或者接受他人委托持有银行保险机构股份； （3）按照法律法规及监管规定，如实向银行保险机构告知财务信息、股权结构、入股资金来源、控股股东、实际控制人、关联方、一致行动人、最终受益人、投资其他金融机构情况等信息； （4）股东的控股股东、实际控制人、关联方、一致行动人、最终受益人发生变化的，相关股东应当按照法律法规及监管规定，及时将变更情况书面告知银行保险机构； （5）股东发生合并、分立，被采取责令停业整顿、指定托管、接管、撤销等措施，或者进入解散、清算、破产程序，或者其法定代表人、公司名称、经营场所、经营范围及其他重大事项发生变化的，应当按照法律法规及监管规定，及时将相关情况书面告知银行保险机构； （6）股东所持银行保险机构股份涉及诉讼、仲裁、被司法机关等采取法律强制措施、被质押或者解质押的，应当按照法律法规及监管规定，及时将相关情况书面告知银行保险机构； （7）股东转让、质押其持有的银行保险机构股份，或者与银行保险机构开展关联交易的，应当遵守法律法规及监管规定，不得损害其他股东和银行保险机构利益； （8）股东及其控股股东、实际控制人不得滥用股东权利或者利用关联关系，损害银行保险机构、其他股东及利益相关者的合法权益，不得干预董事会、高级管理层根据公司章程享有的决策权和管理权，不得越过董事会、高级管理层直接干预银行保险机构经营管理； （9）银行保险机构发生风险事件或者重大违规行为的，股东应当配合监管机构开展调查和风险处置； （10）法律法规、监管规定及公司章程规定股东应当承担的其他义务。 银行保险机构应当在公司章程中列明上述股东义务，并明确发生重大风险时相应的损失吸收与风险抵御机制
	2. 股东或者实际控制人拒绝或者阻碍监管调查和评估	《银行保险机构公司治理监管评估办法（试行）》 第 8 条　存在下列情形的，可直接评定为 E 级： （1）拒绝或者阻碍公司治理监管评估
	3. 隐瞒公司治理重要事实、资产质量等方面的重大风险或提供虚假材料	《银行保险机构公司治理监管评估办法（试行）》 第 8 条　存在下列情形的，可直接评定为 E 级： （2）　隐瞒公司治理重要事实、资产质量等方面的重大风险或提供虚假材料
	4. 不及时履行出资或者资本不足义务，不及时增值导致出现兑付危机、偿付能力严重不足	《银行保险机构公司治理监管评估办法（试行）》 第 8 条　存在下列情形的，可直接评定为 E 级： （6）出现兑付危机、偿付能力严重不足

续表

分类	违法行为表现形式	违反的法律法规规范性文件
二、股东行为不规范	5. 股东协商沟通机制不足，股东参与公司管理和权益保障不平等，公司治理机制失灵，股东(大)会长期无法正常召开或做出决策	《银行保险机构公司治理监管评估办法(试行)》 第8条　存在下列情形的，可直接评定为E级： (5)公司治理机制失灵，股东(大)会、董事会长期无法正常召开或做出决策； (7)监管部门认定的其他公司治理机制失灵情形。 《银行保险机构公司治理准则》第17条　银行保险机构应当支持股东之间建立沟通协商机制，推动股东相互之间就行使权利开展正当沟通协商。 银行保险机构应当在公司与股东之间建立畅通有效的沟通机制，公平对待所有股东，保障股东特别是中小股东对公司重大事项的知情、参与决策和监督等权利。 股东有权依照法律法规的规定，通过民事诉讼或其他法律手段维护其合法权益，并可以向监管机构反映有关情况
三、股东大会运作不规范	1. 股东大会职责范围不清晰或者人为地被限制	《银行保险机构公司治理准则》 第18条　银行保险机构股东大会应当在法律法规和公司章程规定的范围内行使职权。 除公司法规定的职权外，银行保险机构股东大会职权至少应当包括： (1)对公司上市作出决议； (2)审议批准股东大会、董事会和监事会议事规则； (3)审议批准股权激励计划方案； (4)依照法律规定对收购本公司股份作出决议； (5)对聘用或解聘为公司财务报告进行定期法定审计的会计师事务所作出决议； (6)审议批准法律法规、监管规定或者公司章程规定的应当由股东大会决定的其他事项。 公司法及本条规定的股东大会职权不得授予董事会、其他机构或者个人行使。 第19条　银行保险机构应当按照法律法规及监管规定，在公司章程中列明股东大会职权，股东大会召集、提案、会议通知、表决和决议、会议记录及其签署等内容
	2. 股东大会召开次数不足(有的公司连续一年以上无法正常召开股东大会)；会议管理不到位，股东方代表持非股东单位签章的授权委托书出席会议	《公司法》(2018年修订) 第106条　股东可以委托代理人出席股东大会会议，代理人应当向公司提交股东授权委托书，并在授权范围内行使表决权。 第20条　股东大会会议分为年度股东大会和临时股东大会。 银行保险机构应当于每一会计年度结束后6个月内召开年度股东大会。银行保险机构应当按照公司法有关规定，召开临时股东大会。1/2以上且不少于两名独立董事提议召开临时股东大会的，银行保险机构应当在两个月内召开临时股东大会。 年度股东大会或临时股东大会未能在公司法及本准则规定期限内召开的，银行保险机构应当向监管机构书面报告并说明原因。 银行保险机构应当制定股东大会议事规则。股东大会议事规则由董事会负责制订，经股东大会审议通过后执行
	3. 股东大会会议通知发出时间不符合法律规定	《公司法》(2018年修订) 第102条　召开股东大会会议，应当将会议召开的时间、地点和审议的事项于会议召开20日前通知各股东；临时股东大会应当于会议召开15日前通知各股东；发行无记名股票的，应当于会议召开30日前公告会议召开的时间、地点和审议事项。 《银行保险机构公司治理准则》 第21条　股东大会会议应当以现场会议方式召开。 银行保险机构应当建立安全、经济、便捷的网络或采用其他方式，为中小股东参加股东大会提供便利条件

续表

分类	违法行为表现形式	违反的法律法规规范性文件
三、股东大会运作不规范	4. 股东决议通过所需最低表决票不足	《公司法》(2018 年修订) 第 100 条　股东大会应当每年召开一次年会。有下列情形之一的,应当在两个月内召开临时股东大会:(1)董事人数不足本法规定人数或者公司章程所定人数的 2/3 时;(2)公司未弥补的亏损达实收股本总额 1/3 时;(3)单独或者合计持有公司 10% 以上股份的股东请求时;(4)董事会认为必要时;(5)监事会提议召开时;(6)公司章程规定的其他情形
		《银行保险机构公司治理准则》 第 22 条　股东大会作出决议,必须经出席会议的股东所持表决权过半数通过。但下列事项必须经出席会议股东所持表决权 2/3 以上通过: (1)公司增加或者减少注册资本; (2)发行公司债券或者公司上市; (3)公司合并、分立、解散、清算或者变更公司形式; (4)修改公司章程; (5)罢免独立董事; (6)审议批准股权激励计划方案; (7)法律法规、监管规定或者公司章程规定的,需要经出席会议股东所持表决权 2/3 以上通过的其他事项
	5. 董监事产生未实行累积投票制	《保监会关于印发〈保险公司章程指引〉的通知》(保监发〔2017〕36 号) 32. 公司应当在章程中明确股东大会选举董事、监事时,是否实行累积投票制和其具体实施规则等相关内容。 股东大会就选举董事、监事进行表决时,鼓励公司实行累积投票制。 公司单个股东(关联股东或者一致行动人合计)持股比例超过 50% 的,股东大会就选举董事、监事进行表决时,必须实行累积投票制。 《银行保险机构公司治理准则》第 23 条　鼓励银行保险机构股东大会就选举董事、监事进行表决时,实行累积投票制
	6. 股东大会会议记录、决议对部分议题的表决结果与律师事务所出具的股东大会法律意见书不一致	《上市公司股东大会规则》(2022 年修订)(证监会公告〔2022〕13 号) 第 5 条　公司召开股东大会,应当聘请律师对以下问题出具法律意见并公告:(1)会议的召集、召开程序是否符合法律、行政法规、本规则和公司章程的规定;(2)出席会议人员的资格、召集人资格是否合法有效;(3)会议的表决程序、表决结果是否合法有效;(4)应公司要求对其他有关问题出具的法律意见
	7. 会议档案管理不到位,股东大会会议记录、决议记载不完整、不规范;股东授权委托书未载明受托人是否参与表决以及授权范围。股东方代表持非股东单位签章的授权委托书出席会议	《公司法》(2018 年修订)第 107 条　股东大会应当对所议事项的决定作成会议记录,主持人、出席会议的董事应当在会议记录上签名。会议记录应当与出席股东的签名册及代理出席的委托书一并保存。 《银行保险机构公司治理准则》第 24 条　股东大会应当将所议事项的决定作成会议记录,会议记录保存期限为永久
四、董事管理不规范	1. 公司治理机制失灵,董事会长期无法正常召开或做出决策	《银行保险机构公司治理监管评估办法(试行)》 第 8 条　存在下列情形的,可直接评定为 E 级: (5)公司治理机制失灵,股东(大)会、董事会长期无法正常召开或做出决策; (7)监管部门认定的其他公司治理机制失灵情形

续表

分类	违法行为表现形式	违反的法律法规规范性文件
四、董事管理不规范	2. 董事产生条件和程序不符合要求	《保险公司董事会运作指引》(2020 年修正) 第 4 条　非职工代表董事由股东大会选举产生,职工代表董事由职工代表大会、职工大会或其他民主形式选举产生。 第 5 条　保险公司应当在公司章程中规定董事的提名及选举制度,明确提名主体资格、提名及审核程序、选举办法等内容。 鼓励保险公司采取累积投票制选举董事。 第 6 条　董事会任期届满前 3 个月,董事会秘书应当以书面形式通知各位董事,董事长应当启动董事会换届程序。董事会秘书应当向有董事提名权的股东或其他提名人发出通知,通知内容包括现有董事会人员名单、本届董事会任期起止时间、提名规则与截止时间等。 第 7 条　有董事提名权的股东或其他提名人应当在截止时间前将其提名的董事候选人名单及其个人资料以书面形式提交董事会秘书。 第 8 条　董事会提名薪酬委员会根据法律、行政法规、监管规定和公司章程对董事任职条件的规定,对董事候选人进行审查,并向董事会提交审查意见及合格董事候选人名单。 第 9 条　董事会根据提名薪酬委员会提交的合格董事候选人名单,提请召开股东大会选举董事。 除采取累积投票制外,股东大会选举董事,应当对每一董事候选人逐一进行审议和表决。 第 10 条　筹建阶段的保险公司董事候选人的产生办法由出资人与筹建机构协商确定。董事由公司创立大会选举产生。 第 11 条　由于股东资质不符合要求、股权交易纠纷或不可抗力等原因,可能导致董事会任期届满无法按时改选的,保险公司董事会秘书应当及时向保监会报告。报告内容包括本届董事会任期、董事会人员、无法按时换届改选的原因、换届改选计划及其他需要说明的事项。 第 12 条　免除董事职务时,提出免职意见的股东或机构应当书面通知董事会,经提名薪酬委员会就免职事项出具独立审慎的意见后,提交股东大会审议。 被免职的董事可以向董事会和股东大会进行陈述和申辩,并有义务向其他董事和股东提示公司可能存在的风险。 第 13 条　董事在任期届满前提出辞职的,应当向董事会提交书面辞职报告,并有义务在辞职报告中对其他董事和股东应当注意的情况进行说明。 董事会秘书应当及时将董事辞职的情况通知其他董事和公司股东。 第 18 条　董事长和副董事长由公司全体董事的过半数选举产生和罢免。 《银行保险机构公司治理准则》 第 25 条　银行保险机构董事为自然人,由股东大会选举产生、罢免。 鼓励银行保险机构设立职工董事,职工董事由职工民主选举产生、罢免。 《银行保险机构公司治理准则》(银保监发〔2021〕14 号) 第 26 条　银行保险公司应当在公司章程中规定董事的提名及选举制度,明确提名主体资格、提名及审核程序、选举办法等内容。 第 27 条　单独或者合计持有银行保险机构有表决权股份总数 3% 以上的股东、董事会提名委员会有权提出非独立董事候选人。 同一股东及其关联方提名的董事原则上不得超过董事会成员总数的 1/3。国家另有规定的除外。 董事会提名委员会应当避免受股东影响,独立、审慎地行使董事提名权

续表

分类	违法行为表现形式	违反的法律法规规范性文件
四、董事管理不规范	3. 董事任期届满规定不清晰	《保险公司董事会运作指引》(2020 年修正) 第 4 条　董事每届任期不得超过 3 年,可以连选连任。 董事任期从正式任命之日起计算,至该届董事会任期届满时止。董事任期届满未及时改选的,原董事仍应当继续履行董事职务,直至新一届董事会就任。 《银行保险机构公司治理准则》第 28 条　董事每届任期不得超过 3 年,任期届满,可以连选连任
	4. 公司章程对公司董事轮换未做规定或者董事会不足法定人数时,其职权行使主体规定不清晰	《保险公司董事会运作指引》(2020 年修正) 第 14 条　因董事辞职导致董事会人数低于《公司法》规定的最低人数或公司章程所定人数的 2/3 时,在新的董事就任前,提出辞职的董事应当继续履行职责。 除前款所列情形外,董事辞职自辞职报告送达董事会时生效。 第 15 条　因董事被股东大会免职、死亡或者存在其他不能履行董事职责的情况,导致董事会人数低于《公司法》规定的最低人数或董事会表决所需最低人数时,公司可以通过章程约定董事会职权由股东大会行使,直至董事会人数符合要求。 第 16 条　当董事会人数低于《公司法》规定的最低人数或公司章程所定人数的 2/3 时,公司应当在 5 个工作日内启动董事补选程序,在 2 个月内召开股东大会选举董事。 第 17 条　补选产生的董事的任期至该届董事会任期届满时止。 《银行保险机构公司治理准则》 第 29 条　董事在任期届满前提出辞职的,应当向董事会提交书面辞职报告。 因董事辞职导致董事会人数低于公司法规定的最低人数或公司章程规定人数的 2/3时,在新的董事就任前,提出辞职的董事应当继续履行职责。正在进行重大风险处置的银行保险机构董事,未经监管机构批准不得辞职。 除前款所列情形外,董事辞职自辞职报告送达董事会时生效。 因董事被股东大会罢免、死亡、独立董事丧失独立性辞职,或者存在其他不能履行董事职责的情况,导致董事会人数低于公司法规定的最低人数或董事会表决所需最低人数时,董事会职权应当由股东大会行使,直至董事会人数符合要求。 第 30 条　董事任期届满,或董事会人数低于公司法规定的最低人数或公司章程规定人数的 2/3 时,银行保险机构应当及时启动董事选举程序,召开股东大会选举董事
	5. 董事权利义务规定不明确	《保险公司董事会运作指引》(2020 年修正) 第 28 条　董事应当严格遵循《公司法》第 21 条、第 148 条、第 149 条及其他相关条文对董事忠实义务的规定,不得利用其在公司的职权谋取不正当利益。 第 29 条　董事对保险公司负有勤勉义务。 董事应当保证有足够的时间和精力谨慎、勤勉地履行职责。 董事应当持续关注公司经营管理状况,按时参加董事会会议。 《关于规范保险公司治理结构的指导意见(试行)》 第 2 条第 2 款　强化董事职责 1. 董事应当具有良好的品行和声誉,具备与其职责相适应的专业知识和企业管理经验。 2. 董事应当诚信勤勉,持续关注公司经营管理状况,保证有足够的时间履行职责。 3. 董事应当并有权要求管理层全面、及时、准确地提供反映公司经营管理情况的各种资料或就相关问题作出说明。 4. 董事应当对董事会决议事项进行充分审查,在审慎判断的基础上独立作出表决。 5. 董事会决议违反法律法规或公司章程,致使公司遭受严重损失的,投赞成票和弃权票的董事应当依法承担责任。 6. 董事会应当每年将董事的尽职情况向股东大会报告,并同时报送保监会

续表

分类	违法行为表现形式	违反的法律法规规范性文件
四、董事管理不规范		《银行保险机构公司治理准则》 第31条　银行保险机构董事履行如下职责或义务： （1）持续关注公司经营管理状况，有权要求高级管理层全面、及时、准确地提供反映公司经营管理情况的相关资料或就有关问题作出说明； （2）按时参加董事会会议，对董事会审议事项进行充分审查，独立、专业、客观地发表意见，在审慎判断的基础上独立作出表决； （3）对董事会决议承担责任； （4）对高级管理层执行股东大会、董事会决议情况进行监督； （5）积极参加公司和监管机构等组织的培训，了解董事的权利和义务，熟悉有关法律法规及监管规定，持续具备履行职责所需的专业知识和能力； （6）在履行职责时，对公司和全体股东负责，公平对待所有股东； （7）执行高标准的职业道德准则，并考虑利益相关者的合法权益； （8）对公司负有忠实、勤勉义务，尽职、审慎履行职责，并保证有足够的时间和精力履职； （9）遵守法律法规、监管规定和公司章程
	6.董事未认真履职，一年累积两次或者多次未亲自出席董事会，公司未发出书面提示	《保险公司董事会运作指引》（2020年修正） 第29条　董事对保险公司负有勤勉义务。 董事应当保证有足够的时间和精力谨慎、勤勉地履行职责。 董事应当持续关注公司经营管理状况，按时参加董事会会议。 第30条　董事连续2次未亲自出席，也不委托其他董事出席董事会会议的，视为不能履行职责，董事会、监事会或者股东应当提请股东大会予以撤换。 董事一年内2次未亲自出席董事会会议的，公司应当向其发出书面提示。 独立董事在一届任期之内2次被提示的，不得连任。独立董事在第二届任期内存在前述情形的，不得受聘担任其他保险公司独立董事。 第62条　对需要以董事会决议的方式审议通过，但董事之间交流讨论的必要性不大的议案，可以采取通讯表决的方式进行。通讯表决的通知和送达等内容，由公司章程或议事规则予以明确。 涉及利润分配方案、薪酬方案、重大投资及资产处置、聘任及解聘高管人员以及其他涉及公司风险管理的议案，不得采用通讯表决方式召开会议。具体范围由公司章程或议事规则予以明确。 《银行保险机构公司治理准则》 第32条　董事应当每年至少亲自出席2/3以上的董事会现场会议；因故不能亲自出席的，可以书面委托其他董事代为出席，但独立董事不得委托非独立董事代为出席。 一名董事原则上最多接受两名未亲自出席会议董事的委托。在审议关联交易事项时，非关联董事不得委托关联董事代为出席
	7.未建立董事尽职考核评价制度，未按照规定对董事进行尽职考核评价和报告	《银行保险机构公司治理准则》 第32条　保险公司应当建立董事尽职考核评价制度，规范董事尽职考核评价的主体、方式、内容、标准和程序。 董事会应当每年对董事进行尽职考核评价，并向股东大会和监事会提交董事尽职报告。 第33条　董事尽职报告包括以下内容： （1）董事出席董事会会议的情况，包括未亲自出席会议的次数及原因； （2）董事在董事会上的表决情况和发表意见的情况，包括投弃权或者反对票的情况及原因； （3）董事为了解公司经营管理状况所做的工作及向公司反馈的意见； （4）董事参加培训的情况； （5）董事为改善公司经营管理所做的其他工作及公司认为应当考核评价的其他内容

续表

分类	违法行为表现形式	违反的法律法规规范性文件
四、董事管理不规范	8.董事长期未换届,董事人数不足,未按期召开董事会	《公司法》(2018 年修订) 第 45 条　董事任期由公司章程规定,但每届任期不得超过 3 年。董事任期届满,连选可以连任。 董事任期届满未及时改选,或者董事在任期内辞职导致董事会成员低于法定人数的,在改选出的董事就任前,原董事仍应当依照法律、行政法规和公司章程的规定,履行董事职务。 第 108 条　股份有限公司设董事会,其成员为 5 人至 19 人…… 第 110 条　董事会每年度至少召开两次会议,每次会议应当于会议召开 10 日前通知全体董事和监事。 代表 1/10 以上表决权的股东、1/3 以上董事或者监事会,可以提议召开董事会临时会议。董事长应当自接到提议后 10 日内,召集和主持董事会会议。 董事会召开临时会议,可以另定召集董事会的通知方式和通知时限
	9.董事会未完成换届,未在第一届董事会任期届满前 3 个月按要求启动换届工作,未及时向(原)保监会报告	《保险公司董事会运作指引》(2020 年修正) 第 6 条　董事会任期届满前 3 个月,董事会秘书应当以书面形式通知各位董事,董事长应当启动董事会换届程序。董事会秘书应当向有董事提名权的股东或其他提名人发出通知,通知内容包括现有董事会人员名单、本届董事会任期起止时间、提名规则与截止时间等。 第 11 条　由于股东资质不符合要求、股权交易纠纷或不可抗力等原因,可能导致董事会任期届满无法按时改选的,保险公司董事会秘书应当及时向中国保监会报告
	10.董事辞职报告不规范	《保险公司董事会运作指引》(2020 年修正) 第 13 条　董事在任期届满前提出辞职的,应当向董事会提交书面辞职报告,并有义务在辞职报告中对其他董事和股东应当注意的情况进行说明。 董事会秘书应当及时将董事辞职的情况通知其他董事和公司股东
	11.未制定出台董事信息报送制度	《保险公司董事会运作指引》(2020 年修正) 第 25 条　公司应当建立向董事的信息报送制度,规范信息报送的内容、频率、方式、责任主体、保密制度等,使董事能够充分了解公司的经营管理情况。 董事可以对公司进行调研,及时了解公司的财务、内控、合规、风险管理及其他经营情况
五、独立董事管理不规范	1.独立董事人数不符合监管规定	《保险机构独立董事管理办法》(2020 年修正) 第 5 条　保险机构董事会独立董事人数应当至少为 3 名,并且不低于董事会成员总数的 1/3。 保险机构存在出资额或者持股占保险机构注册资本或股本总额 50% 以上控股股东的,其独立董事占董事会成员的比例必须达到 1/2 以上。 存在第 2 款所述控股股东的保险机构,其公司治理评价在董事会换届前 2 年连续为优秀的,其下一届董事会(3 年)独立董事占比可以不受本条第 2 款规定限制。公司治理评价未能达到上述要求的,应当主动调整独立董事人数至占董事会成员比例 1/2 以上。 鼓励公司治理结构健全、公司治理运行规范的保险机构逐步增加独立董事人数,提高独立董事占比。 《银行保险机构公司治理准则》 第 33 条　独立董事是指在所任职的银行保险机构不担任除董事以外的其他职务,并与银行保险机构及其股东、实际控制人不存在可能影响其对公司事务进行独立、客观判断关系的董事。 第 34 条　银行保险机构应当建立独立董事制度,独立董事人数原则上不低于董事会成员总数 1/3。 第 35 条　单独或者合计持有银行保险机构有表决权股份总数 1% 以上股东、董事会提名委员会、监事会可以提出独立董事候选人。已经提名非独立董事的股东及其关联方不得再提名独立董事

续表

<table>
<tr><th>分类</th><th>违法行为表现形式</th><th>违反的法律法规规范性文件</th></tr>
<tr><td rowspan="3">五、独立董事管理不规范</td><td>1. 独立董事人数不符合监管规定</td><td>第 36 条　独立董事在一家银行保险机构累计任职不得超过 6 年。
第 37 条　独立董事应当保证有足够的时间和精力有效履行职责,一名自然人最多同时在五家境内外企业担任独立董事。同时在银行保险机构担任独立董事的,相关机构应当不具有关联关系,不存在利益冲突。
一名自然人不得在超过两家商业银行同时担任独立董事,不得同时在经营同类业务的保险机构担任独立董事。
第 38 条　独立董事辞职导致董事会中独立董事人数占比少于 1/3 的,在新的独立董事就任前,该独立董事应当继续履职,因丧失独立性而辞职和被罢免的除外</td></tr>
<tr><td>2. 独立董事任免不符合监管要求</td><td>《关于规范保险公司治理结构的指导意见(试行)》
第 2 条第 3 款第 1 项　独立董事的任免。
与保险公司或控股股东、实际控制人存在可能影响其对公司事务进行独立客观判断关系的人士,不得担任独立董事。独立董事应当就其独立性及尽职承诺作出公开声明。
保险公司董事会应当至少有两名独立董事,并逐步使独立董事占董事会成员的比例达到 1/3 以上。
除失职及其他不适宜担任职务的情形外,独立董事在任期届满前不得被免职。独立董事辞职或者因特殊原因被提前免职的,保险公司应当向中国保监会说明情况,独立董事可以向保监会陈述意见。
《保险公司独立董事管理办法》
第 14 条　保险机构应当在章程中明确独立董事人数、产生、罢免及换届机制。
第 15 条　独立董事可以通过下列方式提名:
(1)单独或者合计持有保险机构 3% 以上出资额或股份的股东提名;
(2)董事会提名薪酬委员会提名;
(3)监事会提名;
(4)银保监会认可的其他方式。
持有保险机构 1/3 以上出资额或股份的股东及其关联股东、一致行动人不得提名独立董事。
保险集团(控股)公司、保险公司作为保险机构出资额或持股 1/3 以上股东,可以不受前款规定限制。
董事会提名薪酬委员会、监事会提名独立董事的,应当通过会议决议方式做出。
第 16 条　独立董事提名人在提名前应当取得被提名人同意,并应当详细了解被提名人的职业、职称、学历、专业知识、工作经历、全部兼职、过往担任独立董事履职情况及其近亲属、主要社会关系等情况,并应当就被提名人的独立性和资格出具书面意见。
独立董事被提名人应向提名人提交证明其符合独立性和其他资格要求的书面声明和证明文件。
第 17 条　独立董事候选人在提交股东(大)会选举前,应当履行董事会提名薪酬委员会审查程序。
对于非经董事会提名薪酬委员会提名的独立董事候选人,提名薪酬委员会应当就提名人资格、候选人资格、提名程序等是否符合本办法及公司章程规定进行审查,并向董事会提交是否符合要求的审查意见。
第 18 条　独立董事由股东(大)会选举产生。
保险机构单个股东(关联股东或一致行动人合计)持股比例超过 50% 的,股东(大)会选举独立董事时,应当实行累积投票制</td></tr>
<tr><td>3. 公司对独立董事表决事项规定不明确不完整,有意规避或者限缩独立董事表决范围</td><td>《关于规范保险公司治理结构的指导意见(试行)》
第 2 条第 3 款第 2 项　独立董事的权责。
对保险公司的高管人员任免及薪酬激励措施、重大关联交易以及其他可能对被保险人或中小股东权益产生重大影响的事项,独立董事应当认真审查并向董事会提交书面意见</td></tr>
</table>

续表

分类	违法行为表现形式	违反的法律法规规范性文件
五、独立董事管理不规范	3. 公司对独立董事表决事项规定不明确不完整,有意规避或者限缩独立董事表决范围	董事会不接受独立董事意见的,半数以上且不少于两名独立董事可以向董事会提议召开临时股东大会。董事会不同意召开临时股东大会或股东大会不接受独立董事意见的,独立董事应当向中国保监会报告。 半数以上且不少于两名独立董事认为有必要的,可以聘请外部审计机构提供审计意见,费用由保险公司承担。 《保险公司独立董事管理办法》 第 26 条　独立董事应当诚信、独立、勤勉履行职责,切实维护保险机构、保险消费者和中小股东的合法权益,不受保险机构主要股东、实际控制人、管理层或者其他与保险机构存在重大利害关系的单位或者个人的影响。 第 27 条　独立董事应当对股东(大)会或者董事会讨论事项发表客观、公正的独立意见,尤其应当就以下事项向董事会或者股东(大)会发表意见: (1)重大关联交易; (2)董事的提名、任免以及高级管理人员的聘任和解聘; (3)董事和高级管理人员的薪酬; (4)利润分配方案; (5)非经营计划内的投资、租赁、资产买卖、担保等重大交易事项; (6)其他可能对保险机构、保险消费者和中小股东权益产生重大影响的事项; (7)法律法规、监管规定或者公司章程约定的其他事项。 独立董事对上述事项投弃权或反对票的,或者认为发表意见存在障碍的,应当向保险机构提交书面意见,并向银保监会报告。独立董事的书面意见应当存入会议档案。 第 28 条　除具有《公司法》和其他法律法规、监管规定及公司章程赋予董事的职权外,独立董事享有如下特别职权: (1)对重大关联交易的公允性、内部审查程序执行情况以及对保险消费者权益的影响进行审查,所审议的关联交易存在问题的,独立董事应当出具书面意见。2 名以上独立董事认为有必要的,可以聘请中介机构出具独立财务顾问报告,作为判断的依据; (2)1/2 以上且不少于 2 名独立董事可以向董事会提请召开临时股东(大)会; (3)2 名以上独立董事可以提议召开董事会; (4)独立聘请外部审计机构和咨询机构; (5)法律法规、监管规定及公司章程约定的其他职权。 第 30 条　董事会决议事项可能损害保险机构、保险消费者或者中小股东利益,董事会不接受独立董事意见的,1/2 以上且不少于 2 名独立董事可以向董事会提请召开临时股东(大)会。 董事会不同意召开临时股东(大)会的,独立董事应当向银保监会报告。 《银行保险机构公司治理准则》第 39 条　独立董事应当对股东大会或者董事会审议事项发表客观、公正的独立意见,尤其应当就以下事项向股东大会或董事会发表意见: (1)重大关联交易; (2)董事的提名、任免以及高级管理人员的聘任和解聘; (3)董事和高级管理人员的薪酬; (4)利润分配方案; (5)聘用或解聘为公司财务报告进行定期法定审计的会计师事务所; (6)其他可能对银行保险机构、中小股东、金融消费者合法权益产生重大影响的事项; (7)法律法规、监管规定或者公司章程规定的其他事项
	4. 对独立董事知情权保障不足	《保险公司独立董事管理办法》(2020 年修正) 第 31 条　保险机构应当保证独立董事的知情权,为独立董事提供履行职责所必需的工作条件。 第 33 条　独立董事享有与其他董事同等的知情权。 保险机构应当及时完整地向独立董事提供参与决策的必要信息。独立董事认为据以作出决策的资料不充分时,可以要求保险机构补充。2 名以上独立董事认为补充资料仍不充分时,可联名要求延期审议相关议题,董事会应当采纳

续表

分类	违法行为表现形式	违反的法律法规规范性文件
五、独立董事管理不规范	4. 对独立董事知情权保障不足	第 34 条　保险机构应当建立面向董事的信息报送制度,持续为独立董事提供履职所需的相关信息,协助独立董事及时了解保险机构及行业发展动态信息,包括: (1)保险机构业务状况、财务状况、管理层重要经营决策、董事会及股东(大)会决议执行情况等保险机构经营管理相关的信息; (2)反映市场状况和行业发展情况的信息; (3)与保险机构发展相关的法律法规和监管政策信息; (4)银保监会组织实施的重大监管行动信息; (5)独立董事要求提供的与履职相关的其他信息。 《银行保险机构公司治理准则》 第 40 条　独立董事享有与其他董事同等的知情权,银行保险机构应当保障独立董事的知情权,及时完整地向独立董事提供参与决策的必要信息,并为独立董事履职提供必需的工作条件
	5. 对独立董事诚信、独立、勤勉,董事会未确立独立董事履职标准,独立董事尽职考核评价制度不明确。董事会未对董事进行尽职考核评价,未向股东大会提交董事尽职报告。未向股东大会提交独立董事尽职报告,未向监管部门报告独立董事评价考核结果	《保险公司独立董事管理办法》(2020 年修正) 第 38 条　独立董事应当每年向股东(大)会提交尽职报告。尽职报告主要包括: (1)参加会议情况,包括未亲自出席会议的次数及原因; (2)发表意见情况,包括投弃权或反对票的情况及原因,无法发表意见的情况及原因; (3)为了解保险机构经营管理状况所做的工作,包括开展现场调研、专项调查、与管理层工作沟通等; (4)履职过程中存在的障碍,包括未能保障独立董事知情权的情况、履职受到干扰或阻碍的情况,以及独立董事向董事会和管理层提出工作意见和建议未被采纳的情况; (5)年度工作自我评价,包括是否持续保持独立性的自我评价、是否存在未尽独立董事职责的情况、参加培训的情况; (6)对董事会及管理层工作的评价; (7)独立董事认为应当提请股东(大)会关注的其他事项。 保险机构应当于每年 5 月 15 日前将独立董事尽职报告报银保监会。 第 39 条　保险机构应当建立健全独立董事履职年度评价机制,建立相应的评价程序、评价标准和评价结果等级,对独立董事履职进行客观公正的评价。 独立董事履职年度评价可以划分为优秀、良好、合格和不合格四种评价结果。 独立董事在评价年度内连续 2 次未亲自出席董事会会议、被采取监管措施或受到监管处罚的,其年度评价结果不得为优秀或良好。 第 40 条　保险机构董事会负责组织对独立董事的履职评价工作。 对独立董事的履职评价应当结合独立董事尽职报告,并分别征求董事会其他成员、监事会成员和总经理的意见,董事会形成独立董事履职评价初步结果后,应当提交股东(大)会审议。 独立董事履职评价结果应当与独立董事尽职报告一并报银保监会备案。 保险机构应当将独立董事履职情况及评价结果在独立董事人才库进行公开披露。 《银行保险机构公司治理准则》 第 41 条　独立董事应当诚信、独立、勤勉履行职责,切实维护银行保险机构、中小股东和金融消费者的合法权益,不受股东、实际控制人、高级管理层或者其他与银行保险机构存在重大利害关系的单位或者个人的影响。 银行保险机构出现公司治理机制重大缺陷或公司治理机制失灵的,独立董事应当及时将有关情况向监管机构报告。独立董事除按照规定向监管机构报告有关情况外,应当保守银行保险机构秘密
	6. 独立董事未认真履职,一年累积两次或者多次未亲自出席董事会,公司未发出书面提示	《保险公司独立董事管理办法》(2020 年修正) 第 35 条　独立董事应当亲自出席董事会会议和所任职董事会专业委员会会议,列席股东(大)会。 独立董事因故不能亲自出席董事会会议的,应当书面委托其他独立董事代为出席。 独立董事 1 年内 2 次未亲自出席董事会会议的,保险机构应当向其发出书面提示。 独立董事连续 3 次未亲自出席董事会会议的,视为不履行职责,保险机构应当在 3 个月内召开股东(大)会免除其职务并选举新的独立董事。 独立董事在一届任期内 2 次被提示的,不得连任

续表

分类	违法行为表现形式	违反的法律法规规范性文件
五、独立董事管理不规范	6. 独立董事未认真履职，一年累积两次或者多次未亲自出席董事会，公司未发出书面提示	独立董事因未亲自出席会议被免职或者存在不得连任情形的，自事实发生之日起3年内不得受聘担任其他保险机构独立董事。 《银行保险机构公司治理准则》 第42条　独立董事连续3次未亲自出席董事会会议的，视为不履行职责，银行保险机构应当在3个月内召开股东大会罢免其职务并选举新的独立董事
	7. 独立董事资格不符合监管要求或者未取得高管任职资格就开始履职，或者未出具独立性申明；独立董事辞职或者免职程序不符合监管要求	《保险公司独立董事管理办法》(2020年修正) 第12条　独立董事正式任职前，应当取得银保监会的任职资格核准。 拟任独立董事获得银保监会任职资格核准后，应当在银保监会指定的媒体和保险机构官方网站公布拟任独立董事任职声明，表明独立性并承诺勤勉尽职，保证具有足够的时间和精力履行职责。任职声明应当报银保监会备案。 对保险机构拟任独立董事声明的独立性和其他条件有异议的，可以向银保监会反映。 第23条　对独立董事的免职决议应当由股东会代表2/3以上表决权的股东通过，或股东大会出席会议股东所持表决权2/3以上通过。 在股东(大)会召开前至少15天，保险机构应当书面通知该独立董事，告知其免职理由和相应的权利。被提议免职的独立董事在股东(大)会表决前有权向会议做出申辩和陈述。 第24条　保险机构应当在股东(大)会作出免职决议后5个工作日内，将免职理由、独立董事的申辩和陈述等有关情况，以书面形式向银保监会报告
六、董事会运作不规范	1. 董事会职责范围不全面、不完善、存在漏项	《保险公司董事会运作指引》(2020年修正) 第39条　董事会职权由公司章程依据法律、行政法规、监管规定和公司实际明确规定。董事会职权由董事会集体行使。 董事会法定职权原则上不得授予董事长、董事或其他个人及机构行使。某些具体决策事项确有必要授权的，应当通过董事会决议的方式依法进行。授权应当一事一授，不得将董事会职权笼统或永久授予其他机构或个人行使。 董事会的法定职权不得以章程、股东大会决议等方式予以变更或者剥夺
		《银行保险机构公司治理准则》 第44条　董事会对股东大会负责，董事会职权由公司章程根据法律法规、监管规定和公司情况明确规定。 除公司法规定的职权外，银行保险机构董事会职权至少应当包括： (1)制订公司增加或者减少注册资本、发行债券或者其他证券及上市的方案； (2)制订公司重大收购、收购本公司股份或者合并、分立、解散及变更公司形式的方案； (3)按照监管规定，聘任或者解聘高级管理人员，并决定其报酬、奖惩事项，监督高级管理层履行职责； (4)依照法律法规、监管规定及公司章程，审议批准公司对外投资、资产购置、资产处置与核销、资产抵押、关联交易、数据治理等事项； (5)制定公司发展战略并监督战略实施； (6)制定公司资本规划，承担资本或偿付能力管理最终责任； (7)制定公司风险容忍度、风险管理和内部控制政策，承担全面风险管理的最终责任； (8)负责公司信息披露，并对会计和财务报告的真实性、准确性、完整性和及时性承担最终责任； (9)定期评估并完善银行保险机构公司治理； (10)制订章程修改方案，制订股东大会议事规则、董事会议事规则，审议批准董事会专门委员会工作规则； (11)提请股东大会聘用或者解聘为公司财务报告进行定期法定审计的会计师事务所； (12)维护金融消费者和其他利益相关者合法权益； (13)建立银行保险机构与股东特别是主要股东之间利益冲突的识别、审查和管理机制； (14)承担股东事务的管理责任；

续表

分类	违法行为表现形式	违反的法律法规规范性文件
六、董事会运作不规范	1. 董事会职责范围不全面、不完善、存在漏项	(15)公司章程规定的其他职权。 董事会职权由董事会集体行使。公司法规定的董事会职权原则上不得授予董事长、董事、其他机构或个人行使。某些具体决策事项确有必要授权的,应当通过董事会决议的方式依法进行。授权应当一事一授,不得将董事会职权笼统或永久授予其他机构或个人行使。 第 45 条　银行保险机构董事会应当建立并践行高标准的职业道德准则。职业道德准则应当符合公司长远利益,有助于提升公司的可信度与社会声誉,能够为各治理主体间存在利益冲突时提供判断标准
	2. 董事会成员中没有专业背景的人员	《保险公司董事会运作指引》(2020 年修正) 第 38 条第 6 款　董事会成员中应当有财务和法律方面的专业人士。鼓励保险公司聘用精算专业人士担任董事
		《保险机构独立董事管理办法》(银保监发〔2018〕35 号) 第 6 条　保险机构应当结合保险行业特点和自身发展阶段特点,选择具有财务、会计、金融、保险、精算、投资、风险管理、审计、法律等专业背景或经历的人士担任独立董事,不断优化董事会专业结构,提高董事会专业委员会运作效能
	3. 董事会未确立董事履职标准,董事尽职考核评价制度不明确。董事会未对董事进行尽职考核评价,未向股东大会提交董事尽职报告,未向股东大会提交独立董事尽职报告,未向监管部门报告独立董事评价考核结果	《保险公司董事会运作指引》(2020 年修正) 第 32 条　保险公司应当建立董事尽职考核评价制度,规范董事尽职考核评价的主体、方式、内容、标准和程序。 董事会应当每年对董事进行尽职考核评价,并向股东大会和监事会提交董事尽职报告。 第 33 条　董事尽职报告包括以下内容: (1)董事出席董事会会议的情况,包括未亲自出席会议的次数及原因; (2)董事在董事会上的表决情况和发表意见的情况,包括投弃权或者反对票的情况及原因; (3)董事为了解公司经营管理状况所做的工作及向公司反馈的意见; (4)董事参加培训的情况; (5)董事为改善公司经营管理所做的其他工作及公司认为应当考核评价的其他内容。 《银行保险机构公司治理准则》 第 45 条　银行保险机构董事会应当建立并践行高标准的职业道德准则。职业道德准则应当符合公司长远利益,有助于提升公司的可信度与社会声誉,能够为各治理主体间存在利益冲突时提供判断标准
	4. 董事违法兼职	《银行保险机构公司治理准则》 第 46 条　银行保险机构董事会由执行董事、非执行董事(含独立董事)组成。 执行董事是指在银行保险机构除担任董事外,还承担高级管理人员职责的董事。 非执行董事是指在银行保险机构不担任除董事外的其他职务,且不承担高级管理人员职责的董事
	5. 董事、独立董事人数与章程规定不一致,或者董事会人数无法达到章程规定要求	《保险公司董事会运作指引》(2020 年修正) 第 38 条　董事会人数应当符合《公司法》和公司章程的规定。鼓励保险公司建立由 7 至 13 名董事组成的专业、高效的董事会。 董事会由执行董事、非执行董事和独立董事构成,其比例由公司章程规定。 《银行保险机构公司治理准则》 第 47 条　银行保险机构董事会人数至少为 5 人。 银行保险机构应当在公司章程中明确规定董事会构成,包括执行董事、非执行董事(含独立董事)的人数。董事会人数应当具体、确定
	6. 董事长选举产生程序未明确	《保险公司董事会运作指引》(2020 年修正) 第 18 条　董事长和副董事长由公司全体董事的过半数选举产生和罢免。 《银行保险机构公司治理准则》 第 48 条　董事会设董事长一人,可以设副董事长。董事长和副董事长由全体董事过半数选举产生

续表

分类	违法行为表现形式	违反的法律法规规范性文件
六、董事会运作不规范	7. 未制定董事会年度会议计划或者定期会议召开次数不符合要求	《保险公司董事会运作指引》(2020 年修正) 第 43 条 为保证董事能按时出席董事会会议,提高会议决策效率和质量,董事会秘书可以于每年第四季度拟定下一年度董事会会议计划,对下一年度董事会定期会议召开的大致时间、常规议题等进行规划,并将计划通过公司网站、办公系统或其他方式告知公司董事、监事、高级管理人员及其他相关人员。 有董事会提案权的机构或个人以及负责提案工作的部门、中介机构和相关单位,可以根据董事会会议计划的安排,提前做好提案的提出和准备工作。 《银行保险机构公司治理准则》 第 49 条 董事会会议分为定期会议和临时会议。定期会议每年度至少召开 4 次,每次会议应当至少于会议召开 10 日前通知全体董事和监事。 有下列情形之一的,银行保险机构应当召开董事会临时会议: (1)代表 1/10 以上表决权的股东提议时; (2)1/3 以上董事提议时; (3)两名以上独立董事提议时; (4)监事会提议时; (5)董事长认为有必要的。 银行保险机构应当制定董事会议事规则。董事会议事规则应当由董事会制订,股东大会批准
	8. 董事会管理不规范、不达法定人数,董事会采用通讯表决方式召开会议,审议重大投资及资产处置、聘任及解聘高管人员以及其他涉及公司风险管理的事项	《保险公司董事会运作指引》(2020 年修正) 第 62 条 对需要以董事会决议的方式审议通过,但董事之间交流讨论的必要性不大的议案,可以采取通讯表决的方式进行。通讯表决的通知和送达等内容,由公司章程或议事规则予以明确。 涉及利润分配方案、薪酬方案、重大投资及资产处置、聘任及解聘高管人员以及其他涉及公司风险管理的议案,不得采用通讯表决方式召开会议。具体范围由公司章程或议事规则予以明确。 《银行保险机构公司治理准则》 第 50 条 董事会会议应有过半数的董事出席方可举行。 董事会决议可以采用现场会议表决和书面传签表决两种方式作出。 董事会表决实行一人一票。董事会作出决议,必须经全体董事过半数通过。 利润分配方案、薪酬方案、重大投资、重大资产处置方案、聘任或解聘高级管理人员、资本补充方案等重大事项不得采取书面传签方式表决,并且应当由 2/3 以上董事表决通过
	9. 董事会档案管理不规范、董事会会议记录不完整、存在档案部分缺失、所有会议档案中均无董事会会议原始记录、档案中股东签名页为复印件、缺少发言记录、董事委托出席、缺席等情况。公司治理档案管理混乱、存在造假嫌疑。公司股东大会、董事会会议档案使用文件夹散装保存,未按每次会议单独装订成册,未连续编号。公司治理档案要件不齐。档案中未包含会议通知及董事的签收回执,材料中仅有会议记录,未将董事会议案等具体材料一并保存管理。股东大会、董事会签字页管理不规范	《保险公司董事会运作指引》(2020 年修正) 第 76 条 公司应当制作董事会会议记录,出席会议的董事应当在会议记录上签名。董事对会议记录有不同意见的,可以在签字时附加说明。 鼓励公司同时采取录音、录像等方式记录董事会会议情况。 第 77 条 董事会会议记录包括以下内容: (1)会议召开的时间、地点、方式和主持人; (2)董事出席、委托出席、缺席的情况,会议列席人员; (3)会议议程; (4)董事发言要点; (5)每一决议事项的表决方式和结果,包括投弃权和反对票的董事姓名; (6)列席会议的监事的意见; (7)其他需要记录的情况。 第 78 条 公司应当制作董事会会议档案。档案材料包括会议通知及董事的签收回执、会议签到簿、董事代为出席的授权委托书、会议材料、董事签字确认的会议记录、会议录音录像资料等。 每次董事会会议档案应当单独装订成册,按照董事会会议名称连续编号。会议档案由公司永久保存

续表

分类	违法行为表现形式	违反的法律法规规范性文件
六、董事会运作不规范	10. 董事会召开次数不符合规定	《保险公司董事会运作指引》(2020 年修正) 第 42 条　董事会会议分为定期会议和临时会议。定期会议每年至少召开 4 次。会议名称按照董事会届数和会议次序命名,定期会议和临时会议连续编号。 《银行保险机构公司治理准则》 第 51 条　董事会应当将现场会议所议事项的决定作成会议记录,出席会议的董事应当在会议记录上签名。董事对会议记录有不同意见的,可以在签字时附加说明。会议记录保存期限为永久。 银行保险机构应当采取录音、录像等方式记录董事会现场会议情况
	11. 未保障董事、董事会、监事会的知情权	《银行保险机构公司治理准则》 第 52 条　银行保险机构应当及时将监管机构对公司的监管意见及公司整改情况向董事、董事会、监事、监事会通报
	12. 董事会秘书资格不符合要求或者长期缺位	《保险公司董事会运作指引》(2020 年修正) 第 80 条　保险公司应当设董事会秘书。 董事会秘书为公司的高级管理人员,对公司和董事会负责。 第 81 条　董事会秘书由董事长提名,董事会聘任。董事会秘书任职前,应当取得中国保监会的任职资格核准。除董事长、总经理外的董事或高级管理人员可以兼任董事会秘书。 监事不得兼任公司董事会秘书。 《银行保险机构公司治理准则》第 53 条　银行保险机构应当设立董事会秘书。董事会秘书由董事长提名,董事会聘任和解聘,对董事会负责
	13. 董事会会议通知未预留时间,或者通知要素不完整	《保险公司董事会运作指引》(2020 年修正) 第 53 条　公司召开董事会定期会议的,应当于会议召开 10 日前,将会议通知以书面方式送达董事,同时通知列席会议的监事。会议通知同时以书面和电子邮件的方式报告中国保监会。报告邮箱:cg@ circ. gov. cn。 公司应当在章程或董事会议事规则中明确董事会临时会议的通知方式和通知时限。公司召开董事会临时会议的,应当在向董事发出会议通知的同时,以前款规定的方式报告中国保监会。时间紧急的,可以先以电话方式报告。 第 54 条　董事会会议通知包括以下内容: (1)会议召开时间、地点和方式; (2)会议召集人; (3)会议提案; (4)联系人和联系方式; (5)发出通知的日期。 会议资料迟于通知发出的,公司应给董事以足够的时间熟悉相关材料
	14. 董事会定期会议通知未在会议召开前 10 日以书面或电子邮件方式报告保监会,董事会决议未在 30 日内报告保监会	《保险公司董事会运作指引》(2020 年修正) 第 53 条　公司召开董事会定期会议的,应当于会议召开 10 日前,将会议通知以书面方式送达董事,同时通知列席会议的监事。会议通知同时以书面和电子邮件的方式报告中国保监会。报告邮箱:cg@ circ. gov. cn。 公司应当在章程或董事会议事规则中明确董事会临时会议的通知方式和通知时限。公司召开董事会临时会议的,应当在向董事发出会议通知的同时,以前款规定的方式报告保监会。时间紧急的,可以先以电话方式报告。 第 54 条　董事会会议通知包括以下内容: (1)会议召开时间、地点和方式; (2)会议召集人; (3)会议提案; (4)联系人和联系方式; (5)发出通知的日期。 会议资料迟于通知发出的,公司应给董事以足够的时间熟悉相关材料。 第 74 条　公司应当在每次董事会会议后 30 日内,将会议决议以书面和电子邮件的形式报告中国保监会。会议决议应当包括以下内容: (1)会议召开的时间、地点、方式和主持人;

续表

分类	违法行为表现形式	违反的法律法规规范性文件
		(2)董事出席、委托出席、缺席的情况,会议列席人员; (3)每一决议事项的表决方式和结果,包括投弃权和反对票的董事姓名
七、董事会专业委员会运作不规范	1. 未按照规定成立或运作董事会专业委员会	《银行保险机构公司治理准则》 第55条　银行保险机构董事会应当根据法律法规、监管规定和公司情况,单独或合并设立专门委员会,如战略、审计、提名、薪酬、关联交易控制、风险管理、消费者权益保护等专门委员会。 保险公司董事会应当根据监管规定设立资产负债管理委员会。 第56条　专门委员会成员由董事组成,应当具备与专门委员会职责相适应的专业知识或工作经验。 审计、提名、薪酬、风险管理、关联交易控制委员会中独立董事占比原则上不低于1/3,审计、提名、薪酬、关联交易控制委员会应由独立董事担任主任委员或负责人。审计委员会成员应当具备财务、审计、会计或法律等某一方面的专业知识和工作经验。 第57条　董事会专门委员会议事规则和工作程序由董事会制定。各专门委员会可以制定年度工作计划并定期召开会议。 《保险公司发展规划管理指引》(保监发〔2013〕18号) 第5条　保险公司应当建立由董事会负责的发展规划工作机制,完善组织架构,建立管理制度,明确工作职责。 保险公司董事长领导发展规划工作。董事会发展规划委员会(或其他专业委员会)负责发展规划的制定、实施、修改、评估等工作。 保险公司监事会对发展规划的制定、实施和评估等工作进行内部监督。 保险公司总经理负责发展规划的组织实施。保险公司应当设置专职部门或指定相关部门,在董事会和总经理的领导下承担发展规划相关具体工作
	2. 董事会审计委员会和提名薪酬委员会运作不规范,未召开现场会议、未召开定期会议;未正常履职,没有制作会议记录;成员人数不符合规定;审计委员会委员、提名与薪酬委员会委员在公司管理层任职	《关于规范保险公司治理结构的指导意见(试行)》 第2条第4款　为切实提高董事会决策效率和水平,保险公司至少应当在董事会下设审计委员会和提名薪酬委员会。 1. 审计委员会 审计委员会由3名以上不在管理层任职的董事组成,独立董事担任主任委员。审计委员会成员应当具备与其职责相适应的财务和法律等方面的专业知识。 审计委员会负责定期审查内部审计部门提交的内控评估报告、风险管理部门提交的风险评估报告以及合规管理部门提交的合规报告,并就公司的内控、风险和合规方面的问题向董事会提出意见和改进建议。审计委员会负责提名外部审计机构。 2. 提名薪酬委员会 提名薪酬委员会由3名以上不在管理层任职的董事组成,独立董事担任主任委员。 提名薪酬委员会负责审查董事及高管人员的选任制度、考核标准和薪酬激励措施;对董事及高管人员的人选进行审查并向董事会提出建议;对高管人员进行绩效考核并向董事会提出意见。 提名薪酬委员会应当使保险公司高管人员薪酬激励措施与公司经营效益和个人业绩相适应
	3. 审计委员会履职不到位,合规与审计委员会未对内控评估报告、风险评估报告以及合规报告进行定期审查,未对内控、风险和合规方面的问题向董事会提出意见和改进建议,未向董事会报告审计工作情况并通报管理层和监事会	《保险机构内部审计工作规范》(保监发〔2015〕113号) 第15条　保险机构应在董事会下设审计委员会。审计委员会成员由不少于3名不在管理层任职的董事组成。已建立独立董事制度的,应当由独立董事担任审计委员会主任委员会。 第16条　保险机构董事会审计委员会在内部审计工作中履行的职责,包括但不限于: (1)审核保险机构内部审计管理制度并向董事会提出建议。 (2)指导保险机构内部审计有效运作,审核保险机构内部审计计划、内部审计预算和人力资源计划,并向董事会提出建议,董事会审议通过后负责管理实施。 (3)审阅内部审计工作报告,评估内部审计工作的结果,督促重大问题的整改。 (4)评估审计责任人工作并向董事会提出意见,至少每季度一次听取审计责任人关于审计工作进展情况的报告

续表

分类	违法行为表现形式	违反的法律法规规范性文件
七、董事会专业委员会运作不规范	4. 提名薪酬委员会未对公司董事、高管人员的选任制度进行审查	《保监会董事会运作指引》(2020 年修正) 第 8 条　董事会提名薪酬委员会根据法律、行政法规、监管规定和公司章程对董事任职条件的规定,对董事候选人进行审查,并向董事会提交审查意见及合格董事候选人名单
	5. 专业委员会中独立董事人数和资格不符合要求	《保险公司独立董事管理办法》(2020 年修正) 第 7 条　保险机构应当重视发挥独立董事在董事会专业委员会的作用。董事会审计委员会、提名薪酬委员会应当至少包括 2 名独立董事,独立董事占比应不低于委员会成员总数的 1/3,主任委员应当由独立董事担任。 担任董事会审计委员会委员的独立董事,应当至少有 1 人为财务、会计或审计专业人士,或具备 5 年以上财务、会计或审计工作经验。 担任董事会提名薪酬委员会委员的独立董事,应当至少有 1 人具备较强的识人用人和薪酬管理能力,并具备在企事业单位担任领导或者管理职务的任职经历
八、监事会运作不规范	1. 监事任职资格未经监管部门核准	《保险公司董事、监事和高级管理人员任职资格管理规定》(银保监会令 2021 年第 6 号) 第 5 条　保险机构董事、监事和高级管理人员,应当在任职前取得中国保监会核准的任职资格。 第 8 条　保险公司董事、监事和高级管理人员应当具有大学本科以上学历或者学士以上学位。 第 10 条　保险公司董事和监事应当具有 5 年以上与其履行职责相适应的工作经历。 第 48 条　隐瞒有关情况或者提供虚假材料申请任职资格的机构或者个人,银保监会及其派出机构不予受理或者不予核准任职资格申请,并在 1 年内不再受理对该拟任董事、监事或者高管任职资格申请
	2. 未选举职工代表监事	《公司法》(2018 年修正) 第 51 条　有限责任公司设监事会,其成员不得少于 3 人。股东人数较少或者规模较小的有限责任公司,可以设 1 至 2 名监事,不设监事会。 监事会应当包括股东代表和适当比例的公司职工代表,其中职工代表的比例不得低于 1/3,具体比例由公司章程规定。监事会中的职工代表由公司职工通过职工代表大会、职工大会或者其他形式民主选举产生…… 第 117 条　股份有限公司设监事会,其成员不得少于 3 人。 监事会应当包括股东代表和适当比例的公司职工代表,其中职工代表的比例不得低于 1/3,具体比例由公司章程规定。监事会中的职工代表由公司职工通过职工代表大会、职工大会或者其他形式民主选举产生…… 《银行保险机构公司治理准则》 第 58 条　银行保险机构监事为自然人,由股东大会或职工民主选举产生、罢免。董事、高级管理人员不得兼任监事。 第 61 条　非职工监事由股东或监事会提名,职工监事由监事会、银行保险机构工会提名。 已经提名董事的股东及其关联方不得再提名监事,国家另有规定的从其规定
	3. 公司章程对监事任期未做规定	《保监会关于印发〈保险公司章程指引〉的通知》(保监发〔2017〕36 号,2020 年修正) 五十八、公司章程应按照《公司法》等法律法规和监管规定,载明监事会会议制度的相关内容,包括但不限于会议召集、提案和会议通知、会议召开、表决和决议(包括表决规则)、会议记录及其签署、公告等。 《公司法》(2018 年修正) 第 52 条　监事的任期每届为 3 年。监事任期届满,连选可以连任。 监事任期届满未及时改选,或者监事在任期内辞职导致监事会成员低于法定人数的,在改选出的监事就任前,原监事仍应当依照法律、行政法规和公司章程的规定,履行监事职务。 第 117 条　本法第 52 条关于有限责任公司监事任期的规定,适用于股份有限公司监事。 《银行保险机构公司治理准则》 第 59 条　监事每届任期不得超过 3 年,任期届满,可以连选连任。外部监事在一家银行保险机构累计任职不得超过 6 年

续表

分类	违法行为表现形式	违反的法律法规规范性文件
八、监事会运作不规范	4.未能及时换届，选举或更换选举监事不及时导致监事会召开人数不足	《公司法》(2018年修正) 第55条　监事会决议应当经半数以上监事通过。 《银行保险机构公司治理准则》(银保监发〔2021〕14号) 第59条　监事每届任期不得超过3年，任期届满，可以连选连任。外部监事在一家银行保险机构累计任职不得超过6年。 第67条　银行保险机构监事会成员不得少于3人，其中职工监事的比例不得低于1/3，外部监事的比例不得低于1/3。 第62条　监事任期届满未及时改选，或者监事在任期内辞职导致监事会成员低于法定人数的，在改选出的监事就任前，原监事仍应当依照法律法规和公司章程的规定，继续履行监事职责
	5.公司章程对监事产生程序未做规定	《保监会关于印发〈保险公司章程指引〉的通知》(保监发〔2017〕36号，2020年修正) 五十六、公司章程须明确监事会的构成。 监事会组成人数应当具体、确定，不得为区间数。 监事会中职工代表的比例应当符合《公司法》的规定。 《公司法》(2018年修正) 第55条　监事会的议事方式和表决程序，除本法有规定的外，由公司章程规定。 第119条　监事会的议事方式和表决程序，除本法有规定的外，由公司章程规定。 《银行保险机构公司治理准则》 第60条　银行保险机构应当在公司章程中规定监事的提名及选举制度，明确提名主体资格、提名及审核程序、选举办法等内容
	6.公司对监事或者监事会职责义务规定不完善不全面，故意限制监事履职范围企图逃避监督；未确立监事履职标准，未对监事履职情况进行评估	《保监会关于印发〈保险公司章程指引〉的通知》(保监发〔2017〕36号，2020年修正) 五十七、公司章程应规定监事会职权。除《公司法》规定的内容外，监事会职权应包括“监事会可以提名独立董事”的内容。 【注释：公司应将《公司法》和本条列举的监事会职权一并在章程中载明。】 《公司法》(2018年修正) 第53条　监事会、不设监事会的公司的监事行使下列职权： (1)检查公司财务； (2)对董事、高级管理人员执行公司职务的行为进行监督，对违反法律、行政法规、公司章程或者股东会决议的董事、高级管理人员提出罢免的建议； (3)当董事、高级管理人员的行为损害公司的利益时，要求董事、高级管理人员予以纠正； (4)提议召开临时股东会会议，在董事会不履行本法规定的召集和主持股东会会议职责时召集和主持股东会会议； (5)向股东会会议提出提案； (6)依照本法第151条的规定，对董事、高级管理人员提起诉讼； (7)公司章程规定的其他职权。 第54条　监事可以列席董事会会议，并对董事会决议事项提出质询或者建议。 监事会、不设监事会的公司的监事发现公司经营情况异常，可以进行调查；必要时，可以聘请会计师事务所等协助其工作，费用由公司承担。 《银行保险机构公司治理准则》第63条　银行保险机构监事履行如下职责或义务： (1)可以列席董事会会议，并对董事会决议事项提出质询或者建议； (2)按时参加监事会会议，对监事会决议事项进行充分审查，独立、专业、客观发表意见，在审慎判断的基础上独立作出表决； (3)对监事会决议承担责任； (4)积极参加公司和监管机构等组织的培训，了解监事的权利和义务，熟悉有关法律法规，持续具备履行职责所需的专业知识和能力； (5)对公司负有忠实、勤勉义务，尽职、审慎履行职责，并保证有足够的时间和精力履职； (6)监事应当积极参加监事会组织的监督检查活动，有权依法进行独立调查、取证，实事求是提出问题和监督意见。 (7)遵守法律法规、监管规定和公司章程
	7.有公司监事连续两次不参加现场监事会，监事会也未做提示和纠正；公司对监事出席现场会议一级委派代表出席监事会的要求不明确	《银行保险机构公司治理准则》 第64条　监事应当每年至少亲自出席2/3以上的监事会现场会议，因故不能亲自出席的，可以书面委托其他监事代为出席

续表

分类	违法行为表现形式	违反的法律法规规范性文件
八、监事会运作不规范	8.未按要求及时将监事尽职报告报送监管部门	《关于规范保险公司治理结构的指导意见(试行)》 第2条第2款 ……监事会应当每年将监事的尽职情况向股东大会报告,并同时报送中国保监会…… 《银行保险机构董事监事履职评价办法(试行)》(银保监会2021年第5号) 第28条　银行保险机构应当建立健全董事监事履职档案; 第38条　银行保险机构监事会应当根据评价结果提出工作建议或处理意见,及时报告股东大会。 第39条　银行保险机构应当在每年4月30日前,将董事监事履职情况及评价结果报告中国银保监会或其派出机构
	9.监事会档案管理混乱、存在造假嫌疑。公司监事会会议档案使用文件夹散装保存,未按每次会议单独装订成册,未连续编号。监事会档案要件不齐。档案中未包含会议通知及监事的签收回执,材料中仅有会议记录,未将监事会议案等具体材料一并保存管理。监事会、监事签字页管理不规范	《公司法》(2018年修正) 第55条　监事会应当对所议事项的决定作成会议记录,出席会议的监事应当在会议记录上签名。 第119条　监事会应当对所议事项的决定作成会议记录,出席会议的监事应当在会议记录上签名。 《银行保险机构公司治理准则》第71条　监事会应当将现场会议所议事项的决定作成会议记录,出席会议的监事应当在会议记录上签名。会议记录保存期限为永久
	10.监事会未对公司内部审计进行日常的指导和监督	《保险机构内部审计工作规范》(保监发〔2015〕113号) 第24条　保险机构监事会可以对内部审计工作进行指导和监督
	11.公司未对监事会程序等作出明确规定或者相关规定违反监管要求	《保监会关于印发〈保险公司章程指引〉的通知》 五十八、公司章程应按照《公司法》等法律法规和监管规定,载明监事会会议制度的相关内容,包括但不限于会议召集、提案和会议通知、会议召开、表决和决议(包括表决规则)、会议记录及其签署、公告等
	12.公司对监事会职责规定不完善,故意限制监事会职责范围逃避监督	《保监会关于印发〈保险公司章程指引〉的通知》(银监发〔2017〕36号,2020年修正) 五十七、公司章程应规定监事会职权。除《公司法》规定的内容外,监事会职权应包括"监事会可以提名独立董事"的内容。 【注释:公司应将《公司法》和本条列举的监事会职权一并在章程中载明。】 《银行保险机构公司治理准则》 第65条　监事会对股东大会负责,监事会职权由公司章程根据法律法规、监管规定和公司情况明确规定。 监事会除依据公司法等法律法规和公司章程履行职责外,还应当重点关注以下事项: (1)监督董事会确立稳健的经营理念、价值准则和制定符合公司情况的发展战略; (2)对公司发展战略的科学性、合理性和稳健性进行评估,形成评估报告; (3)对公司经营决策、风险管理和内部控制等进行监督检查并督促整改; (4)对董事的选聘程序进行监督; (5)对公司薪酬管理制度实施情况及高级管理人员薪酬方案的科学性、合理性进行监督; (6)法律法规、监管规定和公司章程规定的其他事项。
	13.公司对监事会组成未做明确规定,监事人数不足	《公司法》(2018年修正) 第51条　有限责任公司设监事会,其成员不得少于3人。 第117条　股份有限公司设监事会,其成员不得少于3人。 监事会应当包括股东代表和适当比例的公司职工代表,其中职工代表的比例不得低于1/3,具体比例由公司章程规定。监事会中的职工代表由公司职工通过职工代表大会、职工大会或者其他形式民主选举产生

续表

分类	违法行为表现形式	违反的法律法规规范性文件
八、监事会运作不规范	13.公司对监事会组成未做明确规定，监事人数不足	《银行保险机构公司治理准则》 第66条　银行保险机构监事会由股东监事、外部监事和职工监事组成。 外部监事是指在银行保险机构不担任除监事以外的其他职务，并且与银行保险机构及其股东、实际控制人不存在可能影响其独立客观判断关系的监事。 第67条　银行保险机构监事会成员不得少于3人，其中职工监事的比例不得低于1/3，外部监事的比例不得低于1/3。 银行保险机构应当在公司章程中明确规定监事会构成，包括股权监事、外部监事、职工监事的人数。监事会人数应当具体、确定
	14.公司对监事会主席和副主席产生程序未做规定，监事会主席长期缺位	《银行保险机构公司治理准则》 第68条　监事会设主席1人，可以设副主席。监事会主席和副主席由全体监事过半数选举产生
	15.公司对监事会设立专门委员会未做规定	《银行保险机构公司治理准则》 第69条　银行保险机构可以根据本公司情况，在监事会设立提名委员会、监督委员会等专门委员会
	16.公司对监事会召开次数等程序问题不明确，有的公司监事会会议存在召开时间间隔超过6个月	《公司法》（2018年修正） 第119条　监事会每6个月至少召开一次会议。监事可以提议召开临时监事会会议。 监事会的议事方式和表决程序，除本法有规定的外，由公司章程规定。 监事会决议应当经半数以上监事通过。 监事会应当对所议事项的决定作成会议记录，出席会议的监事应当在会议记录上签名。 《银行保险机构公司治理准则》 第70条　监事会会议每年度至少召开4次，监事可以提议召开监事会临时会议。 监事会决议可以采用现场会议表决和书面传签表决两种方式作出。 监事会作出决议，必须经全体监事过半数通过。 银行保险机构应当制定监事会议事规则。监事会议事规则应当由监事会制订，股东大会批准
九、高管人员管理不规范	1.股东大会、董事会及经营管理层授权管理不规范	《保监会关于印发〈保险公司章程指引〉的通知》（银监发〔2017〕36号，2020年修正） 六十、公司应根据法律法规、监管规定和公司具体情况，在章程中明确总经理的职权。 监管规定要求其他高级管理人员职责和权利应当在公司章程中明确的，公司章程应载明相应条款。 六十一、公司章程须规定“总经理应制订经理工作细则，报董事会批准后实施”。 《银行保险机构公司治理准则》 第72条　银行保险机构应当根据法律法规、监管规定和公司情况，在公司章程中明确高级管理人员范围、高级管理层职责，清晰界定董事会与高级管理层之间的关系。 第73条　高级管理层对董事会负责，同时接受监事会监督，应当按照董事会、监事会要求，及时、准确、完整地报告公司经营管理情况，提供有关资料。 高级管理层根据公司章程及董事会授权开展经营管理活动，应当积极执行股东大会决议及董事会决议。 高级管理层依法在其职权范围内的经营管理活动不受股东和董事会不当干预
	2.高级管理层的聘用程序不符合要求	《银行保险机构公司治理准则》 第74条　银行保险机构应当严格依照有关法律法规、监管规定和公司章程，选聘高级管理人员。 鼓励银行保险机构采用市场化选聘机制，以公开、透明的方式选聘高级管理人员，持续提升高级管理人员的专业素养和业务水平。 银行保险机构的控股股东、实际控制人及其关联方不得干预高级管理人员的正常选聘程序，不得越过董事会直接任免高级管理人员
	3.高级管理层职责规定不明确	《银行保险机构公司治理准则》 第75条　银行保险机构高级管理人员应当遵守法律法规、监管规定和公司章程，具备良好的职业操守，遵守高标准的职业道德准则，对公司负有忠实、勤勉义务，善意、尽职、审慎履行职责，并保证有足够的时间和精力履职，不得怠于履行职责或越权履职
	4.高级管理层兼职禁止规定不明确	《银行保险机构公司治理准则》 第76条　银行保险机构应当设立行长（总经理）。行长（总经理）对董事会负责，由董事会决定聘任或解聘。银行保险机构董事长不得兼任行长（总经理）。 银行保险机构应当根据法律法规、监管规定和公司情况，在公司章程中明确行长（总经理）职权

续表

<table>
<tr><th>分类</th><th>违法行为表现形式</th><th>违反的法律法规规范性文件</th></tr>
<tr><td rowspan="5">九、高管人员管理不规范</td><td>5. 高级管理层问责机制不健全</td><td>《银行保险机构公司治理准则》
第 77 条　银行保险机构董事会应当建立并执行高级管理层履职问责制度,明确对失职和不当履职行为追究责任的具体方式</td></tr>
<tr><td>6. 高管人员未取得任职资格,临时负责人任期超过 3 个月</td><td>《保险公司董事、监事和高级管理人员任职资格管理规定》(银保监会令 2021 年第 6 号)
第 5 条　保险机构董事、监事和高级管理人员,应当在任职前取得银保监会或其派出机构核准的任职资格。
第 32 条　保险机构出现下列情形之一,可以指定临时负责人,但临时负责时间不得超过 3 个月:
(1)原负责人辞职或者被撤职;
(2)原负责人因疾病、意外事故等原因无法正常履行工作职责;
(3)保监会认可的其他特殊情况。
临时负责人应当具有与履行职责相当的能力,并不得有本规定禁止担任高级管理人员的情形</td></tr>
<tr><td>7. 无首席信息官职位</td><td>《保险公司信息化工作管理指引(试行)》(保监发〔2009〕133 号)
第 9 条　各公司应设立首席信息官或指定公司高级管理人员作为信息化工作的直接责任人。直接责任人应负责公司信息化建设工作,并参与公司经营、管理和决策,其任职条件应符合监管部门规定</td></tr>
<tr><td>8. 审计责任人同时负责销售或业务管理工作</td><td>《保险机构内部审计工作规范》(保监发〔2015〕113 号)
第 17 条　保险机构应设立审计责任人职位。审计责任人由董事长或审计委员会提名,报董事会聘任。审计责任人不得同时兼任保险机构财务或业务工作的领导职务</td></tr>
<tr><td>9. 审计责任人未向审计委员会提交工作报告,审计负责人解聘后未及时向保监会报告</td><td>《保险机构内部审计工作规范》(保监发〔2015〕113 号)
第 17 条　保险机构应设立审计责任人职位。审计责任人纳入保险机构高级管理人员任职资格核准范围,对董事会负责,向董事会审计委员会报告工作;同时负责与管理层沟通,并通报审计结果。
审计责任人由董事长或审计委员会提名,报董事会聘任。没有设立董事会的保险公司,审计责任人由管理层聘任。审计责任人不得同时兼任保险机构财务或者业务工作的领导职务。
审计责任人岗位变动要按相关规定事后向中国保监会报告</td></tr>
<tr><td rowspan="4">十、公司章程存在问题</td><td colspan="2">(一)章程的制定和修改问题</td></tr>
<tr><td>1. 未按照《保险公司章程指引》要求完成章程修订</td><td>《保监会关于印发〈保险公司章程指引〉的通知》(保监发〔2017〕36 号,2020 年修正)
2017 年 4 月 24 日起,申请保险公司筹建及开业验收的,应当按照《保险公司章程指引》要求起草或者修订公司章程草案(公司章程)。其他保险公司应当在 2017 年年底前对其公司章程作出相应修改</td></tr>
<tr><td>2. 公司章程记载的股东股权情况与实际情况不一致</td><td>《保监会关于印发〈保险公司章程指引〉的通知》(保监发〔2017〕36 号,2020 年修正)
六、公司章程应载明公司最新的注册资本数额、股份总数</td></tr>
<tr><td>3. 公司章程未标明历次股份转让情况</td><td>《保监会关于印发〈保险公司章程指引〉的通知》(保监发〔2017〕36 号,2020 年修正)
七、公司章程应编制发起人表、股份结构表。
1. 发起人表样式如下:
“公司设立时注册资本为人民币( )元,发起人情况如下:
<table>
<tr><th>序号</th><th>股东名称</th><th>持有股份(股)</th><th>占总股本比例</th></tr>
<tr><td>1</td><td></td><td></td><td></td></tr>
<tr><td>2</td><td></td><td></td><td></td></tr>
<tr><td>…</td><td>…</td><td>…</td><td>…</td></tr>
<tr><td>合计</td><td></td><td></td><td></td></tr>
</table>
【注释:发起人表应详细记载发起人情况,包括发起人全称、认购的股份数及持股比例。发起人已全部转让所持股份的,发起人表应当保留其记录并予以注明。】”</td></tr>
</table>

续表

<table>
<tr><th>分类</th><th>违法行为表现形式</th><th>违反的法律法规规范性文件</th></tr>
<tr><td rowspan="7">十、公司章程存在问题</td><td>3. 公司章程未标明历次股份转让情况</td><td>2. 股份结构表样式如下：
“公司股份结构情况如下：
<table><tr><th>序号</th><th>股东名称</th><th>持有股份(股)</th><th>占总股本比例</th></tr><tr><td>1</td><td></td><td></td><td></td></tr><tr><td>2</td><td></td><td></td><td></td></tr><tr><td>…</td><td>…</td><td>…</td><td>…</td></tr><tr><td>合计</td><td></td><td></td><td></td></tr></table>备注：
【注释：①股份结构表应详细记载股份情况，包括股份总数、股东全称、持股数量及持股比例。②股东转让股份的，应当在备注中注明历次股份转让情况，包括转让股份数量、交易对方、转让时间及中国保监会的批准文件文号或者公司的报请备案文件文号。③股东已全部转让所持股份的，不再列入股份结构表，但应当在股份结构表备注中保留该股东的持股记录。④公司已上市的，股份结构表应当记载限售流通股股东的持股情况，包括股东全称、持股数量、持股比例及限售流通股的锁定期。⑤股份结构表记载内容较多的，可以将股份结构表列入章程附件。⑥发起人表和股份结构表记载内容完全一致的，两表可以合并。】”</td></tr>
<tr><td>4. 公司章程未明确董事会构成及人数，公司章程未明确董事免职程序、任职条件</td><td>《保监会关于印发〈保险公司章程指引〉的通知》(保监发〔2017〕36 号,2020 年修正)
第 44 条　公司章程须明确董事会的构成，包括执行董事、非执行董事及独立董事的人数。董事会组成人数应当具体确定，不得为区间数。
第 49 条　公司章程应按照《公司法》、《保险公司董事会运作指引》等法律法规和监管规定，载明董事会会议制度的相关内容，包括但不限于会议召集、提案和会议通知、会议召开、表决和决议(包括表决规则)、会议记录及其签署、公告等</td></tr>
<tr><td>5. 公司章程未载明发起人的出资时间</td><td>《公司法》(2018 年修正)
第 25 条　有限责任公司章程应当载明下列事项：……(五)股东的出资方式、出资额和出资时间……</td></tr>
<tr><td>6. 章程与《董事会议事规则》规定的董事提名规则相冲突</td><td>《关于规范保险公司章程的意见》(保监发〔2008〕57 号)
第 2 条　董事会。保险公司章程应当明确董事会的构成，包括执行董事、非执行董事及独立董事的人数。董事会组成人数应当具体、确定，不得为区间数。
第 5 条　保险公司章程应当规定股东大会、董事会及监事会的议事规则，或分别制定专门的议事规则作为章程附件。</td></tr>
<tr><td rowspan="3">7. 未按规定在章程正文前用表格形式列明章程的制定及历次修改情况；未编制发起人表，未对发起人已全部转让所持股份的情况做注明</td><td>《关于规范保险公司章程的意见》(保监发〔2008〕57 号)</td></tr>
<tr><td>章程修改记录。保险公司应当在公司章程正文前，用表格形式列明章程的制定及历次修改情况。包括作出章程修改决议的时间、会议名称、保监会的批准文件文号。</td></tr>
<tr><td>《关于规范保险公司章程的意见》(保监发〔2008〕57 号)
第 1 条(章程的基本内容)章程所记载的下列公司基本事项应当与行政许可的内容完全一致。
1. 名称和住所。
2. 注册资本和经营期限。
3. 经营范围。
4. 法定代表人。
5. 组织形式。
6. 开业批准文件文号与营业执照签发日期，开业前提交核准的章程除外。
7. 发起人。保险公司章程应当编制发起人表，详细记载发起人情况，包括发起人全称、认购的股份数及持股比例。发起人已全部转让所持股份的，发起人表应当保留其记录并予以注明。
8. 股份结构。保险公司章程应当编制股份结构表，详细记载股份情况，包括股份总数、股东全称、持股数量及持股比例。
股东转让股份的，应当在备注中注明历次股份转让情况，包括转让股份数量、交易对方、转让时间及中国保监会的批准文件文号或公司的报请备案文件文号。
股东已全部转让所持股份的，不再列入股份结构表，但应当在股份结构表备注中保留该股东的持股记录。
公司已上市的，股份结构表应当记载限售流通股股东的持股情况，包括股东全称、持股数量、持股比例及限售流通股的锁定期。
股份结构表记载内容较多的，可以将股份结构表列入章程附件。
发起人表和股份结构表记载内容完全一致的，两表可以合并</td></tr>
</table>

续表

<table>
<tr><th>分类</th><th>违法行为表现形式</th><th>违反的法律法规规范性文件</th></tr>
<tr><td rowspan="8">十、公司章程存在问题</td><td>8. 公司章程记载的事项发生变更后,未在三个月内召开股东大会对章程进行修改</td><td>《关于规范保险公司章程的意见》(保监发〔2008〕57 号)
第 2 条　当出现下列事项时,公司应当于 3 个月内召开股东大会对章程进行修改:
(1)《公司法》、《保险法》或有关法律、行政法规及监管规定修改后,章程内容与相关规定相抵触。
(2)公司章程记载的基本事项或规定的相关权利、义务、职责、议事程序等内容发生变更。
(3)其他导致章程必须修改的事项</td></tr>
<tr><td>9. 未按监管要求在股东大会通过章程修改决议后 10 个工作日内报保监部门核准</td><td>《关于规范保险公司章程的意见》(保监发〔2008〕57 号)
保险公司股东大会通过修改公司章程的决议后,应当在 10 个工作日内报中国保监会核准,并提交下列材料一式三份……</td></tr>
<tr><td colspan="2">(二)组织机构及职权问题</td></tr>
<tr><td>1. 章程对股东大会、董事会、监事会、高级管理层的组成和职责等未全部作出安排,公司及其股东、董事、监事、高级管理人员等各方权利、义务也未完全明确</td><td>《保监会关于印发〈保险公司章程指引〉的通知》(保监发〔2017〕36 号,2020 年修正)
三十二、公司应当在章程中明确股东大会选举董事、监事时,是否实行累积投票制和其具体实施规则等相关内容。
四十六、公司章程须载明"董事会职权由董事会集体行使。董事会法定职权原则上不得授予董事长、董事或者其他个人及机构行使,确有必要授权的,应通过董事会决议的方式依法进行。授权一事一授,不得将董事会职权笼统或者永久授予公司其他机构或者个人行使"。
《银行保险机构公司治理准则》
第 6 条第 2 款　银行保险机构应当在公司章程中对股东大会、董事会、监事会、高级管理层的组成和职责等作出安排,明确公司及其股东、董事、监事、高级管理人员等各方权利、义务</td></tr>
<tr><td>2. 章程未规定主要股东对公司资本的承诺</td><td>《银行保险机构公司治理准则》第 6 条第 3 款　银行保险机构应当在公司章程中规定,主要股东应当以书面形式向银行保险机构作出在必要时向其补充资本的长期承诺,作为银行保险机构资本规划的一部分,并在公司章程中规定公司制定审慎利润分配方案时需要考虑的主要因素</td></tr>
<tr><td>3. 章程规定的股东大会会议通知时限与《公司法》规定不符</td><td>《公司法》(2018 年修正)
第 102 条　召开股东大会会议,应当将会议召开的时间、地点和审议的事项于会议召开 20 日前通知各股东;临时股东大会应当于会议召开 15 日前通知各股东;发行无记名股票的,应当于会议召开 30 日前公告会议召开的时间、地点和审议事项</td></tr>
<tr><td>4. 股东大会、董事会、管理层职权中,未明确公司重大资产买卖、重大投资、重大关联交易等事项的审议权限和决策方式</td><td>《关于规范保险公司章程的意见》(保监发〔2008〕57 号)
保险公司章程应当规定公司资产买卖、重大投资、对外担保、重要业务合同、重大关联交易等事项的审议权限及决策方式。
《保监会关于印发〈保险公司章程指引〉的通知》(保监发〔2017〕36 号,2020 年修正)
二十九、公司章程须明确应由股东大会以普通决议、特别决议通过的具体事项。
下列事项应以普通决议通过:
1. 公司的经营方针和投资计划;
2. 选举和更换非由职工代表担任的董事、监事,决定有关董事、监事的报酬和支付方法;
3. 董事会和监事会的工作报告;
4. 公司年度财务预算方案、决算方案;
5. 公司的利润分配方案和弥补亏损方案;
6. 聘用、解聘为公司财务报告进行定期法定审计的会计师事务所;
7. 除法律法规、监管规定或者本章程约定应当以特别决议通过以外的其他事项。
下列事项应以特别决议通过:
1. 公司增加或者减少注册资本;
2. 发行公司债券或者其他有价证券及上市;
3. 收购本公司股份;
4. 公司的分立、合并、解散和清算或者变更公司形式;
5. 本章程的修改;</td></tr>
</table>

续表

分类	违法行为表现形式	违反的法律法规规范性文件
十、公司章程存在问题	4. 股东大会、董事会、管理层职权中，未明确公司重大资产买卖、重大投资、重大关联交易等事项的审议权限和决策方式	6. 公司涉及设立法人机构、重大对外投资、重大资产处置与核销、重大资产抵押等事项； 7. 免去独立董事职务； 8. 法律法规、监管规定或者本章程约定的，以及股东大会以普通决议认定会对公司产生重大影响的、需要以特别决议通过的其他事项。 本条所指普通决议，须由出席股东大会的股东所持表决权的过半数通过；特别决议，须由出席股东大会的股东所持表决权的2/3以上通过。 三十、公司章程应载明“股东大会审议有关关联交易事项时，关联股东不应当参与投票表决，其所代表的有表决权的股份数不计入有效表决总数”。 四十五、公司章程须明确董事会职权。除《公司法》规定的内容外，董事会职权至少应包括： “1. 制订公司增加或者减少注册资本、发行债券或者其他证券及上市的方案； 2. 拟订公司重大收购、收购本公司股份或者合并、分立、解散及变更公司形式的方案； 3. 审议批准公司对外投资、资产购置、资产处置与核销、资产抵押、关联交易等事项； 4. 聘任或者解聘公司高级管理人员，并决定其报酬事项和奖惩事项； 5. 制订本章程的修改方案；拟订股东大会议事规则、董事会议事规则；审议董事会专业委员会工作规则； 6. 提请股东大会聘请或者解聘为公司财务报告进行定期法定审计的会计师事务所； 7. 听取公司总经理的工作汇报并检查总经理的工作； 8. 选聘实施公司董事及高级管理人员审计的外部审计机构。” 【注释：①公司应将《公司法》和本条列举的董事会职权一并在章程中载明。②本条第3项董事会职权指区别于股东大会相关职权的须由董事会审议批准的非重大事项，对外投资、资产购置、资产处置与核销、资产抵押、关联交易等事项应在章程中明确应由董事会审议的具体额度或者比例。③对于保险资产管理公司涉及本条第3项职权所述的对外投资事项，是指以公司自有资金进行投资的情况，公司使用受托资金投资的情况应在公司章程中另行约定。】 四十六、公司章程须载明“董事会职权由董事会集体行使。董事会法定职权原则上不得授予董事长、董事或者其他个人及机构行使，确有必要授权的，应通过董事会决议的方式依法进行。授权一事一授，不得将董事会职权笼统或者永久授予公司其他机构或者个人行使”
	（三）董监高的任免、职责问题	
	1. 章程中未明确规定董事、监事任免程序	《关于规范保险公司章程的意见》（保监发〔2008〕57号） 董事及董事长。保险公司章程应当规定董事的任职条件、任免程序、职权和义务，相关内容应当符合监管要求。章程应当同时明确独立董事的特别职责、权利和义务。 监事及监事会主席。保险公司章程应当规定监事的任职条件、任免程序、职权和义务。章程应当明确监事会主席不履行或不能履行职务时其职权的行使方式。 对于章程应当修改而未在规定期限内修改的，或提交的章程明显违反法律、行政法规及监管规定或存在较多疏漏的，中国保监会将对公司董事长、董事会秘书等相关负责人予以公开批评
	2. 章程与董事会议事规则规定的董事提名规则相冲突，董事会议事规则未根据公司章程进行及时修改	《关于规范保险公司章程的意见》（保监发〔2008〕57号） 保险公司章程应当规定股东大会、董事会及监事会的议事规则，或分别制定专门的议事规则作为章程附件

续表

分类	违法行为表现形式	违反的法律法规规范性文件
十、公司章程存在问题	3. 章程中未明确执行董事、非执行董事、独立董事的具体人数;未明确需提交董事会审议决定的投资或资产交易等事项的具体额度或比例;将董事会法定职权笼统地授予公司其他机构或个人行使	《关于规范保险公司章程的意见》(保监发〔2008〕57 号) 董事会。保险公司章程应当明确董事会的构成,包括执行董事、非执行董事及独立董事的人数。董事会组成人数应当具体、确定,不得为区间数。 章程应当明确董事会的职权。包括必须提交董事会审议决定的事项范围,涉及投资或资产交易等事项的,应当明确额度或比例。 章程应当明确董事会授权公司其他机构履行其职权的方式和范围。章程不得允许董事会将其法定职权笼统或永久授予公司其他机构或个人行使。 保险公司应当根据监管规定与公司实际需要,在章程中规定董事会下设专业委员会,并规定各专业委员会的名称、构成及主要职权
	4. 章程未设置明确的董事提名及选举机制	《关于规范保险公司章程的意见》(保监发〔2008〕57 号) 鼓励保险公司采取累积投票制选举产生董事。 章程应当明确董事长职权。公司设副董事长的,章程应当明确副董事长的具体人数。章程应当按照《公司法》的相关规定,明确董事长不履行或不能履行职务时其职权的行使方式。公司设有多位副董事长的,章程应当明确接替顺序或具体履行特定职务的副董事长的确定方式。 章程中不得出现董事长可以代行董事会职权等方面的相关表述。 章程应当规定当董事会表决的反对票和赞成票相等时,董事长无权多投一票
	5. 章程中未明确规定部分高级管理人员的职责	《关于规范保险公司章程的意见》(保监发〔2008〕57 号) 管理层。保险公司章程应当明确管理层的构成及职权。 公司同时设首席执行官和总经理职位的,章程应当明确其各自职权与产生方式。 公司章程对首席执行官的规定不得违背法律、行政法规及监管规定
	6. 股东名册未载明股份数量和取得日期	《公司法》(2018 年修正) 第 130 条　公司发行记名股票的,应当置备股东名册,记载下列事项: (1)股东的姓名或者名称及住所; (2)各股东所持股份数; (3)各股东所持股票的编号; (4)各股东取得股份的日期。 发行无记名股票的,公司应当记载其股票数量、编号及发行日期
十一、股东股权不当行使问题	1. 股权变动未及时报备	《保险公司股权管理办法》(保监会令〔2018〕5 号) 第 23 条　认购保险公司发行的股权或者受让其他股东所持有的保险公司股权的,应当按照保险公司章程的约定,经保险公司履行相应内部审查和决策程序后,按照本办法规定报中国保监会批准或者备案。 第 53 条　保险公司变更持有 5% 以上股权的股东,应当经中国保监会批准。 保险公司变更持有不足 5% 股权的股东,应当报中国保监会备案,并在保险公司官方网站以及中国保监会指定网站公开披露,上市保险公司除外。 保险公司股东的实际控制人变更,保险公司股东持有的保险公司股权价值占该股东总资产 1/2 以上的,实际控制人应当符合本办法关于股东资质的相关要求,并向保险公司及时提供相关材料,保险公司应当在变更前 20 个工作日内将相关情况报中国保监会备案。 第 54 条　保险公司应当自股东签署股权转让协议书之日起 3 个月内,报中国保监会批准或者备案。 第 55 条　投资人购买上市保险公司股票,其所持股权比例达到保险公司股本总额的 5%、15% 和 1/3 的,应当自交易之日起 5 个工作日内向保险公司书面报告,保险公司应当在收到报告后 10 个工作日内报中国保监会批准。 第 56 条　保险公司的股东及其控股股东或者实际控制人发生本办法第 46 条第 2 款或者第 48 条规定情形的,保险公司应当自知悉之日起 10 个工作日内,向中国保监会书面报告
	2. 股东虚假出资、出资不实、循环注资、抽逃出资或变相抽逃出资	《银行保险机构公司治理监管评估办法(试行)》(银保监发〔2019〕43 号,2019 年 11 月 25 日生效) 第 8 条　存在下列情形的,可直接评定为 E 级: (1)拒绝或者阻碍公司治理监管评估;

续表

分类	违法行为表现形式	违反的法律法规规范性文件
十一、股东股权不当行使问题	2. 股东虚假出资、出资不实、循环注资、抽逃出资或变相抽逃出资	(2)隐瞒公司治理重要事实、资产质量等方面的重大风险或提供虚假材料； (3)股东虚假出资、出资不实、循环注资、抽逃出资或变相抽逃出资； (4)股东通过隐藏实际控制人、隐瞒关联关系、隐形股东、股权代持、表决权委托、一致行动约定等隐性行为规避监管审查，对银行保险机构的控制权或主导权造成实质影响； (5)公司治理机制失灵，股东(大)会、董事会长期无法正常召开或做出决策； (6)出现兑付危机、偿付能力严重不足； (7)监管部门认定的其他公司治理机制失灵情形
	3. 股东使用非自有资金投资入股	《保险公司股权管理办法》(保监会令〔2018〕5号) 第32条　投资人取得保险公司股权，应当使用来源合法的自有资金。中国保监会另有规定的除外。 本办法所称自有资金以净资产为限。投资人不得通过设立持股机构、转让股权预期收益权等方式变相规避自有资金监管规定。根据穿透式监管和实质重于形式原则，中国保监会可以对自有资金来源向上追溯认定。 《银行保险机构大股东行为监管办法(试行)》(银保监发〔2021〕43号) 第7条　银行保险机构大股东应当使用来源合法的自有资金入股银行保险机构，不得以委托资金、债务资金等非自有资金入股，法律法规另有规定的除外
	4. 股东违规代持，股东通过隐藏实际控制人、隐瞒关联关系、股权代持、表决权委托、一致行动约定等隐性行为规避监管审查，谋求对保险公司的控制权和主导权	《保险公司股权管理办法》(保监会令〔2018〕5号) 第31条　投资人不得委托他人或者接受他人委托持有保险公司股权。 《银行保险机构公司治理监管评估办法(试行)》 第8条　存在下列情形的，可直接评定为E级： (1)拒绝或者阻碍公司治理监管评估； (2)隐瞒公司治理重要事实、资产质量等方面的重大风险或提供虚假材料； (3)股东虚假出资、出资不实、循环注资、抽逃出资或变相抽逃出资； (4)股东通过隐藏实际控制人、隐瞒关联关系、隐形股东、股权代持、表决权委托、一致行动约定等隐性行为规避监管审查，对银行保险机构的控制权或主导权造成实质影响； (5)公司治理机制失灵，股东(大)会、董事会长期无法正常召开或做出决策； (6)出现兑付危机、偿付能力严重不足； (7)监管部门认定的其他公司治理机制失灵情形
	5. 股东大会股东代表授权委托书内容不完整，会议记录不完整，缺少主持人、出席会议的董事签名等	《公司法》(2018年修正) 第106条　股东可以委托代理人出席股东大会会议，代理人应当向公司提交股东授权委托书，并在授权范围内行使表决权。 第107条　股东大会应当对所议事项的决定作成会议记录，主持人、出席会议的董事应当在会议记录上签名。会议记录应当与出席股东的签名册及代理出席的委托书一并保存
	6. 未及时完成股权工商变更登记并且未向中国保监会报告	《保险公司股权管理办法》(保监会令〔2018〕5号) 第60条　保险公司应当自中国保监会核准或者备案之日起3个月内完成章程变更和工商登记手续。 未在规定时间内完成变更的，保险公司应当及时向中国保监会书面报告。 《银行保险机构大股东行为监管办法》(银保监发〔2021〕43号) 第10条　银行保险机构大股东质押银行保险机构股权数量超过其所持股权数量的50%时，大股东及其所提名董事不得行使在股东(大)会和董事会上的表决权。 银行保险机构大股东不得以所持银行保险机构股权为股东自身及其关联方以外的债务提供担保，不得利用股权质押形式，代持银行保险机构股权、违规关联持股以及变相转让股权。 银行保险机构大股东应当及时、准确、完整地向银行保险机构告知其所持股权的质押和解质押信息，并由银行保险机构在公司年报中予以披露
	7. 股权质押、解质押管理不规范	《保险公司股权管理办法》(保监会令〔2018〕5号) 第48条　保险公司股东应当自发生以下情况之日起15个工作日内，书面通知保险公司：……(二)所持有的保险公司股权被质押或者解质押…… 第49条　保险公司股东质押其持有的保险公司股权的，不得损害其他股东和保险公司的利益

续表

分类	违法行为表现形式	违反的法律法规规范性文件
十一、股东股权不当行使问题	7. 股权质押、解质押管理不规范	保险公司股东不得利用股权质押形式,代持保险公司股权、违规关联持股以及变相转移股权。 保险公司股东质押股权时,不得与质权人约定债务人不履行到期债务时被质押的保险公司股权归债权人所有,不得约定由质权人或者其关联方行使表决权等股东权利,也不得采取股权收益权转让等其他方式转移保险公司股权的控制权。 第 61 条　保险公司应当加强对股权质押和解质押的管理,在股东名册上记载质押相关信息,并及时协助股东向有关机构办理出质登记
	8. 大股东干预公司治理	《银行保险机构大股东行为监管办法(试行)》(银保监发〔2021〕43 号) 第 14 条　银行保险机构大股东应当通过公司治理程序正当行使股东权利,维护银行保险机构的独立运作,严禁违规通过下列方式对银行保险机构进行不正当干预或限制,法律法规另有规定或经银保监会认可的情形除外:(1)对股东(大)会和董事会决议设置前置批准程序;(2)干预银行保险机构工作人员的正常选聘程序,或越过股东(大)会、董事会直接任免工作人员;(3)干预银行保险机构董事、监事和其他工作人员的绩效评价;(4)干预银行保险机构正常经营决策程序;(5)干预银行保险机构的财务核算、资金调动、资产管理和费用管理等财务、会计活动;(6)向银行保险机构下达经营计划或指令;(7)要求银行机构发放贷款或者提供担保;(8)要求保险机构开展特定保险业务或者资金运用;(9)以其他形式干预银行保险机构独立经营。 第 15 条　银行保险机构大股东可以委托代理人参加股东(大)会,但代理人不得为股东自身及其关联方、一致行动人、所提名董事和监事以外的人员。银行保险机构大股东不得接受非关联方、一致行动人的委托参加股东(大)会。 第 16 条　银行保险机构大股东为股权投资基金等机构投资者的,应当向所持股权的最终受益人及银行保险机构披露其对银行保险机构的公司治理及投票政策,包括决定使用投票权的相关程序。 第 17 条　银行保险机构大股东应当审慎行使对银行保险机构董事的提名权,确保提名人选符合相关监管规定。鼓励大股东通过市场化方式选聘拟提名董事的候选人,不断提高董事的专业水平。 第 18 条　银行保险机构大股东提名的董事应当基于专业判断独立履职,公平对待所有股东,应当以维护银行保险机构整体利益最大化为原则进行独立、专业、客观决策,并对所作决策依法承担责任,不得损害银行保险机构和其他利益相关者的合法权益。 第 19 条　银行保险机构大股东及其所在企业集团的工作人员,原则上不得兼任银行保险机构的高级管理人员。独资银行保险机构、监管部门认定处于风险处置和恢复期的银行保险机构以及大股东为中管金融企业的除外
	9. 大股东从事损害公司利益的不正当交易	《银行保险机构大股东行为监管办法(试行)》(银保监发〔2021〕43 号) 第 22 条　银行保险机构大股东严禁通过下列方式与银行保险机构进行不当关联交易,或利用其对银行保险机构的影响力获取不正当利益:(1)以优于对非关联方同类交易的条件获取贷款、票据承兑和贴现、债券投资、特定目的载体投资等银行授信;(2)以优于对非关联方同类交易的条件与保险机构开展资金运用业务或保险业务;(3)通过借款、担保等方式,非法占用、支配银行保险机构资金或其他权益;(4)由银行保险机构承担不合理的或应由大股东及其关联方承担的相关费用;(5)以优于对非关联方同类交易的条件购买、租赁银行保险机构的资产,或将劣质资产出售、租赁给银行保险机构;(6)无偿或以优于对非关联方同类交易的条件使用银行保险机构的无形资产,或向银行保险机构收取过高的无形资产使用费;(7)利用大股东地位,谋取属于银行保险机构的商业机会;(8)利用银行保险机构的未公开信息或商业秘密谋取利益;(9)以其他方式开展不当关联交易或获取不正当利益。 第 23 条　银行保险机构大股东应当充分评估与银行保险机构开展关联交易的必要性和合理性,严禁通过掩盖关联关系、拆分交易、嵌套交易拉长融资链条等方式规避关联交易审查。鼓励大股东减少与银行保险机构开展关联交易的数量和规模,增强银行保险机构的独立性,提高其市场竞争力
	10. 大股东干预阻碍小股东参加股东大会行使投票权	《银行保险机构大股东行为监管办法(试行)》(银保监发〔2021〕43 号) 第 38 条　银行保险机构大股东应当支持中小股东获得有效参加股东(大)会和投票的机会,不得阻挠或指使银行保险机构阻挠中小股东参加股东(大)会,或对中小股东参加股东(大)会设置其他障碍

续表

分类	违法行为表现形式	违反的法律法规规范性文件
十二、关联交易管理问题	(一)关联方和关联交易管理不规范	
	1. 关联交易管理制度对重大关联交易的认定不符合监管规定	《保险公司关联交易管理办法》(银保监发〔2019〕35 号) 第 11 条　保险公司关联交易分为重大关联交易和一般关联交易。 重大关联交易是指保险公司或其控股子公司与一个关联方之间单笔或年度累计交易金额达到 3000 万元以上,且占保险公司上一年度末经审计的净资产的 1% 以上的交易。 一个年度内保险公司或其控股子公司与一个关联方的累计交易金额达到前款标准后,其后发生的关联交易,如再次累计达到前款标准,则应当重新认定为重大关联交易。 一般关联交易是指重大关联交易以外的其他关联交易。 同一个保险公司与多个关联方在同一笔交易中的金额,应合并计算进行认定
	2. 关联方档案不完整、更新不及时,部分关联方信息缺失	《保险公司关联交易管理暂行办法》(保监发〔2007〕24 号) 第 13 条　本办法第 7 条规定的保险公司股东和保险公司董事、监事及总公司高级管理人员,应当向保险公司报告本办法规定的关联方的相关信息。 保险公司应当建立关联方信息档案,并及时进行更新
	3. 重大关联交易审批程序不规范、报告不完整;关联董事未回避表决关联议题;重大关联交易未经独立董事一致同意	《保险公司关联交易管理办法》(银保监发〔2019〕35 号) 第 30 条　一般关联交易按照公司内部管理制度和授权程序审查,报关联交易控制委员会备案或批准。 对于金额小、结构简单的一般关联交易,关联交易控制委员会可以定期集中审议并出具意见。 第 31 条　重大关联交易经由关联交易控制委员会审查后,由董事会或股东(大)会批准。关联交易控制委员会应当就重大关联交易的合规性、公允性和必要性以及是否损害保险公司和保险消费者利益发表书面意见。 第 32 条　保险公司董事会在审议关联交易时,关联董事不得行使表决权,也不得代理其他董事行使表决权。该董事会会议由过半数的非关联董事出席即可举行,董事会会议所作决议须经参会的非关联董事 2/3 以上通过。出席董事会会议的非关联董事人数不足 3 人的,保险公司应当将交易提交股东(大)会审议。 保险公司股东(大)会审议关联交易时,关联股东不得参与表决,银保监会另有规定的除外。 如保险公司未设立股东(大)会,或者表决权比例因回避而低于章程规定或法定比例的,仍由董事会审议且不适用本条第一款关于回避的规定,但关联方应出具不存在不当利益输送的声明。 第 34 条　独立董事应当谨慎对重大关联交易的公允性及合规性发表意见。两名以上独立董事认为有必要的,可以聘请中介机构等独立第三方提供意见,费用由保险公司承担
	4. 现有关联交易存在损害保险公司利益的风险	《保险公司关联交易管理办法》(银保监发〔2019〕35 号) 第 2 条　保险公司开展关联交易应当遵守法律法规、国家会计制度和保险监管规定,并采取有效措施,防止关联方利用其特殊地位,通过关联交易侵害保险公司或保险消费者利益
	5. 资金运用关联交易比例超限	《保险公司关联交易管理办法》(银保监发〔2019〕35 号) 第 14 条　保险公司资金运用关联交易应符合以下比例要求: (1)保险公司对全部关联方的投资余额,合计不得超过保险公司上一年度末总资产的 30% 与上一年度末净资产二者中金额较低者; (2)保险公司投资未上市权益类资产、不动产类资产、其他金融资产和境外投资的账面余额中,对关联方的投资金额不得超过上述各类资产投资限额的 50%; (3)保险公司对单一关联方的全部投资余额,合计不得超过保险公司上一年度末总资产的 15%; (4)保险公司投资金融产品,若底层基础资产涉及控股股东或控股股东的关联方,保险公司购买该金融产品的份额不得超过该产品发行总额的 60%。 保险公司与其控股子公司的投资金额应当合并计算并符合上述比例要求

续表

分类	违法行为表现形式	违反的法律法规规范性文件
十二、关联交易管理问题	6. 关联交易超过比例上限	《保险公司关联交易管理办法》(银保监发〔2019〕35号) 第13条 保险公司对关联交易金额的计算标准,应按照银保监会有关规定,适用实质重于形式的原则穿透计算。 第14条 保险公司资金运用关联交易应符合以下比例要求: (1)保险公司对全部关联方的投资余额,合计不得超过保险公司上一年度末总资产的30%与上一年度末净资产二者中金额较低者; (2)保险公司投资未上市权益类资产、不动产类资产、其他金融资产和境外投资的账面余额中,对关联方的投资金额不得超过上述各类资产投资限额的50%; (3)保险公司对单一关联方的全部投资余额,合计不得超过保险公司上一年度末总资产的15%; (4)保险公司投资金融产品,若底层基础资产涉及控股股东或控股股东的关联方,保险公司购买该金融产品的份额不得超过该产品发行总额的60%。 保险公司与其控股子公司的投资金额应当合并计算并符合上述比例要求
	7. 未开展关联交易年度审计,并报董事会和监事会	《保险公司关联交易管理办法》(银保监发〔2019〕35号) 第35条 保险公司应当每年至少组织一次关联交易专项审计,并将审计结果报董事会和监事会。 第36条 对于未按照规定报告关联方、违规开展关联交易等情形,关联交易控制委员会、独立董事或者监事会可以提出问责建议,经董事会审议通过后执行
	8. 关联交易制度未报备;公司关联交易管理制度未根据监管制度要求进行及时修订备案	《保险公司关联交易管理办法》(银保监发〔2019〕35号) 第20条 保险公司应当制定关联交易管理制度。 关联交易管理制度包括关联方的识别、报告、核验和信息管理,关联交易的发起、定价、审查、报告、披露、审计和责任追究等内容
	(二)关联交易披露问题	
	1. 一般关联交易报告未合并披露	四、分类合并披露应当每季度进行一次,保险公司应当在每季度结束后25日内在公司网站、中国保险行业协会网站披露以下内容: (1)本季度各类关联交易总量及明细表,明细表应列明交易时间、交易对手、与保险公司存在的关联关系说明、交易内容、交易金额; (2)本年度各类关联交易累计金额; (3)中国保监会认为需要披露的其他事项。 《保险公司关联交易管理办法》(银保监发〔2019〕35号) 第45条 本法第39条规定以外的关联交易应当按交易类型每季度进行一次分类合并披露。保险公司应当在每季度结束后30日内在公司网站、符合监管要求的公开网站披露。 第46条 保险公司进行的下列关联交易,可以免予按照关联交易的方式进行审议和披露,但在统计关联交易金额与比例时应当合并计算: (1)与关联自然人单笔交易额在50万元以下或与关联法人单笔交易额在500万元以下的关联交易; (2)一方以现金认购另一方公开发行的股票、公司债券或企业债券、可转换债券或其他衍生品种; (3)按照关联交易有关协议约定产生的后续赎回、赔付、还本付息、分配股息和红利、再保险摊回赔付、调整再保险手续费等交易; (4)在关联方办理活期存款业务; (5)银保监会规定的其他情形
	2. 未及时向监管部门报送并公开披露重大关联交易信息	《保险公司关联交易管理办法》(银保监发〔2019〕35号) 第39条 以下关联交易应当在签订交易协议后15个工作日内逐笔向银保监会报告: (1)重大关联交易; (2)统一交易协议的签订、续签或实质性变更; (3)银保监会要求报告的其他交易

续表

分类	违法行为表现形式	违反的法律法规规范性文件
十二、关联交易管理问题	2. 未及时向监管部门报送并公开披露重大关联交易信息	《保险公司关联交易管理办法》(银保监发〔2019〕35 号) 第 41 条　保险公司应当按本办法的有关规定统计关联交易金额及比例,并于每季度结束后 30 日内报送关联交易的有关情况。 第 42 条　保险公司应当在公司年报中按照行业监管标准披露当年关联交易的总体情况。 第 43 条　保险公司董事会应当就关联交易整体情况形成年度专项报告,随年度公司治理报告一同报送银保监会。 第 45 条　本法第 39 条规定以外的关联交易应当按交易类型每季度进行一次分类合并披露。保险公司应当在每季度结束后 30 日内在公司网站、符合监管要求的公开网站披露。 《关于进一步规范保险公司关联交易有关问题的通知》(保监发〔2015〕36 号)(已失效) 五、保险公司应当按照《保险公司信息披露管理办法》《保险公司资金运用信息披露准则第 1 号:关联交易》等有关规定,对重大关联交易和资金运用关联交易,于签订交易协议后 10 个工作日内(无交易协议的,自事项发生之日起 10 个工作日内),在保险公司网站和中国保险行业协会网站进行披露
	3. 重大关联交易情况报告中缺少主要股东关于不存在不当利益输送的书面声明	《关于进一步规范保险公司关联交易有关问题的通知》(保监发〔2015〕36 号)(已失效) 四、保险公司重大关联交易应由董事会批准的,董事会会议所作决议须经非关联董事 2/3 以上通过。 已设立独立董事的保险公司与主要股东及其关联方的重大关联交易,必须获得独立董事的一致同意,同时主要股东应向保监会提交关于不存在不当利益输送的书面声明
	4. 逐笔批露的关联交易报告信息要素不全	《银保监会关于印发〈保险公司关联交易管理办法〉的通知》(银保监发〔2019〕35 号) 第 40 条　按照本办法第 39 条规定须逐笔报告的关联交易,报告内容至少包括: (1)关联交易概述及交易标的情况; (2)交易对手情况。包括关联自然人基本情况,关联法人名称、企业类型、经营范围、注册资本,与保险公司存在的关联关系; (3)关联交易的具体情况,包括穿透的交易架构图、交易目的、交易条件或对价、定价政策、对财务状况及经营成果的影响等。交易价格与市场价格之间差异较大的,应当说明原因。投资信托计划、债权或不动产投资计划、资产管理计划、股权投资基金、资产支持计划等金融产品的,应当说明投资标的以及基础资产情况。 向关联方购买或出售资产、股权或其他权益的,应说明前次的交易价格。 与关联方共同投资的,应当说明被投企业名称、业务模式、盈利预测、主要资产情况及保险公司与关联方间关于投资收益分配和损失分担的方案等。 (4)关联交易涉及保险公司控股股东及其关联方的,控股股东及其关联方应当提供上年度经审计的财务报表、上季度末征信评级等材料; (5)本年度与该关联方发生的关联交易累计金额; (6)交易协议以及交易基础资产涉及的相关法律文件,交易涉及的有关审批文件,中介服务机构出具的专业报告; (7)股东(大)会、董事会决议,关联交易控制委员会的意见或决议; (8)独立董事的书面意见; (9)银保监会要求提交的其他文件
	5. 滥用免于披露和报告的交易的权利	《保险公司关联交易管理办法》(银保监发〔2019〕35 号) 第 46 条　保险公司进行的下列关联交易,可以免予按照关联交易的方式进行审议和披露,但在统计关联交易金额与比例时应当合并计算: (1)与关联自然人单笔交易额在 50 万元以下或与关联法人单笔交易额在 500 万元以下的关联交易; (2)一方以现金认购另一方公开发行的股票、公司债券或企业债券、可转换债券或其他衍生品种; (3)按照关联交易有关协议约定产生的后续赎回、赔付、还本付息、分配股息和红利、再保险摊回赔付、调整再保险手续费等交易; (4)在关联方办理活期存款业务; (5)银保监会规定的其他情形

续表

分类	违法行为表现形式	违反的法律法规规范性文件
十二、关联交易管理问题	5. 滥用免于披露和报告的交易的权利	第 47 条　保险公司进行的下列关联交易,可以免予按照关联交易的方式进行审议和披露,但应当在交易协议签订后的 15 个工作日内报告银保监会并说明原因,在统计关联交易金额与比例时应当合并计算: (1)同一自然人同时担任保险公司和其他法人的独立董事且不存在其他构成关联方情形的,该法人与保险公司进行的交易; (2)交易的定价为国家规定的; (3)银保监会规定的其他情形。 第 48 条　保险公司关联交易信息涉及国家秘密、商业秘密或者银保监会认可的其他情形,按照本办法披露或者履行相关义务可能导致其违反国家有关保密的法律法规或严重损害公司利益的,保险公司可以向银保监会申请豁免按照本办法披露或履行相关义务
	6. 资金运用关联交易季度统计表中总资产、净资产与资产负债表记载不一致	《保险公司关联交易管理办法》(银保监发〔2019〕35 号) 第 51 条　保险公司股东、董事、监事、高级管理人员及其他关联方,应当如实披露关联关系的有关信息,不得隐瞒或提供虚假陈述,并对提供信息的真实、准确、完整性承担责任
十三、内部审计管理不规范	1. 未建立完善的内外部审计体系	《保险机构内部审计工作规范》(保监发〔2015〕113 号) 第 6 条　保险机构应建立与公司目标、治理结构、管控模式、业务性质和规模相适应,预算管理、人力资源管理、作业管理等相对独立的内部审计体系。 内部审计部门的工作不受其他部门的干预或者影响。内部审计人员不得参与被审计对象业务活动、内部控制和风险管理等有关的决策和执行。 《银行保险机构公司治理准则》 第 106 条　银行保险机构应当按照法律法规和监管规定,建立健全内部审计体系,开展内部审计工作,及时发现问题,有效防范经营风险,促进公司稳健发展
	2. 未实行内部审计部门垂直化管理	《保险机构内部审计工作规范》(保监发〔2015〕113 号) 第 14 条　保险机构应建立独立的内部审计体系,内部审计应垂直管理,鼓励有条件的保险机构实行内部审计集中化管理,进一步强化内部审计体系的独立性。规模较小或实行集中化管理的保险公司省级及以下分支机构,在满足内部审计工作需要的前提下,可不再设置单独的审计部门或岗位。法律法规对上市公司内部审计设置另有规定的,从其规定。 (1)内部审计垂直化管理是指保险机构分级设置独立的内部审计部门,总部对各级内部审计部门进行统一管理和计划安排,各级内部审计部门分级承担内部审计职责并上报审计结果。 (2)内部审计集中化管理是指保险机构设置专门的内部审计机构或部门,统一制定实施预算管理、人力资源管理、作业管理等内部审计管理制度,其他各级机构(含保险子公司及各分支机构)可不再设置内部审计部门和岗位。 (3)实行垂直管理的各保险机构审计部门人员应实施委派制,各级机构审计部门负责人的聘任、考核和薪酬应由上级机构或者总公司统一管理、逐级考核,被审计对象不应参与内部审计部门和内部审计人员的考核。 《银行保险机构公司治理准则》 第 107 条　银行保险机构应当建立与公司目标、治理结构、管控模式、业务性质和规模相适应的内部审计体系,实行内部审计集中化管理或垂直管理,内部审计工作应独立于业务经营、风险管理和内控合规
	3. 公司董事会、监事会对内部外审计负责、指导和监督不足	《保险机构内部审计工作规范》(保监发〔2015〕113 号) 第 13 条　保险机构董事会对内部审计体系的建立、运行与维护负有最终责任。没有设立董事会的,由保险机构法定代表人或负责人履行有关职责。 《银行保险机构公司治理准则》 第 108 条　银行保险机构董事会对内部审计体系的建立、运行与维护,以及内部审计的独立性和有效性承担最终责任。 银行保险机构监事会对内部审计工作进行指导和监督,有权要求董事会和高级管理层提供审计方面的相关信息

续表

分类	违法行为表现形式	违反的法律法规规范性文件
十三、内部审计管理不规范	4. 未建立内部审计信息系统	《保险机构内部审计工作规范》(保监发〔2015〕113 号) 第 8 条　保险机构应逐步建立完善非现场内部审计监测、操作及管理功能在内的内部审计信息系统。鼓励保险机构探索创新内部审计科技手段和技术方法,提升内部审计的信息化水平和审计效率
	5. 未任命审计责任人或者长期空缺	《保险机构内部审计工作规范》(保监发〔2015〕113 号) 第 17 条　保险机构应设立审计责任人职位。审计责任人纳入保险机构高级管理人员任职资格核准范围,对董事会负责,向董事会审计委员会报告工作;同时负责与管理层沟通,并通报审计结果。 《银行保险机构公司治理准则》 第 109 条　银行保险机构应当按照有关监管规定,设立首席审计官或审计责任人。首席审计官或审计责任人对董事会负责,由董事会聘任和解聘,定期向董事会及其审计委员会报告工作
	6. 审计部门设置不健全、现有专职内部审计人员比例不符合监管要求	《保险机构内部审计工作规范》(保监发〔2015〕113 号) 第 21 条　保险机构应配备足够数量的内部审计人员。专职内部审计人员数量原则上应不低于保险机构员工人数的 5‰,且配备专职内部审计人员不少于 3 名。其中持有注册内部审计师、注册会计师等证书或具有与会计、审计、信息技术、投资等内审工作相关的中级以上专业技术资格的人员应不低于专职内部审计人员的 35%。 《银行保险机构公司治理准则》 第 110 条　银行保险机构应当设立独立的内部审计部门,负责开展内部审计相关工作。内部审计部门向首席审计官或审计责任人负责并报告工作。 银行保险机构应当按照有关监管规定,配备充足的内部审计人员。内部审计人员应当具备履行内部审计职责所需的专业知识、职业技能和实践经验
	7. 三年内未对总公司高级管理人员开展任中审计,审计对象离任 3 个月内未完成审计并出具审计报告	《保险公司董事及高级管理人员审计管理办法》(保监发〔2010〕78 号) 第 9 条　保险公司应当制定董事及高级管理人员任中审计年度计划。对高管人员实施任中审计的间隔时间不得超过 3 年。 离任审计应当根据人员变动情况及时进行,原则上实行先审计后离任的原则。确有理由不能事先审计的,应当在审计对象离任 3 个月内完成审计并出具审计报告。聘用外部审计机构进行审计的,可适当延长审计时间,但最长不得超过 6 个月。 专项审计由公司根据实际情况确定审计时间和时限。 第 16 条　保险公司、外部审计机构及相关人员在进行董事及高级管理人员审计过程中,不得有下列行为: (1)保险公司未按照本办法规定的范围、时限和要求,对保险公司董事及高级管理人员进行审计,并向中国保监会或其派出机构提交审计报告…… 保险公司及相关人员发生上述行为之一的,由中国保监会或其派出机构依照《保险法》第 171 条、第 173 条及其他监管规定予以处罚
	8. 对分支机构年度常规审计中,未明确相关责任人,未对责任人进行追责	《保险公司董事及高级管理人员审计管理办法》(保监发〔2010〕78 号) 第 38 条　保险机构应对审计发现问题及时组织整改,并按规定严格追究相关责任人的责任。 对审计发现问题未按照要求及时进行整改处理的,保险机构应对有关负责人问责。 第 43 条　保险机构董事和高级管理人员在组织实施内部审计工作中有如下情形的,保监会将依照相关规定追究责任:…… (5)保险机构未及时按照本规范第 38 条的规定对审计发现问题问责的,保监会将追究管理层及相关董事的责任…… 《保险公司内部控制基本准则》(保监发〔2010〕69 号) 第 46 条　内部控制问责。保险公司应当建立内控问责制度,根据内控违规行为的情节严重程度、损失大小和主客观因素等,明确划分责任等级,规定具体的处理措施和程序。 《保险机构内部审计工作规范》(保监发〔2015〕113 号) 第 38 条　保险机构应对审计发现问题及时组织整改,并按规定严格追究相关责任人的责任。 对审计发现问题未按照要求及时进行整改处理的,保险机构应对有关负责人问责

续表

分类	违法行为表现形式	违反的法律法规规范性文件
十三、内部审计管理不规范	9.任免分公司及以上机构、部门主要负责人之前,未听取审计责任人意见	《保险机构内部审计工作规范》(保监发〔2015〕113号) 第39条　保险机构在考核经济目标、任免所属单位负责人之前,应将内部审计结果作为重要依据。保险机构任命分公司及以上主要负责人之前,应听取审计责任人的意见
	10.部分省级分公司审计报告未按监管要求报送当地银保监局	《保险机构内部审计工作规范》(保监发〔2015〕113号) 第42条　保险机构应按照以下要求向中国保监会报告: ……(三)内部审计机构对省级分公司及其分支机构的审计报告,由省级分公司在报告完成后10个工作日内报送当地保监局……
	11.内部审计质量控制制度不完善,未聘请外部审计机构进行内部审计质量评估	《保险机构内部审计工作规范》(保监发〔2015〕113号) 第35条　内部审计部门应建立健全内部审计项目外包管理制度。根据工作需要,经董事会或管理层批准后,内部审计部门可以聘请外部机构承担内部审计项目。所聘请的外部机构应具备足够的独立性、客观性和专业胜任能力,并遵守本规范中有关审计作业管理的规定。董事会或管理层应当对外部审计机构的独立性出具书面意见。委托外部机构开展内部审计的,应向保监会报告。 《银行保险机构公司治理准则》 第111条　银行保险机构应当聘请独立、专业、具备相应资质的外部审计机构进行财务审计,并对公司内部控制情况进行定期评估。 第112条　外部审计机构应当独立、客观、公正、审慎地履行审计职责。 外部审计机构对财务会计报告出具非标准审计报告的,银行保险机构董事会应当对该审计意见及涉及事项作出专项说明并公开披露。 第113条　银行保险机构应当将外部审计报告及审计机构对公司内部控制有效性的审计意见及时报送监管机构
十四、风险管理不规范	1.风险管理体系尚无法覆盖所有业务流程和操作环节;公司《偿付能力压力测试制度》基本照搬照抄监管规定,缺少适合公司自身发展实际的具体规定。公司尚未建立风险管理系统。公司各部门、分支机构未对可能出现操作风险的流程、人员、系统等进行日常监测识别分析。没有建立操作风险应急预案	《保险公司风险管理指引(试行)》(保监发〔2007〕23号) 第6条　保险公司风险管理应当遵循以下原则: (1)全面管理与重点监控相统一的原则。保险公司应当建立覆盖所有业务流程和操作环节,能够对风险进行持续监控、定期评估和准确预警的全面风险管理体系,同时要根据公司实际有针对性地实施重点风险监控,及时发现、防范和化解对公司经营有重要影响的风险…… 《保险公司内部控制基本准则》 第8条　内部控制保证。保险公司应当建立多层次、全方位的监控体系,实现对内部控制活动的事前、事中、事后有效监控,为实现内控目标提供保证…… 第9条　内部控制活动的层次。保险公司应当根据保险公司业务流程特点和资源优化配置要求,按照控制风险、提升服务、降低成本、提高效率的原则,科学建立和合理划分内部控制活动的重点和层次。 保险公司内部控制活动分为前台控制、后台控制和基础控制三个层次。前台控制是对直接面对市场和客户的营销及交易行为的控制活动;后台控制是对业务处理和后援支持等运营行为的控制活动;基础控制是对为公司经营运作提供决策支持和资源保障等管理行为的控制活动。 《银行保险机构公司治理准则》 第97条　银行保险机构应当按照监管规定,建立覆盖所有业务流程和操作环节,并与本公司风险状况相匹配的全面风险管理体系
	2.董事会对全面风险管理负责和指导不足	《保险公司风险管理指引(试行)》 第9条　保险公司应当建立由董事会负最终责任、管理层直接领导,以风险管理机构为依托,相关职能部门密切配合,覆盖所有业务单位的风险管理组织体系。 第11条　保险公司董事会风险管理委员会应当全面了解公司面临的各项重大风险及其管理状况,监督风险管理体系运行的有效性,对以下事项进行审议并向董事会提出意见和建议: (1)风险管理的总体目标、基本政策和工作制度; (2)风险管理机构设置及其职责; (3)重大决策的风险评估和重大风险的解决方案; (4)年度风险评估报告。 《银行保险机构公司治理准则》 第98条　银行保险机构董事会承担全面风险管理的最终责任

续表

分类	违法行为表现形式	违反的法律法规规范性文件
十四、风险管理不规范	3. 未设立首席风险官	《银行保险机构公司治理准则》 第 99 条　银行保险机构应当设立首席风险官或指定一名高级管理人员担任风险责任人。 首席风险官或风险责任人应当保持充分的独立性，不得同时负责与风险管理有利益冲突的工作
	4. 未审理独立的风险管理部门	《保险公司风险管理指引（试行）》（保监发〔2007〕23 号） 第 13 条　保险公司应当设立风险管理部门或者指定工作部门具体负责风险管理相关事务工作。该部门主要职责如下： （1）对风险进行定性和定量评估，改进风险管理方法、技术和模型； （2）合理确定各类风险限额，组织协调风险管理日常工作，协助各业务部门在风险限额内开展业务，监控风险限额的遵守情况； （3）资产负债管理； （4）组织推动建立风险管理信息系统； （5）组织推动风险文化建设。 设有本指引第 12 条规定的风险管理协调机构的，该部门为其办事机构。 《银行保险机构公司治理准则》第 100 条　银行保险机构应当设立独立的风险管理部门负责全面风险管理。 银行保险机构应当在人员数量和资质、薪酬和其他激励政策、信息系统访问权限、专门的信息系统建设以及内部信息渠道等方面给予风险管理部门足够的支持
	5. 未建立涵盖风险管理基本流程和控制环节的信息系统，未针对操作风险、信用风险、战略风险等风险类型制定应急制度	《保险公司风险管理指引（试行）》（保监发〔2007〕23 号） 第 7 条　保险公司应当建立涵盖风险管理基本流程和控制环节的信息系统，提高风险管理的信息化水平。 保险公司应当统筹规划风险管理和业务管理信息系统，使风险信息能够在职能部门和业务单位之间实现集成与共享，充分满足对风险进行分析评估和监控管理的各项要求 《保险公司内部控制基本准则》（保监发〔2010〕69 号） 第 9 条　……保险公司应当建立内控风险应急管理机制，制定周全和可操作性强的应急预案，明确各种风险情形下的应对措施，尽可能减少内控风险的影响和损失…… 第 30 条　信息系统控制。保险公司应当建立信息系统管理制度，规范信息系统的统筹规划、设计开发、运行维护、安全管理、保密管理、灾难恢复管理等控制事项，提高业务和财务处理及办公的信息化水平，建立符合业务发展和管理需要的信息系统。 保险公司应当统筹规划信息系统的开发建设，整合公司的信息系统资源，形成不同业务单位、部门、人员广泛共享的信息平台。 保险公司应当对信息系统使用实行授权管理，及时更新和完善信息系统安全控制措施，加强保密管理和灾难恢复管理，提高信息系统运行的稳定性和安全性
	6. 违规向高管人员提供借款	《公司法》（2018 年修正） 第 115 条　公司不得直接或者通过子公司向董事、监事、高级管理人员提供借款
	7. 未制定明确的内部控制评价制度	《保险公司内部控制基本准则》（保监发〔2010〕69 号） 第 49 条　内控评价制度。保险公司应当制定内部控制评价制度，每年对内部控制体系的健全性、合理性和有效性进行综合评估，编制内部控制评估报告
	8. 未建立风险事件报告机制或者未按照规定及时报告重大风险	《保险公司风险管理指引（试行）》 第 34 条　保险公司应当及时向中国保监会报告本公司发生的重大风险事件。 《银行保险机构公司治理准则》 第 101 条　银行保险机构应当及时向监管机构报告本公司发生的重大风险事件

续表

分类	违法行为表现形式	违反的法律法规规范性文件
十五、公司内部控制制度不完善	1.内部控制体系不健全	《保险公司内部控制基本准则》(保监发〔2010〕69号) 第4条　保险公司建立和实施内部控制,应当遵循以下原则: (1)全面和重点相统一。保险公司应当建立全面、系统、规范化的内部控制体系,覆盖所有业务流程和操作环节,贯穿经营管理全过程。在全面管理的基础上,对公司重要业务事项和高风险领域实施重点控制…… 《银行保险机构公司治理准则》 第102条　银行保险机构应当建立健全内部控制体系,明确内部控制职责,完善内部控制措施,强化内部控制保障,持续开展内部控制评价和监督
	2.董事会对公司内部控制情况关注指导不足	《银行保险机构公司治理准则》 第103条　银行保险机构董事会应当持续关注本公司内部控制状况,建立良好的内部控制文化,对公司内部控制的健全性、合理性和有效性进行定期研究和评价
	3.内控制度体系不健全,内控体系尚无法覆盖所有业务流程和操作环节	《保险公司内部控制基本准则》(保监发〔2010〕69号) 第32条　分支机构控制。保险公司应当通过授权委托书或内部管理规定等方式,根据总公司的战略规划和管理能力,统一制定分支机构组织设置、职责权限和运营规则,建立健全分支机构管控制度,实现对分支机构的全面、动态、有效管控。 保险公司应当通过规范的授权方式,对不同层级分支机构的业务流程、财务和资金管理、人力资源管理、行政管理、内部控制建立统一、标准、明确的管理要求。保险公司可以根据不同分支机构的经营和管控能力,在有章可循和可调控的前提下,适度采取差异化的业务政策或控制权限,提高分支机构的业务发展能力。 保险公司应当通过信息技术手段和明确的报告要求,全面、实时、准确掌控分支机构经营管理信息,定期对分支机构的业务、财务和风险状况进行分析和监测,实现对分支机构经营管理的过程控制。 保险公司应当从业务、合规和风险等方面全面、科学设置分支机构考核目标,加强对分支机构及其高管人员的审计监督,严格执行公司问责制度,确保分支机构依法合规经营。 《银行保险机构公司治理准则》 第104条　银行保险机构应当建立健全内部控制制度体系,对各项业务活动和管理活动制定全面、系统、规范的制度,并定期进行评估。 第105条　银行保险机构应当建立健全贯穿各级机构、覆盖所有业务和全部流程的信息系统,及时、准确记录经营管理信息,确保信息的完整、连续、准确和可追溯
十六、公司发展规划管理不规范	1.董事会未设立发展规划委员会,也未指定其他专业委员会负责发展规划的制定、实施、修改、评估等工作	《保险公司发展规划管理指引》(保监发〔2013〕18号) 第5条　保险公司应当建立由董事会负责的发展规划工作机制,完善组织架构,建立管理制度,明确工作职责。 保险公司董事长领导发展规划工作。董事会发展规划委员会(或其他专业委员会)负责发展规划的制定、实施、修改、评估等工作。 保险公司监事会对发展规划的制定、实施和评估等工作进行内部监督…… 《银行保险机构公司治理准则》 第54条　银行保险机构董事会负责制定发展战略。 发展战略应当具备科学性、合理性和稳健性,明确市场定位和发展目标,体现差异化和特色化
	2.战略规划风险管理部分没有明确适当的风险限额	《保险公司风险管理指引(试行)》(保监发〔2007〕23号) 第13条　保险公司应当设立风险管理部门或者指定工作部门具体负责风险管理相关事务工作。该部门主要职责如下: …… (2)合理确定各类风险限额,组织协调风险管理日常工作,协助各业务部门在风险限额内开展业务,监控风险限额的遵守情况……
	3.未制定公司发展规划的年度任务分解计划和落实措施,或未报董事会和经理层通过;发展规划内容不完整,未包含资本管理等相关内容;发展规划未报股东大会批准	《保险公司发展规划管理指引》(保监发〔2013〕18号) 第7条　保险公司发展规划应当包括公司战略目标、业务发展、机构发展、偿付能力管理、资本管理、风险管理、基础管理、保障措施等规划要素。 第21条　发展规划经董事会审议通过后,报股东大会批准后方可实施。 第24条　保险公司规划部门应当依据发展规划提出年度分解计划和落实措施,报董事会和经理层后实施。 第37条　中国保监会于每年6月底前负责组织开展保险公司发展规划实施情况的年度评价,评价结果与机构准入、资金运用、产品审核、资本管理、偿付能力等监管工作相关联

续表

分类	违法行为表现形式	违反的法律法规规范性文件
十六、公司发展规划管理不规范	4. 未根据相关监管要求对发展规划中涉及机构发展等重大事项进行调整变更	《保险公司发展规划管理指引》(保监发〔2013〕18 号) 第 27 条　因宏观经济形势、金融行业政策、保险公司自身经营状况发生重大变化,需对发展规划做出调整的,由保险公司规划部门提出建议报董事会审议。 第 28 条　保险公司每年末应当根据分支机构建设情况对发展规划中的机构发展计划做出调整,并报保监会
	5. 未开展发展规划的年度考核,或年度规划实施情况全面评估报告未报董事会审议	《保险公司发展规划管理指引》(保监发〔2013〕18 号) 第 30 条　董事会相关专业委员会应在发展规划的年末和规划期末,组织开展规划实施评估工作,编制评估报告,报董事会审议。 第 35 条　保险公司应当于每年 4 月底前向保监会提交公司上一年度规划实施情况全面评估报告,其中包括保费收入、总资产、利润率、偿付能力充足率、分支机构建设等重要指标年度完成情况与规划目标的差异情况
十七、考核激励机制不完善	1. 未制定明确的薪酬管理制度,董事、监事和高管人员目标绩效薪酬低于基本薪酬,高管绩效薪酬高于基本薪酬的 3 倍	《保险公司薪酬管理规范指引(试行)》(保监发〔2012〕63 号) 第 7 条　保险公司董事、监事和高管人员绩效薪酬应当根据当年绩效考核结果确定。绩效薪酬应当控制在基本薪酬的 3 倍以内,目标绩效薪酬应当不低于基本薪酬。 保险公司设立保底奖金的,应当只适用于入职第一年的员工或者成立不足一年的公司。 第 28 条　保险公司薪酬管理中存在以下情形的,中国保监会可以采取要求提交书面说明、监管谈话、风险提示、向股东大会或董事会反馈监管意见、要求公司作为重大事项公开披露等措施进行处理: (1)中途改变绩效考核指标或绩效目标,致使公司董事长或总经理实际薪酬总额高于原指标考核结果的; (2)薪酬水平与公司风险状况严重不匹配或显著高于市场同等规模和业绩水平公司的; (3)薪酬管理行为不符合监管规定的; (4)薪酬管理自评与公司实际情形不一致的; (5)其他可能存在或导致风险,需要进行风险提示的情形。 《银行保险机构公司治理准则》第 83 条　银行保险机构应当建立与发展战略、风险管理、整体效益、岗位职责、社会责任、企业文化相适应的科学合理的薪酬管理机制
	2. 高管人员绩效考核指标未充分包括风险合规指标	《银行保险机构公司治理准则》 第 84 条　银行保险机构应当按照收益与风险兼顾、长期与短期激励并重的原则,建立指标科学完备、流程清晰规范的绩效考核机制。 银行保险机构绩效考核指标应当包括合规经营指标、风险管理指标、经济效益指标和社会责任指标等,且合规经营指标和风险管理指标权重应当高于其他指标。 《保险公司薪酬管理规范指引(试行)》(保监发〔2012〕63 号) 第 17 条　保险公司绩效考核指标体系应当包括经济效益指标和风险合规指标。经济效益指标的选取应当符合国家有关规定和公司战略。风险合规指标应当重点反映以下风险: (1)偿付能力充足率; (2)公司治理风险指标; (3)内控风险指标; (4)合规风险指标; (5)资金运用风险指标; (6)业务经营风险指标; (7)财务风险指标。 每类风险指标的构成参照中国保监会有关分类监管的规定确定。保险集团公司、保险资产管理公司和再保险公司风险合规指标由公司根据自身情况和有关监管规定确定
	3. 未制订明确的绩效薪酬延期支付制度。薪酬延期支付不合规,部分董事未实行绩效薪酬延期支付,部分董事延期支付期限为两年,绩效薪酬延期支付制度不完善	《银行保险机构公司治理准则》 第 85 条　银行保险机构应当建立绩效薪酬延期支付和追索扣回制度。 银行保险机构执行董事、高级管理人员和关键岗位人员绩效薪酬应当实行延期支付。 前款所称"关键岗位人员",是指对银行保险机构经营风险有直接或重要影响的人员。银行保险机构应当在薪酬管理制度中明确关键岗位人员范围。 银行保险机构发生风险损失超常暴露的,应当按照绩效薪酬追索扣回制度的相关规定,停止支付有关责任人员绩效薪酬未支付部分,并将对应期限内已发放的绩效薪酬追回。关于追索、扣回的规定同样适用于离职人员和退休人员

续表

分类	违法行为表现形式	违反的法律法规规范性文件
十七、考核激励机制不完善	3. 未制订明确的绩效薪酬延期支付制度。薪酬延期支付不合规,部分董事未实行绩效薪酬延期支付,部分董事延期支付期限为两年,绩效薪酬延期支付制度不完善	第 86 条　银行保险机构绩效薪酬支付期限应当充分考虑相应业务的风险持续时期,且不得少于 3 年,并定期根据业绩实现和风险变化情况对延期支付制度进行调整。 银行保险机构可以根据国家有关规定,建立市场化的中长期激励机制,不断优化薪酬结构。 鼓励银行保险机构依法合规探索多种非物质激励方式。 银行保险机构薪酬管理及中长期激励约束机制应当兼顾业务人员与党务、风险管理、合规管理、内部审计等管理、监督人员。 银行保险机构内部审计、内控合规和风险管理部门员工的薪酬应独立于业务条线,且薪酬水平应得到适当保证,以确保能够吸引与其职责相匹配的专业人员。 《保险公司薪酬管理规范指引(试行)》(保监发〔2012〕63 号) 第 12 条　保险公司应当在薪酬管理制度中规定绩效薪酬延期支付制度,促使绩效薪酬延期支付期限、各年支付额度与相应业务的风险情况保持一致。保险公司应当定期根据业绩实现和风险变化情况对延期支付制度进行调整。 绩效薪酬延期支付制度应当包括适用人员范围、条件、期限、比例、风险及损失情形、程序、停发等内容。 第 13 条　保险公司董事、监事、高管人员和关键岗位人员绩效薪酬应当实行延期支付,延期支付比例不低于 40%。其中,董事长和总经理不低于 50%。 保险公司应当根据风险的持续时间确定绩效薪酬支付期限,原则上不少于 3 年。支付期限为 3 年的,不延期部分在绩效考核结果确定当年支付,延期部分于考核结果确定的下两个年度同期平均支付。支付期限超过 3 年的,延期支付部分遵循等分原则。 第 14 条　发生绩效薪酬延期支付制度规定情形的风险及损失的,保险公司应当停发相关责任人员未支付的绩效薪酬
	4. 未区分规定董事、监事和高管人员薪酬管理方式	《银行保险机构公司治理准则》 第 89 条　银行保险机构应当制定董事、监事薪酬制度,明确董事、监事的薪酬或津贴标准,经股东大会审议通过后实施。 《保险公司薪酬管理规范指引(试行)》(保监发〔2012〕63 号) 第 20 条　保险公司薪酬管理制度应当区分以下不同对象,采取不同的管理方式: (1)董事、监事和高管人员; (2)关键岗位人员; (3)其他岗位人员; (4)不领取薪酬的董事、监事和常任顾问的工作报酬或费用等
	5. 薪酬管理报告未按规定程序进行审核	《银行保险机构公司治理准则》 第 90 条　银行保险机构应当建立健全董事、监事及高级管理人员履职评价制度,对董事、监事、高级管理人员开展履职评价。 《保险公司薪酬管理规范指引(试行)》(保监发〔2012〕63 号) 第 27 条　保险公司董事会应当每年对薪酬管理工作进行自我评价,撰写薪酬管理报告,按照规定的审核程序和时限提交中国保监会。薪酬管理报告的内容包括: (1)薪酬管理制度和流程是否完备、规范; (2)公司总体绩效考核指标设计和绩效目标是否符合公司战略,岗位绩效考核指标是否能够充分并准确反映岗位贡献和风险合规状况; (3)绩效考核过程和结果是否公正、合理,是否有利于激励工作人员和树立以绩效和风险为导向的企业文化; (4)公司董事、监事和高管人员薪酬与公司绩效、业务质量以及业务结构是否匹配,是否对风险具有较强的敏感性,是否会激励过度冒险行为或导致风险损失; (5)是否存在管理失当或不符合监管规定的行为; (6)其他对公司战略或风险有重要影响的薪酬管理情形
	6. 未制定违规发放薪酬问责制度	《保险公司薪酬管理规范指引(试行)》(保监发〔2012〕63 号) 第 25 条　保险公司工作人员违反薪酬管理程序擅自发放薪酬、擅自增加薪酬激励项目或者在绩效考核中弄虚作假的,保险公司应当建立严格的问责制度,对违规发放的薪酬应当予以扣回

续表

分类	违法行为表现形式	违反的法律法规规范性文件
十八、信息披露不规范	1. 信息披露管理制度不完善，缺少关于信息披露事务的评价制度和责任追究制度	《保险公司信息披露管理办法》(保监会令 2018 年第 2 号) 第 27 条　保险公司应当建立信息披露管理制度并报中国银行保险监督管理委员会。信息披露管理制度应当包括下列内容： (1)信息披露的内容和基本格式； (2)信息的审核和发布流程； (3)信息披露的豁免及其审核流程； (4)信息披露事务的职责分工、承办部门和评价制度； (5)责任追究制度。 《银行保险机构公司治理准则》 第 95 条　银行保险机构应当建立信息披露管理制度。信息披露管理制度应当包括下列内容： (1)信息披露的内容和基本格式； (2)信息的审核和发布流程； (3)信息披露的豁免及其审核流程； (4)信息披露事务的职责分工、承办部门和评价制度； (5)责任追究制度。 第 91 条　银行保险机构应当按照法律法规和监管规定，披露公司重要信息，包括财务状况、重大风险信息和公司治理信息等。 前款所称“重要信息”，是指如果发生遗漏或虚假陈述，将对信息使用者决策产生重大影响的信息。 银行保险机构披露的信息应当真实、准确、完整、及时，简明清晰，通俗易懂，不得有虚假记载、误导性陈述或重大遗漏
	2. 年度、半年度和季度信息披露报告内容不真实、不完整、不规范	《保险公司信息披露管理办法》(保监会令 2018 年第 2 号) 第 10 条　保险公司披露的公司治理概要应当包括下列内容： (1)实际控制人及其控制本公司情况的简要说明； (2)持股比例在 5% 以上的股东及其持股情况； (3)近 3 年股东大会(股东会)主要决议，至少包括会议召开的时间、地点、出席情况、主要议题以及表决情况等； (4)董事和监事简历； (5)高级管理人员简历、职责及其履职情况； (6)公司部门设置情况。 《银行保险机构公司治理准则》 第 92 条　银行保险机构应当按照法律法规和监管规定，在年度信息披露报告中披露公司基本信息、财务会计报告、风险管理信息、公司治理信息、重大事项信息等。 银行保险机构半年度、季度信息披露应当参照年度信息披露要求披露。 公司治理信息主要包括： (1)实际控制人及其控制本公司情况的简要说明； (2)持股比例在百分之五以上的股东及其持股变化情况； (3)股东大会职责、主要决议，至少包括会议召开时间、地点、出席情况、主要议题以及表决情况等； (4)董事会职责、人员构成及其工作情况，董事简历，包括董事兼职情况； (5)独立董事工作情况； (6)监事会职责、人员构成及其工作情况，监事简历，包括监事兼职情况； (7)外部监事工作情况； (8)高级管理层构成、职责、人员简历； (9)薪酬制度及当年董事、监事和高级管理人员薪酬； (10)公司部门设置情况和分支机构设置情况； (11)银行保险机构对本公司治理情况的整体评价； (12)外部审计机构出具的审计报告全文； (13)监管机构规定的其他信息

续表

分类	违法行为表现形式	违反的法律法规规范性文件
十八、信息披露不规范	3. 公司治理层面发生重大事项时,存在漏报、错报、不报情况	《保险公司信息披露管理办法》(保监会令 2018 年第 2 号) 第 10 条　保险公司披露的公司治理概要应当包括下列内容: (1)实际控制人及其控制本公司情况的简要说明; (2)持股比例在 5% 以上的股东及其持股情况; (3)近 3年股东大会(股东会)主要决议,至少包括会议召开的时间、地点、出席情况、主要议题以及表决情况等; (4)董事和监事简历; (5)高级管理人员简历、职责及其履职情况; (6)公司部门设置情况。 《银行保险机构公司治理准则》第 93 条　银行保险机构公司治理方面发生下列重大事项的,应当编制临时信息披露报告,披露相关信息并作出简要说明: (1)控股股东或者实际控制人发生变更; (2)更换董事长或者行长(总经理); (3)当年董事会累计变更人数超过董事会成员总数的 1/3; (4)公司名称、注册资本、公司住所或者主要营业场所发生变更; (5)经营范围发生变化; (6)公司合并、分立、解散或者申请破产; (7)撤销一级分行(省级分公司); (8)对被投资企业实施控制的重大股权投资; (9)公司或者董事长、行长(总经理)受到刑事处罚; (10)公司或者一级分行(省级分公司)受到监管机构行政处罚; (11)更换或者提前解聘为公司财务报告进行定期法定审计的会计师事务所; (12)监管机构要求披露的其他信息
	4. 基本信息披露不真实不完整,存在造假嫌疑;重大事项信息披露不规范;披露的公司治理概要缺失高级管理人员履职情况相关内容	《保险公司信息披露管理办法》(保监会令 2018 年第 2 号) 第 8 条　保险公司披露的基本信息应当包括公司概况、公司治理概要和产品基本信息。 第 9 条　保险公司披露的公司概况应当包括下列内容: (1)公司名称; (2)注册资本; (3)公司住所和营业场所; (4)成立时间; (5)经营范围和经营区域; (6)法定代表人; (7)客服电话、投诉渠道和投诉处理程序; (8)各分支机构营业场所和联系电话。 第 19 条　保险公司有下列重大事项之一的,应当披露相关信息并作出简要说明: (1)控股股东或者实际控制人发生变更; (2)更换董事长或者总经理; (3)当年董事会累计变更人数超过董事会成员人数的 1/3; (4)公司名称、注册资本、公司住所或者营业场所发生变更; (5)经营范围发生变化; (6)合并、分立、解散或者申请破产; (7)撤销省级分公司; (8)对被投资企业实施控制的重大股权投资; (9)发生单项投资实际投资损失金额超过公司上季度末净资产总额 5% 的重大投资损失,如果净资产为负值则按照公司注册资本 5% 计算; (10)发生单笔赔案或者同一保险事故涉及的所有赔案实际赔付支出金额超过公司上季度末净资产总额 5% 的重大赔付,如果净资产为负值则按照公司注册资本 5% 计算; (11)发生对公司净资产和实际营运造成重要影响或者判决公司赔偿金额超过 5000 万元人民币的重大诉讼案件; (12)发生对公司净资产和实际营运造成重要影响或者裁决公司赔偿金额超过 5000 万元人民币的重大仲裁事项;

续表

分类	违法行为表现形式	违反的法律法规规范性文件
十八、信息披露不规范	4. 基本信息披露不真实不完整，存在造假嫌疑；重大事项信息披露不规范；披露的公司治理概要缺失高级管理人员履职情况相关内容	(13)保险公司或者其董事长、总经理受到刑事处罚； (14)保险公司或者其省级分公司受到中国银行保险监督管理委员会或者其派出机构的行政处罚； (15)更换或者提前解聘会计师事务所； (16)中国银行保险监督管理委员会规定的其他事项。 《银行保险机构公司治理准则》 第 91 条 银行保险机构应当按照法律法规和监管规定，披露公司重要信息，包括财务状况、重大风险信息和公司治理信息等。 前款所称“重要信息”，是指如果发生遗漏或虚假陈述，将对信息使用者决策产生重大影响的信息。 银行保险机构披露的信息应当真实、准确、完整、及时，简明清晰，通俗易懂，不得有虚假记载、误导性陈述或重大遗漏。 《银行保险机构公司治理准则》 第 94 条 银行保险机构应当建立公司网站，按照监管规定披露相关信息。 银行保险机构年度信息披露报告应当于每年 4 月 30 日前在公司网站发布。临时信息披露报告应当自事项发生之日起 10 个工作日内在公司网站发布。 银行保险机构网站应当保留最近 5 年的年度信息披露报告和临时信息披露报告
	5. 未建立专门的信息披露管理制度，未指定专人负责信息披露	《关于规范保险公司治理结构的指导意见(试行)》第 5 条第 2 款 保险公司应当按照相关法律、法规和监管规定披露财务、风险和治理结构等方面的信息，并保证披露信息的真实性、准确性和完整性。 保险公司应当建立信息披露内部管理制度，指定专人负责信息披露事务
	6. 基本信息披露不完整，未披露历年召开的股东大会情况、未披露持股比例在 5% 以上的股东持股比例等	《保险公司信息披露管理办法》(保监会令 2018 年第 2 号) 第 8 条 保险公司披露的基本信息应当包括公司概况、公司治理概要和产品基本信息。 第 9 条 保险公司披露的公司概况应当包括下列内容： (1)公司名称； (2)注册资本； (3)公司住所和营业场所； (4)成立时间； (5)经营范围和经营区域； (6)法定代表人； (7)客服电话、投诉渠道和投诉处理程序； (8)各分支机构营业场所和联系电话。 第 10 条 保险公司披露的公司治理概要应当包括下列内容： (1)实际控制人及其控制本公司情况的简要说明； (2)持股比例在 5% 以上的股东及其持股情况； (3)近 3 年股东大会(股东会)主要决议，至少包括会议召开的时间、地点、出席情况、主要议题以及表决情况等； (4)董事和监事简历； (5)高级管理人员简历、职责及其履职情况； (6)公司部门设置情况。 第 11 条 保险公司披露的产品基本信息应当包括下列内容： (1)审批或者备案的保险产品目录、条款； (2)人身保险新型产品说明书； (3)中国银行保险监督管理委员会规定的其他产品基本信息
	7. 重大事项信息披露不规范，未披露受到行政处罚等事项	《保险公司信息披露管理办法》(保监会令 2018 年第 2 号) 第 19 条 保险公司有下列重大事项之一的，应当披露相关信息并作出简要说明： (1)控股股东或者实际控制人发生变更； (2)更换董事长或者总经理； (3)当年董事会累计变更人数超过董事会成员人数的 1/3； (4)公司名称、注册资本、公司住所或者营业场所发生变更； (5)经营范围发生变化； (6)合并、分立、解散或者申请破产；

续表

分类	违法行为表现形式	违反的法律法规规范性文件
十八、信息披露不规范	7. 重大事项信息披露不规范，未披露受到行政处罚等事项	（7）撤销省级分公司； （8）对被投资企业实施控制的重大股权投资； （9）发生单项投资实际投资损失金额超过公司上季度末净资产总额5%的重大投资损失，如果净资产为负值则按照公司注册资本5%计算； （10）发生单笔赔案或者同一保险事故涉及的所有赔案实际赔付支出金额超过公司上季度末净资产总额5%的重大赔付，如果净资产为负值则按照公司注册资本5%计算； （11）发生对公司净资产和实际营运造成重要影响或者判决公司赔偿金额超过5000万元人民币的重大诉讼案件； （12）发生对公司净资产和实际营运造成重要影响或者裁决公司赔偿金额超过5000万元人民币的重大仲裁事项； （13）保险公司或者其董事长、总经理受到刑事处罚； （14）保险公司或者其省级分公司受到中国银行保险监督管理委员会或者其派出机构的行政处罚； （15）更换或者提前解聘会计师事务所； （16）中国银行保险监督管理委员会规定的其他事项
	8. 非保险子公司信息披露不规范。未披露对非保险子公司持股比例、法定代表人等基本情况，未在中国保险行业协会官方网站披露非保险子公司相关信息	《保险公司信息披露管理办法》（保监会令2018年第2号） 第7条　保险公司应当披露下列信息： （1）基本信息； （2）财务会计信息； （3）保险责任准备金信息； （4）风险管理状况信息； （5）保险产品经营信息； （6）偿付能力信息； （7）重大关联交易信息； （8）重大事项信息； （9）中国银行保险监督管理委员会规定的其他信息
	9. 未披露产品经营信息	《保险公司信息披露管理办法》（保监会令2018年第2号） 第11条　保险公司披露的产品基本信息应当包括下列内容： （1）审批或者备案的保险产品目录、条款； （2）人身保险新型产品说明书； （3）中国银行保险监督管理委员会规定的其他产品基本信息。 第15条　人身保险公司披露的产品经营信息应当包括下列内容： （1）上一年度原保险保费收入居前5位的保险产品的名称、主要销售渠道、原保险保费收入和退保金； （2）上一年度保户投资款新增交费居前3位的保险产品的名称、主要销售渠道、保户投资款新增交费和保户投资款本年退保； （3）上一年度投连险独立账户新增交费居前3位的投连险产品的名称、主要销售渠道、投连险独立账户新增交费和投连险独立账户本年退保。 第16条　财产保险公司披露的产品经营信息是指上一年度原保险保费收入居前5位的商业保险险种经营情况，包括险种名称、保险金额、原保险保费收入、赔款支出、准备金、承保利润
	10. 未明确董事会和董事会秘书信息披露事务方面的职责，出现违规处罚未进行追责	《保险公司信息披露管理办法》以及二十国集团/经合组织公司治理原则相关要求，对保险机构的信息披露制度、外部审计制度以及对其他利益相关者的权利保护制度均有明确要求。 《银行保险机构公司治理准则》 第96条　银行保险机构董事会负责本机构信息披露，董事会秘书负责组织和协调公司信息披露事务

续表

分类	违法行为表现形式	违反的法律法规规范性文件
十九、公司利益相关者与社会责任	1. 利益相关者关系管理不规范	中国银行保险监督管理委员会在评估中将根据《保险公司信息披露管理办法》，以及参考二十国集团/经合组织公司治理原则相关要求，对保险机构的信息披露制度、外部审计制度以及对其他利益相关者的权利保护制度进行考核。 在其他利益相关者权利保护方面，中国银行保险监督管理委员会主要参考二十国集团/经合组织公司治理原则相关要求，考察保险机构对利益相关参与程度、协调程度以及社会责任的维护，比如为员工提供有效途径参与公司的重大决策和日常经营管理、建立职工代表大会制度、职工监事制度、最大程度维护债权人等利益相关者利益、通过运用保险机制创新公共服务提供方式，完善多层次社会保障体系、完善社会治理体系等情况。 《银行保险机构公司治理准则》 第 78 条　银行保险机构应当尊重金融消费者、员工、供应商、债权人、社区等利益相关者的合法权益，与利益相关者建立沟通交流机制，保障利益相关者能够定期、及时、充分地获得与其权益相关的可靠信息。 银行保险机构应当为维护利益相关者合法权益提供必要的条件，当权益受到损害时，利益相关者有机会和途径依法获得救济
	2. 劳动者权益保护不足	《劳动法》(2018 年修正) 第 4 条　用人单位应当依法建立和完善规章制度，保障劳动者享有劳动权利和履行劳动义务。 《劳动合同法》(2012 年修正) 第 4 条　用人单位应当依法建立和完善劳动规章制度，保障劳动者享有劳动权利、履行劳动义务。 用人单位在制定、修改或者决定有关劳动报酬、工作时间、休息休假、劳动安全卫生、保险福利、职工培训、劳动纪律以及劳动定额管理等直接涉及劳动者切身利益的规章制度或者重大事项时，应当经职工代表大会或者全体职工讨论，提出方案和意见，与工会或者职工代表平等协商确定。 在规章制度和重大事项决定实施过程中，工会或者职工认为不适当的，有权向用人单位提出，通过协商予以修改完善。 用人单位应当将直接涉及劳动者切身利益的规章制度和重大事项决定公示，或者告知劳动者。 《工会法》(2009 年修正) 第 19 条　企业、事业单位违反职工代表大会制度和其他民主管理制度，工会有权要求纠正，保障职工依法行使民主管理的权利。 法律、法规规定应当提交职工大会或者职工代表大会审议、通过、决定的事项，企业、事业单位应当依法办理。 《银行保险机构公司治理准则》 第 79 条　银行保险机构应当加强员工权益保护，保障员工享有平等的晋升发展环境，为职工代表大会、工会依法履行职责提供必要条件。 银行保险机构应当积极鼓励、支持员工参与公司治理，鼓励员工通过合法渠道对有关违法、违规和违反职业道德准则的行为向董事会、监事会或监管机构报告
	3. 消费者权益保障不足	《消费者权益保护法》(2013 年修正) 第 6 条　保护消费者的合法权益是全社会的共同责任。 国家鼓励、支持一切组织和个人对损害消费者合法权益的行为进行社会监督。 大众传播媒介应当做好维护消费者合法权益的宣传，对损害消费者合法权益的行为进行舆论监督。 《银行保险机构公司治理准则》 第 80 条　银行保险机构应当强化金融消费者权益保护，建立并完善消费者权益保护工作机制、决策机制和监督机制
	4. 企业文化建设和社会责任履行不足或者未披露社会责任报告	《中国保监会关于保险业履行社会责任的指导意见》(保监发〔2015〕123 号) 五、制定社会责任规划，健全社会责任工作体系 (14)加强社会责任工作统筹规划。学习先进企业的社会责任管理与实践经验，编制社会责任工作规划。健全社会责任组织体系，明确领导机构和管理部门，切实保障工作规划实施，促使全体员工实现岗位职责和社会责任融合，在日常工作中履行社会责任。 (15)提高社会责任报告编制质量。参照国内外主流的社会责任报告编写标准，每年 4 月 30 日之前编制和发布上一年度企业社会责任年度报告，披露企业在经济、社会、环境等方面的履责理念、措施和绩效。

续表

分类	违法行为表现形式	违反的法律法规规范性文件
十九、公司利益相关者与社会责任	4. 企业文化建设和社会责任履行不足或者未披露社会责任报告	(16)完善社会责任报告编制和发布流程。编制工作做到及时、规范、持续、创新。不断完善和创新发布形式,在保监会指定的信息披露载体发布之外,注重利用新媒体提升发布和传播效果。通过编制和发布社会责任报告,提升企业社会责任管理水平。 《银行保险机构公司治理准则》 第 81 条　银行保险机构应当树立高质量发展的愿景,推行诚实守信、开拓创新的企业文化,树立稳健合规的经营理念,遵守公平、安全、有序的行业竞争秩序。 第 82 条　银行保险机构应当贯彻创新、协调、绿色、开放、共享的发展理念,注重环境保护,积极履行社会责任,维护良好的社会声誉,营造和谐的社会关系。 银行保险机构应当定期向公众披露社会责任报告

第四节　关联交易合规与风险控制

一、关联交易规范性文件梳理

关联交易规范性文件梳理,见表 3 －4 －1。

表 3 －4 －1　关联交易规范性文件梳理

规范性文件名称		文号、发布日期、实施日期、修正情况
1	《保险公司信息披露管理办法》	保监会令[2018]第 2 号[2018.04.28 发布][2018.07.01 实施]
2	《保险公司资金运用信息披露准则第 1 号:关联交易》	保监发〔2014〕44 号[2014.05.19 发布][2014.05.19 实施]
3	《保监会关于加强保险公司再保险关联交易信息披露工作的通知》	保监发〔2015〕44 号[2015.04.17 发布][2015.04.17 实施]
4	《银行保险机构关联交易管理办法》	[中国银行保险监督管理委员会令〔2022〕1 号],[2022.01.10 发布][2022.03.01 实施] 《商业银行与内部人和股东关联交易管理办法》(中国银行业监督管理委员会令 2004 年第 3 号)、《保险公司关联交易管理办法》(银保监发〔2019〕35 号)同时废止

二、关联交易监管的原则

关联交易监管的原则,见表 3 －4 －2。

表 3 －4 －2　关联交易监管的原则

原则名称	具体要求
诚实信用原则	保险公司开展关联交易应当遵守法律法规和有关监管规定,健全公司治理架构,完善内部控制和风险管理
公开公允原则	保险公司关联交易不得偏离市场独立第三方的价格或者收费标准,不得制定明显不利于保险公司的交易条件,不得通过关联交易进行利益输送

续表

原则名称	具体要求
穿透识别原则	保险公司应当维护公司经营的独立性,提高市场竞争力,减少关联交易的数量和规模。不得通过隐瞒关联关系等不当手段,规避关联交易的内部审查、外部监管以及报告、披露义务
结构清晰	关联交易应当结构清晰,避免多层嵌套等复杂安排

三、关联交易存在的主要合规风险

关联交易管理两大合规风险及表现形式,见表3－4－3。

表3－4－3　关联交易管理两大合规风险及表现形式

(一)关联方和关联交易管理不规范	(二)关联交易披露问题
1.关联交易管理制度对重大关联交易的认定不符合监管规定。 2.关联方档案不完整、更新不及时,部分关联方信息缺失。关联方信息档案不完善,档案未对公司的关联企业、公司股东关联方关系进行完整记录,未对公司董事、监事和总公司高级管理人员及其近亲属的信息进行完整识别记录。 3.重大关联交易审批程序不规范、报告不完整;关联董事未回避表决关联议题;重大关联交易未经独立董事一致同意。 4.现有关联交易存在损害保险公司利益的风险。 5.资金运用关联交易比例超限。 6.未开展关联交易年度审计,并报董事会和监事会审议。 7.关联交易制度未报备,或者未根据监管制度要求及时修订备案。 8.关联交易决策程序中,存在关联董事未回避表决关联议题的情形	1.一般关联交易报告未合并披露。 2.未及时向监管部门报送并公开披露重大关联交易信息。 3.重大关联交易情况报告中缺少主要股东关于不存在不当利益输送的书面声明。 4.资金运用关联交易季度统计表中总资产、净资产与资产负债表记载不一致;公司关联交易管理制度未根据监管制度要求进行及时修订备案。 5.未设立关联交易控制委员会,也未指定审计委员会负责关联方识别维护关联交易的管理、审查、批准和风险控制相关事项。 6.未按照监管规定对关联方及关联交易进行识别和管理

四、关联交易控制委员会设立及职责

1.保险公司关联交易管理应遵循以下原则:

(1)主动管理、职责明确;

(2)穿透管理、跟踪资金;

(3)总量控制、结构清晰。

2.保险公司董事会应当设立关联交易控制委员会,负责关联方识别维护,关联交易管理、审查、批准和风险控制。

3.关联交易控制委员会由3名以上董事组成,由独立董事担任负责人。关联交易控制委员会应重点关注关联交易的合规性、公允性和必要性。

4.一般关联交易按照内部程序审批,最终报关联交易控制委员会或审计委员会备案或批准;重大关联交易经由关联交易控制委员会审查后,提交董事会批准。董事会会议所作决议须经非关联董事2/3以上通过。出席董事会会议的非关联董事人数不足三人的,应当提交股东(大)会审议。保险公司应当在管理层面设立跨部门的关联交易管理办公室,成员应当包括合规、业务、风控、财务等相关部门人员,并明确牵头部门,设置专岗,负责关联方识别维护、关联交易管理等日常事务。

5. 保险公司应当制定关联交易管理制度。关联交易管理制度包括关联方的识别、报告、核验和信息管理,关联交易的发起、定价、审查、报告、披露、审计和责任追究等内容。

6. 保险公司应当进一步完善关联交易的内部控制机制,优化关联交易管理流程,合规、业务、财务等关键环节的审查意见以及关联交易控制委员会等会议决议应当清晰留痕并存档。

五、保险公司关联方的认定

根据《银行保险机构关联交易管理办法》第6~9条的规定,将关联法人、关联自然人和其他关联方的定义对比如下,具体见表3-4-4。

表3-4-4 关联法人、关联自然人和其他关联方定义对比

(一)关联法人	(二)关联自然人	(三)其他关联方 (其他可能导致保险机构利益倾斜的主体)
1. 法人控股股东、实际控制人,及其一致行动人、最终受益人 2. 持有或控制银行保险机构5%以上股权的,或者持股不足5%但对银行保险机构经营管理有重大影响的法人或非法人组织,及其控股股东、实际控制人、一致行动人、最终受益人 3. 关联法人第1项所列关联方控制或施加重大影响的法人或非法人组织,本条第2项所列关联方控制的法人或非法人组织 4. 银行保险机构控制或施加重大影响的法人或非法人组织 5. 关联自然人第1项所列关联方控制或施加重大影响的法人或非法人组织,第2、3、4项所列关联方控制的法人或非法人组织	1. 自然人控股股东、实际控制人,及其一致行动人、最终受益人 2. 持有或控制保险机构5%以上股份的自然人,或持股不足5%但对保险机构经营管理有重大影响的自然人 3. 保险公司的董事、监事、总公司和重要分公司的高级管理人员,以及具有大额授信、资产转移、保险资金运用等核心业务审批或决策权的人员 4. 关联自然人第1、2、3项所列关联方的配偶、父母、成年子女及兄弟姐妹 5. 关联法人中第1、2项所列关联方的董事、监事、高级管理人员	1. 在过去12个月内或者根据相关协议安排在未来12个月内存在本办法第6条、第7条规定情形之一的 2. 关联自然人第1、2、3项所列关联方的其他关系密切的家庭成员 3. 保险公司内部工作人员及其控制的法人或其他组织 4. 关联自然人第2、3项,以及关联法人第7条第2项所列关联方可施加重大影响的法人或非法人组织 5. 对保险机构有影响,与保险机构发生或可能发生未遵守商业原则、有失公允的交易行为,并可据以从交易中获取利益的自然人、法人或非法人组织 6. 银保监会或其派出机构可以根据实质重于形式和穿透的原则,认定可能导致保险机构利益转移的自然人、法人或非法人组织为关联方

保险公司的关联方,是指与保险机构存在一方控制另一方,或对另一方施加重大影响,以及与保险机构同受一方控制或重大影响的自然人、法人或非法人组织。分为三类:

1. 股权关系为基础的关联方法人或者其他组织,包括(1)银行保险机构的法人控股股东、实际控制人,及其一致行动人、最终受益人;(2)持有或控制银行保险机构5%以上股权的,或者持股不足5%但对银行保险机构经营管理有重大影响的法人或非法人组织，及其控股股东、实际控制人、一致行动人、最终受益人；(3)《银行保险机构关联交易管理办法》第7条第1项所列关联方控制或施加重大影响的法人或非法人组织，本条第2项所列关联方控制的法人或非法人组织；(4)银行保险机构控制或施加重大影响的法人或非法人组织；(5)《银行保险机构关联交易管理办法》第6条第1项所列关联方控制或施加重大影响的法人或非法人组织，第6条第2～4项所列关联方控制的法人或非法人组织。如图3－4－1所示。

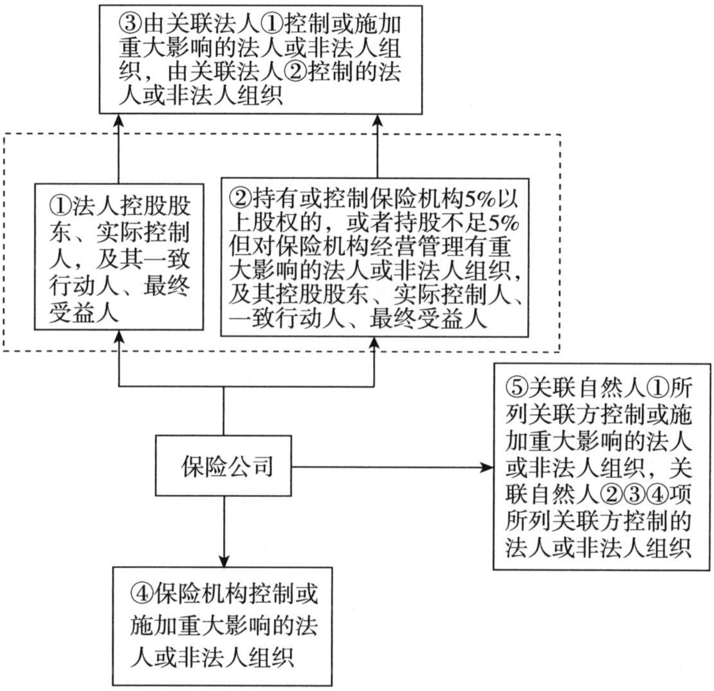

图3－4－1　法人和其他组织关联方关系

2. 以股权关系为基础的关联方自然人：具有以下情形之一的自然人，为保险公司的关联自然人：(1)保险机构的自然人控股股东、实际控制人，及其一致行动人、最终受益人；(2)持有或控制保险机构5%以上股权的，或持股不足5%但对保险机构经营管理有重大影响的自然人；(3)保险机构的董事、监事、总行(总公司)和重要分行(分公司)的高级管理人员，以及具有大额授信、资产转移、保险资金运用等核心业务审批或决策权的人员；(4)《银行保险机构关联交易管理办法》第6条第1～3项所列关联方的配偶、父母、成年子女及兄弟姐妹；(5)《银行保险机构关联交易管理办法》第7条第1～2项所列关联方的董事、监事、高级管理人员。如图3－4－2所示。

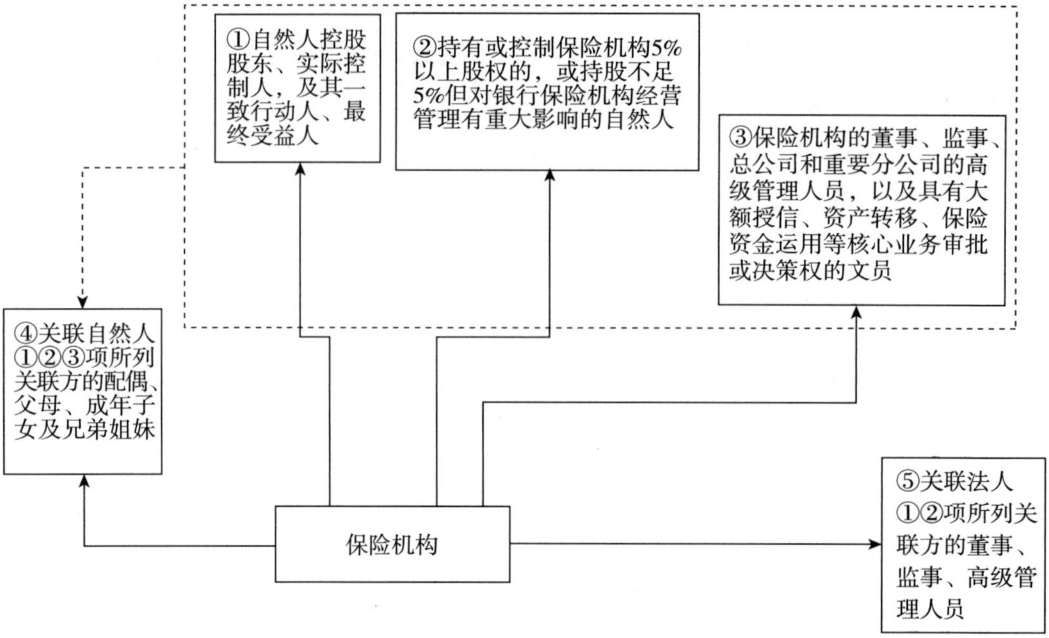

图 3 –4 –2　自然人关联方关系

3. 其他关联方,是指能够对保险机构施加重大影响,不按市场独立第三方价格或者收费标准与保险机构进行交易的自然人、法人或者其他组织。保险机构可以根据实质重于形式的原则,认定以下可能导致利益倾斜的自然人、法人或其他组织为关联方:(1)在过去 12 个月内或者根据相关协议安排在未来 12 个月内存在《银行保险机构关联交易管理办法》第 6 条、第 7 条规定情形之一的;(2)《银行保险机构关联交易管理办法》第 6 条第 1 ~3 项所列关联方的其他关系密切的家庭成员;(3)保险公司内部工作人员及其控制的法人或其他组织;(4)《银行保险机构关联交易管理办法》第 6 条第 2 ~3 项,以及第 7 条第 2 项所列关联方可施加重大影响的法人或非法人组织;(5)对保险机构有影响,与保险机构发生或可能发生未遵守商业原则、有失公允的交易行为,并可据以从交易中获取利益的自然人、法人或非法人组织。银保监会或其派出机构可以根据实质重于形式和穿透的原则,认定可能导致保险机构利益转移的自然人、法人或非法人组织为关联方,见图 3 –4 –3。

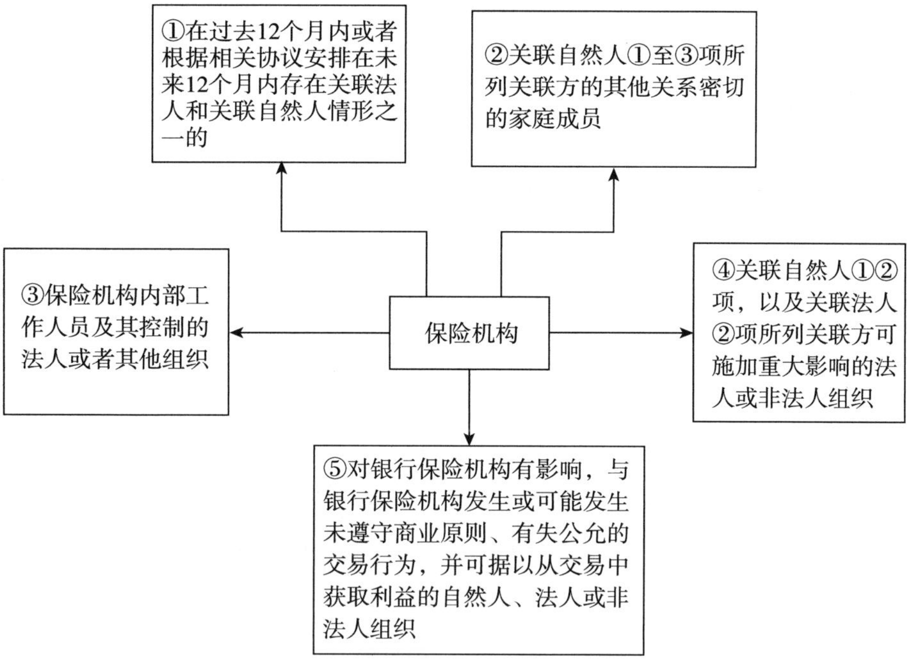

图3－4－3　可能导致利益关系倾斜的法人、其他组织和自然人

4. 相关名词解释

（1）控制，包括直接控制、间接控制，是指有权决定一个企业的财务和经营决策，并能据以从该企业的经营活动中获取利益。

（2）持有，包括直接持有与间接持有。

（3）重大影响，是指对法人或组织的财务和经营政策有参与决策的权力，但不能够控制或者与其他方共同控制这些政策的制定。包括但不限于派驻董事、监事或高级管理人员、通过协议或其他方式影响法人或组织的财务和经营管理决策，以及银保监会或其派出机构认定的其他情形。

（4）共同控制，指按照合同约定对某项经济活动所共有的控制，仅在与该项经济活动相关的重要财务和经营决策需要分享控制权的投资方一致同意时存在。

（5）控股股东，是指持股比例达到50%以上的股东；或持股比例虽不足50%，但依享有的表决权已足以对股东（大）会的决议产生控制性影响的股东。

（6）控股子公司，是指对该子公司的持股比例达到50%以上；或者持股比例虽不足50%，但通过表决权、协议等安排能够对其施加控制性影响。控股子公司包括直接、间接或共同控制的子公司或非法人组织。

（7）实际控制人，是指虽不是公司的股东，但通过投资关系、协议或者其他安排，能够实际支配公司行为的自然人或其他最终控制人。

(8)一致行动人,是指通过协议、合作或其他途径,在行使表决权或参与其他经济活动时采取相同意思表示的自然人、法人或非法人组织。

(9)最终受益人,是指实际享有保险公司股权收益、金融产品收益的人。

(10)其他关系密切的家庭成员,是指除配偶、父母、成年子女及兄弟姐妹以外的包括配偶的父母、子女的配偶、兄弟姐妹的配偶、配偶的兄弟姐妹以及其他可能产生利益转移的家庭成员,见图3-4-4。

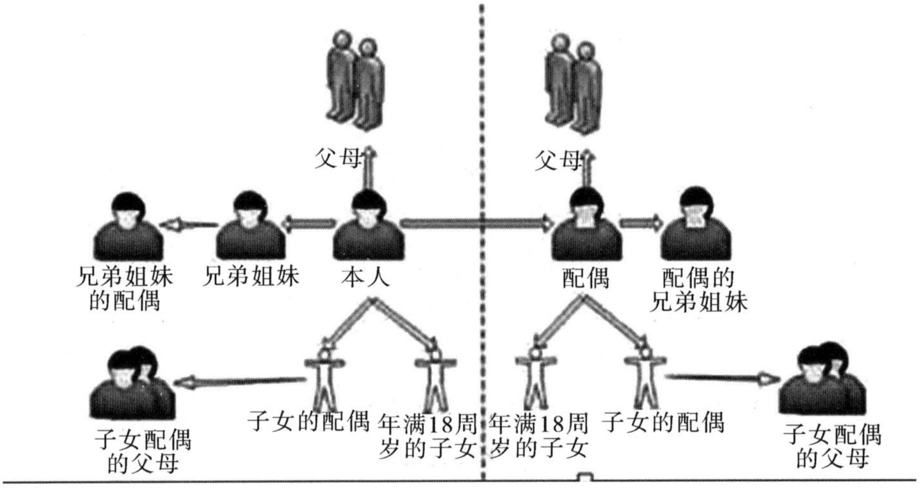

图3-4-4 关系密切的家庭成员关系

注:关系密切的家庭成员,包括配偶、年满18周岁的子女及其配偶、父母及配偶的父母、兄弟姐妹及其配偶、配偶的兄弟姐妹、子女配偶的父母。

(11)内部工作人员,是指与保险公司签订劳动合同的人员。

六、保险机构关联交易的认定

(一)关联交易的类型

1. 保险机构关联交易,是指保险机构与关联方之间发生的利益转移事项(参见《银行保险机构关联交易管理办法》第10条)。

2. 保险机构关联交易的分类,见表3-4-5。

表 3－4－5　关联交易的分类

<table>
<tr><td rowspan="6">关联交易的分类</td><td>•资金运用类</td><td>•在关联方办理银行存款；
•直接或间接买卖债券、股票等有价证券；
•投资关联方的股权、不动产及其他资产；
•直接或间接投资关联方发行的金融产品；
•投资基础资产包含关联方资产的金融产品等</td></tr>
<tr><td>•服务类关联交易</td><td>审计服务、精算服务、法律服务、咨询顾问服务、资产评估、技术和基础设施服务、委托或受托管理资产、租赁资产等</td></tr>
<tr><td>•利益转移类关联交易</td><td>赠与、给予或接受财务资助，权利转让，担保，债权债务转移，放弃优先受让权、同比例增资权或其他权利等</td></tr>
<tr><td>•保险业务类关联交易</td><td></td></tr>
<tr><td>•其他类型关联交易</td><td></td></tr>
<tr><td colspan="2">•根据实质重于形式原则认定的其他可能引致保险公司资源或者义务转移的事项</td></tr>
</table>

保险公司关联交易分为重大关联交易和一般关联交易。保险机构重大关联交易是指保险机构与单个关联方之间单笔或年度累计交易金额达到3000万元以上，且占保险机构上一年度末经审计的净资产的1%以上的交易。一个年度内保险机构与单个关联方的累计交易金额达到前款标准后，其后发生的关联交易再次累计达到前款标准，应当重新认定为重大关联交易（参见《银行保险机构关联交易管理办法》第19条）。

3. 一般关联交易是指除重大关联交易以外的其他关联交易。

（二）关联交易金额的计算与比例

1. 保险机构关联交易金额以交易对价或转移的利益计算。具体计算方式如下：

（1）资金运用类关联交易以保险资金投资金额计算交易金额。其中，投资于关联方发行的金融产品且基础资产涉及其他关联方的，以投资金额计算交易金额；投资于关联方发行的金融产品且基础资产不涉及其他关联方的，以发行费或投资管理费计算交易金额；买入资产的，以交易价格计算交易金额。

（2）服务类关联交易以业务收入或支出金额计算交易金额。

（3）利益转移类关联交易以资助金额、交易价格、担保金额、标的市场价值等计算交易金额。

（4）银保监会确定的其他计算口径。

2. 保险机构对关联交易金额的计算标准，应按照银保监会有关规定，适用实质重于形式的原则穿透计算。计算关联自然人与保险公司的关联交易余额时，其配偶、父母、成年子女、兄弟姐妹等与该保险机构的关联交易应当合并计算；计算关联法人或非法人组织与保险机构的关联交易余额时，与其存在控制关系的法人或非法人组织与该保险机构的关联交易应当合并计算（参见《银行保险机构关联交易管理办法》第11条）。

3. 保险公司资金运用关联交易应符合以下比例要求:

(1)保险机构投资全部关联方的账面余额,合计不得超过保险机构上一年度末总资产的25%与上一年度末净资产二者中的金额较低者;

(2)保险机构投资权益类资产、不动产类资产、其他金融资产和境外投资的账面余额中,对关联方的投资金额不得超过上述各类资产投资限额的30%;

(3)保险机构投资单一关联方的账面余额,合计不得超过保险机构上一年度末净资产的30%;

(4)保险机构投资金融产品,若底层基础资产涉及控股股东、实际控制人或控股股东、实际控制人的关联方,保险机构购买该金融产品的份额不得超过该产品发行总额的50%。

保险机构与其控股的非金融子公司投资关联方的账面余额及购买份额应当合并计算并符合前述比例要求。

保险机构与其控股子公司之间,以及控股子公司之间发生的关联交易,不适用前述规定(参见《银行保险机构关联交易管理办法》第20条)。

4. 关联公司之间的关联交易严格限制。持有保险机构5%以上股权的股东质押股权数量超过其持有该保险机构股权总量50%的,银保监会可以限制其与保险机构开展关联交易。保险机构与关联方及其企业集团的其他成员之间发生的资金运用类关联交易,应当合并计算金额并适用《银行保险机构关联交易管理办法》第14条的规定。上述主体不属保险机构关联方的除外。保险机构与其控股子公司,以及控股子公司之间发生的关联交易,不适用《银行保险机构关联交易管理办法》第14条的规定。

5. 保险机构应当动态监测关联交易的各项金额及比例,建立预警和管控机制,及时调整经营行为以符合《银行保险机构关联交易管理办法》的有关规定。银保监会可以根据保险公司治理状况、偿付能力状况以及所受行政监管措施和行政处罚的情况,对保险机构适用第14条规定的监管比例进行适当调整。

(三)关联交易的内部控制

1. 保险机构应当建立关联方信息档案,至少每半年更新一次,并于每年6月末、12月末向银保监会报送。保险机构应当建立关联方信息档案,确定重要分行、分公司标准或名单,明确具有大额授信、资产转移、保险资金运用等核心业务审批或决策权的人员范围。保险机构应当通过关联交易监管相关信息系统及时向银保监会或其派出机构报送关联方、重大关联交易、季度关联交易情况等信息,保证数据的真实性、准确性,不得瞒报、漏报。保险公司应当提高关联方和关联交易管理的信息化和智能化水平,强化大数据管理能力。关联交易控制委员会及其办公室对关联方信息档案的更新、维护负有主动管理责任,应当通过公开渠道查询等方式对有关信息进行必要的核实验证,并对可疑信息和有关媒体报道给予关注。保险机构董事、监事、高级管理人员及具有大额授信、资产转移、保险资金运用等核心业务审批或决策权的人员，应当自任职之日起 15 个工作日内，按《银行保险机构关联交易管理办法》有关规定向保险机构报告其关联方情况。持有保险机构 5% 以上股权，或持股不足 5% 但是对保险机构经营管理有重大影响的自然人、法人或非法人组织，应当在持股达到 5% 之日或能够施加重大影响之日起 15 个工作日内，按《银行保险机构关联交易管理办法》有关规定向保险机构报告其关联方情况。前款报告事项如发生变动，应当在变动后的 15 个工作日内向保险机构报告并更新关联方情况。保险机构报送董事、监事及高级管理人员任职资格、股东变更等申请时，应承诺按照规定报告其主要关联方的情况。相关报告人应如实报告，不得瞒报、漏报、错报。

2. 关联交易应当订立书面交易协议。签订统一交易协议应当符合以下规定：

（1）保险机构与同一关联方之间长期持续发生的，需要反复签订交易协议的提供服务类、保险业务类及其他经银保监会认可的关联交易，可以签订统一交易协议，协议期限一般不超过 3 年。

（2）统一交易协议的签订、续签、实质性变更，应按照重大关联交易进行内部审查、报告和信息披露。统一交易协议下发生的关联交易无须逐笔进行审查、报告和披露，但应当在季度报告中说明执行情况。统一交易协议应当明确或预估关联交易金额。

3. 关联交易决策流程。保险机构应当完善关联交易的内部控制机制，优化关联交易管理流程，合规、业务、财务等关键环节的审查意见以及关联交易控制委员会等会议决议、记录应当清晰可查。保险机构应当按照银保监会的有关规定，主动监测保险资金的流向，及时掌握基础资产状况，穿透识别审查关联交易，建立有效的关联交易风险控制机制。一般关联交易和重大关联交易决策流程对比见表 3－4－6。

表 3－4－6　一般关联交易和重大关联交易决策流程对比

一般关联交易的决策	重大关联交易的决策
一般关联交易的决策规则为内部授权程序审查：在完成正常内部程序审批后，应报负责关联交易的管理、审查、批准和风险控制的关联交易控制委员会（或指定的审计委员会）备案或批准	就重大关联交易，在提交董事会批准前应经过关联交易控制委员会（或指定的审计委员会）的前置审查。 重大关联交易经由关联交易控制委员会审查后，提交董事会批准。董事会会议所作决议须经非关联董事 2/3 以上通过。出席董事会会议的非关联董事人数不足 3 人的，应当提交股东（大）会审议。保险机构关联交易控制委员会、董事会及股东（大）会对关联交易进行表决或决策时，与该关联交易有利害关系的人员应当回避。如保险机构未设立股东（大）会，或者因回避原则而无法召开股东（大）会的，仍由董事会审议且不适用《银行保险机构关联交易管理办法》第 46 条第 1 款关于回避的规定，但关联董事应出具不存在利益输送的声明。独立董事应当逐笔对重大关联交易的公允性、合规性以及内部审批程序履行情况发表书面意见。独立董事认为有必要的，可以聘请中介机构等独立第三方提供意见，费用由保险公司承担。对于未按照规定报告关联方、违规开展关联交易等情形，保险公司应当按照内部问责制度对相关人员进行问责，并将问责情况报关联交易控制委员会

4. 关联交易决策的保障机制

关联交易决策的公司治理机制保障,见表3-4-7。

表3-4-7 关联交易决策的公司治理机制保障

治理结构	信息档案	交易决策的回避机制	关联交易的审计
强制要求在董事会设立关联交易控制委员会,取消原(2017)52号文有关可由审计委员会代为行使职责的规定,明确关联交易控制委员会由3名董事组成,并由独立董事负责,明确要求保险公司应当在管理层面设立跨部门的关联交易管理办公室,成员应当包括合规、业务、风控、财务等相关部门人员,并明确牵头部门、设置专岗,负责关联方识别维护、关联交易管理等日常事务。董事会对关联交易管理承担最终责任,关联交易控制委员会、相关业务部门负责人与合规负责人对关联交易的合规性承担直接责任	严格关联方信息档案,保险公司应当建立关联方信息档案,确定重要分行、分公司标准或名单,明确具有大额授信、资产转移、保险资金运用等核心业务审批或决策权的人员范围。 保险机构应当通过关联交易监管相关信息系统及时向银保监会或其派出机构报送关联方、重大关联交易、季度关联交易情况等信息,保证数据的真实性、准确性,不得瞒报、漏报。 关联方有主动报告义务,保险机构有必要查验核实义务。保险机构关联方不得通过隐瞒关联关系等不当手段规避关联交易的内部审查、外部监管以及报告披露义务	重大关联交易表决时,(i)董事会审议关联交易的,关联董事不得行使,也不得代理其他董事行使表决权。董事会会议由过半数的非关联董事出席方可举行,董事会会议决议须经参会的非关联董事2/3以上通过。出席董事会会议的非关联董事人数不足3人的,保险机构应当将交易提交股东(大)会审议。(ii)保险机构股东(大)会审议关联交易时,关联股东不得参与表决。该规定也与《公司法》对上市公司关联交易表决回避的规定一致。 关联交易表决的回避机制和独立董事审查要求共同保障关联交易决策的程序公正,防止内部人控制,避免不正当关联交易	保险机构应当每年至少对关联交易进行一次专项审计,并将审计结果报董事会和监事会。保险机构不得聘用关联方控制的会计师事务所、专业评估机构、律师事务所为其提供审计、评估等服务

七、保险机构关联交易的报告和披露

保险机构关联交易监管文件,见表3-4-8。

表3-4-8 保险机构关联交易监管文件

序号	规范名称	文号
1	《保险公司信息披露管理办法》	中国保监会令〔2018〕第6号
2	《保险公司资金运用信息披露准则第1号:关联交易》	保监发〔2014〕44号
3	《中国保监会关于加强保险公司再保险关联交易信息披露工作的通知》	保监发〔2014〕19号
4	《中国保监会关于进一步加强保险公司关联交易信息披露工作有关问题的通知》	保监发〔2016〕52号

(一)保险公司关联交易披露总体要求

1. 保险公司应当按照本办法的有关规定,真实、准确、完整、及时地报告、披露关联交易信息,不得存在任何虚假记载、误导性陈述或重大遗漏。

2. 披露主体。关联交易控制委员会应当统筹管理关联交易信息披露工作，提高关联交易的透明度。

3. 披露义务的监管要求。

表3－4－9　披露义务监管要求

序号	披露义务的监管要求
1	保险公司应当维护公司经营的独立性，提高市场竞争力，减少关联交易的数量和规模
2	保险公司关联交易不得偏离市场独立第三方的价格或者收费标准，不得制定明显不利于保险公司的交易条件，不得通过关联交易进行利益输送
3	关联交易应当结构清晰，避免多层嵌套等复杂安排。不得通过隐瞒关联关系等不当手段，规避关联交易的内部审查、外部监管以及报告、披露义务
4	保险公司股东、董事、监事、高级管理人员及其他关联方，应当如实披露关联关系的有关信息，不得隐瞒或提供虚假陈述，并对提供信息的真实、准确、完整性承担责任
5	保险公司董事会对关联交易管理承担最终责任。关联交易控制委员会、相关业务部门负责人与合规负责人对关联交易的合规性承担直接责任

（二）逐笔披露的关联交易报告的内容

保险公司应当按照《银行保险机构关联交易管理办法》有关规定统计季度全部关联交易金额及比例，并于每季度结束后30日内通过关联交易监管相关信息系统向银保监会或其派出机构报送关联交易有关情况。

保险机构董事会应当每年向股东（大）会就关联交易整体情况做出专项报告，并向银保监会或其派出机构报送。

保险机构应当在公司网站中披露关联交易信息，在公司年报中披露当年关联交易的总体情况。按照《银行保险机构关联交易管理办法》第53条的规定，需逐笔报告的关联交易应当在签订交易协议后15个工作日内逐笔披露，一般关联交易应在每季度结束后30日内按交易类型合并披露。逐笔披露以下内容：

（1）关联交易概述及交易标的情况。

（2）交易对手情况。包括关联自然人基本情况，关联法人或非法人组织的名称、经济性质或类型、主营业务或经营范围、法定代表人、注册地、注册资本及其变化，与保险公司存在的关联关系。

（3）定价政策。

（4）关联交易金额及相应比例。

（5）股东（大）会、董事会决议，关联交易控制委员会的意见或决议情况。

（6）独立董事发表意见情况。

（7）银保监会认为需要披露的其他事项。

合并披露内容应当包括关联交易类型、交易金额及相应监管比例执行情况。

(三)豁免审议和披露的关联交易

1. 保险公司进行的下列关联交易,可以免予按照关联交易的方式进行审议和披露:

(1)与关联自然人单笔交易额在50万元以下或与关联法人单笔交易额在500万元以下的关联交易,且交易后累计未达到重大关联交易标准的;

(2)一方以现金认购另一方公开发行的股票、公司债券或企业债券、可转换债券或其他衍生品种;

(3)活期存款业务;

(4)同一自然人同时担任保险机构和其他法人的独立董事且不存在其他构成关联方情形的,该法人与保险机构进行的交易;

(5)交易的定价为国家规定的;

(6)银保监会认可的其他情形。

2. 可以豁免审议和披露的关联交易。保险机构关联交易信息涉及国家秘密、商业秘密或者银保监会认可的其他情形,按照本办法披露或者履行相关义务可能导致其违反国家有关保密的法律法规或严重损害公司利益的,保险机构可以向银保监会申请豁免按照本办法披露或履行相关义务(参见《银行保险机构关联交易管理办法》第58条)。

八、银保监会的监管措施

1. 公司治理监管评估结果为E级的保险公司,不得开展授信类、资金运用类、以资金为基础的关联交易。经银保监会或其派出机构认可的除外。

2. 保险机构违反《银行保险机构关联交易管理办法》规定的,银保监会或其派出机构予以责令改正,包括以下措施:

(1)责令禁止与特定关联方开展交易;

(2)要求对特定的交易出具审计报告;

(3)根据保险机构关联交易风险状况,要求保险机构缩减对单个或全部关联方交易金额的比例要求,直至停止关联交易;

(4)责令更换会计师事务所、专业评估机构、律师事务所等服务机构;

(5)银保监会或其派出机构可依法采取的其他措施。

3. 保险机构董事、监事、高级管理人员或其他有关从业人员违反《银行保险机构关联交易管理办法》规定的,银保监会或其派出机构可以对相关责任人员采取以下措施:

(1)责令改正;

(2)记入履职记录并进行行业通报;

(3)责令保险公司予以问责;

(4)银保监会或其派出机构可依法采取的其他措施。

保险机构的关联方违反本办法规定的，银保监会或其派出机构可以采取公开谴责等措施。

4. 持有保险机构5%以上股权的股东质押股权数量超过其持有该保险机构股权总量50%的，银保监会或其派出机构可以限制其与保险机构开展关联交易。

Chapter 4
第四章

反洗钱的合规管理要点和合规风险控制

第一节　反洗钱合规监管规则体系

一、反洗钱适用法律法规规范文件梳理

目前,我国已形成了内容较为健全、体系较为严明的金融机构反洗钱合规监管规则体系。具体来讲,我国现行有效的金融机构反洗钱合规监管规则体系主要分为以下四个层级(见表4－1－1):

表4－1－1　反洗钱法律法规规范性文件整理

(一)法律
1.《反洗钱法》[全国人大常委会][主席令第56号][2006.10.31发布][2007.01.01实施]
2.《人民银行法》(2003年修订)[全国人大常委会][主席令第12号][2003.12.27发布][2004.02.01实施]
3.《刑法》(2020年修订)1979年7月1日五届人大二次会议通过　2020年12月26日十三届全国人大常委会二十四次会议修订
(二)部门规章
1.《金融机构反洗钱规定》[中国人民银行][中国人民银行令〔2006〕第1号][2006.11.14发布][2007.01.01实施]
2.《证券期货业反洗钱工作实施办法》[中国证券监督管理委员会][中国证券监督管理委员会令第68号][2010.09.01发布][2010.10.01实施]
3.《金融机构大额交易和可疑交易报告管理办法》(2018年修订)[中国人民银行][中国人民银行令〔2018〕第2号][2018.07.26发布][2018.07.26实施]
4.《中国人民银行执法检查程序规定》[中国人民银行][中国人民银行令〔2010〕第1号][2010.04.14发布][2010.04.14实施]
5.《非金融机构支付服务管理办法》[中国人民银行][中国人民银行令〔2010〕第2号][2010.06.14发布][2010.09.01实施],本篇法规被《中国人民银行关于修改〈教育储蓄管理办法〉等规章的决定》[2020.04.29发布]修订
6.《涉及恐怖活动资产冻结管理办法》[中国人民银行、公安部、国家安全部][中国人民银行、公安部、国家安全部令〔2014〕第1号][2014.01.10发布][2014.01.10实施]

续表

7.《银行卡清算机构管理办法》[中国人民银行、中国银行业监督管理委员会令][〔2016〕第2号][2016.06.06发布][2016.06.06实施]
8.《关于修改〈金融机构大额交易和可疑交易报告管理办法〉的决定》[中国人民银行令〔2018〕第2号][2018.07.26发布][2018.07.26实施]
9.《银行业金融机构反洗钱和反恐怖融资管理办法》[银保监会令〔2019〕第1号][2019.01.29发布][2019.01.29实施]
10.《金融机构反洗钱和反恐怖融资监督管理办法》[中国人民银行令〔2021〕第3号][2021.04.15发布][2021.08.01实施]本办法施行前有关反洗钱和反恐怖融资规定与本办法不一致的,按照本办法执行。《金融机构反洗钱监督管理办法(试行)》(银发〔2014〕344号文)同时废止
11.《金融机构客户尽职调查和客户身份资料及交易记录保存管理办法》[中国人民银行、中国银行保险监督管理委员会、中国证券监督管理委员会令〔2022〕第1号][2022.01.19发布][2022.03.01实施]
(三)规范性文件
1.《中国人民银行关于印发〈中国人民银行反洗钱调查实施细则(试行)〉的通知》[银发〔2007〕158号][2007.05.21发布][2007.05.21实施]
2.《中国人民银行关于进一步加强金融机构反洗钱工作的通知》[银发〔2008〕391号][2008.12.30发布][2008.12.30实施]
3.《最高人民法院关于审理洗钱等刑事案件具体应用法律若干问题的解释》[法释〔2009〕15号][2009.11.04发布][2009.11.11实施]
4.《中国人民银行关于明确可疑交易报告制度有关执行问题的通知》[银发〔2010〕48号][2010.02.10发布][2010.02.10实施]
5.《中国保险监督委员会关于加强保险业反洗钱工作的通知》[保监发〔2010〕70号][2010.08.10发布][2010.08.10实施]
6.《非金融机构支付服务管理办法实施细则》[中国人民银行公告〔2010〕第17号][2010.12.01发布][2010.12.01实施]
7.《中国保险监督管理委员会关于印发〈保险业反洗钱工作管理办法〉的通知》[保监发〔2011〕52号][2011.09.13发布][2011.10.01实施]
8.《中国人民银行关于印发〈支付机构反洗钱和反恐怖融资管理办法〉的通知》[2012.03.05发布][2012.03.05实施]
9.《中国人民银行关于〈金融机构洗钱和恐怖融资风险评估及客户分类管理指引〉的通知》[银发〔2013〕2号][2013.01.05发布][2013.01.05实施]
10.《中国人民银行关于印发〈金融机构反洗钱监督管理办法(试行)〉的通知》(银发〔2014〕344号),2021年8月1日后被《金融机构反洗钱和反恐怖融资监督管理办法》[中国人民银行令〔2021〕第3号]废止
11.《中国保监会关于印发〈保险机构洗钱和恐怖融资风险评估及客户分类管理指引〉的通知》[保监发〔2014〕110号][2014.12.30发布][2014.12.30实施]
12.《中国人民银行关于大额交易和可疑交易报告要素及释义的通知》[银发〔2017〕98号][2017.04.20发布][2017.04.20实施]
13.《中国人民银行关于〈金融机构大额交易和可疑交易报告管理办法〉有关执行要求的通知》[银发〔2017〕99号][2017.04.20发布][2017.04.20实施]
14.《中国人民银行关于印发〈义务机构反洗钱交易监测标准建设工作指引〉的通知》[银发〔2017〕108号][2017.05.10发布][2017.05.10实施]
15.《中国人民银行〈关于加强开户管理及可疑交易报告后续控制措施〉的通知》[银发〔2017〕117号][2017.05.12发布][2017.05.12实施]
16.《中国人民银行关于印发〈义务机构反洗钱交易监测标准建设工作指引〉的通知》[银发〔2017〕108号][2017.05.10发布][2017.05.10实施]
17.《国务院办公厅关于完善反洗钱、反恐怖融资、反逃税监管体制机制的意见》[国办函〔2017〕84号][2017.08.29发布][2017.08.29实施]

续表

18.《中国人民银行关于加强贵金属交易场所反洗钱和反恐怖融资工作的通知》[银发〔2017〕218号][2017.09.26发布][2017.09.26实施]
19.《住房城乡建设部、人民银行、银监会关于规范购房融资和加强反洗钱工作的通知》[建房〔2017〕215号][2017.09.30发布][2017.09.29实施]
20.《中国人民银行关于加强反洗钱客户身份识别有关工作的通知》[银发〔2017〕235号][2017.10.20发布][2017.10.20实施]
21.《中国人民银行关于印发〈非银行支付机构反洗钱现场检查数据接口规范(试行)〉的通知》[银发〔2017〕301号][2017.12.29发布][2017.12.29实施]
22.《中国人民银行关于非银行支付机构开展大额交易报告工作有关要求的通知》[银发〔2018〕163号][2018.07.10发布][2018.07.10实施]
23.《中国人民银行关于进一步做好受益所有人身份识别工作有关问题的通知》[银发〔2018〕164号][2018.07.26发布][2018.07.26实施]
24.《中国人民银行办公厅转发外交部〈关于执行联合国安理会"伊斯兰国"和基地组织制裁委员会制裁名单的通知〉和〈关于安理会利比亚制裁委列名制裁6名人口贩运分子的通知〉的通知》[2018.07.12发布]
25.《关于加强联合国安理会制裁决议名单管理和FATF公布的高风险国家或地区客户管理的风险提示》[2018.07.20发布]
26.《中国人民银行办公厅关于加强特定非金融机构反洗钱监管工作的通知》[银办发〔2018〕120号][2018.07.26发布][2018.07.26实施]
27.《中国人民银行办公厅关于进一步加强反洗钱和反恐怖融资工作的通知》[银办发〔2018〕130号][2018.07.26发布][2018.07.26实施]
28.《中国人民银行反洗钱局关于印发〈法人金融机构洗钱和恐怖融资风险管理指引(试行)〉的通知》[银反洗发〔2018〕19号][2018.09.29发布][2019.01.01实施]
29.《中国人民银行、中国保险监督管理委员会、中国证券监督管理委员会关于印发〈互联网金融从业机构反洗钱和反恐怖融资管理办法(试行)〉的通知》[银发〔2018〕230号][2018.09.20发布][2019.01.01实施]
30.《中国人民银行关于印发〈非银行支付机构大额交易报告要素及释义〉的通知》[银发〔2018〕349号][2018.12.29发布][2018.12.29实施]
31.《中国银保监会办公厅关于加强中资商业银行境外机构合规管理长效机制建设的指导意见》[银保监办发〔2019〕13号][2019.01.09发布][2019.01.09实施]
32.《中国人民银行关于印发〈证券期货保险机构反洗钱执法检查数据提取接口规范〉的通知》[银发〔2019〕63号][2019.03.11发布][2019.03.11实施]
33.《中国银保监会办公厅关于进一步做好银行业保险业反洗钱和反恐怖融资工作的通知》[银保监办发〔2019〕238号][2019.12.30发布][2019.12.30实施]
34.《金融机构客户身份识别和客户身份资料及交易记录保存管理办法》[中国人民银行、中国银监会、中国证监会、中国保监会令〔2007〕第2号][2007.06.21发布][2007.08.01生效]
35.《法人金融机构反洗钱分类评级管理办法(试行)》[银发〔2017〕1号][2017.06.12发布][2017.06.12生效]
36.《法人金融机构洗钱和恐怖融资风险管理指引》[反洗发〔2018〕19号][2018.09.29发布][2018.09.29生效]
37.《关于报送保险业反洗钱工作信息的通知》[保监稽查〔2011〕1919号][2011.12.14发布][2011.12.14生效]
38.《中国人民银行、国家外汇管理局关于印发〈银行跨境业务反洗钱和反恐怖融资工作指引(试行)〉的通知》[银发〔2021〕16号][2021.01.19发布][2021.02.18实施]
39.《中国人民银行反洗钱局关于印发〈法人金融机构洗钱和恐怖融资风险自评估指引〉的通知》[银反洗发〔2021〕1号][2021.01.15发布][2021.01.15实施]
(四)相关行业自律规则
1.《中国证券业协会关于发布〈证券公司反洗钱工作指引〉的通知》[中国证券业协会][2014.04.28发布][2014.04.28实施]
2.《中国证券投资基金业协会关于发布〈基金管理公司反洗钱工作指引〉的通知》[中国证券投资基金业协会][2012.11.16发布][2012.11.16实施]

二、金融机构反洗钱立法历史演变

洗钱就是通过隐瞒、掩饰非法资金的来源和性质，利用某种手段将它变成看似合法资金的行为和过程。主要包括提供资金账户、协助转换财产形式、协助转移资金或汇往境外等形式。洗钱助长走私、毒品、黑社会、贪污贿赂、金融诈骗等严重犯罪行为的滋生，扰乱正常的社会经济秩序，破坏社会公平竞争，甚至影响国家声誉。我国专门制定颁布了《反洗钱法》《金融机构反洗钱规定》《金融机构大额交易和可疑交易报告管理办法》《金融机构客户尽职调查和客户身份资料及交易记录保存管理办法》等法律规章，通过采取大额和可疑资金监测、反洗钱监督检查、反洗钱调查等各种反洗钱措施，预防和打击洗钱犯罪，达到遏制其上游犯罪的目的。国家反洗钱行政主管部门是指中国人民银行，主要负责组织、协调全国的反洗钱工作，负责反洗钱资金监测，制定金融机构反洗钱规章，监督检查金融机构及特定非金融机构的反洗钱工作，调查可疑交易，开展反洗钱国际合作等。从2003年起，中国人民银行成立了反洗钱局，至2005年，中国的反洗钱机构建设在短短两年左右时间内，建立了23个部门联合行动的反洗钱工作部际联席会议工作制度，在反洗钱及反恐融资领域采取了有力行动，取得了显著成效。

在刑事立法方面，1997年修订刑法时，《全国人民代表大会常务委员会关于禁毒的决定》的有关规定被融入《刑法》第191条“洗钱罪”和第349条“窝藏、转移、隐瞒毒品、毒赃罪”中。此后随着对洗钱罪研究的深入和适应打击洗钱犯罪的国际、国内形势的要求，我国对洗钱罪立法体系不断进行完善。2001年《刑法修正案（三）》第7条将恐怖主义犯罪增列为洗钱罪的上游犯罪。2006年《刑法修正案（六）》第16条将贪污贿赂犯罪、破坏金融管理秩序犯罪和金融诈骗犯罪纳入《刑法》第191条洗钱罪的上游犯罪；同时《刑法修正案（六）》第19条对《刑法》第312条进行了修改，将犯罪对象由原来的“犯罪所得的赃物”修改为“犯罪所得及其产生的收益”，在行为方式上增加了“以其他方法掩饰、隐瞒的”规定。2009年《刑法修正案（七）》第10条对《刑法》第312条的犯罪主体进行了修正，将犯罪主体由自然人主体扩展至单位犯罪主体。至此，不论上游犯罪的具体行为方式如何，所有的洗钱行为均可依法追究刑事责任，反洗钱刑事立法体系的协调性不断加强。

在预防措施方面，全国人大常委会于2006年10月审议通过《反洗钱法》，从法律上确立了中国反洗钱行政管理体制，明确了金融机构的反洗钱义务。2006年通过的《反洗钱法》标志着我国反洗钱工作朝着法治化、国际化、现代化的进程迈出了历史上的重要一步。《反洗钱法》明确了我国反洗钱工作的宗旨、目的、概念等理论和实践中的基本问题，构建了以客户身份识别、大额和可疑交易报告等制度为主体内容的反洗钱工作框架，规定了反洗钱相关主体的权力（权利）义务内容，是整个反洗钱法律体系的核心和基础。

目前已经建立多层次的反洗钱立法体系,覆盖刑法、行政法、经济法等多个法律领域。除《反洗钱法》外,对反洗钱行为的相关规定已覆盖了刑法、行政法、经济法等多个法律领域,形成了预防、控制、打击、惩治多措并举,相互关联,较为严密的反洗钱法网。

中国人民银行于2016年12月28日《金融机构大额交易和可疑交易报告管理办法》(中国人民银行令〔2016〕第3号,已由中国人民银行令〔2018年〕第2号修正)(以下简称3号令)是中国反洗钱监管的一个重要的里程碑。3号令的重点是对可疑交易报告的要求,其取消了自2007年以来对所有金融机构交易监控参数的统一硬性要求,而允许各金融机构自主开发制定交易监测标准并于2017年7月1日施行。另外,金融机构需要持续地对监测标准的有效性进行评估完善、详细分析可疑交易预警、保留记录可疑交易预警审核处置的过程及根据,比如决定排除预警或进一步调查的原因。3号令同时要求金融机构在发现或者有合理理由怀疑客户、客户的资金或资产、客户的交易或者试图进行的交易与洗钱、恐怖融资等犯罪活动相关的,不论所涉金额大小,都必须提交可疑交易报告。为了保证可疑交易预警的质量,金融机构应结合机构自身的洗钱风险概况(产品、服务、客户、交易和地理位置)和风险偏好来制定一套有效的交易监测标准。这对金融机构来说将是一个挑战,原因如下:(1)大量的低质量交易预警会使金融机构不得不投入大量的人力与物力资源以招聘更多的合规人员来分析处置交易预警。同样也可能导致客户经理花更多的时间收集信息来解释客户交易行为,以致可能影响客户体验。但是,如果以节约合规成本和筛选出数量最少的可疑交易为目标,又违背了开发制定交易检测标准的初衷。(2)任何交易监测标准,包括参数、临界值和逻辑算法,其设置与完善都需要持续的、大量的调试和分析,这是一个长期的工作。例如,这可能包括对临界值上下限的分析,以及对潜在的海量历史数据的分析。(3)交易监控的有效性依赖也受制于反洗钱合规工作的各个部分,包括全面的机构风险评估(如涵盖机构各业务线、产品、服务、客户、交易和地理位置)、完善的客户背景核查(Know Your Customer,KYC)过程、功能强大的交易监测系统和KYC系统(如是否能够把客户分类与临界值设定相连)。另外,数据管理(包括数据完整性、上下游系统的数据流动和对接)、详尽的预警管理和分析制度、可疑交易决策和报告过程、可疑交易报告的后续跟踪管理,以及合规人员经验资质等都是关键要素。高效执行3号令的关键挑战在于如何应用并改进金融机构当前与反洗钱合规有关的流程和IT架构。

三、保险业反洗钱机制的建立

金融业承担着社会资金存储、融通和转移职能,对社会经济发展起着重要的促进作用。保险业作为金融业的重要组成部分,同时也容易被洗钱犯罪分子利用,以看似正常的金融交易做掩护,改变犯罪收益的资金形态或转移犯罪资金。因此保险业可列为反洗钱工作的前沿阵地,保险公司应该能够尽早识别和发现犯罪资金,通过追踪犯罪资金的流动方式来预防和打击犯罪活动。保险公司反洗钱工作是指防范不法分子通过办理保险业务,将非法所得转变为“合法财产”所采取相关措施的行为。保险公司反洗钱工作主要指依法履行客户身份识别、客户身份资料和交易记录保存、大额交易和可疑交易报告等义务。

(一)反洗钱工作组织机制的建立

通过对银保监会、央行各项新规章、规范性文件精神并结合公司实际进行分析,保险机构应当建立保险公司反洗钱机制,将反洗钱工作的主要责任落实在各个部门日常业务流程工作中。反洗钱的内控制度是保证上述的客户尽职调查、交易记录保存和大额及可疑交易报告提交等反洗钱基本措施真正得以履行的实施机制的总和,是反洗钱制度的制度依据。现在,保险机构已经被要求依法建立反洗钱的内控制度,其可以借鉴国际社会的通行做法,遵循责任商业联盟(Responsible Business Alliance,RBA)原则来进行反洗钱内控制度建设。保险机构应考虑将反洗钱的内控制度同自己的风险管理框架整合起来,识别、评估和控制经营风险的过程应包含洗钱风险在内。

(二)在风险管理战略中加入反洗钱的目标和方案

保险机构是直接或间接提供风险转移服务的特殊金融企业,自身也面临各种各样的经营风险,所以有必要也有能力制定自己实施的风险管理战略,这也是保险机构核心竞争力的一种体现。因此,如果承认自己面临的诸多风险因素中包括洗钱风险,那么保险机构就应该坚持反洗钱的 RBA 原则,把反洗钱以及反恐怖主义融资的工作方针嵌入其风险管理战略或计划。在风险管理框架下,保险机构应致力于建立与反洗钱相关的内部报告、内部审计和内部评估制度,它们构成反洗钱内控制度的主干。其中,内部报告是针对反洗钱信息(如客户身份识别和交易审核的信息)的内部传递和共享;内部审计是针对反洗钱信息的内部分析、辨疑以及对反洗钱程序实施的稽核与控制(如决定是否提交可疑交易报告);内部评估是指对反洗钱合规工作的自我评价与总结,以便于改进和提高。

(三)建立反洗钱的工作机制

实施风险管理需要一个强有力的领导班子,保险机构建立和贯彻反洗钱内控制度应设定专门负责组织、安排、引导和协调反洗钱事务的合规专岗,并以其为核心及时组建反洗钱合规部门。为满足合规专岗的要求,首先,要掌握足够的法律、金融、保险和财务等基本知识;其次,要具有一定的组织、领导和协调能力,同时应具备基本的风险管理理念和经验。在此基础上,需赋予与其相称的职位和充分的职权,使其能在权限范围内相对独立、不受掣肘地调配人、财、物以推进反洗钱合规工作的正常开展。综合考虑国际标准和我国实际,为保证反洗钱内控制度的顺利实施,应将多级制保险机构内部的合规专岗建在地市级分支机构以上,并将其定为同级领导层的副职级别。反洗钱合规专岗还应专门负责编制和提交交易报告,其数量根据本单位的业务规模和结构而定。

(四)搞好反洗钱的员工培训工作

风险管理是“由人员来实施的”,而目前国内保险机构实施反洗钱内控制度所面临的最大困难之一即广大员工缺乏对洗钱风险的正确认识和反洗钱的基本常识,所以,组织开展持续性、富有成效的员工培训,是保险机构优化反洗钱内控制度建设的重要保障。培训的渠道、途径可以灵活多样,既可利用保险机构已有的培训网络(如保险公司的组训部门),也可利用外部资源、通过第三方培训机构(如大专院校)来完成,讲授、座谈、研讨和观摩等手段最好交替使用。从培训的内容上看,对反洗钱内控制度的管理层和执行层应当有不同的侧重点:对于高层管理人员,应偏重国家关于反洗钱的大政方针和法律法规、反洗钱制度的一般框架和实施原则以及自己的领导职责尤其是法定违规责任等内容;对于一线的合规工作人员,则更应偏重客户识别、记录保存、报告提交等反洗钱措施的详细规定与执行流程等内容。培训的目的是要不断提高保险从业者反洗钱的思想意识、合规技能及综合素质。

(五)保险公司各部门分工协作、紧密配合,严格划分部门岗位责任

风险管理“贯穿于整个企业”,要求每一个部门和人员都应各尽其职地完成自己的工作。所以,保险机构的反洗钱内控制度就应包含对部门岗位责任的合理划分,以增强制度的执行力。保险公司总部成立反洗钱工作领导小组,由公司负责人担任组长,总裁室其他成员作为副组长,财务部、业务管理部、客户服务部、信息技术部、团险销售部、个险销售部、银行保险部、法律事务部、审计部、内控合规部等部门负责人作为组员。其主要职责包括:(1)统一领导公司反洗钱工作;(2)建立和完善公司反洗钱内部控制机制;(3)审定公司反洗钱工作规章制度及操作流程;(4)研究、决定有关反洗钱的重大事项;(5)审议反洗钱工作计划和年度工作报告;(6)确保公司及时向监管部门报告大额和可疑交易信息。各级公司应成立相应的反洗钱组织机构,统一领导本级公司反洗钱工作。各级公司内控合规部门是本级公司反洗钱工作的牵头部门,其他相关部门是反洗钱工作的执行部门。例如:

1. 销售部门的职责是:(1)收集相关客户信息,履行客户身份识别义务;(2)根据可疑交易判断标准,填写可疑交易报告单,按照投保业务流程上报;(3)明确公司及代理机构在客户身份识别方面的职责,采取有效的客户身份识别措施;(4)督导所辖领域执行反洗钱客户身份识别相关规定。

2. 业务管理部门的职责是:(1)根据反洗钱法律法规完善相关管理制度及业务流程;(2)在业务管理活动中执行客户身份识别、客户身份资料和交易记录保存相关规定;(3)业务处理中发现有可疑交易行为的,填写可疑交易报告单,连同按投保业务流程受理的可疑交易报告单,在核保通过后,报送本级反洗钱岗位;(4)根据新增业务系统,及

时提出相应的反洗钱需求。

3. 客户服务部门的职责是：(1)根据反洗钱法律法规完善客户回访制度；(2)通过回访发现有可疑交易行为的，填写可疑交易报告单。

财务部门的基本职责是：根据反洗钱法律法规，完善现金管理制度和账户管理制度。

信息技术部门的职责是：(1)根据反洗钱相关规定及需求开发和完善相应系统；(2)为反洗钱工作提供系统技术支持；(3)负责抽取符合大额和可疑交易条件的数据。

审计部门的基本职责是：制定审计计划和方案，对反洗钱工作制度建设和操作流程的健全性、有效性和合规性进行审计。

4. 内控合规部门的基本职责是：(1)落实公司反洗钱领导小组的决定，协调职能部门开展反洗钱工作；(2)评估反洗钱内部控制制度的完整性和有效性；(3)制定客户和账户的风险划分标准；(4)负责与外部监管机构沟通反洗钱工作；(5)及时向公司反洗钱领导小组报告突发事件或重大疑难问题；(6)复核、汇总、分析各部门提交的可疑交易数据，及时洽相关部门对数据进行补充和修正，并按时报送大额交易和可疑交易数据；(7)起草公司反洗钱工作报告(具体见图4－1－1)。

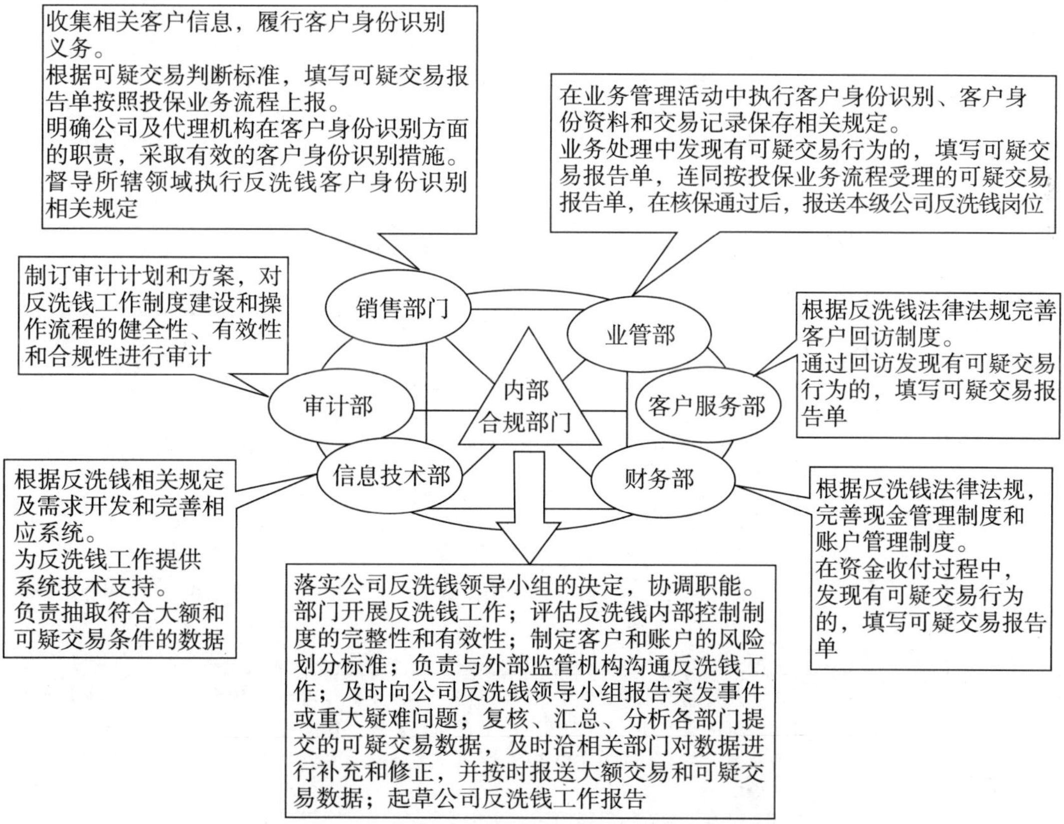

图4－1－1　保险公司相关部门在反洗钱工作中的职责

第二节　反洗钱合规要点和风险控制

反洗钱合规要点和风险控制要点,见表4－2－1。

表4－2－1　反洗钱合规要点和风险控制要点

<table>
<tr><th>反洗钱合规义务</th><th>反洗钱合规义务范围</th><th>反洗钱义务合规要点</th></tr>
<tr><td rowspan="7">一、客户身份识别</td><td rowspan="4">(一)建立业务关系时的客户身份识别</td><td>1. 识别对象:①对于保险费金额人民币1万元以上或者外币等值1000美元以上且以现金形式缴纳的财产保险合同,单个被保险人保险费金额人民币2万元以上或者外币等值2000美元以上且以现金形式缴纳的人身保险合同,保险费金额人民币20万元以上或者外币等值2万美元以上且以转账形式缴纳的保险合同,保险公司在订立保险合同时,应确认投保人与被保险人的关系,核对投保人和人身保险被保险人、法定继承人以外的指定受益人的有效身份证件或者其他身份证明文件,登记投保人、被保险人、法定继承人以外的指定受益人的身份基本信息,并留存有效身份证件或者其他身份证明文件的复印件或者影印件。②在客户申请解除保险合同时,如退还的保险费或者退还的保险单的现金价值金额为人民币1万元以上或者外币等值1000美元以上的,保险公司应当要求退保申请人出示保险合同原件或者保险凭证原件,核对退保申请人的有效身份证件或者其他身份证明文件,确认申请人的身份。③在被保险人或者受益人请求保险公司赔偿或者给付保险金时,如金额为人民币1万元以上或者外币等值1000美元以上,保险公司应当核对被保险人或者受益人的有效身份证件或者其他身份证明文件,确认被保险人、受益人与投保人之间的关系,登记被保险人、受益人身份基本信息,并留存有效身份证件或者其他身份证明文件的复印件或者影印件</td></tr>
<tr><td>2. 识别时间:对新建立业务关系的客户,保险机构应根据风险评估结果,在保险合同成立后的10个工作日内划分其风险等级。对于初评结果为中等以上风险等级(含中等)的客户,应由初评人以外的其他人员进行复评确认。初评结果与复评结果不一致的,可由反洗钱管理部门决定最终评级结果。对已确立过风险等级的客户,保险机构应根据其风险程度设置相应的重新审核期限,实现对风险的动态追踪</td></tr>
<tr><td>3. 识别周期。原则上,风险等级最高的客户的审核期限不得超过半年,低一等级客户的审核期限不得超出上一级客户审核期限时长的2倍。对于首次建立业务关系的客户,无论其风险等级高低,保险机构在初次确定其风险等级后的3年内至少应进行一次复核</td></tr>
<tr><td>4. 识别事项:识别客户身份,了解客户受益所有人,核对客户身份证件,比对黑名单,登记客户身份基本信息,并留存有效身份证明文件复印件或者影印件</td></tr>
<tr><td rowspan="3">(二)业务关系存续期间的持续识别和重新识别</td><td>1. 对高风险客户提高审查频率强度;外国政要客户,采取合理措施了解资金来源和用途</td></tr>
<tr><td>2. 重新识别客户身份:当客户变更重要身份信息、司法机关调查本保险机构客户、客户涉及权威媒体的案件报道、客户进行异常交易等可能导致风险状况发生实质性变化的事件发生时,保险机构应考虑重新评定客户风险等级。同一客户因不同交易行为而被评定为不同风险等级的,应将该客户的最高风险等级确定为该客户的最终风险等级</td></tr>
<tr><td>3. 识别或者重新识别客户身份的措施:补充其他身份资料或身份证明文件、回访客户、实地查访、向公安等部门核实等</td></tr>
</table>

续表

反洗钱合规义务	反洗钱合规义务范围	反洗钱义务合规要点
一、客户身份识别	（三）非自然人客户受益所有人的识别	1. 受益所有人判定基本原则：勤勉尽责、风险为本、实质重于形式
		2. 受益所有人判定标准：①公司——对公司实施最终控制不限于直接或间接拥有超过25%（含，下同）公司股权或者表决权，还包括其他可以对公司的决策、经营、管理形成有效控制或者实际影响的任何形式。a. 直接或者间接拥有超过25%公司股权或者表决权的自然人是判定公司受益所有人的基本方法。需要计算间接拥有股权或者表决权的，按照股权和表决权孰高原则，将公司股权层级及各层级实际占有的股权或者表决权比例相乘求和计算。b. 如果未识别出直接或者间接拥有超过25%公司股权或者表决权的自然人，或者对满足前述标准的自然人是否为受益所有人存疑的，应当考虑将通过人事、财务等方式对公司进行控制的自然人判定为受益所有人，包括但不限于：直接或者间接决定董事会多数成员的任免；决定公司重大经营、管理决策的制定或者执行；决定公司的财务预算、人事任免、投融资、担保、兼并重组；长期实际支配使用公司重大资产或者巨额资金等。c. 如果不存在通过人事、财务等方式对公司进行控制的自然人的，应当考虑将公司的高级管理人员判定为受益所有人。对依据《公司法》《证券法》等法律法规将高级管理人员判定为受益所有人存疑的，应当考虑将高级管理人员之外的对公司形成有效控制或者实际影响的其他自然人判定为受益所有人。 ② 合伙企业——拥有超过25%合伙权益的自然人是判定合伙企业受益所有人的基本方法。不存在拥有超过25%合伙权益的自然人的，义务机构可以参照公司受益所有人标准判定合伙企业的受益所有人。采取上述措施仍无法判定合伙企业受益所有人的，义务机构至少应当将合伙企业的普通合伙人或者合伙事务执行人判定为受益所有人。 ③ 信托——义务机构应当将对信托实施最终有效控制、最终享有信托权益的自然人判定为受益所有人，包括但不限于信托的委托人、受托人、受益人。信托的委托人、受托人、受益人为非自然人的，义务机构应当逐层深入，追溯到对信托实施最终有效控制、最终享有信托权益的自然人，并将其判定为受益所有人。设立信托时或者信托存续期间，受益人为符合一定条件的不特定自然人的，可以在受益人确定后，再将受益人判定为受益所有人。 ④ 基金——拥有超过25%权益份额的自然人是判定基金受益所有人的基本方法。不存在拥有超过25%权益份额的自然人的，义务机构可以将基金经理或者直接操作管理基金的自然人判定为受益所有人。基金尚未完成募集，暂时无法确定权益份额的，义务机构可以暂时将基金经理或者直接操作管理基金的自然人判定为受益所有人；基金完成募集后，义务机构应当及时按照规定标准判定受益所有人。 ⑤ 其他类型的机构、组织：参照公司受益所有人的判定标准执行。 ⑥ 涉及理财产品、定向资产管理计划、员工持股计划等参照基金受益所有人判定：受益所有人身份识别工作涉及理财产品、定向资产管理计划、集合资产管理计划、专项资产管理计划、资产支持专项计划、员工持股计划等未单独列举的情形的，义务机构可以参照基金受益所有人判定标准执行；无法参照执行的，义务机构可以将其主要负责人、主要管理人或者主要发起人等判定为受益所有人。 ⑦ 个体工商户、个人独资企业、不具备法人资格的专业服务机构、经营农林渔牧产业的非公司制农民专业合作组织可将其法定代表人或者实际控制人视同为受益所有人。 ⑧ 各级党的机关、国家权力机关、行政机关、司法机关、军事机关、人民政协机关和人民解放军、武警部队以及参照公务员法管理的事业单位、政府间国际组织、外国政府驻华使领馆及办事处等机构及组织可以不识别下述非自然人客户的受益所有人。
		3. 核实受益所有人信息方式：询问非自然人客户、要求非自然人客户提供证明材料、查询公开信息、委托 有关机构调查等方式

续表

反洗钱合规义务	反洗钱合规义务范围	反洗钱义务合规要点
一、客户身份识别	(三)非自然人客户受益所有人的识别	4. 强化、简化或豁免的识别措施: ① 受益所有人涉及外国政要、国际组织高级管理人员以及近亲属、利益关系人,建立业务关系前须经高级管理层批准或授权,进一步了解财产、资金来源,业务存续期间加强交易监测分析频率和强度; ② 股权或者控制权结构异常复杂、受益所有人来自洗钱高风险国家或地区、受益人所有人信息不完整或无法完成核实,采取调高客户风险等级、加强资金交易监测分析、获取高级管理层批准等严格的风险管理措施; ③ 客户股权结构简单,为避免妨碍或者影响正常交易,可以在与非自然人客户建立业务关系后,尽快完成受益所有人身份识别工作; ④义务机构应当按照《中国人民银行关于加强反洗钱客户身份识别有关工作的通知》相关规定,严格判断非自然人客户是否属于简化或者豁免受益所有人识别的范畴。无法做出准确判断的,义务机构不得简化或者豁免受益所有人识别;非自然人客户出现高风险情形的,不得简化或者豁免受益所有人识别
		5. 识别受益所有人信息和资料登记和保存:登记受益所有人姓名、地址、身份证明文件的种类、号码和有效期限;保存注册证书、存续证明文件、合伙协议等股权或控制权相关信息,董事会、高级管理层和股东名单等股东或者董事会成员登记信息等
		6. 受益所有人身份识别工作应当与客户分类管理、交易监测分析、反洗钱名单监控等工作的衔接
		7. 业务关系存续期间持续关注受益所有人信息变更情况
	(四)客户洗钱风险评估体系	1. 基本原则:风险为本、动态管理、自主管理和保密原则
		2. 建立风险评估指标体系:按照风险来源,保险机构洗钱风险分为内部风险,和外部风险。内部风险是指保险机构产品或服务固有的风险,以及业务、财务、人员管理等方面的制度漏洞所形成的操作风险。外部风险是指客户自身属性所形成的风险。保险机构应全面识别和评估风险。包括内部风险评估体系和外部风险评估体系
		3. 内部洗钱内部风险。重点考察产品风险以及与保险业务直接相关的操作风险,包括(1)产品属性;(2)业务流程;(3)系统控制等要素。保险机构可结合自身情况,合理设定各风险要素的子项。保险机构还可就本机构反洗钱内控机制的健全性、产品风险识别有效性、合规风险管理架构完整性以及损害自我修复能力做出整体评价
		(1)产品属性要素。保险机构在评估产品业务的固有风险时,应当全面考虑本机构向客户提供的各类产品业务(或服务)。产品业务划分原则上应在本机构产品业务管理结构的基础上进一步细化,如私人银行业务、国际金融业务、个人银行卡、理财产品等。业务模式、性质相同且洗钱风险因素不存在重大差异的,可作为同一类产品业务进行评估。对各类产品业务的固有风险评估可考虑以下因素:①产品业务规模,如账户数量、管理资产总额,年度交易量等;②是否属于已知存在洗钱案例、洗钱类型手法的产品业务;③产品业务面向的主要客户群体,以及高风险客户数量和相应资产规模、交易金额和比例;④产品业务销售、办理渠道及相应渠道的风险程度,是否允许他人代办或难以识别是否本人办理;⑤产品业务记录跟踪资金来源、去向的程度,与现金的关联程度,现金交易金额和比例;⑥产品业务是否可向他人转移价值,包括资产(合约)所有权、受益权转移,以及转移的便利程度,是否有额度限制,是否可跨境转移;⑦产品业务是否可作为客户的资产(如储蓄存款、理财产品等),是否有额度限制,保值程度和流动性如何,是否可便利、快速转换为现金或活期存款;⑧产品业务是否可作为收付款工具(如结算账户),使用范围、额度、便利性如何,是否可跨境使用;⑨产品业务是否可作为其他业务的办理通道或身份认证手段,身份识别措施是否比原有通道和手段更为简化,是否有额度限制或使用范围限制;⑩产品业务是否应用可能影响客户尽职调查和资金交易追踪的新技术。专门针对保险产品而言,其他因素,包括但不限于:①与投资的关联程度。保险产品特别是投资性理财产品,与投资的

续表

反洗钱合规义务	反洗钱合规义务范围	反洗钱义务合规要点
一、客户身份识别	(四)客户洗钱风险评估体系	关联程度越高,越容易受到洗钱分子的关注,其相应的洗钱风险越高。②每单平均保费金额。一般来说,保险产品每单平均保费金额越高,洗钱风险相对越大。③现金价值大小。在相同保险期间内,保单现金价值比率越高,其洗钱风险相对越大,如高现金价值产品。④保单质押变现能力。保单质押变现能力越高,其洗钱风险相对越大。⑤保险责任满足难易程度。理赔或给付条件较难满足,或者退保损失较大的产品,洗钱风险相对较小;反之,被用于洗钱的风险相对较大。⑥能否任意追加保费。在保险期间内,可任意超额追加保费、资金可在风险保障账户和投资账户间自由调配的产品,洗钱风险相对较大;相反,不可任意追加保费和跨账户调配资金的产品,洗钱风险相对较小。⑦历史退保比例和退保金额。退保量较大、退保比例较高的保险产品,洗钱的风险相对较大。⑧是否存在涉外交易。存在涉外交易的产品,跨境开展客户尽职调查难度大,不同国家(地区)的监管差异也可能导致反洗钱监控漏洞产生,易于被洗钱分子利用,存在较大的洗钱风险。人身保险产品应考察上述全部风险因子,财产保险产品可选择部分风险因子进行考察
		(2)业务流程因素。业务流程要素主要考察承保、保全、理赔等环节设计是否合理,能否有效防范洗钱风险,考察范围包括但不限于:①客户身份核实是否有效,尽职调查措施是否合理。②财产保险承保前是否核验保险标的,人身保险是否有生存调查。③人身保险是否有最高保额限制。④保险费收取方式是否包括现金,是否有限额。⑤是否限制第三方账户支付保费。⑥是否核实投保人申请退保或是变更投保人、受益人、证件号码、银行账号的原因。⑦是否限定保单质押贷款申请人为投保人本人,贷款账户为原投保账户。⑧是否限制退保至第三方账户。⑨是否限制现金支付退保金、保险金、保单贷款。⑩赔偿或给付保险金前是否开展调查或查勘定损。⑪快速理赔或给付政策是否存在漏洞。⑫资金支付至境外是否有特别规定
		(3)系统控制因素。系统控制要素主要考察核心业务系统能否实现设定的反洗钱功能,考察范围包括但不限于:①业务系统关于客户和保单的要素设置是否完善,客户身份信息留存是否符合监管要求。②业务系统对资金来源与流向的管控措施是否完善,是否留存反映资金收付的银行账户信息。③业务系统对资金支付人与接收人的管控措施是否完善。④业务系统中的保单、批单信息是否可以全面展示交易过程。⑤高风险客户或高风险国家或地区的风险预警提示是否健全。⑥业务系统黑名单种类和管控措施是否完善。⑦风险信息是否能够在业务部门和反洗钱部门之间有效传递、集中和共享
		4.外部风险评估指标。洗钱外部风险要素包括:(1)客户风险;(2)地域风险;(3)业务风险;(4)行业(含职业)风险;(5)渠道风险等项目。保险机构可结合自身情况,合理设定各风险要素的子项。保险机构应综合考虑客户背景、社会经济活动特点等各方面情况,衡量本机构对其开展客户尽职调查工作的难度,评估客户风险
		(1)客户风险。各客户群体的固有风险评估可考虑以下因素:①客户数量、资产规模、交易金额及相应占比;②客户涉有权机关刑事查冻扣、涉人民银行调查的数量与比例;③客户身份信息完整、丰富程度和对客户交易背景、目的了解程度;④识别客户身份不同方式的分布,如当面核实身份、或采取可靠的技术手段核实身份、通过第三方机构识别身份的比例;⑤客户风险等级划分的分布结构;⑥非自然人客户的股权或控制权结构,存在同一控制人风险的情况;⑦客户来自较高风险国家或地区的情况;⑧客户办理高风险业务(如现金、跨境、高额价值转移等)的种类和相应的规模;⑨客户涉可疑交易报告的数量及不同管控措施的比例;⑩客户属于高风险行业或职业的数量、比例;⑪该类型客户是否属于洗钱或上游犯罪高风险群体;⑫客户群体涉联合国定向金融制裁名单及其他人民银行要求关注的反洗钱和反恐怖融资监控名单,或其交易对手涉以上名单的比例

续表

反洗钱合规义务	反洗钱合规义务范围	反洗钱义务合规要点
一、客户身份识别	(四)客户洗钱风险评估体系	(2)地域风险。保险机构应当衡量客户的国籍、注册地、住所、经常居住地、经营所在地与洗钱、恐怖活动及其他犯罪活动的关联度,评估其地域风险。地域风险包括但不限于涉及中国人民银行和国家其他有权部门的反洗钱监控要求或风险提示,或是其他国家(地区)和国际组织推行且得到我国承认的反洗钱监控和制裁要求的国家或地区的风险状况:①某国(地区)受反洗钱监控或制裁的情况;②对某国(地区)进行洗钱风险提示的情况;③某国(地区)的上游犯罪状况;④国内特殊地域的金融监管风险;⑤当地洗钱、恐怖融资与(广义)上游犯罪形势,是否毗邻洗钱、恐怖融资或上游犯罪、恐怖主义活动活跃的境外国家和地区,或是否属于较高风险国家和地区(至少包括金融行动特别工作组呼吁采取行动的高风险国家、地区和应加强监控的国家、地区,也可参考国际组织有关避税天堂名单等,以下简称较高风险国家和地区);⑥接受司法机关刑事查询、冻结、扣划和监察机关、公安机关查询、冻结、扣划(以下简称刑事查冻扣)中涉及该地区的客户数量、交易金额、资产规模等;⑦本机构上报的涉及当地的一般可疑交易和重点可疑交易报告数量及客户数量、交易金额
		(3)业务风险。保险机构应当考虑业务方式所固有的洗钱风险并关注客户的异常交易行为,结合当前市场的具体运行状况,综合分析业务风险。业务风险子项包括但不限于:①代理交易。代理交易是保险行业的突出特点。在人身险领域,保险机构获得的客户信息高度依赖代理人,某些情形下保险机构难以直接与客户接触,尽职调查有效性受到限制。在财产险领域,条款费率的确定依赖于保险标的的特性和风险状况,保险机构一般还会对保险标的做进一步核实,故渠道因素导致的洗钱风险相对较小。为追求收入,部分中介机构在明知客户可能洗钱的情况下并不报告甚至帮助掩饰,部分中介机构与客户还可能存在隐性关系。另外,客户还会委托他人代办保险业务。保险机构应根据自身代理渠道的特点,区分不同类型代理渠道的风险大小,重点关注风险较高的情形,例如:a.同一家代理机构代理多家保险公司产品,对客户投保情况披露不充分。b.代理机构拒绝在代理协议中写入反洗钱条款,或者代为履行客户身份识别义务不主动,提供的客户信息不真实、不完整。c.多个不相关的个险客户预留电话为同一号码或紧急联系人为同一人,电话回访发现预留电话非客户本人且无法联系到客户本人等异常情况。d.代刷卡行为。代理人为促使保险合同的早日达成,某些情况下会采用先行代投保人刷卡垫付保费,合同成立后由投保人支付保费至代理人的方式。这种行为使得保险机构无法掌握保费的真正来源及交易方式,蕴含一定的洗钱风险。e.对客户委托他人代办保险业务的,重点关注该代理人是否经常代理他人办理保险业务、代办的业务是否多次涉及可疑交易报告等情形。②非面对面交易。非面对面交易方式(如电销、网销)使客户无须与工作人员直接接触即可办理业务,增加了保险机构开展客户尽职调查的难度,洗钱风险相应上升。保险机构在设计该类保险产品时,可对保险金额进行累积限制,销售时重点关注投保人投保频率、退保频率过高,多个电销客户使用同一联系方式等情况,并对超过一定金额或存在可疑情形的客户采取强化的尽职调查方式。③异常交易或行为。当客户出现某些异常交易或行为时,保险机构应当仔细核实客户身份,必要时提高其风险等级。例如:a.短期内在一家或多家保险机构频繁投保、退保、拆单投保且不能合理解释。b.趸缴大额保费或保费明显超过投保人的收入或资产状况。c.购买的保险产品与其表述的需求明显不符,经保险机构及其工作人员解释后,仍坚持购买的。d.异常关注保险公司的审计、核保、理赔、给付、退保规定,而不关注保险产品的保障功能和投资收益。e.拒绝提供或者提供的有关投保人、被保险人和受益人的姓名(名称)、职业(行业)、住所、联系方式或者财务状况等信息不真实。f.财产保险投保人虚构保险标的的投保。g.无合理原因,坚持要求以现金方式缴付较大金额的保费。h.通过第三人支付保费,不能合理解释第三人与投保人、被保险人和受益人关系。i.多交保费并随即要求返还超额部分。保险机构在下述情况下应特别提高警觉:(i)多交的保费金额较大;(ii)多交的保费来源于第三方或要求把多交的保费退还给第三方;(iii)客户身处或来自洗钱高

续表

反洗钱合规义务	反洗钱合规义务范围	反洗钱义务合规要点
一、客户身份识别	(四)客户洗钱风险评估体系	风险国家或地区;(iv)多交保费所涉及的金额或频密程度很可疑;(v)法人业务刚刚投保不久就办理减人或减额退保,且退保金转入非缴费账户;(vi)客户多交保费的行为与其恶化的资产状况或经营状况不符。j.投保后短期内申请退保,特别是要求将退保资金转入第三方账户或非缴费账户。k.财产险重复投保后申请全额退保。l.投保后频繁办理保单质押贷款,或以保险单为抵押品向其他机构借款。m.没有合理原因,投保人坚持要求用现金赔偿、给付保险金、退还保险费和保单现金价值以及支付其他资金数额较大的保险业务。n.客户要求将赔偿金、保险金和保单现金价值支付至被保险人、受益人以外的第三方。o.客户要求将赔偿金、保险金、退还的保险费和保单现金价值支付到洗钱高风险国家和地区。保险机构自建异常交易监测指标的,可按照自建指标执行
		(4)行业风险。保险机构应评估行业、身份与洗钱、职务犯罪、税务犯罪等的关联性,合理预测某些行业客户的经济状况、金融交易需求,酌情考虑某些职业技能被不法分子用于洗钱的可能性。行业(含职业)风险要素可从以下角度进行评估:①公认具有较高风险的行业(职业)。②与特定洗钱风险的关联度,如客户属于政治公众人物及其亲属、身边工作人员。③行业现金密集程度
		(5)渠道风险。保险机构在评估渠道的固有风险时,应当全面考虑本机构自有或通过第三方与客户建立关系、提供服务的渠道。渠道可划分为机构自有实体经营场所、自有互联网渠道、自助设备与终端、第三方实体经营场所、第三方互联网渠道,银行业机构还应考虑代理行渠道。各类渠道的固有风险评估可考虑以下因素:①渠道覆盖范围(线下网点数量与分布区域,线上可及地域范围)及相应地区(包括境外国家和地区)的风险程度;②通过该渠道建立业务关系的客户数量和风险水平分布;③通过该渠道办理业务的客户数量、交易笔数与金额,办理业务的主要类型和风险水平
		5.内部风险评估的方法。由反洗钱专门机构或其他负责反洗钱工作的指定内设机构制定评估方案和相关指标评估体系,设计风险分析调查表,提取相关业务数据,组织与业务、财务等部门进行沟通和访谈,审慎确定洗钱内部风险水平。确定某类或某项产品的风险等级时,除考虑每项风险要素的单独影响外,还应综合考虑各项风险要素的结合情况、内外部反洗钱检查情况、反洗钱案例、大额和可疑交易报告等事项,对分数予以合理调整,并确定最终的风险水平和等级。保险机构反洗钱工作领导小组负责审议、发布内部洗钱风险评估报告。保险机构的分支机构,可以结合内部洗钱风险评估报告和区域业务特点开展分支机构的风险评估
	(五)客户风险等级划分	1.投保政策性或强制性保险产品,如政策性农业保险、政策性大病补充医疗保险、机动车交通事故责任强制保险、道路客运承运人责任保险等,这些产品具有财政补贴和强制性特点,平均保费金额较低,一般情况下不允许退保、变更受益人等操作,洗钱风险极低,可不开展洗钱风险评估和客户风险等级划分工作,但仍应开展客户资料和交易记录保存等其他反洗钱工作
		2.对于投保内部风险程度较低且预估能够有效控制洗钱风险的保险产品的客户,保险机构可自行决定不进行外部风险评估程序,直接定级为低风险。但对于投保以下产品的,必须开展外部风险评估程序:(1)投资型保险产品,如分红险、万能险、投资连结险、投资型家庭财产险等;(2)具有储蓄功能的保险产品,如终身寿险、生存保险、两全保险、年金保险等;(3)保险机构经评估后认为洗钱风险较大的其他产品
		3.存在以下情形的客户,不能未经外部风险评估程序直接定级为低风险:(1)在本保险机构的已缴纳保费金额超过一定限额(由保险公司自主设定,可根据内部风险评估结果对不同产品设定不同限额,原则上不能高于人民币20万元或等值外币,同一客户应累计计算其所购买的所有有效保单,同一保单涉及多人时,以累积额最高的人为评估标准)。(2)客户为非居民,或者使用了境外发放的身份证件或身份证明文件。(3)客户涉及可疑交易报告。(4)客户委托非职业性中介机构或无亲属关系的自然人代理本人与保险机构建立业务关系

续表

反洗钱合规义务	反洗钱合规义务范围	反洗钱义务合规要点
一、客户身份识别	(五)客户风险等级划分	4. 对具有下列情形(包括但不限于)之一的客户,保险机构可直接将其定级为最高风险:①客户被列入我国发布或承认的反洗钱监控名单及类似监控名单。②客户利用虚假证件办理业务,或在代理他人办理业务时使用虚假证件。③客户为政治公众人物或其亲属及关系密切人员。④发现客户存在犯罪、金融违规、金融欺诈等方面的历史记录,或者曾被监管机构、执法机关或金融交易所提示予以关注,或者涉及权威媒体与洗钱相关的重要负面新闻报道或评论的。⑤投保人、被保险人以及受益人,或者法定代表人、股东的国籍、注册地、住所、经常居住地、经营所在地涉及中国人民银行和国家相关部门的反洗钱监控要求或风险提示,或是其他国家(地区)和国际组织推行且得到我国承认的反洗钱监控要求。⑥客户实际控制人或实际受益人属前五项所述人员。⑦客户多次涉及可疑交易报告。⑧客户拒绝保险机构或保险中介机构开展尽职调查工作。⑨其他直接或经调查后认定的高风险客户
		5. 客户等级划分时机及操作流程:新客户在建立业务关系后的10个工作日内划分其风险等级;存量高风险客户至少半年一次定期审核,低一等级客户的审核期限不得超出上一级客户审核期限时长的2倍;至少3年一次复核。操作流程:收集信息→筛选分析信息→初评→复评
	(六)特定自然人和特定类别业务的客户身份识别	1. 外国政要:强化身份识别
		2. 高风险国家或地区的客户身份识别和交易监测要求:①采取与高风险相匹配的强化身份识别、交易监测等控制措施,发现可疑情形应及时提交可疑交易报告,必要时拒绝提供金融服务乃至终止业务关系;②已与高风险国家或地区的机构建立代理行关系,应当进行重新审查,必要时终止代理行关系;③在高风险国家或地区设立分支机构或附属机构,提高内部检查或审计的频率和强度
	(七)委托第三方合作机构识别客户身份	1. 保险公司通过保险专业代理公司、金融机构类保险兼业代理机构(以下简称第三方)开展保险业务时,应当在合作协议中写入反洗钱条款。反洗钱条款应当包括下列内容:①第三方按保险公司的反洗钱法律义务要求识别客户身份;②保险公司在办理业务时能够及时获得保险业务客户身份信息,必要时,可以从第三方获得客户有效身份证件或者其他身份证明文件的复印件或者影印件;③保险公司为第三方代其识别客户身份提供培训等必要协助。第三方代理客户与保险公司开展保险业务时,应当提供保险公司识别客户身份所需的客户身份信息,必要时,还应当依法提供客户身份证件或者其他身份证明文件的复印件或者影印件。保险公司承担未履行客户身份识别义务的最终责任,第三方承担相应责任
		2. 委托本机构以外的第三方识别客户身份:①能够证明第三方按反洗钱相关要求,采取客户身份识别和资料保存必要措施;②第三方为本机构提高客户信息,不存在法律、技术等方面障碍;③本机构办理业务,能立即获得第三方提供的客户信息、必要时可获得客户有效身份证件、身份证明文件的原件、复印件或者影印件;④第三方代为履行识别客户身份,本机构仍然承担未履行客户身份识别义务的责任
		3. 委托境外第三方机构开展客户身份识别:①充分评估该机构所在国家或者地区的风险状况,并将其作为对客户身份识别、风险评估和分类管理的基础;②本机构与委托的境外第三方机构属于同一金融集团,且集团层面采取的客户身份识别等反洗钱内部控制措施能有效降低境外国家或者地区的风险水平,本机构可不将境外的风险状况纳入对客户身份识别、风险评估和分类管理的范畴;③不得依托来自高风险国家或地区的第三方机构开展客户身份识别工作

续表

反洗钱合规义务	反洗钱合规义务范围	反洗钱义务合规要点
一、客户身份识别	（八）识别客户身份时的可疑行为报告	1. 在履行客户身份识别义务时，应当向中国反洗钱监测分析中心和中国人民银行当地分支机构报告以下可疑行为：①客户拒绝提供有效身份证件或者其他身份证明文件的。②对向境内汇入资金的境外机构提出要求后，仍无法完整获得汇款人姓名或者名称、汇款人账号和汇款人住所及其他相关替代性信息的。③客户无正当理由拒绝更新客户基本信息的。④采取必要措施后，仍怀疑先前获得的客户身份资料的真实性、有效性、完整性的。⑤履行客户身份识别义务时发现的其他可疑行为。保险机构报告上述可疑行为参照《金融机构大额交易和可疑交易报告管理办法》（中国人民银行令〔2006〕第2号发布）及相关规定执行
		2. 采取有效措施仍无法进行客户身份识别，或经过评估超过本机构风险管理能力，不得与客户建立业务关系或者进行交易；已建立业务关系，应当中止交易并考虑提交可疑交易报告，必要时可终止业务关系
		3. 疑交易与洗钱或者恐怖融资有关，但重新或者持续识别客户身份将无法避免泄密时，可终止身份识别措施，并提交可疑交易报告
二、客户资料和交易记录保存	（一）保存原则及要求	1. 保存原则：应当保存客户身份资料包括记载客户身份信息、资料以及反映保险机构开展客户身份识别工作情况的各种记录和资料；应采取必要管理措施和技术措施，防止客户身份资料和交易记录的缺失、损毁，防止泄露客户身份信息和交易信息；应采取切实可行的措施保存客户身份资料和交易记录，便于反洗钱调查和监督管理
		2. 保存要求：①业务部门承担洗钱风险管理直接责任，履行完整并妥善保存客户身份资料及交易记录的职责。在业务关系存续期间，应详细审查保存的客户资料和交易，及时更新客户身份信息，确保当前进行的交易与客户身份背景相匹配。②应保存的交易记录包括关于每笔交易数据信息、业务凭证、账簿以及有关规定要求的反映交易真实情况的合同、业务凭证、单据、业务函件和其他资料。③反洗钱信息系统及相关系统应当支持客户身份识别、客户身份资料及交易记录等反洗钱信息的登记、保存、查询和使用
	（二）客户资料和交易记录的保存期限	1. 客户身份资料，自业务关系结束当年或者一次性交易记账当年计起至少保存5年
		2. 交易记录，自交易记账当年计起至少保存5年
		3. 如客户身份资料和交易记录涉及正在被反洗钱调查的可疑交易活动，且反洗钱调查工作在前款规定的最低保存期届满时仍未结束的，应将其保存至反洗钱调查工作结束
		4. 同一介质上存有不同保存期限客户身份资料或者交易记录，按最长期限保存。同一客户身份资料或者交易记录采用不同介质保存的，至少按照上述期限要求保存一种介质的客户身份资料或者交易记录
三、大额交易和可疑交易报告	（一）大额交易和可疑交易报告标准	1. 大额交易报告标准：法定[《金融机构大额交易和可疑交易报告管理办法》（2018年修订）第6条]。保险机构应当报告下列大额交易：①当日单笔或者累计交易人民币5万元以上（含5万元）、外币等值1万美元以上（含1万美元）的现金缴存、现金支取、现金结售汇、现钞兑换、现金汇款、现金票据解付及其他形式的现金收支。②非自然人客户银行账户与其他的银行账户发生当日单笔或者累计交易人民币200万元以上（含200万元）、外币等值20万美元以上（含20万美元）的款项划转。③自然人客户银行账户与其他的银行账户发生当日单笔或者累计交易人民币50万元以上（含50万元）、外币等值10万美元以上（含10万美元）的境内款项划转。④自然人客户银行账户与其他的银行账户发生当日单笔或者累计交易人民币20万元以上（含20万元）、外币等值1万美元以上（含1万美元）的跨境款项划转。累计交易金额以客户为单位，按资金收入或者支出单边累计计算并报告。中国人民银行另有规定的除外
		2. 可疑交易报告标准：自定义。保险机构发现或者有合理理由怀疑客户、客户的资金或者其他资产、客户的交易或者试图进行的交易与洗钱、恐怖融资等犯罪活动相关的，不论所涉资金金额或者资产价值大小，应当提交可疑交易报告

续表

反洗钱合规义务	反洗钱合规义务范围	反洗钱义务合规要点
三、大额交易和可疑交易报告	(二)大额交易和可疑交	1. 应当建立健全大额交易和可疑交易监测系统
		2. 制定本机构的交易监测标准并定期评估监测标准的有效性
		3. 监测标准报备:制定交易监测标准以及或者对交易监测标准作出重大调整,应按规定向人民银行或其分支机构报备
		4. 监测分析岗位设置:应当设立专职的反洗钱岗位;对异常交易的分析,至少设置初审和复核两个岗位;监测系统应当至少具有交易筛选、甄别分析和人工增补报送三类功能模块,交易筛选模块应当充分满足监测标准的运行需求,甄别分析模块应当至少包括初审、复核、审定意见填写等功能,人工增补报送模块应当满足对系统监测以外其他渠道发现的异常交易进行填报、复核和审定等功能
		5. 人工分析识别以及可疑交易报告工作应满足合规要求
		6. 及时以电子方式提交大额和可疑交易报告,最迟不超过5个工作日
		7. 可疑交易符合下列情形之一的,保险机构应当在向中国反洗钱监测分析中心提交可疑交易报告的同时,以电子形式或书面形式向所在地中国人民银行或者其分支机构报告,并配合反洗钱调查:①明显涉嫌洗钱、恐怖融资等犯罪活动的。②严重危害国家安全或者影响社会稳定的。③其他情节严重或者情况紧急的情形
	(三)后续持续控制措施	1. 遵循"风险为本""审慎均衡"原则
		2. 对可疑交易报告所涉客户及交易开展持续监控,若可疑交易活动持续发生,需定期或额外提交报告;提升客户风险等级,并根据《保险机构洗钱和恐怖融资风险评估及客户分类管理指引》(保监发〔2014〕110号)、《金融机构大额交易和可疑交易报告管理办法》(中国人民银行令〔2016〕第3号)(2018年修订)及相关内控制度规定采取相应的控制措施;经机构高层审批后采取措施限制客户或账户的交易方式、规模、频率等,特别是客户通过非柜面方式办理业务的金额、次数和业务类型;经机构高层审批后拒绝提供金融服务乃至终止业务关系;向相关金融监管部门报告;向相关侦查机关报案
	(四)保存	1. 遵循完整准确、安全保密的保存原则
		2. 保存对象:大额交易和可疑交易报告、反映交易分析和内部处理情况的工作记录等
		3. 时限要求:自生成之日起至少保存5年;如涉及正在被反洗钱调查的可疑交易活动,且调查期间保存期限届满则将其保存至反洗钱调查工作结束
		4. 保密原则:义务机构及其工作人员,对依法履行大额交易和可疑交易报告义务获得的客户身份资料和交易信息,对依法监测、分析、报告可疑交易的有关情况,不得违反规定向任何单位和个人提供(包括客户)
四、名单管控	(一)构建完整监控名单库	1. 根据《关于印发〈法人金融机构洗钱和恐怖融资风险管理指引(试行)〉的通知》(银反洗发〔2018〕19号,以下简称19号文),监控名单包括:①公安部等我国有权部门发布的恐怖活动组织及恐怖活动人员名单;②联合国发布的且得到我国承认的制裁决议名单;③其他国际组织、其他国家(地区)发布的且得到我国承认的反洗钱和反恐怖融资监控名单;④中国人民银行要求关注的其他反洗钱和反恐怖融资监控名单;⑤洗钱风险管理工作中发现的其他需要监测关注的组织或人员名单。前四类名单是保险机构完整监控名单库必须包含的,第五类则是保险机构视风险管理情况增加进去的,实务中常见的有负面新闻清单等。也即监控名单包括应当建制的名单和自主建制的名单两种类型。名单类型的不同,后续更新、维护管理以及匹配名单后的管控措施也会有所区别
		2. 监控名单管理机制:①保险机构反洗钱管理部门牵头开展洗钱风险管理工作,履行组织落实交易监测和名单监控的相关要求的职责;②业务部门承担开展或配合开展交易监测和名单监控,确保名单监控有效性的职责,并按照规定对相关资产和账户采取管控措施;③反洗钱信息系统及相关系统应当具备支持名单实时监控和回溯性调查等功能

续表

反洗钱合规义务	反洗钱合规义务范围	反洗钱义务合规要点
四、名单管控	（二）监管名单的运用和维护	1. 监控名单的运用：①全天候实时监测，覆盖义务机构的所有业务条线和业务环节；交易与监控名单所列国家（地区）、组织、个人有关，应立即送交保险机构高级管理层审核，并按有关规定提交可疑交易报告。②实时监测的名单至少包括，公安部等我国有权部门发布的恐怖活动组织及恐怖活动人员名单；联合国发布的且得到我国承认的制裁决议名单；其他国际组织、其他国家（地区）发布的且得到我国承认的反洗钱和反恐怖融资监控名单；中国人民银行要求关注的其他反洗钱和反恐怖融资监控名单等必须建制的名单。保险机构在洗钱风险管理工作中发现的其他需要监测关注的组织或人员名单，可以根据洗钱风险管理需要自主决定是否开展实时监测。也即保险机构实施监测的名单包括必须监测的名单以及自主监测的名单
		2. 回溯性调查：①在名单调整时，应当立即对存量客户以及上溯 3 年内的交易开展回溯性调查，并按规定提交可疑交易报告；对跨境交易和一次性交易等较高风险业务的回溯性调查应当在知道或者应当知道恐怖活动组织及恐怖活动人员名单之日起 5 个工作日内完成。开展回溯性调查的相关工作记录至少应当完整保存 5 年。②客户属于名单范围的，保险机构应当立即按照通知要求采取相应措施并于当日将有关情况报告中国人民银行和其他相关部门。应当采取的措施包括但不限于：停止金融账户的开立、变更、撤销和使用，暂停金融交易，拒绝转移、转换金融资产、停止提供出口信贷、担保、保险等金融服务，依法冻结账户资产
		3. 维护与更新。监管要求保险机构应当建立健全名单库管理制度和操作规程，并指定专人负责名单库维护工作，确保及时更新名单库内容。并且在名单调整时，保险机构应当立即对存量客户以及上溯 3 年内的交易开展回溯性调查，并按规定提交可疑交易报告。要求对跨境交易和一次性交易等较高风险业务的回溯性调查应当在知道或者应当知道恐怖活动组织及恐怖活动人员名单之日起5 个工作日内完成。此外，开展回溯性调查的相关工作记录至少应当完整保存5 年。保险机构在洗钱风险管理工作中发现的其他需要监测关注的组织或人员名单，可以根据洗钱风险管理需要自主决定是否开展回溯性调查
	（三）名单持续监控措施	名单监控的操作过程中，首先通过信息系统实现监控名单模糊匹配的初步筛查，再通过人工分析完成监控名单模糊匹配的最终识别工作。根据 19 号文的规定，依据客户和监控名单匹配度的不同，采取了不同程度管控措施：①客户与监控名单匹配，应当立即采取相应措施并于当日将有关情况报告中国人民银行和其他相关部门。具体措施包括但不限于停止金融账户的开立、变更、撤销和使用，暂停金融交易，拒绝转移、转换金融资产，停止提供出口信贷、担保、保险等金融服务，依法冻结账户资产；②有合理理由怀疑客户或其交易对手、资金或其他资产与监控名单相关的，应当按照规定立即提交可疑交易报告；③暂时无法准确判断客户与监控名单是否相匹配的，按照风险管理原则，采取相应的风险控制措施并进行持续交易监控。除上述管控措施之外，在实务中保险机构还通过提高客户风险等级、高级管理层审批等措施进行管控
五、反洗钱风险管理体系	（一）基本原则	全面性原则、独立性原则、匹配性原则、有效性原则
	（二）反洗钱风险管理体系的内容	1. 风险管理架构。保险机构应当建立组织健全、结构完整、职责明确的洗钱风险管理架构，规范董事会、监事会、高级管理层、业务部门、反洗钱管理部门、内部审计部门、人力资源部门、信息科技部门、境内外分支机构和相关附属机构在洗钱风险管理中的职责分工，建立层次清晰、相互协调、有效配合的运行机制。保险机构董事会承担洗钱风险管理的最终责任
		2. 风险管理策略。保险机构应当制定科学、清晰、可行的洗钱风险管理策略，完善相关制度和工作机制，合理配置、统筹安排人员、资金、系统等反洗钱资源，并定期评估其有效性。洗钱风险管理策略应当根据洗钱风险状况及市场变化及时进行调整

续表

反洗钱合规义务	反洗钱合规义务范围	反洗钱义务合规要点
五、反洗钱风险管理体系	(二)反洗钱风险管理体系的内容	3. 风险管理政策和程序。(1)方法 。保险机构应当制定洗钱风险管理政策和程序,包括但不限于反洗钱内部控制制度(含流程、操作指引);洗钱风险管理的方法;应急计划;反洗钱措施;信息保密和信息共享。(2)措施。保险机构按照反洗钱法律法规和监管要求所采取的客户身份识别、客户身份资料和交易记录保存、大额交易和可疑交易报告等措施是满足反洗钱合规性要求的最低标准,情节严重的违法行为将受到处罚。为有效管理洗钱风险,保险机构应当在此基础上,采取更有针对性、更严格、更有效的措施
		4. 信息系统、数据治理。保险机构应当建立完善以客户为单位,覆盖所有业务(含产品、服务)和客户的反洗钱信息系统,及时、准确、完整采集和记录洗钱风险管理所需信息,对洗钱风险进行识别、评估、监测和报告,并根据洗钱风险管理需要持续优化升级系统。反洗钱信息系统及相关系统应当包括但不限于以下主要功能,以支持洗钱风险管理的需要:①支持洗钱风险评估,包括业务洗钱风险评估和客户洗钱风险分类管理;②支持客户身份识别、客户身份资料及交易记录等反洗钱信息的登记、保存、查询和使用;③支持反洗钱交易监测和分析;④支持大额交易和可疑交易报告;⑤支持名单实时监控和回溯性调查;⑥支持反洗钱监管和反洗钱调查
		5. 内部检查、审计、绩效考核和奖惩机制。保险机构应当对业务部门、境内外分支机构、相关附属机构开展定期或不定期的反洗钱工作检查,对检查结果进行分析,对发现的问题进行积极整改。检查结果与业务部门、境内外分支机构、相关附属机构绩效考核和管理授权挂钩
	(三)建立健全反洗钱内部控制制度	1. 满足全面性与有效性要求。保险机构应当按照规定,结合本机构经营规模以及洗钱和恐怖融资风险状况,建立健全反洗钱和反恐怖融资内部控制制度[《金融机构反洗钱和反恐怖融资监督管理办法》(2021 年版)第 6 条]
		2. 全面性方面,包括但不限于:客户身份识别制度;客户风险等级分类制度;业务(含产品、服务)洗钱风险评估制度;大额交易和可疑交易分析和报告制度;客户身份资料和交易记录保存制度;反恐 怖融资、涉恐资产冻结制度;分支机构反洗钱工作管理制度;反洗钱和反恐怖融资保密制度;反洗钱和反恐怖融资宣传培训制度;反洗钱和反恐怖融资内部稽核制度;反洗钱和反恐怖融资绩效考核、责任追究制度;协助反洗钱和反恐怖融资调查制度;其他防范洗钱和恐怖融资风险的措施
		3. 有效性方面,应及时修订或更新反洗钱内控制度。(1)义务机构应根据法律法规和监管要求以及本机构业务发展和反洗钱工作实际,及时修订或更新内控制度。(2)制定或修订时机可以为如下情形:①法律法规和监管要求的颁布或修订的;②推出新业务(产品、服务)的;③需根据洗钱风险评估结果制定风险控制措施的;④发生反洗钱和反恐怖融资的突发情况或者应当关注的情况的。(3)现行反洗钱和反恐怖融资规定中未对上述"及时"作出明确定义或要求,实务中,被接受的做法有:以发生修订时机后的 6 个月作为是否"及时"的判断标准。(4)对于非总部的义务机构或者无权限制定或者修订制度的部门,其内部控制制度未能于前述期间修订的,应及时向上级机构或部门提出新建或修订制度需求,并完整反应前述工作的记录
	(四)采取反洗钱内部控制措施	1. 针对客户风险。对该客户群在建立业务管理、持续监测和退出环节的特殊管理措施,包括强化身份识别,交易额度、频次与渠道限制,提高审批层级等。第一,风险水平较高的产品和风险较高的客户。对应采取强化的风险控制措施,包括但不限于:(1)强化的和持续性的客户尽职调查。①进一步调查客户及其实际控制人、实际受益人情况。②进一步了解客户投保目的、收入状况及保险费资金来源。③进一步分析客户的交易行为,审核投保人保险费支付能力是否与其经济状况相符合,要求客户提供财务证明文件。④适度提高客户及其实际控制人、实际受益人信息的收集或更新频率。(2)异常资金流向监测。保险机构应当在业务、财务系统中设定和完善资金流向异常预警指标,对于大额交易、支票给付、资金流向异常交易,保险机构应当留存完

续表

反洗钱合规义务	反洗钱合规义务范围	反洗钱义务合规要点
五、反洗钱风险管理体系	(四)采取反洗钱内部控制措施	整的资金收付信息,包括但不限于账户名称、账号、开户行、支票背书等,对于系统无法自动留存的收付信息,保险机构应当采取人工录入措施,以实现对资金收付异常行为的过程监控。(3)关键流程节点管控。保险机构应当根据高风险客户特征,酌情在承保、保全、理赔等环节采取强化的控制措施。①承保环节可采取的控制措施有:经相关负责人授权后,再为客户办理业务;对客户的投保金额、投保方式等实施合理限制。②保全环节可采取的控制措施有:完善保全管控制度,严格退保和给付资金支付对象管控;定期开展退保风险数据排查工作。③理赔环节可采取的控制措施有:强化调查与洗钱相混同的保险欺诈行为,如利用犯罪资金购买标的投保后实施的欺诈行为。④可疑交易报告。保险机构应当设立可疑交易指标体系,明确人工识别可疑交易对象和流程,并通过持续性、强化的客户尽职调查手段予以识别分析。对客户采取尽职调查后,保险机构有合理理由怀疑资金为犯罪收益或与恐怖融资有关的,应按照法律规定,向中国反洗钱监测分析中心报送可疑交易报告。⑤恐怖活动资产冻结。保险机构一旦发现客户为被公安部列入恐怖活动组织、恐怖活动人员名单或者保险资金为恐怖活动资产的,应按照法律规定立即对相关资产采取冻结措施,并报告当地公安机关、国家安全机关、人民银行和保险监管部门。(4)地域风险控制。当地分支机构反洗钱合规管理部门设置与人员配备;当地分支机构执行总部反洗钱政策情况,内审和检查发现问题及整改情况;所在国或地区反洗钱监管要求与我国是否存在重要差异,是否有未满足当地监管要求或我国监管要求的情形;当地分支机构接受反洗钱监管检查、走访情况和后续整改工作;对涉当地线上客户、业务的管控措施;是否因洗钱风险而控制客户、业务规模,减缓或减少经营网点、限制或停止线上服务等。对低风险产品和低风险客户的风险控制措施:采取简化的客户尽职调查及其他风险控制措施,包括但不限于:①在退保、理赔或给付环节再核实被保险人、受益人与投保人的关系;②适当延长客户身份资料的更新周期;③在合理的交易规模内,适当降低客户身份识别措施的频率或强度
		2. 针对产品业务风险。(1)在建立业务关系和后续使用过程中识别、核验客户身份的手段措施,可获取的客户身份(包括代办人)信息,了解客户交易性质、目的的程度;(2)产品业务交易信息保存的全面性和透明度,可否便捷查询使用;(3)是否纳入可疑交易监测和名单监测范围,或有强化监测情形;(4)是否针对特定情形采取限制客户范围或交易金额、频率、渠道等措施
		3. 针对渠道风险。(1)渠道识别与核验客户身份的手段措施及准确性;(2)渠道获取、保存和查询客户与交易信息的能力;(3)与第三方机构、代理行之间客户尽职调查和反洗钱相关工作职责划分与监督情况;(4)针对特定情形采取限制客户范围、产品业务种类、交易金额或频率等措施
六、反洗钱内控有效性自评估	(一)内控有效性自评估的方法和流程	1. 自评估工作原则。全面性原则、客观性原则、匹配性原则、灵活性原则。保险机构应当在《法人金融机构洗钱和恐怖融资风险自评估指引》(银反洗发〔2021〕1号)的基础上制定具体的洗钱风险自评估制度并随时进行调整。自评估包括固有风险评估、控制措施有效性评估、剩余风险评估。自评估包括固有风险评估、控制措施有效性评估、剩余风险评估
		2. 内部控制基础与环境的评价。①高级管理层、反洗钱管理部门和主要业务部门、分支机构了解机构洗钱风险(包括地域、客户、产品业务、渠道)和经营范围内国家或地区洗钱威胁的情况;②机构洗钱风险管理政策制定情况,以及政策与所识别风险的匹配程度,如机构拓展业务范围,包括地域范围、业务范围、客户范围、渠道范围是否考虑相应的洗钱风险,并经过董事会、高级管理层或适当层级的审议决策;③机构反洗钱内控制度与监管要求的匹配程度,是否得到及时更新,各条线业务操作规程和系统中内嵌洗钱风险管理措施的情况;④集团层面洗钱风险管理的统一性及集团内信息共享情况(仅集团性机构、跨国机构适用);⑤反洗钱管理部门与业务部门、客户管理部门、渠道部门和各分支机构沟通机制和信息交流情况;⑥客户尽职调查与客户风险

续表

反洗钱合规义务	反洗钱合规义务范围	反洗钱义务合规要点
六、反洗钱内控有效性自评估	(一)内控有效性自评估的方法和流程	等级划分和调整工作的覆盖面、及时性和质量,客户身份资料获取、保存和更新的完整性、准确性、及时性,客户风险等级划分指标的合理性(包括考虑地域、产品业务、渠道风险的情况),对风险较高客户采取强化尽职调查和其他管控措施的机制;⑦大额和可疑交易监测分析与上报机制、流程的合理性,监测分析系统功能与对信息的获取,监测分析指标和模型设计合理性、修订及时性,监测分析中考虑地域、客户、产品业务、渠道风险的情况;⑧交易记录保存完整性和查询、调阅便利性;⑨名单筛查工作机制健全性,覆盖业务与客户范围的全面性,以及系统预警和回溯性筛查功能
		3. 在综合考虑反洗钱内部控制基础与环境、洗钱风险管理机制有效性和特殊控制措施基础上,得出对不同地域、客户群体、产品业务、渠道的风险控制措施有效性评级,再汇总得出地域、客户、产品业务、渠道四个维度的风险控制措施有效性评价和评级,最终得出对机构整体控制措施有效性的判断
	(二)评估报告和结果的运用	以自评估报告和结论为基础,制定或持续调整、完善经高级管理层批准的洗钱风险管理政策、控制措施和程序,并关注控制措施的执行情况
	(三)内控有效性自评估的周期	保险机构应当定期开展本机构洗钱风险自评估,原则上自评估的周期应不超过 36 个月,机构固有风险或剩余风险处于较高及以上等级的,自评估周期应不超过 24 个月。保险机构出现以下重大变化的情形时应及时开展自评估工作
	(四)自评估报告的时限	保险机构应当按照规定,结合本机构经营规模以及洗钱和恐怖融资风险状况,建立健全反洗钱和反恐怖融资内部控制制度。保险机构应当在总部层面建立洗钱和恐怖融资风险自评估制度,定期或不定期评估洗钱和恐怖融资风险,经董事会或者高级管理层审定之日起 10 个工作日内,将自评估情况报送中国人民银行或者所在地中国人民银行分支机构。保险机构应当定期审查和不断优化洗钱和恐怖融资风险评估工作流程和指标体系[《金融机构反洗钱和反恐怖融资监督管理办法》(2021)第 7 条]
七、反洗钱工作机制	(一)总体要求	遵循有效性要求、运作规范顺畅的要求
	(二)合理设置组织架构	1. 设立专门机构或指定内设机构(岗位)负责反洗钱工作。反洗钱管理部门牵头开展洗钱风险管理工作,推动落实各项反洗钱工作,主要履行以下职责:①制定起草洗钱风险管理政策和程序;②贯彻落实反洗钱法律法规和监管要求,建立健全反洗钱内部控制制度及内部检查机制;③识别、评估、监测本机构的洗钱风险,提出控制洗钱风险的措施和建议,及时向高级管理层报告;④持续检查洗钱风险管理策略及洗钱风险管理政策和程序的执行情况,对违反风险管理政策和程序的情况及时预警、报告并提出处理建议;⑤建立反洗钱工作协调机制,指导业务部门开展洗钱风险管理工作;⑥组织或协调各相关部门开展客户洗钱风险分类管理;⑦组织落实交易监测和名单监控的相关要求,按照规定报告大额交易和可疑交易;⑧牵头配合反洗钱监管,协调配合反洗钱行政调查;⑨ 组织或协调相关部门开展反洗钱宣传和培训,建立健全反洗钱绩效考核和奖惩机制,建设完善反洗钱信息系统
		2. 明确董事会反洗钱工作职责。保险机构董事会承担洗钱风险管理的最终责任,主要履行以下职责:①确立洗钱风险管理文化建设目标;②审定洗钱风险管理策略;③审批洗钱风险管理的政策和程序;④授权高级管理人员牵头负责洗钱风险管理;⑤定期审阅反洗钱工作报告,及时了解重大洗钱风险事件及处理情况;⑥其他相关职责。董事会可以授权下设的专业委员会履行其洗钱风险管理的部分职责。专业委员会负责向董事会提供洗钱风险管理专业意见

续表

反洗钱合规义务	反洗钱合规义务范围	反洗钱义务合规要点
七、反洗钱工作机制	(二)合理设置组织架构	3. 明确监事会的反洗钱职责。保险机构监事会承担洗钱风险管理的监督责任,负责监督董事会和高级管理层在洗钱风险管理方面的履职尽责情况并督促整改,对保险机构的洗钱风险管理提出建议和意见
		4. 明确管理层和高级管理人员的职责。保险机构高级管理层承担洗钱风险管理的实施责任,执行董事会决议,主要履行以下职责:①推动洗钱风险管理文化建设;②建立并及时调整洗钱风险管理组织架构,明确反洗钱管理部门、业务部门及其他部门在洗钱风险管理中的职责分工和协调机制;③制定、调整洗钱风险管理策略及其执行机制;④审核洗钱风险管理政策和程序;⑤定期向董事会报告反洗钱工作情况,及时向董事会和监事会报告重大洗钱风险事件;⑥组织落实反洗钱信息系统和数据治理;⑦组织落实反洗钱绩效考核和奖惩机制;⑧根据董事会授权对违反洗钱风险管理政策和程序的情况进行处理;⑨其他相关职责。保险机构应当任命或授权一名高级管理人员牵头负责洗钱风险管理工作,其有权独立开展工作,直接向董事会报告洗钱风险管理情况。保险机构应当确保其能够充分获取履职所需的权限和资源,避免可能影响其有效履职的利益冲突。牵头负责洗钱风险管理工作的高级管理人员应当具备较强的履职能力和职业操守,同时具有 5 年以上合规或风险管理工作经历,或者具有所在行业 10 年以上工作经历。保险机构任命上述高级管理人员,应当按照规定向中国人民银行或当地人民银行备案
		5. 明确相关业务部门反洗钱工作职责 。业务部门承担洗钱风险管理的直接责任,主要履行以下职责:①识别、评估、监测本业务条线的洗钱风险,及时向反洗钱管理部门报告;②建立相应的工作机制,将洗钱风险管理要求嵌入产品研发、流程设计、业务管理和具体操作;③开展或配合开展客户身份识别和客户洗钱风险分类管理,采取针对性的风险应对措施;④以业务(含产品、服务)的洗钱风险评估为基础,完善各项业务操作流程;⑤完整并妥善保存客户身份资料及交易记录;⑥开展或配合开展交易监测和名单监控,确保名单监控有效性,按照规定对相关资产和账户采取管控措施;⑦配合反洗钱监管和反洗钱行政调查工作;⑧开展本业务条线反洗钱工作检查;⑨开展本业务条线反洗钱宣传和培训;⑩配合反洗钱管理部门开展其他反洗钱工作
		6. 明确内部审计部门反洗钱工作职责。内部审计部门负责对反洗钱法律法规和监管要求的执行情况、内部控制制度的有效性和执行情况、洗钱风险管理情况进行独立、客观的审计评价。未设立审计部门的保险机构,应当明确相关工作由承担审计职能的其他部门承担,并保证相关工作的独立性
		7. 明确人力资源部门反洗钱工作职责。人力资源部门负责洗钱风险管理的人力资源保障,结合洗钱风险管理需求,合理配置洗钱风险管理职位、职级和职数,选用符合标准的人员,建立反洗钱绩效考核和奖惩机制,为反洗钱宣导和培训提供支持
		8. 明确信息技术部门反洗钱职责。信息科技部门负责反洗钱信息系统及相关系统的开发、日常维护及升级等工作,为洗钱风险管理提供必要的硬件设备和技术支持,根据相关数据安全和保密管理等监管要求,对客户、账户、交易信息及其他相关电子化信息进行保管和处理

续表

反洗钱合规义务	反洗钱合规义务范围	反洗钱义务合规要点
七、反洗钱工作机制	(二)合理设置组织架构	9.反洗钱资源配置应与本机构业务发展相匹配。保险机构反洗钱资源配置应当与其业务发展相匹配,配备充足的洗钱风险管理人员,其中:反洗钱管理部门应当配备专职洗钱风险管理岗位(反洗钱岗位)人员,业务部门、境内外分支机构及相关附属机构应当根据业务实际和洗钱风险状况配备专职或兼职洗钱风险管理岗位(反洗钱岗位)人员。保险机构应当从制度建设、业务审核、风险评估、系统建设、监测分析、合规制裁、案件管理等角度细分洗钱风险管理岗位(反洗钱岗位)。洗钱风险管理岗位(反洗钱岗位)—职级不得低于保险机构其他风险管理岗位职级,不得将洗钱风险管理岗位(反洗钱岗位)简单设置为操作类岗位或外包。从事监测分析工作的人员配备应当与本机构的可疑交易甄别分析工作量相匹配。专职人员应当具有3年以上金融行业从业经历,专职人员和兼职人员均应当具备必要的履职能力和职业操守。保险机构有条件配备专职人员的,不得以兼职人员替代专职人员。兼职人员占全部洗钱风险管理人员的比例不得高于80%
	(三)反洗钱工作报告机制	1.反洗钱报告主体。报送主体为各保险公司、保险资产管理公司。其中:各保险公司和保险资产管理公司汇总本系统内的反洗钱工作开展情况,向中国保监会报告;各保险公司省级分支机构汇总本级及以下各分支机构的反洗钱工作开展情况,向当地保监局报告;各保监局汇总辖内各保险公司分支机构的反洗钱工作开展情况,向中国保监会报告
		2.报告的频率 。(1)定期报告。反洗钱信息报告(中国银保监会)采取季报方式,采取纸质和电子文档双介质报送。保险公司、保险资产管理公司的报送时间为季后10个工作日内。季报格式见《保险机构反洗钱工作开展情况统计表》[《关于报送保险业反洗钱工作信息的通知》(保监稽查〔2011〕1919号)附件]。(2)临时报告。发生下列情况的,保险机构应当按照规定及时向中国人民银行或者所在地中国人民银行分支机构,同时向中国银保监会报告:①制定或者修订主要反洗钱和反恐怖融资内部控制制度的;②牵头负责反洗钱和反恐怖融资工作的高级管理人员、牵头管理部门或者部门主要负责人调整的;③发生涉及反洗钱和反恐怖融资工作的重大风险事项的;④境外分支机构和控股附属机构受到当地监管当局或者司法部门开展的与反洗钱和反恐怖融资相关的执法检查、行政处罚、刑事调查或者发生其他重大风险事件的;⑤中国人民银行、中国银保监会要求报告的其他事项
		3.报告的内容。反洗钱信息报告(中国银保监会)内容包括:①各公司识别客户身份、保存客户身份资料和交易记录、报告大额交易和可疑交易的工作量;②各公司反洗钱制度建设、机构岗位设置、人员配备、系统开发、宣传培训、内部审计、配合外部调查或采取相应措施的情况;③各公司对反洗钱工作的投入情况,即为开展各项反洗钱工作直接支出的成本、费用等;④各公司接受反洗钱行政主管部门检查、处罚等情况;⑤反洗钱监管情况,包括各级监管机构在行政许可、现场检查与非现场监管中,对保险机构履行反洗钱义务的监管情况;⑥反洗钱工作问题分析与对策建议(半年报)
	(四)建立健全对分支机构的反洗钱合规管理工作机制	1.加强对境内外分支机构和相关附属机构的管理指导和监督
		2.对分支机构反洗钱工作进行定期审计与检查
		3.在公司(集团)层面建立统一的洗钱风险管理政策
		4.分支机构报告反洗钱工作情况及重大事项

续表

反洗钱合规义务	反洗钱合规义务范围	反洗钱义务合规要点
八、保密制度	(一)保密范围与内容	1. 对依法履行反洗钱义务获得的客户身份资料和交易信息应当予以保密;非依法律规定,不得向任何单位和个人提供
		2. 不得向客户或其他与反洗钱工作无关的第三方泄露客户风险等级信息
		3. 对依法履行大额交易和可疑交易报告义务获得的客户身份资料和交易信息,对依法监测、分析、报告可疑交易的有关情况予以保密,不得违反规定向任何单位和个人提供
		4. 对报告可疑交易、配合中国人民银行调查可疑交易活动等有关反洗钱工作信息予以保密,不得违反规定 向客户和其他人员提供
		5. 对与采取冻结措施有关的工作信息应当保密,不得违反规定向任何单位及个人提供和透露,不得在采取冻结措施前通知资产的所有人、控制人或者管理人
		6. 根据非自然人客户的法律形态,确定了解、收集并妥善保存与受益所有人身份识别工作有关的信息、数据或者资料的具体范围,并对其采取规定的保密措施保险机构反洗钱合规要点清单
		7. 保险机构应当健全内部控制机制,按照《反洗钱法》《国家安全法》《网络安全法》等法律和有关保密规定,严格保护反洗钱工作中获得的信息,非依法律规定,不得向任何单位和个人提供
	(二)建立内部信息共享和保密制度	1. 根据信息敏感度、与洗钱风险相关性确定信息共享的范围和程度,制定适当的信息共享制度和程序,明确信息安全和保密要求,建立健全信息共享保障措施,确保信息的及时、准确、完整传递
		2. 为履行反洗钱工作职责,有权要求境内外分支机构和相关附属机构提供客户、账户、交易信息及其他相关信息
	(三)建立跨境信息保密	1. 严格控制跨境信息知悉范围和程度,建立完善的内部跨境信息传递体系、风险控制流程和授权审批机制
		2. 有关部门因反洗钱和反恐怖融资需要要求其提供客户、账户、交易信息及其他相关信息的,保险机构应当告知对方通过外交途径、司法协助途径或金融监管合作途径等提出请求,不得擅自提供。有关国内司法冻结、司法查询、可疑交易报告、行政机构反洗钱调查等信息不得对外提供
九、反洗钱内部检查与审计机制	(一)内部审计的监管要求	1. 保险机构内部审计部门负责对反洗钱法律法规和监管要求的执行情况、内部控制制度的有效性和执行情况、洗钱风险管理情况进行独立、客观的审计评价;未设立审计部门的保险机构,应当明确相关工作由承担审计职能的其他部门承担,并保证相关工作的独立性
		2. 保险机构委托外部审计机构对洗钱风险管理工作开展评价的,外部审计必须确保审计范围和方法科学合理,审计人员具有必要的专业知识和经验,审计工作应当满足反洗钱保密要求
	(二)定期开展反洗钱内部审计和检查	保险机构应当每年开展反洗钱内部审计,反洗钱内部审计可以是专项审计或者与其他审计项目结合进行,评估内部操作规程是否健全、有效,及时修改和完善相关制度及反洗钱内部操作规程,进一步整合和优化内部业务流程,落实反洗钱相关法律规定的各项要求;并加强对业务条线(部门)或其分支机构反洗钱工作的检查,及时发现并纠正反洗钱工作中出现的不合规问题
	(三)对内部审计和检查发现问题的整改情况进行有效督促	1. 应当对业务部门、境内外分支机构、相关附属机构开展定期或不定期的反洗钱工作检查,对检查结果进行分析,对发现的问题积极整改。检查结果与业务部门、境内外分支机构、相关附属机构绩效考核和管理授权挂钩
		2. 反洗钱内部审计报告提交董事会或其授权的专门委员会。董事会或其授权的专门委员会应当针对内部审计发现的问题,督促高级管理层及时采取整改措施。内部审计部门应当跟踪检查整改措施的实施情况,涉及重大问题的整改情况,应及时向董事会或其授权的专门委员会提交有关报告

续表

反洗钱合规义务	反洗钱合规义务范围	反洗钱义务合规要点
十、协助反洗钱监管检查和调查	(一)协助反洗钱监管检查和调查	1. 保险机构应当配合反洗钱监督检查、行政调查以及涉嫌洗钱犯罪活动的调查,记录并保存配合检查、调查的相关情况
		2. 保险机构的境外分支机构应当遵循驻在国家或者地区反洗钱方面的法律规定,协助配合驻在国家或者地区反洗钱机构的工作
		3. 中国人民银行或者其省一级分支机构发现可疑交易活动需要调查核实的,可以向保险机构调查可疑交易活动涉及的客户账户信息、交易记录和其他有关资料,保险机构及其工作人员应当予以配合
	(二)建立配合反洗钱和反恐怖融资调查的内部程序	建立配合反洗钱和反恐怖融资调查的内部程序。保险机构反洗钱管理部门牵头配合反洗钱监管,协调配合反洗钱行政调查;业务部门配合反洗钱监管和反洗钱行政调查工作;反洗钱信息系统及相关系统应当包括但不限于支持反洗钱监管和反洗钱调查的主要功能,以支持洗钱风险管理的需要
十一、宣传与培训	(一)宣传和培训的义务	按照反洗钱预防、监控制度的要求,开展反洗钱培训和宣传
	(二)反洗钱宣传和培训管理部门	保险机构反洗钱管理部门牵负责组织或协调相关部门开展反洗钱宣传和培训;业务部门开展本业务条线反洗钱宣传和培训
	(三)培训档案保存	保险机构应当开展反洗钱培训,保存培训课件和培训工作记录。保险机构应当开展反洗钱宣传,保存宣传资料和宣传工作记录
	(四)员工反洗钱培训	1. 应对员工尤其是新聘用工作人员进行必要的反洗钱培训,使其了解并掌握反洗钱义务及其所在岗位的反洗钱工作要求。 2. 对本公司人员的反洗钱培训应当包括下列内容:①反洗钱法律法规和监管规定;②反洗钱内控制度、与其岗位职责相应的反洗钱工作要求;③开展反洗钱工作必备的其他知识、技能等
	(五)对销售人员的反洗钱培训	对保险销售从业人员的反洗钱培训应当包括下列内容:①反洗钱法律法规和监管规定;②反洗钱内控制度;③展业中的反洗钱要求,如提醒客户提供相关信息资料、配合履行反洗钱义务等
	(六)建立反洗钱培训长效机制,持续开展反洗钱宣传和培训	1. 确保各类工作人员及时了解反洗钱监管政策、反洗钱内控要求等方面反洗钱工作信息
		2. 对于从事洗钱风险较高岗位的工作人员,应适当提高反洗钱培训的强度和频率
		3. 持续开展各类反洗钱宣传和培训,促进洗钱风险管理文化得到充分传导,全面提高全体员工的反洗钱知识、技能和意识,确保全体员工能够适应所在岗位的反洗钱履职需要

第三节　保险公司反洗钱主要合规风险点及案例评析

一、保险公司未按照规定对员工进行反洗钱培训

保险公司因未按照规定对员工进行反洗钱培训受到行政处罚案例摘要，见表4－3－1。

表4－3－1　保险公司未按照规定对员工进行反洗钱培训行政处罚案例摘要

行政处罚决定书文号	被处罚单位或个人	违法行为	处罚依据	处罚结果
中国人民银行银反洗罚决字〔2018〕第5号	中国人寿保险股份有限公司	2015年7月1日至2016年6月30日，中国人寿保险股份有限公司未按照规定保存客户身份资料和交易记录、未按照规定报送大额交易报告或者可疑交易报告	《反洗钱法》第32条第2项和第3项规定	分别处以30万元罚款和处以40万元罚款；对中国人寿合计处以70万元罚款，并根据《反洗钱法》第32条第2项和第3项规定，对相关责任人共处以6万元罚款
中国人民银行萍乡市中心支行萍银罚字〔2017〕第3号	阳光财产保险股份有限公司萍乡中心支公司	未按规定履行客户身份识别义务	《反洗钱法》第32条	处人民币20万元罚款

【行为表现形式】

此种违法行为表现为保险公司违反《反洗钱法》的规定，未按照《反洗钱法》的规定对员工进行反洗钱培训。保险公司应该依照法律法规的规定，加强对公司员工的反洗钱培训。培训的对象主要是其员工，其中既包括临柜人员，也包括与反洗钱有关部门的人员，董事、监事、高级管理人员也应当参加反洗钱培训。保险公司可以结合自身的不同需要和情况确定反洗钱培训的具体形式和方式，包括定期培训和不定期培训，面授培训和网络培训等。通过反洗钱培训，一方面，可以使保险公司各个层级的工作人员都树立风险意识，明确自身应当承担的责任；另一方面，能够使直接负责反洗钱工作的员工了解反洗钱法律、法规和规章的具体规定和要求，掌握必要的识别客户身份、发现可疑交易的技能。保险公司反洗钱宣传的对象主要是其客户以及潜在客户。反洗钱宣传可以通过员工与客户直接接触、散发反洗钱宣传手册、在开户申请材料或合同中增加洗钱风险提示条款、设立咨询热线等方式进行。

【法律依据】

（1）《反洗钱法》第22条。金融机构应当按照反洗钱预防、监控制度的要求，开展反洗钱培训和宣传工作。

(2)《反洗钱法》第31条。金融机构有下列行为之一的,由国务院反洗钱行政主管部门或者其授权的设区的市一级以上派出机构责令限期改正;情节严重的,建议有关金融监督管理机构依法责令金融机构对直接负责的董事、高级管理人员和其他直接责任人员给予纪律处分:……③未按照规定对职工进行反洗钱培训的。

二、保险公司未按照规定建立健全反洗钱内部控制制度

保险公司因未按照规定建立健全反洗钱内部控制制度受到行政处罚案例摘要,见表4-3-2。

表4-3-2 保险公司未按照规定建立健全反洗钱内部控制制度行政处罚案例摘要

行政处罚决定书文号	被处罚单位/或个人	违法行为	处罚依据	处罚结果
中国人民银行青岛市中心支行青银罚字〔2016〕第14号	阳光财产保险股份有限公司青岛分公司	违反《反洗钱法》关于内控制度、客户身份识别、客户资料保存、大额交易和可疑交易报告等管理规定	依据《反洗钱法》第31条、第32条之规定	责令限期改正,罚款20万元
中国人民银行聊城市中心支行聊银罚字〔2018〕第4号	国华人寿保险股份有限公司聊城中心支公司	(1)未履行反洗钱内控制度、内部审计或检查规定;(2)未履行客户身份识别、客户身份资料及交易记录保存规定	依据《反洗钱法》第31条、第32条之规定	对单位处10万元人民币罚款,对相关责任人曹某斌(身份证号37250119741017155×)处5000元人民币罚款

【行为表现形式】

反洗钱内部控制制度是国务院有关金融监督管理机构对所监督管理的金融机构提出的一种反洗钱的内部制度,根据2006年10月全国人民代表大会常务委员会颁布的《反洗钱法》,国务院有关金融监督管理机构审批新设金融机构或者金融机构增设分支机构时,应当审查新机构反洗钱内部控制制度的方案;对于不符合该法规定的设立申请,不予批准。《反洗钱法》明确规定,金融机构应当依照该法规定建立健全反洗钱内部控制制度,金融机构的负责人应当对反洗钱内部控制制度的有效实施负责。金融机构应当设立反洗钱专门机构或者指定内设机构负责反洗钱工作。反洗钱内部控制制度其内容包括:金融机构按照规定建立的客户身份识别制度、大额交易和可疑交易报告制度、客户身份资料和交易记录保存制度等反洗钱预防、监控制度。例如,金融机构办理的单笔交易或者在规定期限内的累计交易超过规定金额或者发现可疑交易的,应当及时向反洗钱信息中心报告。

【法律依据】

(1)《反洗钱法》第3条。在中华人民共和国境内设立的金融机构和按照规定应当履行反洗钱义务的特定非金融机构,应当依法采取预防、监控措施,建立健全客户身份识别制

度、客户身份资料和交易记录保存制度、大额交易和可疑交易报告制度，履行反洗钱义务。

(2)《反洗钱法》第15条。金融机构应当依照本法规定建立健全反洗钱内部控制制度，金融机构的负责人应当对反洗钱内部控制制度的有效实施负责。金融机构应当设立反洗钱专门机构或指定内设机构负责反洗钱工作。

(3)《反洗钱法》第31条。金融机构有下列行为之一的，由国务院反洗钱行政主管部门或者其授权的设区的市一级以上派出机构责令限期改正；情节严重的，建议有关金融监督管理机构依法责令金融机构对直接负责的董事、高级管理人员和其他直接责任人员给予纪律处分：未按照规定建立反洗钱内部控制制度的……未按照规定对职工进行反洗钱培训的。

(4)《反洗钱法》第32条。金融机构有下列行为之一的，由国务院反洗钱行政主管部门或者其授权的设区的市一级以上派出机构责令限期改正；情节严重的，处20万元以上50万元以下罚款，并对直接负责的董事、高级管理人员和其他直接责任人员，处1万元以上5万元以下罚款：①未按照规定履行客户身份识别义务的；②未按照规定保存客户身份资料和交易记录的；③未按照规定报送大额交易报告或者可疑交易报告的；④与身份不明的客户进行交易或者为客户开立匿名账户、假名账户的；⑤违反保密规定，泄露有关信息的；⑥拒绝、阻碍反洗钱检查、调查的；⑦拒绝提供调查材料或者故意提供虚假材料的。

金融机构有前款行为，致使洗钱后果发生的，处50万元以上500万元以下罚款，并对直接负责的董事、高级管理人员和其他直接责任人员处5万元以上50万元以下罚款；情节特别严重的，反洗钱行政主管部门可以建议有关金融监督管理机构责令停业整顿或者吊销其经营许可证。

对有前两款规定情形的金融机构直接负责的董事、高级管理人员和其他直接责任人员，反洗钱行政主管部门可以建议有关金融监督管理机构依法责令金融机构给予纪律处分，或者建议依法取消其任职资格、禁止其从事有关金融行业工作。

【法律责任分析】

保险公司应该依照法律法规的规定，建立健全公司的反洗钱内部控制制度，最大限度地防范反洗钱风险。按照《反洗钱法》的规定，金融机构未按照规定建立反洗钱内部控制制度的，由国务院反洗钱行政主管部门或者其授权的设区的市一级以上派出机构责令限期改正；情节严重的，建议有关金融监督管理机构依法责令金融机构对直接负责的董事、高级管理人员和其他直接责任人员给予纪律处分。

三、保险公司未严格执行客户身份识别制度

保险公司因未严格执行客户身份识别制度受到行政处罚案件摘要,见表4-3-3。

表4-3-3 保险公司未严格执行客户身份识别制度行政处罚案件摘要

行政处罚决定书文号	被处罚单位或者个人	违法行为	处罚依据	处罚结果
中国人民银行 银反洗罚决字〔2018〕第5号	中国人寿保险股份有限公司	2015年7月1日至2016年6月30日,中国人寿保险股份有限公司未按照规定保存客户身份资料和交易记录、未按照规定报送大额交易报告或者可疑交易报告	《反洗钱法》第32条第2项和第3项规定	分别处以30万元罚款、处以40万元罚款;对中国人寿合计处以70万元罚款,并根据《反洗钱法》第32条第2项和第3项规定,对相关责任人共处以6万元罚款
中国人民银行青岛市中心支行 青银罚字〔2016〕第14号	阳光财产保险股份有限公司青岛分公司	违反《反洗钱法》关于内控制度、客户身份识别、客户资料保存、大额交易和可疑交易报告等管理规定	《反洗钱法》第31条、第32条规定	责令限期改正,罚款20万元
中国人民银行萍乡市中心支行 萍银罚字〔2017〕第3号	阳光财产保险股份有限公司萍乡中心支公司	未按规定履行客户身份识别义务	《反洗钱法》第32条	处人民币20万元罚款
中国人民银行西安分行 西银罚字〔2017〕第9号	新光海航人寿保险有限责任公司陕西分公司	新光海航人寿保险有限责任公司陕西分公司未按规定履行客户身份识别义务及开展黑名单监控	《反洗钱法》第32条第1款	中国人民银行西安分行依法对该公司处以人民币25万元罚款,同时对该公司1名主要领导责任人处以人民币1万元罚款
中国人民银行石家庄中心支行 银石罚字〔2017〕第24号	中国平安人寿保险股份有限公司河北分公司	未按规定履行客户身份识别义务、未按照规定报送大额交易和可疑交易报告	违反《反洗钱法》第32条	处以人民币15万元的罚款处理,并对高级管理人娄某,直接责任人梁某杰,处以人民币1.3万元的罚款处理,共计罚款人民币16.3万元

续表

行政处罚决定书文号	被处罚单位或者个人	违法行为	处罚依据	处罚结果
中国人民银行杭州中心支行 杭银处罚字〔2019〕第4号	阳光人寿保险股份有限公司浙江分公司	未按照规定履行客户身份识别义务	2017年7月1日至2018年9月30日,阳光人寿保险股份有限公司浙江分公司未按照《金融机构客户身份识别和客户身份资料及交易记录保存管理办法》(中国人民银行、中国银行业监督管理委员会、中国证券监督管理委员会、中国保险监督管理委员会令〔2007〕第2号)第3、12、14、18、19、20、22、23、33条规定履行反洗钱客户身份识别义务	根据《反洗钱法》第32条第1项规定,处以30万元罚款。另根据《反洗钱法》第32条第3项规定,对阳光人寿保险股份有限公司浙江分公司2名相关责任人员共处以2.5万元罚款

根据《反洗钱法》的规定,金融机构应当依法建立客户身份识别制度。客户身份识别制度是金融机构在与客户建立业务关系或者为客户提供规定金额以上的现金汇款、现钞兑换、票据兑付等一次性金融服务时,要求客户出示真实有效的身份证件或其他身份证明文件,并对其进行核对和登记,且不为身份不明的客户提供服务等的制度。该法还规定,金融机构破产和解散时,应当将客户身份资料和客户交易信息移交国务院有关部门指定的机构。

【法律依据】

(1)《刑法》(2020年修订)第191条。为掩饰、隐瞒毒品犯罪、黑社会性质的组织犯罪、恐怖活动犯罪、走私犯罪、贪污贿赂犯罪、破坏金融管理秩序犯罪、金融诈骗犯罪所得及其产生的收益的来源和性质,有下列行为之一的,没收实施以上犯罪的违法所得及其产生的收益,处5年以下有期徒刑或者拘役,并处或者单处罚金;情节严重的,处5年以上10年以下有期徒刑,并处罚金:①提供资金账户的;②将财产转换为现金、金融票据、有价证券的;③通过转账或者其他结算方式协助资金转移的;④跨境转移资产的;⑤以其他方法掩饰、隐瞒犯罪的违法所得及其收益的性质和来源的。单位犯前款罪的,对单位判处罚金,并对其直接负责的主管人员和其他直接责任人员,依照前款规定处罚。

(2)《反洗钱法》第16条。金融机构应当按照规定建立客户身份识别制度。金融机构在与客户建立业务关系或者为客户提供规定金额以上的现金汇款、现钞兑换、票据兑付等一次性金融服务时,应当要求客户出示真实有效的身份证件或者其他身份证明文件,进行核对并登记。客户由他人代理办理业务的,金融机构应当同时对代理人和被代理人的身份证件或者其他身份证明文件进行核对并登记。与客户建立人身保险、信托等业务关系，合同的受益人不是客户本人的，金融机构还应当对受益人的身份证件或者其他身份证明文件进行核对并登记。金融机构不得为身份不明的客户提供服务或者与其进行交易，不得为客户开立匿名账户或者假名账户。金融机构对先前获得的客户身份资料的真实性、有效性或者完整性有疑问的，应当重新识别客户身份。任何单位和个人在与金融机构建立业务关系或者要求金融机构为其提供一次性金融服务时，都应当提供真实有效的身份证件或者其他身份证明文件。

（3）《反洗钱法》第 17 条。金融机构通过第三方识别客户身份的，应当确保第三方已经采取符合本法要求的客户身份识别措施；第三方未采取符合本法要求的客户身份识别措施的，由该金融机构承担未履行客户身份识别义务的责任。

（4）《反洗钱法》第 32 条。金融机构有下列行为之一的，由国务院反洗钱行政主管部门或者其授权的设区的市一级以上派出机构责令限期改正；情节严重的，处 20 万元以上 50 万元以下罚款，并对直接负责的董事、高级管理人员和其他直接责任人员，处 1 万元以上 5 万元以下罚款：①未按照规定履行客户身份识别义务的；②未按照规定保存客户身份资料和交易记录的；③未按照规定报送大额交易报告或者可疑交易报告的；④与身份不明的客户进行交易或者为客户开立匿名账户、假名账户的；⑤违反保密规定，泄露有关信息的；⑥拒绝、阻碍反洗钱检查、调查的；⑦拒绝提供调查材料或者故意提供虚假材料的。

金融机构有前款行为，致使洗钱后果发生的，处 50 万元以上 500 万元以下罚款，并对直接负责的董事、高级管理人员和其他直接责任人员处 5 万元以上 50 万元以下罚款；情节特别严重的，反洗钱行政主管部门可以建议有关金融监督管理机构责令停业整顿或者吊销其经营许可证。

对有前两款规定情形的金融机构直接负责的董事、高级管理人员和其他直接责任人员，反洗钱行政主管部门可以建议有关金融监督管理机构依法责令金融机构给予纪律处分，或者建议依法取消其任职资格、禁止其从事有关金融行业工作。

（5）《反洗钱法》第 33 条。违反本法规定，构成犯罪的，依法追究刑事责任。

（6）《金融机构客户身份识别和客户身份资料及交易记录保存管理办法》第 12 条。对于保险费金额人民币 1 万元以上或者外币等值 1000 美元以上且以现金形式缴纳的财产保险合同，单个被保险人保险费金额人民币 2 万元以上或者外币等值 2000 美元以上且以现金形式缴纳的人身保险合同，保险费金额人民币 20 万元以上或者外币等值 2 万美元以上且以转账形式缴纳的保险合同，保险公司在订立保险合同时，应确认投保人与被保险人的关系，核对投保人和人身保险被保险人、法定继承人以外的指定受益人的有效身份证件或者其他身份证明文件，登记投保人、被保险人、法定继承人以外的指定受益人的身份基本信息,并留存有效身份证件或者其他身份证明文件的复印件或者影印件。

(7)《金融机构客户身份识别和客户身份资料及交易记录保存管理办法》第14条。在被保险人或者受益人请求保险公司赔偿或者给付保险金时,如金额为人民币1万元以上或者外币等值1000美元以上,保险公司应当核对被保险人或者受益人的有效身份证件或者其他身份证明文件,确认被保险人、受益人与投保人之间的关系,登记被保险人、受益人身份基本信息,并留存有效身份证件或者其他身份证明文件的复印件或者影印件。

(8)《金融机构客户身份识别和客户身份资料及交易记录保存管理办法》第24条。金融机构委托其他金融机构向客户销售金融产品时,应在委托协议中明确双方在识别客户身份方面的职责,相互间提供必要的协助,相应采取有效的客户身份识别措施。符合下列条件时,金融机构可信赖销售金融产品的金融机构所提供的客户身份识别结果,不再重复进行已完成的客户身份识别程序,但仍应承担未履行客户身份识别义务的责任:①销售金融产品的金融机构采取的客户身份识别措施符合反洗钱法律、行政法规和本办法的要求。②金融机构能够有效获得并保存客户身份资料信息。

四、保险公司客户身份资料和交易记录保存不完整

因保险公司客户身份资料和交易记录保存不完整受到行政处罚案例摘要,见表4-3-4。

表4-3-4 保险公司未完整保存客户身份资料和交易记录行政处罚案例摘要

行政处罚决定书文号	被处罚单位或个人	违法行为	处罚依据	处罚结果
中国人民银行青岛市中心支行青银罚字〔2016〕第14号	阳光财产保险股份有限公司青岛分公司	违反《反洗钱法》关于内控制度、客户身份识别、客户资料保存、大额交易和可疑交易报告等管理规定	《反洗钱法》第32条	责令限期改正,罚款20万元
〔镇银〕罚字〔2019〕第8号	平安养老保险股份有限公司镇江中心支公司	未按规定开展风险等级划分和交易保存工作,违反了《金融客户身份识别和客户身份资料及交易记录保存管理办法》(2022年3月失效)第18条第1款的规定	《反洗钱法》第32条	处以27万元罚款

【行为表现形式】

根据《反洗钱法》《金融机构客户身份识别和客户身份资料及交易记录保存管理办法》等规定,金融机构应当建立客户身份资料和交易记录保存制度,即按照安全、准确、完整、保密的原则,妥善保存客户身份资料和交易记录,确保能重现每项交易,以提供识别客户身份、监测分析交易情况、调查可疑交易活动和查处洗钱案件所需的信息、客户身份

资料和交易记录,自业务关系结束当年或交易记账当年计起至少保存5年。金融机构破产或解散时,应当将客户身份资料和交易记录移交中国银行保险监督管理委员会、中国证券监督管理委员会或者保监会指定的机构。

【法律依据】

(1)《反洗钱法》第19条。金融机构应当按照规定建立客户身份资料和交易记录保存制度。在业务关系存续期间,客户身份资料发生变更的,应当及时更新客户身份资料。客户身份资料在业务关系结束后、客户交易信息在交易结束后,应当至少保存5年。金融机构破产和解散时,应将客户身份资料和客户交易信息移交国务院有关部门指定的机构。

(2)《反洗钱法》第32条。金融机构有下列行为之一的,由国务院反洗钱行政主管部门或者其授权的设区的市一级以上派出机构责令限期改正;情节严重的,处20万元以上50万元以下罚款,并对直接负责的董事、高级管理人员和其他直接责任人员,处1万元以上5万元以下罚款:①未按照规定履行客户身份识别义务的;②未按照规定保存客户身份资料和交易记录的;③未按照规定报送大额交易报告或者可疑交易报告的;④与身份不明的客户进行交易或者为客户开立匿名账户、假名账户的;⑤违反保密规定,泄露有关信息的;⑥拒绝、阻碍反洗钱检查、调查的;⑦拒绝提供调查材料或者故意提供虚假材料的。金融机构有前款行为,致使洗钱后果发生的,处50万元以上500万元以下罚款,并对直接负责的董事、高级管理人员和其他直接责任人员处5万元以上50万元以下罚款;情节特别严重的,反洗钱行政主管部门可以建议有关金融监督管理机构责令停业整顿或者吊销其经营许可证。对有前两款规定情形的金融机构直接负责的董事、高级管理人员和其他直接责任人员,反洗钱行政主管部门可以建议有关金融监督管理机构依法责令金融机构给予纪律处分,或者建议依法取消其任职资格、禁止其从事有关金融行业工作。

(3)《反洗钱法》第33条。违反本法规定,构成犯罪的,依法追究刑事责任。

(4)《金融机构客户身份识别和客户身份资料及交易记录保存管理办法》第12条。对于保险费金额人民币1万元以上或者外币等值1000美元以上且以现金形式缴纳的财产保险合同,单个被保险人保险费金额人民币2万元以上或者外币等值2000美元以上且以现金形式缴纳的人身保险合同,保险费金额人民币20万元以上或者外币等值2万美元以上且以转账形式缴纳的保险合同,保险公司在订立保险合同时,应确认投保人与被保险人的关系,核对投保人和人身保险被保险人、法定继承人以外的指定受益人的有效身份证件或者其他身份证明文件,登记投保人、被保险人、法定继承人以外的指定受益人的身份基本信息,并留存有效身份证件或者其他身份证明文件的复印件或者影印件。

(5)《金融机构客户身份识别和客户身份资料及交易记录保存管理办法》第13条。在客户申请解除保险合同时,如退还的保险费或者退还的保险单的现金价值金额为人民币1万元以上或者外币等值1000美元以上的,保险公司应当要求退保申请人出示保险合同原件或者保险凭证原件，核对退保申请人的有效身份证件或者其他身份证明文件，确认申请人的身份。

(6)《金融机构客户身份识别和客户身份资料及交易记录保存管理办法》第14条。在被保险人或者受益人请求保险公司赔偿或者给付保险金时，如金额为人民币1万元以上或者外币等值1000美元以上，保险公司应当核对被保险人或者受益人的有效身份证件或者其他身份证明文件，确认被保险人、受益人与投保人之间的关系，登记被保险人、受益人身份基本信息，并留存有效身份证件或者其他身份证明文件的复印件或者影印件。

五、保险公司未按规定分析和报告可疑交易

保险公司未按规定分析和报告可疑交易受到行政处罚案例摘要，见表4－3－5。

表4－3－5　保险公司未按照规定分析和报告可疑交易行政处罚案例摘要

行政处罚决定书文号	被处罚单位或者个人	违法行为	处罚依据	处罚结果
中国人民银行银反洗罚决字〔2018〕第5号 2018－07－26	中国人寿保险股份有限公司	2015年7月1日至2016年6月30日，中国人寿保险股份有限公司未按照规定保存客户身份资料和交易记录、未按照规定报送大额交易报告或者可疑交易报告	《反洗钱法》第32条第2项和第3项规定	分别处以30万元罚款、处以40万元罚款；对中国人寿合计处以70万元罚款，并根据《反洗钱法》第32条第2项和第3项规定，对相关责任人共处以6万元罚款
中国人民银行青岛市中心支行青银罚字〔2016〕第14号 2016－12－02	阳光财产保险股份有限公司青岛分公司	违反《反洗钱法》关于内控制度、客户身份识别、客户资料保存、大额交易和可疑交易报告等管理规定	《反洗钱法》第31条、第32条规定	责令限期改正，罚款20万元

【行为表现形式】

保险公司违反《反洗钱法》《金融机构大额交易和可疑交易报告管理办法》的规定，未分析和报告或者未及时分析和报告可疑交易。

【法律依据】

(1)《反洗钱法》第20条。金融机构应当按照规定执行大额交易和可疑交易报告制度。

金融机构办理的单笔交易或者在规定期限内的累计交易超过规定金额或者发现可疑交易的，应当及时向反洗钱信息中心报告。

(2)《反洗钱法》第32条。金融机构有下列行为之一的,由国务院反洗钱行政主管部门或者其授权的设区的市一级以上派出机构责令限期改正;情节严重的,处20万元以上50万元以下罚款,并对直接负责的董事、高级管理人员和其他直接责任人员,处1万元以上5万元以下罚款:①未按照规定履行客户身份识别义务的;②未按照规定保存客户身份资料和交易记录的;③未按照规定报送大额交易报告或者可疑交易报告的;④与身份不明的客户进行交易或者为客户开立匿名账户、假名账户的;⑤违反保密规定,泄露有关信息的;⑥拒绝、阻碍反洗钱检查、调查的;⑦拒绝提供调查材料或者故意提供虚假材料的。金融机构有前款行为,致使洗钱后果发生的,处50万元以上500万元以下罚款,并对直接负责的董事、高级管理人员和其他直接责任人员处5万元以上50万元以下罚款;情节特别严重的,反洗钱行政主管部门可以建议有关金融监督管理机构责令停业整顿或者吊销其经营许可证。对有前两款规定情形的金融机构直接负责的董事、高级管理人员和其他直接责任人员,反洗钱行政主管部门可以建议有关金融监督管理机构依法责令金融机构给予纪律处分,或者建议依法取消其任职资格、禁止其从事有关金融行业工作。

(3)《反洗钱法》第33条。违反本法规定,构成犯罪的,依法追究刑事责任。

(4)《金融机构反洗钱规定》第11条。金融机构应当按照规定向中国反洗钱监测分析中心报告人民币、外币大额交易和可疑交易。

(5)《金融机构大额交易和可疑交易报告管理办法》(中国人民银行令〔2018〕第2号令修订)第5条。金融机构应当报告下列大额交易:①当日单笔或者累计交易人民币5万元以上(含5万元)、外币等值1万美元以上(含1万美元)的现金缴存、现金支取、现金结售汇、现钞兑换、现金汇款、现金票据解付及其他形式的现金收支。②非自然人客户银行账户与其他的银行账户发生当日单笔或者累计交易人民币200万元以上(含200万元)、外币等值20万美元以上(含20万美元)的款项划转。③自然人客户银行账户与其他的银行账户发生当日单笔或者累计交易人民币50万元以上(含50万元)、外币等值10万美元以上(含10万美元)的境内款项划转。④自然人客户银行账户与其他的银行账户发生当日单笔或者累计交易人民币20万元以上(含20万元)、外币等值1万美元以上(含1万美元)的跨境款项划转。累计交易金额以客户为单位,按资金收入或者支出单边累计计算并报告。中国人民银行另有规定的除外。

(6)《金融机构大额交易和可疑交易报告管理办法》第17条。可疑交易符合下列情形之一的,金融机构应当在向中国反洗钱监测分析中心提交可疑交易报告的同时,以电子形式或书面形式向所在地中国人民银行或者其分支机构报告,并配合反洗钱调查:①明显涉嫌洗钱、恐怖融资等犯罪活动的。②严重危害国家安全或者影响社会稳定的。③其他情节严重或者情况紧急的情形。

Chapter 5
第五章
互联网保险业务风险管理和内部控制制度合规指引

第一节　互联网保险业务的规则体系和历史发展

一、互联网保险业务适用规范文件梳理

互联网保险业务适用规范文件见表 5－1－1。

表 5－1－1　互联网保险业务适用规范文件

规范名称	文号、发布日期、实施日期、修正情况
1.《互联网保险业务监管办法》	[中国银保监会令 2020 年第 13 号][2020.12.07 发布][2021.02.01 实施]原《互联网保险业务监督暂行办法》(保监发〔2015〕69 号)废止
2. 银保监会《关于规范互联网保险销售行为可回溯管理的通知》	[银保监发〔2020〕26 号][2020.06.22 发布][2020.10.01 生效]
3. 保监会关于《印发〈互联网保险风险专项整治工作方案〉的通知》	[保监发〔2016〕31 号][2016.04.14 发布][2016.04.14 实施]
4.《中国银保监会办公厅关于进一步规范保险机构互联网人身保险业务有关事项的通知》	[银保监发〔2021〕108 号][2021.10.22 公布][2021.10.22 实施]

二、互联网保险立法的历史发展

2011 年《保险代理、经纪公司互联网保险业务监管办法(试行)》明确了只有全国性的专业中介才可以做互联网业务,需要向保监会备案。

2015 年 7 月 18 日,中国人民银行等 10 部门联合下发《中国人民银行、工业和信息化部、公安部、财政部、工商总局、法制办、银监会、证监会、保监会、国家互联网信息办公室关于促进互联网金融健康发展的指导意见》(银发〔2015〕221 号),对互联网金融业务提出了纲领性意见,该意见在鼓

励创新的同时,进一步明确了互联网金融的监管责任。

随后,在2015年7月22日,中国保监会下发了《中国保监会关于印发〈互联网保险业务监管暂行办法〉的通知》(保监发〔2015〕69号)。之后,《保险代理、经纪公司互联网保险业务监管办法(试行)》(保监发〔2011〕53号)同时废止。

2015年9月30日,中保协发布《关于保险行业加强互联网保险业务信息披露的通知》。根据中国保监会《互联网保险业务监管暂行办法》第23条"中国保险行业协会应在官方网站建立互联网保险信息披露专栏,对开展互联网保险业务的保险机构及其合作的第三方网络平台等信息进行披露,便于社会公众查询和监督"的规定,中保协制定《中国保险行业协会互联网保险业务信息披露管理细则》并下发,对互联网保险业务信息披露予以详细规定。目前保险行业通常所说的"保险网销牌照"实际就是指依据该文件进行的互联网保险业务信息披露,在完成披露程序后进行互联网保险销售,而并非监管部门颁发所谓的金融牌照。

为进一步规范保证保险的网销业务经营,2016年1月19日,中国保监会下发了《保监会关于加强互联网平台保证保险业务管理的通知》(保监产险〔2016〕6号),对互联网平台保证保险业务加强管理规定,增加了很多其他险种不具备的特别管理要求。

2016年4月12日,国务院办公厅关于印发《互联网金融风险专项整治工作实施方案》的通知(国办发〔2016〕21号),拉开了一场对互联网金融主要风险领域予以整治的运动,其中也包括互联网保险业务领域。

2016年4月14日,为贯彻落实《互联网金融风险专项整治工作实施方案》,中国保监会等15个部门联合下发《关于印发〈互联网保险风险专项整治工作实施方案〉的通知》(保监发〔2016〕31号),重点整治互联网高现金价值业务、保险机构依托互联网跨界开展业务、非法经营互联网保险业务等违法违规行为。2016年6月22日,中国保监会下发《保监会关于开展互联网人身保险业务有关情况自查工作的通知》(保监寿险〔2016〕108号),要求各人身保险公司对互联网人身保险经营资质、互联网中短存续期业务、与银行合作互联网人身保险业务开展自查自纠。

2018年7月1日,银保监会下发《关于规范互联网保险销售行为可回溯管理有关事项的通知(征求意见稿)》,在保险行业内征求意见。该文件在中国保监会2017年6月28日下发的《保险销售行为可回溯管理暂行办法》(保监发〔2017〕54号)基础上,针对互联网保险领域的保险销售行为可回溯管理予以专门规范。

2018年7月13日,银保监会发布《银保监会关于互联网保险的风险提示》,提示消费者购买互联网保险时谨防"吸睛"产品暗藏误导、在线平台暗藏"搭售""高息"产品暗藏骗局等风险。

2018年9月30日,鉴于《互联网保险业务监管暂行办法》的3年实施期即将届满

(《互联网保险业务监管暂行办法》第30条规定:“本办法自2015年10月1日起施行,施行期限为3年……”),银保监会下发《中国银保监会关于继续加强互联网保险监管有关事项的通知》(银保监发〔2018〕64号),表明银保监会正在加快对《互联网保险业务监管暂行办法》的修订,在新规出台前《互联网保险业务监管暂行办法》继续有效。

2018年9月29日,中国人民银行、银保监会、中国证监会三部门联合下发《互联网金融从业机构反洗钱和反恐怖融资管理办法(试行)》,对互联网金融业务(包括互联网保险)反洗钱和反恐怖融资工作规范予以明确。

2019年4月2日,银保监会下发《银保监会办公厅关于印发2019年保险中介市场乱象整治工作方案的通知》(银保监办发〔2019〕90号),整治内容包括各保险机构(保险公司、保险中介机构)的互联网保险业务开展情况等,其中,包括重点整治“保险机构是否与从事理财、P2P借贷、融资租赁等互联网金融的第三方网络平台存在合作”等。

2019年10月12日,北京银保监局下发《北京银保监局关于规范银行与金融科技公司合作类业务及互联网保险业务的通知》(京银保监发〔2019〕310号),对与互联网保险业务有关的信息披露、宣传销售行为、第三方网络平台管理、销售人员管理、服务费支付、信息安全管理、管理责任划分等方面进行了进一步规范,尤其采取列举的方式对一些实践中的违规操作方式予以明确。

2020年6月30日,银保监会正式下发了《中国银保监会关于规范互联网保险销售行为可回溯管理的通知》(银保监发〔2020〕26号),就互联网可回溯管理予以明确。明确要求“保险机构应当在自营网络平台通过设置销售页面实现互联网保险销售,不得在非自营网络平台设置销售页面。保险机构可以在非自营网络平台设置投保申请链接,由投保人点击链接进入自营网络平台的销售页面。非保险机构自营网络平台不得设置保险产品销售页面。”这种要求相当于取消了在第三方网络平台进行投保下单的模式,非保险机构只能做链接跳转,只能提供宣传、引流类服务。

2020年9月28日至10月28日,银保监会就《互联网保险业务监管办法(征求意见稿)》向社会公开征求意见,经过一个月的意见征求后,2020年12月7日,银保监会正式发布《互联网保险业务监管办法》,该办法自2021年2月1日起施行,《互联网保险业务监管暂行办法》同时废止。这一历时五年的业务规定修订针对持牌要求、线上线下业务合作与分立、跨区域保险经营、互联网平台从事保险业的要求等作出了相应规定,也是为保护消费者权益作出了监管方向的努力。从规范到规章,预示着互联网保险走过了初期快速尝试探索的前半段,来到可以整合释放红利、更加规范管理的后半段。

从上述法律法规及监管规定的演化历程可见,在这一时期,互联网保险业务已有整体统一的规范性文件及配套文件出台。在响应国务院对互联网金融风险整治的政策,并结合已制定的互联网保险业务监管规定情况下,互联网保险业务开展了一系列的风险排查和整治活动,对其监管的重点在行业治理和风险防控上。

第二节　互联网保险业务合规要点和风险控制

《互联网保险业务监管办法》共5章83条,具体包括总则、基本业务规则、特别业务规则、监督管理和附则。重点规范内容包括:一是厘清互联网保险业务本质,明确制度适用和衔接政策;二是规定互联网保险业务经营要求,强化持牌经营原则,定义持牌机构自营网络平台,规定持牌机构经营条件,明确非持牌机构禁止行为;三是规范互联网保险营销宣传行为,规定管理要求和业务行为标准;四是全流程规范互联网保险售后服务,改善消费体验;五是按经营主体分类监管,在规定"基本业务规则"的基础上,针对互联网保险公司、保险公司、保险中介机构、互联网企业代理保险业务,分别规定了"特别业务规则";六是创新完善监管政策和制度措施,做好政策实施过渡安排。目前《互联网保险业务监管办法》的章节体例(见图5-2-1)所体现出的监管逻辑更为清晰和科学,有利于业务和监管标准的统一,有利于各类机构正确理解监管要求并相应规制自身行为。下面主要围绕《互联网保险业务监管办法》的规定梳理互联网保险业务的主要合规要点和风险控制提示。

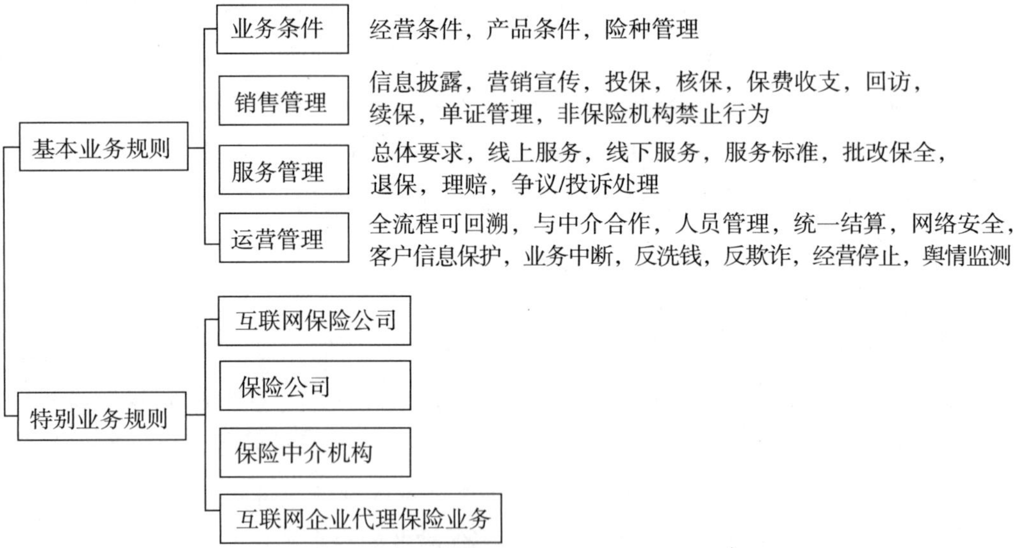

图5-2-1　《互联网保险业务监管办法》的章节体例

一、哪些主体可以从事互联网保险业务

《互联网保险业务监管办法》对可以从事互联网保险业务的保险机构的主体范围进

行了再次梳理，见图5－2－2。

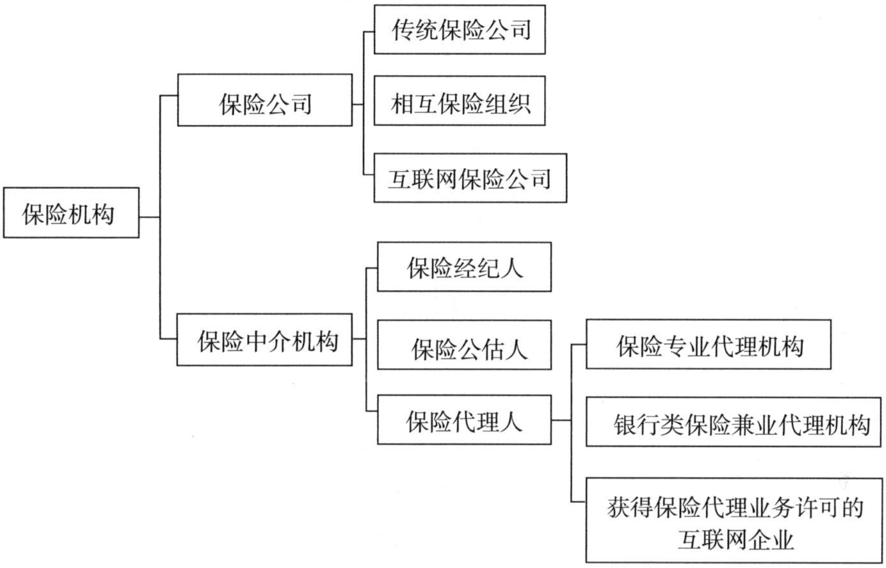

图5－2－2　《互联网保险业务监管办法》所列互联网保险业务经营主体范围

《互联网保险业务监管办法》第2条规定，保险机构包括保险公司（含相互保险组织和互联网保险公司）和保险中介机构；保险中介机构包括保险代理人（不含个人保险代理人）、保险经纪人、保险公估人；保险代理人（不含个人保险代理人）包括保险专业代理机构、银行类保险兼业代理机构和依法获得保险代理业务许可的互联网企业；保险专业中介机构包括保险专业代理机构、保险经纪人和保险公估人。

自营网络平台是保险机构经营互联网保险业务的唯一载体，更是加强监管的主要抓手。自营网络平台是保险机构为经营互联网保险业务，依法设立的独立运营、享有完整数据权限的网络平台。只有保险机构总公司设立的网络平台才是自营网络平台，保险机构分支机构以及与保险机构具有股权、人员等关联关系的非保险机构设立的网络平台，不属于自营网络平台，不得经营互联网保险业务。《互联网保险业务监管办法》严格定义自营网络平台，并要求客户投保页面必须属于持牌机构自营网络平台，主要是为了全面强化持牌经营理念，压实保险机构主体责任。另外，也有助于解决保险机构获取客户信息的难题，有助于杜绝截留保费、平衡市场力量、控制渠道费用，有助于减少销售误导、促进消费者教育、保障行业长期稳健发展。

在保险兼业代理机构中，明确仅有“银行类”机构可以从事互联网保险业务；对于目前仍持有有效的兼业代理资质的非银行类机构而言，其被排除在可以经营互联网保险业务的主体范围之外。银行类保险兼业代理机构经营互联网保险业务，除了要满足《互联网保险业务监管办法》对保险机构的一般要求外，还要满足针对银行的专门要求：一是应通过电子银行业务平台销售;二是应符合银保监会关于电子银行业务经营区域的监管规定;三是不得将互联网保险业务转委托给其他机构或个人。

将“依法获得保险代理业务许可的互联网企业”纳入可以从事互联网保险业务的保险机构的范围中,在国务院办公厅于2019年8月1日发布的《关于促进平台经济规范健康发展的指导意见》中已见端倪,其第4条第3部分提出“……允许有实力有条件的互联网平台申请保险兼业代理资质。(银保监会等相关部门按职责分别负责)……”此番《互联网保险业务监管办法》即落实了该指导意见,给予了符合资质条件的互联网企业合法、合规地直接从事互联网保险业务的机会。互联网企业代理保险业务,要满足《互联网保险业务监管办法》对保险机构的一般要求。此外,《互联网保险业务监管办法》还针对互联网企业代理保险业务强化了以下要求:一是要求持牌经营,互联网企业代理保险业务应获得经营保险代理业务许可;二是应有较强的合规管理能力、场景和流量优势、信息技术实力等;三是应实现业务独立运营,与主营业务实现业务隔离和风险隔离;四是不得将互联网保险业务转委托给其他机构或个人;五是加强消费者权益保护,建立售后服务快速反应机制。《互联网保险业务监管办法》分别就保险合同和保险中介机构这两类实体的特别业务规范进行了规定。《互联网保险业务监管办法》对于保险机构主体范围的修订,体现了监管机构在坚持持牌经营的原则下“有收、有放”的思路,一定程度上回应了行业在实践中的一些痛点并顺应了市场中一些合理的需求。

二、互联网保险业务的定义

根据互联网保险业务的本质和发展规律,《互联网保险业务监管办法》第2条明确了“互联网保险业务”的定义,即“保险机构依托互联网订立保险合同、提供保险服务的保险经营活动。”《互联网保险业务监管办法》则对旧规中“互联网保险业务”的界定作出了实质性的修改。根据《互联网保险业务监管办法》,“互联网保险业务”是指保险机构依托互联网订立保险合同、提供保险服务的保险经营活动。拆解来看,互联网保险业务可被分为两个层面:一是销售并缔结保单;二是保险服务,包括保险经纪以及保险公估服务(含与之相关的咨询服务)。2020年12月15日银保监会有关部门负责人在就《互联网保险业务监管办法》的《答记者问》中作出了解释,即根据《互联网保险业务监管办法》的规定,同时满足以下三个条件的保险业务,即为互联网保险业务:一是保险机构通过互联网和自助终端设备销售保险产品或提供保险经纪服务;二是消费者能够通过保险机构自营网络平台的销售页面独立了解产品信息;三是消费者能够自主完成投保行为。《互联网保险业务监管办法》明确了争议日久的互联网保险定义,抓住“投保”这一关键环节是否通过互联网完成来准确划清业务边界。

三、线上线下分界区分及监管要求

对于线上线下融合开展的保险销售或保险经纪业务，《互联网保险业务监管办法》确定了“同时适用线上和线下监管规则”以及“线上和线下监管规则不一致的，按照有利于消费者的原则执行”的监管要求，这也是出于对实践中往往各种渠道交错，很难界定哪些属于线下销售、哪些属于线上销售的实际情况的考量。《互联网保险业务监管办法》第5条对于互联网保险业务的渠道融合的展业规则进行了阐释，可以拆解为三点：

1.《互联网保险业务监管办法》第5条第1款规定，保险机构通过互联网和自助终端设备销售保险产品或提供保险经纪服务，消费者能够通过保险机构自营网络平台的销售页面独立了解产品信息，并能够自主完成投保行为的，适用本办法。该条规则针对的是“非互联网保险业务”，也就是俗称的“线下业务”，而监管机构要求对于开展了线上营销宣传、但并非通过互联网成交的业务，线上的营销宣传部分应参照本办法执行。

2.《互联网保险业务监管办法》第5条第2款前半段规定，投保人通过保险机构及其从业人员提供的保险产品投保链接自行完成投保的，应同时满足本办法及所属渠道相关监管规定。涉及线上线下融合开展保险销售或保险经纪业务的，其线上和线下经营活动分别适用线上和线下监管规则。

3.《互联网保险业务监管办法》第5条第2款后半段规定，无法分开适用监管规则的，同时适用线上和线下监管规则，规则不一致的，坚持合规经营和有利于消费者的原则。结合前文有关互联网保险业务渠道融合的规则，我们可以看出，从展业规则角度来说，无论最终成交渠道如何，只要展业涉及线上和线下行为，那么线上和线下的规则均需同时适用。互联网保险业务线上线下的分界及监管要求见表5-2-1。

表5-2-1　互联网保险业务线上线下的分界及监管要求

线上线下的分界及监管要求
1. 涉及线上线下融合开展保险销售或保险经纪业务的，其线上和线下经营活动分别适用线上和线下监管规则
2. 投保人通过保险机构及其从业人员提供的保险产品投保链接自行完成投保的，应同时满足本办法及所属渠道相关监管规定
3. 无法分开适用监管规则的，同时适用线上和线下监管规则，规则不一致的，坚持合规经营和有利于消费者的原则

四、严格定义自营网络平台

《互联网保险业务监管办法》第2条严格定义自营网络平台，“自营网络平台，是指保险机构为经营互联网保险业务，依法设立的独立运营、享有完整数据权限的网络平台。保险机构分支机构以及与保险机构具有股权、人员等关联关系的非保险机构设立的网络平台,不属于自营网络平台。”《互联网保险业务监管办法》强调自营网络平台应“独立运营、享有完整数据权限”,要求其服务接入地应在境内,如果属于网站或移动应用程序(APP)的,应依法向互联网行业管理部门履行互联网信息服务备案手续、取得备案编号。对于具有保险销售或投保功能的自营网络平台,相关自营网络平台和信息系统的安全保护等级应不低于三级,不具有保险销售和投保功能的自营网络平台,相应安全保护等级应不低于二级。

《互联网保险业务监管办法》第16条规定:“保险机构应通过其自营网络平台或其他保险机构的自营网络平台销售互联网保险产品或提供保险经纪、保险公估服务,投保页面须属于保险机构自营网络平台……”自营网络平台是保险机构经营互联网保险业务的唯一载体,客户投保页面必须属于持牌机构自营网络平台,嫁接第三方平台所提供产品的销售方式会受到极大的限制。

严格定义自营网络平台,并要求客户投保页面必须属于持牌机构自营网络平台,主要是为了全面强化持牌经营理念,压实保险机构主体责任。另外,也有助于解决保险机构获取客户信息的难题,有助于杜绝截留保费、平衡市场力量、控制渠道费用,有助于减少销售误导、促进消费者教育、保障行业长期稳健发展。

五、严格规定互联网保险业务经营要求,强化持牌经营原则

实践中存在非保险机构(主要为第三方网络平台)打擦边球、涉嫌非法经营互联网保险业务的情况,根据银保监会就《互联网保险业务监管办法》的《答记者问》中的解释可知,互联网保险业务应由依法设立的保险机构开展,其他机构和个人不得开展互联网保险业务。《互联网保险业务监管办法》第23条从“销售管理”的角度进一步列举了非保险机构不得进行的行为,对非保险机构的行为边界作了明确规定,划定了五条红线,包括但不限于以下商业行为:一是提供保险产品咨询服务;二是比较保险产品、保费试算、报价比价;三是为投保人设计投保方案;四是代办投保手续;五是代收保费。如果第三方网络平台除了提供网络技术辅助服务外,还要从事保险销售的,按照《互联网保险业务监管办法》第65条“互联网企业代理保险业务是指互联网企业利用符合本办法规定的自营网络平台代理销售互联网保险产品、提供保险服务的经营活动。互联网企业代理保险业务应获得经营保险代理业务许可”的规定,第三方网络平台如果需要从事提供保险产品咨询服务等前述五种行为,应当取得经营保险代理业务许可。

六、严格规范保险机构自营网络平台的条件

根据银保监会就《互联网保险业务监管办法》的《答记者问》中的解释可知,《互联网

保险业务监管办法》规定了保险机构及其自营网络平台应具备的条件，包括网站备案、信息系统、安全防护、等级保护、营销模式、管理体系、制度建设、监管评价等。保险机构只要满足《互联网保险业务监管办法》规定的条件，即可开展互联网保险业务，不需要申请业务许可或进行业务备案。不满足规定条件的保险机构及其自营网络平台不得开展互联网保险业务，已经开展的应立即停止通过互联网销售保险产品或提供保险经纪服务，整改后满足规定条件的才可以恢复开展相关互联网保险业务。另外《互联网保险业务监管办法》强化事中事后监管，在经营范围、险种限制、监管措施、法律责任等几方面做了规定。

《互联网保险业务监管办法》第7条对开展互联网保险业务的保险机构及其自营网络平台应具备的条件做了明确规定，主要包括以下几方面（见表5－2－2）。当然这里的保险机构包括保险公司、保险中介机构。

表5－2－2 保险机构自营网络平台条件监管要求

概要	条款内容（《互联网保险业务监管办法》第7条）
平台备案	（1）服务接入地在境内。自营网络平台是网站或移动应用程序（APP）的，应依法向互联网行业管理部门履行互联网信息服务备案手续、取得备案编号。自营网络平台不是网站或移动应用程序（APP）的，应符合相关法律法规的规定和相关行业主管部门的资质要求
有效隔离	（2）具有支持互联网保险业务运营的信息管理系统和核心业务系统，并与保险机构其他无关的信息系统有效隔离
网络安全机制	（3）具有完善的网络安全监测、信息通报、应急处置工作机制，以及完善的边界防护、入侵检测、数据保护、灾难恢复等网络安全防护手段
网络等级保护	（4）贯彻落实国家网络安全等级保护制度，开展网络安全定级备案，定期开展等级保护测评，落实相应等级的安全保护措施。对于具有保险销售或投保功能的自营网络平台，以及支持该自营网络平台运营的信息管理系统和核心业务系统，相关自营网络平台和信息系统的安全保护等级应不低于三级；对于不具有保险销售和投保功能的自营网络平台，以及支持该自营网络平台运营的信息管理系统和核心业务系统，相关自营网络平台和信息系统的安全保护等级应不低于二级
营销模式	（5）具有合法合规的营销模式，建立满足互联网保险经营需求、符合互联网保险用户特点、支持业务覆盖区域的运营和服务体系
明确部门和责任人	（6）建立或明确互联网保险业务管理部门，并配备相应的专业人员，指定一名高级管理人员担任互联网保险业务负责人，明确各自营网络平台负责人
健全制度和规程	（7）具有健全的互联网保险业务管理制度和操作规程
偿付能力和消费者权益保护	（8）保险公司开展互联网保险销售，应符合银保监会关于偿付能力、消费者权益保护监管评价等相关规定
合作中介机构标准	（9）保险专业中介机构应是全国性机构，经营区域不限于总公司营业执照登记注册地所在省（自治区、直辖市、计划单列市），并符合银保监会关于保险专业中介机构分类监管的相关规定
其他条件	（10）银保监会规定的其他条件

七、明确互联网销售的披露规则

《互联网保险业务监管办法》明确了互联网保险业务的销售管理要求,明确"保险机构开展互联网保险业务,应加强销售管理,充分进行信息披露,规范营销宣传行为,优化销售流程,保护消费者合法权益"。《互联网保险业务监管暂行办法》第8条规定保险机构开展互联网保险业务,不得进行不实陈述、片面或夸大宣传过往业绩、违规承诺收益或者承担损失等误导性描述,并对保险机构履行互联网保险业务信息披露义务的内容和方式做了较为具体和明确的要求。《互联网保险业务监管办法》第5条第2款规定涉及线上线下融合开展保险销售或保险经纪业务的,其线上和线下经营活动分别适用线上和线下监管规则;无法分开适用监管规则的,同时适用线上和线下监管规则,规则不一致的,坚持合规经营和有利于消费者的原则。因此线上线下业务信息披露的内容和方式应当保持一致。除行业协会披露外,将信息披露分为官网披露、自营平台披露及第三方网络平台披露。而前述"线上线下一致性原则"的规定则表明还需同时满足诸如《保险公司信息披露管理办法》、《人身保险新型产品信息披露管理办法》(以下简称《人身保险管理办法》)、《中国保险监督管理委员会关于推进投保提示工作的通知》(保监发〔2009〕68号)等关于信息披露的要求。《互联网保险业务监管办法》第12~14条对互联网销售的信息披露规则做了详细规定(见表5-2-3)。就信息披露而言,《互联网保险业务监管办法》第12~14条分别规定了保险机构官网、自营网络平台以及销售页面的信息披露要求。就保险机构官网而言,应设置互联网保险栏目披露保险机构营业执照、相关许可证(备案表)等信息。就保险机构自营网络平台而言,应在显著位置披露保险产品承保公司设有分公司和落地服务机构的省级清单等信息。就销售页面而言,应披露保险产品名称、审批类产品的批复文号、备案类产品的备案编号或产品注册号、保险条款和保费(或链接)等信息。

表5-2-3 互联网保险业务信息披露监管要求

概要	条款内容
官方网站应披露信息	第12条 开展互联网保险业务的保险机构应建立官方网站,参照《保险公司信息披露管理办法》相关规定,设置互联网保险栏目进行信息披露,披露内容包括但不限于
许可证	(1)营业执照、经营保险业务相关许可证(备案表)
平台名称、网站、协会链接	(2)自营网络平台的名称、网址,以及在中国保险行业协会官方网站上的信息披露访问链接
公司经营状况信息	(3)一年来综合偿付能力充足率、风险综合评级、消费者权益保护监管评价等相关监管评价信息,银保监会另有规定的从其规定
合作机构信息	(4)保险机构之间开展合作的,各保险机构应分别披露合作机构名称、业务合作范围及合作起止时间
产品备案信息	(5)互联网保险产品名称、产品信息(或链接),产品信息包括条款、审批类产品的批复文号、备案类产品的备案编号或产品注册号、报备文件编号或条款编码

续表

概要	条款内容
保单的查询和验真	(6)互联网保险产品及保单的查询和验真途径
落地机构	(7)省级分支机构和落地服务机构的名称、办公地址、电话号码等
理赔、保全等客户服务及投诉渠道	(8)理赔、保全等客户服务及投诉渠道,相关联系方式
经营变化情况	(9)本办法第8条规定的经营变化情况
其他	(10)银保监会规定的其他内容
自营网络平台显著位置应披露信息	第13条　保险机构应在开展互联网保险业务的自营网络平台显著位置,列明以下信息
落地清单	(1)保险产品承保公司设有省级分支机构和落地服务机构的省(自治区、直辖市、计划单列市)清单
客户服务及投诉方式	(2)保险产品承保公司全国统一的客户服务及投诉方式,包括客服电话、在线服务访问方式、理赔争议处理机制和工作流程等
投保和保单咨询方式	(3)投保咨询方式、保单查询方式
消费者保障措施	(4)针对消费者个人信息、投保交易信息和交易安全的保障措施
协会链接	(5)自营网络平台在中国保险行业协会官方网站上的信息披露访问链接
经营变化情况	(6)本办法第8条规定的经营变化情况
其他	(7)银保监会规定的其他内容
产品销售或详情展示页面应披露内容	第14条　互联网保险产品的销售或详情展示页面上应包括以下内容
产品报备信息	(1)保险产品名称(条款名称和宣传名称),审批类产品的批复文号,备案类产品的备案编号或产品注册号,以及报备文件编号或条款编码
明确提示	(2)保险条款和保费(或链接),应突出提示和说明免除保险公司责任的条款,并以适当的方式突出提示理赔条件和流程,以及保险合同中的犹豫期、等待期、费用扣除、退保损失、保单现金价值等重点内容
新型产品信息披露	(3)保险产品为投连险、万能险等人身保险新型产品的,应按照银保监会关于新型产品信息披露的相关规定,清晰标明相关信息,用不小于产品名称字号的黑体字标注保单利益具有不确定性
如实告知	(4)投保人的如实告知义务,以及违反义务的后果
服务说明	(5)能否实现全流程线上服务的情况说明,以及因保险机构在消费者或保险标的所在地无分支机构而可能存在的服务不到位等问题的提示
支付和送达	(6)保费的支付方式,以及保险单证、保费发票等凭证的送达方式
其他信息	(7)其他直接影响消费者权益和购买决策的事项

八、明确互联网保险业务的销售管理要求

(一)总体原则和要求

互联网保险营销宣传,是指保险机构通过网站、网页、互联网应用程序等互联网媒介,以文字、图片、音频、视频或其他形式,就保险产品或保险服务进行商业宣传推广的活

动。从文义理解,互联网保险营销宣传的主体很可能被限定为持牌保险机构,即严格而言,任何非保险机构均不得开展互联网保险营销宣传,这无疑会进一步压缩非保险机构在营销宣传领域与保险机构开展合作的空间,会对互联网平台导流模式带来极大的冲击。

由于《互联网保险业务监管办法》中对互联网保险营销宣传主体的限制非常明确,如果据此严格执行,则采用任何技术手段规避上述规定的空间都极为有限,现行的大部分导流或营销宣传模式都很难完全符合合规要求。但仅前端展示不涉及具体的保险产品或者保险服务的保险机构基本信息,并在需要进入投保流程时直接由 H5 跳转至保险机构自营网络平台的导流模式应当尚有操作空间。2020 年 6 月发布的《中国银保监会关于规范互联网保险销售行为可回溯管理的通知》中规定,保险机构可以在非自营网络平台设置投保申请链接,由投保人点击链接进入自营网络平台的销售页面。据此,链接跳转形式在现行法律法规项下亦属合规。值得注意的是,根据《互联网保险业务监管办法》第 23 条规定的非保险机构不得开展互联网保险业务的五条红线中并未明确纳入"营销宣传",这可能意味着导流模式仍然还有一线生机。

就投保页面而言,《互联网保险业务监管办法》第 16 条明确要求保险机构应通过其自营网络平台或其他保险机构的自营网络平台销售互联网保险产品或提供保险经纪、保险公估服务,投保页面须属于保险机构自营网络平台。

就营销宣传而言,《互联网保险业务监管办法》第 15 条对于"互联网保险营销宣传"进行了明确(见表 5 -2 -4)。具体而言,互联网保险营销宣传是指保险机构通过网站、网页、互联网应用程序等互联网媒介,以文字、图片、音频、视频或其他形式,就保险产品或保险服务进行商业宣传推广的活动。保险机构开展互联网保险营销宣传活动应符合《广告法》、金融营销宣传以及银保监会相关规定。

表 5 -2 -4 保险机构开展互联网保险营销宣传合规要点

概要	条款内容
人员持证管理	(1)保险机构应建立从业人员互联网保险营销宣传的资质、培训、内容审核和行为管理制度
监测检查	(2)保险机构应从严、精细管控所属从业人员互联网营销宣传活动,提高从业人员的诚信和专业水平。保险机构应对从业人员发布的互联网保险营销宣传内容进行监测检查,发现问题及时处置
授权	(3)保险机构从业人员应在保险机构授权范围内开展互联网保险营销宣传。从业人员发布的互联网保险营销宣传内容,应由所属保险机构统一制作,在显著位置标明所属保险机构全称及个人姓名、证件照片、执业证编号等信息
不得误导夸大宣传	(4)开展互联网营销宣传活动应遵循清晰准确、通俗易懂、符合社会公序良俗的原则,不得进行不实陈述或误导性描述,不得片面比较保险产品价格和简单排名,不得与其他非保险产品和服务混淆,不得片面或夸大宣传,不得违规承诺收益或承诺承担损失

续表

概要	条款内容
不得误导性解读	(5)营销宣传内容应与保险合同条款保持一致,不得误导性解读监管政策,不得使用或变相使用监管机构及其工作人员的名义或形象进行商业宣传
明确说明和提示	(6)互联网营销宣传页面应明确标识产品为保险产品,标明保险产品全称、承保保险公司全称以及提供销售或经纪服务的保险中介机构全称;应用准确的语言描述产品的主要功能和特点,突出说明容易引发歧义或消费者容易忽视的内容
信息慎重发送	(7)保险机构及其从业人员应慎重向消费者发送互联网保险产品信息。消费者明确表示拒绝接收的,不得向其发送互联网保险产品信息
保险机构的主体责任	(8)保险机构应对本机构及所属从业人员互联网保险营销宣传承担合规管理的主体责任

而对于银行类保险兼业代理机构销售互联网保险产品,《互联网保险业务监管办法》第64条提出了一些特殊要求,主要包括:(1)通过电子银行业务平台销售。(2)符合银保监会关于电子银行业务经营区域的监管规定。地方法人银行开展互联网保险业务,应主要服务于在实体经营网点开户的客户,原则上不得在未开设分支机构的省(自治区、直辖市、计划单列市)开展业务。无实体经营网点、业务主要在线上开展,且符合银保监会规定的其他条件的银行除外。(3)银行类保险兼业代理机构及其销售从业人员不得将互联网保险业务转委托给其他机构或个人。

此外,《互联网保险业务监管办法》第79条还对保险机构通过自营网络平台销售混业产品或提供相关服务进行了规定:"保险机构通过自营网络平台销售其他非保险产品或提供相关服务的,应符合银保监会相关规定,并与互联网保险业务有效隔离。保险机构不得在自营网络平台销售未经金融监管部门批准的非保险金融产品。"

(二)销售合规

1. 保险机构官网和销售页面的信息披露

(1)《互联网保险业务监管办法》《中国银保监会关于规范互联网保险销售行为可回溯管理的通知》对互联网保险销售页面的信息披露及销售行为可回溯基本要求进行了规定。

①保险机构应在开展互联网保险业务的相关网络平台的显著位置,以清晰易懂的语言列明保险产品及服务等信息,需列明的信息包括下列内容:

A. 保险产品的承保公司、销售主体及承保公司设有分公司时列明所有省、自治区、直辖市分支机构清单;B. 保险合同订立的形式,采用电子保险单的,应予以明确说明;C. 保险费的支付方式,以及保险单证、保险费发票等凭证的配送方式、收费标准;D. 投保咨询方式、保单查询方式及客户投诉渠道;E. 投保、承保、理赔、保全、退保的办理流程及保险赔款、退保金、保险金的支付方式;F. 针对投保人(被保险人或者受益人)的个人信息、投保交易信息和交易安全的保障措施;G. 银保监会规定的其他内容。

②销售的保险产品必须包含的内容：

A. 保险产品名称(条款名称和宣传名称)，审批类产品的批复文号，备案类产品的备案编号或报备文件编号；B. 保险条款、保费(或保险条款、保费的链接)，其中应突出提示和说明免除保险公司责任的条款，并以适当的方式突出提示理赔要求和流程，以及保险合同中的犹豫期、等待期、费用扣除、退保损失、保险单现金价值等重点内容；C. 销售人身保险新型产品的，应按照《人身保险管理办法》的有关要求进行信息披露和利益演示，严禁片面使用“预期收益率”等描述产品利益的宣传语句；D. 保险产品为分红险、投连险、万能险等新型产品的，须以不小于产品名称字号的黑体字标注保单利益具有不确定性；E. 投保人的如实告知义务，以及违反义务的后果；F. 保险产品销售区域范围；G. 其他直接影响消费者利益和购买决策的事项。保险产品相关信息应由保险公司统一制作和授权发布。

③销售行为可回溯要求：

《互联网保险业务监管办法》第 33 条要求：保险机构应采用有效技术手段对投保人身份信息的真实性进行验证，应完整记录和保存互联网保险主要业务过程。

互联网具备轨迹可查、信息可追溯之技术条件，互联网保险更应当利用该特性，一方面对于保证投保人的利益具有重要作用，另一方面能够证明保险机构的销售行为是否适当、是否履行说明义务等。上述规定重点在于网络页面应当包含的内容，但实际上，多数纠纷产生原因是网络页面必须体现的内容应当如何设置，才能够证明保险机构履行承保时所应当履行的相关义务。

(2)2020 年 6 月下发的《中国银保监会关于规范互联网保险销售行为可回溯管理的通知》(银保监发〔2020〕26 号)对互联网保险销售行为可回溯管理进一步细化。在投保承保流程方面，进一步要求：

①销售页面的首页必须是提示进入投保流程页面，保险机构应当通过设置提示进入投保流程页面，对销售页面和非销售页面进行分隔。非销售页面中不得包含投保人填写投保信息、提交投保申请等内容。

②提示进入投保流程页面应当包含提示投保人即将进入投保流程、需仔细阅读保险条款、投保人在销售页面的操作将被记录等内容。保险中介机构的提示进入投保流程页面，应当增加客户告知书内容并重点披露该保险中介机构和承保保险公司名称。

③保险机构应当以足以引起投保人注意的文字、字体、符号或其他明显标志，对保险合同中免除保险公司责任的条款内容进行逐项展示，并以网页、音频或视频等形式予以明确说明。

④保险机构销售以下保险产品时，应当按照要求展示可能影响保单效力以及可能免除保险公司责任的内容，包括但不限于：一是销售人身保险新型产品，应当增加保单利益

不确定性风险提示内容；二是销售健康保险产品，应当增加保险责任等待期的起算时间、期限及对投保人权益的影响，指定医疗机构，是否保证续保及续保有效时间，是否自动续保，医疗费用补偿原则，费率是否调整等内容；三是销售含有犹豫期条款的保险产品，应当增加犹豫期条款内容。

⑤保险机构销售以死亡为给付条件、被保险人与投保人不一致的保险产品时，应当按照要求展示被保险人同意投保并确认保险金额的内容。父母为其未成年子女投保的除外。

⑥保险机构应当对健康告知提示进行展示。投保人健康告知页面应当包含投保人健康告知内容、未尽到如实告知义务后果说明等内容。健康告知提示应当与保险责任直接相关，表述通俗易懂，内容具体且问题边界清晰。

⑦保险机构应当将上述第②、③、④、⑤、⑥的内容设置单独页面展示，并设置由投保人或被保险人自主确认已阅读的标识。本通知要求由投保人或被保险人自主确认已阅读的销售页面，投保人或被保险人未自主确认的，保险机构不得接收投保人的投保申请、收取保费。

根据上述要求可见，监管不仅对投保的流程和各页面展示的内容等有了细化要求，同时，最重要的一点是上述第⑦点所述，明确了对相关内容设置单独页面展示以及投保人或被保险人自主确认已阅读，这样的流程要求也为后续发生纠纷进入司法程序时，保险公司明确说明义务的认定方面提供了有力支持。

2. 互联网保险人说明义务的履行

说明义务的履行一般与免责条款是否生效直接挂钩。互联网保险由于业务的开展方式不同，其说明义务的履行方式相较于传统保险业务有较大不同。《最高人民法院关于适用〈中华人民共和国保险法〉若干问题的解释（二）》规定保险人可以以网页、音频、视频等形式对免责条款进行提示和说明。事实上，各大平台都采取网页方式进行提示说明，主要以“投保人须知”以及“保险条款”的内容展现作为履行说明义务的表现，一般需由投保人主动阅读后进行勾选确认。

（1）司法判例

对平台采取“投保人自行点击链接”的方式是否能够证明保险人履行说明义务，司法实践对此的看法不一。

在（2015）浙嘉民终字第691号民事判决中，网络投保环节中，保险条款并非设置为强制阅读模式，且销售页面及“投保申明确认”中亦无向客户提示和说明免责条款的内容，因此，嘉兴市中级人民法院认为：投保人即使不点击阅读保险条款内容，仍可成功提交订单，在产品销售页面中没有以显著方式提示和说明免责条款内容，也没有通过弹窗或其他合理方式提示网络投保人阅读保险条款及注意免责内容，在“投保申明确认”中未载明保险人已经就免责条款内容进行了明确说明;而提示与明确说明义务是保险人应当主动履行的法定义务,太平洋保险深圳公司在通过慧择网销售涉案产品时,完全靠投保人自觉阅读保险条款,显然没有履行法定义务。

但在(2017)粤01民终2437号民事判决中,虽然保险条款依然并非设置为强制阅读模式,但保险人在“投保人申明”和“责任免除”栏中明确载明了保险人履行了提示和说明义务,且将“投保人申明”设置为了强制阅读模式(在付费之前必须阅读投保人声明并打钩点击“本人接受以上投保声明”,如果不打钩点击,无法完成付费投保),因此广州市中级人民法院态度完全相反。其认为从原审查明的网络投保平台的投保流程设置来看,被上诉人已在投保书预览“投保人声明”和“责任免除”栏中明确载明保险公司已对保险合同的责任免除条款内容履行了提示和说明义务等内容。在网络上下载的保险条款及投保人收到的保险条款责任免除内容,也均采用了与其他条款字体不一样的足以引起投保人注意的黑体字和专门章节等予以特别标识。

(2)合规建议

在线上投保流程中,如果保险机构在销售页面中对涉及保险合同免责条款相关需要明确说明的内容未设置强制勾选标识,那么便存在未履行免责条款明确说明义务相关的法律合规风险。履行说明义务时保险机构要注意如下几点:①将展示投保人声明、保险条款作为投保流程的必经程序,可以设置链接供投保人主动点击,但是当投保人不主动点击时,应当强制弹出,提示投保人阅读或了解后才可进行下一步。慎重起见,建议对投保人声明、保险条款页面的展示设置时长,例如,页面停留时间短于30秒等合理时间则投保人不能进行翻页。②对于免责条款,应当以特殊颜色、特殊字体、加下画线等方式突出,以引起投保人注意。③确保保险人已经就免责条款内容进行了明确说明,投保人已经完全了解免责条款等内容,这些措施在投保人投保前必须予以确认。④投保人声明、保险条款应当可供投保人自行下载。

A. 设置实名投保认证环节。《中国银保监会关于规范互联网保险销售行为可回溯管理的通知》要求,保险机构开展互联网保险销售时,应当根据对个人保险实名制的管理要求,对投保人、被保险人和受益人身份真实性进行验证。由于很多保险机构的网络投保无法完全实现验证投保人身份真实性的目的,行业内冒名投保诈骗的情况特别多,为避免后续争端建议应设置严格的实名投保认证环节。互联网保险采集用户的身份信息即进行实名认证是必不可少的环节,也是关键的一个环节。这时候如何证明“你就是你”,即让用户保证人证一致,成了网上保险业务开展的首要任务。利用人脸识别、身份证真伪验证等实名认证解决方案,投保者可以轻松利用互联网进行下单投保。此外投保用户需要变更保单信息、更改绑定手机号码或是退保等业务服务时,需要通过在手机上登录APP,APP会自动通过人脸识别系统进行活体检测或者视频对讲,在确认真实身份后才能完成保单保全。

B. 避免可跳过链接式的免责条款呈现方式。实践中，网络平台设置的权利义务条款往往都采用链接的方式进行呈现，注册用户只有点开链接才能阅读条款内容，而对于未点击链接内容直接进行下一步操作的行为也未作限制。以这种方式来完成提示和明确说明义务不符合《保险法》及司法解释规定，提示义务应由保险人主动积极履行，而不是基于投保人的请求才被动产生。因此，也很容易被认定保险人未能尽到提示和明确说明义务，从而导致保险条款中免除保险人责任的条款不产生效力。建议对免责条款页面设置一定时长的强制阅读时间，免责条款页面将在一定时间内无法关闭和跳转，之后投保人才可以进行下一步操作。

C. 尽量以文字输入方式代替选项勾选。《中国银保监会关于规范互联网保险销售行为可回溯管理的通知》要求，互联网保险销售行为可回溯资料应当可以还原为可供查验的有效文件，销售页面应当可以还原为可供查验的有效图片或视频。保险机构的投保页面，在对免责条款部分进行颜色加重或变色、字体加粗等形式进行凸显的前提下，对于免责条款的提示往往以弹窗式的方式呈现，再由投保人勾选“已阅读”，并点击“同意”按钮后完成，该方式设置过于简单。互联网投保平台可以借鉴线下业务过程中的有益经验，在投保人投保过程中，可以设置投保人文字输入确认模块，要求投保人文字输入“保险人已对包括免责条款在内相关保险条款向我进行了提示、说明、解释，我已经完全理解接受”等类似内容的文字，以此强化“明确说明”义务的履行。

D. 设置免责条款的强制阅读时间限制。保险公司投保平台采用弹窗式或者其他方式将免责条款内容呈现于投保人面前，同时可以按照免责条款的内容多少设置一定阅读时间限制，该限制的时间可以倒计时的方式在窗口中予以反映，限制时间范围内，投保人无法进行其他步骤的操作，以此来要求投保人对免责条款的内容进行阅读与理解。

E. 发挥各保险机构电话平台优势，通过客服回访确认对免责条款明确说明义务的履行。各家保险机构均设置有固定电话平台，在开展线上保险业务的过程中，保险机构网络平台可以提供相应的选项供投保人选择，即“是否需要人工释明条款内容”，当事人选择“需要”的，保险机构可以通过网络连线、电话回访等方式就相关条款对投保人进行释明，以此来完善说明义务的履行过程。

3. 投保人如实告知义务的履行

投保人是否履行告知义务，影响保险人是否同意承保或者提高保险费率等实质方面的内容。《保险法》的立法宗旨是基于保险合同双方地位的悬殊性，投保人履行如实告知义务的前提是保险人应履行询问义务。

(1)法律依据

《最高人民法院关于适用〈中华人民共和国保险法〉若干问题的解释(二)》第6条规

定:“投保人的告知义务限于保险人询问的范围和内容。当事人对询问范围及内容有争议的,保险人负举证责任。保险人以投保人违反了对投保单询问表中所列概括性条款的如实告知义务为由请求解除合同的,人民法院不予支持。但该概括性条款有具体内容的除外。”司法解释进一步要求保险人应当适当、具体地进行询问,并对此承担举证责任。

《最高人民法院关于适用〈中华人民共和国保险法〉若干问题的解释(三)》第5条规定:“保险合同订立时,被保险人根据保险人的要求在指定医疗服务机构进行体检,当事人主张投保人如实告知义务免除的,人民法院不予支持。保险人知道被保险人的体检结果,仍以投保人未就相关情况履行如实告知义务为由要求解除合同的,人民法院不予支持。”

(2)建议

保险人是否有权以投保人未履行如实告知义务为由行使合同解除权的前提是保险人已经履行适当询问义务,因此我们建议:①在互联网保险承保过程中,可以采取收集身份信息、营业执照信息、人脸识别等方式,确保询问对象系保单项下投保人;②询问内容应当具体化、明确化,可以采用调查问卷的方式,以“列举+概述”的形式进行询问,并要求投保人以“是”或“否”的回答进行提交;③若投保人未完成询问表格,应当强制弹出,提示投保人填写,未填写的无法进入下一步操作环节;④尽量减少采用让保险人提交第三方出具资料的方式让投保人履行如实告知义务,这将推动保险机构必须全面、完整地去审核第三方材料是否足以影响保险人对是否承保、如何确定承保条件和费率等问题并做出正确决策,而接受投保将被视为保险机构已经完成上述核实义务。

4.适当性义务的履行

金融消费者保护是近期监管关注的一大重点领域,在《九民纪要》及新《证券法》中也以专章的形式规定了金融消费者保护和投资者适当性的相关内容,中国人民银行还于2020年9月15日修订颁布了《中国人民银行金融消费者权益保护实施办法》(中国人民银行令〔2020〕第5号)。《互联网保险业务监管办法》也通过专门条款的形式新增了互联网保险销售中的投资者适当性义务,即《互联网保险业务监管办法》第17条规定保险机构应当“采取必要手段识别消费者的保险保障需求和消费能力,把合适的保险产品提供给消费者”,其具体要求可概括如下(见表5-2-5):

表5-2-5 保险机构适当性义务履行合规要点

概要	条款内容
售后服务	充分告知消费者售后服务能否全流程线上实现,以及保险机构因在消费者或保险标的所在地无分支机构而可能存在的服务不到位等问题
风险提示	通过互联网销售投连险、万能险等人身保险新型产品或提供相关保险经纪服务的,应建立健全投保人风险承受能力评估及业务管理制度,向消费者做好风险提示
售前咨询	提供有效的售前在线咨询服务,帮助消费者客观、及时了解保险产品和服务信息

续表

概要	条款内容
如实告知	通过问卷、问询等方式有效提示消费者履行如实告知义务，提示消费者告知不准确可能带来的法律责任，不得诱导消费者隐瞒真实健康状况等实际情况
不得限制自主选择权	在销售流程的各个环节以清晰、简洁的方式保障消费者实现真实的购买意愿，不得采取默认勾选、限制取消自动扣费功能等方式剥夺消费者自主选择的权利

《互联网保险业务监管办法》在《互联网保险业务监管暂行办法》的基础上，对投保承保流程方面的要求进一步加强，主要有三方面体现：一是进一步细化信息披露标准，包括明确线上线下统一的投保、承保、退保、理赔、续保的信息披露标准及除官网披露要求外，还应区分第三方平台披露与自营平台披露要求；二是明确规定保险公司、保险中介机构办理确认保单信息、受理投保申请、收取保费等行为应在其自营平台上进行；三是在销售行为可回溯上还进一步明确因互联网保险业务产生投诉纠纷的，保险公司、保险中介机构应在处理过程中全流程还原交易过程和细节。因自身原因不能还原交易轨迹的，应按照有利于投诉人的原则处理消费者诉求。《互联网保险业务监管办法》还进一步要求保险机构在销售保险产品过程中应当履行适当销售等原则，主要体现在以下方面：

(1)投保人身份确认

保险公司应采用有效技术手段对投保人身份信息的真实性进行验证，并应完整记录和保存互联网保险主要业务过程。

(2)客户适配性

保险公司应提高互联网保险产品销售的针对性，采取必要手段识别客户的保险保障需求和消费能力，把合适的保险产品销售给合适的客户。

(3)投保人适当性

针对万能型和投资连结型互联网保险产品，保险公司应建立健全投保人风险承受能力评估及销售管理制度，对客户进行分类，对保险产品进行分级，向客户做好风险提示。

(4)保障消费者自主选择权

《互联网保险业务监管办法》第 17 条规定：“保险机构应提高互联网保险产品销售的针对性，采取必要手段识别消费者的保险保障需求和消费能力，把合适的保险产品提供给消费者，并通过以下方式保障消费者的知情权和自主选择权：(一)充分告知消费者售后服务能否全流程线上实现，以及保险机构因在消费者或保险标的所在地无分支机构而可能存在的服务不到位等问题。(二)通过互联网销售投连险、万能险等人身保险新型产品或提供相关保险经纪服务的，应建立健全投保人风险承受能力评估及业务管理制度，向消费者做好风险提示。(三)提供有效的售前在线咨询服务，帮助消费者客观、及时了解保险产品和服务信息。(四)通过问卷、问询等方式有效提示消费者履行如实告知义务，提示消费者告知不准确可能带来的法律责任，不得诱导消费者隐瞒真实健康状况等实际情况。(五)在销售流程的各个环节以清晰、简洁的方式保障消费者实现真实的购买意愿,不得采取默认勾选、限制取消自动扣费功能等方式剥夺消费者自主选择的权利。”劝诱是保险销售过程中容易发生的不当销售行为,互联网保险销售中的误导更多体现为默认勾选、捆绑销售、自动续费等销售页面设置方面。互联网保险业务与线下保险业务区别仅仅在于业务开展模式的不同,因此保险人在线下业务中需要关注的合规要点,在线上业务中也应当予以妥善处理。在互联网保险投保承保过程中,保险公司应从以下方面入手,完善承保管理,在合理保障消费者利益的同时,也能够避免合规风险、法律风险:

①明确投保人身份的真实性与合法性。投保人身份影响着保险合同是否成立与生效,建议保险公司采取周全的技术进行身份验证,除身份证上传、身份证号识别外,还可以采取人脸识别等高科技手段来进行确认。

②禁止诱导与不当销售。保险公司在产品销售过程中,可以通过问卷等方式对客户进行识别与分类,对各类客户推荐与其需求、能力相互匹配的产品;在具体销售网页等平台建设中,还应当注意不得以默示勾选、捆绑销售、强制自动续费等方式进行不当销售。

③全面、适当履行如实告知义务及询问义务。这是保险公司是否能够依据保险合同主张免责或解除合同的关键,保险公司在页面设置过程中,应当以通俗易懂的方式去描述保险产品性状,以具体详细的方式来询问保险标的的状况。此外在销售页面设置上,应当保证投保确认书、保险条款被投保人注意并阅读。

④确保销售行为可回溯。这不仅是监管机构的要求,也是民事纠纷发生时证明保险机构已适当履行相关义务的保障。我们建议保险机构对投保人操作轨迹、投保人填写的信息、销售页面内容的回溯方式予以重视,确保内容完整且不可篡改。

九、强化保险机构从业人员销售管理

当前保险机构从业人员普遍通过微信朋友圈、公众号、微信群、微博、短视频、直播等方式参与互联网保险营销宣传,为规范营销宣传行为、保障市场稳定、促进就业和复工复产,《互联网保险业务监管办法》规定保险机构从业人员经所属机构授权后,可以开展互联网保险营销宣传。《互联网保险业务监管办法》强化了保险机构的主体责任,对从业人员开展互联网保险营销宣传进行了针对性的严格规定。

根据银保监会在就《互联网保险业务监管办法》的《答记者问》中的解释可知,《互联网保险业务监管办法》强化了持牌机构在销售管理方面的管理责任,提出了有关要求:一是保险机构应为互联网保险营销宣传建立一系列管理制度;二是保险机构应开展营销宣传信息审核、监测、检查,并承担合规主体责任;三是保险机构应按照相关监管规定对从业人员进行执业登记和管理,标识其从事互联网保险业务的资质;四是保险机构及其从业人员应慎重向消费者发送互联网保险产品信息。另外,《互联网保险业务监管办法》要求互联网保险营销宣传活动应符合《广告法》、金融营销宣传以及银保监会相关规定。另外,《互联网保险业务监管办法》要求互联网保险营销宣传活动应符合金融营销宣传等有关规定。

关于从业人员营销宣传,《互联网保险业务监管办法》明确了具体要求:一是从业人员应在保险机构授权范围内开展互联网保险营销宣传;二是从业人员发布的营销宣传内容应由所属保险机构统一制作;三是从业人员应在营销宣传页面显著位置标明所属保险机构全称及个人姓名、证件照片、执业证编号等信息。

关于营销宣传内容,《互联网保险业务监管办法》也做了针对性规定:一是开展营销宣传活动应遵循清晰准确、通俗易懂、符合社会公序良俗的原则;二是营销宣传内容应与保险合同条款保持一致;三是营销宣传页面应准确描述保险产品的主要功能和特点。

十、压实保险机构售后服务职责

《互联网保险业务监管办法》在第三节(第 24 ~ 32 条)专门对保险机构售后服务管理职责进行了强调,见表 5 - 2 - 6。

表 5 - 2 - 6　保险机构售后服务管理合规要点

概要	条款内容
全流程管理	保险机构应当建立健全在线核保、批改、保全、退保、理赔和投诉处理等全流程服务体系
客户服务入口	保险机构应当在自营网络平台建立统一集中的客户服务业务办理入口
落实线下服务	对于部分无法在线完成核保、保全、理赔等保险业务活动的,保险公司应通过本公司分支机构或线下合作机构(仅限于其他保险机构及其分支机构、区域性保险专业中介机构)做好落地服务,销售时应明确告知投保人相关情况
售后服务	保险公司应当不断加强互联网保险售后服务的标准化、规范化、透明化建设
客户甄别	保险公司为互联网保险客户提供保单批改和保全服务的,应识别、确认客户身份的真实性和合法性
保障客户退保权益	保险公司应保障客户退保权益,不得隐藏相关业务的办理入口,不得阻碍或限制客户退保
查勘理赔服务	保险公司应当建立提供查勘理赔服务的系统化工作流程,实现查勘理赔服务闭环完整
理赔争议处理机制	保险公司应建立健全理赔争议处理机制和工作流程
专门投诉处理队伍	保险公司应建立完整的客户投诉处理流程,建设独立于销售、理赔等业务的专职处理互联网保险客户投诉的人员队伍

十一、加强保险机构互联网运营管理职责

互联网保险业务涉众面广、模式众多、问题复杂,在促进行业发展的同时也会带来新的风险隐患,也给监管带来新的挑战。《互联网保险业务监管办法》在前述章节把防范

化解风险放在首位:一是坚持“机构持牌、人员持证”的原则,清晰界定持牌机构的权利义务、压实主体责任,并以负面清单形式明确非保险机构的禁止行为;二是明确自营网络平台定义,要求投保页面必须属于保险机构的自营网络平台;三是强化信息披露要求,强化营销管理职责,保障消费者知情权;四是在《互联网保险业务监管办法》第二章第四节第34~43条专门就保险机构运营管理职责进行了强化,防范和化解互联网保险的风险,见表5-2-7。

表5-2-7 保险机构互联网运营管理合规要点

概要	条款内容
客户核验	保险机构应采用有效技术手段对投保人身份信息的真实性进行验证,完整记录和保存互联网保险主要业务过程
合作选择	保险公司应当审慎选择合作的保险中介机构
人员持证管理	保险机构对授权为互联网保险业务开展营销宣传、产品咨询在本机构执业的保险销售、保险经纪从业人员履行执业登记和管理、标识的职责
依约结算	保险公司依照协议支付保险中介机构、技术支持、客户服务等服务合作机构相关费用,不得以现金形式进行结算
技术支撑	保险机构应严格按照网络安全相关法律法规,建立完善与互联网保险业务发展相适应的信息技术基础设施和安全保障体系,提升信息化和网络安全保障能力的职责
客户信息保护	保险机构应承担客户信息保护的主体责任
应急处置	保险机构应制定互联网保险业务经营中断应急处置预案
反洗钱	保险机构应建立健全反洗钱内部控制制度,履行反洗钱义务
反欺诈	保险机构应建立健全反欺诈制度,积极参与风险信息共享的行业协同机制,提高风险识别和反欺诈能力
停业善后	保险机构停止经营互联网保险相关业务的,应采取妥善措施做好售后服务
舆情监测	保险机构应开展互联网保险业务舆情监测和处理

(一)收付费管理合规要点及风险控制

1. 保费收取

根据《互联网保险业务监管办法》等规定,互联网保险业务中收取保费应遵循如下规则:

第一,投保人交付的保费应直接转账支付至保险机构的保费收入专用账户。《互联网保险业务监管办法》进一步具体细化了不同业务模式下的保费收取方式:其一,保险公司通过自营网络平台开展互联网保险业务的,应通过自有保费收入专用账户直接收取投保人交付的保费;其二,通过保险中介机构开展互联网保险业务的,可委托保险中介机构通过保费收入专用账户代收保费;其三,第三方网络平台不得代收保费,保险机构可以依法在第三方支付平台开设专用账户收取保费。

第二,鉴于第三方网络平台不具备保险机构牌照,没有从事代付或者代收保费的经营资质以及如由第三方网络平台代收保费则可能存在挪用、侵占保费的风险,监管规定要求第三方网络平台不得代收保费并进行转支付,并将其作为整治工作的重点。《中国银保监会办公厅关于印发2019年保险中介市场乱象整治工作方案的通知》(银保监办发〔2019〕90号)要求各保险机构应规范与第三方网络平台业务合作,重点整治第三方平台是否存在代收保险费和转支付现象。《互联网保险业务监管办法》明确个人和非保险机构不得代收保费,不得接收保费然后分账结算。

第三,《互联网保险业务监管办法》对违反保费收取相关规定的法律后果予以明确。《互联网保险业务监管办法》第19条明确规定,保险公司通过自营网络平台开展互联网保险业务的,应通过自有保费收入专用账户直接收取投保人交付的保费;与保险中介机构合作开展互联网保险业务的,可通过该保险中介机构的保费收入专用账户代收保费。保费收入专用账户包括保险机构依法在商业银行及第三方支付平台开设的专用账户。《互联网保险业务监管办法》第77条规定,保险机构及其从业人员违反本办法相关规定,银保监会及其派出机构应依法采取监管措施或实施行政处罚。这里当然也包括针对保险机构和第三方网络平台违反费用支付等有关规定采取监管措施或实施行政处罚。

2. 理赔款支付

《互联网保险业务监管办法》第40条第2款要求"保险机构原则上应要求投保人使用本人账户支付保费。退保时保费应退还至原交费账户或投保人本人其他账户。保险金应支付到被保险人账户、受益人账户或保险合同约定的其他账户。保险机构应核对投保人账户信息的真实性。"

3. 佣金/手续费支付

保险机构不得向未取得合法资格的机构或者个人支付佣金/手续费,佣金和手续费的支付应当由总公司统一结算、统一授权转账支付。一方面,根据《保险法》(2015年)第130条及《保险公司管理规定》(2015年)第54条的规定,保险机构仅能向取得合法资格的机构或个人支付保险佣金,不得委托未取得合法资格的机构或个人从事保险销售活动,不得向未取得合法资格的机构或者个人支付佣金或者其他利益。这就意味着,保险机构不得直接或变相地向第三方网络平台或其员工支付佣金或手续费。鉴于《互联网保险业务监管暂行办法》对这一问题没有直接明确,《互联网保险业务监管办法》第35条也明确保险机构在互联网保险销售或经纪活动中,不得向未在本机构进行执业登记的人员支付或变相支付佣金及劳动报酬。保险机构在开展互联网保险业务时,存在向未按规定在本机构进行执业登记的人员支付或变相支付佣金及劳动报酬行为的,银保监会及其派出机构有权进行处罚。另一方面,根据《保险公司财会工作规范》等相关规定,保险公司的佣金和手续费应当由总公司统一结算、统一授权转账支付,由总公司或省级分公司通过银行转账等非现金方式集中支付,省级以下分支机构不得支付佣金和手续费。保险中介机构不得将保险佣金从代收的保险费中直接扣除。

4. 技术服务费支付

《互联网保险业务监管办法》第 36 条明确规定,保险公司向保险中介机构支付相关费用,或保险机构向提供技术支持、客户服务等服务的合作机构支付相关费用,应按照合作协议约定的费用种类和标准,由总公司或其授权的省级分支机构通过银行或合法第三方支付平台转账支付,不得以现金形式进行结算。保险机构不得直接或间接给予合作协议约定以外的其他利益。

(二)交易记录保存及可回溯管理

1. 概述

保险机构应完整记录和保存互联网保险业务的交易信息,确保能够完整、准确地还原相关交易流程和细节。交易信息应至少包括:产品宣传和销售文本、销售和服务日志、投保人操作轨迹等。第三方网络平台应协助和支持保险机构依法取得上述信息。在互联网保险业务中,保险机构不仅应当完整记录和保存交易信息,还应当确保保险销售行为可回溯。《互联网保险业务监管办法》第 33 条在延续前述要求的基础上同时又新增保险公司应对投保人身份信息的真实性进行验证的要求,明确规定"保险机构应采用有效技术手段对投保人身份信息的真实性进行验证,应完整记录和保存互联网保险主要业务过程,包括:产品销售页面的内容信息、投保人操作轨迹、保全理赔及投诉服务记录等,做到销售和服务等主要行为信息不可篡改并全流程可回溯。互联网保险业务可回溯管理的具体规则,由银保监会另行制定"。

2. 交易记录保存

(1)保存内容与保存期限

交易记录保存不仅仅是监管机构对互联网保险业务的要求,更是监管机构为了预防洗钱和恐怖融资活动,维护金融秩序而作出的明确规定。

2020 年 6 月,银保监会正式下发《关于规范互联网保险销售行为可回溯管理的通知》(银保监发〔2020〕26 号),其第 18 条、第 19 条、第 20 条进一步明确了互联网保险可回溯档案的保存内容、保存时长和保存方式。

①保存内容:至少包括销售页面,投保人、被保险人在相关销售页面上的操作轨迹和投保期间保险机构通过在线服务体系向投保人解释说明保险条款的有关信息。其中操作痕迹应当包含投保人进入和离开销售页面的时点、投保人和被保险人填写或点选销售页面中的相关内容及时间等。

②保存时长:自保险合同终止之日起计算,保险期间在 1 年以下的不得少于 5 年,保险期间超过 1 年的不得少于 10 年。遇消费者投诉、法律诉讼等纠纷的,应当至少保存至纠纷结束后 3 年。

③保存方式:互联网保险销售行为可回溯资料应当可以还原为可供查验的有效文件,销售页面应当可以还原为可供查验的有效图片或视频。

(2)未按照规定保存交易记录的法律责任

《中国银保监会关于规范互联网保险销售行为可回溯管理的通知》(银保监发〔2020〕26 号)第 25 条规定:“保险机构未按照本通知要求对互联网保险销售行为进行可回溯管理的,由中国银保监会及其派出机构依照有关法律规定予以处罚或采取监管措施。”这里的有关法律规定就包括前述《反洗钱法》《交易记录保存管理办法》《保险法》的相关规定。

3. 可回溯管理

根据《保险销售行为可回溯管理暂行办法》(保监发〔2017〕54 号)的规定,保险销售行为可回溯是指保险公司、保险中介机构通过录音录像等技术手段采集视听资料、电子数据的方式,记录和保存保险销售过程关键环节,实现销售行为可回放、重要信息可查询、问题责任可确认。虽然《保险销售行为可回溯管理暂行办法》对保险销售行为可回溯进行了定义,但只对人身保险公司销售保险产品的可回溯管理作出了进一步说明(包括后续发布的《中国保监会关于落实〈保险销售行为可回溯管理暂行办法〉有关事项的通知》)(保监消保〔2017〕265 号),而将电话销售业务和互联网保险业务排除在外,只规定了保险公司、保险中介机构开展互联网保险业务,依照中国保监会互联网保险业务监管的有关规定开展可回溯管理。《互联网保险业务监管办法》第 33 条规定,保险机构应采用有效技术手段对投保人身份信息的真实性进行验证,应完整记录和保存互联网保险主要业务过程,包括:产品销售页面的内容信息、投保人操作轨迹、保全理赔及投诉服务记录等,做到销售和服务等主要行为信息不可篡改并全流程可回溯。互联网保险业务可回溯管理的具体规则,由银保监会另行制定。对互联网保险业务产生投诉纠纷的,保险公司在处理过程中应能全流程回溯销售和服务等主要行为信息。因保险公司自身原因不可回溯的,应按照有利于消费者的原则处理。互联网保险业务可回溯管理的具体要求,由银保监会另行制定。

2020 年 6 月,银保监会在两次征求意见后终于下发《中国银保监会关于规范互联网保险销售行为可回溯管理的通知》(银保监发〔2020〕26 号),主要内容如下:

(1)明确互联网保险销售行为可回溯的定义。互联网保险销售行为可回溯是指保险机构通过销售页面管理和销售过程记录等方式,对在自营网络平台上销售保险产品的交易行为进行记录和保存,使其可供查验。

(2)明确适用范围。保险机构在自营网络平台上销售投保人为自然人的商业保险产品时,应当实施互联网保险销售行为可回溯管理。个人税收优惠型健康保险、个人税收递延型养老保险产品除外。

(3)明确销售页面及销售页面管理的定义。销售页面是指保险机构在自营网络平台上设置的投保及承保全流程页面,包含提示进入投保流程、展示说明保险条款、履行提示和明确说明义务、验证投保人身份,及投保人填写投保信息、自主确认阅读有关信息、提交投保申请、缴纳保费等内容的网络页面。销售页面管理是指保险机构应当保存销售页面的内容信息及历史修改信息,并建立销售页面版本管理机制。

(4)明确销售页面的设置仅限于保险机构自营平台以及明确互联网投保流程涉及的提示进入投保流程的页面、投保流程页面的各项展示内容和功能设计等方面的要求。

(5)明确身份验证。要求保险机构应当根据对个人保险实名制的管理要求,对投保人、被保险人和受益人身份真实性进行验证。

(6)明确互联网保险可回溯档案的保存内容、保存时长和保存方式。

(7)个人信息安全保护义务。要求保险机构开展互联网保险销售行为可回溯相关工作时,应当严格依照有关法律法规规定,采取切实可行的管理措施和技术措施,保护投保人、被保险人和受益人的个人信息安全。

(8)内控管理。保险机构应当对互联网保险销售行为可回溯管理建立全面、系统、规范的内部控制体系,加强内控制度建设和内控流程设计,实现对销售行为可回溯管理所有流程和操作环节的有效监控。

(9)销售方式融合。保险机构开展互联网保险销售时,涉及非互联网保险销售方式的,一并适用《中国银保监会关于规范互联网保险销售行为可回溯管理的通知》和银保监会关于可回溯管理的其他监管要求。

(10)自助终端。保险机构通过固定场所设置的自助终端销售保险产品的,适用《中国银保监会关于规范互联网保险销售行为可回溯管理的通知》。原可回溯管理的相关监管要求与《中国银保监会关于规范互联网保险销售行为可回溯管理的通知》不一致的,以《中国银保监会关于规范互联网保险销售行为可回溯管理的通知》为准。根据上述内容可见,《中国银保监会关于规范互联网保险销售行为可回溯管理的通知》对互联网保险销售行为可回溯管理内容进行了详细的梳理和规定。一方面,侧重记录并保存互联网保险销售过程中投保人投保信息、操作轨迹、操作时间,以及通过在线服务体系向投保人解释说明保险条款的有关信息等内容,同时也将保险中介包含在内,进一步加强了对保险中介的监管;另一方面,区分销售页面和非销售页面,且对投保流程中各页面的展示要求、流程设计要求等予以明确规定,旨在进一步完善对保险消费者的权益保护,也能从侧面降低保险纠纷发生后对保险公司明确说明和提示义务履行的证明力风险。

另外,从《中国银保监会关于规范互联网保险销售行为可回溯管理的通知》关于“保险机构可以在非自营网络平台设置投保申请链接,由投保人点击链接进入自营网络平台的销售页面。《中国银保监会关于规范互联网保险销售行为可回溯管理的通知》也明确规定投保操作必须在保险机构自营平台上进行，非保险机构自营平台只能提供投保链接跳转。《互联网保险业务监管办法》最终也明确坚持持牌经营，取消第三方网络平台，只允许非保险机构自营平台提供营销宣传服务的相关监管思路在未来将进一步落实。

（三）客户回访

1. 概述

回访是为保护保险消费者利益，确保由消费者本人投保并知悉保险合同主要内容的制度安排，在防范销售误导、管控保单真实性等方面起到了重要作用。售后回访可以帮助投保人再次了解所购买的保险产品，如投保人发现不符合自己的购买意愿，可以选择在犹豫期内解除保险合同。传统的回访首选电话方式，但随着移动互联网技术的广泛应用，通过手机 APP、官方微信号等电子化方式进行回访已经具备了技术基础，市场主体采用电子化方式进行回访的创新需求也越发强烈。

为顺应时代发展，银保监会鼓励保险公司探索以短信、即时通信工具等多种方式开展客户回访。《互联网保险业务监管办法》第 20 条规定："保险机构开展互联网保险业务，可通过互联网、电话等多种方式开展回访工作，回访时应验证客户身份，保障客户投保后及时完整知悉合同主要内容。保险机构开展电子化回访应遵循银保监会相关规定。"

2. 回访形式

（1）电话回访

2009 年 9 月 25 日公布的《人身保险管理办法》，要求除团体保险外，保险公司应当建立 1 年期以上新型产品的回访制度。同时，《人身保险管理办法》第 10 条规定："保险公司对新型产品投保人的回访应当在犹豫期内完成。回访应当首先采用电话方式，并制作录音；电话回访不成功的，可以采用信函或者会见等方式，但必须取得投保人签名的回执；通过以上所有方式均不能成功回访的，保险公司应当就回访情况及不能成功回访的原因等有关内容进行详细记录。保险公司应当妥善保管回访的录音及其他证明材料，保管期限自保险合同终止之日起计算，保险期间在 1 年以下的不得少于 5 年，保险期间超过 1 年的不得少于 10 年。"

（2）电子化方式回访

2019 年 5 月 24 日，中国银保监会对《关于修改〈人身保险新型产品信息披露管理办法〉的决定（征求意见稿）》公开征求意见的公告，拟在《人身保险管理办法》第 10 条中增加电子化方式回访，并将第 10 条修改为："保险公司对新型产品投保人的回访应当在犹豫期内完成。回访应当首先采用电话或电子化方式，上述方式回访不成功的，可以采用信函或者会见等方式，但必须取得投保人签名的回执；通过以上所有方式均不能成功回访的，保险公司应当就回访情况及不能成功回访的原因等有关内容进行详细记录。前款中的电子化回访是指依托移动互联网等技术,对投保人验证客户信息真实性,确认投保人知悉合同主要内容和犹豫期等相关权利的回访。保险公司应当妥善保管回访电话录音、电子数据及其他证明材料,保管期限自保险合同终止之日起计算不得少于10年。”2020年2月7日,银保监会发布了《中国银保监会办公厅关于推广人身保险电子化回访工作的通知》(以下简称《人身保险电子化回访通知》),再次肯定了电子化回访方式。根据《人身保险电子化回访通知》的规定,保险公司可开展电子化回访,但应遵循投保人自愿的原则,电子化回访适用于保险公司按照监管规定应回访的全部人身保险业务。开展电子化回访应遵守现有监管规定中关于人身保险新单业务回访相关要求。同时《人身保险电子化回访通知》还对保险公司电子化回访的管理制度、信息管理系统、回访未成功的处理方式、抽检制度、监管报告等事项进行了明确。

3. 回访内容

(1)通用条款

《人身保险管理办法》第9条规定:“除团体保险外,保险公司应当建立一年期以上新型产品的回访制度。回访制度应当包括回访的时间、方式、内容、成功率以及问题件的处理等内容。”

《人身保险业务基本服务规定》(中国保监会令2010年第4号)第14条规定:“保险公司应当建立回访制度,指定专门部门负责回访工作,并配备必要的人员和设备。”第15条规定:“保险公司应当在犹豫期内对合同期限超过一年的人身保险新单业务进行回访,并及时记录回访情况。回访应当包括以下内容:(一)确认受访人是否为投保人本人;(二)确认投保人是否购买了该保险产品以及投保人和被保险人是否按照要求亲笔签名;(三)确认投保人是否已经阅读并理解产品说明书和投保提示的内容;(四)确认投保人是否知悉保险责任、责任免除和保险期间;(五)确认投保人是否知悉退保可能受到的损失;(六)确认投保人是否知悉犹豫期的起算时间、期间以及享有的权利;(七)采用期缴方式的,确认投保人是否了解缴费期间和缴费频率。人身保险新型产品的回访,中国保监会另有规定的,从其规定。”第18条规定:“保险公司在回访中发现存在销售误导等问题的,应当自发现问题之日起15个工作日内由销售人员以外的人员予以解决。”

(2)特定险种条款

针对连结保险,《人身保险管理办法》第24条规定:“对投资连结保险投保人的回访应当包括以下内容:(一)确认投保人是否购买了该保险产品以及投保人是否在投保单上亲笔签名;(二)确认投保人是否知悉犹豫期的起算时间、天数以及犹豫期享有的权利;(三)确认投保人是否知悉保险责任和责任免除;(四)确认投保人是否知悉投资连结保险的投资回报是不确定的,实际投资收益可能会出现亏损;宣传材料上的利益演示仅基于假定的投资收益,不代表未来的实际收益;(五)确认投保人是否知悉费用扣除项目及扣除的比例或者金额;(六)确认投保人是否知悉退保可能产生的损失。"

针对万能保险,《人身保险管理办法》第29条规定:"对万能保险投保人的回访应当包括以下内容:(一)确认投保人是否购买了该保险产品,投保人是否在投保单上亲笔签名;(二)确认投保人是否知悉犹豫期的起算时间、天数以及犹豫期享有的权利;(三)确认投保人是否知悉保险责任和责任免除;(四)提示投保人超过最低保证利率的收益是不确定的,取决于公司实际经营情况;(五)确认投保人是否知悉费用扣除项目及扣除的比例或者金额;(六)确认投保人是否知悉退保可能产生的损失。"

针对分红保险,《人身保险管理办法》第33条规定:"对分红保险投保人的回访应当包括以下内容:(一)确认投保人是否购买了该保险产品,投保人是否在投保单上亲笔签名;(二)确认投保人是否知悉犹豫期的起算时间、天数以及犹豫期享有的权利;(三)确认投保人是否知悉保险责任和责任免除;(四)确认投保人是否知悉宣传材料上的利益演示是基于公司精算假设,保单的红利分配是不确定的;(五)确认投保人是否知悉退保可能产生的损失。"

4. 未按照规定进行回访的法律责任

《人身保险管理办法》第34条规定:"保险公司未按照本办法要求及时进行回访,或者回访不符合本办法要求的,由中国保监会及其派出机构责令改正,给予警告,对有违法所得的处违法所得1倍以上3倍以下的罚款,但最高不得超过3万元,对没有违法所得的处1万元以下的罚款。对其直接负责的主管人员和其他直接责任人员给予警告,并处1万元以下的罚款。"实践中,未按照上述规定进行回访的保险公司已受到银保监会的处罚。

(四)客户信息管理

保险机构应加强客户信息管理,确保客户资料信息真实有效,保证信息采集、处理及使用的安全性和合法性。对开展互联网保险业务过程中收集的客户信息,保险机构应严格保密,不得泄露,未经客户同意,不得将客户信息用于所提供服务之外的目的。《互联网保险业务监管办法》第38条基本延续了前述规定,进一步强调"保险机构应承担客户信息保护的主体责任,收集、处理及使用个人信息应遵循合法、正当、必要的原则,保证信息收集、处理及使用的安全性和合法性:(一)建立客户信息保护制度,明确数据安全责任人,构建覆盖全生命周期的客户信息保护体系,防范信息泄露……"互联网保险业务中除涉及传统保险产品外,还有借助互联网平台和背景发展出的创新型产品,因而,互联网保险业务中获取客户信息也呈现多元化的特征,主要有以下三类获取客户信息的渠道。第一,从客户个人处获取客户信息。在开展互联网保险业务时,经常需要客户提供与个人相关的信息,如身份信息、财产信息、健康信息等。根据《个人信息安全规范》,上述信息都属于个人敏感信息,一旦发生个人敏感信息泄露事件极有可能导致客户名誉、身心健康受到损害。第二,从保险当事人处获取投保人、被保险人、受益人多方主体的信息。在开展互联网保险业务时,保险机构、第三方平台经常需要投保人提供被保险人、受益人等非其本人的信息。第三,通过与第三方合作获得的客户信息,如与淘宝平台合作的退货运费险、与航空公司合作的航空延误险等。在办理这些险种的投保、理赔时,都会向第三方收集客户信息,如通过淘宝等电商平台、物流公司、航空公司等第三方获取客户信息。通过上述渠道获取客户信息时,应注意完善客户信息获取的流程,确保所获取的信息已取得其本人授权或提供该信息的主体已作出相关承诺。

因互联网保险业务中获取客户信息的渠道较传统保险业务渠道更加多元化,对保险机构管理客户信息也提出了一定的挑战。根据《网络安全法》《人身保险客户信息真实性管理暂行办法》的相关规定,客户信息首先应确保在境内系统中进行存储,同时也应注意遵循合法、合理、安全、保密的原则,杜绝客户信息泄露。在保单管理、客户信息真实性管理方面也提出了更加严格的要求。近年来,大型保险公司在互联网渠道泄露客户信息的事件多有发生,有时甚至触犯刑法引发刑事案件。在开展互联网保险业务时,保险机构应确实加强客户信息管理,隐私保护是大数据和网络保险时代面临的最重要的问题,保险机构应对客户信息管理建立一套严格的保密制度,不得利用客户在互联网上登记的信息谋利,确保客户隐私不被泄露。

(五)反欺诈

保险欺诈是保险行业一直以来面临的一个现实难题,互联网保险平台性、便捷性、虚拟性、“碎片化”、“轻资产”等特征都使其面临比传统保险更大的欺诈风险。2018 年保监会正式下发了《反保险欺诈指引》(保监发〔2018〕24 号),其已包含黑名单相关措施,如第 40 条规定:“保监会及其派出机构应致力于完善反欺诈协作配合机制,包括但不限于:……(二)将欺诈行政处罚、刑事处罚记录纳入企业个人信用记录和诚信档案,实行失信联合惩戒,提高打击欺诈行为的震慑力;(三)完善与公安、司法、人民银行、工商等部门的案件信息和执法信息通报制度,加强信息共享和交流互训……”第 42 条规定:“保险行业协会应在保监会及其派出机构的指导下,发挥行业自律作用,开展以下工作:……(五)推动行业数据及信息共享,组织建立反欺诈警示名单及不良记录清单等……”《反保险欺诈指引》也在保险业反欺诈制度体系与组织架构、内部控制与信息系统、欺诈风险识别、评估与考核、宣传教育及举报、监督管理与行业协作等方面作出详细规定,明确了保险机构董事会将承担欺诈风险管理的最终责任。2019 年 4 月,银保监会下发了《关于开展保险公司欺诈风险管理能力自评估工作的通知》(银保监风险处置局函〔2019〕6 号),主要对《反保险欺诈指引》几个方面的规定及欺诈案件管理和保险公司面临的欺诈风险状况进行评估。因此,为贯彻前述文件的精神,《互联网保险业务监管办法》第 41 条明确规定，保险机构应建立健全互联网保险业务反欺诈制度，加强对互联网保险欺诈的监控和报告，及时有效处置欺诈案件。

十二、明确三大经营主体的特别业务规则

（一）互联网保险公司经营保险业务具体要求

目前有很多保险公司都在推行线上保险的业务，但纯粹的互联网保险公司截至 2021 年 12 月底只有四家：众安保险、安心保险、易安保险和泰康在线。它们是纯粹的互联网保险公司，因为在众多从事互联网保险业务的公司中具备互联网保险牌照的公司只有这四家，并且不同于传统的保险公司：它们不设分支机构，销售和理赔均在线上进行。互联网保险公司互联网业务经营特别合规要点，见表 5－2－8。

表 5－2－8　互联网保险公司互联保险业务经营特别合规要点

概要	相关内容
持牌经营	互联网保险公司是指银保监会为促进保险业务与互联网、大数据等新技术融合创新，专门批准设立并依法登记注册，不设分支机构，在全国范围内专门开展互联网保险业务的保险公司
服务能力	互联网保险公司应提高线上全流程服务能力，提升线上服务体验和效率；应在自营网络平台设立统一集中的互联网保险销售和客户服务业务办理入口，提供销售、批改、保全、退保、报案、理赔和投诉等线上服务，与线下服务有机融合，向消费者提供及时有效的服务
产品管理	互联网保险公司应积极开发符合互联网经济特点、服务多元化保障需求的保险产品。产品开发应具备定价基础，符合精算原理，满足场景所需，让保险与场景、技术合理融合，充分考虑投保的便利性、风控的有效性、理赔的及时性。互联网保险公司应加强对产品开发、销售渠道和运营成本的管控，做到产品定价合理、公平和充足，保障稳健可持续经营
线下禁止	互联网保险公司不得线下销售保险产品，不得通过其他保险机构线下销售保险产品
风险防控	互联网保险公司应不断提高互联网保险业务风险防控水平，健全风险监测预警和早期干预机制，运用数据挖掘、机器学习等技术提高风险识别和处置能力。 互联网保险公司应建立完善与互联网保险业务发展相适应的信息技术基础设施和安全保障体系，提升信息化能力，保障信息系统和相关基础设施安全稳定运行，有效防范、控制和化解信息技术风险
投诉管理	互联网保险公司应指定高级管理人员分管投诉处理工作，设立专门的投诉管理部门和岗位，对投诉情况进行分析研究，协同公司产品开发、业务管理、运营管理等部门进行改进，完善消费者权益保护工作。 互联网保险公司应根据业务特点建立售后服务快速反应工作机制，对于投诉率异常增长的业务，应集中力量应对，及时妥善处理

（二）传统保险公司经营保险业务具体要求

传统保险公司开展互联网保险业务可以有三种方式，第一种是通过保险公司自建的网络平台自行开展销售活动（以下简称自营模式）；第二种是与保险专业中介机构合作，

通过保险专业中介机构自建的网络平台由保险专业中介机构开展销售活动(以下简称与保险专业中介机构合作);第三种是保险公司自行与第三方网络平台合作,或者通过保险专业中介机构与第三方网络平台合作,在该第三方网络平台上开展销售活动(以下简称与第三方网络平台合作)。

《互联网保险业务监管办法》颁布实施后只提倡自营模式(包括保险公司自营模式和保险专业中介机构的自营模式),对保险机构(包括保险公司和保险专业中介机构)与第三方网络平台合作的模式进行严格限制。可以面对自营模式和第三方网络平台合作模式分别予以介绍。

1. 自营模式

(1)网络平台的范围

自营模式是指保险机构通过自营网络平台开展互联网保险业务的模式,这里的"自营网络平台"是仅指保险机构自行开发并运营的网络平台,还是也包括保险公司的集团公司、同属某一集团的其他关联主体或保险公司分支机构名下的网络平台呢?同时根据《互联网保险业务监管办法》第2条第3款"本办法所称自营网络平台,是指保险机构为经营互联网保险业务依法设立的独立运营、享有完整数据权限的网络平台。保险机构分支机构以及与保险机构具有股权、人员等关联关系的非保险机构设立的网络平台,不属于自营网络平台"的规定,分支机构及关联机构设立的网络平台是拟被排除在自营网络平台范围外的,保险类子公司,如保险资管公司,或者保险机构的非保险类母公司也不属于保险机构的自营平台。那么,这里的"总公司集中运营、统一管理"具体如何操作,保险机构的分支机构如何参与到互联网保险业务经营中呢?首先,应当是以总公司的名义来开展互联网保险业务,而不得以分支机构的名义来开展,这表现为:①网络平台上关于互联网保险业务的对外宣传介绍不能以保险机构分支机构的名义进行;②签署互联网保险业务合作协议的主体应当为保险机构的总公司(或至少是经总公司授权的分支机构)。其次,保险机构总公司应当制定统一的集中业务平台和处理流程,对互联网保险业务予以统一、集中管控,而非仅由各分支机构自行管理其区域内的互联网保险业务或客户。最后,保险机构分支机构可以作为落地执行的机构,根据总公司的统一政策或流程,具体处理某一方面或某一领域的事务,包括核保、承保、出单、客户服务、理赔等。

(2)保险公司从业人员自媒体平台管理

如前所述,《互联网保险业务监管办法》第4条禁止保险机构从业人员以个人名义开展互联网保险业务。实践中,很多保险机构的员工(包括办理了保险执业登记和没有办理保险执业登记的员工)自行通过个人网站、应用程序(APP)、博客、微博客、公众账号、微信等自媒体平台介绍保险产品或保险服务,但不能通过该类平台直接在线投保,而是借此吸引消费者进一步联系员工本人,由员工本人通过线下面对面、在线咨询、语音通话、电话等方式介绍保险产品后在线下进行投保出单，或者向消费者发送保险公司自营平台的投保链接，该情形是否属于前述《互联网保险业务监管办法》第4条禁止的行为呢？如互联网保险业务的定义所述，认定属于线上还是线下业务的一个关键环节是投保、承保这个保险合同订立的过程是不是通过互联网完成，而非仅仅是保险产品介绍和宣传行为是否在互联网上进行。因此，如果仅仅是利用自媒体进行保险产品的介绍、宣传而未在线投保的，则不属于互联网保险业务，不属于《互联网保险业务监管办法》第4条禁止的行为。同时，根据《中国银行保险监督管理委员会关于加强自媒体保险营销宣传行为管理的通知》（银保监发〔2018〕27号）的规定，该类行为也被界定为营销宣传行为，而非互联网保险业务行为。消费者通过自营平台联系发布者（保险机构从业人员）后，发布者借此以线下面对面、在线咨询、语音通话、电话等方式介绍保险产品后通过线下进行投保出单的，鉴于保险合同的订立均是在线下完成的，也自然无法被认定为互联网保险业务。如果消费者通过自营平台联系发布者（保险机构从业人员）后，发布者向消费者发送保险机构自营平台的投保链接，消费者点击该投保链接进行投保的，又如何界定？该类行为被明确认定为互联网保险业务行为，但要求产品销售区域要满足所述渠道类型的保险监管要求，即如果是通过线下面对面的方式介绍产品的，要遵循线下销售时的区域限制；如果是通过电话或语音这一类方式介绍产品的，则要遵循电话销售的相关区域限制；如果是通过网络在线进行的，则要遵循互联网保险销售的相关区域限制。值得注意的是，如果进入保险产品的咨询或销售环节的，无论前述哪种方式，都要求该保险机构从业人员应当是办理了保险执业登记的人员，如未办理执业登记的人员从事该类咨询或销售活动的，则涉嫌被认定为不具有资质非法展业的违规行为。

2. 与第三方网络平台合作（又称互联网企业代理保险业务）

《互联网保险业务监管办法》最大的亮点是明确了保险公司与第三方网络平台的业务边界，取消了第三方网络平台的概念，并将从事保险销售的第三方网络平台纳入保险代理机构的监管范围。《互联网保险业务监管办法》反复强调自营网络平台是保险机构经营互联网保险业务的唯一载体，更是加强监管的主要抓手。《互联网保险业务监管办法》严格定义自营网络平台，并要求客户投保页面必须属于持牌机构的自营网络平台，这主要是为了全面强化持牌经营理念，压实保险机构的主体责任。另外，此做法也有助于解决保险机构获取客户信息的难题，有助于杜绝截留保费、平衡市场力量、控制渠道费用，有助于减少销售误导、促进消费者教育、保障行业长期稳健发展。“营销宣传合作机构”等概念在《互联网保险业务监管办法》中未被提及。由此可见，《互联网保险业务监管办法》中不再使用“第三方网络平台”“营销宣传合作机构”“服务合作机构”“技术支持机构”“客户服务机构”等概念，即提供营销宣传服务的“营销宣传合作机构”、提供技术支持服务的“技术支持机构”和提供客户服务的“客户服务机构”。其中,“营销宣传合作机构”可以概括为获得保险公司或保险专业中介机构委托,开展保险营销宣传的信息发布平台、传播媒介等的机构,现行的互联网保险导流服务即属于营销宣传的范畴,导流平台也需要符合“营销宣传合作平台”的相关要求。《互联网保险业务监管办法》取消这些措辞,是在传递一个监管信息:销售宣传、技术支持和客户服务属于保险机构的主体责任,不再允许外包,至少实质性和核心部分不能外包。保险机构虽然可以借助互联网流量平台为其保险产品或保险服务进行营销宣传,但只是部分内容和在一定范围内的合作,主体责任仍然都在保险机构。表 5 -2 -9 就是《互联网保险业务监管办法》对传统保险公司经营互联网保险业务在满足《互联网保险业务监管办法》第二章基本业务规则要求(第 7 ~43 条)以外的特别监管要求。

表 5 -2 -9 保险公司开展互联网保险业务应当遵守的特别业务规则

概要	相关条款
优化服务	本节所称保险公司,是指互联网保险公司之外的保险公司。保险公司应优化业务模式和服务体系,推动互联网、大数据等新技术向保险业务领域渗透,提升运营效率,改善消费体验;应为互联网保险业务配置充足的服务资源,保障与产品特点、业务规模相适应的后续服务能力
统一垂直管理	保险公司总公司应对互联网保险业务实行统一、垂直管理。 保险公司总公司可将合作机构拓展、营销宣传、客户服务、投诉处理等相关业务授权省级分支机构开展。经总公司同意,省级分支机构可将营销宣传、客户服务和投诉处理相关工作授权下级分支机构开展。总公司、分支机构依法承担相应的法律责任
区域限制	经营财产保险业务的保险公司在具有相应内控管理能力且能满足客户落地服务需求的情况下,可将相关财产保险产品的经营区域拓展至未设立分公司的省(自治区、直辖市、计划单列市),具体由银保监会另行规定。 经营人身保险业务的保险公司在满足相关条件的基础上,可在全国范围内通过互联网经营相关人身保险产品,具体由银保监会另行规定。不满足相关条件的,不得通过互联网经营相关人身保险产品
属地化服务	保险公司分支机构可在上级机构授权范围内为互联网保险业务提供查勘理赔、批改保全、医疗协助、退保及投诉处理等属地化服务。保险公司应为分支机构开展属地化服务建立明确的工作流程和制度,在保证服务时效和服务质量的前提下,提供该类服务可不受经营区域的限制
渠道融合联动	保险公司开展互联网保险业务,应结合公司发展战略,做好互联网与其他渠道融合和联动,充分发挥不同销售渠道优势,提升业务可获得性和服务便利性,做好经营环节、人员职责和业务数据等方面的有效衔接,提高消费者享有的服务水平
核算口径	保险公司开展互联网保险业务核算统计,应将通过直销、专业代理、经纪、兼业代理等销售渠道开展的互联网保险业务,计入该销售渠道的线上业务部分,并将各销售渠道线上业务部分进行汇总,反映本公司的互联网保险业务经营成果

（三）保险中介机构代理、经纪保险业务具体要求

保险中介机构开展互联网保险业务的特殊业务规则见表5－2－10。

表5－2－10 保险中介机构开展互联网保险业务的特殊业务规则

概要	相关条款
积极服务	保险中介机构应从消费者实际保险需求出发，立足角色独立、贴近市场的优势，积极运用新技术，提升保险销售和服务能力，帮助消费者选择合适的保险产品和保险服务。保险中介机构应配合保险公司开展互联网保险业务合规管理工作
统一垂直管理	保险中介机构应对互联网保险业务实行统一、垂直管理
合作选择	保险中介机构应立足经济社会发展和民生需要，选择经营稳健、能保障服务质量的保险公司进行合作，并建立互联网保险产品筛选机制，选择符合消费者需求和互联网特点的保险产品进行销售或提供保险经纪服务
业务范围	保险中介机构开展互联网保险业务，经营险种不得突破承保公司的险种范围和经营区域，业务范围不得超出合作或委托协议约定的范围
清晰标识	保险中介机构及其自营网络平台在使用简称时应清晰标识所属行业细分类别，不得使用“××保险”或“××保险平台”等容易混淆行业类别的字样或宣传用语。为保险机构提供技术支持、客户服务的合作机构参照执行
客户服务	保险中介机构应在自营网络平台设立统一集中的客户服务专栏，提供服务入口或披露承保公司服务渠道，保障客户获得及时有效的服务。保险中介机构销售互联网保险产品、提供保险经纪服务和保险公估服务的，应在自营网络平台展示客户告知书
委托关系	保险专业中介机构将互联网保险业务转委托给其他保险中介机构开展的，应征得委托人同意，并充分向消费者进行披露。受托保险中介机构应符合本办法规定的条件。 保险经纪人、保险公估人接受消费者委托，为消费者提供互联网保险相关服务的，应签订委托合同，明确约定权利义务和服务项目，履行受托职责，提升受托服务意识和专业服务能力
技术支撑	保险中介机构可积极运用互联网、大数据等技术手段，提高风险识别和业务运营能力，完善管理制度，与保险公司的运营服务相互补充，共同服务消费者。保险中介机构可发挥自身优势，建立完善相关保险领域数据库，创新数据应用，积极开展风险管理、健康管理、案件调查、防灾减损等服务
风险隔离	保险中介机构开展互联网保险业务，应在有效隔离、风险可控的前提下，与保险公司系统互通、业务互联、数据对接。保险中介机构之间可依托互联网等技术手段加强协同合作，促进资源共享和优势互补，降低运营成本，提高服务效率和服务质量
产品要求（限于银行类保险兼业代理机构）	银行类保险兼业代理机构销售互联网保险产品应满足以下要求： （一）通过电子银行业务平台销售。 （二）符合银保监会关于电子银行业务经营区域的监管规定。地方法人银行开展互联网保险业务，应主要服务于在实体经营网点开户的客户，原则上不得在未开设分支机构的省（自治区、直辖市、计划单列市）开展业务。无实体经营网点、业务主要在线上开展，且符合银保监会规定的其他条件的银行除外。 （三）银行类保险兼业代理机构及其销售从业人员不得将互联网保险业务转委托给其他机构或个人

十三、互联网企业代理互联网保险业务具体要求

互联网企业代理互联网保险业务特别业务规则见表5－2－11。

表5－2－11　互联网企业代理互联网保险业务特别业务规则

概要	相关条款
持牌经营	互联网企业代理保险业务是指互联网企业利用符合本办法规定的自营网络平台代理销售互联网保险产品、提供保险服务的经营活动。 互联网企业代理保险业务应获得经营保险代理业务许可
经营要求	互联网企业代理保险业务应满足以下要求： (1)具有较强的合规管理能力,能够有效防范化解风险,保障互联网保险业务持续稳健运营。 (2)具有突出的场景、流量和广泛触达消费者的优势,能够将场景流量与保险需求有机结合,有效满足消费者风险保障需求。 (3)具有系统的消费者权益保护制度和工作机制,能够不断改善消费体验,提高服务质量。 (4)具有敏捷完善的应急响应制度和工作机制,能够快速应对各类突发事件。 (5)具有熟悉保险业务的专业人员队伍。 (6)具有较强的信息技术实力,能够有效保护数据信息安全,保障信息系统高效、持续、稳定运行。 (7)银保监会规定的其他要求
独立运营	互联网企业代理保险业务,应明确高级管理人员负责管理,建立科学有效的管理制度和工作流程,实现互联网保险业务独立运营
委托关系	互联网企业可根据保险公司或保险专业中介机构委托代理保险业务,不得将互联网保险业务转委托给其他机构或个人。 互联网企业根据保险公司和保险专业中介机构委托代理保险业务的,应审慎选择符合本办法规定、具有相应经营能力的保险机构,签订委托协议,确定委托范围,明确双方权利义务
售后服务快速响应	互联网企业代理保险业务,应参照本办法第49条,建立互联网保险售后服务快速反应工作机制,增强服务能力
风险隔离与网络安全	互联网企业代理保险业务,应进行有效的业务隔离： (1)规范开展营销宣传,清晰提示保险产品与其他产品和服务的区别。 (2)建立支持互联网保险业务运营的信息管理系统和核心业务系统,并与其他无关的信息系统有效隔离。 (3)具有完善的边界防护、入侵检测、数据保护以及灾难恢复等网络安全防护手段和管理体系。 (4)符合银保监会规定的其他要求

十四、对通过互联网销售的保险产品和经营范围进行原则性规定

保险机构可以通过互联网销售哪些保险产品？经营区域是否有限制？《互联网保险业务监管办法》第44条、第47条、第52条和第58条对通过互联网销售的保险产品和经营范围进行了原则性规定,见表5－2－12。

表5-2-12 互联网销售保险产品和经营范围监管要求

机构	具体要求
互联网保险公司	本办法所称互联网保险公司是指银保监会为促进保险业务与互联网、大数据等新技术融合创新,专门批准设立并依法登记注册,不设分支机构,在全国范围内专门开展互联网保险业务的保险公司。 互联网保险公司不得线下销售保险产品,不得通过其他保险机构线下销售保险产品
经营财产保险业务的保险公司	经营财产保险业务的保险公司在具有相应内控管理能力且能满足客户落地服务需求的情况下,可将相关财产保险产品的经营区域拓展至未设立分公司的省(自治区、直辖市、计划单列市),具体由银保监会另行规定
经营人身保险业务的保险公司	经营人身保险业务的保险公司在满足相关条件的基础上,可在全国范围内通过互联网经营相关人身保险产品,具体由银保监会另行规定。不满足相关条件的,不得通过互联网经营相关人身保险产品
保险中介机构	保险中介机构开展互联网保险业务,经营险种不得突破承保公司的险种范围和经营区域,业务范围不得超出合作或委托协议约定的范围

(一)保险产品

相较而言,此前的《互联网保险业务监管办法(征求意见稿)》对经营品种进行了具体规定,但本次《互联网保险业务监管办法》则将前述具体规定修改为原则性规定。

(二)保险经营区域

本次《互联网保险业务监管办法》对经营区域也做了原则性规定。由于《互联网保险业务监管办法》坚持持牌经营,原则上互联网保险业务应当与传统保险公司的经营区域范围相一致,但是《互联网保险业务监管办法》也做了放开的例外规定。正如银保监会在《答记者问》中的表示,互联网保险发展迅速,监管制度需要为未来的发展预留政策空间,《互联网保险业务监管办法》第52条、第58条对通过互联网销售的保险产品和经营范围做了原则性规定,银保监会将根据互联网保险业务发展阶段、不同保险产品的服务保障需要另行规定保险机构通过互联网销售保险产品的险种范围和相关条件。银保监会也将及时颁布相关政策,保障政策的有效衔接。

1. 保险公司互联网产品经营区域

《互联网保险业务监管办法》分为三种情形,第一种是针对互联网保险公司,第二种是针对传统财产保险公司,第三种是针对人身保险公司。互联网保险公司自然不用多解释,重点是后两种。经营财产保险业务的保险公司在具有相应内控管理能力且能满足客户落地服务需求的情况下,可将相关财产保险产品的经营区域拓展至未设立分公司的省(自治区、直辖市、计划单列市),具体由银保监会另行规定。经营人身保险业务的保险公司在满足相关条件的基础上,可在全国范围内通过互联网经营相关人身保险产品,具体由银保监会另行规定;不满足相关条件的,不得通过互联网经营相关人身保险产品。财产保险公司和人身保险公司有所区别,因为财产保险公司理赔查勘任务重且内控要求高,因此原则上属地经营,但是如果当地的查勘理赔等客户落地服务和内控管理达到要求,也可以在未设立分公司的省(自治区、直辖市、计划单列市)开展互联网业务。人身保险公司以全国经营互联网保险业务为原则,但也有不符合要求的,则不能在未设立分公司的省(自治区、直辖市、计划单列市)开展互联网业务的例外。两者的区别在于人身保险公司销售的主要是投资理财型产品或者长期寿险产品,道德风险不大,线上即可满足绝大部分客户服务要求。这对新成立的、尚未完成全国布局的人身保险公司无疑是一大利好。以上只是本人理解,具体趋向还要看银保监会颁布相关政策的具体规定。

2. 保险中介机构参与的有区域限制的保险产品销售区域如何判断

保险中介机构通过互联网销售保险产品,不得突破承保公司的互联网保险险种范围和区域范围。从《互联网保险业务监管办法》规定可见,监管机构对于未来保险中介机构的互联网展业区域范围倾向于只要不超过所合作保险公司的经营区域即可,《互联网保险业务监管办法》对保险中介机构经营区域的放开趋势,是因为在互联网保险业务中,涉及需要线下给客户提供服务的环节在逐步变少,而某些无法完全从线下转移到线上的环节,比如核保调查、理赔调查等主要也是保险公司的业务范围而非保险中介机构的业务范围。因此,在互联网保险业务中,主要以与其合作或者委托的保险公司的分支机构所在地为经营区域范围而不同时考虑中介机构的经营区域范围,不会影响保险客户的体验和权益。

综上所述,《互联网保险业务监管办法》强调"机构持牌、人员持证",在诸多重要条款中反复体现了持牌经营的要求,进一步压缩了非持牌机构的生存空间。对于持牌保险机构而言,《互联网保险业务监管办法》进一步压实其责任。因此保险机构应当及时根据《互联网保险业务监管办法》的要求调整业务模式、加强合规管理,保障业务稳步前行。对于有持牌能力和意愿,但受限于原有监管规定限制的大型电商平台而言,应当及时取得互联网企业保险代理业务许可牌照,才能避免陷入非法经营的困境。相信《互联网保险业务监管办法》严格监管的精神能够使未来互联网保险的经营和发展更加稳健、持续、健康。

第三节　互联网保险业务违规处罚案例

互联网保险业务违规行政处罚案例如表 5 –3 –1 所示。

表 5 –3 –1　互联网保险业务违规行政处罚案例汇总

序号	违法行为表现形式/被处罚单位和处罚/监管措施决定文号	违法行为和处罚结果
1	未按照规定进行回访涉案文号:(保监罚〔2015〕5 号)阳光人寿保险股份有限公司	阳光人寿保险股份有限公司(以下简称阳光人寿)未按照监管有关规定对其通过微信公众号“阳光互联网金融”销售的“理财一号”两全保险(万能型)保单进行回访追踪和处理。时任阳光人寿客户权益与体验部总经理任某红对上述违法行为负有直接责任。本案在审理过程中,当事人阳光人寿提出陈述申辩,认为以电子界面形式回访属于线上回访方式的尝试。但监管部门认为,根据监管部门有关规定,对于通过网络等新型方式销售的保险产品,回访应当首先采用电话方式,因此,对阳光人寿申辩意见不予采纳。最终阳光人寿未按照规定进行回访的行为,被认定为违反了《人身保险新型产品信息披露管理办法》第 10 条,根据该管理办法第 34 条,阳光人寿被处以警告并罚款 1 万元,责任人任某红被处以警告并罚款 5000 元
2	投保确认文件中夹杂《购买确认函》的方式进行回访被处罚的案例(监管函〔2018〕8 号)光大永明人寿保险有限公司	光大永明人寿保险有限公司(以下简称光大永明)在通过腾讯、网易和光大银行等第三方网络平台销售产品时,将《人身保险新型产品信息披露管理办法》规定的回访内容制作成名为《购买确认函》的电子文档,采用让客户勾选“阅读并同意产品条款等内容”选项、并弹出含有上述电子文档等内容链接的方式对客户进行回访。但检查发现投保人无须点击上述链接,即可勾选“阅读并同意产品条款等内容”,并完成投保流程,故公司无法确保客户阅读《购买确认函》并了解回访内容。光大永明据此被下发监管函,被监管要求:“一、深入查找问题原因,牢固树立依法合规经营意识。你公司应高度重视现场检查中发现的问题,深入查找问题产生原因,全面提高依法合规经营意识,杜绝类似问题再度发生。二、严格执行监管规定,认真完成整改工作。落实《互联网保险业务监管暂行办法》各项要求,及时更新完善相关内控制度,严格规范保险产品网络宣传页内容,继续加强对互联网保险经营区域的管理,在创新简化客户回访流程的基础上,确保客户充分了解自身权利和义务”
3	与不具有中介资质的机构合作开展保险中介业务违法案例(苏银保监罚决字〔2019〕88 号)被处罚单位:上海汇中保险经纪有限责任公司江苏分公司	2020 年 1 月 9 日,江苏银保监局发布的处罚信息显示,上海汇中保险经纪有限责任公司江苏分公司被处罚款 10 万元,原因是其与互联网金融公司灵犀金融合作开展保险销售业务,而彼时灵犀金融并不具有合法的保险代理或经纪业务资质。具体来看,2018 年 8 月至 11 月,由灵犀金融将有投保车险需求的客户信息提供给汇中保险经纪,汇中保险经纪收到保险公司支付的经纪费后,以“技术服务费”名义转账支付给灵犀金融。该项处罚针对的上述业务往来涉及保单 690 件,保费 105.23 万元,经纪费收入 20.20 万元,汇总保险经纪向灵犀金融支付技术服务费 19.86 万元。“上述利用业务便利为其他机构牟取不正当利益的行为,违反了《保险法》第 131 条第(8)项的规定,根据《保险法》第 165 条的规定,对汇中保险经纪处 10 万元罚款。”江苏银保监局如此表示。在此之前的 2019 年 5 月 6 日,灵犀金融已经因未取得经营保险经纪业务许可证从事保险经纪业务,被浙江银保监局没收违法所得 61.03 万元,并处罚款 61.03 万元

续表

序号	违法行为表现形式/被处罚单位和处罚/监管措施决定文号	违法行为和处罚结果
4	与非法从事保险业务的机构或个人发生保险业务往来 涉案文号:浙保监罚〔2018〕10 号、浙保监罚〔2018〕19 号、浙保监罚〔2018〕21 号、浙保监罚〔2018〕23 号	1. 向不具备保险销售资质的注册用户支付推广费被处罚的案例涉案文号:内保监罚〔2018〕28 号　平安创展保险销售服务有限公司内蒙古分公司向“创保网”APP 注册用户按保费比例支付推广费,该公司未与注册用户签订代理合同或劳动合同,且未办理保险销售从业人员执业证书。内蒙古保监局认为该行为违反了《保险专业代理机构监管规定》(2015 年修订)第 46 条“保险专业代理机构不得与非法从事保险业务或者保险中介业务的机构或者个人发生保险代理业务往来”的规定,对平安创展保险销售内蒙古分公司责令改正,处以警告并罚款 3 万元。 2. 保险机构向科技公司虚增支付技术服务费并转支付给不具备销售资质的人员或机构相关展业费/推广费涉案文号:浙保监罚〔2018〕10 号、浙保监罚〔2018〕19 号、浙保监罚〔2018〕21 号、浙保监罚〔2018〕23 号　(1)浙保监罚〔2018〕19 号、浙保监罚〔2018〕23 号行政处罚决定书中,浙江省银保监局认定:永诚财险浙江分公司通过微营销平台累计收取保费 12,990.79 万元,共向某科技有限公司支付技术服务费 3014.27 万元,其中某科技有限公司自留金额 634.9 万元。永诚财险浙江分公司虚增技术服务费共计 2379.37 万元,通过某科技有限公司以微信转账的方式向业务人员(“微店”店主)支付展业费用,其中向员工(A 店店长)支付 1629.62 万元,向非员工(B 店店长)支付 749.75 万元。永诚财险浙江分公司被处以罚款 50 万元,时任永诚财险浙江分公司总经理助理的王某浩被处以警告,并罚款人民币 10 万元。(2)浙保监罚〔2018〕21 号行政处罚决定书中,浙江省银保监局认定:微易保险经纪有限公司(以下简称微易经纪)通过“保险师”APP 推广保险产品,向科技公司支付技术服务费。“保险师”通过注册用户推广保险产品,保险推广流程完成后,科技公司通过人力资源服务外包公司,向相应的用户支付约定的“推广费”。微易经纪按照“保险师”获取保费的 27% 的比例结算费用,并向科技公司支付费用,共涉及保费 6.83 亿元,费用结算金额为 1.84 亿元,实际付款金额为 1.63 亿元。科技公司向微易经纪开具发票 1748 份,发票金额 1.84 亿元,发票内容均为“信息技术服务费”。上述技术服务费中,科技公司仅有 1.46 亿元用于“保险师”APP 的研发及经营支出等技术服务内容,其余 3829 万元用于支付“保险师”注册用户的推广费。微易经纪被处以罚款人民币 50 万元,时任微易经纪执行董事的王某华被撤销任职资格。(3)浙保监罚〔2018〕10 号行政处罚决定书中,浙江省银保监局认定:浙江安盟保险代理有限公司(以下简称安盟代理)通过宁波某网络科技有限公司开具技术服务费发票 438.95 万元支付保险代理业务手续费。宁波某网络科技有限公司与安盟代理签订技术咨询服务外包合同,与使用该公司开发的软件的洗车店、汽车美容店、汽修厂等单位签订运营合作协议书。安盟代理将使用上述软件的单位销售车险的保险代理业务手续费以技术服务费的形式支付给宁波某网络科技有限公司,宁波某网络科技有限公司再按照一定比例返还给使用上述软件销售车险的单位。安盟代理被处以罚款人民币 46 万元,时任安盟代理监事的沈某生被处以警告,并罚款人民币 8 万元,时任安盟代理总经理的何某新被处以警告,并罚款人民币 8 万元。上述行为违反《保险法》第 86 条第 1 款、第 123 条、第 132 条及《保险专业代理机构监管规定》第 56 条、第 82 条第 7 项,《保险销售从业人员监管办法》第 13 条等规定,根据《保险法》第 170 条浙江银保监局分别予以认定并处罚。值得一提的是,上述保险代理机构均存在将支付给非法从事保险推广行为人的推广费,以第三方网络平台服务费的名义支付出去,从而导致财务数据虚假的违法行为

续表

序号	违法行为表现形式/被处罚单位和处罚/监管措施决定文号	违法行为和处罚结果
5	未按照规定进行互联网信息披露	1. 与第三方网络平台开展网销业务未向中保协披露涉案文号：苏银保监罚决字〔2018〕18 号、苏银保监罚决字〔2018〕17 号　2018 年 12 月 24 日，中国银保监江苏监管局对北京联合保险经纪有限公司江苏分公司（以下简称联合江苏）未经北京联合保险经纪有限公司授权和允许，通过自营微信公众号及网站等平台开展保险经纪业务，相关网站未在中保协网站进行信息披露的行为，作出责令改正、给予警告以及 1 万元罚款的行政处罚；并对时任联合江苏负责人的刘某军给予警告，并处 1 万元罚款。《保险经纪人监管规定》（保监会令〔2018〕3 号）第 41 条规定："保险经纪人通过互联网经营保险经纪业务，应当符合中国保监会的规定。"《互联网保险业务监管暂行办法》第 23 条第 2 款规定："中国保险行业协会应在官方网站建立互联网保险信息披露专栏，对开展互联网保险业务的保险机构及其合作的第三方网络平台等信息进行披露，便于社会公众查询和监督……"第 24 条规定："开展互联网保险业务的保险机构具有以下情形之一的，中国保监会可以责令整改；情节严重的，依法予以行政处罚：……（四）未按照本办法规定披露信息或做出提示，进行误导宣传的。"中保协发布的《信息披露管理细则》第 8 条规定："各开展互联网保险业务的保险专业中介机构应在中保协专栏里披露机构相关信息，主要包括如下内容：……（二）自办以及第三方网络平台的网站名称、网址、经营许可证编号或者备案编号、在中国保监会备案时间，以及产品销售名称、在保监会注册或备案的产品名称、主办者住所所在地。"根据上述规定，开展互联网保险业务的保险机构未按照《互联网保险业务监管暂行办法》及《信息披露管理细则》等监管规定在中保协官方网站披露信息的，银保监会有权要求责令整改或进行处罚。 2. 公司官网互联网保险信息披露专栏披露不规范涉案文号：监管函〔2018〕73 号、监管函〔2018〕5 号　2018 年 10 月 11 日，银保监会针对百年人寿保险股份有限公司（以下简称百年人寿）于 2017 年 11 月 1 日开始销售"百年尊易保费用补偿医疗保险"（以下简称尊易保）产品，但截至 2018 年 3 月 20 日均未将"尊易保"产品信息放在官方网站"互联网保险信息披露专栏"的行为下发监管函，责令百年人寿对未将互联网保险产品信息放在公司官方网站"互联网保险信息披露专栏"的行为进行全面排查整改，在整改完成前不得继续销售相关保险产品。2018 年 1 月 17 日，保监会针对华安财产保险股份有限公司未将 2 家合作的第三方网络平台的网站名称、网址在公司官方网站进行披露，未披露与第三方网络平台的业务合作范围的问题下发监管函，要求华安财产保险股份有限公司切实整改。根据《互联网保险业务监管暂行办法》的规定，互联网保险产品信息、经营互联网保险业务的网站名称、网址，第三方网络平台网站名称、网址及业务合作范围均属于保险机构应于官方网站互联网保险信息披露专栏披露的信息。开展互联网保险业务的保险机构未按照《互联网保险业务监管暂行办法》的规定披露信息的，银保监会有权责令整改，情节严重的依法予以行政处罚。 3. 平台或销售页面的产品信息披露不规范涉案文号：监管函〔2018〕8 号、监管函〔2017〕27 号、监管函〔2017〕26 号、监管函〔2017〕25 号、监管函〔2017〕17 号、监管函〔2015〕9 号　2018 年 1 月 17 日，保监会针对光大永明人寿保险有限公司"与光大永明合作的第三方网络平台产品销售页面'收益说明'栏就投资连结保险产品'是如何计息的，单利还是复利'问题进行说明时，均含有'由于复利计算方式下收益马上会进入再次投资，持有时间越长，每日收益的数额越高。所以，我们建议您长期持有'的内容，而实际投资连结保险产品收益受账户实际投资收益影响，可能出现负值，与投资连结保险产品持有时间并不呈现严格正相关关系；且该内容与销售页面'利益演示'部分披露的'实际投资收益可能出现负值'存在矛盾，容易引起客户误解"等问题，下发监管函，要求光大永明严格规范保险产品网络宣传页内容并于 2018 年 2 月 9 日前将整改方案书面上报原保监会。"2017 年 9 月 18 日，保监会针对中国平安人寿保险股份有限公司（以下简称平安人寿）"公司互联网官网未展示所销售产品的费率表；对于分红险、投连险、万能险等新型保险产品，未以不小于

续表

序号	违法行为表现形式/被处罚单位和处罚/监管措施决定文号	违法行为和处罚结果
5	未按照规定进行互联网信息披露	产品名称字号的黑体字标注上述产品收益的不确定性”等问题,要求平安人寿全面落实整改,并于2017年10月31日前将整改方案书面上报保监会。2017年9月18日,保监会针对寿康人寿保险有限责任公司(以下简称寿康人寿)“公司官网销售页面信息披露内容不完整,未按规定显示保险费率、保险收益不确定性等重要内容”等问题,要求寿康人寿全面落实整改,并于2017年10月31日前将整改方案书面上报原保监会。2017年9月18日,保监会针对阳光人寿保险股份有限公司(以下简称阳光人寿)“万能险信息披露不规范,存在未按规定标注产品收益的不确定性、未按规定演示产品的预期收益、使用比率性指标与其他保险公司产品进行简单比较等问题;同一产品在不同网站提供的保障额度有差异,在阳光人寿官网和阳光集团官网销售某一款保险产品时,产品条款、保费、保险期间、保障范围相同,但保险金额不同”等问题,要求阳光人寿全面落实整改,并于2017年10月31日前将整改方案书面上报保监会。2017年5月15日,保监会针对中国人民财产保险股份有限公司(以下简称人保财险)“开展互联网销售业务时,存在官网销售页面含有不实宣传的内容”等问题,要求人保财险全面落实整改。2015年2月3日,保监会针对中国太平洋财产保险股份有限公司(以下简称太平洋财险)“航班延误险拒绝理赔的信访投诉所反映的在互联网销售渠道航班延误险经营中存在产品信息披露不充分”等问题,要求太平洋财险立刻自查整改。 4. 销售页面的产品信息披露不规范涉案文号:监管函〔2018〕68号、银保监会监管函监管函〔2018〕72号　安心财险在京东金融互联网平台销售的“安享一生癌症医疗险”产品存在客服咨询答复与保险条款规定、网页宣传内容不一致的情况。银保监会要求安心财险应立即对上述问题认真开展整改。泰康在线财产保险股份有限公司也因产品宣传问题被发监管函。监管函显示,2018年6月,根据保险消费者在投诉中反映的问题,银保监会开展了现场检查,发现经营的“大病无忧宝”保险产品在支付宝平台的宣传页面内容,包括“不限病种,突破医保限制”“不限用药”“不限治疗方式”等,存在与该险种备案条款《泰康在线财产保险股份有限公司个人中高端医疗保险(2017版)条款》不相符的情况,违反了《互联网保险业务监管暂行办法》“保险机构开展互联网保险业务,不得进行不实陈述……等误导性描述”“网络平台上公布的保险产品相关信息,应由保险公司统一制作和授权发布,并确保信息内容合法、真实、准确、完整”等要求。银保监会责令泰康在线对互联网保险宣传中存在的“误导性描述”内容进行全面排查整改,在整改完成前不得继续销售该保险产品
6	非法从事保险中介业务	1. 互联网科技公司未取得经营保险经纪业务许可证却从事保险经纪业务被处罚的案例涉案文号:浙银保监罚决字〔2019〕4号　2019年4月26日,浙江省银保监局作出浙银保监罚决字〔2019〕4号行政处罚决定,杭州心有灵犀互联网金融股份有限公司(以下简称心有灵犀公司)因未取得经营保险经纪业务许可证却从事保险经纪业务,而被处以没收所得,并处罚款共122.06万元的行政处罚。该公司旗下有保险产品聚合平台“蜂巢云”、保险经纪人分销平台“小飞侠”和互联网保险用户服务平台“喂小保”。虽然浙江银保监局并未对心有灵犀公司的具体违法行为进行描述,但银保监会刚于2019年4月2日出台《2019年保险中介市场乱象整治工作方案》,明确提出“禁止第三方平台非法从事保险中介业务,重点整治以下方面:1. 保险机构合作的第三方网络平台及其从业人员的经营活动是否仅限于保险产品展示说明、网页链接等销售辅助服务,是否非法从事保险销售、承保、理赔、退保等保险业务环……5. 保险机构合作的第三方网络平台的客户投保界面是否由保险机构所有并承担合规责任,第三方平台是否存在代收保险费和转支付现象”。因此,纵使届时心有灵犀公司已经拥有浙江省区域性保险中介牌照——杭州小飞侠保险代理有限公司,但一方面根据《互联网保险业务监管暂行办法》的规定,区域性保险代理公司无开展互联网保险业务的资质;另一方面,由于相关平台涉及上述监管禁止行为,且“小飞侠”为保险经纪人分销平台,但心有灵犀公司并不具备任何保险经纪业

续表

序号	违法行为表现形式/被处罚单位和处罚/监管措施决定文号	违法行为和处罚结果
6	非法从事保险中介业务	务资质，因此被监管以非法从事保险经纪业务的名义予以处罚。该处罚案例，为监管机构第一次针对第三方网络平台违规从事保险中介业务进行处罚，为目前各大不具备保险专业中介资质的第三方网络平台明面上以“第三方网络平台”的身份但实质从事保险销售并以“技术服务费”等名义收取佣金/手续费的行为敲响了警钟。 2. 互联网科技公司实质从事保险经纪业务被处罚的案例涉案文号：浙银保监罚决字〔2020〕4 号　2020 年 1 月 14 日，浙江银保监局公布行政处罚信息显示，杭州凡声科技有限公司（以下简称凡声科技）因非法从事保险中介业务，被没收违法所得 97.67 万元，同时罚款 97.67 万元，为违法收入的 1 倍。凡声科技是互联网保险平台多保鱼的运营主体，目前已经取得了全国保险经纪牌照，此次被处罚的事由发生在其尚未取得牌照之前。根据《保险法》（2015 年），保险代理机构、保险经纪人应当取得保险监督管理机构颁发的经营保险代理业务许可证、保险经纪业务许可证。同时，擅自设立保险专业代理机构、保险经纪人，或者未取得经营保险代理业务许可证、保险经纪业务许可证从事保险代理业务、保险经纪业务的，由保险监督管理机构予以取缔，没收违法所得，并处违法所得 1 倍以上 5 倍以下的罚款；没有违法所得或者违法所得不足 5 万元的，处 5 万元以上 30 万元以下的罚款。值得注意的是，不仅互联网保险平台受到处罚，也有保险经纪公司受到行政处罚。尽管监管机构亦未在罚单中披露凡声科技公司的具体违规情况，但根据我们的网络检索和查询，凡声科技公司属于非保险中介机构，开发了“多保鱼助手”微信小程序和“我爱多保鱼”微信公众号，为保险意向用户提供保险购买决策服务，包括一对一客服咨询和推荐产品等。其以微信公众号“多保鱼”为载体，同时在抖音、快手等平台向目标群体提供健全的保险知识体系，进而推出智能化的保险评测、分析工具和个性化的顾问咨询服务，力求促成目标群体变成实际用户。凡声科技公司虽然在合作中引入了相关保险经纪机构，明面上作为第三方网络平台只提供技术服务，但实际上其提供一对一咨询和推荐产品的客服人员均为未办理保险执业登记的凡声科技公司员工，上述行为实质上属于应由保险经纪公司经营的“为投保人拟订投保方案、选择保险公司、为他人提供防灾、防损或者风险评估、风险管理咨询服务”相关业务。据我们在天眼查的查询，目前凡声科技公司已通过其下属子公司广州匠心投资控股有限公司持有了“多保鱼”保险经纪有限公司，借助保险经纪牌照的引入完善其业务合规性
7	未按照规定要求进行披露	1. 宣传内容与备案条款不一致涉案文号：监管函〔2018〕72 号　2018 年 10 月 11 日，原保监会针对泰康在线财产保险股份有限公司（以下简称寿康财险）所销售的“大病无忧宝”保险产品在支付宝平台的宣传页面内容，包括“不限病种，突破医保限制”“不限用药”“不限治疗方式”等，存在与该险种备案条款《泰康在线财产保险股份有限公司个人中高端医疗保险（2017 版）条款》不相符的情况下发监管函，提出监管要求：责令寿康财险对互联网保险宣传中存在的“误导性描述”内容进行全面排查整改，在整改完成前不得继续销售该保险产品；寿康财险应于 2018 年 10 月 31 日前将整改方案书面上报原保监会。 2. 客户咨询答复与条款不一致涉案文号：监管函〔2018〕68 号被处罚单位为安心财产保险有限责任公司　2018 年 9 月 11 日，保监会针对安心财险在京东金融互联网平台销售的“安享一生癌症医疗险”产品存在客服咨询答复与保险条款规定、网页宣传内容不一致的情况下发监管函，提出监管要求：责令安心财险立即对上述问题认真开展整改，并于 2018 年 9 月 30 日前将整改方案书面上报保监会。 3. 销售业面显示与条款不一致。涉案文号深银保监罚决字〔2020〕27 号被处罚单位为微民保险代理有限公司　2020 年 8 月 7 日至 17 日，深圳银保监局公布的行政处罚信息公示表显示，微民保险代理有限公司因在手机网页“微医保住院医疗”投保页面以“领取”代替“投保”，以“仅剩××××份”等手段进行营销，且未引导客户

续表

序号	违法行为表现形式/被处罚单位和处罚/监管措施决定文号	违法行为和处罚结果
7	未按照规定要求进行披露	如实健康告知,被处罚当事人为李某1、李某2,公司法定代表人为刘某明。对公司罚款12万元;对李某1警告并罚款2万元;对李某2警告并罚款2万元;合计罚款16万元。作出处罚日期是8月7日。前述案例为保险产品的营销宣传内容与保险合同条款不一致,对于该等未按照规定进行信息披露的行为,银保监会有权依据《互联网保险业务管理办法》第76条、第77条的规定,采取监管措施或者实施行政处罚
8	未充分履行提示和明确说明义务 涉案文号:银保消保发〔2021〕2号	兴业银行网销售未充分履行提示和明确说明义务行政处罚案:2021年1月,银保监会消费者权益保护局在银行业保险业内部发布《银保监会消费者权益保护局关于兴业银行互联网保险销售违规问题的通报》(以下简称《通报》)指出,银保监会消保局近期在对兴业银行消保情况现场检查中发现,该行互联网保险销售行为存在未充分履行《保险法》规定的提示和明确说明义务、可回溯管理不健全等两大问题,违反《银保监会关于规范互联网保险销售行为可回溯管理的通知》(银保监发〔2020〕26号,以下简称《通知》)相关规定。为规范和加强银行保险机构互联网保险销售行为可回溯管理,保障消费者合法权益,因此对兴业银行相关违规问题进行通报。兴业银行主要存在通过互联网销售重疾险时未充分履行对免除保险公司责任条款的提示和明确说明义务,展示免除保险公司责任条款的单独页面内容严重缺失。2020年10月1日至检查日,兴业银行通过互联网(包括手机银行和网银)销售18款重疾险产品,对于部分免除保险公司责任的条款,未以网页、音频、视频等方式充分作出足以引起投保人注意的提示和明确说明。其中,15款产品展示免除保险公司责任条款的单独页面内容严重缺失。比如,兴业银行销售的同方全球"康健一生(新多倍保)"终身重大疾病保险,其展示免除保险公司责任条款的单独页面中,缺失"皮肤癌不在恶性肿瘤保障范围内""脑垂体瘤不在良性脑肿瘤保障范围内""因酗酒或药物滥用导致的深度昏迷不在保障范围内"等责任免除内容。《通报》指出,兴业银行的上述做法未充分履行《保险法》第17条规定的法定义务,违反《通知》第9条"保险机构应当以足以引起投保人注意的文字、字体、符号或其他明显标志,对保险合同中免除保险公司责任的条款内容进行逐项展示,并以网页、音频或视频等形式予以明确说明",以及第13条"保险机构应当将第七、九、十、十一、十二条的内容设置单独页面展示,并设置由投保人或被保险人自主确认已阅读的标识"等规定
9	互联网保险内部运营和内控制度不完善 涉案文号:监管函〔2018〕6号、监管函〔2018〕8号、监管函〔2017〕26号、监管函〔2017〕15号、监管函〔2017〕16号、监管函〔2018〕66号、监管函〔2018〕67号	(1)中美联泰大都会人寿保险有限公司(以下简称中美联泰)因"存在网销制度不完善、未妥善保存网销交易信息、部分网销保费未进入网销保费专用账户等问题"被下发监管函,被监管要求:强化依法合规经营意识,严格进行责任追究,积极采取有效措施,切实整改违规问题。(2)光大永明人寿保险有限公司未能在《互联网保险业务监管暂行办法》(以下简称《办法》)正式施行前完成相关制度修订工作,《电子商务总部业务规则手册》《电子商务总部合作伙伴准入管理规范》等3个制度的修订版本于2016年5月1日和2016年6月15日才正式施行。且光大永明原有相关制度部分内容不符合《办法》要求,如《电子商务合作伙伴准入管理规定》中第三方合作平台资质方面缺少"能够完整、准确、及时向保险机构提供开展保险业务所需的投保人、被保险人、受益人的个人身份信息、联系信息、账户信息以及投保操作轨迹等信息"等内容。光大永明因前述行为被下发监管函,被监管要求:深入查找问题原因,牢固树立依法合规经营意识,严格执行监管规定,认真完成整改工作,落实《办法》各项要求,及时更新完善相关内控制度。(3)泰康人寿保险有限责任公司因互联网销售内控管理不完善(一是公司官网销售页面信息披露内容不完整,未按规定显示保险费率、保险收益不确定性等重要内容。二是网络购物运费损失保险经营过程中未取得完整客户信息,公司不直接从事核保、承保、理赔、核赔等操作)

续表

序号	违法行为表现形式/被处罚单位和处罚/监管措施决定文号	违法行为和处罚结果
9	互联网保险内部运营和内控制度不完善 涉案文号：监管函〔2018〕6号、监管函〔2018〕8号、监管函〔2017〕26号、监管函〔2017〕15号、监管函〔2017〕16号、监管函〔2018〕66号、监管函〔2018〕67号	等问题被下发监管函，被监管要求：提高认识，全面落实整改，剖析原因，强化责任追究，完善电话销售和互联网销售内控管理制度。（4）太平财产保险有限公司因互联网销售业务制度建设滞后（2012年6月至2015年7月经营互联网业务期间，未建立互联网销售业务管理制度）及制度建设不完善（未对互联网销售业务违法违规行为的处罚以及责任追究做出明确规定）等问题被下发监管函，被监管要求：全面整改，强化合规意识，剖析原因，落实责任追究。（5）中国人寿财产保险股份有限公司因互联网销售业务制度建设滞后（2012年6月至2015年7月经营互联网业务期间，未建立互联网销售业务管理制度）及制度建设不完善（未对互联网销售业务违法违规行为的处罚以及责任追究做出明确规定）等问题被下发监管函，被监管要求：全面整改，强化合规意识，剖析原因，落实责任追究。（6）易安财险网络平台借款人意外伤害保险业务存在技术服务费比例偏高、经营费用水平不合理等问题。银保监会要求该公司立即对问题认真开展整改，并深刻剖析问题产生的原因，完善经营管理机制，解决相关业务管理费用偏高的问题，2018年7月31日前将整改落实情况书面上报银保监会。（7）众安财险保险有限公司的问题涉及货运险、物流责任险产品的理赔内控环节。具体而言，一是部分案件未按规定时限立案；二是部分注销、零赔付案件未按规定留存相关信息；三是部分案件未按规定时限提取准备金；四是报案号为85327171135101930的案件存在估损不谨慎的问题。银保监会认为，上述问题表明该公司理赔内控管理不严，且理赔系统存在漏洞。银保监会责令众安在线高度重视理赔内控管理工作，严格按照相关监管规定对上述问题进行整改，修改完善理赔系统中存在的漏洞，并对相关责任人员严肃问责，并于2018年8月31日前报送整改报告和相关责任人的处理情况
10	未妥善保存网销交易信息 涉案文号：监管函〔2018〕6号	中美联泰大都会人寿保险有限公司因存在未妥善保存网销交易信息等问题被下发监管函，被监管要求：一、强化依法合规经营意识，严格进行责任追究。要进一步强化公司全体员工，特别是各级机构负责人的依法合规经营意识，将依法合规放在公司经营的首要位置，对于检查中发现的违法违规问题进行严肃问责，绝不姑息纵容。二、积极采取有效措施，切实整改违规问题。要针对现场检查中发现的问题制订切实可行的整改计划，逐条对照违法违规问题深入剖析制度性缺陷和深层次原因，并将整改目标和任务层层分解、逐项落实。所有的整改计划要做到明确责任部门和责任人，明确整改内容和整改步骤，明确整改进程和完成时限
11	未进行互联网销售可回溯管理涉案行政处罚 涉案文号：银保监会消保发〔2021〕第2号	2021年1月，银保监会消费者权益保护局在银行业保险业内部发布《银保监会消费者权益保护局关于兴业银行互联网保险销售违规问题的通报》（以下简称《通报》）指出，银保监会消保局近期在对兴业银行消保情况现场检查中发现，该行互联网保险销售行为存在可回溯管理不健全的问题，违反《银保监会关于规范互联网保险销售行为可回溯管理的通知》（银保监发〔2020〕26号，以下简称《通知》）相关规定。为规范和加强银行保险机构互联网保险销售行为可回溯管理，保障消费者合法权益，因此对兴业银行相关违规问题进行通报。通报指出，兴业银行未建立通过互联网销售保险业务的销售页面版本管理机制，且互联网保险业务的销售页面无法还原为可供查验的有效图片或视频。兴业银行的上述做法违反《通知》第5条“销售页面管理是指保险机构应当保存销售页面的内容信息及历史修改信息，并建立销售页面版本管理机制”以及第20条“互联网保险销售行为可回溯资料应当可以还原为可供查验的有效文件，销售页面应当可以还原为可供查验的有效图片或视频”等规定。《通报》强调，兴业银行的上述行为，侵害了消费者合法权益，银保监会消保局将依法依规进行处理。《通报》同时要求，各银行保险机构要引以为戒，排查整改，严格依照《保险法》充分履行对免除保险公司责任条款的提示和明确说明义务，认真贯彻执行《通知》要求，加强互联网保险销售行为可回溯管理，健全可回溯管理机制，切实保障消费者的知情权、自主选择权和公平交易权等基本权利

续表

序号	违法行为表现形式/被处罚单位和处罚/监管措施决定文号	违法行为和处罚结果
12	部分网销保费未进入网销保费专用账户 涉案文号:监管函〔2018〕6号	2018年1月17日,保监会针对中美联泰的网销制度不完善、未妥善保存网销交易信息、部分网销保费未进入网销保费专用账户等问题,提出监管要求:要求中美联泰强化依法合规经营意识,严格进行责任追究;积极采取有效措施,切实整改违规问题;并于2018年2月9日前将整改方案书面上报保监会
13	经营区域管理不规范 涉案文号:监管函〔2018〕8号	银保监会在2018年1月17日针对光大永明"仍有部分2015年10月1日以后投保的保单存在投保人所填写的地址中部分内容与公司的经营区域不符"的问题下发监管函,被监管要求:深入查找问题原因,牢固树立依法合规经营意识,严格执行监管规定,认真完成整改工作,继续加强对互联网保险经营区域的管理。经查询,光大永明的经营范围显示:在天津行政辖区及设立分公司的省、自治区、直辖市内经营下列业务(法定保险业务除外):(1)人寿保险、健康保险和意外伤害保险业务;(2)上述业务的再保险业务(以上经营范围涉及行业许可的凭许可证件,在有效期内经营,国家有专项专营规定的按规定办理)。从监管函的描述中可见,2015年10月1日《互联网保险业务监管暂行办法》正式施行,该办法中对互联网保险业务经营区域明确进行了规定,仅第7条规定的四类险种可以扩展至未设立分公司的省、自治区、直辖市经营之外,其他险种仅能够在保险机构相关证照允许的经营区域内经营。除上述四类险种外,无论是互联网保险业务,还是传统线下业务,保险机构仅仅能够在营业执照允许的经营范围或设置了分公司的省、自治区、直辖市销售,而判断是否超出经营范围的依据为:投保单或保单中所填写的投保人地址是否在允许经营的地域范围内
14	客户信息真实性管理不到位 涉案文号:监管函〔2016〕59号、监管函〔2016〕58号	2016年12月,保监会对保险公司万能险开展了专项检查,并发现华夏人寿、东吴人寿在互联网平台销售万能险保单均存在"客户信息真实性管理不到位"的问题,并责令其进行整改。华夏人寿、东吴人寿对客户信息真实性管理进行了整改并向银保监会报送了整改报告,银保监会认为其整改工作不到位而下发监管函,并施以暂停互联网保险业务、三个月内禁止申报新产品的监管措施。《互联网保险业务监管暂行办法》第18条规定,"保险机构应加强客户信息管理,确保客户资料信息真实有效,保证信息采集、处理及使用的安全性和合法性。"《互联网保险业务监管办法》第38条规定,保险机构应承担客户信息保护的主体责任,收集、处理及使用个人信息应遵循合法、正当、必要的原则,保证信息收集、处理及使用的安全性和合法性
15	财务业务数据不真实 涉案文号:银保监罚决字〔2020〕52号	银保监会2020年7月22日针对利安人寿保险股份有限公司互联网保险业务财务业务数据不真实问题给予行政处罚。经查,2017年3月20日至3月30日利安人寿通过线下填写投保单、线下收缴保费、业务管理部手工录单的方式销售"多利宝终身寿险投资连结型"、涉及保费20,097.3万元。上述业务未通过利安人寿自营网络平台销售,也未通过第三方网络平台销售,但公司在业务投保单上"业务销售渠道"记载为"网销","代理人姓名"记载为"网络销售","代理人代码"记载为"632W10100"(江苏分公司的虚拟销售代码)。2017年4月11日,利安人寿向保监会上报"2017年3月寿险公司互联网保险统计表"将上述业务记载为"自营网络平台保险公司"。上述行为违反《保险法》第86条,对利安人寿罚款30万元,对汤某警告并罚款5万元

下编　保险公司资金运用风险合规管理

Chapter 6 第六章

保险资金运用管理合规风险要点与风险控制综述

第一节 保险资金运用管理合规风险控制与合规要点

一、《保险资金运用管理办法》——保险资金运用领域纲领性文件

2018 年 1 月 26 日，保监会正式发布了《保险资金运用管理办法》(保监会令〔2018〕1 号，以下简称《保金管理办法》)。《保金管理办法》于 2018 年 4 月 1 日起生效并施行，与此同时，2010 年出台的《保险资金运用管理暂行办法》(2014 年修订)废止。《保金管理办法》是保险资金运用领域纲领性文件。《保金管理办法》的出台既对保险资金运用各相关规定的体系化完善颇有实益，又对拥有近 15 万亿元人民币可运用资金余额的保险机构以及在资本市场占举足轻重地位的相关资产管理公司等施以宽严相济的影响，还对保险资产管理产品业务创设了全新的、突破性的规定。《保金管理办法》对险资运用规范进行了体系化完善，对已有的各类专门性及零散性规定进行整合、贯通，因此，该等规定对相关权利义务主体本身并不产生新的影响，但可使得《保金管理办法》尽可能对保险资金运用的规范构成一个完整的体系。体系构建与完善对处于成文法系下的中国保险业务从业者、法律执业共同体大有裨益。

二、保险资金投资范围

(一)保险资金

保险资金是资本市场的重要投资力量，长期性、体量大的保险资金在资本市场上一贯坚持着稳健投资的原则，安全稳健是保险投资的第一要

务,因此保险投资的风险控制以及法律合规成为保险行业的关键。保险资金涵盖的范围包括保险集团(控股)公司、保险公司以本外币计价的资本金、公积金、未分配利润、各项准备金以及其他资金。

(二)保险资金投资范围

1. 保险资金投资范围

保险资金投资范围主要有:(1)银行存款;(2)买卖债券、股票、证券投资基金份额等有价证券;(3)投资不动产;(4)投资股权;(5)国务院规定的其他资金运用形式。保险资金从事境外投资的,应当符合保监会有关监管规定。值得注意的是现行办法明确可投向新三板股票。根据《保金管理办法》第9条第3款规定,保监会首次明确保险资金可投资新三板股票。这一规定在一定程度上将为在新三板挂牌的中小企业融资带来福音。同时保险机构还可对保险公估机构实现控股。《保金管理办法》第14条新增规定,保险机构可对专门从事保险标的评估、勘验、鉴定、估损、理算等业务的保险公估机构通过股权投资以实现控股。该规定通过新增保险公估公司拓宽了保险类企业的范畴。《保金管理办法》规定的投资范围见表6-1-1。

表6-1-1 《保金管理办法》规定的投资范围

序号	投资对象	《保金管理办法》的条文依据	投资要求
1	银行存款	第6条 保险资金运用限于下列形式: (1)银行存款	第7条 保险资金办理银行存款的,应当选择符合下列条件的商业银行作为存款银行:(1)资本充足率、净资产和拨备覆盖率等符合监管要求;(2)治理结构规范、内控体系健全、经营业绩良好;(3)最近三年未发现重大违法违规行为;(4)信用等级达到中国保监会的标准
2	债券	第6条 保险资金运用限于下列形式: (2)买卖债券、股票、证券投资基金份额等有价证券	第8条 保险资金投资的债券,应当达到中国保监会认可的信用评级机构评定的、且符合规定要求的信用级别,主要包括政府债券、金融债券、企业(公司)债券、非金融企业债务融资工具以及符合规定的其他债券
3	股票	第6条 保险资金运用限于下列形式: (2)买卖债券、股票、证券投资基金份额等有价证券	第9条 保险资金投资的股票,主要包括公开发行并上市交易的股票和上市公司向特定对象非公开发行的股票。保险资金开展股票投资,分为一般股票投资、重大股票投资和上市公司收购等,中国保监会根据不同情形实施差别监管。保险资金投资全国中小企业股份转让系统挂牌的公司股票,以及以外币认购及交易的股票,由中国保监会另行规定
4	证券投资基金	第6条 保险资金运用限于下列形式: (2)买卖债券、股票、证券投资基金份额等有价证券	第10条 保险资金投资证券投资基金的,其基金管理人应当符合下列条件:(1)公司治理良好、风险控制机制健全;(2)依法履行合同,维护投资者合法权益;(3)设立时间一年(含)以上;(4)最近三年没有重大违法违规行为;设立未满三年的,自其成立之日起没有重大违法违规行为;(5)建立有效的证券投资基金和特定客户资产管理业务之间的防火墙机制;(6)投资团队稳定,历史投资业绩良好,管理资产规模或者基金份额相对稳定

续表

序号	投资对象	《保金管理办法》的条文依据	投资要求
5	不动产	第6条　保险资金运用限于下列形式： （三）投资不动产	第11条　保险资金投资的不动产，是指土地、建筑物及其它附着于土地上的定着物。具体办法由中国保监会制定
6	股权投资	第6条　保险资金运用限于下列形式： （四）股权投资	第12条　保险资金投资的股权，应当为境内依法设立和注册登记，且未在证券交易所公开上市的股份有限公司和有限责任公司的股权。 第13条　保险集团（控股）公司、保险公司购置自用不动产、开展上市公司收购或者从事对其他企业实现控股的股权投资，应当使用自有资金。 第14条　保险集团（控股）公司、保险公司对其他企业实现控股的股权投资，应当满足有关偿付能力监管规定。保险集团（控股）公司的保险子公司不符合中国保监会偿付能力监管要求的，该保险集团（控股）公司不得向非保险类金融企业投资。实现控股的股权投资应当限于下列企业：（一）保险类企业，包括保险公司、保险资产管理机构以及保险专业代理机构、保险经纪机构、保险公估机构；（二）非保险类金融企业；（三）与保险业务相关的企业。本办法所称保险资产管理机构，是指经中国保监会同意，依法登记注册，受托管理保险资金等资金的金融机构，包括保险资产管理公司及其子公司、其他专业保险资产管理机构
7	使用自有资金收购上市公司	第13条	第13条　保险集团（控股）公司、保险公司购置自用不动产、开展上市公司收购或者从事对其他企业实现控股的股权投资，应当使用自有资金
8	投资资产证券化产品	第15条	第15条　保险资金可以投资资产证券化产品。前款所称资产证券化产品，是指金融机构以可特定化的基础资产所产生的现金流为偿付支持，通过结构化等方式进行信用增级，在此基础上发行的金融产品
9	投资私募基金	第16条、第17条	第16条　保险资金可以投资创业投资基金等私募基金。前款所称创业投资基金是指依法设立并由符合条件的基金管理机构管理，主要投资创业企业普通股或者依法可转换为普通股的优先股、可转换债券等权益的股权投资基金。 第17条　保险资金可以投资设立不动产、基础设施、养老等专业保险资产管理机构，专业保险资产管理机构可以设立符合条件的保险私募基金，具体办法由中国保监会制定
10	资管产品	第26条	第26条　保险集团（控股）公司、保险公司根据投资管理能力和风险管理能力，可以按照相关监管规定自行投资或者委托符合条件的投资管理人作为受托人进行投资。本办法所称投资管理人，是指依法设立的，符合中国保监会规定的保险资产管理机构、证券公司、证券资产管理公司、证券投资基金管理公司等专业投资管理机构
11	投向金融产品	第31条第2款	第31条第2款　保险资金投资保险资产管理产品以外的其他金融产品，金融产品信息应当在中国保监会认可的资产登记交易平台进行登记和披露，具体操作参照保险资产管理产品的相关规定执行

2. 保险资金投资的负面清单

保险资金投资负面清单见表6－1－2。

表6－1－2 保险资金投资范围负面清单

序号	投资范围负面清单
1	第18条 除中国保监会另有规定外,保险集团(控股)公司、保险公司从事保险资金运用,不得有下列行为:(1)存款于非银行金融机构;(2)买入被交易所实行"特别处理""警示存在终止上市风险的特别处理"的股票;(3)投资不符合国家产业政策的企业股权和不动产;(4)直接从事房地产开发建设;(5)将保险资金运用形成的投资资产用于向他人提供担保或者发放贷款,个人保单质押贷款除外;(6)保监会禁止的其他投资行为
2	中国保监会可以根据有关情况对保险资金运用的禁止性规定进行适当调整
3	第19条 保险集团(控股)公司、保险公司从事保险资金运用应当符合中国保监会相关比例要求,具体规定由中国保监会另行规定。中国保监会可以根据情况调整保险资金运用的投资比例
4	第20条 投资连结保险产品和非寿险非预定收益投资型保险产品的资金运用,应当在资产隔离、资产配置、投资管理、人员配备、投资交易和风险控制等环节,独立于其他保险产品资金,具体办法由中国保监会制定

三、保险资产配置

保险投资合规与风控其本质是为保险集团(控股)公司、保险公司、保险资产管理公司的资产配置进行合规审核和风险控制。保险公司的一端是保险负债,也就是我们日常所见的保单;另一端是保险投资,是我们不常见的专业化资产配置。按照《保险资产配置管理暂行办法》(保监发〔2012〕61号)第3条规定所称的保险资产配置管理,是指保险公司以独立法人为单位,根据经济环境变化和公司发展战略,统筹考虑偿付能力状况、资本配置情况、整体风险承受能力和相关约束因素,以保险产品为基础,制定、实施、监控和调整资产配置政策的机制和行为。保险公司资产配置必须以稳健为主,按照安全性、流动性和收益性要求,遵循偿付能力约束、资产负债管理、全面风险管理和分账户管理原则。保险公司资产配置应首先考虑安全性,其次才是收益性和流动性。因此,从安全性的角度看,银行存款的配置最高,其次是相对安全的债券,再接着是另类投资,最后是股票和证券投资。但是随着银行存款收益的降低和债券违约风险的加大,保险投资创新业务的比重越来越高,因此,另类投资将会成为保险投资的一个重要的资产配置领域。

(一)保险投资的资产配置的划分

1. 流动性资产、固定收益类资产、权益类资产、不动产类资产和其他金融资产五大类资产

《保险资产风险五级分类指引》(保监发〔2014〕82号)从投前监管比例和投后风险管理的角度对保险投资资产进行了分类,基本上可以将保险投资的资产划分为

流动性资产、固定收益类资产、权益类资产、不动产类资产和其他金融资产五大类资产。

(1)流动性资产。流动性资产是指库存现金和可以随时用于支付的存款,以及期限短、流动性强、易于转换为确定金额现金,且价值变动风险较小的资产。境内品种主要包括现金、货币市场基金、银行活期存款、银行通知存款、货币市场类保险资产管理产品和剩余期限不超过1年的政府债券、准政府债券、逆回购协议,境外品种主要包括银行活期存款、货币市场基金、隔夜拆出和剩余期限不超过1年的商业票据、银行票据、大额可转让存单、逆回购协议、短期政府债券、政府支持性债券、国际金融组织债券、公司债券、可转换债券,以及其他经中国保监会认定属于此类的工具或产品。

(2)固定收益类资产。固定收益类资产是指具有明确存续到期时间、按照预定的利率和形式偿付利息和本金等特征的资产,以及主要价值依赖于上述资产价值变动的资产。境内品种主要包括银行定期存款、银行协议存款、债券型基金、固定收益类保险资产管理产品、金融企业(公司)债券、非金融企业(公司)债券和剩余期限在1年以上的政府债券、准政府债券,境外品种主要包括银行定期存款、具有银行保本承诺的结构性存款、固定收益类证券投资基金和剩余期限在1年以上的政府债券、政府支持性债券、国际金融组织债券、公司债券、可转换债券,以及其他经中国保监会认定属于此类的工具或产品。

根据《保险资产风险五级分类指引》(保监发〔2014〕82号)规定,固定收益类资产主要形式包括:基础设施债权投资计划、不动产债权投资计划、持有到期的企业(公司)债券,以及具有固定收益资产特征的项目资产支持计划、信贷资产支持证券、证券公司专项资产管理计划、商业银行理财产品、集合资金信托计划、保险资产管理产品等。具有固定收益特征的信贷资产支持证券、证券公司专项资产管理计划、商业银行理财产品、集合资金信托计划、保险资产管理产品等金融产品的分类,应主要考虑发行主体及偿债主体的声誉、信用评级、内部风险控制体系,以及产品交易结构、产品增信措施等因素,同时采用穿透法,考虑标的基础资产的质量和风险状况。信用状况包括声誉、信用评级、征信记录、偿还记录、偿还意愿等;偿还能力包括财务状况、盈利能力、影响偿还的非财务因素等。

(3)权益类资产。权益类资产包括上市权益类资产和未上市权益类资产。上市权益类资产是指在证券交易所或符合国家法律法规规定的金融资产交易场所(统称交易所)公开上市交易的、代表企业股权或者其他剩余收益权的权属证明,以及主要价值依赖于上述资产价值变动的资产。未上市权益类资产是指依法设立和注册登记,且未在交易所公开上市的企业股权或者其他剩余收益权,以及主要价值依赖于上述资产价值变动的资产。境内上市权益类资产品种主要包括股票、股票型基金、混合型基金、权益类保险资产管理产品,境外上市权益类资产品种主要包括普通股、优先股、全球存托凭证、美国存托凭证和权益类证券投资基金,以及其他经中国保监会认定属于此类的工具或产品。根据《保险资产风险五级分类指引》(保监发〔2014〕82 号)规定,权益类资产主要是指股权金融产品。股权金融产品是指保险机构投资的由股权投资管理机构发起设立的股权投资类金融产品,包括未上市股权投资基金、基础设施股权投资计划、不动产股权投资计划、权益类集合资金信托计划、权益类项目资产支持计划及权益类保险资产管理产品等。

对于可以获得被投资企业股权公允市场价格的,按投资成本与公允市场价格孰低法进行分类。公允市场价格的确定原则为:如存在活跃市场的,其市价即为公允市场价格;如不存在活跃市场,但类似股权存在活跃市场的,该股权的公允市场价格应比照相关类似股权的市价确定。类似股权建议选择上市公司,参考标准为:公司所属行业、总资产、净资产、每股收益、净资产收益率等方面的指标基本相同。

对于无法获得被投资企业股权公允市场价格的,应综合考虑被投资企业的经营状况、财务状况、盈利能力、净资产等因素,以及股权的退出机制安排,整体评价其风险状况和预计损失程度。

股权金融产品的分类,主要采用穿透法,重点对股权所指向企业的质量和风险状况进行评估,同时考虑股权投资管理机构的资信状况、投资管理能力、风险控制措施、投资权益保护机制、股权退出机制安排等因素,合理确定该类产品的风险分类。

(4)不动产类资产。不动产类资产指购买或投资的土地、建筑物及其他依附于土地上的定着物等,以及主要价值依赖于上述资产价值变动的资产。境内品种主要包括不动产、基础设施投资计划、不动产投资计划、不动产类保险资产管理产品及其他不动产相关金融产品等,境外品种主要包括商业不动产、办公不动产和房地产信托投资基金(REITs),以及其他经中国保监会认定属于此类的工具或产品。根据《保险资产风险五级分类指引》(保监发〔2014〕82 号)规定,不动产类资产风险监管需按照以下方式进行分类:①需要进行风险分类的资产为以成本法计量的非自用性不动产,其主要形式包括:商业不动产,办公不动产,符合条件的政府土地储备项目,与保险业务相关的养老、医疗、汽车服务等符合中国保监会规定的投资不动产类别。②非自用性不动产的分类主要考虑不动产的公允评估价值。公允评估价值的确定原则为:如存在活跃市场的,则其市场价值即为其公允评估价值;如不存在活跃市场,但类似资产存在活跃市场的,该不动产的公允评估价值应比照相关类似资产的市场价值确定;如本身不存在活跃市场,也不存在类似的资产活跃市场,则公允评估价值采用近一年内全国性资产评估公司做出的评估价值。

(5)其他金融资产。其他金融资产是指风险收益特征、流动性状况等与上述各资产类别存在明显差异,且没有归入上述大类的其他可投资资产。境内品种主要包括商业银行理财产品、银行业金融机构信贷资产支持证券、信托公司集合资金信托计划、证券公司专项资产管理计划、保险资产管理公司项目资产支持计划、其他保险资产管理产品,境外品种主要包括不具有银行保本承诺的结构性存款,以及其他经中国保监会认定属于此类的工具或产品。

2. 银行间市场及证券交易所交易的资产、非标资产、另类投资

根据保险投资资产是否可在公开交易平台交易的属性,行业内又可将保险投资资产划分为银行间市场及证券交易所交易的资产、非标资产、另类投资等。

(二)资金运用方式

1. 集约化、专业化管理

保险集团(控股)公司、保险公司应当按照“集中管理、统一配置、专业运作”的要求,实行保险资金的集约化、专业化管理。

保险资金应当由法人机构统一管理和运用,分支机构不得从事保险资金运用业务。

保险集团(控股)公司、保险公司应当选择符合条件的商业银行等专业机构,实施保险资金运用第三方托管和监督,具体办法由中国保监会制定。

托管的保险资产独立于托管机构固有资产,并独立于托管机构托管的其他资产。托管机构因依法解散、被依法撤销或者被依法宣告破产等原因进行清算的,托管资产不属于其清算财产。

2. 托管机构职责

托管机构从事保险资金托管的,主要职责包括:

(1)保险资金的保管、清算交割和资产估值;

(2)监督投资行为;

(3)向有关当事人披露信息;

(4)依法保守商业秘密;

(5)法律、行政法规、保监会规定和合同约定的其他职责。

3. 托管机构的禁止行为

托管机构从事保险资金托管,不得有下列行为:

(1)挪用托管资金;

(2)混合管理托管资金和自有资金或者混合管理不同托管账户资金;

(3)利用托管资金及其相关信息谋取非法利益;

(4)其他违法行为。

4. 投资管理能力

保险集团(控股)公司、保险公司、保险资产管理机构开展保险资金运用业务,应当具备相应的投资管理能力。

保险集团(控股)公司、保险公司根据投资管理能力和风险管理能力,可以按照相关监管规定自行投资或者委托符合条件的投资管理人作为受托人进行投资。

《保金管理办法》所称投资管理人,是指依法设立的,符合中国保监会规定的保险资产管理机构、证券公司、证券资产管理公司、证券投资基金管理公司等专业投资管理机构。

5. 委托投资管理

保险集团(控股)公司、保险公司委托投资管理人投资的,应当订立书面合同,约定双方权利与义务,确保委托人、受托人、托管人三方职责各自独立。

保险集团(控股)公司、保险公司应当履行制定资产战略配置指引、选择受托人、监督受托人执行情况、评估受托人投资绩效等职责。

受托人应当执行委托人资产配置指引,根据保险资金特性构建投资组合,公平对待不同资金。

6. 委托投资管理人的禁止行为

保险集团(控股)公司、保险公司委托投资管理人投资的,不得有下列行为:

(1)妨碍、干预受托人正常履行职责;

(2)要求受托人提供其他委托机构信息;

(3)要求受托人提供最低投资收益保证;

(4)非法转移保险利润或者进行其他不正当利益输送;

(5)其他违法行为。

7. 投资管理人的禁止行为清单

投资管理人受托管理保险资金的,不得有下列行为:

(1)违反合同约定投资;

(2)不公平对待不同资金;

(3)混合管理自有、受托资金或者不同委托机构资金;

(4)挪用受托资金;

(5)向委托机构提供最低投资收益承诺;

(6)以保险资金及其投资形成的资产为他人设定担保;

(7)将受托资金转委托;

(8)为委托机构提供通道服务;

(9)其他违法行为。

8. 投资管理人可以开展资产管理产品业务

保险资产管理机构根据保监会相关规定，可以将保险资金运用范围的投资品种作为基础资产，开展保险资产管理产品业务。

保险集团（控股）公司、保险公司委托投资或者购买保险资产管理产品，保险资产管理机构应当根据合同约定，及时向有关当事人披露资金投向、投资管理、资金托管、风险管理和重大突发事件等信息，并保证披露信息的真实、准确和完整。

保险资产管理机构应当根据受托资产规模、资产类别、产品风险特征、投资业绩等因素，按照市场化原则，以合同方式与委托或者投资机构约定管理费收入计提标准和支付方式。

保险资产管理产品业务，是指由保险资产管理机构为发行人和管理人，向保险集团（控股）公司、保险公司、保险资产管理机构以及其他合格投资者发售产品份额，募集资金，并选聘商业银行等专业机构为托管人，为投资人利益开展的投资管理活动。

四、保险机构资金运用的内控管理

《保金管理办法》进一步强化了保险资金运用监管和风险管控机制建设。此外，保监会还依据保险法制定《〈保险资金运用内部控制指引〉及应用指引》（保监发〔2015〕114号），《保险资金运用内控与合规计分监管规则》（保监发〔2014〕54号）等规范，不断加强保险公司自我约束能力，有效防范投资风险。

（一）投资决策层面

保险集团（控股）公司、保险公司应当建立健全公司治理，在公司章程和相关制度中明确规定股东（大）会、董事会、监事会和经营管理层的保险资金运用职责，实现保险资金运用决策权、运营权、监督权相互分离，相互制衡。

1. 董事会负责制

保险资金运用实行董事会负责制。保险公司董事会应当对资产配置和投资政策、风险控制、合规管理承担最终责任，主要履行下列职责：

(1)审定保险资金运用管理制度；

(2)确定保险资金运用管理方式；

(3)审定投资决策程序和授权机制；

(4)审定资产战略配置规划、年度资产配置计划及相关调整方案；

(5)决定重大投资事项；

(6)审定新投资品种的投资策略和运作方案；

(7)建立资金运用绩效考核制度;

(8)其他相关职责。

董事会应当设立具有投资决策、资产负债管理和风险管理等相应职能的专业委员会。

保险集团(控股)公司、保险公司决定委托投资,以及投资无担保债券、股票、股权和不动产等重大保险资金运用事项,应当经董事会审议通过。

2. 保险集团(控股)公司、保险公司经营管理层

保险集团(控股)公司、保险公司经营管理层根据董事会授权,应当履行下列职责:

(1)负责保险资金运用的日常运营和管理工作;

(2)建立保险资金运用与财务、精算、产品和风险控制等部门之间的沟通协商机制;

(3)审议资产管理部门拟定的保险资产战略配置规划和年度资产配置计划及相关调整方案,并提交董事会审定;

(4)组织实施经董事会审定的资产战略配置规划和年度资产配置计划;

(5)控制和管理保险资金运用风险;

(6)其他相关职责。

(二)资金运用流程

1. 资金运用内控制度

保险集团(控股)公司、保险公司应当建立健全保险资金运用的管理制度和内部控制机制,明确各个环节、有关岗位的衔接方式及操作标准,严格分离前、中、后台岗位责任,定期检查和评估制度执行情况,做到权责分明、相对独立和相互制衡。相关制度包括但不限于:

(1)资产配置相关制度;

(2)投资研究、决策和授权制度;

(3)交易和结算管理制度;

(4)绩效评估和考核制度;

(5)信息系统管理制度;

(6)风险管理制度等。

2. 资产配置制度

保险集团(控股)公司、保险公司应当以独立法人为单位,统筹境内境外两个市场,综合偿付能力约束、外部环境、风险偏好和监管要求等因素,分析保险资金成本、现金流和期限等负债指标,选择配置具有相应风险收益特征、期限及流动性的资产。

3. 建立专业化分析平台

保险集团(控股)公司、保险公司应当建立专业化分析平台,并利用外部研究成果,研究制定涵盖交易对手管理和投资品种选择的模型和制度,实时跟踪并分析市场变化,为保险资金运用决策提供依据。

4. 建立投资决策和授权制度

保险集团(控股)公司、保险公司应当建立健全相对集中、分级管理、权责统一的投资决策和授权制度,明确授权方式、权限、标准、程序、时效和责任,并对授权情况进行检查和逐级问责。

5. 建立和完善公平交易机制

保险集团(控股)公司、保险公司应当建立和完善公平交易机制,有效控制相关人员操作风险和道德风险,防范交易系统的技术安全疏漏,确保交易行为的合规性、公平性和有效性。公平交易机制至少应当包括以下内容:

(1)实行集中交易制度,严格隔离投资决策与交易执行;

(2)构建符合相关要求的集中交易监测系统、预警系统和反馈系统;

(3)建立完善的交易记录制度;

(4)在账户设置、研究支持、资源分配、人员管理等环节公平对待不同资金等。

保险集团(控股)公司、保险公司开展证券投资业务,应当遵守证券行业相关法律法规,建立健全风险隔离机制,实行相关从业人员本人及直系亲属投资信息申报制度,切实防范内幕交易、利用未公开信息交易、利益输送等违法违规行为。

6. 建立以资产负债管理为核心的绩效评估体系和评估标准

保险集团(控股)公司、保险公司应当建立以资产负债管理为核心的绩效评估体系和评估标准,定期开展保险资金运用绩效评估和归因分析,推进长期投资、价值投资和分散化投资,实现保险资金运用总体目标。

7. 应当建立保险资金运用信息管理系统

保险集团(控股)公司、保险公司应当建立保险资金运用信息管理系统,减少或者消除人为操纵因素,自动识别、预警报告和管理控制资产管理风险,确保实时掌握风险状况。

信息管理系统应当设定合规性和风险指标阈值,将风险监控的各项要素固化到相关信息技术系统之中,降低操作风险、防止道德风险。

信息管理系统应当建立全面风险管理数据库,收集和整合市场基础资料,记录保险资金管理和投资交易的原始数据,保证信息平台共享。

(三)风险管控制度

1. 建立全面风险管理体系。保险集团(控股)公司、保险公司应当建立全面覆盖、全程监控、全员参与的保险资金运用风险管理组织体系和运行机制,改进风险管理技术和信息技术系统,通过管理系统和稽核审计等手段,分类、识别、量化和评估各类风险,防范和化解风险。

2. 建立资产负债管理体系。保险集团(控股)公司、保险公司应当管理和控制资产负债错配风险,以偿付能力约束和保险产品负债特性为基础,加强成本收益管理、期限管理和风险预算,确定保险资金运用风险限额,采用缺口分析、敏感性和情景测试等方法,评估和管理资产错配风险。

3. 建立流动性风险管理体系。保险集团(控股)公司、保险公司应当管理和控制流动性风险,根据保险业务特点和风险偏好,测试不同状况下可以承受的流动性风险水平和自身风险承受能力,制定流动性风险管理策略、政策和程序,防范流动性风险。

4. 建立有效的市场风险评估和管理机制。保险集团(控股)公司、保险公司应当管理和控制市场风险,评估和管理利率风险、汇率风险以及金融市场波动风险,建立有效的市场风险评估和管理机制,实行市场风险限额管理。

5. 建立信用风险管理制度。保险集团(控股)公司、保险公司应当管理和控制信用风险,建立信用风险管理制度,及时跟踪评估信用风险,跟踪分析持仓信用品种和交易对手,定期组织回测检验。

6. 建立投资风险管理制度。保险集团(控股)公司、保险公司应当加强同业拆借、债券回购和融资融券业务管理,严格控制融资规模和使用杠杆,禁止投机或者用短期拆借资金投资高风险和流动性差的资产。保险资金参与衍生产品交易,仅限于对冲风险,不得用于投机和放大交易,具体办法由中国保监会制定。

7. 建立内部稽核和外部审计制度。保险集团(控股)公司、保险公司应当建立内部稽核和外部审计制度。保险集团(控股)公司、保险公司应当每年至少进行一次保险资金运用内部稽核。保险集团(控股)公司、保险公司应当聘请符合条件的外部专业审计机构,对保险资金运用内部控制情况进行年度专项审计。上述内部稽核和年度审计的结果应当向中国保监会报告。

8. 建立保险资金运用风险处置机制。保险集团(控股)公司、保险公司应当建立保险资金运用风险处置机制,制定应急预案,及时控制和化解风险隐患。投资资产发生大幅贬值或者出现债权不能清偿的,应当制定处置方案,并及时报告中国保监会。

9. 知情权和查询权保障机制。保险集团(控股)公司、保险公司应当确保风险管控相关岗位和人员具有履行职责所需知情权和查询权,有权查阅、询问所有与保险资金运用业务相关的数据、资料和细节,并列席与保险资金运用相关的会议。

五、保险资金运用违规处罚或者监管措施案例

（一）对资金运用违规采取行政处罚的案例

对资金运用违规采取行政处罚的案例汇总见表6－1－3。

表6－1－3　资金违规运用行政处罚案例汇总①

案例	违法行为	处罚结果
案例一：永安财产保险股份有限公司（保监罚〔2009〕29号）	2007年7月至2008年6月，永安产险违规购买11只无担保可转换公司债券，运用资金数额巨大，情节严重，违反了《保险法》（2002年修正）第105条及《保险机构投资者债券投资管理暂行办法》（已失效）第33条的相关规定	依据《保险法》（2002年修正）第145条的规定，中国保监会决定对永安产险作出罚款人民币20万元，限制投资可转换公司债券6个月（现有可转换公司债券只准卖出，不准买入）的行政处罚
案例二：大众保险股份有限公司（保监罚〔2009〕31号）	2007年9月，该公司未向中国保监会提出申请，交付资金人民币500万元申购南方全球精选配置证券投资基金。 该行为违反了《保险资金境外投资管理暂行规定》（已失效）第15条、《保险法》（2002年修正）第105条的规定	依据《保险法》（2002年修正）第145条的规定，中国保监会决定对该公司作出罚款10万元，限制偏股型基金投资业务3个月（自下发处罚通知之日起3个月内，该公司投资的偏股型基金账户，只准卖出，不准买进）的行政处罚
案例三：安信农业保险股份有限公司（保监罚〔2009〕32号）	2007年10月，该公司未向中国保监会提出申请，认购嘉实海外证券投资基金。 该行为违反了《保险资金境外投资管理暂行规定》（已失效）第15条、《保险法》（2002年修正）第105条的规定	依据《保险法》（2002年修正）第145条的规定，中国保监会决定对该公司作出罚款10万元，限制偏股型基金投资业务3个月（自下发处罚通知之日起3个月内，该公司投资的偏股型基金账户，只准卖出，不准买进）的行政处罚
案例四：瑞福德健康保险股份有限公司（保监罚〔2010〕11号）	2006年至2008年，该公司存在提供虚假报告和报表、未经批准擅自修改公司章程、未经批准擅自任命董事及高级管理人员、违反规定运用资金、违反规定异地展业等违法违规行为。 以上行为违反了《保险法》（2002年修正）第82条、102条以及第122条，《保险公司董事和高级管理人员任职资格管理规定》（2006年）第6条和第30条，《保险公司投资证券投资基金管理暂行办法》（已失效）第8条第2项，《保险公司管理规定》（2004年）第13条和第51条的规定	鉴于该公司已对上述违法违规行为进行了整改，依据《保险公司管理规定》（2004年）第99条的规定，中国保监会决定对该公司给予警告的行政处罚

① 本表格根据高慧律师撰写的《保险投资违规处罚案例（2007－2016）》（载微信公众号“高慧学堂”2016年11月7日）以及梳理近年最新行政处罚案例形成。

续表

案例	违法行为	处罚结果
案例五:赵某(保监罚〔2010〕15 号)	2008 年 12 月 15 日至 2009 年 1 月 14 日,中国保监会对瑞福德健康保险股份有限公司进行了综合性检查。经查明,赵某在担任瑞福德健康保险股份有限公司投资部门负责人兼董事会投资决策委员会委员期间,对该公司违反中国保监会资金运用管理规定的行为负有直接责任。 中国保监会认为,该公司运用资金的行为,违反了《保险法》(2002 年修正)第 105 条、《保险公司投资证券投资基金管理暂行办法》(已失效)第 8 条第 2 项的规定	依据《保险法》(2002 年修正)第 150 条的规定,中国保监会决定对其给予警告的行政处罚
案例六:嘉禾人寿保险股份有限公司(保监罚〔2010〕29 号)	嘉禾人寿在 2008 年第 4 季度和 2009 年第 1 季度偿付能力严重不足的情况下,仍继续增加股票投资的行为,违反了《保险法》(2002 年修正)第 105 条、《股票投资暂行办法》第 7 条以及第 45 条的相关规定	依据《保险法》(2002 年修正)第 145 条的规定,中国保监会决定给予嘉禾人寿罚款 10 万元的行政处罚。 嘉禾人寿资产管理部总经理肖某和对上述违规投资行为负有直接责任的人员,依据《保险法》(2002 年修正)第 150 条的规定,中国保监会决定给予其警告的行政处罚
案例七:中国再保险(集团)股份有限公司(保监罚〔2011〕4 号)	2007 年至 2009 年,中再集团违反规定运用资金投资设立中再物业,收购其股权的行为,违反了《保险法》(2002 年修正)第 105 条的规定。 中再集团部分资产、负债、薪酬、业务未按照规定进行会计核算的行为,违反了《保险法》(2002 年修正)第 122 条的规定。 中再集团 2007 年未按照规定提取、管理非寿险业务准备金的行为,违反了《保险法》(2002 年修正)第 94 条的规定。 中再集团 2009 年度公司治理报告部分内容与事实不符的行为,违反了《保险法》(2009 年修正)第 86 条的规定。 中再集团未按照规定管理董事和高级管理人员的行为,分别违反了《保险公司董事和高级管理人员任职资格管理规定》(2006 年)第 6 条、第 30 条、第 31 条、第 33 条的规定,依据《保险法》(2002 年修正)第 122 条、第 145 条第(二)、(五)项,第 147 条第(一)项、第 172 条第(一)项的规定,以及《保险公司和高级人员任职资格管理规定》(2006 年)第 46 条的规定	中国保监会决定对中再集团给予警告,罚款 71 万元的行政处罚

续表

案例	违法行为	处罚结果
案例八：国华人寿保险股份有限公司（保监罚〔2012〕8号）	国华人寿存在将保险资金委托给不具备资质的机构投资理财的行为：2008年年底，时任投资部负责人章某与副总经理康某翔商议委托上海金保利投资有限公司（以下简称金保利）投资事宜。2009年1月，国华人寿与金保利签署委托投资协议，全权委托金保利投资理财。2009年1月22日、4月26日，国华人寿形成增加委托理财受托方的决议，决定增加金保利的四家关联公司作为委托理财受托方。实际向金保利等公司划拨资金时，由章某起草签报，申请划拨资金额度，经康某翔签字同意，章某以投资债券和基金等名义，填写虚假投资交易单，上报公司总经理付某进签字后，由财务部根据投资交易单及投资部口头信息，向金保利等公司划出款项。 经查，金保利等公司均不符合中国保监会规定的相关资质，国华人寿将保险资金交给上述机构投资违反了《保险法》（2009年修正）第106条	根据《保险法》（2009年修正）第165条，中国保监会决定对国华人寿罚款30万元人民币，并限制其股权和不动产投资业务6个月。 时任总经理付某进，对公司投资业务负有法定管理职责，未尽到审慎的管理责任，并在相关文件上签字，对国华人寿的上述违法行为负有直接责任，依据《保险法》（2009年修正）第173条，中国保监会决定对付某进警告，罚款10万元人民币。 时任副总经理康某翔，分管投资业务，参与策划了违规投资理财事项，并在相关报告上签字，对国华人寿的上述违法行为负有直接责任，根据《保险法》（2009年修正）第173条，中国保监会决定对康某翔撤销任职资格。 时任投资部负责人章某，负责日常投资运作，提出委托投资建议并负责具体实施，提交虚假的投资交易申请单，以投资债券、基金为名申请将保险资金划至金保利等公司，对国华人寿的上述违法行为负有直接责任，根据《保险法》（2009年修正）第173条，中国保监会决定对章某撤销任职资格。 时任财务部负责人邹某军，负责日常财务管理，明知违规委托理财事实，仍在虚假投资交易申请单上签字，批准以投资债券、基金为名划出款项，对国华人寿的上述违法行为负有直接责任，根据《保险法》（2009年修正）第173条，中国保监会决定对其警告，罚款5万元人民币
案例九：平安资产管理有限责任公司（保监罚〔2015〕2号）	2011年12月，平安资产发起设立某债权投资计划，先后分两期募集资金50亿元进行定向投资。2011年12月12日，平安资产向中国保监会报送项目备案报告。检查发现，平安资产在项目管理上未谨慎处理相关投资计划事务。一是平安资产称市场谈判因素导致项目投资收益率发生变更，但保监会检查未发现投资收益率变更的任何内部审批文件。二是内部文件记载的核心投资要素与备案文件和相关合同的内容多处不一致。备案后内部文件记载的投资收益率与备案文件记载的投资收益率不一致，内部文件记载的相关费用率与债权计划募集说明书和相关合同记载的费用率不一致。 平安资产的上述行为，反映出其在运用保险资金的过程中未尽到审慎管理职责，违反了《保险资金间接投资基础设施项目试点管理办法》（已失效）的规定，构成《保险法》（2009年修正）规定的违规运用保险资金的行为。 陈某贤，时任平安资产董事长，负责公司日常经营管理，清楚知悉相关情况但未尽到审慎管理职责，对上述违法行为负有直接责任	中国保监会作出如下处罚： 平安资产未谨慎处理投资计划事务的行为，违反了《保险法》（2009年修正）第106条，构成违规运用保险资金的违法行为，依据《保险法》（2009年修正）第165条，中国保监会决定对平安资产罚款10万元，依据《保险法》（2009年修正）第173条，中国保监会决定对陈某贤警告并罚款1万元

续表

案例	违法行为	处罚结果
案例十:天安人寿保险股份有限公司(保监罚〔2015〕6号)	一、编制和提交虚假资料 一是向中国保监会报送虚假备案材料。2013年8月和2014年1月,天安人寿先后向中国保监会报送《关于报送股票投资管理能力备案申请材料的报告》和《申请不动产投资管理能力备案的报告》,报告均声称配备了相关专业投资人员。经查,其中多数人员从未与公司签订劳动合同,无薪资发放及考勤记录,实际也未在公司工作。二是以虚假发票套取资金。2013年12月、2014年4月相关会计凭证显示报销办公用品费、食品费,但实际所附发票记录的内容和事项虚假,交易事项未真实发生。 郭某光对上述违法行为负有直接责任。 二、违规运用保险资金 一是违规投资高风险信托产品。2013年11月,天安人寿投资平安财富利锦1号集合资金信托计划,该产品存在结构复杂、非受托人自主管理等情况。二是投资信托产品的增信措施不符合监管规定。天安人寿投资的陕国投重庆高新区开发投资集团应收账款收益权集合资金信托计划实际没有信用增级效力,中海常州城建信托贷款项目集合资金信托计划没有信用增级措施。三是超比例投资。天安人寿投资的平安财富利锦1号122期集合资金信托计划、中信昆明空港贷款集合资金信托计划、陕国投重庆高新区开发投资集团应收账款收益权集合资金信托计划等产品的投资金额或者账面余额,均高于相关产品发行规模的20%。上述三项行为不符合《关于保险资金投资有关金融产品的通知》(保监发〔2012〕91号)(以下简称91号文)的有关规定。 韩某、郭某光对上述第一项违法行为负有直接责任,高某国对上述三项违法行为负有直接责任	中国保监会对韩某、郭某光的陈述申辩意见不予采纳,并决定作出如下处罚: 一、天安人寿编制和提交虚假资料的行为,违反了《保险法》(2009年修正)第86条,根据该法第172条,中国保监会决定对天安人寿罚款40万元,根据该法第173条,中国保监会决定对郭某光警告并罚款9万元。 二、天安人寿违规运用保险资金的行为,违反了《保险法》(2009年修正)第106条,根据该法第165条,中国保监会决定对天安人寿罚款10万元,根据该法第173条,中国保监会决定对韩某警告并罚款1万元,对郭某光警告并罚款1万元,对高某国警告并罚款1万元
案例十一:中融人寿保险股份有限公司(保监罚〔2015〕12号)	一、违规运用保险资金 一是违规对外拆借资金。2011年12月至2013年11月,中融人寿先后以设备预付款、投资项目款等多种名义变相对外拆借资金。向上海某通信科技有限公司支付资金12笔,先后分9笔收回出借款项,并收取相关利息。 时任董事长、总经理陈某,时任副总经理、财务负责人王某有及风险信用部负责人胡某学对上述违法行为负有直接责任。 二是违规开展不动产投资。2011年11月至2013年10月,中融人寿先后与上海、浙江等6家房地产公司签署房地产买卖合同。上述投资项目未经专业机构出具评估报告,未经董事会或者股东会审议,部分所投项目未获得预售许可证、房产证,同时部分项目未按照规定向中国保监会报告,违反了中国保监会《保险资金投资不动产暂行办法》(以下简称80号文)的有关规定。 时任董事长、总经理陈某,时任副总经理、财务负责人王某有对上述违法行为负有直接责任,时任副总经理、资产管理中心总经理万某俊对其任期内发生的上述部分违法行为负有直接责任	中国保监会决定作出如下处罚: 一、中融人寿违规运用保险资金的行为,违反了《保险法》(2009年修正)第106条。根据该法第165条,中国保监会决定对中融人寿罚款30万元,限制不动产投资、股权投资、金融产品投资各1年;根据该法第173条、第179条,中国保监会决定给予陈某禁止进入保险业1年的处罚,对王某有警告并罚款10万元,对万某俊警告并罚款1万元,对胡某学警告并罚款1万元。 二、中融人寿虚增公司偿付能力的行为,违反了《保险法》(2009年修正)第86条。根据该法第172条,中国保监会决定对中融人寿罚款50万元;根据该法第173条,中国保监会决定对陈某警告并罚款10万元,对王某有警告并罚款10万元

续表

案例	违法行为	处罚结果
案例十一：中融人寿保险股份有限公司（保监罚〔2015〕12 号）	三是违规开展股权投资。2012 年 11 月，中融人寿与某产业投资有限公司签订股权转让协议，受让该公司转让的东方道迩、西凤酒、华清农业 3 家企业股权。上述投资未经公司股东会或董事会审议，受让的企业股权不符合保险资金允许投资的企业股权范围，且未按照规定向中国保监会报告，违反了中国保监会《保险资金投资股权暂行办法》（保监发〔2010〕79 号，以下简称 79 号文）的有关规定。 时任董事长陈某，时任副总经理、财务负责人王某有对上述违法行为负有直接责任。 四是违规投资金融产品。2013 年 3 月至 2013 年 7 月，中融人寿购买中信信诚资产管理有限公司发行的中信信诚瑞丰 1 号金融投资专项资产管理计划、中信证券股份有限公司发行的中信证券季季增利纯债集合资产管理计划。上述投资系购买基金子公司、证券公司发行的金融产品，超出保险资金可投资金融产品的政策范围，违反了中国保监会 91 号文的有关规定。 时任董事长陈某，时任副总经理、财务负责人王某有对上述违法行为负有直接责任。 二、虚增公司偿付能力 2013 年第 2 季度，中融人寿在对人保—安心投资理财产品和中邮银行财富债券投资理财产品的处理中，违规提高认可标准，虚增认可资产 350 万元，虚增偿付能力充足率 1.4 个百分点。对中融融信星光 02 信托资产违规采用 100% 的认可比例，虚增认可资产 4000 万元，虚增偿付能力充足率 16 个百分点。 2013 年第 3 季度，对中融—融信星光 02 等 6 只信托资产违规使用 95% 的认可标准，虚增认可资产 6925 万元，虚增偿付能力充足率 43 个百分点。对上海赢家易精灵投资产品违规采用 100% 的认可比例，虚增认可资产 1400 万元，虚增偿付能力充足率 5.6 个百分点。同时，将上海赢家易精灵投资产品在“活期存款”科目列报，违反了企业会计准则和偿付能力报告编报规则的有关规定。 2013 年 6 月 30 日，中融人寿对相关股权转让款违规计提 5037 万元利息收入。此项违规会计处理导致 2013 年第 2、3 季度偿付能力报告均虚增 5037 万元认可资产，分别虚增偿付能力充足率 20 个百分点和 31.3 个百分点。 时任中融人寿董事长、总经理陈某，时任副总经理、财务负责人王某有对上述违法行为负有直接责任	中国保监会决定作出如下处罚： 一、中融人寿违规运用保险资金的行为，违反了《保险法》（2009 年修正）第 106 条。根据该法第 165 条，中国保监会决定对中融人寿罚款 30 万元，限制不动产投资、股权投资、金融产品投资各 1 年；根据该法第 173 条、第 179 条，中国保监会决定给予陈某禁止进入保险业 1 年的处罚，对王某有警告并罚款 10 万元，对万某俊警告并罚款 1 万元，对胡某学警告并罚款 1 万元。 二、中融人寿虚增公司偿付能力的行为，违反了《保险法》（2009 年修正）第 86 条。根据该法第 172 条，中国保监会决定对中融人寿罚款 50 万元；根据该法第 173 条，中国保监会决定对陈某警告并罚款 10 万元，对王某有警告并罚款 10 万元

续表

案例	违法行为	处罚结果
案例十二:前海人寿保险股份有限公司(保监罚〔2017〕13号)	一、编制提供虚假资料的行为 前海人寿在就2015年11月增资活动提交的相关报告中,作出股东增资资金性质为自有资金等陈述。经查,相关增资资金情况与报告陈述不符。 时任董事长姚某华对上述违法行为负有直接责任。 二、违规运用保险资金的行为 一是权益类投资比例超过总资产30%后投资非蓝筹股票。2015年和2016年,前海人寿在权益类资产投资比例超过总资产30%后,投资了多支非蓝筹股。 时任副总经理兼财务负责人李某,时任资产管理中心总监游某,时任资产管理中心风险管理部总经理程某刚,时任资产管理中心权益投资部副总经理黄某对上述违法行为负有直接责任。 二是办理"T+0"结构性存款业务。2014年至2016年,前海人寿在某银行办理"T+0"结构性存款业务。 时任副总经理兼财务负责人李某,时任资产管理中心总监游某,时任资产管理中心风险管理部总经理程某刚,时任资产管理中心固定收益部副总经理李某伟对上述违法行为负有直接责任。 三是股权投资基金管理人资质不符合监管要求。2015年至2016年,前海人寿以间接投资股权方式,认购深圳某产业基金企业(有限合伙)等多只基金份额,上述基金的管理人在注册资本、管理资产等方面,未达到中国保监会对股权投资基金管理人资质要求。 时任副总经理兼财务负责人李某,时任资产管理中心总监游某,时任资产管理中心风险管理部总经理程某刚,时任资产管理中心副总监孙某对上述违法行为负有直接责任。 四是未按规定披露基金管理人资质情况。2015年至2016年,前海人寿向中国保监会提交的相关产业基金、股权投资基金项目材料报告,未按规定披露基金管理人的资质情况。 时任副总经理兼财务负责人李某,时任资产管理中心总监游某,时任资产管理中心风险管理部总经理程某刚,时任资产管理中心副总监孙某对上述违法行为负有直接责任。 五是部分项目公司借款未提供担保。前海人寿投资的某文化金融中心项目、某度假酒店项目等项目,项目公司均向前海人寿股东进行了借款,但未按照规定提供担保。 时任副总经理兼财务负责人李某,时任资产管理中心总监游某,资产管理中心风险管理部总经理程某刚,时任资产管理中心副总监孙某对上述违法行为负有直接责任	一、前海人寿向中国保监会编制提供虚假资料的行为,违反了《保险法》(2015年修正)第86条。根据该法第170条,对前海人寿罚款50万元;根据该法第171条、第177条,给予姚某华撤销任职资格并禁止进入保险业10年的处罚。 二、前海人寿违规运用保险资金的行为,违反了《保险法》(2015年修正)第106条及《保险资金运用管理暂行办法》(已失效)等有关规定,根据《保险法》第164条,对前海人寿罚款30万元;根据《保险法》(2015年修正)第171条,对李某警告并罚款8万元,对游某警告并罚款8万元,对程某刚警告并罚款10万元,对李某伟警告并罚款10万元,对黄某警告并罚款10万元,对孙某警告并罚款10万元

续表

案例	违法行为	处罚结果
案例十三：恒大人寿保险有限公司（保监罚〔2017〕14号）	2016年1～11月，恒大人寿未按照保险资金委托投资管理要求开展股票投资，股票投资交易笔数2480笔，股票平均持有期73天，其中9月下旬至11月上旬短期炒作相关股票造成恶劣社会影响	恒大人寿违规运用保险资金的行为，违反了《保险法》（2015年修正）第106条及《保险资金运用管理暂行办法》（已失效）、《保险资金委托投资管理暂行办法》（保监发〔2012〕60号）等有关规定，根据《保险法》（2015年修正）第164条，中国证监会决定给予恒大人寿限制股票投资1年的处罚；根据该法第177条，给予刘某禁止进入保险业5年的处罚，给予吕某龙禁止进入保险业3年的处罚

（二）保险资金运用违规采取行政监管措施的案例

因保险资金运用违规采取行政监管措施的案例汇总见表6－1－4。

表6－1－4　保险资金违规运用行政监管措施案例汇总

案例	违法行为	监管措施
案例一：北大方正人寿保险有限公司行政监管措施决定书（〔2019〕34号）2019.11.14	2019年第二季度末，该公司其他金融资产占上季末总资产的27.22%，违反了《关于加强和改进保险资金运用比例监管的通知》（保监发〔2014〕13号，以下简称13号文）的有关规定	自接到行政监管措施决定书之日起，该公司不得新增其他金融资产投资。 要加强资产负债管理，提高风险管理能力，改善资产负债匹配状况，及时进行风险预警和制定应对措施，防范资产负债错配风险。 该公司应当自收到行政监管措施决定书之日起15日内将整改情况报告银保监会。整改完成并经同意后，方可开展相关投资业务
案例二：珠江人寿保险股份有限公司行政监管措施决定书（〔2019〕35号）2019.11.14	2019年第二季度末，该公司不动产类资产占上季末总资产的30.72%，违反了13号文的有关规定	自接到行政监管措施决定书之日起，该公司不得新增不动产相关投资。 要积极调整资产结构，持续监测权益类资产和其他金融产品的投资情况，防止超监管比例。 要加强资产负债管理，提高风险管理能力，改善资产负债匹配状况，及时进行风险预警和制定应对措施，防范资产负债错配风险。 该公司应当自收到本行政监管措施决定书之日起15日内将整改情况报告银保监会。整改完成并经同意后，方可开展相关投资业务
案例三：中融人寿保险股份有限公司行政监管措施决定书（〔2019〕33号）2019.11.14	2019年第二季度末，该公司其他金融资产占上季末总资产的25.03%，违反了13号文的有关规定	自接到行政监管措施决定书之日起，该公司不得新增其他金融资产投资。 要加强资产负债管理，提高风险管理能力，改善资产负债匹配状况，及时进行风险预警和制定应对措施，防范资产负债错配风险。 该公司应当自收到本行政监管措施决定书之日起15日内将整改情况报告银保监会。整改完成并经同意后，方可开展相关投资业务

续表

案例	违法行为	监管措施
案例四:中邮人寿保险股份有限公司银保监会监管函(监管函〔2018〕70号) 2018.09.29	该公司在境外投资业务中未按规定履行报告义务,违反了《保险资金境外投资管理暂行办法实施细则》(保监发〔2012〕93号)中关于委托人报告事项的有关规定	该公司应采取有效措施,制定切实可行的整改方案,认真吸取教训,对违规行为进行严肃整改,杜绝类似行为再次发生。 应增强依法合规意识,严格遵守国家境外投资政策和保险资金境外投资监管规定,合规审慎开展境外投资业务。 自收到本监管函之日起,该公司应在1个月内报送有关整改情况。银保监会将持续跟踪检查该公司的整改情况,并视情况采取进一步监管措施
案例五:中华联合财产保险股份有限公司:银保监会监管函(监管函〔2018〕65号) 2018.06.19	2017年10月16日至27日对中华联合财产保险股份有限公司(以下简称中华财险)进行了资金运用现场检查,发现的主要问题如下: 一、资金运用制度不健全。中华财险保险资金投资管理在执行中华财险的相关制度过程中,除《农险大灾风险准备金资金管理办法》外,公司未制定完备的保险资金投资管理制度。上述事实违反了《保金管理办法》第40条关于保险机构应当建立健全保险资金运用管理制度的规定。 二、投资管理部门未保持独立。中华财险投资管理部未正式任命负责人,由财务管理部负责人兼任部门负责人,投资管理运作未能遵循独立性原则。上述事实违反了《中国保监会关于印发〈保险资金运用内部控制指引〉及应用指引的通知》(保监发〔2015〕114号)附件1《保险资金运用内部控制指引(GICIF)》第5条关于保险资金运用应保持独立性的规定。 三、股权投资运作不规范。中华财险在开展个别项目的直接股权投资时,未进行完善的尽职调查及合规评估。上述事实违反了79号文第18条关于保险资金直接股权投资应履行合规及法律尽职调查的规定	一、责令该公司对资金运用工作进行整改,期限为本监管函下发之日起6个月,整改期间不得新增股权投资业务。 二、该公司应当建立健全保险资金运用的管理制度和内控机制;明确资金运用各岗位职责,保持资金运用的内控健全性与运作独立性;完善投资业务运作机制,强化投资全流程合规管理。 该公司应将整改方案及落实情况书面报告银保监会。银保监会将视该公司整改情况采取后续监管措施

续表

案例	违法行为	监管措施
案例六：幸福人寿保险股份有限公司：银保监会监管函（监管函〔2018〕64号） 2018. 06. 19	2017年10月至11月，检查组对该公司保险资金运用情况进行了专项检查，发现该公司存在资金运用制度不健全、投资团队人员不足、未按规定开展投后管理等问题： 一、资金运用制度不健全 幸福人寿未制定关于控制各类保险资产投资比例的制度，也未就投后管理工作制定系统的或者专门的管理制度。 上述事实违反了《保险资金运用管理暂行办法》（保监会令2014年第3号）第35条关于建立健全保险资金运用管理制度和内控机制的规定。 二、投资团队人员不足 幸福人寿股票投资经理、研究人员和交易人员等主要业务人员不足12人，股权投资团队不足5人。 上述事实违反了《关于加强资产管理能力建设的通知》（保监发〔2009〕40号）附件1《保险公司股票投资管理能力标准》第3条、79号文第9条关于资产管理能力团队人数的规定。 三、未按规定开展投后管理 幸福人寿未按监管规定强化投后管理，部分私募股权投资基金、集合资金信托计划投后管理档案仅为根据基金管理人、信托受托人提供的季报、年报形成的制式报告，内容流于形式，要素不全。 上述事实违反了79号文第20条、《关于保险资金投资集合资金信托计划有关事项的通知》（保监发〔2014〕38号）第5条关于加强投资项目后续管理的规定。 四、其他违规问题 幸福人寿2016年第四季度、2017年第一季度在上季末偿付能力充足率不足120%的情况下，开展股权、集合资金信托计划投资；部分集合资金信托计划投资未按规定报告关联交易等情况。 上述事实违反了《关于保险资金投资股权和不动产有关问题的通知》（保监发〔2012〕59号）第1条、《关于保险资金投资有关金融产品的通知》（保监发〔2012〕91号）第9条关于偿付能力要求的规定；《关于保险资金投资集合资金信托计划有关事项的通知》（保监发〔2014〕38号）第7条关于向监管机关报送报告的规定	一、责令该公司制定详细方案，对资金运用情况进行全面整改。整改期限为本监管函下发之日起6个月，整改期间不得新增股权和集合资金信托计划投资。 二、该公司应当建立健全保险资金运用的管理制度和内控机制；补充投资团队，持续加强投资能力建设；强化投后管理，建立以风险管控为主导的全流程投资管理体系；严格遵守偿付能力监管规定，强化保险资产负债匹配管理；完善关联交易识别及信息披露机制，及时报告和披露有关投资情况。 该公司应将整改方案及落实情况书面报告银保监会。银保监会将视该公司整改情况采取后续监管措施

续表

案例	违法行为	监管措施
案例七:众安在线财产保险股份有限公司:银保监会监管函(监管函〔2018〕63 号) 2018.06.11	2017 年 10 月,检查组对该公司保险资金运用情况进行了专项检查,发现该公司存在超限额投资关联方发行的金融产品、超限额投资单一资产、未按规定进行监管报告和对外信息披露等问题。 一、超限额投资关联方发行的金融产品 截至 2017 年 9 月 30 日,众安在线财产保险股份有限公司(以下简称众安财险)投资关联方发行的保险资产管理产品余额超过监管规定比例。上述事实违反了《关于进一步规范保险公司关联交易有关问题的通知》(保监发〔2015〕36 号)第 3 条规定。 二、超限额投资单一资产 2017 年上半年,众安财险持有单一股票的账面余额多日超过监管规定比例,且在投资超比例后仍继续买入该股票。上述事实违反了 13 号文第 3 条规定。 三、未按规定进行监管报告和对外信息披露 1. 众安财险投资于关联方发行的保险资产管理产品,未按规定向监管部门进行重大关联交易报告和对外信息披露。 2. 众安财险委托投资股票亏损达到保险资产管理重大事项上报标准后,未按规定向监管部门报告。 3. 众安财险未制定保险资产管理重大突发事件应急预案,未按规定向监管部门报告。 上述事实违反了《关于进一步加强保险公司关联交易信息披露工作有关问题的通知》(保监发〔2016〕52 号)第 2 条,《保险资产管理重大突发事件应急管理指引》(保监发〔2007〕42 号)第 8 条和第 16 条等相关规定。 四、其他违规问题 1. 众安财险未建立资金运用信息系统管理制度、资金运用交易和结算管理制度。 2. 截至 2017 年 9 月 30 日,众安财险仍有部分委托投资资产未签订银行托管协议,未实行托管。 3. 众安财险未按规定向保险资产登记交易平台报送信息。 4. 众安财险向保险统计信息系统报送的数据存在错误。 上述事实违反了《保险资金运用管理暂行办法》(保监会令 2014 年第 3 号)第 19 条和第 35 条,13 号文第 6 条等相关规定	一、责令该公司制定切实可行的整改方案,并采取有效措施对有关问题进行整改,确保符合监管规定。 二、该公司应增强合规风控意识,严格遵守保险资金运用监管规定,进一步加强关联交易管理,加强内部风险管控等有关机制建设,严格履行信息披露与监管报告义务,合规审慎开展保险资金投资业务。 该公司应将整改落实情况书面上报银保监会。银保监会将视该公司整改情况,采取后续监管措施

续表

案例	违法行为	监管措施
案例八：民生通惠资产管理有限公司：银保监会监管函（监管函〔2018〕62号） 2018.06.11	2017年10月，检查组对该公司保险资产管理业务进行了专项检查，发现该公司存在违规开展通道类业务、让渡组合类保险资产管理产品的管理人职责、未有效履行受托管理人职责等问题。 一、违规开展通道类业务 民生通惠于2016年7月1日至11月30日，违规开展存款通道类业务共45笔。上述事实违反了《关于清理规范保险资产管理公司通道类业务有关事项的通知》（保监资金〔2016〕98号）第3条规定。 二、让渡组合类保险资产管理产品的管理人职责 民生通惠为部分产品的外部投资顾问设置系统访问权限和投资经理账号，由其远程登录民生通惠的投资管理系统，直接下达投资指令买卖股票，形成实质上的转委托。 上述事实违反了《关于加强组合类保险资产管理产品业务监管的通知》（保监资金〔2016〕104号）第4条规定。 三、未有效履行受托管理人职责 1. 民生通惠受托管理第三方保险资金进行股票投资，为部分不具备股票投资能力的保险公司设置系统访问权限和投资经理账号，由其远程登录民生通惠的投资管理系统，直接下达投资指令买卖股票。 2. 民生通惠受托管理第三方保险资金进行金融产品投资，部分业务按照不具备信用风险管理能力的保险公司要求，投资于其事先选定的信托投资计划、债权投资计划等金融产品。 上述事实违反了《保险资金委托投资管理暂行办法》（保监发〔2012〕60号）第15条等相关规定。 四、其他违规问题 1. 民生通惠股权投资能力、不动产投资能力与信用风险管理能力未能持续达到监管要求。 2. 民生通惠未按规定进行关联交易和重大风险事件的监管报告和对外信息披露。 上述事实违反了《关于加强和改进保险机构投资管理能力建设有关事项的通知》（保监发〔2013〕10号）第4条，《关于进一步加强保险公司关联交易信息披露工作有关问题的通知》（保监发〔2016〕52号）第2条等相关规定	一、自本监管函下发之日起3个月内，该公司不得新发行组合类保险资产管理产品；自本监管函下发之日起6个月内，该公司不得新增受托管理第三方保险资金。 二、责令该公司制定切实可行的整改方案，并采取有效措施对有关问题进行整改，确保符合监管规定。 三、该公司应增强合规风控意识，完善内部制度及运作机制，合规审慎开展相关业务。 该公司应将整改落实情况书面上报银保监会。银保监会将视该公司整改情况采取后续监管措施

续表

案例	违法行为	监管措施
案例九:安诚财产保险股份有限公司:银保监会监管函(监管函〔2018〕61号) 2018.06.11	2017年10月至11月,检查组对该公司保险资金运用情况进行了专项检查,发现该公司存在委托投资不规范、未按规定开展保险资金运用内部审计和内部管理工作不规范等问题。 一、委托投资不规范 安诚财险在不具备投资管理能力的情况下,借用受托通道对多项集合资金信托计划、专项资产管理计划等金融产品下达投资指令,自主决定投资品种和规模、开展实质性风险评估,并与受托方签署投资风险提示函和承诺函,声明承担委托投资项目的风险,形成事实上的"假委托"投资业务。上述事实违反了《保险资金运用管理暂行办法》(保监会令2014年第3号)第22条、第24条规定。 二、未按规定开展保险资金运用内部审计 2015年安诚财险未开展保险资金运用内部全面稽核审计。2016年、2017年开展资金运用内部审计后,未向保监会报告资金运用内部稽核审计报告;2016年安诚财险原资金运用部门负责人离任未进行离任审计。上述事实违反了《保险资金运用管理暂行办法》(保监会令2014年第3号)第48条规定。 三、内部管理工作不规范 安诚财险董事会战略与投资决策委员会和风险管理委员会未按照专业委员会议事规则定期召开会议,风险管理委员会委员长期低于议事规则规定的最低人数;未针对银行存款投资建立日常询价制度和询价记录,未制定交易对手管理和存款产品选择的制度以及交易对手备选库;资产配置政策不完善,未设置资产配置管理专职岗位;未定期评估投资管理人的管理能力等。上述事实违反了《保险资金运用内部控制应用指引第1号——银行存款》(保监发〔2015〕114号)第10条、《保险资产配置管理暂行办法》(保监发〔2012〕61号)第6条和第10条等规定	一、责令该公司对委托投资业务制度和流程进行全面整改,期限为本监管函下发之日起6个月,整改期间不得新增集合资金信托计划、专项资产管理计划等金融产品的委托投资业务。 二、责令该公司对保险资金运用内部审计工作进行整改,切实加强内部审计工作。 三、该公司应当进一步完善投资业务决策运作机制,加强投资执行控制,完善内部控制建设,强化风险意识,确保风险管控机制有效执行。 该公司应将整改方案及落实情况书面报告银保监会。银保监会将视该公司整改情况采取后续监管措施

续表

案例	违法行为	监管措施
案例十：紫金财产保险股份有限公司：银保监会监管函（监管函〔2018〕60号） 2018.06.04	2017年10月，检查组对该公司保险资金运用情况进行了专项检查，发现该公司存在集合资金信托计划投资管理不规范、股票投资执行控制不严格、未按规定开展保险资金运用内部审计和投资决策机制不完善等问题。 一、集合资金信托计划投资管理不规范 1. 内部评审程序不清晰。紫金财险对集合资金信托计划项目评审审批流程缺少制度规定，审批流程及标准不统一。部分集合资金信托计划投资之前未完成正式内部信用评级报告。 2. 法律风险管理薄弱。对紫金财险投资的多项集合资金信托计划产品，内部或外部专业律师未出具法律意见书。 3. 存在应报告但未报告事项。紫金财险投资的部分集合资金信托计划属于监管规定需要报告的情形，但公司未在投资后15个工作日内向保监会报告。 上述事实违反了91号文第11条、《关于保险资金投资集合资金信托计划有关事项的通知》（保监发〔2014〕38号）第5条和第7条规定。 二、股票投资执行控制不严格 1. 集中交易室管理薄弱。紫金财险集中交易室门禁管理松散，未安装监控设备，其他人可以随意进入，且交易人员移动通信工具未实现集中保管。 2. 投资交易信息管理不严格。紫金财险未制定相关制度规范投资管理信息系统程序变更管理流程，未建立对变更管理控制的监控流程；估值系统未按紫金财险投资交易系统安全管理要求设置密码，实际密码策略薄弱。 上述事实违反了《保险资金运用内部控制指引》（保监发〔2015〕114号）第64条、《保险资金运用内部控制应用指引第3号——股票及股票型基金》第15条规定。 三、未按规定开展保险资金运用内部审计 紫金财险2015年、2016年未开展保险资金运用内部全面稽核审计。上述事实违反了《保险资金运用管理暂行办法》（保监会令2014年第3号）第48条规定。 四、投资决策机制不完善 部分重要投资决策没有书面记录，紫金财险投资管理委员会通过邮件形式同意多项集合资金信托计划、股权、债权投资计划投资项目，未形成正式会议记录或会议纪要。 上述事实违反了《保险资金运用内部控制指引》（保监发〔2015〕114号）第44条规定	一、责令该公司对集合资金信托计划投资业务和股票投资业务进行全面整改，期限为本监管函下发之日起3个月，整改期间不得新增集合资金信托计划投资和股票投资。 二、责令该公司对保险资金运用内部审计工作进行整改，切实加强内部审计工作。 三、该公司应当进一步完善投资业务决策运作机制，加强投资执行控制，完善内部控制建设，强化风险意识，确保风险管控机制有效执行。 该公司应将整改方案及落实情况书面报告银保监会。银保监会将视该公司整改情况采取后续监管措施

续表

案例	违法行为	监管措施
案例十一:中再资产管理股份有限公司保监会监管函(监管函〔2018〕32号) 2018.02.11	该公司境外投资业务违反了《保险资金境外投资管理暂行办法实施细则》(保监发〔2012〕93号)关于可投资国家或者地区的相关规定	一、该公司应采取有效措施,制定切实可行的整改方案,对违规内容进行整改,确保投资符合规定。 二、该公司应增强依法合规意识,严格遵守国家境外投资政策和保险资金境外投资监管规定,合规审慎开展境外投资业务。 自收到本监管函之日起,该公司应在1个月内报送有关整改情况。银保监会将持续跟踪检查该公司的整改情况,并视情况采取进一步监管措施
案例十二:新华人寿保险股份有限公司(监管函〔2018〕31号) 2018.02.11	近期,该公司境外投资业务违反了《保险资金境外投资管理暂行办法实施细则》(保监发〔2012〕93号)关于可投资国家或者地区的相关规定	一、该公司应采取有效措施,制定切实可行的整改方案,对违规内容进行整改,确保投资符合规定。 二、该公司应增强依法合规意识,严格遵守国家境外投资政策和保险资金境外投资监管规定,合规审慎开展境外投资业务。 自收到本监管函之日起,该公司应在1个月内报送有关整改情况。银保监会将持续跟踪检查该公司的整改情况,并视情况采取进一步监管措施
案例十三:中国平安人寿保险股份有限公司(监管函〔2018〕30号)	近期,该公司境外投资业务违反了《保险资金境外投资管理暂行办法实施细则》(保监发〔2012〕93号)关于可投资国家或者地区的相关规定	一、该公司应采取有效措施,制定切实可行的整改方案,对违规内容进行整改,确保投资符合规定。 二、该公司应增强依法合规意识,严格遵守国家境外投资政策和保险资金境外投资监管规定,合规审慎开展境外投资业务。 自收到本监管函之日起,该公司应在1个月内报送有关整改情况。银保监会将持续跟踪检查该公司的整改情况,并视情况采取进一步监管措施
案例十四:安邦保险集团股份有限公司(监管函〔2018〕34号) 2018.01.24	2017年6月,工作组对该公司保险资金运用情况进行了专项检查,发现该公司在资金运用中违反了《保险法》(2015年修正)、《保险资产配置管理暂行办法》(保监发〔2012〕61号)和80号文等有关规定,依据《保险法》(2015年修正)及《保险资金运用管理暂行办法》(保监发〔2012〕61号)的有关规定	一、该公司应于2018年2月23日前调整其董事长、总经理吴某晖的职务; 二、该公司应指定临时负责人,按照相关监管规定尽快选举明确新董事长、总经理人选,并报银保监会核准

续表

案例	违法行为	监管措施
案例十五：横琴人寿保险有限公司（银保监会行政监管措施决定书〔2021〕2号）	该公司存在以下合规风险问题：一是投资管理能力不符合监管规定。该公司于2018年和2019年分别取得信用风险管理能力和股权投资管理能力备案。随后，该公司将相关专业人员调整至资产管理事业部其他岗位，导致公司不符合信用风险管理能力和原股权投资管理能力对专业人员的要求。二是违规开展其他金融资产投资。截至2020年6月末，该公司投资的信托计划，部分合同载明受托人不对或无法对信托计划资金的实际用途进行监控，违反了保险资金投资信托计划的相关规定。2019年4月末和6月末，该公司其他金融资产占上季末总资产的比例为25.23%和25.14%，违反了保险公司投资其他金融资产监管比例的规定。2019年6月，该公司签订再保险合同，当年8月仅支付少量结算金额，2020年3月与交易对手签订补充协议，决定延期支付剩余的再保费金额。公司开展此类短期再保险业务，后续支付剩余再保费的意愿不足，不具有合理商业实质。三是违规购买债券和不动产。2020年5月，该公司投资的债券违反了保险资金投资的非金融企业（公司）债券的相关要求。2019年8月，该公司购置的自用不动产，在支付投资款项后未及时完成该不动产物权的权属变更登记，且在项目违约后未向银保监会报告，违反了保险资金投资不动产的相关规定。以上事实有该公司向银保监会提交的报告等材料为证	上述行为不符合《保险法》（2015年修正）第106条、《关于加强资产管理能力建设的通知》（保监发〔2009〕40号）附件2保险机构信用风险管理能力标准、79号文第9条、《关于保险资金投资集合资金信托有关事项的通知》（银保监办发〔2019〕144号，以下简称144号文）第8条、13号文、《保险资金投资债券暂行办法》（保监发〔2012〕58号）第10条、80号文第22条和第25条等监管规定。 银保监会依法向该公司告知了采取行政监管措施的事实、理由、依据及当事人依法享有的权利。该公司在告知书要求时间内提出陈述申辩，合理的陈述申辩银保监会已采纳。 为加强非现场监管有效性，防范保险资金运用风险，依据《保险法》（2015年修正）第139条、第164条及《保金管理办法》第67条、第68条，银保监会拟对该公司采取监管措施，现告知如下： 一、该公司自接到行政监管措施决定书之日起6个月内不得新增股权和其他金融资产投资。 二、该公司应严格按照法律法规和监管规定，及时整改投资管理能力以及非金融企业（公司）债券、不动产和信托计划等存量投资存在的问题，采取有效措施化解调查发现的相关投资风险，确保持续符合银保监会有关监管规定，并向银保监会报送整改报告。 三、该公司应严格规范开展再保险业务，确保相关业务依法合规运作。 当事人如不服上述决定，可以在收到决定书之日起60日内向银保监会申请行政复议，也可以在收到决定书之日起6个月内向有管辖权的人民法院提出诉讼。复议、诉讼期间上述决定不停止执行

(三)保险资金运用方面出现的刑事风险案例(见表6-1-5)

表6-1-5　资金违规运用刑事处罚案例

案例	违法行为	处罚结果
案例:胡某学等违法运用资金二审刑事判决书([2018]京02刑终178号)	2011~2013年中融人寿公司违法运用资金13笔,每笔500万元至1.1亿元不等,累计金额5.24亿元,违法运用资金数额巨大、次数多;违法运用资金的起止时间为2011年12月至2013年11月,时间跨度较大,资金风险持续时间较长;且中融人寿公司在运用资金的过程中未采取必要风险控制措施,资金使用风险较大;其拆借资金以签订虚假合同为手段,恶意逃避监管,违背股东利益,使巨额资金的运用处于不确定状态,社会危害性较大,依法应当认定为犯罪情节严重	根据《刑法》第185条第2款的规定,保险公司违反国家规定运用资金,情节严重的,对其直接负责的主管人员和其他直接责任人员,以挪资金罪定罪处罚。陈某作为中融人寿公司的董事长,是该公司违法运用资金行为的决策者;王某有作为中融人寿公司的董事、副总经理兼财务负责人,是主持实施违法运用资金行为的负责人,均应以直接负责的主管人员身份承担法律责任;胡某学在没有确认存在投资项目、明知存在违法运用资金风险的情况下,仍然按照王某有的授意发起用款申请,应以其他直接责任人员的身份承担法律责任

第二节　金融产品投资及大类资产配置合规与风险控制

一、金融产品投资法规规范梳理

1.《关于保险资金投资有关金融产品的通知》[保监发〔2012〕91号,2012年10月12日发布,2012年10月12日实施。本篇法规被《银保监会办公厅关于印发组合类保险资产管理产品实施细则等三个文件的通知》(2020年9月7日发布,2020年9月7日实施)部分废止]

2.《关于加强和改进保险资金运用比例监管的通知》[保监发〔2014〕13号,2014年1月23日发布,2014年1月23日实施。本篇法规被《保监会关于进一步加强保险资金股票投资监管有关事项的通知》(2017年1月24日发布,2017年1月24日实施)部分废止]

3.《关于保险资金运用监管有关事项的通知》(保监发〔2012〕44号,2012年5月7日发布,2012年5月7日实施)

4.《保险资金运用内控与合规计分监管规则》(保监发〔2014〕54号,2014年6月22日发布,2014年6月22日实施)

5.《保险资金间接投资基础设施项目管理办法》(保监会主席令2016年第2号,2016年6月14日发布,2016年8月1日实施)

6.《关于进一步加强保险资金股票投资监管有关事项的通知》(保监发〔2017〕9号,2017年1月24日发布,2017年1月24日实施)

7.《关于规范金融机构资产管理业务的指导意见》(银发〔2018〕106号,2018年4月27日发布,2018年4月27日实施)

8.《保险资金运用管理办法》(保监会令〔2018〕1号,2018年1月24日发布,2018年1月24日实施)

9.《银保监会办公厅关于保险资金投资集合资金信托有关事项的通知》(银保监办发〔2019〕144号,2019年6月19日发布,2019年6月19日实施)

10.《保险资产管理产品管理暂行办法》(银保监会令2020年第5号,2020年3月18日发布,2020年5月1日实施)

11.《银保监会办公厅关于印发组合类保险资产管理产品实施细则等三个文件的通知》[银保监办发〔2020〕85号,2020年9月7日发布,2020年9月7日实施。本细则自印发之日起施行。《保监会关于保险资产管理公司开展资产管理产品业务试点有关问题的通知》(保监资金〔2013〕124号)、《保监会关于加强组合类保险资产管理产品业务监管的通知》(保监资金〔2016〕104号)和《保监会关于保险资产管理产品参与融资融券债权收益权业务有关问题的通知》(保监资金〔2015〕114号)同时废止]

二、保险资金投资金融产品的监管要求

保险资金投资金融产品的监管要求见表6-2-1。

表6-2-1　保险资金投资金融产品的监管要求

金融产品	监管要求
银行存款	1.保险资金用于银行存款的,银行应当满足: (1)资本充足率、净资产和拨备覆盖率等符合监管要求; (2)治理结构规范、内控体系健全、经营业绩良好; (3)最近3年未发现重大违法违规行为; (4)信用等级达到中国保监会规定的标准。 2.发行银行上年末经审计的净资产应当不低于300亿元人民币或者为境内外主板上市商业银行,信用等级不低于国内信用评级机构评定的A级或者相当于A级的信用级别,境外上市并免予国内信用评级的,信用等级不低于国际信用评级机构评定的BB级或者相当于BB级的信用级别。 3.保险公司办理银行存款业务,存款银行最近一年长期信用评级要求达到A级或者相当于A级以上。 4.保险公司办理银行存款业务,应当选择取得保险资金托管资质的商业银行或者其他专业金融机构实施第三方托管,防范资金挪用风险
债券	应当达到中国保监会认可的信用评级机构评定的、且符合规定要求的信用级别,主要包括政府债券、金融债券、企业(公司)债券、非金融企业债务融资工具以及符合规定的其他债券
股票	公开发行并上市交易的股票和上市公司向特定对象非公开发行的股票。 保险资金开展股票投资,分为一般股票投资、重大股票投资和上市公司收购等,中国保监会根据不同情形实施差别监管。 保险资金投资全国中小企业股份转让系统挂牌的公司股票,以及以外币认购及交易的股票,由中国保监会另行规定
证券投资基金	基金管理人应当具备: (1)公司治理良好、风险控制机制健全; (2)依法履行合同,维护投资者合法权益; (3)设立时间1年(含)以上; (4)最近3年没有重大违法违规行为;设立未满3年的,自其成立之日起没有重大违法违规行为; (5)建立有效的证券投资基金和特定客户资产管理业务之间的防火墙机制; (6)投资团队稳定,历史投资业绩良好,管理资产规模或者基金份额相对稳定

续表

金融产品	监管要求
股权	境内依法设立和注册登记,且未在证券交易所公开上市的股份有限公司和有限责任公司的股权
信贷资产支持证券	入池基础资产限于五级分类为正常类和关注类的贷款。按照孰低原则,产品信用等级不低于国内信用评级机构评定的 A 级或相当于 A 级的信用级别。 保险资金投资的信贷资产支持证券,担任发起机构的银行业金融机构,其净资产和信用等级不低于国内信用评级机构评定的 A 级或者相当于 A 级的信用级别,境外上市并免予国内信用评级的,信用等级不低于国际信用评级机构评定的 BB 级或者相当于 BB 级的信用级别
资金信托计划	基础资产限于融资类资产和风险可控的非上市权益类资产,且由受托人自主管理,承担产品设计、项目筛选、投资决策及后续管理等实质性责任。其中,固定收益类的集合资金信托计划,信用等级应当不低于国内信用评级机构评定的 A 级或者相当于 A 级的信用级别。 担任受托人的信托公司应当具有完善的公司治理、良好的市场信誉和稳定的投资业绩,上年末经审计的净资产不低于 30 亿元人民币
专项资产管理计划	应当符合证券公司企业资产证券化业务的有关规定,信用等级不低于国内信用评级机构评定的 A 级或者相当于 A 级的信用级别。 担任计划管理人的证券公司上年末经审计的净资产应当不低于 60 亿元人民币,证券资产管理公司上年末经审计的净资产应当不低于 10 亿元人民币
基础设施债权投资计划	应当符合《保险资金间接投资基础设施项目管理办法》(以下简称《间接投资管理办法》)等有关规定,基础资产限于投向国务院、有关部委或者省级政府部门批准的基础设施项目债权资产。偿债主体最近一个会计年度资产负债率、经营现金流与负债比率和利息保障倍数,达到同期全国银行间债券市场新发行债券企业行业平均水平。产品信用等级不低于国内信用评级机构评定的 A 级或者相当于 A 级的信用级别
不动产投资计划	应当符合 80 号文等有关规定。不动产投资计划属于固定收益类的,应当具有合法有效的信用增级安排,信用等级不低于国内信用评级机构评定的 A 级或者相当于 A 级的信用级别;属于权益类的,应当落实风险控制措施,建立相应的投资权益保护机制
资产证券化产品	金融机构以可特定化的基础资产所产生的现金流为偿付支持,通过结构化等方式进行信用增级,在此基础上发行的金融产品
创业投资基金等私募基金	主要投资创业企业普通股或者依法可转换为普通股的优先股、可转换债券等权益的股权投资基金
控股投资及自购不动产	1. 保险集团(控股)公司、保险公司购置自用不动产、开展上市公司收购或者从事对其他企业实现控股的股权投资,应当使用自有资金。 2. 保险集团(控股)公司、保险公司对其他企业实现控股的股权投资,应当满足有关偿付能力监管规定。保险集团(控股)公司的保险子公司不符合中国保监会偿付能力监管要求的,该保险集团(控股)公司不得向非保险类金融企业投资。 实现控股的股权投资应当限于下列企业: (1)保险类企业,包括保险公司、保险资产管理机构以及保险专业代理机构、保险经纪机构、保险公估机构; (2)非保险类金融企业; (3)与保险业务相关的企业
保险资金禁止投资领域	(1)存款于非银行金融机构; (2)买入被交易所实行"特别处理""警示存在终止上市风险的特别处理"的股票; (3)投资不符合国家产业政策的企业股权和不动产; (4)直接从事房地产开发建设; (5)将保险资金运用形成的投资资产用于向他人提供担保或者发放贷款,个人保单质押贷款除外; (6)中国保监会禁止的其他投资行为
创新业务监管	保险机构开展保险私募基金、股权投资计划、政府和社会资本合作(PPP)等保险资金运用创新业务,要遵循审慎合规原则,投资收益应当与被投资企业的经营业绩或股权投资基金的投资收益挂钩,不得要求地方政府或融资平台公司通过支付固定投资回报或约定到期、强制赎回投资本金等方式承诺保障本金和投资收益,不得为地方政府违法违规或变相举债提供任何形式的便利

续表

金融产品	监管要求
保险资金投资融资平台公司	1. 保险机构向融资平台公司提供债权投资的,应当对投资是否符合相关法律法规出具专项法律意见。 2. 融资平台公司作为融资主体的,其自有现金流应当覆盖全部应还债务本息,并向保险机构主动声明不承担政府融资职能。 3. 严禁违法违规向地方政府提供融资,不得要求地方政府违法违规提供担保。 4. 地方政府及其所属部门不得以文件、会议纪要、领导批示等任何形式,向保险机构违法违规或变相举债

注:本表根据银保监会后续发布的相关规定删除了不适用的条款。

三、保险公司配置大类资产运用上限比例

保险公司配置大类资产运用上限比例见表6-2-2。

表6-2-2 保险公司配置大类资产运用上限比例

投资标的	账面余额上限比例
权益类资产	账面余额合计不高于本公司上季末总资产的30%,且重大股权投资的账面余额,不高于本公司上季末净资产。账面余额不包括保险公司以自有资金投资的保险类企业股权
不动产类资产	账面余额合计不高于本公司上季末总资产的30%。账面余额不包括保险公司购置的自用性不动产。 保险公司购置自用性不动产的账面余额,不高于本公司上季末净资产的50%
其他金融资产	账面余额合计不高于本公司上季末总资产的25%
境外投资	账面余额合计不高于本公司上季末总资产的15%
单一固定收益类资产、权益类资产、不动产类资产、其他金融资产	账面余额均不高于本公司上季末总资产的5%。投资境内的中央政府债券、准政府债券、银行存款,重大股权投资和以自有资金投资保险类企业股权,购置自用性不动产,以及集团内购买保险资产管理产品等除外。 单一资产投资是指投资大类资产中的单一具体投资品种。投资品种分期发行,投资单一资产的账面余额为各分期投资余额合计
单一法人主体	余额合计不高于本公司上季末总资产的20%。投资境内的中央政府债券、准政府债券和以自有资金投资保险类企业股权等除外。 单一法人主体是指保险公司进行投资而与其形成直接债权或直接股权关系的具有法人资格的单一融资主体。《保监会关于进一步加强保险资金股票投资监管有关事项的通知》(保监发〔2017〕9号)第16条:"本通知自发布之日起施行,《中国保监会关于加强和改进保险资金运用比例监管的通知》(保监发〔2014〕13号)第三部分第(一)条第二款的规定同时废止。其他有关监管规定与本通知不一致的,以本通知为准。"《保监会关于进一步加强保险资金股票投资监管有关事项的通知》规定,除上市公司收购及投资上市商业银行股票另有规定情形外,保险机构投资单一股票的账面余额,不得高于本公司上季末总资产的5%。对于已经运用相关政策增持蓝筹股票的保险机构,应在2年内或相关监管机构规定的期限内调整投资比例,直至满足监管规定的比例要求

注:本表根据银保监会后续发布的相关规定删除了不适用的条款。

四、建立以控制风险和收益保障为目标开展投后管理

投后管理是项目投资周期中的重要组成部分。在完成项目尽调并实施投资后,直到项目退出之前都属于投后管理的期间。

(一)保险投资资产的划分类别及分类标准

保险投资资产按照风险程度分为正常、关注、次级、可疑和损失五类,后三类合称为不良资产。保险投资资产风险评级见表6-2-3。

表6-2-3 保险投资资产风险评级(《保险资产风险五级分类指引》第3条)

类别	判断标准
正常类	资产未出现减值迹象,资金能够正常回收,没有足够理由怀疑资产及收益会发生损失。其基本特征为“一切正常”
关注类	资产未出现显著减值迹象,但存在一些可能造成资产及收益损失的不利因素。其基本特征为“潜在缺陷”
次级类	资产已出现显著减值迹象,即使采取各种可能措施,资产仍可能形成一定损失,但损失较小。其基本特征为“缺陷明显,损失较小”
可疑类	资产已显著减值,即使采取措施,也肯定要形成较大损失。其基本特征为“肯定损失,损失较大”
损失类	在采取所有可能的措施或一切必要的法律程序之后,资产仍然全部损失或只能收回极少部分。其基本特征为“基本损失”

(二)固定收益类资产、不动产类资产、股权投资类资产的细分标准

1. 固定收益类资产分类标准

固定收益类资产分类标准见表6-2-4。

表6-2-4 固定收益类资产分类标准(《保险资产风险五级分类指引》第8条)

类别	判断标准
正常类	偿债主体和交易相关各方能够履行合同或协议,没有足够理由怀疑保险机构投资的本金及收益不能按时足额收回
关注类	尽管偿债主体和交易相关各方目前有能力偿还,但存在一些可能对偿还产生不利影响的因素
次级类	偿债主体的偿还能力出现明显问题,完全依靠其正常经营收入无法足额偿还保险机构投资的本金及收益,即使执行增信措施,也可能会造成一定损失
可疑类	偿债主体无法足额偿还保险机构投资的本金及收益,即使执行增信措施,也肯定要造成较大损失
损失类	在采取所有可能的措施或一切必要的法律程序之后,保险机构投资的本金及收益仍然无法收回,或只能收回极少部分

2. 不动产类资产分类标准

不动产类资产分类标准，见表 6－2－5。

表 6－2－5　不动产类资产分类标准（《保险资产风险五级分类指引》第 9 条）

<table>
<tr><th>类别</th><th>判断标准</th><th>备注</th></tr>
<tr><td>正常类</td><td>不动产的公允评估价值不低于投资成本，没有影响该不动产价值的重大不利因素</td><td rowspan="5">（1）需要进行风险分类的资产为以成本法计量的非自用性不动产，其主要形式包括：商业不动产，办公不动产，符合条件的政府土地储备项目，与保险业务相关的养老、医疗、汽车服务等符合中国保监会规定的投资不动产类别。
（2）非自用性不动产的分类主要考虑不动产的公允评估价值。公允评估价值的确定原则为：如存在活跃市场的，则其市场价值即为其公允评估价值；如不存在活跃市场，但类似资产存在活跃市场的，该不动产的公允评估价值应比照相关类似资产的市场价值确定；如本身不存在活跃市场，也不存在类似的资产活跃市场，则公允评估价值采用近一年内全国性资产评估公司做出的评估价值</td></tr>
<tr><td>关注类</td><td>不动产的公允评估价值虽不低于投资成本，但估计存在影响不动产投资的不利因素，如宏观经济、行业和市场发生不利变化</td></tr>
<tr><td>次级类</td><td>不动产的公允评估价值低于投资成本，不动产投资存在一定风险，预计损失程度在 30% 以内</td></tr>
<tr><td>可疑类</td><td>不动产的公允评估价值低于投资成本，不动产投资存在较大风险，预计损失程度在 30%（含）至80% 之间</td></tr>
<tr><td>损失类</td><td>不动产的公允评估价值低于投资成本，不动产投资肯定损失，预计损失程度在 80%（含）以上。
预计损失程度＝［（投资成本－公允评估价值）/投资成本］×100%</td></tr>
</table>

3. 股权投资资产分类标准

（1）对于可以获得被投资企业股权公允市场价格的，按投资成本与公允市场价格孰低法进行分类。该类股权投资资产风险分类标准见表 6－2－6。公允市场价格的确定原则为：如存在活跃市场的，其市价即为公允市场价格；如不存在活跃市场，但类似股权存在活跃市场的，该股权的公允市场价格应比照相关类似股权的市价确定。类似股权建议选择上市公司，参考标准为：公司所属行业、总资产、净资产、每股收益、净资产收益率等方面的指标基本相同。

表 6－2－6　可以获得被投资企业股权公允市场价格的股权投资资产分类标准
（《保险资产风险五级分类指引》第 15 条）

类别	判断标准
正常类	公允市场价格不低于投资成本，没有影响股权投资的不利因素
关注类	公允市场价格虽不低于投资成本，但估计存在影响股权投资的不利因素
次级类	公允市场价格低于投资成本，股权投资存在一定风险，预计损失率在 30% 以内
可疑类	公允市场价格低于投资成本，股权投资存在较大风险，预计损失率在 30%（含）至 80% 之间
损失类	公允市场价格低于投资成本，股权投资肯定损失，预计损失率在 80%（含）以上 预计损失率＝［（投资成本－公允市场价格）/投资成本］×100%

（2）对于无法获得被投资企业股权公允市场价格的，应综合考虑被投资企业的经营状况、财务状况、盈利能力、净资产等因素，以及股权的退出机制安排，整体评价其风险状况和预计损失程度。无法获得被投资企业股权公允市场价格的股权投资资产分类标准见表 6－2－7。

表6－2－7　无法获得被投资企业股权公允市场价格的股权投资资产分类标准
(《保险资产风险五级分类指引》第15条)

类别	判断标准
正常类	应同时满足如下条件:(1)持股净资产总额不低于投资成本;(2)被投资企业的经营状况良好、盈利能力较强、按约定正常分红;(3)股权具有明确的、有效的退出机制安排
关注类	同时满足如下条件:(1)持股净资产总额不低于投资成本;(2)被投资企业的盈利能力一般,已不能按约定正常分红;或股权的退出机制不太明确或有效性较弱
次级类	出现下列情形之一:(1)持股净资产总额低于投资成本,预计损失程度在30%以内;(2)被投资企业的盈利能力较差,经营出现较大问题,连续3年不能按约定分红。对新开业(不满3年)企业的股权投资,持股净资产总额低于投资成本,但被投资企业的经营状况良好,经营前景较好,相应的股权投资可划分为关注类
可疑类	出现下列情形之一:(1)持股净资产总额低于投资成本,预计损失程度在30%(含)至80%之间;(2)被投资企业出现经营危机或有重大违规问题,监管部门已对其发出警示或整改通知;(3)被投资企业资不抵债,但差额较小
损失类	出现下列情形之一:(1)持股净资产总额低于投资成本,预计损失程度在80%(含)以上;(2)被投资企业资不抵债,且差额较大;(3)被投资企业已被宣告破产、接管、撤销,或停止经营、名存实亡,进入清算程序等 预计损失程度＝[(投资成本－持股净资产总额)/投资成本]×100%,其中,持股净资产总额＝每股净资产×保险机构持股数 自投资发生之日起不满两年的股权投资,可以不考虑上述分类标准的第(1)项因素

(3)股权金融产品的分类,主要采用穿透法,重点对股权所指向企业的质量和风险状况进行评估,同时考虑股权投资管理机构的资信状况、投资管理能力、风险控制措施、投资权益保护机制、股权退出机制安排等因素,合理确定该类产品的风险分类。基础资产为单个标的企业的风险判断标准见表6－2－8(基础资产为多个标的企业的参照执行)。

表6－2－8　基础资产为单个标的企业的风险判断标准(《保险资产风险五级分类指引》第11条)

类别	判断标准
正常类	应同时满足如下条件:(1)标的企业经营状况良好、盈利能力较强,能按约定正常分红;(2)股权投资管理机构能够履行投资合同或协议,经营业绩良好;(3)股权投资管理机构具有预期可行的股权退出机制安排
关注类	出现下列情形之一:(1)标的企业的盈利能力一般,已不能按约定正常分红;(2)股权投资管理机构虽然目前能够履行投资合同或协议,但存在一些可能对履行合同或协议产生不利影响的因素;(3)股权投资管理机构安排的股权退出机制不太明确或有效性较弱
次级类	出现下列情形之一:(1)标的企业盈利能力较差,经营出现较大问题,财务状况出现恶化现象,连续3年不能按约定分红;(2)股权投资管理机构存在一定的违约可能性,或已不能正常履行投资合同或协议,可能会给保险机构的股权投资造成一定损失,预计损失程度在30%以内
可疑类	出现下列情形之一:(1)标的企业出现经营危机,财务状况严重恶化或有重大违规问题,监管部门已对其发出警示或整改通知;(2)标的企业资不抵债,但差额较小;(3)股权投资管理机构存在较大的违约可能性,或基本不能履行投资合同或协议,肯定会给保险机构的股权投资造成较大损失,预计损失程度在30%(含)至80%之间
损失类	出现下列情形之一:(1)标的企业资不抵债,且差额较大;(2)标的企业已被宣告破产、接管、撤销,或停止经营、名存实亡,进入清算程序等;(3)股权投资管理机构已宣布违约,在采取所有可能的措施或一切必要的法律程序之后,保险机构的股权投资仍然全部损失或只能收回极少部分,预计损失程度在80%(含)以上 预计损失程度＝[(股权投资成本－收回投资额)/股权投资成本]×100%

（三）分类分级的监督

保险机构进行资产分类的频率不应低于每半年一次。当出现影响资产质量的不利因素时，应及时调整资产分类结果。保险机构董事会全面负责资产风险分类工作，并对资产分类承担最终责任。

保险机构应将资产风险分类制度和工作机制报送中国保监会备案，并每半年报送一次本公司资产分类情况。中国保监会将建立专门信息平台，鼓励保险机构进行风险信息共享。

中国保监会将通过现场检查和非现场监控方式对保险机构资产分类情况进行监管。对保险机构资产出现风险而资产分类报告未予以体现的，中国保监会将对保险机构相关责任人进行监管谈话，并视情况依法对保险机构采取进一步措施。

五、信用增级

91 号文有关信用增级的规定：

1. 信用增级安排，其中保证担保的，应当为本息全额无条件不可撤销连带责任保证担保，且担保人信用等级不低于被担保人信用等级；抵押或质押担保的，担保财产应当权属清晰，未被设定其他担保或者采取保全措施，经评估的担保财产价值不低于待偿还本息，且担保行为已经履行必要法律程序。

（1）91 号文所要求的增信措施包括保证、抵押、质押等担保方式，也包括独立保函、流动性支持协议、差额补足协议、财产份额回购协议等其他类担保的契约方式。

（2）独立保函适用《最高人民法院关于审理独立保函纠纷案件若干问题的规定》。

（3）保证担保需明确是连带责任担保，且对担保的范围作了明确约定，即本息全额（投资本金 + 收益）。

（4）抵押、质押的要求，因为抵押权的实现是有清偿顺序的，因此保险投资金融产品涉及抵押的，抵押登记需明确是第一顺位的，且不存在同时办理的其他抵押；除此之外需要调查核实抵押标的和质押标的是否已经被司法机关采取保全措施，避免出现瑕疵担保。

2. 保险资金投资金融产品，募集资金投资方向应当符合国家宏观政策、产业政策和监管政策；产品结构简单，基础资产清晰，信用增级安排确凿，具有稳定可预期的现金流；建立信息披露机制和风险隔离机制，并实行资产托（保）管。

3. 保险机构投资信贷资产支持证券、集合资金信托计划、专项资产管理计划、基础设施投资计划、不动产投资计划和项目资产支持计划，应当充分关注产品交易结构、基础资产状况和信用增级安排，切实防范信用风险、流动性风险、操作风险和法律风险。

第三节　境外投资合规要点和风险控制

一、境外投资规范文件整理

境外投资规范文件整理,见表6－3－1。

表6－3－1　境外投资规范文件整理

规范名称	文号、发布日期、实施日期、修正情况
1.《保险资金境外投资管理暂行办法》	[保监会、中国人民银行、国家外汇管理局令〔2007〕第2号][2007.06.08发布][2007.06.08实施]
2.《保险资金境外投资管理暂行办法实施细则》	保监发〔2012〕93号,2012年10月12日发布,2012年10月12日实施,本篇法规被《中国银保监会关于保险资金财务性股权投资有关事项的通知》部分废止。本法中关于保险资金直接股权投资行业范围的条款停止执行
3.《保监会关于调整保险资金境外投资有关政策的通知》	[保监发〔2015〕33号][2015.03.27发布][2015.03.27实施]
4.《保监会关于印发〈保险资金运用内部控制指引〉及应用指引的通知》	[保监发〔2015〕114号][2015.12.07发布][2016.01.01实施]
5.《中国保监会、国家外汇管理局关于规范保险机构开展内保外贷业务有关事项的通知》	[保监发〔2018〕5号][2018.01.05发布][2018.01.05实施]

二、相关主体资格要求

(一)委托人,是指在境内依法设立的保险公司、保险集团公司、保险控股公司等保险机构。委托人从事境外保险资金投资需具备:

(1)建立健全的法人治理结构和完善的资产管理体制,内部管理制度和风险控制制度符合《保险资金运用内部控制指引》的规定;

(2)具有较强的投资管理能力、风险评估能力和投资绩效考核能力;

(3)有明确的资产配置政策和策略,实行严格的资产负债匹配管理;

(4)投资管理团队运作行为规范,主管投资的公司高级管理人员从事金融或者其他经济工作10年以上;

(5)财务稳健,资信良好,偿付能力充足率和风险监控指标符合中国银保监会有关规定,近3年没有重大违法、违规记录;

(6)具有经营外汇业务许可证。

（二）受托人，包括境内受托人和境外受托人。境内受托人是指在境内依法设立的保险资产管理公司，以及符合中国银保监会规定条件的境内其他专业投资管理机构。境外受托人是指在中国境外依法设立，符合中国银保监会规定条件的专业投资管理机构。

1. 境内受托人从事保险资金境外投资委托管理业务需具备如下条件：

（1）具有从事保险资产管理业务的相关资格；

（2）建立健全的法人治理结构和有效的内部管理制度；

（3）建立严密的风险控制机制，具有良好的境外投资风险管理能力、安全高效的交易管理系统和财务管理系统；

（4）具有经验丰富的管理团队，擅长境外投资和保险资产管理业务，配备一定数量的投资专业人员，主管投资的公司高级管理人员从事金融或者其他经济工作 10 年以上；

（5）实收资本和净资产均不低于 1 亿元人民币或者等值的自由兑换货币，资本规模和受托管理的资产规模符合中国银保监会规定；

（6）财务稳健，资信良好，风险监控指标符合中国银保监会的有关规定，近 3 年没有重大违法、违规记录。

2. 境外受托人从事保险资金境外投资受托管理业务，应当具备下列条件：

（1）具有独立法人资格，依照所在国家或者地区的法律，具有从事资产管理业务的相关资格；

（2）建立健全的法人治理结构，实行有效的内部管理制度；

（3）建立严密的风险控制机制、安全高效的交易管理系统和财务管理系统，具备全面的风险管理能力；

（4）具有经验丰富的管理团队，擅长保险资产管理业务，配备一定数量的投资专业人员且平均专业投资经验在 10 年以上；

（5）财务稳健，资信良好，风险监控指标符合所在国家或者地区法律和监管机构的有关规定，近 3 年没有重大违法、违规记录；

（6）有符合中国银保监会规定的资本规模和资产管理规模；

（7）购买与资产管理规模相适应的有关责任保险；

（8）所在国家或者地区的金融监管制度完善，金融监管机构与中国金融监管机构已经签订监管合作文件，并保持有效的监管合作关系。除此之外，还需规范决策和操作流程，实行专业岗位分离制度，建立内部控制和稽核监督机制，防范操作及其他风险，保障保险资金境外投资有序运行，应当建立重大突发事件应急机制，防范化解重大突发风险。

3. 托管人,是指在中华人民共和国境内依法设立,符合中国银保监会规定条件的商业银行和其他金融机构。担任托管人的商业银行包括中资银行、中外合资银行、外商独资银行和外国银行分行。

托管人从事保险资金境外投资托管业务,应当具备下列条件:

(1)建立健全的法人治理结构,实行有效的内部管理制度;

(2)建立严密的风险控制机制、严格的托管资产隔离制度、安全高效的托管系统和灾难处置系统;

(3)具有经验丰富的管理团队,设立熟悉全球托管业务的专业托管部门,配备一定数量的托管业务人员;

(4)上年末资本充足率达到10%、核心资本充足率达到8%,财务稳健,资信良好,风险监控指标符合有关规定,近3年没有重大违法、违规记录;

(5)有符合中国银保监会规定的资本规模和托管资产规模;

(6)具有结售汇业务资格。

三、保险资金境外投资的投资方式

(一)投资额度的限制

目前,保险机构作为受监管的持牌金融机构,其投资资金出境仍然受到严格的管制和约束。所谓保险资金,是指保险集团(控股)公司、保险公司以本外币计价的资本金、公积金、未分配利润、各项准备金及其他资金。而一般如果涉及中国企业境外投资,则相关投资资金在向境外汇出时须以外汇形式汇出,因此,用于境外投资的保险资金,是指委托人自有外汇资金、用人民币购买的外汇资金及上述资金境外投资形成的资产。委托人可以授权受托人运用远期、掉期、期权、期货等金融衍生产品,进行风险对冲管理。金融衍生产品仅用于规避投资风险,不得用于投机或者放大交易。

2012年,《保监会关于保险资金投资股权和不动产有关问题的通知》(保监发〔2012〕59号,自2012年7月16日起实施,以下简称59号文)对用于境外投资的保险资金的范围做了进一步扩展,即保险公司以外币形式出资,投资中国境内未上市企业股权或者不动产,纳入《保险资金境外投资管理暂行办法实施细则》管理。

原2004年《保险外汇资金境外运用管理暂行办法》对保险机构境外投资的资金来源有极为严格的限制,保险机构仅限于使用其自有的保险外汇资金(保险公司以外币计价的资本金、公积金、未分配利润、各项准备金和存入保证金的总和)从事境外投资,而不得以人民币购汇进行投资。但2007年的《保险资金境外投资管理暂行办法》对可用于境外投资的保险资金的范围做了较大程度的突破,即保险机构可以使用自有外汇资金、用人民币购买的外汇资金及上述资金境外投资形成的资产进行投资。同时,国家外汇局对已获得“委托人”资格的保险机构境外投资付汇事宜实行额度管理而非一事一议的管理制度，即类似于“合格境内机构投资者（Qualified Domestic Institutional Investor，QDII）”制度，国家外汇管理局将对已获批保险资金境外投资委托人资格的保险机构核准一个境外付汇额度，保险机构在该等额度内进行投资可依据协议自行办理资金划转手续，而无须再另行取得外汇管理部门的审批。因此，实践中普遍使用“保险 QDII”来指代该等已取得外汇投资额度的保险机构，尽管中国银保监会未在其颁布的法律法规中使用“保险 QDII”或类似的用语，但实际上，国家外汇管理局已将获批境外付汇额度的保险机构归入 QDII 进行管理。

如前所述，QDII 证券公司、QDII 基金管理公司、QDII 商业银行和 QDII 信托公司仅可在其相关监管机构和与中国相关监管机构签订了监管合作谅解备忘录的国家或地区进行投资。

（二）投资领域的限定

QDII 保险公司可以投资以下金融产品（《保险资金境外投资管理暂行办法》第 31 条、《保险资金境外投资管理暂行办法实施细则》第 11 条）：

（1）商业票据、大额可转让存单、回购与逆回购协议、货币市场基金等货币市场类产品。包括期限不超过 1 年的商业票据、银行票据、大额可转让存单、逆回购协议、短期政府债券和隔夜拆出等货币市场工具或者产品。货币市场类工具（包括逆回购协议用于抵押的证券）的发行主体应当获得 A 级或者相当于 A 级以上的信用评级。

（2）银行存款、结构性存款、债券、可转债、债券型基金、证券化产品和信托型产品等固定收益类产品。包括银行存款、政府债券、政府支持性债券、国际金融组织债券、公司债券、可转换债券等固定收益产品。债券应当以国际主要流通货币计价，且发行人和债项均获得国际公认评级机构 BBB 级或者相当于 BBB 级以上的评级。按照规定免于信用评级要求的，其发行人应当具有不低于该债券评级要求的信用级别。中国政府在境外发行的债券可不受信用级别限制。可转换债券应当在表 6－3－2 所列国家或者地区证券交易所主板市场挂牌交易。

（3）股票、股票型基金、股权、股权型产品等权益类产品。包括普通股、优先股、全球存托凭证、美国存托凭证、未上市企业股权等权益类工具或者产品。股票以及存托凭证应当在表 6－3－2 所列国家或者地区证券交易所主板市场挂牌交易。直接投资的未上市企业股权，限于金融、养老、医疗、能源、资源、汽车服务和现代农业等企业股权。

（4）不动产。直接投资的不动产，限于位于表 6－3－3 所列发达市场主要城市的核心地段，且具有稳定收益的成熟商业不动产和办公不动产。

（5）基金。按照《保险资金境外投资管理暂行办法实施细则》第 12 条规定，保险资金投资的境外基金，应当满足下列条件：

①证券投资基金。经表6-3-2所列国家或者地区证券监督管理机构认可,或者登记注册;基金管理人符合第6条规定;可供追溯的过往业绩不少于3年;结构简单明确,基础资产清晰且符合第11条第1~3项规定;货币市场基金还应当获得AAA级或者相当于AAA级的评级。

②股权投资基金。投资标的处于成长期、成熟期或者具有较高并购价值,不受表6-3-2所列国家和地区的限制;认缴资金规模不低于3亿美元或者等值可自由兑换货币,且实缴资金按认缴规模配比到位;拥有10名以上具有股权投资和相关经验的专业人员;高级管理人员中,具有8年以上相关经验的不少于2名,且具有完整的基金募集、管理和退出经验,主导并退出的项目不少于5个(母基金除外);至少有3名主要专业人员共同工作满3年;具有完善的治理结构、有效的激励约束机制和利益保护机制;设定关键人条款,能够确保管理团队的专属性。保险资金可以投资以符合前款规定的股权投资基金为标的的母基金。母基金的交易结构应当简单明晰,不得包括其他母基金。保险资金投资的股权投资基金,金融机构及其子公司不得实际控制该基金的管理运营,不得持有该基金的普通合伙权益。

③房地产信托投资基金。在表6-3-2所列国家或者地区交易所挂牌交易。目前我国金融监督管理机构已经与上述可投资国家或者地区的部分金融监督管理机构签订了双边监管合作谅解备忘录。保险机构在向该部分国家或者地区投资时,需要注意满足相应合作谅解备忘录所作出的特别要求。

(6)《保险法》和国务院规定的其他投资形式或者投资品种。《保险资金境外投资管理暂行办法》第14条规定,境外投资余额的总账面价值不得超过QDII保险公司上年末总资产的15%。投资表6-3-2所列新兴市场余额不超过上年末总资产的10%。

表6-3-2　可投资国家和地区

一、发达市场		
澳大利亚	中国香港	葡萄牙
奥地利	爱尔兰	新加坡
比利时	以色列	西班牙
加拿大	意大利	瑞典
丹麦	日本	瑞士
芬兰	荷兰	英国
法国	卢森堡	美国
德国	新西兰	
希腊	挪威	

续表

二、新兴市场		
巴西	印度尼西亚	波兰
智利	韩国	俄罗斯
哥伦比亚	马来西亚	南非
捷克共和国	墨西哥	中国台湾地区
埃及	摩洛哥	泰国
匈牙利	秘鲁	土耳其
印度	菲律宾	

可以进行交易的期货期权交易所如表6－3－3所示：

表6－3－3　可以进行交易的期货期权交易所

国家(地区)	交易所名称
美国	芝加哥商业交易所集团(CME Group)
澳大利亚	悉尼期货交易所(Syndey Futures Exhange)
比利时	纽约泛欧交易所(NYSE Euronext Brussels)
加拿大	蒙特利尔交易所(The Montreal Exchange)
英国	纽约泛欧交易所(NYSE Euronext LIFFE)
法国	纽约泛欧交易所(NYSE Euronext Paris)
德国	欧洲期货期权交易所(EUREX)
荷兰	纽约泛欧交易所(NYSE Euronext Amsterdam)
中国香港特别行政区	香港期货交易所(HongKong Futures Exchange HKFE)
日本	东京证券交易所(Tokyo Stock Exchange TSE)
	大阪交易所(Osaka Securities Exchange)
韩国	韩国证券交易所(Korea Exchange KRX)
新加坡	新加坡交易所(Singapore Exchange SGX)
瑞士	欧洲期货期权交易所(EUREX)

注：由上述两家交易所吸收合并，或者新设合并成立的交易所，将被视同为核准。

四、保险资金境外投资的审批流程

1. 保险资金境外投资审批制度

(1)委托人资格审批。保险机构利用保险资金进行境外投资，须先向银保监会提出申请，经审批同意后，方可取得境外投资的委托人资格。

(2)投资汇付额度审批。经银保监会批准从事保险资金境外投资的委托人，在批准的投资比例内，向外管局提出境外投资汇付额度申请。外管局在受理申请之日起20日内，做出核准或者不予核准的决定；决定核准的，应书面通知申请人核准的投资汇付额度。

(3)受托人与托管人审批。委托人从事境外投资时应当委托受托人和托管人,受托人和托管人需满足相应的资质和条件。委托人在向银保监会进行申请时,需一并提交选聘受托人、托管人情况和拟签订的协议草案,由银保监会予以审核。保险资金境外投资当事人(包括委托人、境内受托人、境外受托人和托管人)在开展境外投资业务时应当向银保监会报告,并承诺接受银保监会关于保险资金境外投资的质询。委托人变更受托人和托管人的,应当重新提交材料。

(4)重大股权投资审批。①按照79号文,委托人所从事的保险资金投资股权会导致其取得目标公司的控制权,故应当事先取得银保监会的批准。②境外国有资产必须根据《境外国有资产产权登记管理暂行办法》及其实施细则向国资委办理登记。《境外国有资产产权登记管理暂行办法》由国家国有资产管理局(国资委的前身)、财政部和国家外汇管理局于1992年6月25日联合发布;《境外国有资产产权登记管理暂行办法实施细则》由国家国有资产管理局于1996年9月11日发布并生效。用于新批准的境外投资项目的国有资产必须在获得有关部门批准后、外汇管理部门批准资金汇出之前,向国有资产管理部门办理登记(《境外国有资产产权登记管理暂行办法实施细则》第14条)。如发生变更也必须办理登记(《境外国有资产产权登记管理暂行办法实施细则》第17条)。《境外国有资产管理暂行办法》(财政部、外交部、国家外汇管理局和海关总署于1999年9月27日联合发布)第11条规定,中央管理的境外企业的重大资本运营决策事项需由财政部审核;必要时上报国务院批准。重大决策事项包括:境外发行公司债券、股票和上市等融资活动;超过企业净资产50%的投资活动;企业增、减资本金;向外方转让国有产权(或股权),导致失去控股地位;企业分立、合并、重组、出售、解散和申请破产等(见《中央企业境外国有产权管理暂行办法》,2011年7月1日起施行)。

(5)报告制度。①申请开展业务报告。保险资金境外投资当事人(包括委托人、境内受托人、境外受托人和托管人)在开展境外投资业务时应当向银保监会报告,并承诺接受银保监会关于保险资金境外投资的质询。②委托人报告制度。《保险资金境外投资管理暂行办法实施细则》第30条规定:"委托人应当按照规定,向中国保监会报告下列事项:(一)重大报告。签订资产委托管理协议和托管协议,签订和调整投资指引,应当在5个工作日内报告;受托人和托管人发生重大突发事件,或者投资市场发生影响保险资产安全和投资业绩的重大突发事件,应当在3个工作日内报告,报告事项应当至少包括资产保全和风险防范措施;(二)季度报告。每季度结束后30个工作日内,报告境外投资情况、风险评估报告、境外投资结算账户余额和收支情况及关联交易;(三)年度报告。每年4月30日前,报告上一年度受托人和托管人管理保险资金的评估报告;(四)中国保监会规定的其他事项。"③托管人报告制度。《保险资金境外投资管理暂行办法实施细则》第32条规定:"托管人应当按照规定,向中国保监会报告下列事项:(一)重大报告。

变更境外托管代理人，应当在5个工作日内报告；（二）月度报告。每月结束后10个工作日内，报告保险资金境外投资月度托管情况；（三）年度报告。每年4月30日前，报送会计师事务所出具的上一年度公司财务报告和内部控制审计报告。受托人、托管人应当按照有关协议规定，向委托人充分披露相关信息，披露内容应当不少于本细则相关规定，且不得有虚假记载、误导性陈述或者重大遗漏。本细则所称会计师事务所，是指具有境内外相关行业审计经验、信誉良好并被广泛认可的会计师事务所。”

2. QDI 审批或者备案制度

（1）对外投资备案（核准）对象

ODI，英文全称为 Outbound Direct Investment，即境外直接投资，指国内企业、团体在经过相关部门的核准后，通过设立、并购、参股等方式在境外直接投资，以控制境外企业的经营管理权为核心目的的投资行为。对外投资备案（核准）对象主要分为三种：①设立最终目的地企业需备案（核准）。为掌握对外投资资金真实去向，同时也有利于政府部门为对外投资企业提供精准服务和保障，《保险资金境外投资管理暂行办法》明确对外投资备案（核准）实行最终目的地管理原则，进行“穿透式”管理。根据《保险资金境外投资管理暂行办法》规定，除另有规定的以外，对外投资的市场主体、决策主体、执行主体和责任主体，按照“政府引导、企业主导、市场化运作”的原则开展对外投资，在境外设立（包括兼并、收购及其他方式）企业前，应按规定向有关主管部门提交相关信息和材料；符合法定要求的，相关主管部门为其办理备案或核准。这里所述的企业为最终目的地企业，最终目的地指境内投资主体投资最终用于项目建设或持续生产经营的所在地。这就是所谓的最终目的地管理原则。②空壳公司不备案（核准）。“穿透性”管理意味着对最终目的地企业设立的路径上所进行的投资行为不予理会。具体而言，就是对于境内投资主体投资到最终目的地企业的路径上设立的所有空壳公司，管理部门均不予备案或核准。③最终目的地企业再投资不备案（核准）。同时，“穿透性”管理不是无限穿透，最终目的地企业再开展的投资活动不属于现行对外投资管理范畴，无须办理对外投资备案或核准手续。

（2）QDI 备案的流程

QDI 备案的流程：发改委核准或备案→商务部核准或备案→外汇管理局备案（银行放外汇，外管局监管）→实施 ODI。境外投资备案主要需要取得三个主管部门的核准、备案和登记，分别是国家发改委或地方发改委的核准或备案、商务部或地方商务部门的核准或备案，以及国家外汇管理局地方分局（所在地银行直接办理，地方外管局通过银行实施间接监管）的外汇登记程序。要求：①境内公司最好成立满1年以上；②审计报告不能出现亏损；③净资产回报（收益）率 = 净利润/所有者权益，最好高于5%，越高越好；资产负债率 = 负债总额/资产总额，最好低于70%，越低越好。企业境外投资证书的有效期是两年,如果在两年之内没有相适应的项目,该证书就作废,届时若有新的项目,企业需要重新办理ODI投资备案。如果不进行备案会产生哪些后果?①投资主体中止或停止实施、处以警告;②提供融资、担保的依法依规处罚;③外汇进出受限。

境外备案申请条件包括:①符合“境外投资”定义。境外投资指的是,在境内依法设立的企业,通过新设、并购及其他方式在境外拥有非金融企业或取得既有非金融企业所有权、控制权、经营管理权及其他权益的行为。②主体和成立时间要求。在境内依法设立的企业均可申报境外投资。但是成立时间不满一年的企业,无法提供完整的经过审计的财务报表的,一般无法通过审批部门的核准或备案。③股东背景、资金来源、投资真实性要求。无法具体说明境内股东或合伙人背景、资金来源(例如自有资金、银行贷款、以募集资金等合规方式获取的资金)以及境外投资项目真实性的,很难通过审查。④近期被关注的六个境外投资类型。大额非主业投资、合伙企业对外投资、境外上市中资企业退市等类型以及房地产、娱乐业、体育俱乐部等领域的投资,受到主管部门的严格审核。

3. 境外股权投资案例分析

在整个投资流程中,就保险资金的境外投资而言,一旦确定了投资的项目或签署了投资条款清单(Term Sheet)或投资意向书,首先需要考虑的问题是整个项目的投资架构该如何安排。就投资架构设计而言,保险资金境外投资与一般境外投资的思路基本一致。保险机构可以直接以境内机构作为投资主体并在国家外汇局核准的境外投资付汇额度内出资,境内投资主体并应就该次投资履行向中国银保监会的报告或核准程序。在有的交易中,基于税务及其他方面的考虑,可以在境内机构与最终目标公司之间搭建中间层持股的特殊目的公司。在这种情况下,除了在中国银保监会的报告或核准手续外,在搭建特殊目的公司平台时,是否需在发改委部门及商务部门进行境外投资的核准或备案,也需在具体投资项目中予以关注。但如上所述,实践中有些地方的发改委部门及商务部门并不会对该等新设境外特殊目的公司的过程予以备案。除上述境内保险机构运用保险资金进行境外投资外,保险集团也可以使用其在境外的关联公司作为投资主体并以该等实体的境外资金直接进行投资,在这种情况下,则不涉及境内保险机构运用保险资金跨境投资的问题。

例如:中国境内B保险公司作为委托人,拟收购E公司的部分股权。委托人(B公司)最初计划由委托人(B公司)作为投资主体直接收购C公司(美国)的相关股权从而间接持有项目公司(E公司)的股权。但根据尽职调查的结果,由于C公司在美国和我国香港特别行政区等地还存在很多分散的小股东,若委托人直接收购C公司的股权则涉及在交易时取得其他小股东的同意及交易完成后对公司治理结构的调整。因此,为了避免上述问题及便于投资人(B公司)与A公司之间建立一系列商业安排,将交易架构调整为:(1)由A公司在英属维尔京群岛新设立一个F公司,由该F公司收购A公司持有的美国C公司的股权;(2)由中国境内的B公司在我国香港地区设立一个特殊目的公司G公司作为收购主体;(3)G公司收购A公司持有的F公司部分股权,从而间接持有目标公司的股权,F公司成为G公司与A公司之间建立商业安排的共同持股平台。投资完成后的股权结构如图6-3-1所示:

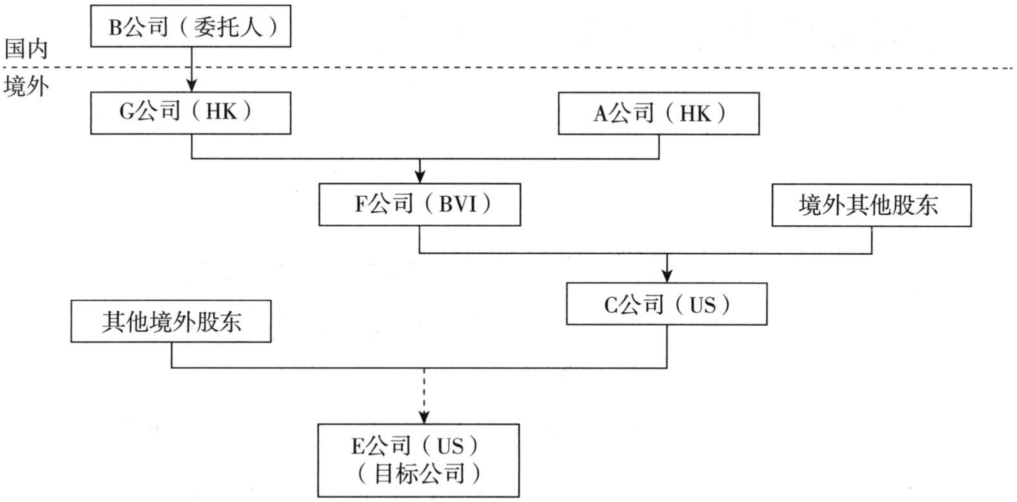

注：实线代表直接持有股权，虚线代表间接持有股权。

图6-3-1　境外投资股权架构设计

在确定投资意向之前,A公司与B公司就本次投资签署了《投资意向书》,就本次投资涉及的主要条款和条件达成初步意向,包括投资方案、收益支付、退出安排、收益分配、公司治理、反稀释权、共同出售、强制出售、排他期等主要条款。

在双方就交易方式达成一致意见后,A公司、G公司与F公司同时签署了《投资协议》及《股东协议》。《投资协议》确定了本次投资的最终条件,包括投资价格及其调整、交割支付安排、交割支付的前提条件、买卖双方及目标公司的陈述与保证、交易税费、法律适用及争议解决等进行了约定。《股东协议》则是对公司治理及权力机构的决策、股权转让、利润分配等进行了约定。此外,为满足境外目标公司所在地的相关监管规定,委托人及投资主体还需配合目标公司履行相关调查及程序,如海外反腐败调查[美国财政部海外资产控制办公室(OFAC)]、KYC调查及相关税务程序。由于本次投资并非重大股权投资,因此在签署协议后,委托人负有向中国银保监会报告的义务。

Chapter 7 第七章

保险资金运用——投资基础设施和不动产项目合规要点风险控制

第一节 基础设施项目投资的法律合规与风险控制

一、基础设施项目投资规范文件梳理(如表 7-1-1 所示)

表 7-1-1 基础设施项目投资规范文件梳理

规范名称	文号、发布日期、实施日期、修正情况
1.《保险资金间接投资基础设施项目管理办法》	(保监会令 2016 年第 2 号)[2016.06.14 发布][2016.08.01 实施]。原《保险资金间接投资基础设施项目试点管理办法》(2010 年修正)(保监会令 2010 第 10 号)废止
2.《银保监会办公厅关于印发组合类保险资产管理产品实施细则等三个文件的通知》	[2020.09.07 发布][2020.09.07 实施]原《基础设施债权投资计划管理暂行规定》(保监发〔2012〕92 号)废止
3.《关于保险资金投资政府和社会资本合作项目有关事项的通知》	[保监发〔2017〕41 号][2017.05.04 发布][2017.05.04 实施]
4.《保监会关于保险业支持实体经济发展的指导意见》	[保监发〔2017〕42 号][2017.05.04 发布][2017.05.04 实施]

二、基础设施项目投资相关定义

1. 保险资金间接投资基础设施项目,是指委托人将其保险资金委托给受托人,由受托人按委托人意愿以自己的名义设立投资计划,投资基础设施项目,为受益人利益或者特定目的,进行管理或者处分的行为。

2. 投资计划,是指各方当事人以合同形式约定各自权利义务关系,确定投资份额、金额、币种、期限或者投资退出方式、资金用途、收益支付和转让受益凭证等内容的金融工具。《间接投资管理办法》放宽了保险资金可投资基础设施项目的行业范围，明确提到投资计划可以采取债权、股权、物权、政府和社会资本合作模式及其他可行方式投资基础设施项目，同时删除了对债权和股权投资本金比例和自筹资金比例的约束。

3. 债权投资计划是指保险资产管理公司等专业管理机构（以下简称专业管理机构）作为受托人，根据《间接投资管理办法》，面向委托人发行受益凭证，募集资金以债权方式投资基础设施项目，按照约定支付预期收益并兑付本金的金融产品。

4. 保险资金投资公共基础设施领域政府和社会资本合作运作项目（Public-Private Partnership，以下简称 PPP 项目），是指保险资产管理公司等专业管理机构作为受托人，发起设立基础设施投资计划，面向保险机构等合格投资者发行受益凭证募集资金，向与政府方签订 PPP 项目合同的项目公司提供融资，投资符合规定的 PPP 项目。

三、投资计划的相关主体

投资计划主要参与主体为：委托人、受托人、受益人、托管人、独立监督人，根据合同约定明确各自的权利义务，具体参见图 7－1－1。

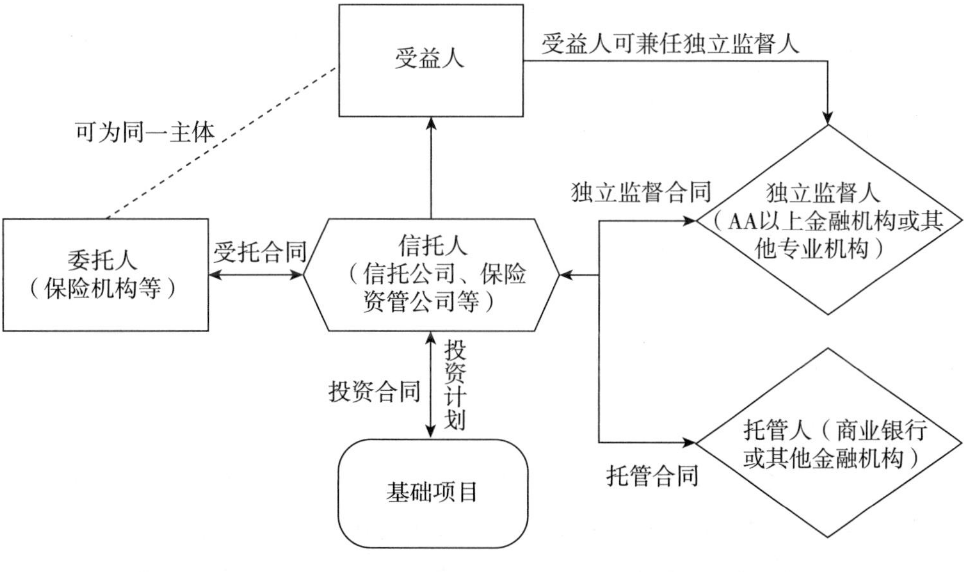

图 7－1－1 基础设施投资计划各方当事人结构

1. 委托人，是指在境内，经中国银保监会批准设立的保险公司、保险集团公司和保险控股公司以及其他具有风险识别和承受能力的合格投资者。

2. 受托人，是指根据投资计划约定，按照委托人意愿，为受益人利益，以自己的名义投资基础设施项目的信托公司、保险资产管理公司、产业投资基金管理公司或者其他专业管理机构。

受托人与托管人、独立监督人、融资主体不得为同一人,且受托人与独立监督人、融资主体不得具有关联关系。

3. 受益人,是指持有投资计划受益凭证,享有投资计划权益的人。投资计划受益人可以为委托人。受益人可以兼任独立监督人。

4. 托管人,是指根据投资计划约定,由委托人聘请,负责投资计划财产托管的商业银行或者其他专业金融机构。

5. 独立监督人,是指根据投资计划约定,由受益人聘请,为维护受益人利益,对受托人管理投资计划和融资主体具体运营情况进行监督的专业管理机构。独立监督人可由下列机构担任:(1)投资计划受益人;(2)最近一年国内评级在 AA 级以上的金融机构;(3)国家有关部门已经颁发相关业务许可证的专业机构;(4)中国银保监会认可的其他机构。

四、设立投资计划的基本要求

1. 投资计划可以采取债权、股权、物权及其他可行方式投资基础设施项目;

2. 投资计划采取债权方式投资基础设施项目的,应当具有明确的还款安排;采取股权、政府和社会资本合作模式投资基础设施项目的,应当选择收费定价机制透明、具有预期稳定现金流或者具有明确退出安排的项目;

3. 符合国家产业政策和有关政策;

4. 项目立项、开发、建设、运营等履行法定程序;

5. 融资主体最近 2 年无不良信用记录;

6. 中国保监会规定的其他条件。

五、投资计划的形式要件

1. 投资计划募集说明书;

2. 委托人与受托人签订的受托合同,合同至少应当包括投资计划名称、管理方式、各方当事人权利义务、期限或者投资退出方式、金额、投资计划财产的收益分配和支付、管理费用和报酬、投资计划财产损失后的承担主体和承担方式、违约赔偿责任和纠纷解决方式等内容;

3. 委托人与托管人签订的托管合同,合同至少应当包括托管财产范围、投资计划财产的收益划拨、资金清算、会计核算及估值、费用计提、违约赔偿责任等内容;

4. 受托人与融资主体签订的投资合同或者相关协议,至少应当包括投资金额、期限或者投资退出方式、资金用途及划拨方式、项目管理方式、运营管理、违约赔偿责任等内容;

5. 受益人与独立监督人签订的监督合同,合同至少应当包括独立监督人的监督范围,超过限额的资金划拨确认以及资金划拨方式、项目管理运营、建设质量监督、违约赔偿责任等内容;

6. 受益人大会章程;

7. 投资计划具有信用增级安排的,应当包括信用增级的法律文件;

8. 中国银保监会规定的其他法律文书。

六、保险资金投资 PPP 项目的特殊问题

(一)险资参与 PPP 项目的模式分析

保险资金参与 PPP 项目主要有两种模式:一是间接参与模式,即保险资金通过在二级市场投资与 PPP 项目有关的金融产品参与 PPP 项目;二是直接参与模式,即保险资金以股权、债权以及股债结合的方式进行投资。

1. PPP 基金方式间接参与

该模式下,PPP 基金按合作的对象不同分为与社会资本成立的 PPP 基金和与政府成立的 PPP 产业基金。

(1)与社会资本成立 PPP 基金

又分为成立某一 PPP 项目的专用基金和 PPP 项目的产业基金,后者一般为险资与大型工程建设企业建立战略合作关系,产业基金可投资于由该大型建设企业作为社会资本方的一系列 PPP 项目。该模式下,工程建设企业通过政府采购而成为 PPP 项目的社会资本方,PPP 基金提供项目融资,或者由工程建设企业与 PPP 基金组成联合体投资 PPP 项目,无论是哪种情形,都由工程建设企业主导项目的建设、运营,险资仅为财务投资人,通过基金嵌套而避免直接投资,促进 PPP 项目落地也方便险资进退。在 PPP 基金内部,保险资金作为有限合伙人(LP),保障资金收益;工程建设企业作为普通合伙人(GP),承担差额补足和回购义务。

(2)参与国家或地方政府发起的 PPP 引导基金

一般由中央或者省级政府成立 PPP 政府引导基金,保险企业作为发起人参与基金出资,该引导基金可为某一行业或者某一区域内的 PPP 项目提供融资。政府引导基金由地方政府作为劣后级 LP,险资或其他资本作为引导基金的优先级 LP,采取“固定 + 浮动”的收益回报方式。如 PPP 产业基金采用股权投资,则由社会资本承担回购义务。政府引导基金多采取常规基金形式或母子基金形式,两者相比,母子基金的形式进一步提高了杠杆率,且在项目管理方面更为灵活。常规的政府 PPP 引导基金形式是指省级政府、银行、保险资金或社会资本共同成立基金,直接投资 PPP 项目。母子基金形式是指省级母基金设立子基金,引入市、县级政府财政资金和银行、保险资金,通过子基金投资于 PPP 项目。

2. 直接参与 PPP 项目

2017 年 5 月 5 日中国保监会印发的《关于保险资金投资政府和社会资本合作项目有关事项的通知》(保监发〔2017〕41 号)(以下简称《险资参与 PPP 通知》)支持保险资金通过基础设施投资计划投资符合条件的 PPP 项目。《险资参与 PPP 通知》之“三”明确规定了保险资金参与“投资计划”之方式及条件。投资计划可以采取债权、股权、股债结合等可行方式,投资一个或一组合格的 PPP 项目。投资计划应当符合以下条件:①经专业律师出具专项法律意见,认定投资的 PPP 项目运作程序合规,相关 PPP 项目合同规范有效。②具有预期稳定现金流,可以覆盖投资计划的投资本金和合理收益,并设定明确可行、合法合规的退出机制。③投资协议明确约定,在投资计划存续期间主要社会资本方转让项目公司股权的,须取得投资计划受托人书面同意。此条一方面明确了投资计划可采用的方式:债权、股权、股债结合等,另一方面对投资计划本身提出了具体要求。在《险资参与 PPP 通知》中就明确提到,投资计划可以采取债权、股权、股债结合等方式投资 PPP 项目。

(1)债权投资

债权投资即投资计划以募集资金作为贷款,提供项目公司专项用于基础设施 PPP 项目投资,再由项目公司还本付息。投资计划通常需要项目公司将项目资产及其收益作为担保,担保不足的,还需要项目公司及其投资人提供信用担保。此种模式不能实现项目资产权益与项目公司破产隔离,不属于资产证券化。债权投资架构见图 7－1－2。

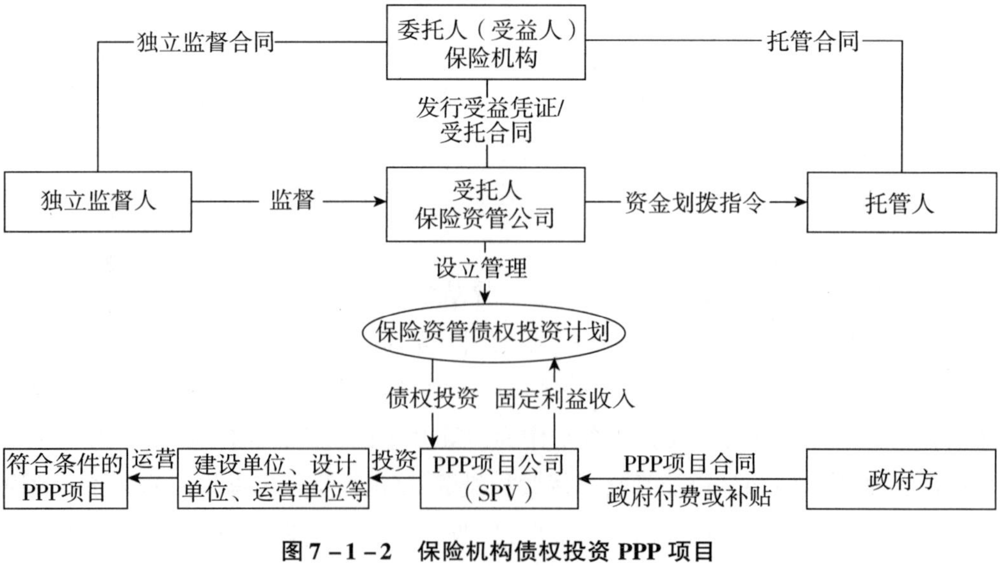

图 7－1－2　保险机构债权投资 PPP 项目

(2)股权投资

投资计划也可以作为社会资本出资设立 PPP 项目公司,或者也可通过认购 PPP 项目公司股权投资基金的份额间接持有 PPP 项目公司的股权，再从 PPP 项目公司股权分红中获得投资回报。相应股东权利将由投资计划管理人即保险资产管理公司具体行使。投资计划存续期限短于 PPP 项目合作期限的，需要在投资协议中明确退出安排。此种模式同样不能实现项目资产权益与项目公司破产隔离，不属于资产证券化。股权投资架构见图 7-1-3。

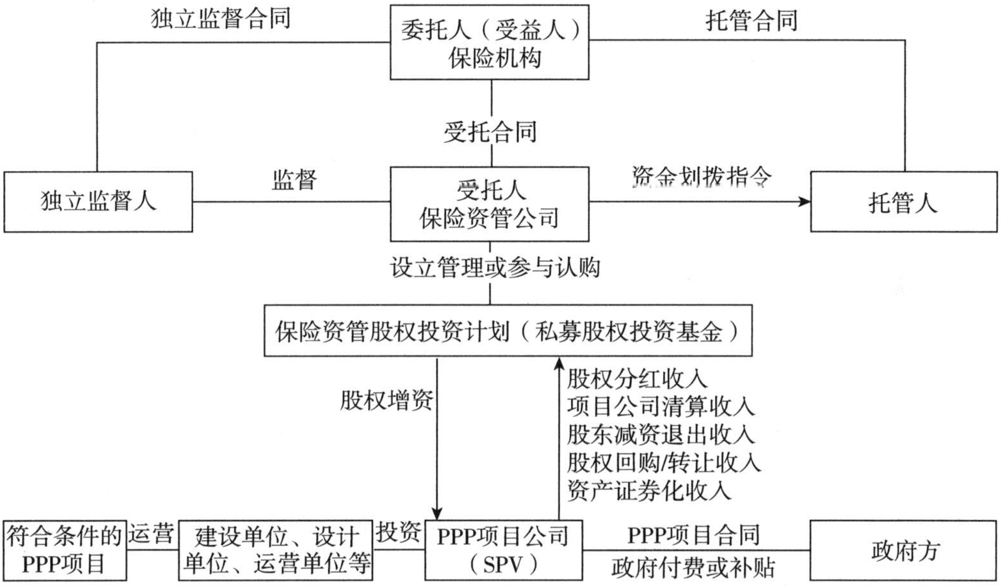

图 7-1-3　保险机构股权投资 PPP 项目

需要注意的是，在过去的实践中，不少的保险资金通过“明股实债”的方式参与 PPP 项目公司，即保险资金以股权方式为 PPP 项目提供资本金，但通常约定由政府融资平台或施工运营企业等对保险资金持有的这部分股权收益进行差额补足并到期回购。然而，财政部于 2017 年 4 月 26 日发布了《关于进一步规范地方政府举债融资行为的通知》（财预〔2017〕50 号），其中规定，“地方政府不得以借贷资金出资设立各类投资基金，严禁地方政府利用 PPP、政府出资的各类投资基金等方式违法违规变相举债”；中国保监会《关于保险资金设立股权投资计划有关事项的通知》（保监资金〔2017〕282 号）规定，股权投资计划取得的投资收益，应当与被投资未上市企业的经营业绩或私募股权投资基金的投资收益挂钩，不得承诺保障本金和投资收益。这意味着，过去在实践中盛行的“明股实债”被列入了绝对禁止的范围之内，也就堵死了政府与社会资本合资设立的各类基金采用“明股实债”等方式参与 PPP 项目的路径。

【经典案例】　保险资金参与标的项目的整体交易结构

本交易中保险资金投资的最终目标为 PPP 项目公司资本金。根据 PPP 项目相关政策《关于规范政府和社会资本合作(PPP)综合信息平台项目库管理的通知》(财办金〔2017〕92号)以及《关于规范金融企业对地方政府和国有企业投融资行为有关问题的通知》(财金〔2018〕23号)和《关于规范金融机构资产管理业务的指导意见》(银发〔2018〕106号)等一系列的规定,均禁止金融机构通过其他机构的回购、担保,利用"明股实债"的方式将资金投向PPP项目资本金。基于此,我们在设计投资模式时必须考虑保险资金以股权投资方式投资项目公司。保险资金参与标的项目的整体交易结构见图7-1-4。

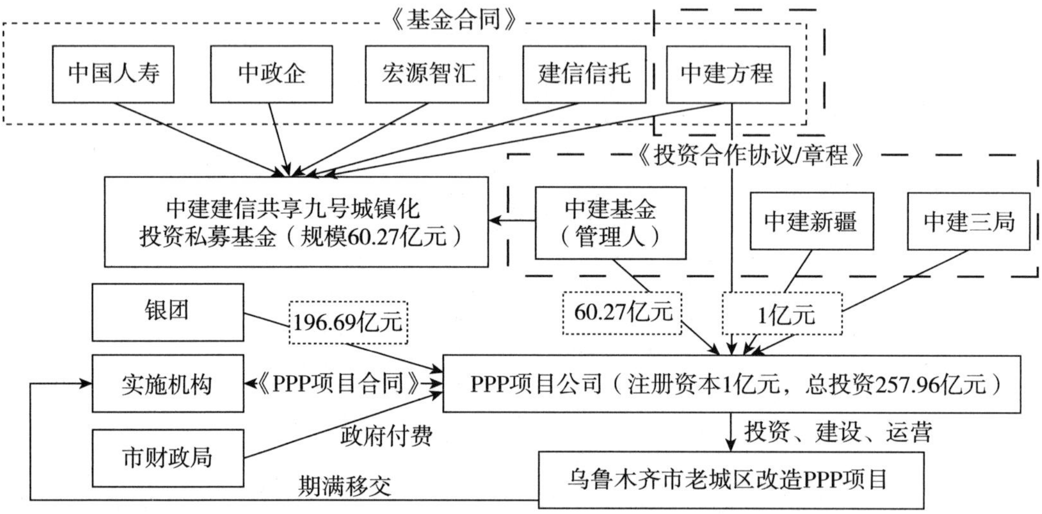

图7-1-4 保险资金参与标的项目案例整体交易结构

由于标的项目的中标社会资本为中建基金、中建方程、中建三局和中建新疆组成的联合体,而中国人寿不是中标联合体成员,不具备直接参股项目公司的身份和条件。限于此,保险资金无法通过直接投资方式持有项目公司股权。同时,监管部门对保险资金通过直接投资方式投资的标的股权的行业类型进行了封闭式列举,仅限于保险类企业、非保险类金融企业、与保险业务相关的养老、医疗、汽车服务类企业、能源企业、资源企业和与保险业务相关的现代农业企业、新型商贸流通企业的股权,且该股权指向的标的企业应当符合国家宏观政策和产业政策,具有稳定的现金流和良好的经济效益。而标的项目的项目公司不属于前述投资范围。

而中标联合体成员中的中建基金实为私募股权基金的管理人,由其代表私募股权基金持有的项目公司的股权。因此,保险资金仅能通过(1)直接认购中建基金作为管理人发起的私募股权基金产品,或(2)通过认购信托计划以及股权投资计划投资中建基金作为管理人发起的私募股权基金产品的方式间接投资项目公司。如采用(2)保险资金通过认购信托计划以及股权投资计划投资中建基金作为管理人发起的私募股权基金产品的方式,形式上将嵌套两层产品,优点是保险资管公司可以作为管理人或作为财务顾问收取管理费或财务顾问费;缺点是结构复杂,不符合现行主流监管趋势,诸如,根据银保监办发〔2019〕144 号文,对于购买的信托计划未直接投向具体基础的资产,存在一层嵌套的,应于投资后 15 个工作日内向银保监会报告。如采用(1)保险资金直接认购基金产品的方式,结构较为清晰、简单,不存在多层嵌套,且通过该等方式,无须作为计划产品事先注册,事后备案即可。

最终,经过综合考量,特别是基于监管合规要求,保险资金选择通过直接认购中建基金作为发起人的私募股权基金产品的方式投资标的项目。保险资金认购基金产品投资 PPP 项目方式见图 7－1－5。

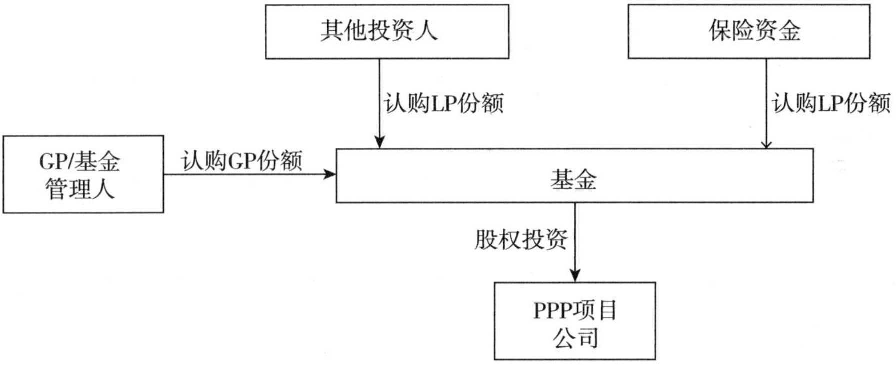

图 7－1－5 保险资金认购基金产品投资 PPP 项目方式

(3)"股＋债"投资模式

"股＋债"模式即险资作为社会资本方联合体中的成员投资项目,同时又向项目提供融资。"股＋债"模式能够一定程度上弥补单独股权投资和单独债权投资的不足,一方面,股权投资可以获得较高的收益,并可参与项目管理从而便于把控风险;另一方面,债权投资可以获得稳定的利息收益,形成稳定的项目回款。

(二)保险资金投资 PPP 项目的合规条件

投资计划投资 PPP 项目的,除满足本节的有关规定外,还应当符合以下条件:

1. 属于国家级或省级重点项目,已履行审批、核准、备案手续和 PPP 项目实施方案审查审批程序,并纳入国家发展改革委 PPP 项目库或财政部全国 PPP 综合信息平台项目库。

2. 承担项目建设或运营管理责任的主要社会资本方为行业龙头企业,主体信用评级不低于 AA＋,最近两年在境内市场公开发行过债券。

3. PPP 项目合同的签约政府方为地市级(含)以上政府或其授权的机构,PPP 项目合同中约定的财政支出责任已纳入年度财政预算和中期财政规划。所处区域金融环境和信用环境良好,政府负债水平较低。

4. 建立合理的投资回报机制,预期能够产生持续、稳定的现金流,社会效益良好。

第二节　保险资金投资不动产的合规要点及风险控制

一、保险资金投资不动产监管政策演变及现状

(一)不动产投资规范整理

1.《保险资金间接投资基础设施项目管理办法》[保监会令2016年第2号,2016年6月14日发布,2016年8月1日实施,《保险资金间接投资基础设施项目试点管理办法》(保监会令2006年1号)废止]

2.《国务院关于保险业改革发展的若干意见》(国发〔2006〕23号,2006年6月15日发布,2006年6月15日实施)

3.《保险资金运用管理办法》(保监会令〔2018〕1号,2018年1月24日发布,2018年4月1日实施)

4.80号文(保监发〔2010〕80号,2010年9月5日发布,2010年9月5日实施)

5.59号文[保监发〔2012〕59号,2012年7月16日发布,2012年7月16日实施。本篇法规被《银保监会关于优化保险机构投资管理能力监管有关事项的通知》(2020年9月30日发布,2020年9月30日实施)部分废止。本法中"明确事项"的第1条第2款被废止,本篇法规被《银保监会关于保险资金财务性股权投资有关事项的通知》(2020年11月12日发布,2020年11月12日实施)部分废止,关于保险资金直接股权投资行业范围的条款停止执行]

6.《关于保险资金投资有关金融产品的通知》[保监发〔2012〕91号,2012年10月12日发布,2012年10月12日实施。本篇法规被《银保监会办公厅关于印发组合类保险资产管理产品实施细则等三个文件的通知》(2020年9月7日发布,2020年9月7日实施)部分废止,本法规的第6条被废止]

(二)保险资金不动产投资监管政策演变

保险资金可投资的不动产类资产,是指购买或投资的土地、建筑物及其他依附于土地上的定着物等,以及主要价值依赖于上述资产价值变动的资产。保险资金可以投资基础设施类不动产、非基础设施类不动产及不动产相关金融产品。在本节,我们所指的不动产是非基础设施类不动产及不动产相关金融产品。为了与上节基础设施类不动产投资进行区分,本节将非基础设施类不动产统称为商业地产(包括自用和投资)。保险资金基于其安全、低风险的偏好,其投资运用长期受到严格限制,投资渠道非常有限。但自2006年开始,逐步放开保险资金投资不动产。不动产投资监管政策演变参见图7-2-1。

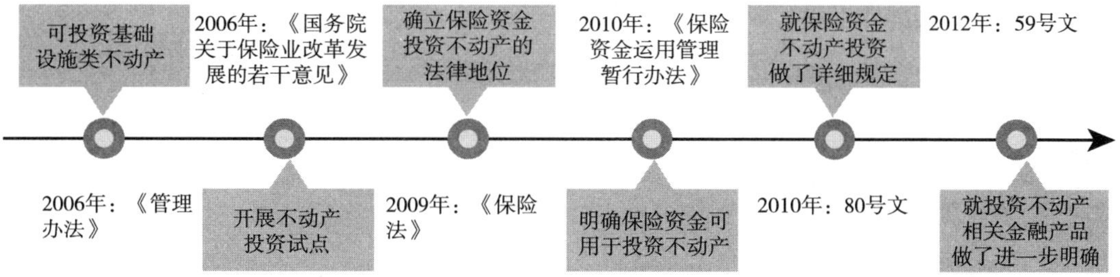

图 7-2-1　不动产投资监管政策演变

2006 年 3 月，保监会发布《间接投资管理办法》，对保险资金投资基础设施类不动产做了具体规定和要求。

2006 年 6 月，国务院正式发布了《国务院关于保险业改革发展的若干意见》（国发〔2006〕23 号），即保险业的“国十条”，其中规定，“在风险可控的前提下，鼓励保险资金直接或间接投资资本市场，逐步提高投资比例，稳步扩大保险资金投资资产证券化产品的规模和品种”，并首次提到开展保险资金投资不动产和创业投资企业试点。这标志着保险资金投资不动产正式开启了开放阶段。

2009 年，为了提高保险资金运用的效率，构建更多元化的投资渠道，2009 年修订的《保险法》第 106 条明确规定，保险公司的资金运用限于下列形式：（1）银行存款；（2）买卖债券、股票、证券投资基金份额等有价证券；（3）投资不动产；（4）国务院规定的其他资金运用形式。自此，保险资金投资不动产有了明确的法律地位，这是我国保险资金配置多元化的又一大迈步。但是，《保险法》没有对投资不动产的范围和条件予以详细的规定。

2010 年，监管部门根据 2009 年修订的《保险法》制定发布了保险资金投资不动产的系列规范性文件：2010 年 7 月，保监会发布《保险资金运用管理暂行办法》（保监会令 2010 年第 9 号），其中保险资金的运用形式承继了新《保险法》中的规定，明确保险资金可用于投资不动产，并对不动产的定义、投资的账面余额等做了规定，同时也禁止保险资金“直接从事房地产开发建设”。

2010 年 9 月，80 号文首次明确保险资金可以投资基础设施类不动产、非基础设施类不动产及不动产相关金融产品，并针对投资不动产的保险公司、专业机构的资格条件，投资标的具体要求、投资方式、禁止事项、投资资金比例、风险控制等都做了详细的规定，该暂行办法沿用至今，是保险资金投资不动产的最主要依据之一。

2012 年 7 月，保监会发布了 59 号文，不再执行上一会计年度盈利的规定，并且降低了偿付能力充足率的要求，算是进一步降低了保险公司投资不动产的门槛。

2012 年 10 月，保监会发布了《关于保险资金投资有关金融产品的通知》（保监发

〔2012〕91号),其中明确,保险资金可以投资保险资产管理公司基础设施投资计划、不动产投资计划和项目资产支持计划等金融产品,并对不动产投资计划中的信用增级安排、保险公司的账面余额等在80号文的基础上又做了要求,明确投资不动产投资计划应当充分关注产品交易结构、基础资产状况和信用增级安排,切实防范信用风险、流动性风险、操作风险和法律风险。

二、保险资金投资不动产的主要模式

(一)根据公司股权层面的投资,将保险资金投资不动产的方式分为债权投资、股权投资、物权投资。

根据80号文的有关规定,保险资金投资不动产,除政府土地储备项目外,可以采用债权转股权、债权转物权或者股权转物权等方式。投资方式发生变化的,应当按照该办法规定调整管理方式。保险资金以多种方式投资同一不动产的,应当分别遵守《保险资金投资不动产暂行办法》的规定。据此,险资进入地产行业的各方法如下:

1. 以债权方式投资不动产

用债权投资的逻辑较为简单,值得一提的是2017年5月4日保监会发布了《险资参与PPP通知》,明确保险资金可以通过基础设施投资计划的形式,向PPP项目公司提供融资。投资计划可以采取债权、股权、股债结合等可行方式,投资一个或一组合格的PPP项目。此外,若投资计划涉及一带一路、京津冀协同发展、长江经济带、脱贫攻坚和河北雄安新区等符合国家发展战略的重大项目,中国保监会将建立专门的业务受理及注册绿色通道。

2. 以物权方式投资不动产

2016年5月4日保监会在印发的《保险公司资金运用信息披露准则第4号:大额未上市股权和大额不动产投资》中允许保险公司在境内外通过物权或持有项目公司股权的方式开展大额未上市股权投资和大额不动产投资。此处的大额不动产投资,是指直接投资境内不动产和以物权方式投资境外的单项不动产金额累计超过50亿元,或者以股权方式投资境外单项不动产,权益投资金额累计超过10亿元的不动产投资。

3. 以持有项目公司股权方式投资不动产

保险公司可以用自设项目公司或入股地产公司已设的项目公司,通过项目公司直接持有不动产的方式完成不动产投资。在实践中,以入股地产公司旗下的项目公司完成投资的居多。当保险公司持有项目公司股权时,应注意被投资公司应是境内依法设立和注册登记的,且是未上市的股份有限公司或有限责任公司。拟投资的项目公司应当为不动产的直接所有权人,且该不动产为项目公司的主要资产。项目公司应当无重大法律诉讼,且股权权限未因不动产的抵押设限等落空或者受损。同时,项目公司不得对外进行股权投资。保险公司还要规范项目公司名称,限定其经营范围,派驻董事、高级管理人员及关键岗位人员,并对项目公司的股权转让、资产出售、担保抵押、资金融通等重大事项发表意见。

(二)根据保险资金进入不动产领域的途径的不同,其投资模式主要分为两大类,即直接投资和间接投资。

1. 直接投资

直接投资,即保险公司作为资金的管理者直接进入不动产市场,以股权、物权、债权等方式,通过购买、建造、运营等实现资金配置。对于直接投资方式,根据我国80号文等相关规定,保险公司可以投资办公楼、商业不动产、养老实体等不动产,投资方式可以是股权、物权等多种。

(1)持有不动产项目公司股权。实践中最常见的直接投资方式为持有不动产项目公司股权。80号文第16条明确规定,保险公司不得“投资设立房地产开发公司,或者投资未上市房地产企业股权(项目公司除外),或者以投资股票方式控股房地产企业”。该条中括号内的“项目公司除外”至关重要,据此,虽然保险公司不能投资未上市房地产公司的股权,但是可以投资特定范围内的不动产项目公司的股权,即保险资金可以投向主要资产为商业不动产、办公不动产、汽车、医疗、养老不动产以及自用不动产等的项目公司(与保险资金投资不动产类型范围一致)。在这种方式下,保险公司主要以受让项目公司部分/全部股权的形式参与,可投资的不动产项目包括已取得相关权证的待建项目、在建项目、可转让项目、已取得产权证或者他项权证的项目,拟投不动产应当为项目公司的主要资产,且项目公司无重大法律诉讼,其股权权限未因不动产的抵押设限等落空或者受损,并直接对标的不动产享有所有权。项目可以“自用+租赁”的模式运营,从而可以在出租物业获取租金收入的同时,还可以作为项目公司股东获取项目带来的收益。

【经典案例】

早在2011年,中国人民保险集团股份有限公司(以下简称人保集团)集合中国人民健康保险股份有限公司、中国人保资产管理股份有限公司、中国人民人寿保险股份有限公司、人保投资控股有限公司、中国人民财产保险股份有限公司共同出资购置西长安街88号大厦(原首都时代广场)。2010年12月29日,人保财险发布了《关联交易意向受让北京西长安街八十八号发展有限公司的产权》的公告。2010年12月29日,人保集团及其上述五家子公司根据该公告订立了《关于联合受让北京西长安街八十八号发展有限公司产权的协议书》,同意组成联合体作为项目公司产权的意向受让方,将通过北京产权交易所公开的产权交易程序拟共同受让项目公司的全部股权和转让方对项目公司的债权。项目公司为北京西长安街八十八号发展有限公司,其当时的股东为北京华融基础设施投资有限责任公司、北京市西单商业区建设开发公司,分别持股87.5%和12.5%。北京西长安街八十八号发展有限公司的营业范围主要包括在规划范围内开发、建设、出租、出售开发建设的办公用房,批发、零售商业设施及其物业管理等,其核心资产为位于北京市西长安街88号的建筑物,紧挨天安门广场的标志性建筑,其占据长安街19.65亩黄金土地,建筑总面积接近12万平方米,整栋建筑结构共分为16层(地上13层,地下3层)。该大厦位于西长安街与宣武门内大街交汇处,区位优势明显。最终人保集团及其五家子公司组成的联合体,通过北京产权交易所以总价格3744亿元人民币成功公开受让北京西长安街八十八号发展有限公司100%股权,联合体受让项目公司的股权后,项目公司以市场化方式出租物业获得收入,项目公司经营取得的净利润向股东分红。这种通过股权收购项目公司的方式购置项目公司所属不动产,可以极大地减低税收负担(如图7-2-2所示)。

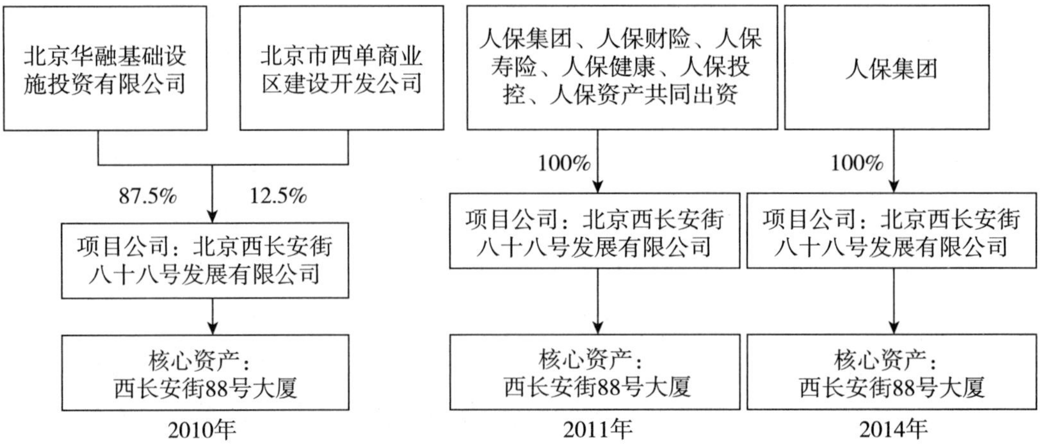

图7-2-2 人保集团通过购买项目公司股权间接购置地产交易

(2)自建自用模式

在实践中还有保险公司通过旗下的不动产投资平台开展自建自用模式。在这种模式下,保险公司通过旗下的不动产投资平台,与政府对接、获得项目用地,通过招投标将建设项目委托给专业的房地产建设公司、专业机构代建或者通过成立项目公司独立开发建设办公大楼和商业不动产。人保集团很多分公司办公大楼是采用这种模式建设起来的,由其旗下的不动产投资平台人保投资控股有限公司来参与具体操作,如陕西人保大厦、四川广安人保大厦等都是自建的。除人保集团外,国寿、平安等大型保险集团公司各地的办公楼均采用的是自建自用的模式。

2. 间接投资

间接投资,主要是指保险公司通过投资不动产金融产品间接投资非基础设施类不动产。随着金融创新,陆续衍生出多种金融产品,根据保监会91号文,保险资金可以投资境内依法发行的商业银行理财产品、银行业金融机构信贷资产支持证券、信托公司集合资金信托计划、证券公司专项资产管理计划、保险资产管理公司基础设施投资计划、不动产投资计划和项目资产支持计划等金融产品。目前保险资金主要用于不动产投资的金融产品包括集合资金信托计划、资产支持计划、股权投资计划、债权投资计划等。

三、保险资金参与不动产投资合规要点

1. 不动产投资主体资质合规要点

80 号文、59 号文是当前我国保险资金投资不动产的主要监管文件。对于商业不动产投资，在 80 号文第 13 条做了明确规定，“保险资金采用债权、股权或者物权方式投资的不动产，仅限于商业不动产、办公不动产……”综合 80 号文、59 号文之规定，保险资金投资商业不动产，除了保险公司、资产管理机构等参与主体要满足相应的要求外，还需满足合规要求。保险资金不动产投资计划是保险资金参与不动产投资的主要方式之一，不动产债权投资计划涉及多方主体，包括委托人保险公司、受托保险资产管理机构以及其他的专业服务机构。

80 号文对各方参与主体的资质条件做了明确要求（如表 7－2－1 所示）：

表 7－2－1　不动产投资计划参与主体资质条件

主体	资格要求
保险公司	1. 具有完善的公司治理、管理制度、决策流程和内控机制； 2. 实行资产托管机制，资产运作规范透明； 3. 资产管理部门拥有不少于 8 名具有不动产投资和相关经验的专业人员，其中具有 5 年以上相关经验的不少于 3 名，具有 3 年以上相关经验的不少于 3 名； 4. 上一会计年度末偿付能力充足率不低于 150%，且投资时上季度末偿付能力充足率不低于 150%； 5. 上一会计年度盈利，净资产不低于 1 亿元人民币（货币单位下同）； 6. 具有与所投资不动产及不动产相关金融产品匹配的资金，且来源充足稳定； 7. 最近 3 年未发现重大违法违规行为； 8. 银保监会规定的其他审慎性条件。 投资不动产相关金融产品的，除符合上述第 1、2、4、5、6、7、8 项规定外，资产管理部门还应当拥有不少于 2 名具有 3 年以上不动产投资和相关经验的专业人员。 保险公司聘请投资机构提供不动产投资管理服务的，可以适当放宽专业人员的数量要求
投资管理机构	1. 在中国境内依法注册登记，具有国家有关部门认可的业务资质； 2. 具有完善的公司治理，市场信誉良好，管理科学高效，投资业绩稳定； 3. 具有健全的操作流程、风险管理、内部控制及稽核制度，且执行有效； 4. 注册资本不低于 1 亿元； 5. 管理资产余额不低于 50 亿元，具有丰富的不动产投资管理和相关经验； 6. 拥有不少于 15 名具有不动产投资和相关经验的专业人员，其中具有 5 年以上相关经验的不少于 3 名，具有 3 年以上相关经验的不少于 4 名； 7. 接受银保监会涉及保险资金投资的质询，并报告有关情况； 8. 最近 3 年未发现重大违法违规行为； 9. 银保监会规定的其他审慎性条件。 符合上述条件的投资机构，可以为保险资金投资不动产提供有关专业服务，发起设立或者发行不动产相关金融产品

续表

主体	资格要求
专业服务机构	1. 具有经国家有关部门认可的业务资质; 2. 具有完善的管理制度、业务流程和内控机制; 3. 熟悉保险资金不动产投资的法律法规、政策规定、业务流程和交易结构,具有承办投资不动产相关服务的经验和能力,且商业信誉良好; 4. 与保险资金投资不动产的相关当事人不存在关联关系; 5. 接受中国银保监会涉及保险资金投资的质询,并报告有关情况; 6. 最近3年未发现重大违法违规行为; 7. 中国银保监会规定的其他审慎性条件。 为保险资金投资不动产提供资产托管服务的商业银行,应当接受中国银保监会涉及保险资金投资的质询,并报告有关情况

2. 关于保险资金运用上限比例的要求

根据80号文第14条的规定,保险公司投资不动产(不含自用性不动产),应当符合以下比例规定:一是投资不动产的账面余额,不高于本公司上季度末总资产的10%,投资不动产相关金融产品的账面余额,不高于本公司上季度末总资产的3%;投资不动产及不动产相关金融产品的账面余额,合计不高于本公司上季度末总资产的10%。二是投资单一不动产投资计划的账面余额,不高于该计划发行规模的50%,投资其他不动产相关金融产品的,不高于该产品发行规模的20%。

2014年,保监会发布了13号文,其对投资比例做了调整,根据该通知,保险公司投资不动产类资产的账面余额,合计不高于本公司上季度末总资产的30%。账面余额不包括保险公司购置的自用性不动产。保险公司购置自用性不动产的账面余额,不高于本公司上季度末净资产的50%。同时,何为"不动产类资产",在该通知中也予以了明确,即"不动产类资产,是指购买或投资的土地、建筑物及其他依附于土地上的定着物等,以及主要价值依赖于上述资产价值变动的资产。"

四、我国对保险资金投资不动产的合规监管要求

(一)保险资金投资可投资不动产范围

根据2010年9月5日保监会下发的80号文,保险机构的资质要求包括公司治理、投资能力、团队要求、最低偿付能力、最低净资产及近3年是否存在违规行为等。具体包括:建立完善的公司治理、管理制度、决策流程和内控机制;实行资产托管机制,资产运作规范透明;资产管理部门拥有不少于8名具有不动产投资和相关经验的专业人员,其中具有5年以上相关经验的不少于3名,具有3年以上相关经验的不少于3名;保险公司投资股权或者不动产,不再要求上一会计年度盈利,上一会计年度净资产的基本要求均调整为1亿元人民币计算;偿付能力充足率的基本要求调整为上季度末偿付能力充足率不低于120%;具有与所投资不动产及不动产相关金融产品匹配的资金,且来源充足稳

定；最近3年未发现重大违法违规行为等。

根据80号文，保险资金可以投资基础设施类不动产、非基础设施类不动产及不动产相关金融产品。在此，我们主要介绍非基础设施类不动产及不动产相关金融产品。

1. 非基础设施类不动产

80号文对保险资金投资的非基础设施类不动产的类别做了明确的规定，限于商业不动产，办公不动产，与保险业务相关的养老、医疗、汽车服务等不动产及自用性不动产。

根据不同的不动产类型，其投资资金来源亦不相同。另外，对商业、办公不动产而言，其所受限制最多；与保险业务相关的养老不动产以及自用不动产所受限制相对较少。

在投资实践中，保险公司多有涉足商业不动产，以自用或自用加投资的方式购置商业不动产，在获取稳定的租金收益的同时，博取物业增值收益。养老不动产，其投资期限长、规模大，符合保险资金对长期、稳定收益的需求，是解决保险公司资产负债不匹配的有效途径，泰康、合众等公司均有投资。

2. 不动产相关金融产品

根据13号文及其附件《大类资产可投资品种》以及《保险资产风险五级分类指引》（保监发〔2014〕82号），保险资金可投资的境内不动产相关金融产品主要包括不动产投资计划、不动产类保险资产管理产品及其他不动产相关金融产品等，境外主要指房地产信托投资基金（REITs），以及其他经银保监会认定属于此类的工具或产品。

目前，综观国际市场，保险资金进行不动产间接投资的形式主要是证券化产品和投资基金两类。其中，REITs是投资房地产市场的一项主要产品。在美国、澳大利亚、日本、新加坡、韩国等发达国家，REITs取得了巨大发展，尤其是在以美国、澳大利亚及日本为全球领先的REITs市场。借鉴全球领先实践，2020年起我国重点在基础设施领域推动REITs利用市场机制解决融资难题。2021年中，我国首批9只基础设施公募REITs顺利发行，发行总规模314亿元。2021年11月17日中国银保监会发布《关于保险资金投资公开募集基础设施证券投资基金有关事项的通知》（银保监办发〔2021〕120号，以下简称120号文），正式开启保险资金进入基础设施类公募REITs投资领域的闸门（具体监管要求详见本章第四节）。

当前我国保险资金可投资不动产金融产品主要为不动产投资计划，作为债权投资计划的一种，其安全性和稳定性相对更高。此外，资产证券化产品也逐渐引起保险资管市场的关注，但此类产品在保险资管市场方面，整体的市场占比并不大。

（二）投资对象（不动产）的基本要求

1. 已经取得国有土地使用权证和建设用地规划许可证的项目（两证，可以采用股权、债权方式投资）；

2. 已经取得国有土地使用权证、建设用地规划许可证、建设工程规划许可证、施工许

可证的在建项目(四证,可以采用股权、债权方式投资);

3. 取得国有土地使用权证、建设用地规划许可证、建设工程规划许可证、施工许可证及预售许可证或者销售许可证的可转让项目(五证,可以采用股权、债权、物权方式投资);

4. 取得产权证或者他项权证的项目(一证,可以采用股权、债权、物权方式投资);

5. 符合条件的政府土地储备项目(可以用债权方式投资)。

(三)以不同方式投资商业不动产需满足的合规要求

以不同方式投资商业不动产需满足的合规要求,见表7-2-2。

表7-2-2　三种不同投资方式投资商业不动产合规要求对比

投资方式	合规要求
股权	●拟投资的项目公司应当为不动产的直接所有权人,且该不动产为项目公司的主要资产 ●项目公司应当无重大法律诉讼,且股权未因不动产的抵押设限等落空或者受损 ●应当向项目公司派驻董事、高级管理人员及关键岗位人员,并对项目公司的股权转让、资产出售、担保抵押、资金融通等重大事项发表意见,维护各项合法权益
物权	●及时完成不动产物权的设立,限制、变更和注销等权属登记,防止因漏登、错登造成权属争议或者法律风险 ●对权证手续设限的不动产,应当通过书面合同,约定解限条件、操作程序、合同对价支付方式等事项,防范和控制交易风险
债权	●在合同中载明还款来源及方式、担保方式及利率水平、提前或者延迟还款处置等内容 ●债务人应当具有良好的财务能力和偿债能力,无重大违法违规行为和不良信用记录

(四)保险资金投资不动产的其他限制条件

1. 保险资金投资的不动产,应当产权清晰,无权属争议,相应权证齐全合法有效;地处直辖市、省会城市或者计划单列市等具有明显区位优势的城市;管理权属相对集中,能够满足保险资产配置和风险控制要求。

2. 不动产相关金融产品属于固定收益类的,应当具有中国银保监会认可的国内信用评级机构评定的AA级或者相当于AA级以上的长期信用级别,以及合法有效的信用增级安排;属于权益类的,应当建立相应的投资权益保护机制。

3. 保险资金采用债权、股权或者物权方式投资的不动产,仅限于商业不动产,办公不动产,与保险业务相关的养老、医疗、汽车服务等不动产及自用性不动产。

4. 保险资金投资医疗、汽车服务等不动产,只需取得国有土地使用权证和建设用地规划许可证且不受区位的限制。

5. 投资养老不动产、购置自用性不动产,不受上述条件及区位的限制;但投资必须遵守专地专用原则,不得变相炒地卖地,不得利用投资养老和自用性不动产(项目公司)的名义,以商业房地产的方式,开发和销售住宅。投资养老、医疗、汽车服务等不动产,其配套建筑的投资额不得超过该项目投资总额的30%。

6. 保险资金投资不动产，除政府土地储备项目外，可以采用债权转股权、债权转物权或者股权转物权等方式。投资方式发生变化的，应当按照80号文的规定调整管理方式。保险资金以多种方式投资同一不动产的，应当分别遵守80号文的规定。

7. 投资不动产的账面余额，不高于本公司上季度末总资产的10%，投资不动产相关金融产品的账面余额，不高于本公司上季度末总资产的3%；投资不动产及不动产相关金融产品的账面余额，合计不高于本公司上季度末总资产的10%。

8. 投资单一不动产投资计划的账面余额，不高于该计划发行规模的50%，投资其他不动产相关金融产品的，不高于该产品发行规模的20%。

9. 保险资金投资不动产，应当合理安排持有不动产的方式、种类和期限。以债权、股权、物权方式投资的不动产，其剩余土地使用年限不得低于15年，且自投资协议签署之日起5年内不得转让。保险公司内部转让自用性不动产，或者委托投资机构以所持有的不动产为基础资产，发起设立或者发行不动产相关金融产品的除外。

（五）保险资金投资不动产相关金融产品的其他限制

1. 经国家有关部门认可，在中国境内发起设立或者发行，由专业团队负责管理；

2. 基础资产或者投资的不动产位于中国境内；

3. 实行资产托管制度，建立风险隔离机制；

4. 具有明确的投资目标、投资方案、后续管理规划、收益分配制度、流动性及清算安排；

5. 交易结构清晰，风险提示充分，信息披露真实完整；

6. 具有登记或者簿记安排，能够满足市场交易或者协议转让需要；

7. 中国银保监会规定的其他审慎性条件。

（六）保险资金投资不动产的负面清单

当然，虽然保险资金投资不动产发展至今，监管在一步步放宽，但同时，对保险机构投资不动产依然有很多严格的限制，投资标的方面在允许其购买自用办公楼、养老实体和商用物业等的同时，也规定了保险资金投资不动产的“负面清单”，具体如下：

1. 提供无担保债权融资。

2. 以所投资的不动产提供抵押担保。

3. 投资开发或者销售商业住宅。

4. 直接从事房地产开发建设（包括一级土地开发）。

5. 投资设立房地产开发公司，或者投资未上市房地产企业股权（项目公司除外），或者以投资股票方式控股房地产企业。已投资设立或者已控股房地产企业的，应当限期撤销或者转让退出。

6. 运用借贷、发债、回购、拆借等方式筹措的资金投资不动产,中国保监会对发债另有规定的除外。

7. 违反 80 号文规定的投资比例。

8. 法律法规和中国银保监会禁止的其他行为。

(七)保险资金投资不动产的风险控制

1. 保险资金投资不动产应当履行经营管理层、董事会、股东(大)会决策程序(按照公司章程执行)。

2. 保险资金投资不动产,经营管理层、董事会、股东(大)会不得采用非现场表决方式。

3. 聘请专业机构出具尽职调查报告和法律意见书。

4. 保险资金以股权方式投资不动产,拟投资的项目公司应当为不动产的直接所有权人,且该不动产为项目公司的主要资产。项目公司应当无重大法律诉讼,且股权未因不动产的抵押设限等落空或者受损。

5. 以股权方式投资不动产,应当向项目公司派驻董事、高级管理人员及关键岗位人员,并对项目公司的股权转让、资产出售、担保抵押、资金融通等重大事项发表意见,维护各项合法权益。

6. 保险资金以债权方式投资不动产,应当在合同中载明还款来源及方式、担保方式及利率水平、提前或者延迟还款处置等内容。债务人应当具有良好的财务能力和偿债能力,无重大违法违规行为和不良信用记录。

7. 保险资金以物权方式投资不动产,应当及时完成不动产物权的设立、限制、变更和注销等权属登记,防止因漏登、错登造成权属争议或者法律风险。对权证手续设限的不动产,应当通过书面合同,约定解限条件、操作程序、合同对价支付方式等事项,防范和控制交易风险。

8. 保险资金投资不动产相关金融产品,应当对该产品的合法合规性、基础资产的可靠性和充分性,以及投资策略和投资方案的可行性,进行尽职调查和分析评估。持有产品期间,应当要求投资机构按照投资合同或者募集说明书的约定,严格履行职责,有效防范风险,维护投资人权益。①

(八)保险公司投资不动产项目需委托进行开发建设

根据 2012 年 7 月 25 日保监会下发的 59 号文,保险公司应当明确投资人定位,委托具备相应资质的开发机构代为建设,不得自行开发建设投资项目,不得将保险资金挪作

① 保险资金投资的不动产,是指土地、建筑物及其他附着于土地上的定着物。保险资金可以投资基础设施类不动产、非基础设施类不动产及不动产相关金融产品。

他用。

(九)关于房地产开发企业资质的问题

在投资不动产项目中,融资主体/项目公司进行项目的开发建设,有可能会涉及关于房地产开发企业资质的问题,这也是项目审核中监管部门所关注的问题之一。

《房地产开发企业资质管理规定》第3条规定:“房地产开发企业应当按照本规定申请核定企业资质等级。未取得房地产开发资质等级证书(以下简称资质证书)的企业,不得从事房地产开发经营业务。”基于此,在投资商业不动产时,对该问题要予以重点关注,明确项目公司/融资主体是否获得资质、资质等级与所从事开发建设项目是否匹配等问题。

(十)保险公司投资股权和不动产应符合内部风险控制规范

保险公司在投资股权与不动产时,应当制定完善的管理制度、操作流程、内部控制及稽核规定,防范操作风险、道德风险和利益输送行为,杜绝不正当关联交易和他项交易。保险公司高级管理人员和相关投资人员,不得以个人名义或假借他人名义,投资该公司所投资股权或不动产项目。

(十一)保险公司投资不动产的资金要求

保险公司重大股权投资和购置自用性不动产,除使用资本金外,还可以使用资本公积金、未分配利润等自有资金。保险公司非重大股权投资和非自用性不动产投资,可以运用自有资金、责任准备金及其他资金。

(十二)险资投资不动产5年内不可转让

保险资金投资不动产,需要合理安排持有不动产的方式、种类和期限。以债权、股权、物权方式投资的不动产,其剩余土地使用年限不得低于15年,且自投资协议签署之日起5年内不得转让。此处的例外原则为当保险公司内部转让自用性不动产,或者委托投资机构以所持有的不动产为基础资产时,发起设立或者发行不动产相关金融产品的除外。

第三节　资产支持计划投资风险控制及合规实务要点

一、资产支持计划适用法规规范文件梳理

1. 保监会关于印发《资产支持计划业务管理暂行办法》的通知(保监发〔2015〕85号,2015年8月25日发布,2015年8月25日实施)

2. 银保监会办公厅《关于资产支持计划注册有关事项的通知》(银保监办发〔2019〕143号,2019年6月17日发布,2019年6月17日实施)

二、资产支持计划立法沿革

2015 年 8 月 25 日,中国保监会为了支持资产证券化业务发展,制定并发布了《资产支持计划业务管理暂行办法》,明确规定“资产支持计划业务,是指保险资产管理公司等专业管理机构作为受托人设立支持计划,以基础资产产生的现金流为偿付支持,面向保险机构等合格投资者发行受益凭证的业务活动”。从此拉开了保险监管机构监管的资产证券化业务的序幕。

2018 年,中保保险资产登记交易系统正式上线运行,随后上海保险交易所股份有限公司制定并发布了《保险资产管理产品登记办法》及《保险资产管理产品账户管理业务指引》《债权投资计划、股权投资计划、资产支持计划登记业务指引》《债权投资计划、股权投资计划、资产支持计划发行业务指引》《保险资产管理产品信息披露业务指引》等文件,对资产支持计划的信息披露、发行、登记等系列事项做了明确的管理要求,推动资产支持计划受益凭证实现登记存管和交易流通。

三、资产支持计划交易结构

(一)参与主体范围

从保险资产支持计划的交易结构来看,主要包括发起人(原始权益人)、发行机构/计划管理人(保险资产管理公司)、特殊目的载体(SPV)、服务机构、信用增级机构、信用评级机构、托管人、投资者等主要参与主体。其典型的交易结构如图 7-3-1 所示:

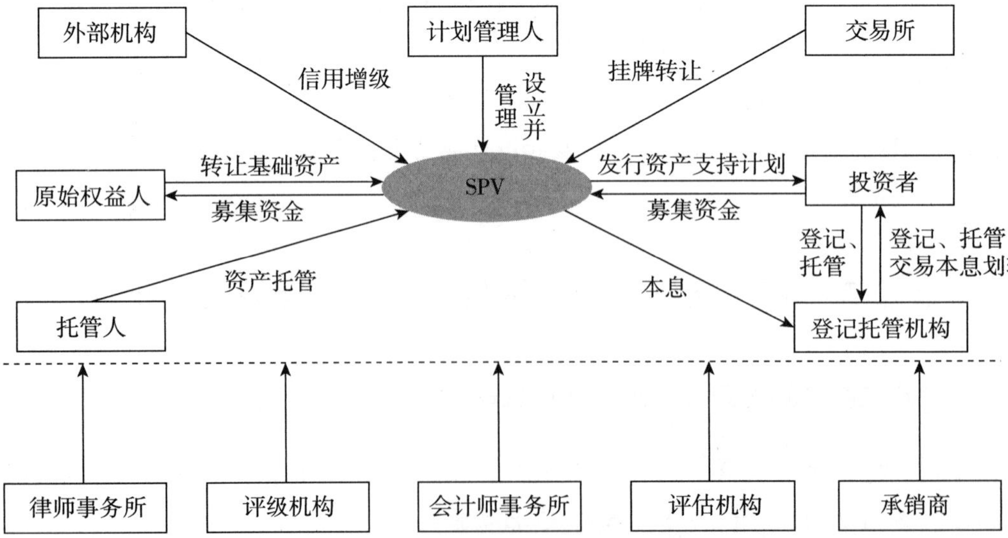

图 7-3-1 保险资产支持计划交易结构

(二)参与主体资质要求

《资产支持计划业务管理暂行办法》对上述结构中的主要参与主体做了明确的要求,如表7-3-1所示:

表7-3-1 保险资金投资资产支持计划参与主体合规要求

主体名称	资质条件	职责或者权利
受托人	受托人为受益凭证持有人的利益,设立支持计划并进行管理。受托人应当符合下列能力标准: (1)具有基础设施投资计划或者不动产投资计划运作管理经验; (2)建立相关投资决策机制、风险控制机制、内部管理制度和业务操作流程; (3)合理设置相关部门或者岗位,并配备专职人员; (4)信用风险管理能力达到监管标准; (5)最近一年未因重大违法违规行为受到行政处罚; (6)中国保监会规定的其他条件	受托人应当履行下列职责: (1)设立、发行、管理支持计划; (2)按照支持计划约定,向受益凭证持有人分配收益; (3)协助受益凭证持有人办理受益凭证转让、协议回购等事宜; (4)持续披露支持计划信息; (5)法律法规、本办法规定及支持计划约定的其他职责。 支持计划终止,受托人应当按照有关规定和支持计划约定成立清算小组,负责清算工作。清算报告应当由具有资质的会计师事务所出具审计意见
原始权益人	让渡资产给计划受托人,获得资金融通。原始权益人依照约定将基础资产移交给支持计划。原始权益人应当符合下列条件: (1)具备持续经营能力,无重大经营风险、财务风险和法律风险; (2)生产经营符合法律法规和公司章程的规定,符合国家产业政策; (3)最近三年未发生重大违约或者重大违法违规行为; (4)法律法规和中国保监会规定的其他条件	原始权益人应当积极配合受托人、托管人及其他服务机构履行职责,依照法律法规的规定和支持计划的约定移交基础资产,并确保基础资产真实、合法、有效,不存在虚假或欺诈性转移等任何影响支持计划的情形。 支持计划存续期间,原始权益人应当维持正常的生产经营活动,保障基础资产现金流的持续、稳定,发生重大事项可能损害支持计划利益的,应当及时书面告知受托人并采取补救措施
受益人	购买受益凭证,支付对价	受益凭证持有人享受计划收益的所有权和分配权。受益凭证持有人享有以下权利: (1)依法继承、转让或者质押受益凭证; (2)按照支持计划约定,享有支持计划投资收益以及参与分配清算后的支持计划剩余财产; (3)获得支持计划信息披露资料; (4)参加受益凭证持有人会议; (5)法律法规、本办法规定及支持计划约定的其他权利。 受益凭证持有人可以根据保监会和保险资产登记交易平台的有关规定开展受益凭证协议回购。回购双方需审慎评估风险,通过协商约定进行回购融资。受益凭证持有人通过持有人会议对影响其利益的重大事项进行决策。以下重大事项应当由持有人会议审议决定: (1)变更收益分配方式和内容; (2)变更受托人、托管人; (3)变更资产循环购买(如有)的标准或规模; (4)对支持计划或者受益凭证持有人利益有重大影响的事项。 受益凭证持有人应当及时确认清算方案,接收清算资产

续表

主体名称	资质条件	职责或者权利
托管人	托管人为受益凭证持有人的利益,保管支持计划资产。托管人应当具有保险资金托管资格	托管人应当履行下列职责: (1)安全保管支持计划资产; (2)按照支持计划约定方式,向受益凭证持有人分配投资收益; (3)监督受托人管理支持计划运作行为,发现受托人违规操作的,应当立即以书面形式通知受托人纠正,并及时报告中国保监会; (4)出具托管报告; (5)法律法规、本办法规定及支持计划约定的其他职责
资产服务机构	受托人可以聘请资产服务机构在支持计划存续期间对基础资产进行管理。资产服务机构可以是支持计划的原始权益人	受托人聘请资产服务机构的,应当与资产服务机构签订服务合同,明确资产服务机构的职责、管理方法和标准、操作流程、风控措施等
信用评级机构	受托人应当聘请符合监管要求的信用评级机构对受益凭证进行初始评级和跟踪评级。支持计划存续期间,每年跟踪信用评级应当不少于一次	
律师事务所		受托人应当聘请律师事务所对支持计划出具独立的法律意见书,并可根据需要聘请资产评估机构、会计师事务所等专业服务机构对支持计划出具专业意见

四、基础资产合规要求

除上述要求外,资产支持计划对现金流覆盖也提出明确要求,在资产支持计划存续期间,国家政策支持的基础设施项目、保障房和城镇化建设等领域的基础资产除外,基础资产预期产生的现金流(不包括回购等增信方式产生的现金流),应当覆盖支持计划预期投资收益和投资本金,并且基础资产的规模、存续期限应当与支持计划的规模、存续期限相匹配。可见,相对于债权投资计划,资产支持计划对现金流覆盖要求更高、更严。另外,《资产支持计划业务管理暂行办法》还明确提到"中国保监会根据基础资产风险状况和监管需要对基础资产的范围实施动态负面清单管理",但实际上截至目前,并未有明确的负面清单公布。从基础资产的分类来看,债权、收益权和不动产都是可以作为资产支持计划的基础资产(如表7-3-2所示)。

表7-3-2　保险投资资产支持计划投资对象范围和内容

基础资产类别	具体内容/表现形式
债权	融资租赁债权、小额贷款债权、应收账款债权、保单质押贷款债权、股票质押债权、委贷债权、不动产租金债权、公积金贷款债权、信托受益权等
收益权	市政设施收费权、交通设施收费权、通信设施收费权、景区收费权、经营收入收益权等
不动产	REITs、类REITs(转让不动产所有权,以不动产项目公司未来股东收益和偿债本息作为现金来源),商业房地产抵押贷款支持证券(Commercial Mortgage Backed Security,CMBS)(不动产所有权不发生转让,仅对不动产进行质押,以贷款偿还本息作为现金流来源,以不动产未来收益作为底层现金流),目标资产包括商场、产业园、酒店等

虽然能够作为基础资产的类别较多,但是从已发行的资产支持计划来看,以融资租赁资产作为基础资产的最多,小额贷款次之(如表7-3-3所示)。

表7-3-3　资产支持计划基础资产合规要求

类别	具体内容
基础资产要求	基础资产是指符合法律法规规定,能够直接产生独立、可持续现金流的财产、财产权利或者财产与财产权利构成的资产组合。应当满足以下要求:(1)可特定化,权属清晰、明确;(2)交易基础真实,交易对价公允,符合法律法规及国家政策规定;(3)没有附带抵押、质押等担保责任或者其他权利限制,或者能够通过相关安排解除基础资产的相关担保责任和其他权利限制;(4)中国保监会规定的其他条件。并且基础资产依据穿透原则来确定
信用增级要求	支持计划可以通过内部或者外部增信方式提升信用等级。内部信用增级包括但不限于结构化、超额抵押等方式,外部信用增级包括但不限于担保、保证保险等方式

【实际案例】

以太平洋资产管理有限公司作为计划管理人的"太平洋—立根融资租赁资产支持计划"为例:立根融资租赁(上海)有限公司(以下简称上海立根租赁)成功发行一笔五年期,总金额为12亿元的保险资金资产支持计划(ABS)——"太平洋—立根融资租赁资产支持计划",上海立根租赁本期ABS采用优先次级分层结构,其中优先级发行10亿元,由太平洋保险及其他三家保险公司共同认购;次级发行2亿元,由上海立根租赁自持。该ABS于2017年12月19日获上海证券交易所批准发行,由中国太平洋保险集团下属的太平洋资产管理有限公司担任受托方、计划管理人,由上海立根租赁有限公司的母公司广州金融控股集团有限公司提供差额补足承诺(如图7-3-2所示)。

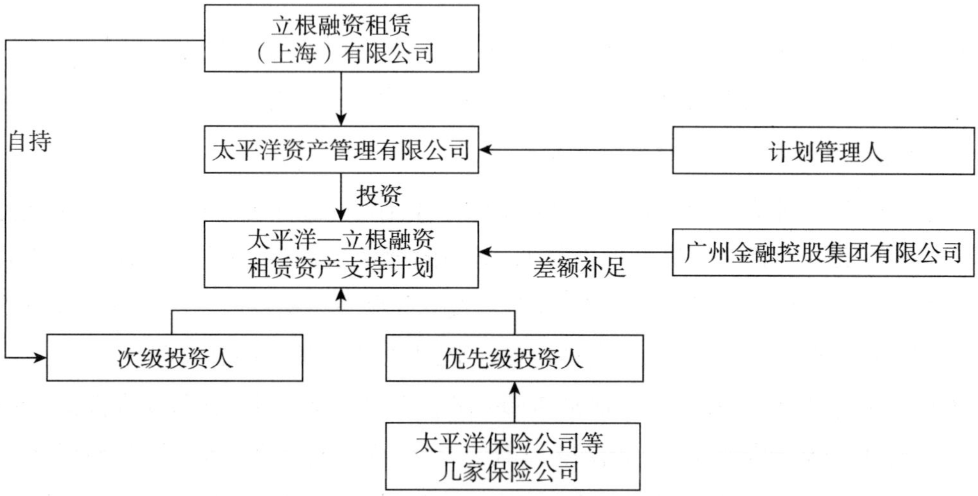

图7-3-2　资产支持计划交易结构

尽管在上述资产支持计划中,底层资产并非投向不动产,但是对不动产类的融资方面具有一定的借鉴意义。

综上所述,无论是最为常见的不动产投资计划、集合资金信托计划,还是资产支持计划,均反映出保险资金所能投资不动产的模式与金融产品类型,呈现逐步扩大的趋势。而且,除上述几类不动产金融产品外,还有REITs、类REITs、CMBS等也可由保险资金参与投资,但这类产品在我国起步和发展较晚。目前,保险资金在2021年刚刚获批进入基础设施投资类公募REITs,其他REITs以及类REITs、CMBS尚未开放。

五、资产支持计划的合规要求

(一)受托人运营管理义务

1. 支持计划存续期间,受托人应当按照本办法的要求和支持计划的约定,对原始权益人经营状况、基础资产现金流以及增信安排效力等进行跟踪管理和持续监测评估,保障支持计划的正常运作。

2. 受托人对原始权益人、基础资产以及增信安排的跟踪信用风险评估每年不少于一次。

3. 支持计划存续期间,受托人应当按照支持计划的约定归集基础资产现金流,并向受益凭证持有人支付投资收益,支持计划资产无法按时支付投资收益的,受托人应当按照支持计划约定启动增信机制或者其他措施。

4. 受托人应当为支持计划单独记账、独立核算,不同的支持计划在账户设置、资金划拨、账簿记录等方面应当相互独立。

5. 受托人管理支持计划,不得以任何方式侵占、挪用支持计划资产,不得将支持计划资产和其他资产混同,不得以支持计划资产设定担保或者形成其他或有负债。

6. 支持计划终止,受托人应当按照有关规定和支持计划约定成立清算小组,负责清算工作。清算报告应当由具有资质的会计师事务所出具审计意见。

(二)保险机构投资支持计划风控措施

1. 受托人应当建立支持计划业务风险责任人机制,加强业务风险管理,针对支持计划存续期间可能出现的重大风险进行审慎、适当的评估和管理,制定相应风控措施和风险处置预案,并协调、督促原始权益人、托管人及其他服务机构按照约定执行。在风险发生时,受托人应当勤勉尽责地执行风险处置预案,保护受益凭证持有人利益。

2. 受托人应当通过尽职调查等方式,对基础资产及交易结构的法律风险进行充分识别、评估和防范,保障基础资产合法有效,防范基础资产及相关权益被第三方主张权利的风险。

3. 受托人应当审慎评估原始权益人资信状况,合理测算基础资产现金流,采取相应增信安排。基础资产现金流测算应当以历史数据为依据,并充分考虑影响未来现金流的因素。

4. 受托人应当建立相对封闭、独立的现金流归集机制,明确基础资产现金流转付环节和时限。受托人聘请资产服务机构的,应当要求资产服务机构为基础资产单独设账,单独管理,并定期披露现金流的归集情况,披露频率不少于支持计划投资收益支付频率。

5. 受托人应当制定有效方案,明确在原始权益人、资产服务机构运营情况发生重大负面变化时增强现金流归集的方式和相关触发机制,防范资金混同风险。

6. 支持计划以沉淀的基础资产现金流进行再投资的,仅限于投资安全性高的流动性资产。受托人应当确保再投资在支持计划约定的投资范围内进行,并充分考虑相关风险。

7. 支持计划以基础资产现金流循环购买新的同类基础资产的,受托人应当在募集说明书中明确入池标准,并对后续购买的基础资产进行事前审查和确认。

8. 受托人与原始权益人存在关联关系,或者受托人以其自有资金、管理的其他客户资产认购受益凭证的,应当采取有效措施,防范可能产生的利益冲突。

9. 受托人、托管人、原始权益人和其他服务机构应当按照有关规定和支持计划约定,以适当的方式及时披露信息,并保证所披露信息真实、准确、完整。受托人作为信息披露责任主体,应当加强存续期内信息披露管理,督促其他当事人及时披露相关信息。

第四节　保险资金参与投资公募基础设施基金 REITs 风险控制及合规要点

一、公募基础设施基金 REITs 适用法律法规规范文件梳理

1. 120 号文(银保监办发〔2021〕120 号,银保监会 2021 年 11 月 17 日发布,2021 年 11 月 17 日实施)

2.《关于推进基础设施领域不动产投资信托基金(REITs)试点相关工作的通知》[中国证监会与国家发展改革委 2020 年 4 月 24 日联合发布,2020 年 4 月 24 日实施(以下简称《REITs 试点通知》)]

3.《公开募集基础设施证券投资基金指引(试行)》[中国证券监督管理委员会公告〔2020〕54 号,2020 年 8 月 7 日,2020 年 8 月 7 日实施(以下简称《基础设施基金指引》)]

二、保险公司参与基础设施公募基金 REITs 的运作方式

1. 允许保险资金投资公开募集基础设施证券投资基金。公募 REITs 产品作为一种投资于不动产等领域的长期投资工具,具备分红收益稳定、资产相关度低、流动性强及运营透明度高等优势,这与保险资金的中长期、对资产流动性、稳定分红及投资退出的需求等有天然的契合度。但是银保监会颁布 120 号文的初衷还在于初步尝试放开保险资金

投资作为投资人参与公募REITs的投资,还不能作为公募基金管理人或者资产支持证券管理人的角色参与。相信随着公募REITs基金行业的成熟和规范以及保险机构投资能力的增强,今后相信银保监会会放开保险公司或保险资管公司担任发行人、管理人或财务顾问等角色,使他们在资产获取、尽职调查、询价估值,乃至存续期管理等环节参与进来,发挥保险机构既有的经验优势,深度参与REITs市场。同时,保险机构也可提前介入优质的、具备发行REITs潜力的基础资产,形成Pre-REITs,待培育成熟后,以原始权益人的身份,通过REITs发行退出,获取合理收益。

2. 基础设施基金REITs,是指依据国务院证券监督管理机构有关规定设立并公开发行,由符合条件的基金管理人管理,主要投资于基础设施资产支持证券并通过资产支持证券持有基础设施项目公司全部股权的基金产品。目前120号文只是出于支持国家基础设施建设的战略政策鼓励保险资金进入公募基础设施投资基金REITs,主要底层资产主要为非基础设施类的不动产(如商业地产等)的公募REITs不在120号文投资范围内,相信今后国家会逐步推进商业地产纳入REITs范畴。将商业地产公募REITs纳入保险资金可以投资的REITs范围,有利于引导不动产投资进入价值投资的时代通道,增加居民对不动产的长期投资渠道,降低商品住宅的投资属性,有利于住宅市场价格的稳定。

三、基础设施基金应当满足的条件

1. 基金必须是根据证监会的相关规定设立且“公开发行”的。根据《公开募集证券投资基金运作管理办法》(证监会令第104号)(以下简称104号文)及《证券投资基金法》的规定:“公开发行的基金”即经中国证监会注册申请并发售的基金,其具体的注册、募集、发售流程及各项具体要求应符合前述104号文和《证券投资基金法》的具体规定。

2. 该基金必须由“符合条件的基金管理人管理”。基金管理人包括公募基金管理人和资产支持计划管理人两种。第一,公募基金管理人。根据《基础设施基金指引》第5条的规定,申请募集基础设施基金,拟任基金管理人应当符合《证券投资基金法》、104号文规定的相关条件,并满足下列要求:①公司成立满3年,资产管理经验丰富,公司治理健全,内控制度完善;②设置独立的基础设施基金投资管理部门,配备不少于3名具有5年以上基础设施项目运营或基础设施项目投资管理经验的主要负责人员,其中至少2名具备5年以上基础设施项目运营经验;③财务状况良好,能满足公司持续运营、业务发展和风险防范的需要;④具有良好的社会声誉,在金融监管、工商、税务等方面不存在重大不良记录;⑤具备健全有效的基础设施基金投资管理、项目运营、内部控制与风险管理制度和流程;⑥中国证监会规定的其他要求。拟任基金管理人或其同一控制下的关联方应当具有不动产研究经验,配备充足的专业研究人员;⑦具有同类产品或业务投资管理或运营专业经验,且同类产品或业务不存在重大未决风险事项。第二,资产支持计划管理人。资产支持计划管理人，是指为资产支持证券持有人之利益，对专项计划进行管理及履行其他法定及约定职责的证券公司、基金管理公司子公司；经中国证监会认可，期货公司、证券金融公司、中国证监会负责监管的其他公司以及商业银行、保险公司、信托公司等金融机构，可参照适用。资产支持计划的交易结构来看，主要包括发起人（原始权益人）、发行机构/计划管理人（保险资产管理公司）、特殊目的载体、服务机构、信用增级机构、信用评级机构、托管人、投资者等主要参与主体。

3. 公募基金管理人和资产支持证券管理人的协同。基金管理人和资产支持证券管理人的管理资产和专业人员可以合并计算。目前同时具有“券商/基金资管 + 公募基金”牌照的管理人将会成为后续推动基础设施 REITs 产品的主要牵头人。基金管理人应当对拟持有的基础设施项目进行全面的尽职调查，聘请符合规定的专业机构提供估值、审计等专业服务，与基础设施资产支持证券管理人协商确定基础设施资产支持证券设立、发行等相关事宜，确保基金注册、份额发售、投资运作与资产支持证券设立、发行之间有效衔接。公募基金充当买方机构的角色，基金管理人可以与资产支持证券管理人可以有股权等关联关系。两者可以联合开展尽职调查，必要时还可以聘请财务顾问开展尽职调查，但基金管理人与资产支持证券管理人依法应当承担的责任不因聘请财务顾问而免除。联合尽职调查避免了专项计划管理人与公募基金管理人重复尽调。公募基金有决定是否聘请财务顾问的选择权。按照《基础设施基金指引》第 6 条的规定，公募基金的托管人和资产支持证券的托管人应当是同一家银行。

4. 明确了保险资金参与基础设施基金的具体模式。保险资金参与基础设施基金的具体模式为：保险资金先直接投资于公募基金，公募基金通过资产支持专项计划，资产支持专项计划投资于项目公司股权，项目初始权益人将资产转让给基金管理人，公募基金通过公开市场发售引入广大投资者持有资产支持专项证券的份额间接持有基础设施项目公司全部股权。由于《证券投资基金法》《关于规范金融机构资产管理业务的指导意见》等法律法规作出了“公募基金不得投资于非上市公司股权”的投资范围限制，在对现行法律框架突破最小的情形下，并加快公募 REITs 的落地，证监会发布的《公开募集基础设施证券投资基金指引（试行）》（以下简称《公募 REITs 指引》）明确公募 REITs 试点项目采取“公募基金 + 资产支持证券”的产品架构。

上述 120 号文对“基础设施基金”的定义，与《基础设施基金指引》第 2 条中对“基础设施基金”的定义实质上保持了一致。《基础设施基金指引》第 2 条规定：“本指引所称基础设施基金，是指同时符合下列特征的基金产品：①80% 以上基金资产投资于基础设施资产支持证券，并持有其全部份额；基金通过基础设施资产支持证券持有基础设施项目公司全部股权；②基金通过资产支持证券和项目公司等载体（以下统称特殊目的载体）取得基础设施项目完全所有权或经营权利；③基金管理人主动运营管理基础设施项目,以获取基础设施项目租金、收费等稳定现金流为主要目的;④采取封闭式运作,收益分配比例不低于合并后基金年度可供分配金额的90%。”(如图7-4-1所示)

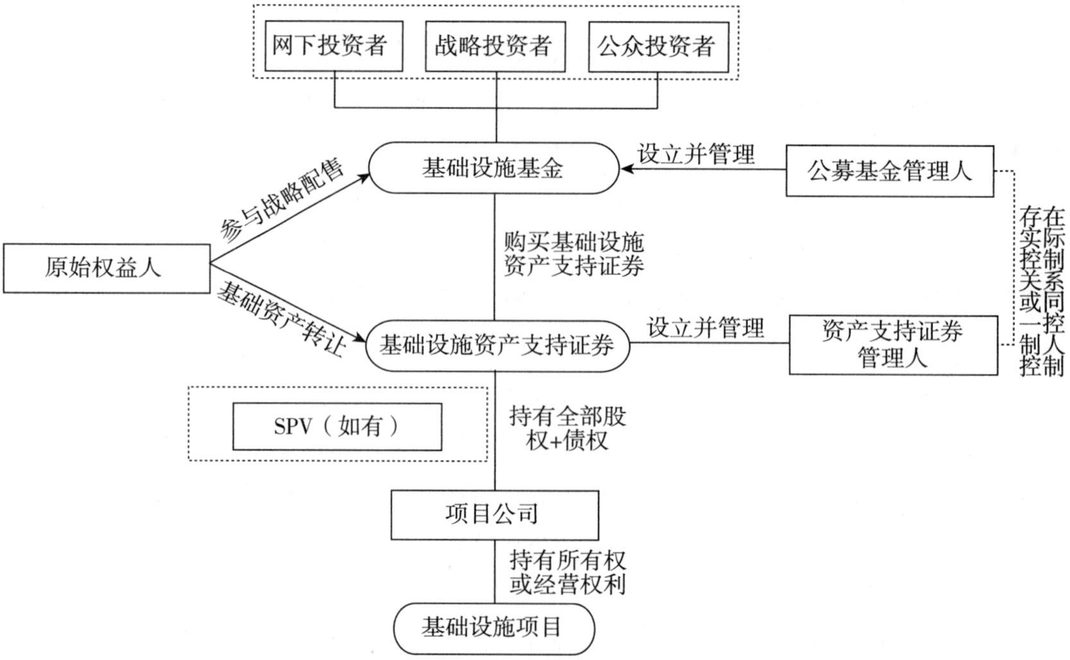

图7-4-1 保险资金参与投资的基础设施公募基金REITs交易架构

四、保险资金投资公募基础设施基金REITs的当事人(如表7-4-1所示)

表7-4-1 公募基础设施投资类公募REITs各当事人适用的法律法规对比

架构设置	管理人	法律法规
保险机构	保险公司、保险集团公司、保险资产管理公司	《保险法》《保险公司管理规定》《保金管理办法》
公募基础设施投资基金(公募REITs)	公募基金管理人、托管人	《证券法》、《证券投资基金法》、104号文、《基础设施基金指引》
基础设施资产支持专项计划	资产支持专项计划管理人、托管人	《证券公司及基金管理公司子公司资产证券化业务管理规定》、《证券公司及基金管理公司子公司资产证券化业务尽职调查工作指引》、各交易所资产证券化业务指引&基础设施类/政府和社会资本合作(PPP)项目资产支持证券挂牌条件确认指南&披露指南
私募基金(或有)	私募基金管理人、托管人	《证券投资基金法》《私募投资基金监督管理暂行办法》《私募投资基金管理人登记和基金备案办法(试行)》《私募基金管理人登记须知》《私募投资基金备案须知》
项目公司	不动产管理人/第三方管理机构	《市政公用事业特许经营管理办法》《基础设施和公用事业特许经营管理办法》

由于没有政策明文限制,根据在资产支持专项计划下面是否设立私募基金,可以分

为两种产品结构。

产品结构一:公募基金+资产支持专项计划+项目公司股权,见图7-4-2。

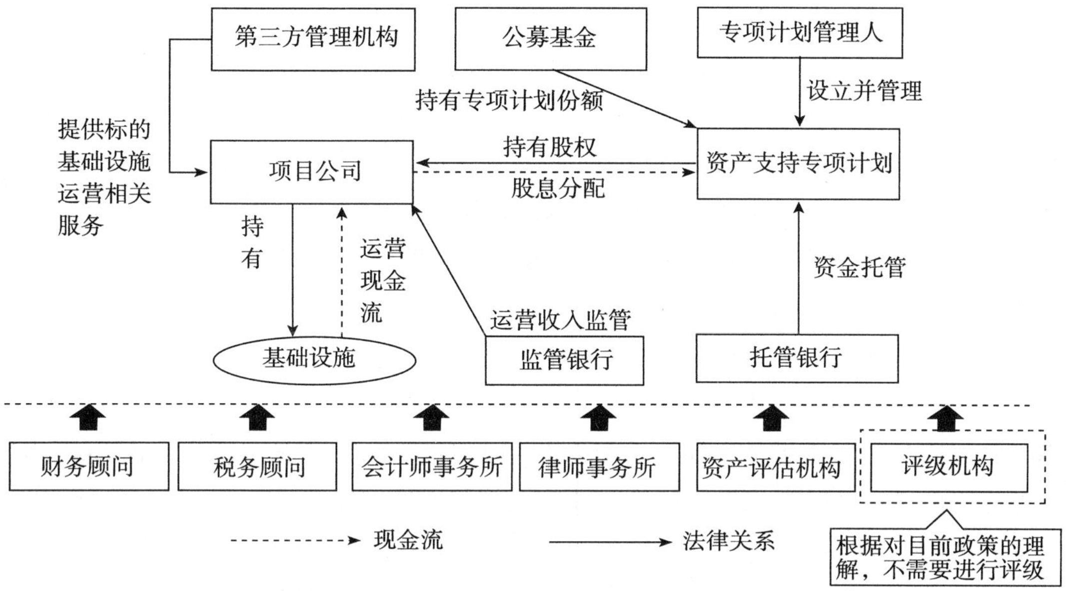

图7-4-2　公募基金+资产支持专项计划+项目公司股权产品结构

产品结构二:公募基金+资产支持专项计划+私募基金+项目公司股权,见图7-4-3。

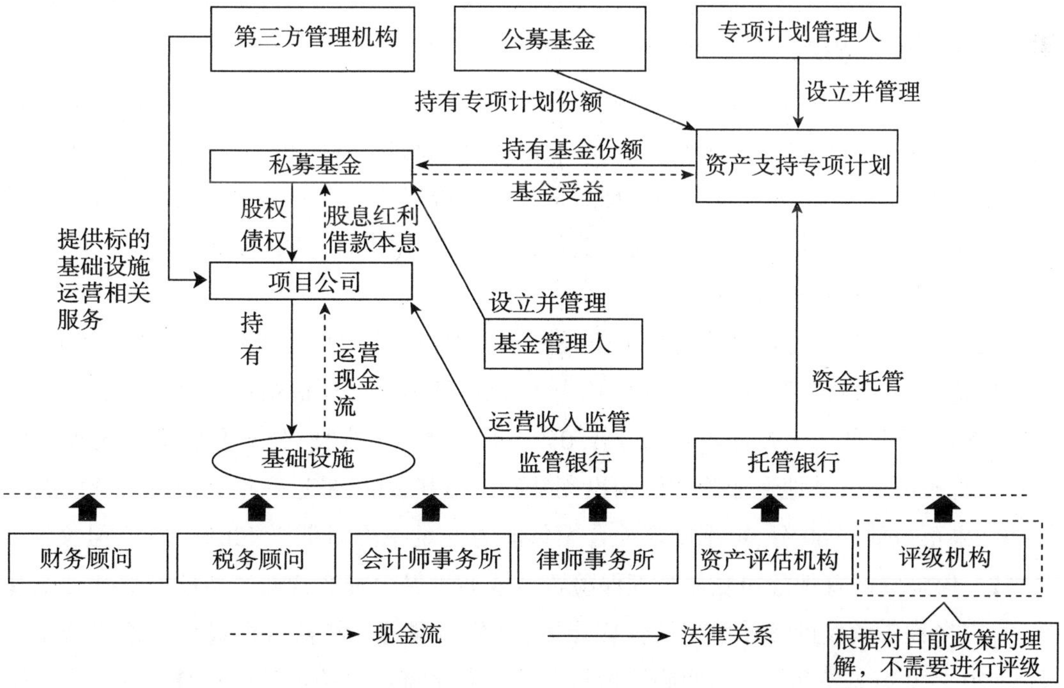

图7-4-3　公募基金+资产支持专项计划+私募基金+项目公司股权产品结构

五、保险机构的资质条件

(一)治理和投资决策要求

120号文第2条规定,保险集团(控股)公司、保险公司、保险资产管理公司(以下统称保险机构)开展基础设施基金投资业务的,应当公司治理完善,市场信誉良好,具备健全有效的内部控制体系和投资管理制度,经营审慎稳健。同时第6条规定,保险机构应当健全公司治理,完善投资基础设施基金的决策程序和授权机制,建立相对集中、分级管理、权责一致的投资决策和授权制度,明确相关决策机构的决策权限。这两条是针对拟参与保险机构提出了公司治理、投资决策方面的要求:

1. 有完善的公司治理、健全有效的内控体系和投资管理制度

保险集团(控股)公司、保险公司(以下合称保险公司)和保险资产管理公司要有完善的公司治理、健全有效的内控体系和投资管理制度。"公司治理监管"被视为银行保险监管工作的"牛鼻子"。2018年3月,原银监会和原保监会合并组建为银保监会,在编制非常紧张的情况下,银保监会专门成立公司治理监管部,统筹银行业和保险业公司治理监管,就充分体现了银保监会对公司治理监管工作的重视。2021年6月2日银保监会发布了《银行保险机构公司治理准则》(银保监发〔2021〕14号),全面系统地对保险机构治理主体以及相关机制设置进行了规范,不仅包括三会一层、独立董事的设置,还明确了信息披露、内部控制和风险管理等要求和机制。未来保险机构都应按照《银行保险机构公司治理准则》(银保监发〔2021〕14号)的要求完善公司治理。第一,要有完善的投资基础设施基金的决策程序和授权机制。保险公司和保险资产管理公司要完善投资基础设施基金的决策程序和授权机制,包括相应的决策机制的设立、相关制度的建设、明确的职责权限等。第二,加强投资主动管理。保险机构应当对投资的基础设施基金持有项目进行全面分析评估,并穿透纳入不动产资产投资比例,定期评估投资风险。

2. 具备不动产投资管理能力

120号文第3条规定,保险集团(控股)公司和保险公司自行投资基础设施基金的,应当具备不动产投资管理能力,最近一年资产负债管理能力评估结果不得低于80分,上季度末综合偿付能力充足率不得低于150%。保险集团(控股)公司和保险公司委托保险资产管理公司及其他专业管理机构投资基础设施基金的,最近一年资产负债管理能力评估结果不得低于60分,上季度末综合偿付能力充足率不得低于120%。120号文第4条规定,保险资产管理公司受托管理保险资金或通过保险资产管理产品投资基础设施基金的,应当具备债权投资计划产品管理能力,且公司最近一年监管评级结果不得低于C类。120号文第3条和第4条明确了拟投资公开募集基础设施证券投资基金的保险机构的资质要求,即在自行投资和委托投资的情形下,对于保险公司、保险资产管理公司分别

提出了不同的要求:

(1)保险公司。保险公司如自行投资的,要具备不动产投资管理能力,且最近一年资产负债管理能力评估结果不得低于80分,上季度末综合偿付能力充足率不得低于150%。(2)保险公司如委托保险资产管理公司及其他专业管理机构投资的,最近一年资产负债理能力评估结果不得低于60分,上季度末综合偿付能力充足率不得低于120%。据不完全统计,截至2021年第三季度末,至少有15家寿险机构综合偿付能力处于150%以下,分别包括百年人寿、复星联合健康、渤海人寿、长生人寿、前海人寿、瑞泰人寿、三峡人寿、昆仑健康、爱心人寿、中融人寿、北大方正人寿、上海人寿、富德生命人寿、恒大人寿、珠江人寿。另外,富德生命人寿、恒大人寿、珠江人寿综合偿付能力还小于120%。(3)保险资产管理公司。120号文发布实施后,具备不动产投资管理能力的保险公司、具备债权投资计划产品管理能力、且公司最近一年监管评级结果不得低于C类的保险资产管理公司,将有机会参与对基础设施基金的投资(注:保险资产管理公司目前尚未纳入保险公司偿付能力评级)。

(二)投资范围的限制

120号文第5条规定,保险资金投资的基础设施基金,基金管理人和资产支持证券管理人在注册资本、管理资产、专业人员、资产托管、风险隔离等方面,应当符合银保监会关于保险资金投资不动产相关金融产品的监管要求。其中,基金管理人和资产支持证券管理人的管理资产和专业人员可以合并计算。

120号文规定保险资金投资的基础设施基金,基金管理人和资产支持证券管理人应当符合银保监会关于保险资金投资不动产金融产品的监管规定。这些监管规定包括哪些呢?保险资金投资基础设施类不动产,应当适用《间接投资管理办法》(中国保险监督管理委员会令2016年第2号,2016年6月14日发布,2016年8月1日实施)及有关规定。投资非基础设施类不动产及相关金融产品,适用80号文的规定。同时保险资金投资资产支持计划等资产证券化产品应当遵守《资产支持计划业务管理暂行办法》(保监发〔2015〕85号)的规定。该资产支持计划是指保险资产管理公司等专业管理机构作为受托人设立支持计划,以基础资产产生的现金流为偿付支持,面向保险机构等合格投资者发行受益凭证的业务活动。保险资金间接投资基础设施项目,是指委托人将其保险资金委托给受托人,由受托人按委托人意愿以自己的名义设立投资计划,投资基础设施项目,为受益人利益或者特定目的,进行管理或者处分的行为。因此,该投资计划当然也应当适用《资产支持计划业务管理暂行办法》有关资产证券化计划的有关规定。如果保险机构委托公募基金管理人作为受托人,由该公募基金管理人按照保险机构的意愿以公募管理人的名义设立资产证券化投资计划投资基础设施项目还应当同时适用《间接投资管理办法》的规定;如果保险机构作为买方机构(战略投资者或者网下投资者角色)投资市场上已经公开发行的公募 REITs,不属于《间接投资管理办法》所规范的投资计划,故可不适用《间接投资管理办法》。由于 120 号文规范的保险机构投资公募 REITs 的底层资产为基础设施项目,因此不适用仅规范非基础设施类不动产及相关金融产品的 80 号文的规定。

(三)适用不动产投资监管比例要求

保险资金投资公募基础设施 REITs 虽然属于权益类投资,但是却按照不动产类投资计算监管比例要求。120 号文第 7 条规定,保险集团(控股)公司和保险公司投资的基础设施基金及投资于基础设施基金比例不低于 80% 的资产管理产品,应当纳入不动产类资产投资比例管理。基于保险资金审慎和稳健的投资原则,监管对于保险资金的投资历来实行穿透式监管。保险资金投资基础设施基金,穿透到底层,投资的是基础设施类不动产,因此,120 号文第 7 条明确规定保险资金投资基础设施基金及主要投资于基础设施基金的资管产品(投资比例不低于 80%),纳入不动产类资产的投资比例管理。2014 年 1 月 23 日,保监会出台了《关于加强和改进保险资金运用比例监管的通知》(保监发〔2014〕13 号)(以下简称《资金监管比例通知》),将保险资金可投资资产分为了流动性资产、固定收益类资产、权益类资产、不动产类资产和其他金融资产等五个大类资产,并针对五大类资产明确了监管比例,包括大类资产监管比例、风险集中度比例,其中规定:(1)保险公司投资不动产类资产的账面余额(不包括购置自用性不动产的账面余额),合计不高于本公司上季度末总资产的 30%。(2)保险公司购置自用性不动产的账面余额,不高于本公司上季度末净资产的 50%。(3)保险公司投资单一不动产类资产的账面余额,不高于本公司上季度末总资产的 5%。其中单一不动产类资产投资是指投资不动产类资产中的单一具体投资品种,如果投资品种分期发行,投资单一资产的账面余额为各分期投资余额合计。

六、投资管理要求前和投资后的风险管理要求

(一)投资前的风险管理要求

120 号文第 8 条规定,保险机构投资基础设施基金前,应当对基础设施基金持有项目的经营管理、财务、现金流、法律权属等情况进行分析评估,形成分析评估报告。120 号文第 9 条规定,保险机构应当加强投资基础设施基金的风险管理,按照上市权益类资产投资管理要求,建立健全内部控制制度和风险管理制度,防范内幕交易、利用未公开信息交易、利益冲突和利益输送。120 号文第 8 条和第 9 条明确了保险机构投资基础设施基金前的风险管理要求:一是明确投资前应对基金持有项目从经营管理、财务、现金流、法律权属等方面进行分析评估并形成评估报告。基于前述要求,在未来的投资实务中,

保险机构可能根据实际需求聘请专业的第三方机构就投资标的进行前期的财务、法律尽调等，进而形成完整的评估报告。二是要求针对基础设施基金要按照上市权益类资产投资管理要求，建立健全对应的内控和风险管理制度。根据《资金监管比例通知》第 1 条及附件《大类资产可投资品种》第 3 条的规定，权益类资产包括上市权益类资产和未上市权益类资产。其中上市权益类资产是指在证券交易所或符合国家法律法规规定的金融资产交易场所（统称交易所）公开上市交易的、代表企业股权或者其他剩余收益权的权属证明，以及主要价值依赖于上述资产价值变动的资产。境内上市权益类资产品种主要包括股票、股票型基金、混合型基金、权益类保险资产管理产品，境外上市权益类资产品种主要包括普通股、优先股、全球存托凭证、美国存托凭证和权益类证券投资基金，以及其他经中国银保监会认定属于此类的工具或产品。2015 年 12 月 7 日，保监会印发了《中国保监会关于印发〈保险资金运用内部控制指引〉及应用指引的通知》（保监发〔2015〕114 号），其附件 4 为《保险资金运用内部控制应用指引第 3 号——股票及股票型基金》，其中就保险资金投资股票及股票型基金，从总则、内部的岗位设置和职责分工、授权批准、投资研究与决策控制、投资执行控制、投资后管理等方面做了全面的规定。基于上述内容，保险公司投资基础设施基金，应当参照前述《保险资金运用内部控制应用指引第 3 号——股票及股票型基金》做好相应的内控和风险管控。

（二）投资后的风险管理要求

120 号文第 10 条规定，保险机构应当审慎评估投资基础设施基金可能出现的重大风险，制定相应风险处置预案。基金净资产发生 10% 及以上损失，基础设施项目运营、项目现金流或产生现金流能力发生重大变化的，保险机构应当及时向银保监会报告。第 11 条规定，保险集团（控股）公司和保险公司应当将保险资金投资基础设施基金情况纳入季度资金运用情况报告，保险资产管理公司应当将组合类保险资产管理产品投资基础设施基金情况纳入年度产品业务管理报告，报告内容包括相关投资情况、项目运营情况、风险管理情况等。120 号文第 10 条和第 11 条明确了保险机构投资基础设施基金后的风险管控：第一，如投资后，出现下列情形的，保险机构需及时向银保监会报告：基金净资产发生 10% 及以上损失，基础设施项目运营、项目现金流或产生现金流能力发生重大变化的。第二，保险集团（控股）公司和保险公司应当将保险资金投资基础设施基金情况纳入季度资金运用情况报告，保险资产管理公司应当将组合类保险资产管理产品投资基础设施基金情况纳入年度产品业务管理报告，报告内容包括相关投资情况、项目运营情况、风险管理情况等。

第五节　保险资金参与长租市场投资

一、长租市场投资法规规范文件整理

1.《关于保险资金参与长租市场有关事项的通知》(银保监发〔2018〕26 号,2018 年 6 月 1 日发布)

2.《关于印发〈保险资金投资不动产暂行办法〉的通知》(保监发〔2010〕80 号,2010 年 9 月 5 日发布,2010 年 9 月 5 日实施)

3. 证监会与住房城乡建设部联合发布《关于推进住房租赁资产证券化相关工作的通知》(证监发〔2018〕30 号,2018 年 4 月 25 日发布,2018 年 4 月 25 日实施)

二、保险资金参与长租市场的方式

保险资金参与长租市场的方式有两种:

1. 保险公司通过直接投资;

2. 保险资产管理机构通过发起设立债权投资计划、股权投资计划、资产支持计划、保险私募基金参与长租市场。

三、保险资金投资长期租赁住房项目应当满足的条件

保险资金投资长期租赁住房项目应当满足以下条件:

1. 具有良好的经济和社会效益,具备稳定的当期或预期现金流。

2. 处于北京、上海、雄安新区以及人口净流入的大中试点城市。土地性质为集体建设用地的,应处于集体建设用地建设租赁住房试点城市。

3. 产权清晰,无权属争议及受限情形。

4. 土地出让合同或土地使用权证载明土地及地上建筑物仅用于租赁住房,不得转让。

5. 履行了立项、规划、建设、竣工验收及运营管理等阶段所必需的审批程序,或者履行了项目建设阶段所必需的审批程序。

四、保险资产管理机构投资长期租赁住房项目应当满足的条件

保险资产管理机构发起设立投资于长期租赁住房项目的债权投资计划、股权投资计划等保险资产管理产品及保险私募基金,应符合以下条件:

1. 采用债权投资计划方式的，融资主体自有现金流占其全部应还债务本息的比例为100%（含）以上；

2. 采用股权投资计划及保险私募基金方式的，拟投项目公司的核心资产为租赁住房项目，项目公司股权不得为第三方提供质押，并设置有效的退出机制。

五、保险资金投资长租市场风控措施

1. 保险机构投资长期租赁住房项目，应当要求融资主体与项目主体加强项目建设阶段管理，按照工程进度划拨资金，并与融资主体、项目主体、托管银行签订多方账户监管合同或协议，明确各方实行资金专户管理，督促开户银行和托管银行实行资金进出的全程监控，严格审查资金支付及对价取得等事项，确保资金封闭运行，专项用于所投资的租赁住房项目建设或改造升级，不得挪作他用。

2. 保险公司应当遵循审慎稳健和安全性原则，综合考虑自身资产负债状况、偿付能力状况和流动性要求，制定长期租赁住房项目的投资预算，并纳入年度资产配置计划。

3. 保险机构应当建立相应的专属岗位，负责投资期内各个长租住房项目的投后管理，并建立全程管理制度，在负债控制、款项支付、工程进展、租金回款、资产抵押等方面采取有效的风控措施，控制投资风险。

Chapter 8
第八章

保险资金运用——大类资产配置业务法律合规及风险控制

第一节　信托计划投资合规与风险控制

一、信托计划投资适用规范文件梳理

1.《关于保险资金投资集合资金信托计划有关事项的通知》[保监发〔2014〕38号,本篇法规被银保监会办公厅《关于保险资金投资集合资金信托有关事项的通知》(银保监办发〔2019〕144号,以下简称144号文,2019年6月19日发布,2019年6月19日实施)废止]

2.《关于保险资金投资集合资金信托有关事项的通知》(银保监办发〔2019〕144号,2019年6月19日发布,2019年6月19日实施)

3. 中国银监会办公厅《关于加强信托公司房地产信托业务监管有关问题的通知》(银监办发〔2010〕54号,2010年2月11日发布,2010年2月11日实施)

4. 中国银监会《关于支持信托公司创新发展有关问题的通知》(银监发〔2009〕25号,2013年4月9日发布,2013年4月9日实施)

5. 国务院《关于调整和完善固定资产投资项目资本金制度的通知》(国发〔2015〕51号,2015年9月9日发布,2015年9月9日实施)

6. 中国银监会《关于加强2013年地方政府融资平台贷款风险监管的指导意见》(银监发〔2013〕10号,2013年4月9日发布,2013年4月9日实施)

二、信托公司资格要求(见表8－1－1)

表8－1－1　信托公司资格要求

序号	条文	解读*
1	具有完善的公司治理、良好的市场信誉和稳定的投资业绩，上年年末经审计的净资产不低于30亿元人民币	
2	近1年公司及高级管理人员未发生重大刑事案件，未受监管机构重大行政处罚	1. 什么是“重大刑事案件”？对“重大刑事案件”是否有具体的标准？目前，监管政策未明确，监管机构也未作明确解释。实践中，保险机构对近期发生刑事案件的信托公司基本上不予以合作。 2. 什么是“监管机构”？例如，工商、税务、城建等是否属于监管机构？从实务情况来看，通常将“监管机构”理解为“金融监管机构”，包括银保监会、证监会、人民银行以及外汇管理局等。 3. 什么是“重大”行政处罚？“重大”的判断标准，可以参考《中国银监会行政处罚办法》(中国银监会令2015年第8号)的规定。从该规定来看，罚款达到以下标准的，属于“重大行政处罚”：机构罚款，银监会500万元以上，银监局100万元以上，银监分局50万元以上；个人罚款，银监会50万元以上，银监局30万元以上，银监分局10万元以上。另外，在罚款金额的计算上，如果监管机构在一年内对一家信托公司进行了多次处罚，是累加计算还是单独计算罚款金额？对此，从监管规定与实务情况来看，系以每个书面处罚决定书记载的金额来认定是否构成“重大”。自2017年以来，银行业监管机构对信托公司的监管力度日益加大，信托公司接二连三接到银行业监管机构的各类罚单，导致险资想在市场上找一家近3年未受过任何行政处罚的信托公司非常困难。此次放开后，具备合作资质的信托公司的数量将大大增加

＊参见黄再再：《新规下保险资金投资信托要点解析》，载微信公众号“天元律师”2019年8月30日。

三、基础资产要求(见表8－1－2)

表8－1－2　投资范围监管要求

序号	标题	条文	解读*
1	投资范围要求	保险资金投资的集合资金信托，基础资产限于非标准化债权资产、非上市权益类资产以及银保监会认可的其他资产，投资方向应当符合国家宏观政策、产业政策和监管政策	此次新规将保险资金投资的集合资金信托基础资产范围的相关表述进行了调整，将基础资产限于非标准化债权资产、非上市权益类资产以及银保监会认可的其他资产，采用与资管新规一致的概念。原来91号文和38号文将基础资产限于“融资类资产”和“风险可控的非上市权益类资产”。从理论上来讲，“融资类资产”是指在法律关系上形成债权债务关系的资产，包括非标债和债券等。另外，就“风险可控的非上市权益类资产”而言，其中，“非上市权益类资产”一般就是指未上市企业股权，但是，又要求“风险可控”。在2017年之前，一般将此理解为明股实债。在2017年下半年之后，保险监管机构对保险资金投资明股实债作出了限制，因此，实务中这个概念存在一定的争议。在144号文中，规定基础资产包括“非标准化债权资产”和“非上市权益类资产”。与91号文和38号文相比较，作出了一定的调整。与资管新规的逻辑基本一致，同时，就“非上市权益类资产”删除了“风险可控”的要求，这也有利于解决之前存在的争议问题

续表

序号	标题	条文	解读
2	融资主体承诺	保险资金不得投资基础资产属于国家及监管部门明令禁止的行业或产业的资金信托,融资主体须承诺资金不用于国家及监管部门明令禁止的行业或产业	融资主体承诺新规要求融资主体须承诺资金不用于国家及监管部门明令禁止的行业或产业。由此,在信托相关法律文件中,必须由融资主体作出上述承诺。就保险机构而言,需要在投资前核查是否取得了融资主体的上述承诺;就信托公司而言,除了取得融资主体的上述承诺之外,还需要就融资主体的资金使用情况履行监管责任
3	信用评级要求	对于基础资产为非标准化债权资产的集合资金信托,应进行外部信用评级,且信用等级不得低于符合条件的国内信用评级机构评定的AA级或者相当于AA级的信用级别	评级要求比之前有所提高,此前2014年38号文要求评级不得低于A级。业内人士认为,现在对非标债券的集合信托评级AA级,该要求不难满足
4	信用增级安排	对于基础资产为非标准化债权资产的集合资金信托,应当确定有效的信用增级安排,并符合下列要求: (1)信用增级方式与融资主体还款来源相互独立。 (2)信用增级采用以下方式或其组合: ①设置保证担保的,应当为本息全额无条件不可撤销连带责任保证担保,担保人信用等级不低于被担保人信用等级,担保行为履行全部合法程序,且同一担保人全部对外担保金额占其净资产的比例不超过50%。由融资主体母公司或实际控制人提供担保的,担保人净资产不得低于融资主体净资产的1.5倍。②设置抵押或质押担保的,担保财产应当权属清晰,质押担保办理出质登记,抵押担保办理抵押物登记,经评估的担保财产价值不低于待偿还本息。③银保监会认可的其他合法有效的信用增级方式	新增强制担保要求。旧法对非标债权无监管要求。 1.差补、回购、结构化是否可以作为增信措施 91号文就保险资金投资金融产品提出的要求之一是"信用增级安排确凿",并且,在91号文第18条中规定:"信用增级安排,其中保证担保的,应当为本息全额无条件不可撤销连带责任保证担保,且担保人信用等级不低于被担保人信用等级;抵押或质押担保的,担保财产应当权属清晰,未被设定其他担保或者采取保全措施,经评估的担保财产价值不低于待偿还本息,且担保行为已经履行必要法律程序"。从实务情况来看,如果采用保证、抵押或质押担保作为增信措施的,需要符合第18条的规定。除了保证、抵押或质押担保之外,其他的方式作为信用增级方式的,如果系合法、有效的方式,也可以作为信用增级安排来看待。由此,也就意味着差补、回购、结构化作为信用增级安排的,也可以达到信用增级安排确凿的要求。 但是,此次144号文对信用增级安排作出明确的规定,仅包括了符合要求的保证担保、抵押或质押担保。虽然144号文有兜底性的规定,即银保监会认可的其他合法有效的信用增级方式,但是,目前除了明确规定的信用增级方式外,银保监会尚未认可其他信用增级方式,这意味着差补、回购、结构化目前作为信用增级方式是不合格的。 2.融资主体还款来源相互独立 根据144号文的规定,要求信用增级方式与融资主体还款来源相互独立。如果融资主体是子公司,担保人是其母公司。那么,从该规定来看,还款来源需要来源于标的项目现金流、子公司的现金流,且需要覆盖还本付息的需求,不能以母公司的资金支持作为还款来源。 3.高速公路收费权质押 就质押担保,144号文没有要求必须是第一顺位的质押,由此,在高速公路收费权质押的情况下,保险机构可以自行评估风险,第二顺位质押也具有操作空间。 4.对外担保比例计算 根据144号文的规定,在保证担保的情况下,同一担保人全部对外担保金额占其净资产的比例不超过50%。 就此项比例,可以参考债权投资计划,采用以下核算口径: (1)若使用担保人母公司本级财务数据,则计算方式为:(母公司对子公司担保金额+母公司对非子公司担保金额)/母公司本级所有者权益; (2)若使用担保人合并报表财务数据,则计算方式为:(母公司对非子公司担保金额+子公司对非子公司担保金额)/归属于母公司所有者权益。担保人子公司中有担保公司的,可根据担保子公司具体情况,分别在分子、分母中合理剔除担保子公司对外担保金额及担保子公司所有者权益

续表

序号	标题	条文	解读
5	不得提供担保	不得由金融机构提供任何直接或间接、显性或隐性的担保、回购等代为承担风险的承诺	新增不得担保的规定,旧法对非标债权无监管要求
6	豁免信用增级条件	融资主体信用等级为AAA级,且符合下列条件之一的,可免于信用增级:(1)上年末净资产不低于150亿元;(2)最近3年连续盈利;(3)融资主体募投项目为经国务院或国务院投资主管部门核准的重大工程	新增豁免信用增级的条件,此次明确了豁免增信的条件。旧法对非标债权无监管要求。其中,值得注意的是,就第三个条件中的"国务院投资主管部门",目前只承认国家发改委,诸如交通部等行业主管部门不在此范畴之内

*参见黄再再:《新规下保险资金投资信托要点解析》,载微信公众号"天元律师"2019年8月30日。

四、保险资金投资信托业务负面清单(见表8-1-3)

表8-1-3　保险资金投资信托业务负面清单

序号	标题	条文	解读*
1	信托公司不得为保险资金提供通道服务和主动让渡管理责任	保险资金投资集合资金信托,应当在信托合同中明确约定权责义务,禁止将资金信托作为通道。资金信托应当由受托人自主管理,并承担产品设计、项目筛选、尽职调查、投资决策、实施及后续管理等主动管理责任。信托公司管理资金信托聘请第三方提供投资顾问服务的,应遵守银保监会的有关规定,不得将主动管理责任让渡给投资顾问等第三方机构,不得为保险资金提供通道服务(144号文第8条)	新规要求禁止通道行为,确保是主动管理的集合资金信托,不能是简单构造一个假集合资金信托。信托公司给保险资管做通道投非标,此前有被处罚的案例。具体要求:资金信托应当由受托人自主管理,并承担产品设计、项目筛选、尽职调查、投资决策、实施及后续管理等主动管理责任。 如何落实"产品设计、项目筛选、尽职调查、投资决策、实施及后续管理"呢?(1)在信托登记文件中,项目管理方式应当是"主动管理"。(2)信托文件包含信托公司自主管理的承诺。建议在信托合同或者信托说明书中,明确地将这23个字原文写上。(3)信托合同不存在事务管理特征条款。事务管理特征条款通常包括:(1)信托设立之前的尽职调查由委托人或其指定第三方自行负责。(2)委托人自主决定信托的设立、信托财产的运用、信托财产的管理和处分等事项,例如,在交易对手选择、信托财产运用、信托财产管理和处分等方面由委托人"指定"、"指令"或"授权"等。(3)所有后续管理事项均由受益人大会决策后再由受托人执行。但是,受益人大会可以就可能导致实质风险的重大事项行使决定权,包括降低放款条件、减轻交易对手责任、变更担保、启动担保、决定是否提前到期等。(4)受托人仅承担账户管理、收益计提及分配等有限的事务性管理职责。(5)信托期限届满时原状分配。但是,可以在合理的情况下由受益人大会决定处置方案

续表

序号	标题	条文	解读
2	禁止单一信托和投资劣后	保险资金不得投资单一资金信托,不得投资结构化集合资金信托的劣后级受益权(144号文第9条)	并未禁止投资劣后级,要求在投资后15天内报告。就保险资金投资信托的比例问题,除AAA级信托外,目前需要遵循两个原则:即一个主体投资不能超过实收信托规模的50%,一个集团下面的保险集团(控股)公司、保险公司及其关联方投资合计不能超过实收信托规模的80%
3	限制单一集中度	除信用等级为AAA级的集合资金信托外,保险集团(控股)公司或保险公司投资同一集合资金信托的投资金额,不得高于该产品实收信托规模的50%,保险集团(控股)公司、保险公司及其关联方投资同一集合资金信托的投资金额,合计不得高于该产品实收信托规模的80%(144号文第10条)	新法新增单一集中度的要求,此前只是要求投资集合信托,但往往保险资金投资一个结合资金信托计划的占比过高,容易形成假主动管理真通道
4	穿透审核监管原则	对于基础资产为非上市权益类资产的集合资金信托,相关基础资产应当符合保险资金投资股权或不动产的监管规定(144号文第7条)	
5	关联交易合规	保险资金投资集合资金信托,不得发生涉及利益输送、利益转移等不当交易行为,不得通过关联交易或者其他方式侵害公司或者被保险人利益。涉及关联交易的,应当符合合规、诚信和公允的原则,不得偏离市场独立第三方的价格或者交易条件,应当建立健全内部审批机制和评估机制,并按照有关规定及时进行信息披露(144号文第11条)	
6	法律审核意见	保险机构投资集合资金信托,应当加强法律风险管理,由专业律师就投资行为、信托目的合法合规性以及投资者权益保护等内容出具相关意见(144号文第12条)	

* 黄再再:《新规下保险资金投资信托要点解析》,载微信公众号“天元律师”2019年8月30日。

五、投资项目投资报告义务(见表8-1-4)

表8-1-4　投资项目投资报告义务

序号	标题	条文
1	对套嵌有限制	保险机构投资集合资金信托,存在以下情形之一的,应当于投资后15个工作日内向银保监会报告:(1)未直接投向具体基础资产,存在一层嵌套的
2	不动产项目所在地域和融资主体信用等级要求	(2)基础资产涉及的不动产等项目不在直辖市、省会城市、计划单列市等具有明显区位优势的地域,且融资主体或者担保主体信用等级低于AAA级
3	融资主体信用等级	(3)基础资产所属融资主体为县级政府融资平台,且融资主体或者担保主体信用等级低于AAA级

续表

序号	标题	条文
4	关联关系	(4)信托公司或基础资产所属融资主体与保险机构存在关联关系
5	其他情形	(5)银保监会认定的其他情形
6	信息披露要求	银保监会审核有关报告,认为报告信息披露不完整、外部信用评级风险揭示不充分、不能客观反映投资资产风险的,可以要求保险机构作出相应调整(144 号文第 15 条)

六、法律关系与交易主体

在典型模式,集合资金信托包含五层法律关系,六个交易主体。这五层法律关系分别为,一是由委托人、受托人和受益人组成的信托法律关系;二是由受托人和托管人组成的资金托管法律关系;三是监管银行与借款人及/或贷款人间的资金监管法律关系;四是由贷款人和借款人组成的借款法律关系;五是贷款人和担保人之间的担保法律关系。在这些众多的法律关系中涉及较多的交易主体,分别为:委托人(含委托人的代理人)、受托人、受益人、托管人、监管银行、贷款人、借款人和担保人。在实际项目运作中,委托人和受益人一般为同一人,即保险公司;受托人在募集信托贷款后会发放信托贷款,因而受托人和贷款人是同一人。因此,在实务中保险资金投资集合资金信托计划的主体一般有6个,即作为委托人和受益人的保险机构、作为受托人和贷款人的信托公司、作为托管人的银行、作为监督人的监管银行、作为借款人的项目公司,以及担保人。(见图 8-1-1)

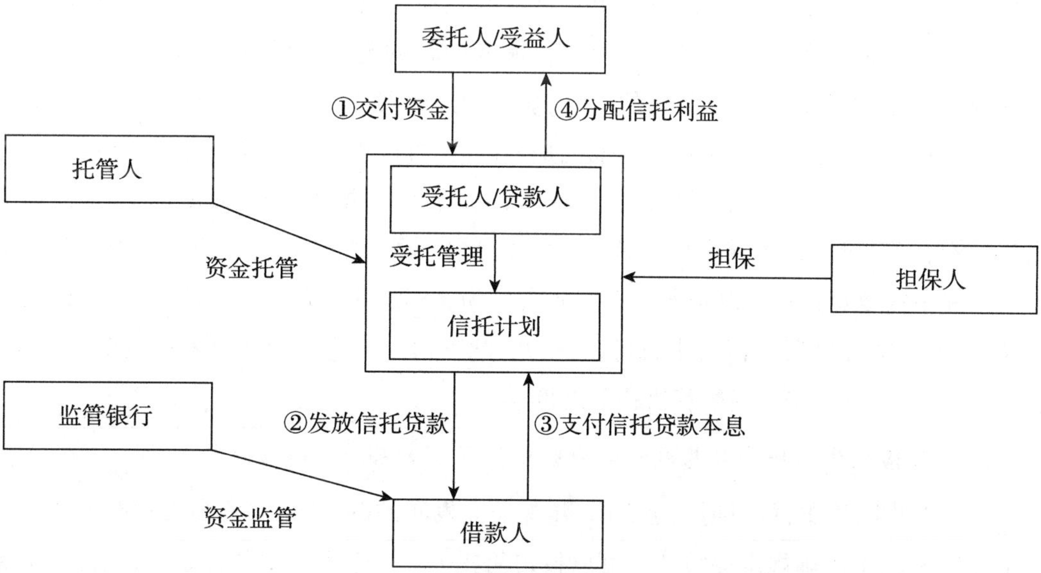

图 8-1-1 典型模式的集合资金信托交易结构

七、保险资金投资信托产品的穿透核查

(一)保险资金投资信托产品的穿透核查原则

1. 穿透向上识别信托产品最终投资者,不得突破合格投资者各项规定。

2. 穿透向下识别产品底层资产,资金最终投向应符合银、证、保各类监管规定和合同约定,将相关信息向投资者充分披露。144 号文规定,对于基础资产为非上市权益类资产的集合资金信托,相关基础资产应当符合保险资金投资股权或不动产的监管规定。这是个很重大的变化点,即在基础资产为非上市权益类资产的情况下需要穿透看底层资产。

(二)特殊问题的法律合规风险检查

1. 可否通过发放信托贷款投资商业住宅地产?根据 80 号文的规定,保险资金不得投资开发或者销售商业住宅。但是,如果投资信托,向商业住宅项目提供信托贷款是否可以?从监管机构的口径来看,无论是债权还是权益投资,保险资金都不能投资商业住宅。那么,什么是商业住宅呢?国家发改委在《关于企业债券审核落实房地产调控政策的意见》中,将"保障性住房""棚户区改造""安置性住房项目"列为与商业住宅相对的概念。在《国家新型城镇化规划(2014 ~ 2020 年)》中规定,城镇保障性住房包括公租房(含廉租房)、政策性商品住房和棚户区改造安置住房等。由此来看,商业住宅系与保障性住房相对的概念,商业住宅具有两个主要特点:一是土地是出让取得的,二是可以对外公开销售和转让。就棚改安置房,如果放到棚改项目的范围内做,可以作为棚改项目的一部分来看待,以棚改项目作为标的项目;如果专门建安置房用于安置棚改拆迁居民,安置房没有对外公开销售,土地获得方式也是划拨的,可以不作为商业住宅来看待。①

2. 向不动产项目发放信托贷款,是否可以免增信?根据 80 号文的规定,保险公司投资不动产,不得提供无担保债权融资。而根据 144 号文,在基础资产为非上市权益类资产的情况下需要穿透看底层资产。在基础资产为非标准化债权资产的情况下,应该只需要符合 91 号文、144 号文的规定就可以,由此,此种情况下适用免增信不违反监管规定。就此,后续需要进一步关注监管机构的态度。②

(三)保险投资信托产品基础资产为股权投资或者房地产的核查要点

保信合作的历史,可以追溯至 2012 年保监会发布的《关于保险资金投资有关金融产品的通知》,其中明确规定保险公司可以投资信托公司集合资金信托计划,从此打开了保

---

① 参见黄再再:《新规下保险资金投资信托要点解析》,载微信公众号"天元律师"2019 年 8 月 30 日。

② 参见黄再再:《新规下保险资金投资信托要点解析》,载微信公众号"天元律师"2019 年 8 月 30 日。

险和信托的合作局面。2014 年,保监会进一步规范保险资金投资信托计划,发布了《关于保险资金投资集合资金信托计划有关事项的通知》,对于保险资金投资信托计划的基础资产、“三不得”、产品信用登记等做了明确的要求,推动了保险资金与信托的全面合作。根据中保登和保险资管协会披露的数据显示,2012 年信保合作起步时,只有 6 家保险公司投资信托计划,当年投资规模为 294 亿元,占集合资金信托计划总规模的1. 56% ;到 2018 年年底时,共 152 家保险公司投资信托计划,年度投资规模达 1. 26 万亿元,占集合资金信托计划总规模的 9. 1% ,在保险机构可投的各类金融产品中占比最高,保险资金已经成为集合资金信托计划的重要资金来源。保险公司可以通过投资信托公司发行的集合信托投资计划间接投资不动产和股权。保险资金投资集合资金信托计划交易结构见图 8 –1 –2。

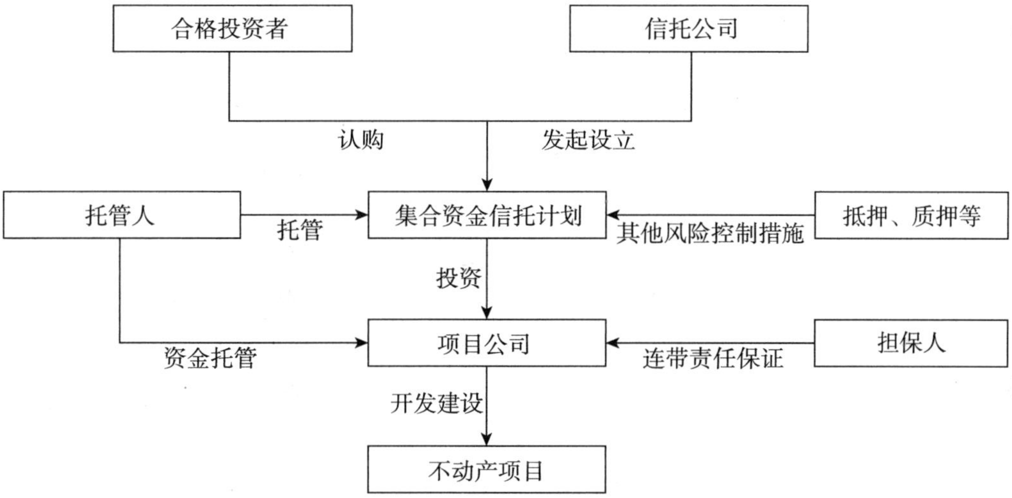

图 8 –1 –2　保险资金投资集合资金信托计划交易结构

1. 穿透审查原则。根据相应的规范性文件要求,保险资金在投资信托产品时,要遵循穿透核查要求,即向上穿透识别信托产品最终投资者,不得突破合格投资者各项规定;向下穿透识别产品底层资产,资金最终投向应符合银、证、保各类监管规定和合同约定,将相关信息向投资者充分披露。

2. 信托公司发放贷款的房地产开发项目必须满足“四证”齐全(“四证”:国有土地使用证、建设用地规划许可证、建设工程规划许可证、建筑工程施工许可证)。

3. 项目资本金比例达到国家最低要求(房地产开发项目:保障性住房和普通商品住房项目维持 20% 不变,其他项目由 30% 调整为 25%)。

4. 开发商或其控股股东具备二级资质。

5. 信托公司以结构化方式设计房地产集合资金信托计划的,其优先和劣后受益权配比比例不得高于 3 :1。

6. 信托公司不得以信托资金发放土地储备贷款。土地储备贷款是指向借款人发放的用于土地收购及土地前期开发、整理的贷款。

注意:各行业固定资产投资项目的最低资本金比例:(1)城市和交通基础设施项目:城市轨道交通项目由25%调整为20%,港口、沿海及内河航运、机场项目由30%调整为25%,铁路、公路项目由25%调整为20%。(2)产能过剩行业项目:钢铁、电解铝项目维持40%不变,水泥项目维持35%不变,煤炭、电石、铁合金、烧碱、焦炭、黄磷、多晶硅项目维持30%不变。(3)其他工业项目:玉米深加工项目由30%调整为20%,化肥(钾肥除外)项目维持25%不变。电力等其他项目维持20%不变。

(四)保险投资信托产品涉地方政府融资平台核查要点

1. 地方政府融资平台是指由地方政府出资设立并承担连带还款责任的机关、事业、企业三类法人。

2. 政府融资平台实行"名单制"管理。

3. 符合条件的省级融资平台、保障性住房和国家重点在建续建项目的合理融资需求。

4. 融资平台新发放贷款必须满足6个前提条件:

①现金流全覆盖;

②抵押担保符合现行规定,不存在地方政府及所属事业单位、社会团体直接或间接担保,且存量贷款已在抵押担保、贷款期限、还款方式等方面整改合格;

③融资平台存量贷款中需要财政偿还的部分已纳入地方财政预算管理,并已落实预算资金来源;

④借款人为本地融资平台;

⑤资产负债率低于80%;

⑥符合《关于制止地方政府违法违规融资行为的通知》(财预〔2012〕463号)文件有关要求。

5. 地方政府融资平台(仍按平台管理类),新发放贷款的投向主要为5个方面:

①符合《公路法》的收费公路项目;

②国务院审批或核准通过且资本金到位的重大项目;

③符合《关于加强土地储备与融资管理的通知》(国土资发〔2012〕162号)要求,已列入自然资源部名录的土地储备机构的土地储备贷款;

④保障性安居工程建设项目;

⑤工程进度达到60%以上,且现金流测算达到全覆盖的在建项目。

第二节 债券投资风险控制与合规要点

一、债券投资法规规范文件梳理

1.《关于印发〈保险资金投资债券暂行办法〉的通知》(保监发〔2012〕58 号,2012 年 7 月 16 日发布,2012 年 7 月 16 日实施)

2.《关于加强保险资金投资债券使用外部信用评级监管的通知》(保监发〔2013〕61 号,2013 年 7 月 31 日发布,2013 年 7 月 31 日实施)

二、保险资金投资债券的种类

债券,是指依法在中国境内发行的人民币债券和外币债券,包括政府债券、准政府债券、企业(公司)债券及符合规定的其他债券。保险资金投资政府债权和企业债券合规指标,见表 8-2-1。

表 8-2-1 保险资金投资政府债权和企业债券合规指标

债券种类	合规指标
政府债券	是指省(自治区、直辖市、计划单列市)以上政府财政部门或其代理机构,依法在境内发行的,以政府信用为基础并由财政支持的债券,包括中央政府债券和省级政府债券。 中央银行票据、财政部代理省级政府发行并代办兑付的债券,比照中央政府债券的投资规定执行
准政府债券	是指经国务院或国务院有关部门批准,由特定机构发行的,信用水平与中央政府债券相当的债券。 以国家预算管理的中央政府性基金,作为还款来源或提供信用支持的债券,纳入准政府债券管理。政策性银行发行的金融债券和次级债券、国务院批准特定机构发行的特别机构债券,比照准政府债券的投资规定执行
企业(公司)债券	是指由企业(公司)依法合规发行,且不具备政府信用的债券,包括金融企业(公司)债券和非金融企业(公司)债券。 ①金融企业(公司)债券包括商业银行可转换债券、混合资本债券、次级债券以及金融债券,证券公司债券,保险公司可转换债券、混合资本债券、次级定期债券和公司债券,国际开发机构人民币债券以及银保监会规定的投资品种。 ②非金融企业(公司)债券包括非金融机构发行的企业债券,公司债券,中期票据、短期融资券、超短期融资券等非金融企业债务融资工具,可转换公司债券,以及银保监会规定的其他投资品种

三、保险资金投资金融企业和非金融企业债券的要求

保险资金投资金融企业和非金融企业债券合规指标,见表8-2-2。

表8-2-2 保险资金投资金融企业和非金融企业债券合规指标

债券种类	合规指标
保险资金投资的金融企业(公司)债券	(1)商业银行发行的金融企业(公司)债券,应当具有国内信用评级机构评定的A级或者相当于A级以上的长期信用级别;其发行人除符合中国人民银行、中国银行保险监督管理委员会的有关规定外,还应当符合下列条件: 最新经审计的净资产,不低于100亿元人民币; 核心资本充足率不低于6%; 国内信用评级机构评定的A级或者相当于A级以上的长期信用级别; 境外上市并免于国内信用评级的,国际信用评级机构评定的BB级或者相当于BB级以上的长期信用级别。 保险资金投资的商业银行混合资本债券,除符合上述规定外,应当具有国内信用评级机构评定的AA级或者相当于AA级以上的长期信用级别,其发行人总资产不低于2000亿元人民币。商业银行混合资本债券纳入无担保非金融企业(公司)债券管理。 (2)证券公司债券,应当公开发行,且具有国内信用评级机构评定的AA级或者相当于AA级以上的长期信用级别;其发行人除符合中国证券监督管理委员会的有关规定外,还应当符合下列条件: 最新经审计的净资本,不低于20亿元人民币; 国内信用评级评定的AA级或者相当于AA级以上的长期信用级别; 境外上市并免于国内信用评级的,国际信用评级机构评定的BBB级或者相当于BBB级以上的长期信用级别。 (3)保险公司可转换债券、混合资本债券、次级定期债券和公司债券,应当是保险公司按照相关规定,经银保监会和有关部门批准发行的债券。 (4)国际开发机构人民币债券,其发行人除符合国家有关规定外,还应当符合下列条件: 最新经审计的净资产,不低于50亿美元; 国内信用评级机构评定的AA级或者相当于AA级以上的长期信用级别;免于国内信用评级的,国际信用评级机构评定的BBB级或者相当于BBB级以上的长期信用级别
保险资金投资的非金融企业(公司)债券	(1)其发行人除符合有关部门的规定外,还应当符合下列条件: 最新经审计的净资产,不低于20亿元人民币; 国内信用评级机构评定的A级或者相当于A级以上的长期信用级别; 境外上市并免于国内信用评级的,国际信用评级机构评定的BB级或者相当于BB级以上的长期信用级别。 (2)有担保非金融企业(公司)债券,具有国内信用评级机构评定的AA级或者相当于AA级以上的长期信用级别,其担保符合下列条件: 以保证方式提供担保的,应当为本息全额无条件不可撤销连带责任保证担保,且担保人资信不低于发行人的信用级别; 以抵押或质押方式提供担保的,担保财产应当权属清晰。未被设定其他担保或者采取保全措施的,经有资格的资产评估机构评估的担保财产,其价值不低于担保金额,且担保行为已经履行必要的法律程序; 担保金额应当持续不低于债券待偿还本息总额。 (3)无担保非金融企业(公司)债券,具有国内信用评级机构评定的AA级或者相当于AA级以上的长期信用级别。其中,短期融资券具有国内信用评级机构评定的A-1级。 有担保非金融企业(公司)债券的担保,不完全符合本条规定的,纳入无担保非金融企业(公司)债券管理。 (4)保险资金投资的无担保非金融企业(公司)债券,应当采用公开招标发行方式或者簿记建档发行方式。其中,簿记建档发行方式应当满足下列条件: 发行前,发行人应当详细披露建档规则; 簿记建档应当具有符合安全保密要求的簿记场所; 簿记建档期间,簿记管理人应当指派专门人员值守并维持秩序;现场人员不得对外泄露相关信息; 簿记管理人应当妥善保管有关资料,不得泄露或者对外披露。 (5)保险资金投资的企业(公司)债券,按照规定免于信用评级要求的,其发行人应当具有不低于该债券评级规定的信用级别

保险公司投资或者专业投资管理机构受托投资债券，应当充分关注发行人还款来源的及时性和充分性；投资有担保企业（公司）债券，应当关注担保效力的真实性和有效性。

保险公司上季度末偿付能力充足率低于120%的，不得投资无担保非金融企业（公司）债券；已经持有上述债券的，不得继续增持并适时减持。上季度末偿付能力处于120%和150%之间的，应当及时调整投资策略，严格控制投资无担保非金融企业（公司）债券的品种和比例。

四、外部信用评级机构

根据保监会《关于加强保险资金投资债券使用外部信用评级监管的通知》（保监发〔2013〕61号）规定，经保监会认可备案的外部信用评级机构可以对保险资金投资债券业务进行评级。

五、保险机构确定债券信用等级的原则

1. 担保债券：含有抵押、质押、信用保证等增信条件，本金和利息清偿顺序先于普通债券，其信用等级可能高于发债主体信用等级。

2. 普通债券：不含任何增信条件，本金和利息清偿顺序优于次级债券和混合资本，其信用等级一般等同于发债主体信用等级。

3. 次级债券：本金和利息清偿顺序列于公司普通债务之后，优于混合资本和股权资本，其信用等级一般低于发债主体信用等级。

4. 混合资本债券：符合一定条件时，本金和利息可以延期支付，清偿顺序列于次级债券之后，优于股权资本，其信用等级一般低于发债主体信用等级，且低于次级债券信用等级。

5. 第三方机构为发债主体提供全部或部分债务担保的，该债券的信用等级最高可以等同于保证方信用等级。

6. 债券含有抵押、质押、信用保证等增信条件的，应当评估抵押物和质押物的市场价值、流动性、抵押和质押比例，评估担保人的信用状况、承诺条件以及偿付及时性。

保险机构应当根据审慎原则，对增信作用设置一定限制，控制增信债券信用等级上调级别。

第三节　股票投资合规要点及风险控制

一、股票投资法规规范文件梳理

1.《保险机构投资者股票投资管理暂行办法》(保监会令〔2004〕12 号,2004 年 10 月 24 日公布,2004 年 10 月 24 日施行。以下简称《股票投资暂行办法》)

2. 关于印发《〈保险公司股票资产托管指引(试行)〉的通知》[保监发〔2005〕16 号,本篇法规被《关于修改部分规范性文件的通知》(2010 年 12 月 3 日发布,2010 年 12 月 3 日实施)修订。本文中第 1 条修改为"为了指导保险公司规范、健康、有序地进行股票资产托管,根据《保险法》《保险机构投资者股票管理暂行办法》等规定,制定本指引"]

3.《关于保险资金股票投资有关问题的通知》(保监发〔2007〕44 号,2005 年 2 月 7 日发布,2005 年 2 月 7 日实施)

4.《保险公司股票资产托管指引(试行)》(保监发〔2005〕16 号,2005 年 12 月 22 日发布,2005 年 12 月 22 日实施)

5.《关于保险资金投资优先股有关事项的通知》(保监发〔2014〕80 号,2014 年 10 月 17 日发布,2014 年 10 月 17 日实施)

6.《关于保险资金投资创业板上市公司股票等有关问题的通知》(保监发〔2014〕1 号,2014 年 1 月 7 日发布,2014 年 1 月 7 日实施)

7.《保险资金投资蓝筹股票监管比例有关事项的通知》(保监发〔2015〕64 号,2015 年 7 月 8 日发布,2015 年 7 月 8 日实施)

8. 保监会《关于进一步加强保险资金股票投资监管有关事项的通知》(保监发〔2017〕9 号,2007 年 1 月 24 日发布,2007 年 1 月 24 日实施)

二、保险资金投资股票、证券投资基金的历史沿革——以偿付能力为核心的资金运用比例监管

(一)《保险公司投资证券投资基金管理暂行办法》

1999 年中国保监会颁布《保险公司投资证券投资基金管理暂行办法》(保监发〔1999〕206 号,已失效),根据该规定保险公司可以投资证券投资基金业务,同时明确了从事投资基金业务的保险公司的资格条件以及投资证券投资基金的内控要求;而根据当时有效的《证券投资基金管理暂行办法》(证委发〔1997〕81 号,已失效)的规定,同一只

基金投资于股票、债券的比例,不得低于该基金资产总值的 80%;持有 1 家上市公司的股票,不得超过该基金资产净值的 10%。可见,保险公司参与投资证券投资基金从 20 世纪就已经获得国务院批准,但要遵循一定的资金比例限制。2003 年 1 月 17 日中国保监会发布了修订后的《保险公司投资证券投资基金管理暂行办法》(保监发〔2003〕6 号),对保险公司投资证券投资基金的内控要求进行了修订,规定:(1)各保险公司投资基金的余额按成本价格计算不得超过本公司上月末总资产的 15%;(2)保险公司投资于单一基金的余额按成本价格计算,不得超过上月末总资产的 3%;(3)保险公司投资于单一封闭式基金的份额,不得超过该基金份额的 10%。并同时规定:"保险公司经批准开办的投资连结保险可以设立投资基金比例为 100% 的投资账户,万能寿险可以设立投资基金比例最高为 80% 的投资账户。投资账户的设立、合并、撤销、变更应符合我会的有关规定。分红保险或其他独立核算的保险产品,投资基金的比例不得超过本产品上月末资产的 15%"。据此,万能寿险(万能险)以及投资连结险在符合一定条件的情况下,可以设立投资于证券投资基金的投资账户,此可以视为万能险通过资产管理计划等基金形式参与上市公司"举牌"的权源之一。①

(二)《股票投资暂行办法》

2004 年 10 月 24 日《股票投资暂行办法》第 2 条第 2 款规定:"本办法所称股票投资是指保险机构投资者从事或者委托符合规定的机构从事股票、可转换公司债券等股票市场产品交易的行为。"依据《股票投资暂行办法》,保险机构投资股票的方式可以包括一级市场申购(包括市值配售、网上网下申购、以战略投资者身份参与配售等),也包括二级市场投资;但保险公司投资一家上市公司的股票不得达到该上市公司人民币普通股票的 30%。

此外,《股票投资暂行办法》规定保险机构投资者为万能险设立的投资账户,投资股票的比例不得超过 80%。另根据保监会同期颁布的《关于保险机构投资者股票投资交易有关问题的通知》(保监发〔2005〕14 号),证券账户可以按保险产品名称开立,账户名称为保险机构投资者名称和保险产品名称的联名;并同时规定"保险机构投资者参与股票发行申购,应当遵循股票发行的有关规定。保险机构投资者证券账户申购新股,不设申购上限","保险机构投资者的单个投资连结保险产品和万能保险产品,申报的金额分别不得超过该产品账户资产的总额,申报的股票数量分别不得超过发行股票公司本次股票发售的总量。"

2014 年 4 月 4 日《保险资金运用管理暂行办法》(保监会令 2014 年第 3 号)、《关

① 参见秦茂宪、徐皎:《重磅新规:保险机构举牌上市公司的监管重点及主要法律问题》,载微信公众号"金融监管研究院"2017 年 1 月 28 日。

于调整保险资金投资政策有关问题的通知》(保监发〔2010〕66 号,已废止)正式颁布实施。《保险资金运用管理暂行办法》第 6 条规定,保险资金可以投资于“债券、股票、证券投资基金份额等有价证券”,而保险资金可以投资的股票主要包括“公开发行并上市交易的股票和上市公司向特定对象非公开发行的股票”,但设立创业板上市公司股票和已外币认购及交易的股票由中国保监会另行规定。同时,《关于调整保险资金投资政策有关问题的通知》中对于保险资金投资股票进行了一定的限制,例如:保险公司应当根据权益类投资计划,在上季末总资产 20% 的比例内,自主投资股票和股票型基金,并且应当遵守相应的限制性规定。不过该通知在 2014 年 8 月 12 日就被《保监会关于废止部分规范性文件的通知》(2014 年 8 月 12 日发布,2014 年 8 月 12 日实施)废止。

(三)《关于加强和改进保险资金运用比例监管的通知》

《关于加强和改进保险资金运用比例监管的通知》(保监发〔2014〕13 号)和《关于提高保险资金投资蓝筹股票监管比例有关事项的通知》(保监发〔2015〕64 号),对险资投资股票的比例限制进一步作了相应的调整:

1. 投资权益类资产上限为 30%,而重大股权投资以上季末净资产为限。同时,鼓励保险资金投资蓝筹股,即在满足偿付能力充足率要求及现有蓝筹股投资达到规定比例的情况下,该上限可以突破 30% 达到 40%(仅限于蓝筹股的增持)。

2. 投资单一权益类资产上限为 5%。

3. 投资单一法人主体上限为 20%。[根据 9 号文第 16 条:“本通知自发布之日起施行,《保监会关于加强和改进保险资金运用比例监管的通知》(保监发〔2014〕13 号)第三部分第(一)条第 2 款的规定同时废止。其他有关监管规定与本通知不一致的,以本通知为准”]

此外,保险公司开展股票投资业务还受到偿付能力充足率的限制。一般情况下,正常开展股票投资的前提条件是保险公司的偿付能力充足率达到 150% 以上,若偿付能力充足率不足,保监会可以采取相应的监管措施,暂停保险公司的股票投资。

(四)《保监会关于进一步加强保险资金股票投资监管有关事项的通知》——以信息披露为核心的公众公司式监管

2015 年下半年,一轮又一轮的险资举牌引起了市场的极大关注。据不完全统计,险资在 A 股市场举牌投资布局了 120 余家上市公司。较之原先保险公司为获得股票买卖差价收益为目的的时代,险资运用已经进入以保险公司为平台旨在完成对上市公司杠杆收购的并购时代。由此,对险资运用的监管亦由局限于以偿付能力为核心的内部风控层面上升到以信息披露为核心的全方位监管。2010 年 5 月,保监会颁布了《保险公司信息披露管理办法》(保监会令 2010 年第 7 号),这部部门规章体现了我国保险业在增加保险市场透明度和加强市场约束力等方面作出的努力,监管立场从偿付能力充足率监管转向以信息披露为核心的公众公司式监管模式。[①]

由于当时"野蛮人""妖精"等言论风极一时,监管层对保险资金进军资本市场的态度尚存保留,2015 年 12 月 23 日保监会紧急发布了《保险公司资金运用信息披露准则第 3 号:举牌上市公司股票》(保监发〔2015〕121 号,以下简称《3 号准则》),针对保险公司这一特殊的市场主体,对其举牌上市公司的行为进行更全面的监控。《3 号准则》首次明确,保险公司举牌上市公司股票是指"保险公司持有或者与其关联方及一致行动人共同持有一家上市公司已发行股份的 5%,以及之后每增持达到 5% 时,按照相关法律法规规定,在 3 日内通知该上市公司并予以公告的行为"。与此同时,《3 号准则》明确了保险公司举牌的信息披露义务,自举牌上市公司股票,应当于上市公司公告之日起 2 个工作日内,在保险公司网站、中国保险行业协会网站进行信息披露。中国保监会于 2017 年 1 月 24 日正式下发 9 号文,可以视为约束保险资金参与上市公司收购的直接监管依据。

三、《保监会关于进一步加强保险资金股票投资监管有关事项的通知》的理解与适用

(一)分类监管原则

《保监会关于进一步加强保险资金股票投资监管有关事项的通知》(以下简称《股票投资通知》)对险资入市实行分类监管,将险资投资股票划分为一般股票投资、重大股票投资和上市公司收购三种情形。针对该三种情形,均要求以"财务投资"为主,但分别施以不同的监管措施。

1. 一般股票投资,是指保险机构或保险机构与非保险一致行动人投资上市公司股票比例低于上市公司总股本 20%,且未拥有上市公司控制权的股票投资行为。

2. 重大股票投资,是指保险机构或保险机构与非保险一致行动人持有上市公司股票比例达到或超过上市公司总股本 20%,且未拥有上市公司控制权的股票投资行为。

3. 上市公司收购,包括通过取得股份的方式成为上市公司的控股股东,或者通过投资关系、协议、其他安排的途径成为上市公司的实际控制人,或者同时采取上述方式和途径拥有上市公司控制权。

---

① 参见秦茂宪、徐皎:《保险机构举牌上市公司的监管重点及主要法律问题》,载微信公众号"金融监管研究院"2017 年 1 月 28 日。

(二)在分类及差别监管中的特殊问题

1. 对控制权的认定

何为拥有上市公司控制权？对此,《股票投资通知》未设定义,但明确“对于上市公司控制权的标准,执行国务院证券监管机构的规定”。

《上市公司重大资产重组管理办法》第13条第4款规定:“本条第一款所称控制权,按照《上市公司收购管理办法》第84条的规定进行认定。上市公司股权分散,董事、高级管理人员可以支配公司重大的财务和经营决策的,视为具有上市公司控制权”。

《上市公司收购管理办法》第84条规定:“有下列情形之一的,为拥有上市公司控制权:(一)投资者为上市公司持股50%以上的控股股东;(二)投资者可以实际支配上市公司股份表决权超过30%;(三)投资者通过实际支配上市公司股份表决权能够决定公司董事会半数以上成员选任;(四)投资者依其可实际支配的上市公司股份表决权足以对公司股东大会的决议产生重大影响;(五)中国证监会认定的其他情形。”

2. 对“与保险业务相关行业”的认定

《股票投资通知》规定保险机构收购上市公司的行业限于“保险类企业”“非保险金融企业”“与保险业务相关……企业”。那么,何为与保险业务相关企业？对此,《股票投资通知》并未进一步明确规定。

但是,根据79号文、80号文对保险资金投资行业的规定,我们均看到“与保险业务相关的养老、医疗、汽车服务等企业”的描述。然而,根据《关于保险资金投资股权与不动产有关问题的通知》对保险资金投资行业范围的规定,却提及“与保险业务相关的现代农业企业、新型商贸流通企业”。

综上所述,与保险业务相关的行业一般包括与保险业务相关的养老、医疗、汽车服务、现代农业、新型商贸流通企业等,至于是否还包括其他企业则需要监管部门进一步明确。

3. 不再适用股权投资规定

《股票投资通知》第16条中明确规定,《关于加强和改进保险资金运用比例监管的通知》(保监发〔2014〕13号)第三部分第(一)条第2款的规定同时废止。这就意味着保监会明确保险资金投资上市公司股票不作为股权投资进行规范。

差别监管,是以风险控制为着眼点的综合监管,是分类监管原则最重要的体现。差别监管可以避免“一刀切”的盲目监管,能有的放矢。《股票投资通知》重点监测举牌、重大股票投资、收购上市公司等情形,一方面不影响险资一般股票投资,不会阻碍资本市场的健康发展;另一方面,防范少数保险机构或非保险一致行动人盲目、激进地投资到毫不相干的行业,通过“快进快出”以求“投机逐利”的行为,进而减少系统性风险,维护资本市场的稳定。

四、对险资入市实行“事中事后”监管

《准则 3 号》以及《股票投资通知》第 4 条、第 5 条、第 6 条对险资入市发生举牌、构成重大股票投资以及触发收购条件等 3 种情形的监管措施作了明确规定。[①]

（一）事后报告、备案或事前核准[②]

重大股票投资与上市公司收购应履行的报审程序对比，见表 8－3－1。

表 8－3－1 重大股票投资与上市公司收购应履行的报审程序对比

类别	监管措施	条文	报告内容
举牌	事后报告	第 4 条	投资研究、内部决策、后续投资计划、风险管理措施
重大股票投资	事后备案	第 5 条	（1）投资资金来源、后续投资方案、持有期限、合规报告、后续管理方案等； （2）符合保险资金运用内部控制监管要求的自查报告，涉及本次投资的董事会或投资决策委员会决议纪要等材料； （3）按照《准则 3 号》进行信息披露的基本情况； （4）中国保监会基于审慎监管原则要求提交的其他材料
上市公司收购	事前核准（关于上市公司收购，监管层进行严格限制）	第 6 条	（1）股东（大）会或者董事会投资决议； （2）主营业务规划及业务相关度说明； （3）专业机构提供的财务顾问报告、尽职调查报告及法律意见书； （4）业务整合方案； （5）投资团队及管理经验说明； （6）资产负债匹配压力测试报告； （7）附有经监管机构或者部门核准生效条件的投资协议

（二）险资举牌信息披露

关于险资入市应公开披露的信息，以举牌情形为例，证监会与保监会（以《准则 3 号》为主）均有规定，由于前者相对宽松，后者更加稳健，因此披露要求有所区别，具体如下：

1. 保监会要求披露的信息

（1）被举牌上市公司股票名称、代码、上市公司公告日期及达到举牌标准的交易日期。

（2）保险公司、参与举牌的关联方及一致行动人情况。

（3）截至交易日，保险公司投资该上市公司股票的账面余额及占上季末总资产的比例、权益类资产账面余额占上季末总资产的比例。

---

① 杨飞翔、余菲菲：《保险资金举牌上市公司相关问题研究——兼析〈关于进一步加强保险资金股票投资监管有关事项的通知〉》，载《中伦视界》2017 年 4 月 19 日。

② 杨飞翔、余菲菲：《保险资金举牌上市公司相关问题研究——兼析〈关于进一步加强保险资金股票投资监管有关事项的通知〉》，载《中伦视界》2017 年 4 月 19 日。

(4)保险公司举牌该上市公司股票的交易方式(竞价交易、大宗交易、增发、协议转让及其他方式)、资金来源(自有资金、保险责任准备金、其他资金);资金来源于保险责任准备金的,应当按照保险账户和产品,分别说明截至交易日,该账户和产品投资该股票的余额、可运用资金余额、平均持有期,以及最近4个季度每季度的现金流入、流出金额;来源于其他资金的,应当说明资金具体来源、投资该股票余额、资金成本、资金期限等。

(5)保险公司对该股票投资的管理方式(股票或者股权);按照规定符合纳入股权管理条件的,应当说明向中国保监会报送材料情况,列明公司报文的文件标题、文号和报送日期。

(6)中国保监会基于审慎监管认为应当披露的其他信息。

2. 证监会要求披露的信息

依据证监会关于《公开发行证券的公司信息披露内容与格式准则第15号——权益变动报告书》和《公开发行证券的公司信息披露内容与格式准则第16号——上市公司收购报告书(2014年修订)》的规定,证监会将信息披露报告分为简式权益变动报告(20% >持股比例≥5%)与详式权益变动报告(30% >持股比例≥20%,或虽未超过20%但成为该上市公司第一大股东或者实际控制人的),具体如下:

(1)简式报告内容

①投资者及其一致行动人的姓名、住所;如为法人,其名称、注册地及法定代表人;

②持股目的,是否有意在未来12个月内继续增加其在上市公司中拥有的权益;

③上市公司的名称、股票的种类、数量、比例;

④在上市公司中拥有权益的股份达到或者超过上市公司已发行股份的5%或者拥有权益的股份增减变化达到5%的时间及方式;

⑤权益变动事实发生之日前6个月内通过交易所的证券交易买卖该股票的简要情况;

⑥中国证监会、证券交易所要求披露的其他内容。

(2)详式报告内容

详式报告内容除包括简式报告内容之外,还包括如下内容:

①投资者及其一致行动人的控股股东、实际控制人及其股权控制关系结构图;

②取得相关股份的价格、所需资金额、资金来源,或者其他支付安排;

③同业竞争、持续关联交易等;

④未来12个月内对公司资产、业务、人员、组织结构、章程等进行调整的后续计划;

⑤前24个月内投资者及其一致行动人与上市公司之间的重大交易。

源于英美国家的"信息披露"制度,其以增加市场信息透明度、力求防范各类风险进而保护投资者权益为宗旨，已逐渐成为证券市场最重要、不言而喻的规则之一。对于体量巨大的保险资金流入股市，保监会顺应时势，出台《股票投资通知》，强化信息披露，以期保险资金有效发挥在资本市场所谓“稳定器”，甚至“助推器”的作用。

五、险资入市的资金及资金比例监管

针对保险资金投资股票，保监会除了对主体扩大范围监管、对投资类型进行差别监管、对投资流程进行事中事后监管，还对资金本身以及资金运用比例有所限制，限制杠杆投资，维护市场稳定。

1. 要求自有资金投资

《股票投资通知》规定，“保险机构收购上市公司，应当使用自有资金”，“保险机构与非保险一致行动人共同开展重大股票投资，经备案后继续投资该上市公司股票的，新增投资部分应当使用自有资金”。

不过，对于一般股票投资未设限制，可使用自有资金、保险责任准备金、其他资金。如一般股票投资涉及举牌，且资金来源于保险责任准备金的，应当按照保险账户和产品，分别说明截至交易日，该账户和产品投资该股票的余额、可运用资金余额、平均持有期，以及最近 4 个季度每季度的现金流入、流出金额；如来源于其他资金的，应当说明资金具体来源、投资该股票余额、资金成本、资金期限等。

2. 调整监管比例

《股票投资通知》对保险资金投资股市的监管比例也作出了相应调整，“保险机构投资权益类资产的账面余额，合计不高于本公司上季末总资产的 30%。除上市公司收购及投资上市商业银行股票另有规定情形外，保险机构投资单一股票的账面余额，不得高于本公司上季末总资产的 5%。对于已经运用相关政策增持蓝筹股票的保险机构，应在 2 年内或相关监管机构规定的期限内调整投资比例，直至满足监管规定的比例要求”，与此同时，《关于加强和改进保险资金运用比例监管的通知》第三部分第 1 条第 2 款的规定废止。

对此，中国保险资产管理业协会相关负责人接受媒体采访，表示此次《股票投资通知》中比例的调整实际上是 2015 年救市政策的退出，是必然的理性选择。而且 2 年宽限期的设置将大幅降低对资本市场的扰动，甚至是实现“零影响”。

第四节　地方融资平台项目投资合规与风险控制

一、地方融资平台项目投资法规规范文件梳理

1.《国务院关于加强地方政府融资平台公司管理有关问题的通知》(国发〔2010〕19号,2010年6月10日发布,2010年6月10日实施)

2.《保监会、财政部关于加强保险资金运用管理支持防范化解地方政府债务风险的指导意见》(保监发〔2018〕6号,2018年1月8日发布,2018年1月8日实施)

二、地方政府融资平台的定义

根据《国务院关于加强地方政府融资平台公司管理有关问题的通知》(国发〔2010〕19号)规定,地方政府融资平台公司指由地方政府及其部门和机构等通过财政拨款或注入土地、股权等资产设立,承担政府投资项目融资功能,并拥有独立法人资格的经济实体。自国务院发布《关于加强地方政府性债务管理的意见》(国发〔2014〕43号,以下简称43号文)以来,防范政府债务风险、禁止地方政府举债一直是2017年的监管热点。财政部、发展改革委、司法部、人民银行、银监会、证监会联合印发的《关于进一步规范地方政府举债融资行为的通知》(财预〔2017〕50号,以下简称50号文)更是进一步细化了监管要求。① 2018年保监会和财政部就联合发文(《保监会、财政部关于加强保险资金运用管理支持防范化解地方政府债务风险的指导意见》,以下简称《指导意见》),对保险资金运用过程中防范和化解地方债务风险,提出了明确要求。《指导意见》首先重申了43号文和50号文的原则,严禁违法违规向地方政府提供融资,不得要求地方政府违法违规提供担保,并根据保险资金运用、投资的实际情况,对保险机构、保险业相关行业组织和中介机构提出了细化要求。

三、地方政府融资平台的市场化运作条件

根据《国务院关于加强地方政府融资平台公司管理有关问题的通知》(国发〔2010〕19号)规定,地方政府融资平台的市场化运作需满足以下几个条件:

1. 地方政府设立融资平台公司的,必须严格依照有关法律法规办理,足额注入资本

---

① 参见石育斌、任丽莉:《图解保监会关于保险资金运用防范地方政府债务风险的指导意见》,载微信公众号"锦天城律师事务所"2018年1月22日。

金，学校、医院、公园等公益性资产不得作为资本注入融资平台公司。

2. 地方政府在出资范围内对融资平台公司承担有限责任，实现融资平台公司债务风险内部化。

3. 地方政府融资平台公司向银行业金融机构申请贷款须落实到项目，以项目法人公司作为承贷主体，并符合有关贷款条件的规定。

4. 地方政府融资平台融资项目必须符合国家宏观调控政策、发展规划、行业规划、产业政策、行业准入标准和土地利用总体规划等要求，按照国家有关规定履行项目审批、核准或备案手续。要严格按照规定用途使用资金，讲求效益，稳健经营。

5. 地方政府融资平台凡没有稳定现金流作为还款来源的，不得发放贷款。向融资平台公司新发贷款要直接对应项目，并严格执行国家有关项目资本金的规定。

四、保险资金投资融资平台公司的业务合规性

1. 保险机构向融资平台公司提供债权投资的，应当对投资是否符合相关法律法规出具专项法律意见。

2. 融资平台公司作为融资主体的，其自有现金流应当覆盖全部应还债务本息，并向保险机构主动声明不承担政府融资职能，且 2015 年 1 月 1 日起其新增债务依法不属于地方政府债务。

3. 投资项目为公益性项目的，应当符合法律或国务院规定，且融资主体和担保主体不得同为融资平台公司。

4. 融资平台公司还款来源涉及财政性资金的，保险机构应当严格核实地方政府履行相关程序的合规性和完备性，并进一步综合区域经济和财政实力、拟投项目可行性等因素，充分评估地方政府的财政可承受力，审慎开展投资。

5. 保险机构要将融资平台公司视同一般国有企业，根据项目情况而不是政府信用独立开展风险评估，严格实施市场化融资。

6. 保险机构应当严格执行《预算法》《担保法》和 43 号文等法律和规定，依法合规开展投资业务，鼓励保险机构购买地方政府债券，严禁违法违规向地方政府提供融资，不得要求地方政府违法违规提供担保。①

7. 地方政府及其所属部门不得以文件、会议纪要、领导批示等任何形式，向保险机构违法违规或变相举债。

8. 除外国政府和国际经济组织贷款转贷外，地方政府及其所属部门不得对保险机构

---

① 参见朴一、黄再再：《银保监 27 号文详解：严查资金空转、违规流入房地产、压缩融资类信托》，载微信公众号“金融监管研究院”2020 年 7 月 15 日。

投资业务中任何单位和个人的债务提供任何方式的担保。①

第五节　保险资金股权投资合规与风险控制

一、股权投资立法的历史沿革

(一)股权投资适用法规规范文件梳理

1.79号文[保监发〔2010〕79号,2010年9月5日发布,2010年9月5日实施。本篇法规被银保监会《关于保险资金财务性股权投资有关事项的通知》(2020年11月12日发布,2020年11月12日实施)部分废止;本法中关于保险资金直接股权投资行业范围的条款停止执行]

2.59号文[保监发〔2012〕59号,2012年7月16日发布,2012年7月16日实施。本篇法规被《银保监会关于优化保险机构投资管理能力监管有关事项的通知》(2020年9月30日发布,2020年9月30日实施)部分废止。本法中"明确事项"第1条第2款被废止;本篇法规被银保监会《关于保险资金财务性股权投资有关事项的通知》(2020年11月12日发布,2020年11月12日实施)部分废止,本法中关于保险资金直接股权投资行业范围的条款停止执行]

3.《国务院关于加快发展现代保险服务业的若干意见》(国发〔2014〕29号,2014年8月10日发布,2014年8月10日实施)

4.《关于保险资金投资创业投资基金有关事项的通知》(保监发〔2014〕101号,2014年12月12日发布,2014年12月12日实施)

5.《保监会关于设立保险私募基金有关事项的通知》(保监发〔2015〕89号,以下简称89号文,2015年9月10日发布,2015年9月10日实施)

6.《保监会关于进一步加强保险资金股票投资监管有关事项的通知》(保监发〔2017〕9号,2017年1月24日发布,2017年1月24日实施)

7.《银保监会关于优化保险机构投资管理能力监管有关事项的通知》(银保监发〔2020〕45号,2020年9月30日发布,2020年9月30日实施)

8.《关于保险资金财务性股权投资有关事项的通知》(银保监发〔2020〕54号,以下简称54号文,2020年11月12日发布,2020年11月12日实施)

---

① 江帆、曾金华:《保监会、财政部联合发文:严禁保险机构违规向地方政府提供融资》,载经济日报客户端,http://bgimg.ce.cn/xwzx/gnsz/gdxw/201801/18/t20180118_27797705.shtml。

（二）股权投资的定义和分类

保险资金投资的股权，是指在中华人民共和国境内依法设立和注册登记，且未在中华人民共和国境内证券交易所公开上市的股份有限公司和有限责任公司的股权。按照不同的标准可以对股权投资做出不同的分类（见表 8－5－1）。

1. 按地域分，分为境内股权投资和境外股权投资。

2. 按照投资方式分为：在保险监管体系下，股权投资分为直接股权投资和间接股权投资。

（1）直接股权投资是指保险公司以出资人名义投资并持有企业股权。

（2）间接股权投资：保险公司投资股权投资管理机构发起设立的股权投资基金，如盲池基金、专项基金、创投基金、保险私募股权基金（2015 年 9 月银保监会 89 号文）。

根据 79 号文，"直接投资股权，是指保险公司[含保险集团（控股）公司，下同]以出资人名义投资并持有企业股权的行为"；"间接股权投资，是指保险公司投资股权投资管理机构（以下简称投资机构）发起设立的股权投资基金等相关金融产品（以下简称投资基金）的行为"。54 号文专门规范保险资金以财务性股权投资方式进行的直接股权投资行为。在新监管规则颁布以前，关于直接股权投资中的非财务性股权投资方式我们认为仍需遵守现行有效的其他股权投资监管规定。

3. 按照经营管理参与程度：重大股权投资 VS 非重大股权投资/财务性股权投资

（1）重大股权投资：对拟投资非保险类金融企业或与保险业务相关企业实施控制的投资。

（2）一般股权投资/财务性股权投资：保险公司以出资人名义投资并持有未上市企业股权，且按照企业会计准则，保险机构及其关联方对该企业不构成控制或共同控制的直接股权投资。

表 8－5－1 股权投资不同分类

分类标准	分类	定义
按投资方式分类	直接投资股权	是指保险公司[含保险集团（控股）公司]以出资人名义投资并持有企业股权的行为
	间接投资股权	是指保险公司投资股权投资管理机构发起设立的股权投资基金等相关金融产品的行为
按投资影响分类	一般股权投资/财务性股权投资	是指对拟投资的企业不实施控制的投资行为
	重大股权投资	是指拟对投资的起源实施控制、共同控制或者重大影响的投资行为。根据《公司法》及相关规定，"控制"的判断标准不仅限于控股，在管理权上能够起到实质控制作用也属于控制。 重大股权投资与一般股权投资的法律规制不同，前者要求更高。根据《保金管理办法》第 62 条和第 33 条，重大股权投资应报银保监会核准，而非事后备案；重大投资至少应由董事会（或股东会）决策

(三)股权投资重要规范文件合规要点梳理

保险资金因具有投资金额大、投资期限长等特点,在私募投资基金行业整体募资困难的背景下,其无疑是各私募投资基金管理人寻求募资的对象。政府投资基金出于引导社会资本投资,发挥财政资金杠杆作用的功能定位的目的,需要具有持续、大额出资能力的机构参与,特别是原来作为主要出资人的银行受资管新规约束,出资意愿和能力大大被削弱,保险资金自然就成为各政府投资基金管理人的下一个突破口。但是保险资金基于其一直以来对股权投资的审慎性,除对底层标的企业的种种限制性要求外,保险资金在参与私募投资基金出资时,还对发起设立并管理该股权投资基金的投资机构、基金本身及投资比例等方面设置了严苛的监管标准,这些监管要求使得以往的政府投资基金管理人对保险资金望而却步。

2018 年 10 月 26 日,银保监会发布《保险资金投资股权管理办法(征求意见稿)》,对保险资金投资股权的行业范围,保险资金投资私募股权投资基金的准入、投资标的等内容做了重大修订。本文拟根据前述修订内容并结合近年来银保监会发布的有关保险资金自行设立私募投资基金等规定,就保险资金参与政府投资基金的出资及子基金的设立等问题进行探讨。

有关股权投资重要规范性文件内容,见表 8-5-2。

表 8-5-2 股权投资重要规范性文件内容

投资管理规范	直接投资	间接投资	一般投资	重大投资
2010 年 9 月 5 日 79 号文				
保险公司应当具备的资质条件	1. 具有完善的制度和内控机制; 2. 建立资产托管机制; 3. 不少于 5 名有 3 年以上股权投资和相关经验的专业人员; 4. 上一年末及投资时上季度末偿付能力充足率不低于 150%; 5. 上一会计年度盈利且净资产不低于 10 亿元; 6. 最近 3 年无重大违法违规	除前述 1、2、4、6 外,资产管理部门应配备不少于 2 名具有 3 年以上股权投资经验的专业人员	同直接投资	除一般投资条件外: 1. 开展重大投资应当具有较强的并购整合能力和跨业管理能力; 2. 拥有熟悉企业经营管理的专业人员

续表

投资管理规范	直接投资	间接投资	一般投资	重大投资
发起设立保险公司投资的股权投资基金的投资机构条件		1. 具有完善的制度和内控机制； 2. 注册资本不低于 1 亿元； 3. 拥有 10 名股权投资专业人员，其中 5 年以上相关经验的不少于 2 名，3 年以上经验的不少于 3 名，8 年以上相关经验的不少于 1 名；3 名熟悉企业运营、财务管理、项目融资的人员； 4. 完成退出项目不少于 3 个； 5. 管理资产余额不低于 30 亿元； 6. 有项目储备制度、资产托管和风险隔离机制； 7. 接受中国保监会的质询； 8. 3 年无重大违法违规行为		
目标企业的条件	1. 具有法人资格； 2. 符合国家产业政策； 3. 产业处于成长期、成熟期或是战略新型产业或具有上市意向及较高的并购价值； 4. 具有市场和价值提升空间，有现金回报预期； 5. 未涉重大法律纠纷； 6. 与保险公司、投资机构无关联关系； 7. 直接投资股权仅限保险类企业、非保险类金融企业和与保险业务相关的养老、医疗、汽车服务等企业。 且不得投资： 1. 不符合国家产业政策、不具有稳定现金流回报预期或者资产增值价值，高污染、高能耗、未达国家节能和环保标准、技术附加值较低等企业股权； 2. 不得投资创业、风险投资基金； 3. 不得投资设立或参股投资机构			
保险资金投资的投资基金条件		1. 投资标的符合“目标企业的条件”； 2. 具有确定的投资目标、投资策略、收益分配等安排； 3. 交易结构清晰，信息披露真实完整； 4. 建立资金托管机制； 5. 募集或认缴资金规模不低于 5 亿元		
投资资金来源	区分一般投资与重大投资，但不得运用借贷、发债、回购、拆借等方式筹措资金	运用资本金和保险产品的责任准备金；但不得运用借贷、发债、回购、拆借等方式筹措资金	运用资本金或与投资期限相匹配的责任准备金	运用资本金投资
投资比例要求	1. 投资未上市企业股权的账面余额不高于公司上季末总资产的 5%，投资股权投资基金等时不高于 4%，两项合计不高于本公司上季末总资产的 5%； 2. 直接投资股权的账面余额，不超过本公司净资产，除重大股权投资外，投资同一企业股权的账面余额不超过本公司净资产的 30%； 3. 投资同一投资基金的账面余额，不超过该基金发行规模的 20%			
2012 年 7 月 16 日 59 号文				
保险公司应当具备的资质条件	1. 不再执行上一会计年度盈利的规定，且净资产调整为 1 亿元； 2. 偿付能力调整为不低于 120%			

续表

投资管理规范	直接投资	间接投资	一般投资	重大投资
发起设立保险公司投资的股权投资基金的投资机构条件		1. 资本调整为注册资本或者认缴资本不低于1亿元; 2. 退出项目是指该机构专业人员作为投资主导人员,合计退出的项目数量; 3. 管理资产的余额是指在中国境内以人民币计价的实际到账资产和资金的余额		
目标企业的条件	直接投资股权的范围增加能源企业、资源企业和与保险业务相关的现代农业、新型商贸流通企业,且该股权指向的标的企业应当符合国家宏观和产业政策,具有稳定的现金流和良好的经济效益			
保险资金投资的投资基金条件		1. 保险资金投资的投资基金包括成长基金、并购基金、新兴战略产业基金和以上基金为投资标的的母基金。 2. 非保险类金融机构及其子公司不得实际控制该基金的管理运营,或者不得持有该基金的普通合伙权益		
投资资金来源	可以运用自有资金、责任准备金及其他资金		可以运用自有资金、责任准备金及其他资金	除资本金外,还可以使用资本公积金、未分配利润等自有资金
投资比例要求	1. 由账面余额两项合计不高于本公司上季度末总资产的5%调整为10%,账面余额不包括自有资金直接投资的保险类企业股权; 2. 保险公司投资同一股权投资基金的账面余额不高于该基金发行规模的20%,保险集团(控股)及其保险子公司投资同一基金的账面余额,合计不高于该基金发行规模的60%			
2014年1月23日13号文				
投资比例要求	1. 投资权益类资产的账面余额,合计不高于本公司上季度末总资产的30%,且重大股权投资的账面余额,不高于本公司上季度末净资产。账面余额不包括保险公司以自有资金投资的保险类企业股权。 2. 投资单一权益类资产不高于本公司上季度末总资产的5%,重大股权投资和以自有资金投资保险类企业股权等除外。 3. 投资单一法人主体的余额,合计不高于本公司上季度末总资产的20%,以自有资金投资保险类企业股权等除外。 4. 投资权益类资产的账面余额合计占本公司上季度末总资产的比例高于20%			
2014年12月12日中国保监会《关于保险资金投资创业投资基金有关事项的通知》(保监发〔2014〕101号)				
保险资金投资的创投基金的管理机构条件		允许保险资金投资创投基金,但其管理人需符合: 1. 具有5年以上创业投资管理经验,累计管理创业投资资产规模不低于10亿元; 2. 拥有不少于5名专业投资人员,成功退出的创业投资项目合计不少于10个,至少3名专业投资人员共同工作满5年;投资决策人员具备5年以上创业投资管理经验,其中至少2人具有3年以上企业管理运营经验; 3. 具有完善的激励约束、跟投、托管机制和风险隔离机制,管理的不同资产之间不存在利益冲突; 4. 接受中国保监会涉及保险资金投资的质询; 5. 最近3年不存在重大违法违规行为		

续表

投资管理规范	直接投资	间接投资	一般投资	重大投资
保险资金投资的投资基金条件		1. 不是管理机构管理的首只创投基金； 2. 符合国家产业政策，管理团队无不良记录； 3. 单只基金募集规模不超过 5 亿元； 4. 单只基金投资单一企业股权的余额不超过基金募集规模的 10%； 5. 基金 GP 或管理机构及其关联方、主要管理人投资或认缴的基金余额合计不低于基金规模的 3%		
投资比例要求		1. 投资创投基金的余额纳入权益类资产比例管理，合计不超过保险公司上季末总资产的 2%； 2. 投资单只创投基金的余额不超过基金募集规模的 20%		
2018 年 1 月 24 日《保金管理办法》				
目标企业的范围	实现控股的股权投资应当限于以下企业： （1）保险类企业； （2）非保险类金融企业； （3）与保险业务相关的企业			
2018 年 10 月 28 日《保险公司投资股权管理办法》（征求意见稿）				
1. 对私募投资基金管理人的要求 《征求意见稿》对保险资金拟投资的私募投资基金，其基金管理人有关注册资本、管理团队、管理资产余额的要求并未做实质性修改，只是将“保监发〔2012〕59 号文”已调整的内容在此做了重申。但与“保监发〔2010〕79 号文”“保监发〔2012〕59 号文”不同的是，此处的私募投资基金管理人不再限定为“发起设立并管理该基金的投资机构”，而是泛指“该股权投资基金的投资机构”。另外，“保监发〔2014〕101 号文”对保险资金投资私募创业投资基金的管理人条件、创投基金的募集规模、投资比例等设置了详细的监管规则，但该等内容未纳入征求意见稿。该征求意见稿仅在第 14 条笼统地规定“保险资金投资创业投资基金的规定，由银保监会另行制定”。因此，对保险资金投资私募创业投资基金的监管仍应适用“保监发〔2014〕101 号文”的规定。① 2. 取消对股权投资行业的限制 结合“保监发〔2010〕79 号文”“保监发〔2012〕59 号文”来看，原先保险资金直接投资股权仅能投资于保险类企业、非保险类金融企业、能源企业、资源企业和与保险业务相关的养老、医疗、汽车服务、现代农业、新型商贸流通企业。而“保监发〔2010〕79 号文”第 13 条又同时规定保险资金投资的投资基金“投资方向或投资标的”应符合保险资金对投资标的企业的限制性要求。因此，可以说无论是直接股权投资还是间接股权投资，在《征求意见稿》之前，对投资行业都有明确的限制性规定。在取消投资范围限制的同时，新增股权投资负面清单制度：不符合国家政策、影响行业声誉，二高一剩，无稳定现金流，涉及重大法律纠纷或权属瑕疵，近 3 年发生重大违约事件，管理层近 3 年受到处罚或纳入失信人名单，出现管理人员大量流失、核心市场流失等重大不利变化等企业不得作为被投资企业。 《征求意见稿》第 13 条一个重大的变化，便是取消了保险资金进行股权投资的行业范围限制，仅要求保险资金在开展股权投资时，在符合“安全性、流动性和收益性条件下，综合考虑偿付能力、风险偏好、投资预算、资产负债等因素，稳健选择投资的行业范围和企业类型”。同时，对投资市场化、法治化债转股类投资基金，对基金管理人不再设置管理资产余额的要求，大大降低了向保险资金募资的管理人门槛。也就是说统一了直接投资与间接投资的投资范围，取消了直接股权投资的范围限制，直接股权投资不再限定于非保险金融企业和与保险业务密切相关的汽车、养老、医疗、能源、资源、现代物流等行业。② 3. 对私募投资基金的要求 取消对保险投资风险投资基金的明确限制，以及对设立和参股投资机构的明确限制。与“保监发〔2010〕79 号文”相比，增加了对于保险投资股权投资基金的要求：遵守资管新规精神，新增要求该基金“未上市权益类资产占比不低于 80%”“不得提供规避监管的通道服务”。重申并细化 59 号文有关“非保险金融机构及其子公司不得实际控制基金或管理人、不得持有该基金普通有限合伙份额”的规定。重申 59 号文有关并购基金股票资产不得超过 20% 的规定。重申并细化 59 号文有关基金管理人应遵守“1－3－30”的规定，并明确管理人应进行备案登记。设定集中度指标，投资同一股权投资基金的上限是该基金发行规模的 30%，集团与子公司共同投资的上限是 60%。我们认为此条值得高度关注，一些专为被投企业而设立的专门基金将受到限制。有关保险资金投资的股权投资基金应符合“未上市权益资产占比不低于 80%”“不存在为保险资金规避监管比例、投资规范等监管要求提供通道服务等情形”，另外将“保监发〔2012〕59 号文”所要求的非保险类金融机构及其子公司不得实际控制该基金的管理运营，或者不得持有该基金的普通合伙权益的内容进行整合。 征求意见稿还明确了保险资金可投资的私募投资基金类型，包括创业投资基金、股权投资基金和以上述基金为投资标的的母基金。其中，股权并购基金可以投资包括公开上市交易的股票，但仅限于采取战略投资、定向增发、大宗交易等非交易过户方式。母基金的交易结构应简单明晰，不得包括其他母基金。③				

续表

投资管理规范	直接投资	间接投资	一般投资	重大投资
4. 投资比例规范 删除了“保监发〔2010〕79 号文”有关投资未上市企业股权或股权投资基金有关账面余额的监管要求。将投资同一股权投资基金的账面余额,从不超过基金发行规模的 20% 增加至 30% ,同时,规定保险集团(控股)及其保险子公司投资同一股权投资基金的账面余额,不超过该基金发行规模的 60% 。 5. 股权投资的其他规范要求 新增保险公司不得委托投资机构或其他机构开展投资;不得采取虚假合同等方式,或者通过关联交易损害保险公司和投保人利益;不得通过股权投资基金向保险机构和关联方循环出资。 新增保险公司不得与非保险实际控制人、关联方、一致行动人共同进行重大股权投资。即在进行重大股权投资时,不得与非保险实际控制人共同投资;与存在关联关系的非保险股东及关联方共同投资;或通过合同约定、协议安排等方式与非保险投资人共同投资。该规定意在防止实际控制人利用保险资金进行大肆恶意收购,变成“保险不姓保”的“金融怪兽”。 保险公司进行股权投资基金投资的,在签署投资协议后 5 个工作日内应向中国保险资产管理业协会股权投资信息报告系统进行报告,投资机构还应当在每年 4 月 30 日前,向中国银保监会和中国保险资产管理业协会报告保险资金投资股权投资基金的情况。 调整保险公司股权投资的条件,其中直接股权投资要求投资团队已完成退出项目不少于 3 个。 取消被投企业不得与保险机构具有关联关系的规定,仅要求被投企业与投资机构和专业机构不得有关联关系。 新增对于国家主管或监管部门核准备案的重大工程、债转股、小微和科技企业的股权投资,监管机构后续将明确调整风险因子和权益投资规模核算方法。我们认为此条为重大利好,充分体现保险支持实体经济。[4] 6. 对保险投资市场化债转股项目大开绿灯,一是标的企业和债转股基金可以放宽要求,特别是在风险、盈利、成长阶段等方面;二是债转股基金管理人不受管理资产余额 30 亿元的限制;三是放宽部分被投企业负面清单条件。 7. 对股权投资可使用的资金作出限缩,一是股权投资不得使用自有资金、责任准备金以外的其他资金;二是保险公司与标的企业或其股东有关联关系的,只能使用自有资金。[5] 8. 新增专业机构黑名单和三年禁入制度				
2020 年 7 月 17 日《关于优化保险公司权益类资产配置监管有关事项的通知》(银保监办发〔2020〕63 号)				
公司上季度末综合偿付能力充足率不足 100% ,权益类投资不高于上季度末资产 10% ;充足率 100% ~350% 及以上不等,权益类投资不得高于上季度末资产 10% ~45%				
2020 年 10 月 10 日银保监会《关于优化保险机构投资管理能力监管有关事项的通知》发布后,取消保险机构七大投资管理能力备案(信用风险管理、股票、股权、不动产、衍生品、债权投资计划、股权投资计划产品管理能力),改为保险机构自评 + 信息公开披露(公司、保险资管协会/保险业协会网站) + 持续事中事后监管				
2020 年 11 月 12 日 54 号文				
为贯彻落实国务院常务会议精神,加大保险资金对实体经济股权融资支持力度,提升社会直接融资比重,银保监会发布该通知,主要包括以下内容:一是明确财务性股权投资的概念,保险机构及其关联方对所投资企业不构成控制或共同控制的,即为财务性股权投资;二是取消财务性股权投资行业限制,允许保险机构自主选择投资行业范围;三是建立财务性股权投资负面清单,禁止保险资金投资存在十类情形的企业,同时鼓励保险资金开展市场化,法治化债转股项目				

注:①黄华珍、孙泉:《〈保险资金投资股权管理办理〉(征求意见稿)新旧对比条文逐条解读》,载微信公众号“德恒律师事务所”2018 年 10 月 29 日。

②黄华珍、孙泉:《〈保险资金投资股权管理办理〉(征求意见稿)新旧对比条文逐条解读》,载微信公众号“德恒律师事务所”2018 年 10 月 29 日。

③参见黄华珍、孙泉:《〈保险资金投资股权管理办理〉(征求意见稿)新旧对比条文逐条解读》,载微信公众号“德恒律师事务所”2018 年 10 月 29 日。

④参见黄华珍、孙泉:《〈保险资金投资股权管理办理〉(征求意见稿)新旧对比条文逐条解读》,载微信公众号“德恒律师事务所”2018 年 10 月 29 日。

⑤参见黄华珍、孙泉:《〈保险资金投资股权管理办理〉(征求意见稿)新旧对比条文逐条解读》,载微信公众号“德恒律师事务所”2018 年 10 月 29 日。

(四)立法沿革反映的监管政策

总的来说,安全投资立法沿革呈现逐步放松的趋势,表现在以下几个方面:

1. 保险资金境内股权投资能力备案取消

根据79号文规定，保险公司从事境内股权投资，应进行股权投资能力备案；

2020年10月10日《银保监会关于优化保险机构投资管理能力监督有关事项的通知》，取消保险机构七大投资管理能力备案（信用风险管理、股票、股权、不动产、衍生品、债权投资计划、股权投资计划产品管理能力），改为保险机构自评＋信息公开披露（公司、保险资管协会/保险业协会网站）＋持续事中事后监管。

2. 投资比例放宽，与综合偿付能力充足率相挂钩

（1）《保监会关于加强和改进保险资金运用比例监管的通知》（2014年1月23日，以下简称13号文），投资权益类资产的账面余额，合计不高于上季度末总资产的30%；高于20%时，向银保监会报告并列入重点监测；

（2）《关于优化保险公司权益类资产配置监管有关事项的通知》（2020年7月17日），公司上季度末综合偿付能力充足率＜100%，权益类投资不高于上季度末资产的10%；充足率100%～350%及以上不等，权益类投资不高于上季度末资产的10%～45%；

（3）银保监会2021年一季度行业发展情况新闻发布，目前保险资金股权投资比例不到20%，与上限相比还有较大空间，鼓励保险资金有序进行股权投资。

3. 财务性直接股权投资取消行业限制

（1）取消财务性股权投资行业限制，允许保险机构自主选择投资行业范围

79号文和59号文：保险公司直接投资股权，限于九大类，即保险类企业、非保险类企业和与保险业务相关的养老、医疗、汽车服务、能源企业、资源企业和与保险业务相关的现代农业企业、新型商贸流通企业股权。

根据54号文规定，保险资金开展财务性股权投资，可在符合安全性、流动性和收益性条件下，综合考虑偿付能力、风险偏好、投资预算、资产负债等因素，自主选择投资企业的行业范围。

根据54号文规定，“财务性股权投资”指保险集团（控股）公司、保险公司和保险资产管理公司以出资人名义投资并持有未上市企业股权，且按照企业会计准则的相关规定，保险机构及其关联方对该企业不构成控制或共同控制的直接股权投资行为。

（2）对标的企业要求规则的适用

54号文规定，其仅适用于保险资金直接股权投资，但79号文既适用于直接投资也适用于私募股权基金投资，因此原则上要求保险资金直接投资和私募股权基金投资方向或投资标的均应符合79号文第12条的规定。

对股权投资对标的企业的要求规则见表8－5－3。

表 8－5－3 股权投资对标的企业的要求规则

规范性文件名称	具体条文
79 号文	第 12 条 保险资金直接或者间接投资股权,该股权所指向的企业,应当符合下列条件: (1)依法登记设立,具有法人资格; (2)符合国家产业政策,具备国家有关部门规定的资质条件; (3)股东及高级管理人员诚信记录和商业信誉良好(严格核查,尤其涉及个人时); (4)产业处于成长期、成熟期或者是战略新型产业,或者具有明确的上市意向及较高的并购价值; (5)具有市场、技术、资源、竞争优势和价值提升空间,预期能够产生良好的现金回报,并有确定的分红制度; (6)管理团队的专业知识、行业经验和管理能力与其履行的职责相适应; (7)未涉及重大法律纠纷,资产产权完整清晰,股权或者所有权不存在法律瑕疵; (8)与保险公司、投资机构和专业机构不存在关联关系,监管规定允许且事先报告和披露的除外(54 号文删除); (9)中国保监会规定的其他审慎性条件。 保险资金不得投资不符合国家产业政策、不具有稳定现金流回报预期或者资产增值价值,高污染、高耗能、未达到国家节能和环保标准、技术附加值较低等企业股权。不得投资创业、风险投资基金。不得投资设立或者参股投资机构。 保险资金投资保险类企业股权,可不受第 2 项、第 4 项、第 5 项、第 8 项限制
银保监会发布《保险资金投资股权管理办法(征求意见稿)》	第 17 条 保险资金开展一般股权投资和重大股权投资,所投资的标的企业除符合第 13 条相关规定外,不得存在以下情形: (1)所处行业或领域不符合宏观政策导向及宏观政策调控方向,或者属于产业政策禁止准入、限制投资类的行业与领域,或者可能对公司声誉造成不良影响的行业与领域; (2)高污染、高耗能或产能过剩、技术附加值较低、未达到国家节能和环保标准; (3)不具有稳定现金流回报预期或者资产增值价值; (4)面临或出现核心管理及业务人员大量流失、目标市场或者核心业务竞争力丧失等重大不利变化; (5)涉及巨额民事赔偿、重大法律纠纷,或者权属存在严重法律瑕疵或重大风险隐患,可能导致权属争议、权限落空或受损; (6)最近 3 年发生重大违约事件; (7)最近 3 年其控股股东或高级管理人员受到行政或监管机构重大处罚,或者其高级管理人员被纳入失信被执行人名单; (8)中国银保监会规定的其他审慎性条件。 保险资金投资市场化、法治化债转股项目的,可不受本条第 3 项至第 7 项的限制
54 号文	保险资金开展财务性股权投资,所投资的标的企业不得存在以下情形: (1)不具有稳定现金流回报预期和确定的分红制度,或者不具有市场、技术、资源、竞争优势和资产增值价值; (2)最近 3 年发生重大违约事件; (3)面临或出现核心管理及业务人员大量流失、目标市场或者核心业务竞争力丧失等重大不利变化; (4)控股股东或高级管理人员最近 3 年受到行政或监管机构重大处罚,或者被纳入失信被执行人名单; (5)涉及巨额民事赔偿、重大法律纠纷,或者股权权属存在严重法律瑕疵或重大风险隐患,可能导致权属争议、权限落空或受损; (6)与保险机构聘请的投资咨询、法律服务、财务审计和资产评估等专业服务机构存在关联关系; (7)所属行业或领域不符合宏观政策导向及宏观政策调控方向,或者被列为产业政策禁止准入、限制投资类名单,或者对保险机构构成潜在声誉风险; (8)高污染、高耗能、未达到国家节能和环保标准、产能过剩、技术附加值较低; (9)直接从事房地产开发建设,包括开发或者销售商业住宅; (10)银保监会规定的其他审慎性条件

续表

规范性文件名称	具体条文
79 号文	第 12 条……保险资金直接投资股权，仅限于保险类企业、非保险类金融企业和与保险业相关的养老、医疗、汽车服务等企业的股权
59 号文	一、3. 保险资金直接投资股权范围扩大至能源企业、资源企业和与保险业务相关的现代农业企业、新型商贸流通企业的股权且该股权指向的标的企业应当符合国家宏观政策和产业政策，具有稳定的现金流和良好的经济效益

二、保险公司财务投资新规解读

（一）财务性股权投资的定义

54 号文明确“财务性股权投资是指保险集团（控股）公司、保险公司和保险资产管理公司（以下统称保险机构）以出资人名义投资并持有未上市企业股权，且按照企业会计准则的相关规定，保险机构及其关联方对该企业不构成控制或共同控制的直接股权投资行为”。

2020 年 7 月 15 日，国务院常务会议上，国务院总理李克强表示，鼓励金融机构开展设备融资租赁和与创业相关的保险业务，取消保险资金开展财务性股权投资行业限制，在区域性股权市场开展股权投资和创业投资份额转让试点。此次 54 号文正是对国务院常务会议精神之落实。这是两年来第三次提及放开险资财务性股权投资的限制。据了解，下一步银保监会将完善保险资金股权投资监管政策，加大保险资金对实体经济特别是中小企业和科技企业的股权融资支持力度。

（二）取消财务性股权投资范围之强制性规定

此前，根据 79 号文，保险资金直接股权投资行业限于保险类企业、非保险类金融企业和与保险业务相关的养老、医疗等特定企业，59 号文将其扩展到了能源企业、资源企业和与保险业务相关的现代农业企业、新型商贸流通企业的股权。新政取消了财务性直接股权投资范围之限制，允许保险机构在符合安全性、流动性和收益性条件下，综合考虑偿付能力、风险偏好、投资预算、资产负债等因素，依法依规自主选择投资企业的行业范围。54 号文称，所谓财务性股权投资是指保险集团（控股）公司、保险公司和保险资产管理公司（以下统称保险机构）以出资人名义投资并持有未上市企业股权，且按照企业会计准则的相关规定，保险机构及其关联方对该企业不构成控制或共同控制的直接股权投资行为。

根据规定，保险资金开展财务性股权投资，所投资的标的企业应当依法登记设立且具有法人资格。标的企业所属产业应当处于成长期、成熟期或者为战略性新兴产业,或者具有明确的上市意向及较高的并购价值。

54 号文提出,保险资金开展财务性股权投资,可在符合安全性、流动性和收益性条件下,综合考虑偿付能力、风险偏好、投资预算、资产负债等因素,依法依规自主选择投资企业的行业范围。这也意味着,2010 年保监会发布的 79 号文所设的限制予以松绑。彼时根据 79 号文规定,保险资金股权投资有“三不准”,即不得投资不符合国家产业政策、不具有稳定现金流回报预期或者资产增值价值,高污染、高耗能、未达到国家节能和环保标准、技术附加值较低等企业股权;不得投资创业、风险投资基金;不得投资设立或者参股投资机构。此外,还要求保险资金直接投资股权,仅限于保险类企业、非保险类金融企业和与保险业务相关的养老、医疗、汽车服务等企业的股权。新规则取消了财务性股权投资行业限于保险类企业、非保险类金融企业和与保险业务相关的养老、医疗等特定企业要求,允许保险机构自主选择投资行业范围,扩大保险资金股权投资的选择面。旧规对险资的股权投资有所限制,是基于当时的险资投资能力和行业发展情况(见表 8 - 5 - 4)。如今已过去十年,保险机构在股权投资领域的投资经验已比较丰富,提高直接融资比重亦为监管部门所鼓励,现在选择松绑,是顺应行业发展和市场的需要。

表 8 - 5 - 4　直接股权投资范围 54 号文与 79 号文、59 号文的对比

新规	旧规	对比
54 号文: 保险资金开展财务性股权投资,可在符合安全性、流动性和收益性条件下,综合考虑偿付能力、风险偏好、投资预算、资产负债等因素,依法依规自主选择投资企业的行业范围	79 号文: 保险资金直接投资股权,仅限于保险类企业、非保险类金融企业和与保险业务相关的养老、医疗、汽车服务等企业的股权。 59 号文: 保险资金直接投资股权的范围,增加能源企业、资源企业和与保险业务相关的现代农业企业、新型商贸流通企业的股权,且该股权指向的标的企业应当符合国家宏观政策和产业政策,具有稳定的现金流和良好的经济效益	放开了财务性投资企业的行业范围限制

(三)强化市场主体的自我责任

尽管 54 号文未对财务性直接股权投资的范围作出强制性要求,但要求保险机构建立完善的财务性股权投资基本制度,自行明确拟投资企业的行业范围和主要条件;同时要求该制度应当报经董事会、经营管理层或其授权机构批准。我们理解,这是“将市场的交给市场,将监管的留给监管”,是最新一批保险新规所贯彻的监管理念,是对保险公司的自我管理责任提出了更高要求。

(四)明确财务性股权投资标的企业之资质条件要求

79 号文对保险股权投资标的有非常明确的要求。54 号文将标的企业的条件明确划分为积极要件与消极要件。积极要件有二:一是主体资格,二是企业基本面,基本承继了

79 号文的相关规定。

不过，虽然放开了投资范围，54 号文同时亦针对险资财务性股权投资的标的企业列了负面清单，划定了十条“红线”，绝大多数是对 79 号文之重申，值得关注的是新增以下两条：一是最近 3 年发生重大违约事件；二是控股股东或高级管理人员最近 3 年受到行政或监管机构重大处罚，或者被纳入失信被执行人名单。这就增加了保险机构的审查负担，需要在尽调过程中审核投资标的及其股东、高级管理人员的处罚情况、信用情况。

此外，以下 4 条变化也值得关注：

1. 最重要的是将 79 号文之投资标的“与保险公司、投资机构和专业机构不存在关联关系，监管规定允许且事先报告和披露的除外”，修改为投资标的不得“与保险机构聘请的投资咨询、法律服务、财务审计和资产评估等专业服务机构存在关联关系”。旧规则是投资标的与保险公司、投资机构和专业机构并非绝对不得有关联关系，经监管许可并披露即可。

54 号文有两个变化：一是删除“投资标的与保险公司、投资机构”不得有关联关系的要求，我们理解保险公司、投资机构与被投资标的若存在关联关系，仍需遵守银保监会《关于印发保险公司关联交易管理办法的通知》（银保监发〔2019〕35 号）的规定，此外本条仅针对直接股权投资，对于间接股权投资中经常出现的投资机构与标的企业之关联关系的仍需遵守 79 号文；二是全面禁止标的企业与专业服务机构存在关联关系，删除原监管允许之例外规定。

2. 将 79 号文之“管理团队的专业知识、行业经验和管理能力与其履行的职责相适应”规定，修改为强调不得“面临或出现核心管理及业务人员大量流失”，并且扩充了“目标市场或者核心业务竞争力丧失等重大不利变化”，对管理团队的从形式要求上升为实质要求。

3. 将 79 号文之“未涉及重大法律纠纷，资产产权完整清晰，股权或者所有权不存在法律瑕疵”，修改为“涉及巨额民事赔偿、重大法律纠纷，或者股权权属存在严重法律瑕疵或重大风险隐患，可能导致权属争议、权限落空或受损”。除在语义更准确的立法技术上的进步外，值得关注的是“巨额民事赔偿”的提出，何为“巨额”有待监管进一步明确，或在项目中自主灵活把握。

4. 对比 2010 年的 79 号文，不得投资不具有稳定现金流回报预期或者资产增值价值，不得投资高污染、高耗能、未达到国家节能和环保标准、技术附加值较低等企业股权，以及直接从事房地产开发建设，包括开发或者销售商业住宅，在 54 号文中依然未“放开”。除 79 号文之符合国家宏观产业政策之要求外，新增要求不得“被列为产业政策禁止准入、限制投资类名单”。关于禁投名单详见国务院《关于实行市场准入负面清单制度的意见》。

另外，54 号文将保险机构投资金融机构股权作为例外，规定“保险机构投资金融机构股权，金融监管部门另有规定的从其规定。”54 号文与 79 号文对比见表 8－5－5。

表8－5－5　54号文(新规)与79号文(旧规)对比

54号文(新规)	79号文(旧规)	对比
三、保险资金开展财务性股权投资,所投资的标的企业应当依法登记设立且具有法人资格。标的企业所属产业应当处于成长期、成熟期或者为战略性新兴产业,或者具有明确的上市意向及较高的并购价值	第12条　保险资金直接或者间接投资股权,该股权所指向的企业,应当符合下列条件: (1)依法登记设立,具有法人资格; (2)符合国家产业政策,具备国家有关部门规定的资质条件; (3)股东及高级管理人员诚信记录和商业信誉良好; (4)产业处于成长期、成熟期或者是战略新型产业,或者具有明确的上市意向及较高的并购价值; (5)具有市场、技术、资源、竞争优势和价值提升空间,预期能够产生良好的现金回报,并有确定的分红制度; (6)管理团队的专业知识、行业经验和管理能力与其履行的职责相适应; (7)未涉及重大法律纠纷,资产产权完整清晰,股权或者所有权不存在法律瑕疵; (8)与保险公司、投资机构和专业机构不存在关联关系,监管规定允许且事先报告和披露的除外; (9)中国保监会规定的其他审慎性条件。 保险资金不得投资不符合国家产业政策、不具有稳定现金流回报预期或者资产增值价值,高污染、高耗能、未达到国家节能和环保标准、技术附加值较低等企业股权	54号文第3条通过正面列举的方式规定了投资标的企业的规定,继承了79号文第12条的第(1)项、第(4)项
四、保险资金开展财务性股权投资,所投资的标的企业不得存在以下情形: (1)不具有稳定现金流回报预期和确定的分红制度,或者不具有市场、技术、资源、竞争优势和资产增值价值; (2)最近3年发生重大违约事件; (3)面临或出现核心管理及业务人员大量流失、目标市场或者核心业务竞争力丧失等重大不利变化; (4)控股股东或高级管理人员最近3年受到行政或监管机构重大处罚,或者被纳入失信被执行人名单; (5)涉及巨额民事赔偿、重大法律纠纷,或者股权权属存在严重法律瑕疵或重大风险隐患,可能导致权属争议、权限落空或受损; (6)与保险机构聘请的投资咨询、法律服务、财务审计和资产评估等专业服务机构存在关联关系; (7)所属行业或领域不符合宏观政策导向及宏观政策调控方向,或者被列为产业政策禁止准入、限制投资类名单,或者对保险机构构成潜在声誉风险; (8)高污染、高耗能、未达到国家节能和环保标准、产能过剩、技术附加值较低; (9)直接从事房地产开发建设,包括开发或者销售商业住宅; (10)银保监会规定的其他审慎性条件。 保险资金投资市场化、法治化债转股项目,可不受本条第1项、第2项的限制		54号文第4条通过反面列举的方式规定了投资标的企业不得出现的情形。 继承: (1)不具有稳定现金流回报预期和确定的分红制度,或者不具有市场、技术、资源、竞争优势和资产增值价值;(对应79号文第12条第5项) (8)高污染、高耗能、未达到国家节能和环保标准、产能过剩、技术附加值较低;(对应79号文第12条第2款) 强化: (3)面临或出现核心管理及业务人员大量流失、目标市场或者核心业务竞争力丧失等重大不利变化;(相比较79号文第12条第6项,从反面强调不得出现核心管理及业务人员大量流失,并且扩充到目标市场或者核心业务竞争力丧失等重大不利变化 (5)涉及巨额民事赔偿、重大法律纠纷,或者股权权属存在严重法律瑕疵或重大风险隐患,可能导致权属争议、权限落空或受损;(相比较79号文第12条第7项新增了"涉及巨额民事赔偿"以及"股权权属存在严重法律瑕疵或重大风险隐患,可能导致权属争议、权限落空或受损"的要求) (6)与保险机构聘请的投资咨询、法律服务、财务审计和资产评估等专业服务机构存在关联关系;(不再要求与"保险公司、投资机构"不得存在关联关系) (7)所属行业或领域不符合宏观政策导向及宏观政策调控方向,或者被列为产业政策禁止准入、限制投资类名单,或者对保险机构构成潜在声誉风险;(相较于79号文"保险资金不得投资不符合国家产业政策",明确增加了"被列为产业政策禁止准入、限制投资类名单,或者对保险机构构成潜在声誉风险",要求保险公司、保险资管公司进行财务投资前需要审查投资标的是否属于"产业政策禁止准入、限制投资类名单") (9)直接从事房地产开发建设,包括开发或者销售商业住宅;[与《保险资金投资不动产暂行办法》(保监发〔2010〕80号]第16条保险公司投资不动产,不得有下列行为:(4)直接从事房地产开发建设(包括一级土地开发)之规定基本相同 新增: (2)最近3年发生重大违约事件; (4)控股股东或高级管理人员最近3年受到行政或监管机构重大处罚,或者被纳入失信被执行人名单

（五）保险资金投资债转股作出例外规定

54号文为鼓励债转股业务，规定保险资金投资市场化、法治化债转股项目，可不受第4条第1项、第2项的限制，即(1)不具有稳定现金流回报预期和确定的分红制度，或者不具有市场、技术、资源、竞争优势和资产增值价值；(2)最近3年发生重大违约事件。

市场化债转股是近年国家针对经济转型中企业杠杆率过高、风险过大而推出的新政，保险监管机构积极鼓励保险资金债转股业务，行业内也落地不少债转股投资。近日银保监会办公厅下发了《关于保险资金投资债转股投资计划有关事项的通知》（银保监办发〔2020〕82号），开放保险资金投资金融资产投资公司债转股计划之通道。

（六）重申财务性股权投资的资金来源，同时明确自有资金的范围

一直以来，保险监管机构将股权投资区分为重大股权投资与非重大投资，对于重大股权投资，要求使用自有资金，而对于非重大股权投资则可使用的资金范围更广。

54号文维持了此规则，更进一步明确了自有资金的范围，为监管首次明确保险自有资金的定义。

有关保险自由资金定义对比，见表8-5-6。

表8-5-6　54号文（新规）与79号文、59号文（旧规）有关保险自有资金定义对比

54号文（新规）	79号文、59号文（旧规）	对比
54号文： 自有资金和与投资资产期限相匹配的责任准备金。 自有资金，指保险机构本级实收资本、资本公积、盈余公积、未分配利润及其他自有资金	79号文： 第14条第2项其他直接投资股权，可以运用资本金或者与投资资产期限相匹配的责任准备金。 59号文： 保险公司非重大股权投资和非自用性不动产投资，可以运用自有资金、责任准备金及其他资金	与旧规基本相同，只是更加科学地界定了自有资金的定义与范围

（七）保险机构之股权投资能力要求

54号文规定“保险机构开展财务性股权投资，应当符合银保监会规定的直接投资股权有关资质条件，加强股权投资能力建设”。新规还加强了相关的风险控制，要求保险机构承担开展财务性股权投资的主体责任，完善股权投资管理制度，加强股权投资管理能力建设，审慎开展投资运作，不得利用股权投资开展内幕交易或利益输送。

银保监会《关于优化保险机构投资管理能力监管有关事项的通知》（银保监发〔2020〕45号）明确了股权投资管理能力要求，其中附件3明确了保险机构的股权投资能力标准。

（八）重申财务性股权投资报告程序之要求

54号文规定“保险机构应当按照银保监会关于非重大股权投资的监管要求，履行财

务性股权投资报告程序。”

79 号文规定“保险公司进行非重大股权投资和投资基金投资的,应当在签署投资协议后 5 个工作日内,向中国保监会报告,除提交本办法第 30 条第(三)(六)(八)项规定的内容外,还应当提交以下材料:(一)董事会或者其授权机构的投资决议;(二)投资可行性报告、合规报告、关联交易说明、后续管理方案、法律意见书及投资协议或者认购协议;(三)对投资机构及投资基金的评估报告。”

(九)丰富监管手段并强化事后监管

同时,54 号文强化了监管手段,规定“保险机构违反规定开展投资的,银保监会将责令限期改正,依据相关规定采取限制股权投资行业范围、责令调整负责人及有关管理人员等监管措施;情节严重的,将依法对相关机构和人员给予行政处罚”。较 79 号文责令改正之监管措施更为严厉。

第六节 保险资金投资私募基金合规风险管理要点和风险控制

一、保险私募基金投资法规规范文件梳理

1.《保金管理办法》(保监会令〔2018〕1 号,2018 年 1 月 24 日发布,2018 年 4 月 1 日实施)

2.《保险资金委托投资管理暂行办法》(保监发〔2012〕60 号,2012 年 7 月 16 日发布,2012 年 7 月 16 日实施)

3.《保险资金投资股权管理办法(征求意见稿)》(2018 年 10 月 26 日发布,2018 年 10 月 26 日实施)

4. 79 号文[保监发〔2010〕79 号,2010 年 9 月 5 日发布,2010 年 9 月 5 日实施,本篇法规被《银保监会关于保险资金财务性股权投资有关事项的通知》(2020 年 11 月 12 日发布;2020 年 11 月 12 日实施)部分废止。本法中关于保险资金直接股权投资行业范围的条款停止执行]

5.《关于报送不动产和股权投资情况的通知》(保监厅函〔2010〕496 号,2010 年 11 月 2 日发布,2010 年 11 月 2 日实施)

6. 59 号文[保监发〔2012〕59 号,2012 年 7 月 16 日发布,2012 年 7 月 16 日实施,该通知被《银保监会关于优化保险机构投资管理能力监管有关事项的通知》(2020 年 9 月 30 日发布,2020 年 9 月 30 日实施)部分废止。本法中“明确事项”第 1 条第 2 款被废止。

该通知被《银保监会关于保险资金财务性股权投资有关事项的通知》(2020 年 11 月 12 日发布,2020 年 11 月 12 日实施)部分废止。本法中关于保险资金直接股权投资行业范围的条款停止执行]

7.《关于保险资金运用监管有关事项的通知》(保监发〔2012〕44 号,2012 年 5 月 7 日发布,2012 年 5 月 7 日实施)

8.13 号文[保监发〔2014〕13 号,2014 年 1 月 23 日发布,2014 年 1 月 23 日实施。该通知被《保监会关于进一步加强保险资金股票投资监管有关事项的通知》(2017 年 1 月 24 日发布,2017 年 1 月 24 日实施)部分废止。本法第三部分第 1 条第 2 款的规定被废止]

9.《关于保险资金投资创业投资基金有关事项的通知》(保监发〔2014〕101 号,2014 年 12 月 12 日发布,2014 年 12 月 12 日实施)

10.89 号文(保监发〔2015〕89 号,2015 年 9 月 10 日发布,2015 年 9 月 10 日实施)

二、私募股权投资基金的主要类型

保险资金投资私募股权投资基金属于前述保险资金股权投资中的间接股权投资。

第一,按照基金管理人是否为保险资管机构,保险资金能够投资的私募股权基金主要包括三种类型:保险私募基金、非保险私募基金的创业投资基金(创投私募基金)以及除前述两种之外的一般的私募股权基金(一般私募基金)。目前,保险资金间接投资股权存在投资境内股权投资基金、投资境外股权投资基金、保险私募基金三套监管体系。

根据 79 号文,保险资金不得投资设立或参股投资机构,仅可投资股权投资管理机构发起设立的股权投资基金等相关金融产品;59 号文规定保险资金投资的股权投资基金包括成长基金、并购基金、新兴战略产业基金和以上股权投资基金为投资标的的母基金。2014 年保监会发布的《关于保险资金投资创业投资基金有关事项的通知》(保监发〔2014〕101 号)规定保险资金还可以投资创业投资基金。2015 年保监会发布 89 号文又将前述保险资金可以投资的私募基金扩大至夹层基金和以夹层基金为投资标的的母基金。89 号文对保险私募基金的类别、投向、发起人和管理人资质、设立及相关制度进行了具体规范。内容包括:

1.明确保险私募基金类别。89 号文规定,保险资金设立私募基金的类别范围包括成长基金、并购基金、新兴战略产业基金、夹层基金、不动产基金、创业投资基金和以上述基金为主要投资对象的母基金。

2.限定保险私募基金投向。89 号文要求,保险资金设立私募基金,投资方向应当是国家重点支持的行业和领域,包括但不限于重大基础设施、棚户区改造、新型城镇化建设等民生工程和国家重大工程;科技型企业、小微企业、战略性新兴产业等国家重点支持企业或产业;养老服务、健康医疗服务、保安服务、互联网金融服务等符合保险产业链延伸方向的产业或业态。

3. 规范保险私募基金治理结构。89 号文规定,保险资金设立私募基金,应当事先确定发起人和基金管理人。发起人应当由保险资产管理机构的下属机构担任。基金管理人由发起人确定,基金管理人可以由发起人担任,也可以由发起人指定保险资产管理机构或保险资产管理机构的其他下属机构担任。基金管理人由保险资产管理机构担任的,应当具备相应的投资管理能力,且实际投资的项目不少于 3 个;基金管理人由保险资产管理机构下属机构担任的,保险资产管理机构及其关联的保险机构在下属机构的股权占比合计应当高于 30%,且核心决策人员不少于 3 名并具有 8 年以上相关经验,以及团队成员已完成退出项目合计不少于 3 个。具有独立的、市场化的管理运作机制,包括但不限于股权激励机制、收益分成机制、跟投机制等以及具备中国保监会规定的其他审慎性条件。

4. 规定保险私募基金注册制度。根据 89 号文,险资设立私募基金实行注册制度,由保险资产管理机构或者基金发起人向中国保监会或者其指定机构申请办理相关手续。

5. 规定保险私募基金其他制度。89 号文还规定了险资设立基金的一些其他制度,包括:(1)建立相关负面清单制度和保险机构和保险基金发起人之间的隔离制度,避免风险传导;(2)建立托管机制,保障基金资产安全独立;(3)建立关联交易规则,规定投资业务涉及关联交易的,由决策机构中非关联方表决权 2/3 以上通过,且投资顾问委员会无异议,投资规模不得超过基金募集规模的 50%;(4)建立报告制度:基金管理人应当于基金募集完成后的 5 个工作日、每季度结束后 20 个工作日和每年 4 月 30 日前,向中国保监会指定的信息登记平台提交募集情况报告、季度报告、年度报告及其他相关信息。

6. 明确保险私募基金市场化运作机制。89 号文要求基金管理人具有独立的、市场化的管理运作机制,建立股权激励、收益分成、跟进投资等关键机制,并规定发起人及其关联的保险机构出资或认缴金额不低于拟募集规模的 30%。89 号文的发布,为以保险资金发起设立并管理的私募基金提供了明确的法律依据,有利于拓展保险资金高效对接实体经济的路径,也为私募基金领域增添了新的基金模式。

保险私募基金(以下简称 89 号文基金)系指保险资管机构或其下属机构作为基金管理人(实践中一般均以保险投资机构作为基金管理人),根据 2015 年 9 月保监会下发 89 号文设立的私募基金。保险私募基金及其管理人的设立及运营应当符合 89 号文以及中国保险资产管理业协会(以下简称中资协)发布的《保险私募基金注册规则(试行)》(以下简称《注册规则》)的相关规定;创投私募基金系指处于投资于初创期至成长初期或者所处产业已进入成长初期但尚不具备成熟发展模式的未上市企业股权或可转换债券等权益的股权投资基金。保险资金投资创投私募基金应当符合《保险资金运用管理办法》以及《保监会关于保险资金投资创业投资基金有关事项的通知》的相关规定;而对于保险资金投资的一般私募基金,主要适用《保险资金运用管理办法》、《保险资金投资股权暂行办法》以及《关于保险资金投资股权和不动产有关问题的通知》的相关规定。

第二,按照发起设立的基金特性不同,保险资金可以投资私募股权投资基金(PE)、母基金(FOFs)、夹层基金、套嵌基金。

1. 鼓励设立不动产、基础设施、养老等专业保险资产管理机构,允许专业保险资产管理机构设立夹层基金、并购基金、不动产基金等私募基金。稳步推进保险公司设立基金管理公司试点。探索保险机构投资、发起资产证券化产品。探索发展债券信用保险。积极培育另类投资市场。[《国务院关于加快发展现代保险服务业的若干意见》(国发〔2014〕29号)]

2. 基金投资形式主要包括上市和非上市股权、优先股、债权、资产证券化产品,以及股权基金、并购基金、夹层基金等各类投资基金。[《国务院关于中国保险投资基金设立方案的批复》(国函〔2015〕104号)]

3. 保险资金投资的股权投资基金,包括成长基金、并购基金、新兴战略产业基金和以上股权投资基金为投资标的的母基金。其中,并购基金的投资标的,可以包括公开上市交易的股票,但仅限于采取战略投资、定向增发、大宗交易等非交易过户方式,且投资规模不高于该基金资产余额的20%。新兴战略产业基金的投资标的,可以包括金融服务企业股权、养老企业股权、医疗企业股权、现代农业企业股权以及投资建设和管理运营公共租赁住房或者廉租住房的企业股权。母基金的交易结构应当简单明晰,不得包括其他母基金。(59号文)

4. 保险资金可以通过投资其他股权投资基金间接投资创业企业,或者通过投资股权投资母基金间接投资创业投资基金。[《关于保险资金投资创业投资基金有关事项的通知》(保监发〔2014〕101号)]

5. 保险资金可以设立私募基金,范围包括成长基金、并购基金、新兴战略产业基金、夹层基金、不动产基金、创业投资基金和以上述基金为主要投资对象的母基金。(89号文)

6. 保险资金可以投资以符合《保险资金境外投资管理暂行办法》第12条第1款、第2款规定的股权投资基金为标的的母基金。母基金的交易结构应当简单明晰,不得包括其他母基金。[《保险资金境外投资管理暂行办法实施细则》(保监发〔2012〕93号)]

三、四种类型私募基金合规监管要求比较

相较于保险资金投资的创投私募基金和一般私募基金,89 号文和 101 号文放宽了部分《保金管理办法》对基金及基金管理人规定的限制条件,但同时其也针对保险公司对基金及基金管理人的投资参与程度设置了一定的要求,以下从基金管理人以及基金本身两个维度分别对保险资金投资的上述三类股权基金的限制性条件进行差异对比。

1. 保险资金投资的私募股权基金之基金管理人资质要求差异比较,见表 8－6－1。

表 8－6－1 保险资金投资私募股权基金之基金管理人资质要求差异对比

事项	保险私募基金	创投私募基金	一般私募基金	境外股权投资基金
注册资本	·暂无具体限制	·暂无具体限制	·不低于 1 亿元	·暂无具体限制
股权结构	·管理人为保险投资机构的,保险资管机构及其关联的保险机构在管理人的股权占比合计应当高于 30%	·暂无具体限制	·不得为保险类金融机构以外的其他金融机构或其子公司	·暂无具体限制
员工标准	·核心决策人员不少于 3 名,且具有 8 年以上相关经验; ·团队成员已完成退出项目合计不少于 3 个	·拥有不少于 5 名专业投资人员,其中至少 3 名专业投资人员共同工作满 5 年; ·团队成员成功退出的创业投资项目合计不少于 10 个; ·投资决策人员具备 5 年以上创业投资管理经验,其中至少 2 人具有 3 年以上企业管理运营经验	·拥有不少于 10 名具有股权投资和相关经验的专业人员,其中具有 5 年以上相关经验的不少于 2 名,具有 3 年以上相关经验的不少于 3 名; ·团队成员成功退出项目合计不少于 3 个; ·高级管理人员中,具有 8 年以上相关经验的不少于 1 名;拥有不少于 3 名熟悉企业运营、财务管理、项目融资的专业人员; ·主要人员最近 3 年不存在重大违法违规行为	(高于境内投资要求):拥有 10 名以上具有股权投资和相关经验的专业人员;高级管理人员中,具有 8 年以上相关经验的不少于 2 名,且具有完整的基金募集、管理和退出经验,主导并退出的项目不少于 5 个(母基金除外);至少有 3 名主要专业人员共同工作满 3 年;具有完善的治理结构、有效的激励约束机制和利益保护机制;设定关键人条款,能够确保管理团队的专属性
管理业绩	·如基金管理人由保险资管机构担任的,实际投资的项目不少于 3 个; ·如管理人为保险投资机构,无特别要求	·已发行管理过至少一只基金; ·累计管理创业投资资产规模不低于 10 亿元; ·具有 5 年以上创业投资管理经验; ·历史业绩优秀	·管理资产余额不低于 30 亿元 ·具有丰富的股权投资经验,历史业绩优秀,商业信誉良好	实收(缴)资本或者净资产不低于 1500 万美元或者等值可自由兑换货币; 累计管理资产规模不低于 10 亿美元或者等值可自由兑换货币,且过往业绩优秀,商业信誉良好

续表

事项	保险私募基金	创投私募基金	一般私募基金	境外股权投资基金
内部控制	已经实行投资基金托管制度，具有预期可行的退出安排和健全的有效的风险控制措施，且在监管机构规定的市场交易			·暂无具体限制
公司治理	·具有独立的、市场化的管理运作机制，包括但不限于股权激励机制、收益分成机制、跟投机制等	·公司治理、内控机制和管理制度健全有效； ·建立激励约束机制、跟进投资机制、资产托管机制和风险隔离机制，管理的不同资产之间不存在利益冲突	·具有完善的公司治理、管理制度、决策流程和内控机制； ·已建立风险准备金制度； ·具有健全的项目储备制度、资产托管和风险隔离机制； ·建立科学的激励约束机制和跟进投资机制，并得到有效执行	·暂无具体限制
合法合规	·暂无具体限制	·最近3年不存在重大违法违规行为	·最近3年不存在重大违法违规行为	·暂无具体限制
外部监管	接受银保监会涉及保险资金投资的质询，并报告有关情况（投资机构须向银保监会出具承诺函）			·暂无具体限制
基金投资标的企业	投资方向或投资标的符合79号文第12条及其他金融机构的规定； 保险资金投资私募股权投资基金属于保险资金间接投资股权，投资标的（投资最终所指向的企业）需要符合保险资金股权投资的投资标的条件。 保险资金股权投资的投资标的应当符合下列条件： 1.依法登记设立，具有法人资格； 2.符合国家产业政策，具备国家有关部门规定的资质条件； 3.股东及高级管理人员诚信记录和商业信誉良好； 4.产业处于成长期、成熟期或者是战略新型产业，或者具有明确的上市意向及较高的并购价值； 5.具有市场、技术、资源、竞争优势和价值提升空间，预期能够产生良好的现金回报，并有确定的分红制度； 6.管理团队的专业知识、行业经验和管理能力与其履行的职责相适应； 7.未涉及重大法律纠纷，资产产权完整清晰，股权或者所有权不存在法律瑕疵； 8.与保险公司、投资机构和专业机构不存在关联关系，监管规定允许且事先报告和披露的除外； 9.中国保监会规定的其他审慎性条件。 保险资金不得投资不符合国家产业政策、不具有稳定现金流回报预期或者资产增值价值，高污染、高耗能、未达到国家节能和环保标准、技术附加值较低等企业股权			根据《保险资金境外投资管理暂行办法实施细则》，保险资金境外投资未上市企业股权，应当参照境内同类品种相关监管规定。除部分事项（如有关境外投资管理机构、地域、管理团队要求、托管人要求、信息披露等）存在差异外，境内私募股权基金投资诸多监管要求适用于境外私募股权基金投资
投资策略	具有确定的投资目标、投资方案、投资策略、投资标准、投资流程、后续管理、收益分配和基金清算安排（募集文件、内部制度及合伙协议必备）			·暂无具体限制

续表

事项	保险私募基金	创投私募基金	一般私募基金	境外股权投资基金
风险提示及信息披露	交易结构清晰、风险提示充分、信息披露真实完整			·暂无具体限制

2. 保险资金投资的私募股权基金之限制性条件差异比较,见表8-6-2。

表8-6-2 保险资金投资的私募股权基金之限制性条件对比

事项	保险私募基金	创投私募基金	一般私募基金	境外私募股权基金
募集规模	·暂无具体限制	·单只基金募集规模不超过5亿元	·募集或者认缴资金规模不低于5亿元	·暂无具体限制
分散投资	·暂无具体限制	·投资单只创业投资基金的余额不超过基金募集规模的20%; ·单只基金投资单一创业企业股权的余额不超过基金募集规模的10%	·保险公司投资同一投资基金的账面余额,不超过该基金发行规模的20%; ·保险集团(控股)公司及其保险子公司,投资同一股权投资基金的账面余额,合计不高于该基金发行规模的60%	·暂无具体限制
资金来源	·管理人及其关联的保险机构出资或认缴金额不低于拟募集规模的30%; ·限机构投资者	·基金普通合伙人(或基金管理机构)及其关联方、基金主要管理人员投资或认缴基金余额合计不低于基金募集规模的3%	·非保险类金融机构及其子公司不得持有普通合伙权益	·暂无具体限制
投资标的	·暂无具体限制	·科技型企业、小微企业、战略性新兴产业	·产业处于成长期、成熟期或者是战略新型产业,或者具有明确的上市意向及较高的并购价值; ·具有市场、技术、资源、竞争优势和价值提升空间,预期能够产生良好的现金回报,并有确定的分红制度	股权投资基金投资标的应位于规定的发达国家和新兴市场,标的处于成长期、成熟期或具有较高并购价值除外

续表

事项	保险私募基金	创投私募基金	一般私募基金	境外私募股权基金
投资协议	对基金合同或者协议的要求 保险资金投资股权投资基金的，应当与投资机构签订投资合同或者协议，载明管理费率、业绩报酬、管理团队关键人员变动、投资机构撤换、利益冲突处理、异常情况处置等事项。 同时，就关联交易事宜，保险资金投资股权涉及关联关系的，在投资决策和具体执行过程应当采取有效措施，避免保险资金利益受到损害。就治理结构与内部决策事宜，股权投资基金采取公司型的，应当建立独立董事制度；采取合伙型的，应当建立投资顾问委员会。就退出事宜，保险资金投资企业股权应当建立有效的退出机制，退出方式包括但不限于企业股权的上市、回购、协议转让及投资基金的买卖或者清算等。 也就是说，股权投资基金希望获得保险资金投资的，在基金合同或者协议中需要载明以下条款，避免因条款缺失影响保险资金的投资： (1)管理费率、业绩报酬、管理团队关键人员变动、投资机构撤换、利益冲突处理、异常情况处置等事项相关条款； (2)关联交易处理条款； (3)独立董事条款(公司型基金)或者投资顾问委员会条款(合伙型基金)； (4)退出机制条款。 【相关规定】 79 号文第 17 条，第 19 条第 3 款、第 4 款，第 28 条			·暂无具体限制
财产独立	基金投资形成的财产，独立于投资机构、托管机构和其他相关机构固有财产及其管理的其他财产			·暂无具体限制

3. 实务的问题

(1)“双 30%”的核心要求

一言以蔽之，如保险资管公司及其关联保险机构在管理人中持股低于 30%，属于 79 号文保险资金股权投资。

保险公司通过设立并投资于保险私募基金，可以避开私募基金管理人资质、投资范围等较为严苛的条件。但同时，保险私募基金应满足“双 30%”的核心要求，即其一，保险资管机构及其关联的保险机构在保险投资机构的股权占比超过 30%；其二，管理人及其关联的保险机构出资或认缴金额不低于拟募集规模的 30%。

衍生的问题是，第二项 30% 的要求是属于强行性规定还是属于保险私募基金识别标准，实务中存在一定的分歧。第一种认识是已满足第一项 30% 要求的保险投资机构发起设立的私募基金，均应符合此要求，未达到 30% 的，不得设立私募基金；第二种认识是对保险投资机构发起设立的基金，发起人或关联的保险机构出资或认缴金额可以低于 30%，只是低于 30% 的，不属于 89 号文所调整的保险私募基金，其合规要求应适用 79 号文等保险资金投资的一般性规定。对此，我们倾向于应作第一种认识。虽然在实务中，保险资管机构下属机构发起设立的基金，保险机构及关联方出资额低于 30% 的现象也存在，但这并不代表此类基金符合合规要求，一旦监管机构收紧监管口径，此类基金可能会面临一系列的合规问题。

(2)私募股权投资基金与股权投资计划的差异

在保险资金投资股权投资基金时,也可以由保险资产管理机构设立股权投资计划作为投资的工具。所谓股权投资计划是指保险资产管理机构作为管理人发起设立、向合格机构投资者募集资金、通过直接或间接方式主要投资于未上市企业股权的保险资产管理产品。股权投资计划与89号文私募股权投资基金还不是一回事。两类产品都属“股权类”资管产品。所谓股权投资计划,指的是由保险资管机构作为管理人发起设立,向投资人募集资金并进行投资管理,由托管人进行托管,直接或间接投资于未上市企业股权的金融工具。而保险私募基金,根据2015年9月保监会印发的89号文,保险资金可以设立私募基金范围包括成长基金、并购基金、新兴战略产业基金、夹层基金、不动产基金、创业投资基金和以上述基金为主要投资对象的母基金。其投资方向应是国家重点支持的行业和领域,包括但不限于重大基础设施、棚户区改造、新型城镇化建设等民生工程和国家重大工程;科技型企业、小微企业、战略性新兴产业等国家重点支持企业或产业;养老服务、健康医疗服务、保安服务、互联网金融服务等符合保险产业链延伸方向的产业或业态。股权计划和保险私募基金都是保险资金进行股权投资的方式,二者都属于资管产品,原理和起到的作用类似,都能撬动自身以外的更多资金共同投向企业或项目股权。有关股权投资计划的合规性要点和风险控制,笔者将在本书其他章节对股权投资计划进行介绍。按照银行保监会发布的《简化股权投资计划和保险私募基金注册程序支持保险机构加大股权投资力度》从2019年1月29日起,保险资产管理机构及其下属机构发起设立股权投资计划和保险私募基金,由中国保险资产管理业协会办理注册工作。设立这两类产品的需要向银保监会提交相关申请,待评估完成后再到中国保险资产管理业协会注册,一定程度上仍是核准制;现在,发起设立的保险机构直接向中国保险资产管理业协会提交资料办理相关注册工作,产品设立的效率将大大提升。

Chapter 9
第九章
保险资产管理业务合规和风险控制指南

第一节　保险资产管理产品业务立法综述

一、保险资管产品投资法规规范文件梳理

1.《保监会关于保险资产管理公司有关事项的通知》(保监发〔2012〕90号,2012年10月12日发布,2012年10月12日实施)

2. 中国人民银行、银保监会、中国证券监督管理委员会、国家外汇管理局《关于规范金融机构资产管理业务的指导意见》(银发〔2018〕106号,2018年4月27日发布,2018年4月27日实施)

3.《保险资金间接投资基础设施项目管理办法》(保监会令〔2016〕第2号,2016年6月14日发布,2016年8月1日实施)

4.《保险资产管理产品管理暂行办法》(银保监会令2020年第5号,2020年3月18日发布,2020年5月1日实施)

5.《保险资产管理公司管理暂行规定》(保监发〔2004〕第2号,2011年4月7日发布,2004年4月21日实施)

6.《银保监会办公厅关于印发组合类保险资产管理产品实施细则等三个文件的通知》[银保监办发〔2020〕85号,2020年9月7日发布,2020年9月7日实施。其中,附件1《组合类保险资产管理产品实施细则》实施后,《中国保监会关于保险资产管理公司开展资产管理产品业务试点有关问题的通知》(保监资金〔2013〕124号)、《中国保监会关于加强组合类保险资产管理产品业务监管的通知》(保监资金〔2016〕104号)和《中国保监会关于保险资产管理产品参与融资融券债权收益权业务有关问题的通知》(保监资金〔2015〕114号)同时废止。附件2《债权投资计划实施细则》实施后,《关于印发〈基础设施债权投资计划管理暂行规定〉的通知》(保监发〔2012〕92号)、《关于保险资金投资有关金融产品的通知》(保监发〔2012〕

91 号)第 6 条、《关于债权投资计划注册有关事项的通知》(保监资金〔2013〕93 号)和《中国保监会关于债权投资计划投资重大工程有关事项的通知》(保监资金〔2017〕135 号)同时废止。附件 3《股权投资计划实施细则》实施后,《中国保监会关于保险资金设立股权投资计划有关事项的通知》(保监资金〔2017〕282 号)和《关于印发〈保险资金设立股权投资计划报告要件及要点〉监管口径的通知》(资金部函〔2016〕440 号)同时废止]

二、保险资产管理产品适用法规规范立法演变

自 2013 年保监会允许保险资产管理公司发起设立保险资产管理产品以来,保险资管机构开展组合类保险资管产品业务的规模逐年扩大。截至 2020 年 6 月末,保险资产管理产品余额 3.43 万亿元,其中组合类产品 1.98 万亿元。为了更好地理解组合类产品细则,笔者先就组合类产品的监管政策沿革进行简要回顾。

2012 年 10 月 12 日,保监会发布的《关于保险资产管理公司有关事项的通知》(保监发〔2012〕90 号)规定,保险资产管理公司作为受托人,可以接受客户委托,以委托人名义,开展资产管理业务,也可以设立资产管理产品,为受益人利益或者特定目的,开展资产管理业务。该通知为保险资产管理公司开展资产管理产品业务拓展了空间。

2013 年 2 月 17 日,保监会发布《关于保险资产管理公司开展资产管理产品业务试点有关问题的通知》(保监资金〔2013〕124 号),允许保险资产管理公司作为管理人,发起设立资产管理产品。产品限于向境内保险集团(控股)公司、保险公司、保险资产管理公司等具有风险识别和承受能力的合格投资人发行,包括向单一投资人发行的定向产品和向多个投资人发行的集合产品。其后,保监会于 2015 年 7 月 9 日发布《关于保险资产管理产品参与融资融券债权收益权业务有关问题的通知》(保监资金〔2015〕114 号),要求保险资产管理产品涉及与证券公司开展融资融券债权收益权转让及回购业务的,可以协商合理确定还款期限,不得单方强制要求证券公司提前还款。

2016 年 5 月 27 日,保监会发布《关于清理规范保险资产管理公司通道类业务有关事项的通知》(保监资金〔2016〕98 号),要求清理规范银行存款通道等业务,并指出通道类业务是指资金来源与投资标的均由商业银行等机构确定,保险资产管理公司通过设立资产管理计划等形式接受商业银行等机构的委托,按照其意愿开展银行协议存款等投资,且在其委托合同中明确保险资产管理公司不承担主动管理职责,投资风险由委托人承担的各类业务。

2016 年 6 月 13 日,保监会发布《关于加强组合类保险资产管理产品业务监管的通知》(保监资金〔2016〕104 号),基于规范市场行为,强化风险管控和去嵌套、去通道、限杠杆的监管理念,对组合类产品业务涉及的管理人条件、基础资产范围、发行与登记、监

管要求等进一步作出了规范。该通知对组合类产品的投资范围作出了明确的规定，对于集合产品或产品资金涉及保险资金的定向产品可投资的金融产品，允许投资保险资产管理公司发行的基础设施投资计划、股权投资计划、资产支持计划等，但是将信托计划排除在外。

2018 年 10 月 25 日，银保监会发布《关于保险资产管理公司设立专项产品有关事项的通知》(银保监发〔2018〕65 号)，就保险资产管理公司设立专项产品专门作出了规定。专项产品主要用于化解优质上市公司股票质押流动性风险，投资标的包括上市公司股票、上市公司及其股东公开发行的债券、上市公司股东非公开发行的可交换债券等。

为贯彻落实资管新规，银保监会 2020 年 5 月 1 日发布实施的《保险资产管理产品管理暂行办法》(银保监会令 2020 年第 5 号)(以下简称《保险资管新规》)。作为资产管理业务的一个重要体系和分支，相比银行理财子公司、信托、公募基金、券商资管，保险资产管理绝对算得上是独具特色。自中国人民银行 2018 年 4 月 27 日颁布《关于规范金融机构资产管理业务的指导意见》(以下简称《资管新规》)后，证监会以及原银监会先后就其所监管的资产管理类型颁布了与之对应的资产管理产品细则，保险资管新规作为保险资产管理的监管细则相比其他监管机构而言有点姗姗来迟。[①]《保险资管新规》在整体上遵循了《资管新规》的基本思路，在禁止刚性兑付、禁止通道、消除多层嵌套、投资期限、独立核算等多个方面对《资管新规》的内容进行了重申，同时也对原有的零散的监管规定，比如，《中国保监会关于保险资产管理公司开展资产管理产品业务试点有关问题的通知》(保监资金〔2013〕124 号)、《中国保监会关于加强组合类保险资产管理产品业务监管的通知》等进行了更新，包括扩大合格投资者的范围，提出了对投资顾问的要求，对非标债权的投资余额限制，拓宽保险资管产品的代销模式等。但在实务中，保险资产管理的法律实务远远不只这些，《保险资管新规》更多的只是保险资产管理方面的一部纲领性规定，在实际的运作过程中，还需要结合合格投资者的资金来源是否属于保险资金，在投资范围方面会有所区别。如果属于保险资金，则需要符合保险资金投资运用的相关监管规定。对于各类债权投资计划，还需要结合针对具体投资标的的细则进行分析判断，对于股权投资计划，则需要参考适用《保险资金投资股权暂行办法》以及与此相关的《关于保险资金投资股权和不动产有关问题的通知》等多个规范性文件。基本上的合规分析思路依然是监管机构惯常的监管思路，需要综合考虑投资能力备案、准入资质、投资范围、投资对象、资金来源、中介机构等各项是否合规进行综合判断，从而确定产品是否可以注册。

在 2020 年 9 月 7 日发布实施《银保监会办公厅关于印发组合类保险资产管理产品

① 参见谭卫红、郭海珍:《从新规〈保险资产管理产品管理办法〉看保险资产管理的特点》，载微信公众号“观韬中茂律所”，2010 年 3 月 26 日。

实施细则等三个文件的通知》（银保监办发〔2020〕85 号）作为保险资管新规实施的配套规则，三项实施细则的发布使保险资产管理产品监管领域形成“1 +3”的制度框架，成为落实《资管新规》、细化保险资管产品监管要求的重要规则。该通知附件一就是组合类产品细则，附件二是债权计划产品细则，附件三是股权计划产品细则。在 2020 年 9 月 7 日该通知实施后，《关于保险资产管理公司开展资产管理产品业务试点有关问题的通知》（保监资金〔2013〕124 号，以下简称 124 号文）、《关于加强组合类保险资产管理产品业务监管的通知》（保监资金〔2016〕104 号）和《关于保险资产管理产品参与融资融券债权收益权业务有关问题的通知》（保监资金〔2015〕114 号）三篇法规就被废止。

三、保险资产管理产品的定义

保险资管产品是保险资产管理机构为管理人，向投资人发售标准化产品份额，募集资金，由托管机构担任资产托管人，为投资人利益运用产品资产进行投资管理的金融工具。在《资管新规》中资管产品可以是公募也可以是私募，但是《保险资管新规》明确保险资管产品为私募产品，面向合格投资者非公开发行，产品形式包括债权投资计划、股权投资计划和组合类保险资管产品等。《保险资管新规》所规定的资产管理类型并未沿用《资管新规》的分类标准，而是明确规定了三种类型的产品，包括债权投资计划、股权投资计划、组合类产品和银保监会规定的其他产品。虽然也有一个兜底的“其他产品”，但险资的规定基本遵循正面列举原则，除非明确列举，否则都不属于监管机构认可的产品类型，或者至少需要与监管机构进行事先沟通。保险资金适用与保险资产管理业务界限对比见图 9 –1 –1。

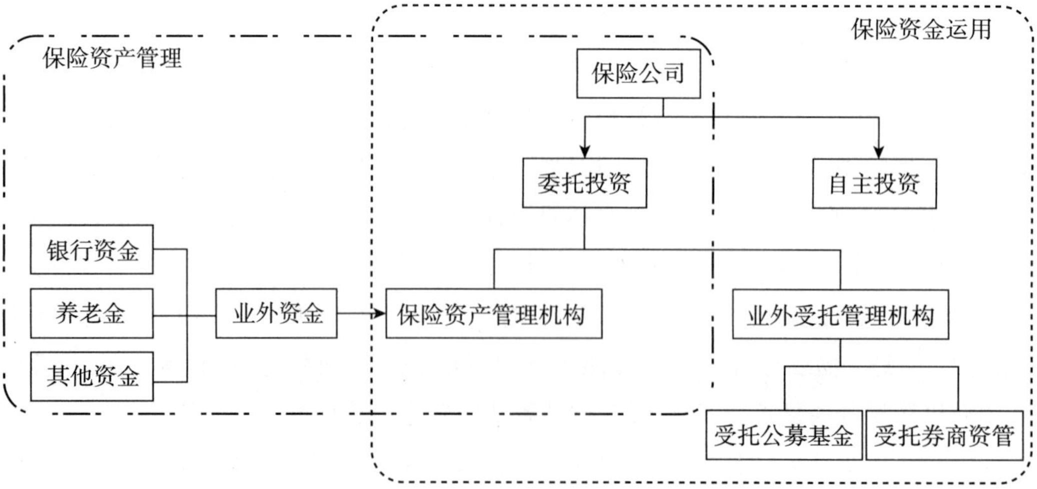

图 9 –1 –1　保险资金适用与保险资产管理业务界限对比

保险资管产品创设的最初主要目的是配置保险资金,因此与保险资金投资偏好相匹配,保险资管产品投资运作总体审慎稳健,产品久期较长、杠杆率低,也很少存在多层嵌套、资金池等问题。但是各类保险资管产品缺少统一的制度安排,与其他金融机构资管业务的监管规则和标准也存在一定差异。本次《保险资管新规》明确了保险资管产品的共性要求,同时也是落实《资管新规》统一监管的重要举措。

四、保险资管产品的形式和定位

《保险资管新规》明确了产品的定位和形式。保险资管产品定位为私募产品,面向合格投资者非公开发行,产品形式包括债权投资计划、股权投资计划和组合类产品和银保监会规定的其他产品。下一步银保监会将在《保险资管新规》的基础上,分别制定债权投资计划、股权投资计划和组合类产品的配套细则,细化监管标准,提高监管政策的针对性(详见本章第二、三、四节内容)。保险资管协会注册设立的保险私募基金是否属于保险资管产品,仍然有待监管部门的进一步说明。关于资产支持计划产品,我们倾向参照《资管新规》关于"依据金融管理部门颁布规则开展的资产证券化业务……不适用本意见"的规定,未将其列为保险资管产品。

五、保险资管产品的投资范围

《保险资管新规》第30条规定"保险资管产品可以投资于国债、地方政府债券、中央银行票据、政府机构债券、金融债券、银行存款、大额存单、同业存单、公司信用类债券,在银行间债券市场或者证券交易所市场等经国务院同意设立的交易市场发行的证券化产品,公募证券投资基金、其他债权类资产、权益类资产和银保监会认可的其他资产。保险资金投资的保险资管产品,其投资范围应当符合保险资金运用的有关监管规定。"投资范围的规定对债权投资计划、股权投资计划、组合类产品来说:

1. 债权投资计划:投资范围应属"其他债权类资产",由于其采用的是项目投资的方式,必须有合格的基础设施项目或者不动产项目作为目标投资项目。根据80号文等文件规定,保险资金不得开发和销售商业住宅。若某债权投资计划全部向保险机构外的投资者发行,是否可不受商业住宅限制,值得进一步探讨以及监管部门明确。

2. 股权投资计划:投资范围应属"权益类资产",股权投资计划投资于未上市企业股权或者私募股权投资基金。

3. 组合类产品:投资范围可以涵盖《保险资管新规》第30条规定的各类资产。其中同一保险资产管理公司管理的全部组合类保险资产管理产品投资于非标准化债权类资产的余额在任何时点上不得超过其管理的全部组合类保险资产管理产品净资产的35%。标准化债权类资产的具体范围,可参照《标准化债权类资产认定规则》(中国人民银行、银保监会、中国证券监督管理委员会、国家外汇管理局公告〔2020〕第5号,2020年7月3日发布,2020年8月3日实施)。

六、保险资产管理业务的参与者

(一)资管产品当事人

与信托一样,保险资管业务的参与方至少也是有三方:委托人,受托人和受益人。

其中,委托人指的是资金委托方,保险资产管理业务中委托人一般是保险母公司。也可以是养老金、企业年金、住房公积金等机构或能够识别并承担相应风险的合格投资者。目前我国保险资产管理的资金大部分还依赖于母保险公司自身的保费,但是面向市场管理的第三方资产规模也正在加速扩大。《保险资管新规》关于合格投资者最低投资金额的限制与《资管新规》一致,即投资单只固收类产品不低于30万元,单只混合类产品不低于40万元,单只权益类产品、商品及金融衍生品类产品不低于100万元。但保险资管产品投资于非标准化债权类资产的(虽然属于固定收益类产品),单个合格投资者委托资金应不低于100万元。

受托人指的是接受资金的委托,代替委托人进行财产处分和管理的机构。在保险资管业务中指的是保险资产管理公司。能否受托管理企业年金要看保险资管公司或基金公司是否符合《企业年金基金管理办法》的管理规定,并得到国务院的批准。

受益人指的是受托人运用委托方的财产进行处分或投资产生的收益的归属方。受限于当前相关法律法规建设的滞后性和非资金类权益资产注册登记制度的缺失,目前我国的资产管理产品,包括保险资管产品大多都是自益类的项目,受益人即委托人。

(二)什么是合格投资者?

《保险资管新规》关于"保险资管产品业务"的定义为:"保险资管产品业务,是指保险资产管理机构接受投资者委托,设立保险资管产品并担任管理人,依照法律法规和有关合同约定,对受托的投资者财产进行投资和管理的金融服务。"

此前,在《保金管理办法》(保监会令〔2018〕1号)关于"保险资产管理产品业务"的定义为:"保险资产管理产品业务,是指由保险资产管理机构作为发行人和管理人,向保险集团(控股)公司、保险公司、保险资产管理机构以及其他合格投资者发售产品份额,募集资金,并选聘商业银行等专业机构为托管人,为投资人利益开展的投资管理活动。"

虽然《保金管理办法》关于保险资产管理产品业务的投资者范围也有"以及其他合格投资者"的表述,但相关表述仍强调了以保险机构的保险资金为主,本次《保险资管新规》不再列举保险机构,仅在第30条明确如投资资金包含保险资金则投资范围应当符合保险资金运用的有关监管规定,无疑对保险资管产品接受业外资金投资、扩大发行规模是一大利好。同时,保险资管产品之前主要投资者为机构投资者,此次新规也明示了合格自然人投资者可以投资保险资管产品。另外,将基本养老金、社会保障基金、企业年金等明示为产品投资者,更好体现出保险资管产品服务长期资金的导向。

(三)保险资产管理机构的范围和职责

保险资产管理机构是指经银保监会批准,依法登记注册、受托管理保险资金的金融机构,包括保险资产管理公司及其子公司、其他专业保险资产管理机构。包括保险资产管理公司及其子公司、其他专业保险资产管理机构。截至 2020 年 12 月底,市面上获得保险资产管理公司牌照的保险资管公司共计 28 家,包括了 3 家近期刚刚获准开业的合资寿险公司设立的资产管理公司(中信保诚、工银安盛以及交银康联)和 1 家刚刚获得批筹但尚未开业的合资寿险公司设立的资产管理公司(招商信诺)。除此之外,事实上还存在个别虽然未获得保险资产管理公司牌照,但实际上按照保险资产管理公司监管的类资产管理公司(据说监管机构正在考虑给他们发放资管牌照),还存在个别养老险公司实际上也有权开展资产管理业务。这也是《保险资管新规》为何不用"保险资产管理公司"而采用"保险资产管理机构"这个术语的原因,因为前者是个法律概念,后者并不是法律概念。

保险资产管理机构作为受托人,可以接受客户委托,以委托人名义,开展资产管理业务,也可以设立资产管理产品,为受益人利益或者特定目的,开展资产管理业务。保险资产管理公司除受托管理保险资金外,还可受托管理养老金、企业年金、住房公积金等机构的资金和能够识别并承担相应风险的合格投资者的资金。

《保险资管新规》明确了两类保险资管产品管理人:(1)具备开展保险资管产品业务能力的保险资产管理机构(需要具有投资能力备案),(2)符合条件的养老保险公司参照执行(改善了养老保险公司开展保险资管产品业务的法律依据不完善的现状)。另外,管理人还可以聘请专业服务机构,《保险资管新规》第 17 条对专业服务机构明确细化为"独立监督""信用评估""投资顾问""法律服务""财务审计""资产评估"等专业服务机构,并要求向投资者披露专业服务机构的资质、收费等情况以及更换、解聘的条件和程序,以及相关聘用风险。《保险资管新规》要求投资顾问满足:"(一)具有专业资质并受金融监督管理部门监管;(二)主要人员具备专业知识和技能,从事相关业务三年以上;(三)最近三年无涉及投资顾问业务的违法违规行为;(四)银保监会规定的其他条件。"意味着没有专业资质的机构将无法成为保险资管产品投资顾问。同时《保险资管新规》还要求,保险资产管理机构与任一投资顾问首次进行合作的,应当提前十个工作日将合作情况报告银保监会。此外,明确了"服务与费用相匹配"的原则,要求保险资管机构不得向未提供实质服务的投资顾问支付费用或者支付与其提供的服务不相匹配的费用。就销售机构而言,《保险资管新规》第 26 条明确"保险资产管理机构可以自行销售保险资管产品,也可以委托符合条件的金融机构以及银保监会认可的其他机构代理销售保险资管产品。”目前保险资管机构大多采取自行销售的方式,《保险资管新规》又进一步拓宽了代理销售机构范围,明确为“金融机构以及银保监会认可的其他机构”,也就是说证券业金融机构和其他类型的金融机构以及银保监会认可的非金融机构也可代理销售保险资管产品。保险资管产品当事人的资质和条件,见表9－1－1。

表9－1－1 保险资管产品当事人的资质和条件

合格投资人	保险资产管理机构	托管机构	专业服务机构
合格投资者,是指具备相应风险识别能力和风险承担能力,投资于单只产品不低于一定金额且符合下列条件的自然人、法人或者其他组织: (1)具有两年以上投资经历,且满足以下条件之一的自然人:家庭金融净资产不低于300万元人民币,家庭金融资产不低于500万元人民币,或者近3年本人年均收入不低于40万元人民币; (2)最近一年末净资产不低于1000万元人民币的法人单位; (3)接受金融监督管理部门监管的机构及其发行的资产管理产品; (4)基本养老金、社会保障基金、企业年金等养老基金; (5)银保监会视为合格投资者的其他情形	保险资产管理机构开展保险资管产品业务,应当符合下列条件: (1)公司治理完善,市场信誉良好,符合银保监会有关投资管理能力要求; (2)具有健全的操作流程、内控机制、风险管理和稽核制度,建立公平交易和风险隔离机制; (3)设置产品开发、投资研究、投资管理、风险控制、绩效评估等专业岗位; (4)具有稳定的投资管理团队,拥有不低于规定数量的相关专业人员; (5)最近3年无重大违法违规行为,设立未满3年的,自其成立之日起无重大违法违规行为; (6)银保监会规定的其他审慎性条件	保险资产管理机构开展保险资管产品业务,应当聘请符合银保监会规定且已具备保险资产托管业务条件的商业银行或者其他金融机构担任托管人	保险资产管理机构开展保险资管产品业务,可以依照有关法律、行政法规以及银保监会规定,聘请专业服务机构,为产品提供独立监督、信用评估、投资顾问、法律服务、财务审计或者资产评估等专业服务。 保险资产管理机构应当向投资者披露专业服务机构的资质、收费等情况,以及更换、解聘的条件和程序,充分揭示聘请专业服务机构可能产生的风险。 专业服务机构应当诚实守信、勤勉尽责,并符合下列条件: (1)具有经国家有关部门认可的业务资质; (2)具有完善的管理制度、业务流程和内控机制; (3)熟悉产品相关法律法规、政策规定、业务流程和交易结构,具有相关服务经验和能力,商业信誉良好; (4)银保监会规定的其他审慎性条件。 保险资产管理机构聘请的投资顾问,除满足上述条件外,还应当符合下列条件: (1)具有专业资质并受金融监督管理部门监管; (2)主要人员具备专业知识和技能,从事相关业务3年以上; (3)最近3年无涉及投资顾问业务的违法违规行为; (4)银保监会规定的其他条件。 保险资产管理机构与任一投资顾问进行首次合作的,应当提前10个工作日将合作情况报告银保监会。投资顾问不得承担投资决策职责,不得直接执行投资指令,不得以任何方式承诺保本保收益。 保险资产管理机构不得向未提供实质服务的投资顾问支付费用或者支付与其提供的服务不相匹配的费用

七、保险资产管理机构、托管机构和专业机构资产管理业务职责规范

根据《保险资管新规》，保险资产管理机构、托管机构未按照诚实信用原则、勤勉尽责原则切实履行受托管理职责，造成投资者损失的，应当依法向投资者承担赔偿责任。保险资产管理机构、托管机构开展资管业务需要履行以下职责，如表9－1－2所示。

表9－1－2 保险资管管理人和受托人职责

序号	保险资产管理机构（资产管理业务管理人）职责	商业银行（托管机构）职责
1	依法募集资金，办理产品份额的发售和登记事宜	（1）忠实履行托管职责，妥善保管产品财产
2	办理产品登记备案或者注册手续	（2）根据不同产品，分别设置专门账户，保证产品财产独立和安全完整
3	对所管理的不同产品受托财产分别管理、分别记账，进行投资	（3）根据保险资产管理机构指令，及时办理资金划转和清算交割
4	按照产品合同的约定确定收益分配方案，及时向投资者分配收益	（4）复核、审查保险资产管理机构计算的产品财产价值
5	进行产品会计核算并编制产品财务会计报告	（5）了解并获取产品管理运营的有关信息，办理出具托管报告等与托管业务活动有关的信息披露事项
6	依法计算并披露产品净值或者投资收益情况，确定申购、赎回价格	（6）监督保险资产管理机构的投资运作，对托管产品财产的投资范围、投资品种等进行监督，发现保险资产管理机构的投资或者清算指令违反法律、行政法规、银保监会规定或者产品合同约定的，应当拒绝执行，并及时向银保监会报告
7	办理与受托财产管理业务活动有关的信息披露事项	（7）保存产品托管业务活动的记录、账册、报表和其他相关资料
8	保存受托财产管理业务活动的记录、账册、报表和其他相关资料	（8）主动接受投资者和银保监会的监督，对产品投资信息和相关资料承担保密责任，除法律、行政法规、规章规定或者审计要求、合同约定外，不得向任何机构或者个人提供相关信息和资料
9	以管理人名义，代表投资者利益行使诉讼权利或者实施其他法律行为	（9）法律、行政法规、银保监会规定以及产品合同约定的其他职责
10	在兑付受托资金及收益时，保险资产管理机构应当保证受托资金及收益返回委托人的原账户、同名账户或者合同约定的受益人账户	

八、保险资产管理机构资产管理业务投资要求

（一）投资者适当性管理

保险资产管理机构开展保险资管产品业务，应当加强投资者适当性管理，向投资者充分披露信息和揭示风险，不得承诺保本保收益。投资者投资保险资管产品，应当根据自身能力审慎决策，独立承担投资风险。

(二)穿透式监管要求

保险资产监督管理机构对保险资产管理机构资产管理业务实行穿透式监管,对于多层嵌套资产管理产品,向上识别产品的最终投资者,向下识别产品的底层资产(公募证券投资基金除外)。

(三)禁止刚性兑付

1. 刚性兑付情形:

(1)资产管理产品的发行人或者管理人违反真实公允确定净值原则,对产品进行保本保收益。

(2)采取滚动发行等方式,使资产管理产品的本金、收益、风险在不同投资者之间发生转移,实现产品保本保收益。

(3)资产管理产品不能如期兑付或者兑付困难时,发行或者管理该产品的金融机构自行筹集资金偿付或者委托其他机构代为偿付。

2. 刚性兑付的惩罚措施:

(1)存款类金融机构发生刚性兑付的,认定为利用具有存款本质特征的资产管理产品进行监管套利,由国务院银行保险监督管理机构和中国人民银行按照存款业务予以规范,足额补缴存款准备金和存款保险保费,并予以行政处罚。

(2)非存款类持牌金融机构发生刚性兑付的,认定为违规经营,由金融监督管理部门和中国人民银行依法纠正并予以处罚。

(四)强调保险资管产品财产独立的原则

保险资管产品财产独立于保险资产管理机构、托管人和其他为产品管理提供服务的自然人、法人或者组织的固有财产和其管理的其他财产。因产品财产的管理、运用、处分或者其他情形取得的财产和收益,应当归入产品财产。保险资产管理机构、托管人等机构因依法解散、被依法撤销或者被依法宣告破产等原因进行清算的,产品财产不属于其清算财产。

(五)禁止质押融资杠杆融资

保险资产管理机构不得以受托管理的保险资管产品份额进行质押融资。保险集团(控股)公司、保险公司作为投资者,以其持有的保险资管产品份额进行质押融资的,应当在登记交易平台依法开展。

(六)禁止开展资金池业务

保险资产管理机构应当做到每只产品的资金单独管理、单独建账、单独核算,不得开展或者参与具有滚动发行、集合运作、分离定价特征的资金池业务。

（七）禁止通道业务

保险资产管理机构不得为其他金融机构的资产管理产品提供规避投资范围、杠杆约束等监管要求的通道服务。

（八）第三方托管

保险资产管理机构发行的资产管理产品资产应当由具有托管资质的第三方机构独立托管，法律法规另有规定的除外。

（九）风险隔离措施

保险资产管理机构开展资产管理业务，应当确保资产管理业务与其他业务相分离，资产管理产品与其代销的金融产品相分离，资产管理产品之间相分离，资产管理业务操作与其他业务操作相分离。

《保险资管新规》投资监管要求，见表9－1－3。

表9－1－3　《保险资管新规》投资监管要求

序号	标题	条文理解与适用
1	禁止刚兑	保险资产管理机构开展保险资管产品业务，不得承诺保本保收益。出现兑付困难时，保险资产管理机构不得以任何形式垫资兑付
		保险资产管理机构开展保险资管产品业务，应当在上海保险交易所股份有限公司、中保保险资产登记交易系统有限公司等银保监会认可的资产登记交易平台（以下简称登记交易平台），采用集中统一的模式进行发行、登记、托管、交易、结算、信息披露等
2	穿透式监管	银保监会对保险资管产品业务实行穿透式监管。 对于管理人，要求最近3年无重大违法违规行为，设立未满3年的，自其成立之日起无重大违法违规行为
3	投资范围	保险资管产品按投向分为4类。 保险资管产品按照投资性质的不同，分为固定收益类产品、权益类产品、商品及金融衍生品类产品和混合类产品。 固定收益类产品投资于债权类资产的比例不低于80%，权益类产品投资于权益类资产的比例不低于80%，商品及金融衍生品类产品投资于商品及金融衍生品的比例不低于80%，混合类产品投资于债权类资产、权益类资产、商品及金融衍生品类资产且任一资产的投资比例未达到前三类产品标准
4	投顾资质	保险资管可聘请投顾。投顾需满足以下要求： 1.有投顾资质； 2.3年以上经验、且3年无业务违法违规。 保险资产管理机构与任一投资顾问进行首次合作的，应当提前10个工作日将合作情况报告银保监会。投资顾问不得承担投资决策职责，不得直接执行投资指令，不得以任何方式承诺保本保收益。保险资产管理机构不得向未提供实质服务的投资顾问支付费用或者支付与其提供的服务不相匹配的费用

续表

序号	标题	条文理解与适用
5	适当性义务	保险资产管理机构可以自行销售保险资管产品,也可以委托符合条件的银行业保险业金融机构代理销售保险资管产品。产品销售的具体规则由银保监会依法另行制定。(1)适当性义务履行的对象(合格机构和自然人投资者)。《保险资管新规》第12条关于合格投资者资质的要求备受关注,自然人首次被纳入保险资管产品的投资者范围,此前,保险资管产品仅面向机构投资者发售。《保险资管新规》第12条规定了合格投资者是指具备相应风险识别能力和风险承担能力,投资于单只产品不低于一定金额且符合下列条件的自然人、法人或者依法成立的其他组织。(2)履行适当义务的责任主体(发行人及合作代销机构)。对于销售规范而言,《保险资管新规》第26条规定"保险资产管理机构可以自行销售保险资管产品,也可以委托符合条件的金融机构以及银保监会认可的其他机构代理销售保险资管产品。保险资产管理机构和代理销售机构应当诚实守信、勤勉尽责,防范利益冲突,履行说明义务、反洗钱义务等相关义务,承担投资者适当性审查、产品推介和合格投资者确认等相关责任。"
6	禁止通道	保险资产管理机构应当切实履行主动管理责任,不得让渡管理职责。保险资产管理机构不得为其他金融机构的资产管理产品提供规避投资范围、杠杆约束等监管要求的通道服务
7	嵌套及穿透原则	保险资管产品投资其他资产管理产品的,应当明确约定所投资的资产管理产品不得再投资公募证券投资基金以外的资产管理产品,法律行政法规以及金融管理部门另有规定的除外
8	投资要求	保险资管产品的分级安排、负债比例上限、非标准化债权类资产投资限额管理和期限匹配要求应当符合金融管理部门的有关规定。同一保险资产管理机构管理的全部组合类保险资产管理产品投资于非标准化债权类资产的余额,在任何时点上不得超过其管理的全部组合类保险资产管理产品净资产的35%。保险资管产品不得直接投资于商业银行信贷资产,依据金融管理部门颁布规则开展的资产证券化业务除外
9	风险准备金	保险资产管理机构应当建立相应的风险准备金机制,确保满足抵御业务不可预期损失的需要。风险准备金计提比例为产品管理费收入的10%,主要用于赔偿因保险资产管理机构违法违规、违反产品协议、操作错误或者技术故障等给产品财产或者投资者造成的损失。不足以赔偿上述损失的,保险资产管理机构应当使用其固有财产进行赔偿。风险准备金余额达到产品余额的1%时可以不再提取

九、信息披露义务

1.资金运用相关信息披露

《保金管理办法》第65条规定,保险集团(控股)公司、保险公司应当依法披露保险资金运用的相关信息。因此,保险机构应对资金运用信息进行披露,并保证披露的及时性、可比性与有效性。但是,关于披露的具体操作没有进一步明确。该条规定与《信披办法》中的部分内容相一致,只是《信披办法》不仅要求披露资金运用信息,还要求披露"关联交易""偿付能力""互联网保险"等,此外,对具体披露方式、要求、时间等也做了相应规定。当然,具体内容待《信披办法》最终出台后确定。

2. 应向保监会报告的事项

根据《保险资管新规》第 54 条、第 55 条、第 61 条规定，保险机构如下事项均须向保监会进行报告，接受保监会监管，如表 9－1－4 所示。

表 9－1－4　向银保监会报告的事项

序号	须报告内容	报告时间
1	内部稽核和年度审计的结果(《保险资管新规》第 48 条)	未予明确
2	托管机构发现保险资产管理机构的投资或者清算指令违反法律、行政法规、银保监会规定或者产品合同约定情形(《保险资管新规》第 16 条)	未予明确
3	保险资产管理机构与任一投资顾问首次合作(《保险资管新规》第 18 条)	提前 10 个工作日内
4	发生可能对投资者决策或者利益产生实质性影响的重大事项	未予明确

3. 披露义务履行的范围

《保险资管新规》在本章中具体落实《资管新规》强调的穿透监管原则。保险资管机构承担信息披露的义务，应当有效识别保险资管产品的实际投资者与最终资金来源，充分披露资金投向、投资范围和交易结构等信息。具体如表 9－1－5 所示。

表 9－1－5　《保险资管新规》披露义务内容与范围

序号	标题	条文
1	定期披露义务	保险资产管理机构应当按照银保监会有关规定，向投资者主动、真实、准确、完整、及时披露产品募集情况、资金投向、收益分配、托管安排、投资账户信息和主要投资风险等内容。保险资产管理机构应当至少每季度向投资者披露产品净值和其他重要信息
2	临时披露义务	投资者可以按照合同约定向保险资产管理机构或者登记交易平台查询与产品财产相关的信息。保险资产管理机构和登记交易平台应当在不损害其他投资者合法权益的前提下，真实、准确、完整、及时地提供相关信息，不得拒绝、推诿
3	托管人信息披露和报告义务	托管人和其他专业服务机构应当按照相关合同约定，向保险资产管理机构和银保监会履行信息披露和报告义务
4	受托人的定期报告义务	保险资产管理机构应当按照中国人民银行和银保监会要求，及时向中国人民银行和银保监会及其指定机构报送产品基本信息和起始募集信息、存续期募集信息等，并于产品终止后报送终止信息
5	受托人的临时报告义务	除本办法规定外，发生可能对投资者决策或者利益产生实质性影响的重大事项，保险资产管理机构应当及时向投资者披露，并向银保监会及其指定机构报告
6	注册机构和登记交易平台的报告义务	注册机构和登记交易平台应当按照银保监会的要求，定期或者不定期向银保监会报告产品专项统计、分析等信息。遇有重大突发事件的，双方应当加强信息和资源共享，及时向银保监会报告

十、内部控制层面

1. 强调独立运作原则。《保金管理办法》第 4 条新增规定:“保险资金运用应当坚持独立运作。保险集团(控股)公司、保险公司的股东不得违法违规干预保险资金运用工作”。保监会之所以新增该条,与近几年保险公司股东直接或间接违法违规干预保险公司资金运用有关。虽然,2012 年出台的《保险公司控股股东管理办法》有类似规定,但相比而言,该办法扩大了股东范围(原先只是控股股东)。

2. 建立风险隔离机制。《保金管理办法》第 44 条第 2 款新增规定:“保险集团(控股)公司、保险公司开展证券投资业务,应当遵守证券行业相关法律法规,建立健全风险隔离机制,实行相关从业人员本人及直系亲属投资信息申报制度,切实防范内幕交易、利用未公开信息交易、利益输送等违法违规行为”。这条在制度层面要求保险机构建立风险隔离机制,通过相关人员的信息申报,以实现隔离风险。

3. 建立风险责任人制度。《保金管理办法》第 53 条新增要求建立风险责任人制度的规定。任何制度的建立,都需要人来实施、遵守、执行。尤其是保险资金的运用,即便我们倡导“稳健、审慎、安全”原则,但是拥有再健全的机制,其落脚点仍将是人。换言之,唯有将责任落实到个人,坚持有责必问、问责必严,才能真正地让制度产生影响力。

4. 增设首席投资官岗位。《保金管理办法》第 61 条第 2 款规定:“保险集团(控股)公司、保险公司的首席投资官由分管投资的高级管理人员担任”。《保金管理办法》则明确要求保险机构(注意,不是要求保险资产管理机构)增设首席投资官岗位,该规定与上述风险责任人制度相互呼应,也正是制度具体细化的体现。因此,保险机构在《保险资管新规》出台后,应注意自省公司内部控制以及制度建立的完善与否。对于尚未建立的制度、规则,应尽快讨论、制定并实施。(如表 9 - 1 - 6 所示)

表 9 - 1 - 6 《保险资管新规》项下管理人风险管理义务的内容和范围

序号	标题	《保险资管新规》具体条文规定
1	风险管理机制	保险资产管理机构应当建立全面覆盖、全程监控、全员参与的风险管理组织体系和运行机制,通过管理系统和稽核审计等手段,分类、识别、量化和评估保险资管产品的流动性风险、市场风险和信用风险等,有效管控和应对风险。保险资产管理机构董事会负责定期审查和评价业务管理情况。(第 46 条)
2	风险责任人	保险资产管理机构开展保险资管产品业务,应当建立风险责任人制度,明确相应的风险责任人。(第 47 条)
3	年度审计	保险资产管理机构应当将保险资管产品业务纳入公司内部稽核和资金运用内部控制年度审计工作,并依法向银保监会报告。(第 48 条)

续表

序号	标题	条文
4	产品风险处置机制	保险资产管理机构应当建立产品风险处置机制,制定应急预案,有效控制和化解风险隐患,并及时向银保监会报告。(第49条)
5	知情权、查询权	保险资产管理机构应当确保风险管控相关岗位和人员具有履行职责所需知情权和查询权,有权查阅、询问与保险资管产品相关的数据、资料和细节,并列席相关会议。(第50条)
6	风险准备金机制	保险资产管理机构应当建立相应的风险准备金机制,确保满足抵御业务不可预期损失的需要。风险准备金计提比例为产品管理费收入的10%,主要用于赔偿因保险资产管理机构违法违规、违反产品协议、操作错误或者技术故障等给产品财产或者投资者造成的损失。风险准备金余额达到产品余额的1%时可以不再提取。(第51条)
7	考核评价与问责机制	保险资产管理机构应当建立健全保险资管产品业务人员的准入、培训、考核评价和问责制度,确保业务人员具备必要的专业知识、行业经验和业务能力,充分了解相关法律法规、监管规定以及产品的法律关系、交易结构、主要风险及风险管控方法,遵守行为准则和职业道德标准。 保险资产管理机构应当完善长效激励约束机制,不得以人员挂靠、业务包干等方式开展保险资管产品业务。(第52条)
8	禁止行为清单	保险资产管理机构的董事、监事、高级管理人员和相关业务人员不得有下列行为: (一)不公平地对待所管理的不同产品财产; (二)利用产品财产或者职务便利为投资者以外的第三方谋取不正当利益; (三)侵占、挪用产品财产; (四)泄露因职务便利获取的未公开信息,利用该信息从事或者明示、暗示他人从事相关的交易活动; (五)玩忽职守,不按照规定履行职责; (六)法律、行政法规以及银保监会规定禁止的其他行为。(第53条)
9	关联交易行为规则	保险资产管理机构应当建立健全关联交易规则,对关联交易认定标准、定价方法和决策程序等进行规范,不得以保险资管产品的资金与关联方进行不正当交易、利益输送、内幕交易和操纵市场等违法违规行为。(第54条)

十一、保险资产管理机构管理资产产品的登记、交易

《保险资管新规》明确保险资产管理机构开展保险资管产品业务,应当在上海保险交易所股份有限公司、中保保险资产登记交易系统有限公司等银保监会认可的资产登记交易平台进行发行、登记、托管、交易、结算、信息披露等。① 同时对持续登记、质押登记作出了相应规定。

保险资产管理机构开展保险资产管理产品业务,应当在中国保监会认可的资产登记交易平台进行发行、登记、托管、交易、结算、信息披露以及相关信用增进和抵质押融资等业务。

① 全国性的保险资产交易平台——上海保险交易所股份有限公司(中文简称上海保交所,英文简称SHIE),网址为:https://www.shie.com.cn,经营范围为:为保险、再保险、保险资产管理及相关产品的交易提供场所、设施和服务,制定并实施相关业务规则,协助委托人选择保险经纪公司、保险公司、再保险公司等保险机构及办理相关手续,代理销售保险及相关产品并代理收取费用,提供保险、再保险、保险资产管理的支付、结算,提供信息安全咨询、信息技术外包服务,提供与保险、再保险市场相关的研究咨询、教育培训及数据信息服务,开展与公司业务相关的投资,法律法规允许的其他业务。

保险资金投资保险资产管理产品以外的其他金融产品,金融产品信息应当在中国保监会认可的资产登记交易平台进行登记和披露,具体操作参照保险资产管理产品相关规定执行。

其他金融产品是指商业银行、信托公司、证券公司、证券投资基金管理公司等金融机构依照相关法律、行政法规发行,符合中国保监会规定的金融产品。

十二、银保监会监管和行业自律

(一)监管部门的监管

1. 监管部门可以采取措施限制保险资金运用

根据《保金管理办法》第67条规定,如果保险机构存在如下三种情形,保监会可以限制其资金运用形式与比例,具体包括:(1)偿付能力状况不符合中国保监会要求的;(2)公司治理存在重大风险的;(3)资金运用违反关联交易有关规定的。该规定看似是限制性规定,即当保险资金运用出现不良状况甚至违法、违规状态时,保监会将限制其使用。实际上,这对保险机构自身而言也是一种保护。同时,保险机构应关注与该条相呼应的《保险法》第144条,该条规定保险公司的偿付能力严重不足的,保监会可对其实行接管。

2. 监管部门对违规行为可以采取行政处罚措施

《保金管理办法》第72条明确了保险机构违反规定运用保险资金的"行政处罚",具体包括:对保险机构予以罚款、限制业务范围、责令停止接受新业务或者吊销业务许可证等,对相关责任人员依法予以警告、罚款、撤销任职资格、禁止进入保险业等处罚。此外,保险机构内部还应对相关责任人员进行内部责任追究。因此,新增的上述规定,有利于保险机构进行内部治理、运用资金的尺度把握、风险控制。在保监会具体实施监管措施、处罚时,也可减少不确定性、增强可操作性。《保险资管新规》明确银保监会为保险资管产品的监管主体,对保险资管产品实行穿透式监管,要求保险资管机构有效识别保险资管产品的实际投资者与最终资金来源,充分披露资金投向、投资范围和交易结构等信息。《保险资管新规》分别对人员、业内机构、业外机构的监督管理做出了如下规定:

(1)关于人员:依法对保险资管机构董事、监事、高级管理人员和相关业务人员进行检查,对违反相关规定的相关责任人员进行质询和监管谈话,并依法处以罚款、警告、撤销任职资格、禁入保险业等行政处罚。

(2)关于业内机构:对保险资管机构、托管人、财务顾问等银行保险机构,违反相关规定的处以行政处罚。

(3)关于业外机构:对违反相关规定的,记录不良行为,通报主管部门;情节严重的,可要求保险机构3年内不得与其从事相关业务,并建议监管部门依法行政处罚。

（二）行业自律

《保险资管新规》明确了三个自律管理机构，即中国保险资产管理业协会、上海保险交易所股份有限公司、中保保险资产登记交易系统有限公司。三个机构也是保险资管产品注册、登记机构，为保险资管产品未来被认定为标准化资产进一步创造了空间。

第二节　组合类投资计划合规要点和风险控制

一、组合类投资计划适用法规规范文件梳理

1.《关于保险资产管理公司开展资产管理产品业务试点有关问题的通知》（以下简称试点通知）（保监资金〔2013〕124 号，2013 年 2 月 4 日发布，2020 年 9 月 7 日被《银保监会办公厅关于印发组合类保险资产管理产品实施细则等三个文件的通知》废止）

2.《保险资产管理产品管理暂行办法》（银保监会令 2020 年第 5 号，2020 年 3 月 18 日发布，2020 年 5 月 1 日实施）

3.《银保监会关于保险资产管理公司设立专项产品有关事项的通知》（银保监发〔2018〕65 号，2018 年 10 月 24 日发布，2018 年 10 月 24 日实施）

4.《银保监会办公厅关于印发组合类保险资产管理产品实施细则等三个文件的通知》[银保监办发〔2020〕85 号，2020 年 9 月 7 日发布，2020 年 9 月 7 日实施。其中，附件 1《组合类保险资产管理产品实施细则》实施后，《中国保监会关于保险资产管理公司开展资产管理产品业务试点有关问题的通知》（保监资金〔2013〕124 号）、《中国保监会关于加强组合类保险资产管理产品业务监管的通知》（保监资金〔2016〕104 号）和《中国保监会关于保险资产管理产品参与融资融券债权收益权业务有关问题的通知》（保监资金〔2015〕114 号）同时废止。附件 2《债权投资计划实施细则》实施后，《关于印发〈基础设施债权投资计划管理暂行规定〉的通知》（保监发〔2012〕92 号）、《关于保险资金投资有关金融产品的通知》（保监发〔2012〕91 号）第 6 条、《关于债权投资计划注册有关事项的通知》（保监资金〔2013〕93 号）和《中国保监会关于债权投资计划投资重大工程有关事项的通知》（保监资金〔2017〕135 号）同时废止。附件 3《股权投资计划实施细则》实施后，《中国保监会关于保险资金设立股权投资计划有关事项的通知》（保监资金〔2017〕282 号）和《关于印发〈保险资金设立股权投资计划报告要件及要点〉监管口径的通知》（资金部函〔2016〕440 号）同时废止]

二、组合类保险资产管理产品的定义和投资对象

(一)定义

组合类保险资产管理产品,是指保险资产管理机构面向合格投资者非公开发行、以组合方式进行投资运作的保险资产管理产品。

(二)投资对象

组合类产品可以投资以下资产:

(1)银行存款、大额存单、同业存单;

(2)债券等标准化债权类资产;

(3)上市或挂牌交易的股票;

(4)公募证券投资基金;

(5)保险资产管理产品;

(6)资产支持计划和保险私募基金;

(7)银保监会认可的其他资产。

保险资金投资的组合类产品,应当符合保险资金运用的相关规定。非保险资金投资的组合类产品投资范围由合同约定,应当符合《产品办法》相关规定。组合类产品参与衍生品交易,仅限于对冲或规避风险,不得用于投机目的。

三、保险资产管理机构开展组合类产品业务的资质条件

保险资产管理机构开展组合类产品业务应具备以下资质条件:

1. 具有1年(含)以上受托投资经验;

2. 具备信用风险管理能力、股票投资管理能力和衍生品运用管理能力;

3. 明确2名业务风险责任人,包括行政责任人和专业责任人,其履职要求等参照银保监会相关规定执行;

4. 设立专门的组合类产品业务管理部门或专业团队,且该部门或专业团队人员不少于5名,其中产品研发设计和管理等相关人员应当具备必要的专业知识、行业经验和管理能力;

5. 建立健全组合类产品业务制度,明确产品设计、投资决策、授权管理等相关流程,制定并实施相应的风险管理政策和程序;

6. 最近3年无重大违法违规行为,设立未满3年的,自其成立之日起无重大违法违规行为;

7. 银保监会要求的其他条件。

四、投资人的行为限制

（一）行为禁止清单

保险资产管理机构和代理销售机构应当向投资者充分披露信息和揭示风险，销售过程中以及产品销售材料不得有下列情形：

1. 虚假记载、误导性陈述或重大遗漏；

2. 误导投资者购买与其风险承受能力不相匹配的组合类产品；

3. 预测投资业绩或宣传产品预期收益率；

4. 向投资者违规承诺收益和承担损失；

5. 夸大或者片面宣传管理人、投资经理及其管理的组合类产品的过往业绩；

6. 恶意诋毁、贬低其他机构或产品；

7. 银保监会规定禁止的其他情形。

（二）投资者适当性义务

由于保险资管产品为私募产品，只能向合格投资者非公开发行。保险资产管理机构和代理销售机构向自然人投资者销售组合类产品，应当参照《商业银行理财业务监督管理办法》等制度对同类产品的销售要求进行管理。

（三）投资集中度和产品估值

1. 组合类产品所投资资产的集中度应当符合《关于规范金融资产管理业务的指导意见》相关规定。

2. 保险资产管理机构对组合类产品应当实行净值化管理。金融资产的估值和产品净值的生成应当符合《企业会计准则》《关于规范金融资产管理业务的指导意见》等相关规定。

3. 货币市场类组合类产品在严格监管的前提下，暂按照“摊余成本 + 影子定价”方法进行估值。现金管理类理财产品规则施行后，货币市场类组合类产品的估值方法和投资管理等参照同类产品的要求执行。

（四）风险管理义务

保险资产管理机构应当建立健全组合类产品业务的内部控制体系，完善内部控制措施，按规定开展内外部审计并提高审计的有效性，持续督促提升业务经营、风险管理、内控合规水平。

（五）主动管理义务

保险资产管理机构开展组合类产品业务，不得有以下行为：

1. 让渡主动管理职责,为其他机构或个人提供规避监管要求的通道服务;

2. 开展或参与具有滚动发行、集合运作、分离定价特征的资金池业务;

3. 违反真实公允确定净值原则,按照事先约定的预期收益率向投资者兑付本金及收益,或对产品进行保本保收益等构成实质上刚性兑付的行为;

4. 分级组合类产品投资于其他分级资产管理产品,或者直接或间接对优先级份额投资者提供保本保收益安排;

5. 以投资顾问形式进行转委托,转委托按实质重于形式的原则认定;

6. 以任何形式进行违规关联交易、利益输送、内幕交易或不公平交易;

7. 法律、行政法规以及银保监会规定禁止的其他行为。

五、产品发行登记和信息报送

保险资产管理机构应当于组合类产品设立前 2 个工作日在中保保险资产登记交易系统有限公司等银保监会认可的资产登记交易平台(以下简称登记交易平台)进行产品登记,取得登记编码。登记交易平台仅对登记材料的完备性和合规性进行查验,不对产品的投资价值和风险作实质性判断。

六、信息报送和披露

(一)信息报送

保险资产管理机构应当按月向登记交易平台报送组合类产品的基本信息、投资明细、产品资产负债表和投资者信息,并按要求定期报送产品募集信息、分红信息、终止信息、风险准备金计提和使用情况等。保险资产管理机构应当于每年 4 月 30 日前向银保监会提交上一年度组合类产品业务管理报告,内容包括产品规模与投资明细、发行与清算、收益分配、费用收支、投资经理履职及任免、公平交易制度执行和异常交易行为等情况。

(二)信息披露

组合类产品运作期间,保险资产管理机构应当按照以下要求,向投资者充分披露产品相关信息:

1. 封闭式产品的净值披露频率不少于每周一次,开放式产品的净值披露频率不低于产品开放频率;

2. 按照产品合同约定披露销售文件、发行公告、到期公告和清算结果;

3. 定期披露组合类产品的季度、半年度和年度报告,组合类产品成立不足 90 日或者剩余存续期不足 90 日的,保险资产管理机构可以不编制组合类产品当期的季度、半年度和年度报告。

第三节　债权投资计划合规要点和风险管理指引

一、债权投资计划法规规范文件梳理

1.《保险资金间接投资基础设施项目管理办法》[保监会令 2016 年第 2 号,2016 年 6 月 14 日发布,2016 年 8 月 1 日实施。被 2021 年 6 月 21 日发布的《中国银保监会关于清理规章规范性文件的决定》(银保监会令(2021 年第 7 号)修改]

2.《关于保险资金投资有关金融产品的通知》[保监发〔2012〕91 号,被《银保监会办公厅关于印发组合类保险资产管理产品实施细则等三个文件的通知》(银保监办发〔2020〕85 号,2020 年 9 月 7 日发布,2020 年 9 月 7 日实施)废止]

3.《保监会关于债权投资计划投资重大工程有关事项的通知》[保监资金〔2017〕135 号。被《银保监会办公厅关于印发组合类保险资产管理产品实施细则等三个文件的通知》(2020 年 9 月 7 日发布,2020 年 9 月 7 日实施)废止]

4.《保险资产管理产品管理暂行办法》(银保监会令 2020 年第 5 号,2020 年 3 月 18 日发布,2020 年 5 月 1 日实施)

5.《银保监会关于保险资产管理公司设立专项产品有关事项的通知》(银保监发〔2018〕65 号,2018 年 10 月 24 日发布,2018 年 10 月 24 日实施)

6.《银保监会办公厅关于印发组合类保险资产管理产品实施细则等三个文件的通知》[银保监办发〔2020〕85 号,2020 年 9 月 7 日发布,2020 年 9 月 7 日实施。其中附件 1《组合类保险资产管理产品实施细则》实施后,《保监会关于保险资产管理公司开展资产管理产品业务试点有关问题的通知》(保监资金〔2013〕124 号)、《保监会关于加强组合类保险资产管理产品业务监管的通知》(保监资金〔2016〕104 号)和《保监会关于保险资产管理产品参与融资融券债权收益权业务有关问题的通知》(保监资金〔2015〕114 号)同时废止。附件 2《债权投资计划实施细则》实施后,《关于印发〈基础设施债权投资计划管理暂行规定〉的通知》(保监发〔2012〕92 号)、《关于保险资金投资有关金融产品的通知》(保监发〔2012〕91 号,第 6 条)、《关于债权投资计划注册有关事项的通知》(保监资金〔2013〕93 号)和《中国保监会关于债权投资计划投资重大工程有关事项的通知》(保监资金〔2017〕35 号)同时废止。附件 3《股权投资计划实施细则》实施后,《中国保监会关于保险资金设立股权投资计划有关事项的通知》(保监资金〔2017〕282 号)和《关于印发〈保险资金设立股权投资计划报告要件及要点〉监管口径的通知》(资金部函〔2016〕440 号)同时废止]

二、保险资金债权投资计划合规风险点

为推进保险资金集中化、专业化地投资于国家重点基础设施建设,分享我国经济社会快速发展的成果,更好地提高保险资金的使用效率,2005 年 12 月,国务院正式批准保险资金可以间接投资基础设施项目。中国保监会于 2006 年 3 月 14 日发布《保险资金间接投资基础设施项目试点管理办法》,对保险资金进行基础设施投资的运作和管理进行详细规定。随后,保监会陆续出台了《保险资金间接投资基础设施债权计划管理指引(试行)》《基础设施债权投资计划产品设立指引》等规范性文件,推动了债权计划投资试点的顺利实施。

2012 年 10 月 12 日,中国保监会再次出台《基础设施债权投资计划管理暂行规定》,并同时废止《保险资金间接投资基础设施债权投资计划管理指引(试行)》和《基础设施债权投资计划产品设立指引》,该政策的出台从各方面放松了投资计划的设立条件,再次为企业运用保险资金拓宽融资渠道提供了有利的机会。

在保险公司创造性地寻找与自身负债相匹配的投资实践中,债权投资成为一种较为成功的探索。事实证明,抢到一款优质的债权投资计划可为保险公司的资产配置减轻压力。在超过 6 万亿元的保险资金总量中,保险行业的债权投资占比并不大,属“另类投资”。随着债权计划的投资规模逐年增大,债权计划的合规风险点也逐渐受到各大保险资金投资机构的重点关注,下文笔者将详述保险资金债权投资计划合规风险点。

(一)投资范围合规风险

根据《基础设施债权投资计划管理暂行规定》《保险资金间接投资基础设施项目试点管理办法》《关于债权投资计划注册有关事项的通知》,目前保监会允许保险资金投资交通、通信、能源、市政、环境保护领域的国家级重点基础设施以及与保险业务相关的养老、医疗领域的不动产项目。

保险债权计划资金投向偏好于交通和能源领域,主要因为交通、能源以及市政领域的项目,偿债主体均为中央企业或省级政府平台企业,资产实力雄厚,还款来源清晰,项目回报可靠并且担保主体的资质较高。对不动产领域的投资是基于 2011 年起政府保障房、公租房项目的陆续成立,各保险资产管理公司在北京、上海两地尝试以保险债权计划形式引导保险资金参与当地政府背景主导的保障房、公租房项目的开发建设,投放资金规模达到 280 亿元,同时随着近年养老社区概念的兴起,保险行业对不动产领域的投资政策和动向值得重点关注,在政策引导下不动产领域的保险债权计划资金规模很可能快速扩大。

(二)投资方式合规风险

保险资金债权投资计划投资方式十分灵活,可采用固定利率、浮动利率、分期还本、

一次性还本等多种普通债权方式,也可以使用股权或者物权方式或其结合的投资方式。

从实践看,当前我国保险资金参与基础设施投资主要采用4种路径:

A. 债权型信托计划。指受托人发行专门的信托产品以供委托人购买,所集合的资金专门投资于相关公司或者项目的债权,通过收取利息的方式获取收益。自《保险资金间接投资基础设施项目试点管理办法》实施以来,在保险公司基础设施投资额度的先期试点中,大多为这类债权型信托投资。

B. 股权型信托计划。与债权型信托计划类似,股权型信托计划在实质上也是一种利用产品进行投资的方式。同样是专业机构设立信托投资计划供保险资金购买,只不过集合的资金投向了从事基础设施建设的企业的股权而非债权,收益的方式也不再是利息,而是股息和股权出售后的资本利得收益。典型的案例包括:平安资产牵头发起设立的京沪高铁股权投资计划、平安柳州自来水项目股权投资计划、泰康资产发起设立的中石油股权投资计划等。

C. 产业投资基金。其本质上是一种私募股权基金的投资方式,即所谓的PE投资。虽然PE投资本质上也是一种集合理财的投资工具,但这里主要是指通过建立专门机构的方式参与基础设施投资,区别于前面通过产品方式进行的投资。PE投资是国外保险资金参与实业投资的常见方式,其组织形式主要都是以有限合伙制的方式进行的。具体有两种类型:一是保险公司设立专业的PE子公司,充当有限合伙基金公司的普通合伙人,向其他金融机构募集资金;二是保险公司以有限合伙人的身份参与投资。国内最典型的案例是渤海产业基金,其中国寿集团和国寿股份不仅出资10亿元参与基金的首期募集,还出资400万元持有该基金的管理机构——渤海基金管理公司5%的股权,另一个案例是苏州产业基金,该基金由苏州国发创业投资控股有限公司发起设立,投资于苏州城市发展和城乡一体化建设等项目,国寿投控运用国寿集团、国寿股份和国寿财险3家公司的保险资金,以有限合伙方式认购该基金全部A级份额。

D. 直接股权投资。与方案二、三的间接股权投资方式不同,本方案是通过保险资金直接购买相关企业股票或者股权的方式实现。典型案例是2006年中国人寿出资56.7亿元参与广发银行重组,获得广发银行20%的股份,与花旗集团、国家电网、中信信托并列为广发银行第一大股东。

(三)投资比例风险

13号文系统整合了现行监管比例政策,建立了以保险资产分类为基础,多层次比例监管为手段,差异化监管为补充,动态调整机制为保障的比例监管新体系。13号文旨在进一步推进保险资金运用体制的市场化改革,加强和改进保险资金运用比例监管。主要内容包括:一是大类资产分类。根据风险收益特征,将资产划分为流动性资产、固定收益类资产、权益类资产、不动产类资产和其他金融资产等五大类资产。二是制定监管比例上限。在大类资产分类基础上,制定各个大类资产的投资总量及集中度监管比例上限,同时调整优化监管比例计算基数。通过法定监管比例的约束,防范系统性风险。三是建立风险监测机制。针对流动性、融资杠杆等制定监测比例,划出风险预警线。既保留一定的比例弹性,又通过强化公司信息披露义务等措施,增强社会公众对公司投资行为的约束。四是强化公司自身风险责任。要求公司制定内部风险控制比例,由董事会或董事会授权机构审定,并提交比例执行情况年度报告。五是建立动态调整保障机制。保监会根据保险资金运用的实际情况,逐步探索各大类资产实行分类监管的规律,对保险资产的分类、定义、品种及相关比例等开展年度审议并进行动态审慎调整。

13 号文将保险公司投资资产(不含独立账户资产)划分为流动性资产、固定收益类资产、权益类资产、不动产类资产和其他金融资产等五大类资产。(1)流动性资产,是指库存现金和可以随时用于支付的存款,以及期限短、流动性强、易于转换为确定金额现金,且价值变动风险较小的资产。(2)固定收益类资产,是指具有明确存续到期时间、按照预定的利率和形式偿付利息和本金等特征的资产,以及主要价值依赖于上述资产价值变动的资产。(3)权益类资产包括上市权益类资产和未上市权益类资产。上市权益类资产是指在证券交易所或符合国家法律法规规定的金融资产交易场所(统称交易所)公开上市交易的、代表企业股权或者其他剩余收益权的权属证明,以及主要价值依赖于上述资产价值变动的资产。未上市权益类资产是指依法设立和注册登记,且未在交易所公开上市的企业股权或者其他剩余收益权,以及主要价值依赖于上述资产价值变动的资产。(4)不动产类资产,是指购买或投资的土地、建筑物及其他依附于土地上的定着物等,以及主要价值依赖于上述资产价值变动的资产。(5)其他金融资产,是指风险收益特征、流动性状况等与上述各资产类别存在明显差异,且没有归入上述大类的其他可投资资产。

为防范系统性风险,针对保险公司配置大类资产制定保险资金运用上限比例:投资权益类资产的账面余额,合计不高于本公司上季末总资产的 30%,且重大股权投资的账面余额,不高于本公司上季末净资产。账面余额不包括保险公司以自有资金投资的保险类企业股权。投资不动产类资产的账面余额,合计不高于本公司上季末总资产的 30%。账面余额不包括保险公司购置的自用性不动产。保险公司购置自用性不动产的账面余额,不高于本公司上季末净资产的 50%;投资其他金融资产的账面余额,合计不高于本公司上季末总资产的 25%;境外投资余额,合计不高于本公司上季末总资产的 15%。

不过,13 号文第三部分第 1 条第 2 款“(二)投资单一法人主体的余额,合计不高于本公司上季末总资产的 20%。投资境内的中央政府债券、准政府债券和以自有资金投资保险类企业股权等除外。单一法人主体,是指保险公司进行投资而与其形成直接债权或直接股权关系的具有法人资格的单一融资主体”的规定被保监会《关于进一步加强保险资金股票投资监管有关事项的通知》(保监发〔2017〕9 号)(2017 年 1 月 24 日发布,

2017年1月24日实施)废止。

三、委托人合规风险

所称债权投资计划,是指保险资产管理机构作为受托人面向委托人发行受益凭证,募集资金以债权方式主要投资基础设施、非基础设施类不动产等符合国家政策的项目,并按照约定条件和实际投资收益情况向投资者支付收益、不保证本金支付和收益水平的保险资产管理产品。委托人是指符合《保险资管新规》规定的合格机构投资者。

保险资金债权投资计划的委托人为银保监会批准设立的保险公司、保险集团公司和保险控股公司,一般一个债权投资计划有多个委托人购买,委托人会授权保险资产管理公司代其履行相关权利义务,委托人投资债权投资计划需要内部决策机构审批通过。委托人应该具备的法定条件有:内部管理和风险控制制度符合《保险资金运用风险控制指引(试行)》的规定,且执行规范;建立了项目评估和风险监测制度;引入了投资计划财产托管机制;拥有一定数量的相关专业投资人员;最近3年无重大投资违法违规记录;偿付能力符合中国银保监会有关规定;风险管理符合《保险资金间接投资基础设施项目试点管理办法》第九章的有关规定。保险公司、保险集团公司和保险控股公司申请担任委托人,应当向中国银保监会提交下列申请材料:投资报告书;公司董事会通过投资于投资计划的决议;受托人、托管人有关材料及合同文本;内部管理、风险控制、项目评估及风险监测制度;相关业务部门设置及主要业务人员情况;经会计师事务所审计的最近3年公司财务报表;会计师事务所出具的最近3年公司内控管理建议书;中国银保监会规定的其他文件及材料。银保监会在收到申请材料之日起20日内,做出批准或者不予批准的决定。不予批准的应当书面通知申请人,并说明理由。

在债权投资计划存续期间委托人应当履行职责包括:研究项目投资可行性,评估投资计划,确认投资项目;测试投资计划风险及承受能力,制定风险防范措施和预案;选择受托人和托管人,约定受益人权利和独立监督人职责;与受托人签订受托合同,确定投资计划管理方式,约定受托人管理、运用及处分权限,监督受托人履行职责的情况;与托管人签订投资计划财产托管合同,监督托管人履行职责的情况;协助受益人与独立监督人签订监督合同;约定有关当事人报酬的计提方法和支付方式;定期向有关当事人了解投资计划财产的管理、运用、收支和处分情况及项目建设和管理运营信息,并要求其作出具体说明;根据有关法律、行政法规规定以及投资计划的约定或者因未能预见的特别事由致使投资计划不符合受益人利益的,要求受托人调整投资计划财产的管理方法;受托人违反有关法律规定和投资计划约定,造成投资计划财产损失的,要求受托人恢复投资计划财产原状、给予赔偿;受托人、托管人违反投资计划目的处分投资计划财产或者管理、运用、处分投资计划财产有重大过失的,根据投资计划的约定和本办法的规定解任受托人、托管人;保存投资计划投资会计账册、报表等;接受中国银保监会的监督管理,及时报送相关文件及材料;投资计划约定或者法律、行政法规以及中国银保监会规定的其他职责。

在债权投资计划存续期间委托人不得有下列行为:直接投资基础设施项目;投资未经中国银保监会审核的投资计划;利用投资计划违法转移保险资金;妨碍相关当事人履行投资计划约定的职责;投资计划约定或者法律、行政法规以及中国银保监会规定的其他禁止行为。

四、债权投资计划财产独立性合规风险

债权投资计划应该设立独立的账户,专门用于固定的项目,取得的财产和收益归入债权投资计划财产。债权投资计划财产独立于专业管理机构的固有财产。专业管理机构因管理、运用或者处置债权投资计划财产取得的财产和收益,应当归入债权投资计划财产;专业管理机构因依法解散、被依法撤销或者被依法宣告破产等原因进行清算的,债权投资计划财产不纳入清算范围。

五、受益人合规风险

投资计划受益人可以为委托人,受益人可以兼任独立监督人。委托人是唯一受益人的,委托人可以要求解除投资计划。投资计划另有约定的,从其约定。投资计划的受益权应当分为金额相等的份额,受益人享有法定的权利并承担法定义务,受益凭证应该在银保监会认可的机构登记和存管并在金融资产交易所发行、交易和流通。

投资计划受益人为两人以上的,应当设立受益人大会。受益人大会应当按照下列程序召开:受益人大会由持有投资计划 1/3 以上受益权份额的受益人提议召开。提议的受益人可以担任召集人。召集人至少应当提前 30 日将受益人大会的召开时间、会议形式、审议事项、议事程序和表决方式等通知其他受益人。每一投资计划受益权份额具有一票表决权。受益人可以授权代理人出席受益人大会并行使表决权。受益人大会应当有持有 1/2 以上表决权的受益人出席方可举行。大会作出决议,必须经出席会议的受益人或者其授权代理人所持表决权的半数以上通过。但是,大会作出转换投资计划管理方式、更换受托人、托管人及独立监督人、提前终止或者延期投资计划的决议,必须经出席会议的受益人或者其授权代理人所持表决权的 2/3 以上通过。受益人大会的决议和有关情况,应当及时向受益人披露,并报银保监会备案。发生严重影响投资计划执行的重大突发事件的,任一受益人或者其授权代理人都可以提议召开并负责召集临时受益人大会。

投资计划生效后,受益人依法享有下列权利:享有或者转让投资计划受益权;参加受益人大会,按其持有投资计划受益权份额或者投资计划约定行使表决权;查阅受益人大会决议及相关情况;推举一名受益人代表,披露受益人大会召开、议题审议和表决情况;

要求受托人分配并支付投资计划收益和到期投资计划财产;受托人、托管人违反投资计划目的处分投资计划财产或者管理运用、处分投资计划财产有重大过失的,根据投资计划的约定和《保险资金间接投资基础设施项目试点管理办法》的规定解任受托人、托管人;选择、更换独立监督人,与独立监督人签订监督合同,督促其履行监督职责;监督受托人及项目方,及时获取投资计划管理、项目运营、投资收益等有关信息;投资计划约定或者法律、行政法规以及中国银保监会规定的其他权利。

受益人应当履行下列职责:保存投资计划财产收益分配的会计账册、报表等;按照投资计划约定办理投资计划受益权转让手续,告知投资计划其他受益人,并报送中国银保监会备案;接受其他当事人、中国银保监会和有关监管部门的监督,及时报送相关文件及资料;投资计划约定或者法律、行政法规以及中国银保监会规定的其他职责。

受益人不得有下列行为:授意受托人违法违规投资;损害其他受益人利益;妨碍其他当事人依法履行职责;投资计划约定或者法律、行政法规以及中国银保监会禁止的行为。

六、受托人的合规风险

(一)受托人的资格条件

按照《债权计划细则》第3条的规定,保险资产管理机构开展债权投资计划业务,应当符合下列条件:

(1)具有一年(含)以上受托投资经验;

(2)具备债权投资计划产品管理能力;

(3)最近3年无重大违法违规行为,设立未满3年的,自其成立之日起无重大违法违规行为;

(4)中国银保监会要求的其他条件。

(二)受托人的职责

1.受托人职责范围:(ⅰ)保险资产管理机构设立债权投资计划,应当开展尽职调查和可行性研究,科学设定交易结构,充分评估相关风险,严格履行各项程序,独立开展评审和决策,并聘请具备相应资质的专业服务机构对设立债权投资计划的合法合规性、信用级别等作出明确判断和结论。(ⅱ)保险资产管理机构应当于债权投资计划发行前5个工作日在中国保险资产管理业协会等银保监会认可的注册机构(以下简称注册机构)进行产品登记。保险资产管理机构应当按照监管规定以及登记要求报送登记材料,报送的登记材料应当真实、完备、规范。(ⅲ)保险资产管理机构应当于债权投资计划依规履行登记程序后12个月内完成资金划拨;分期划拨资金的,最后一次资金划拨不得晚于登记完成之日起24个月。(ⅳ)保险资产管理机构应当制定债权投资计划财务管理制度,确定会计核算方法、账务处理原则,合理计量公允价值。债权投资计划的估值应当符合《企业会计准则》《关于规范金融机构资产管理业务的指导意见》等相关规定。(v)保险资产管理机构应当切实履行受托人职责,建立与投资发行分离的专职投后管理团队和完善的投后管理体系,完善风险预警管理机制和风险事件应急处理预案。(vi)保险资产管理机构应当跟踪管理和持续监测融资主体、信用增级和投资项目等,强化内部信用评级管理,有效评估融资主体资信状况、还款能力和信用增级安排的效力,及时掌握资金划拨使用和投资项目建设运营情况,形成内部定期报告机制,全程跟踪管理债权投资计划的投资风险。(vii)债权投资计划的抵质押资产价值下降或发生变现风险,影响债权投资计划财产安全的,保险资产管理机构应当及时制定应对方案,提交债权投资计划受益人大会审议后启动止损机制,采取减少投资计划本金、增加担保主体或追加合法足值抵质押品等措施,确保担保足额有效。

2. 禁止行为清单:(i)收取或变相收取与发起设立和履行职责无关的费用;(ii)进行公开营销宣传,推介材料含有与债权投资计划文件不符的内容,或者存在虚假记载、误导性陈述或重大遗漏等;(iii)采用压低费率、打折或者变相打折等手段实施恶性竞争,夸大过往业绩,或者恶意贬低同行,将债权投资计划与其他资产管理产品进行捆绑销售;(iv)以任何方式保证债权投资计划本金或承诺债权投资计划收益,包括采取滚动发行等方式使债权投资计划的本金、收益、风险在不同投资者之间发生转移,实现产品保本保收益。

七、偿债主体合规性风险

1. 主体资质。保险资产管理机构应当以资金安全为前提,审慎选择融资主体。融资主体应当为项目方或其母公司(实际控制人),且具备持续经营能力和良好发展前景、具有或预计能够产生稳定可靠的收入和现金流、财务情况和信用状况良好。融资主体应当为项目方或其母公司(实际控制人),须经工商行政管理机关(或主管机关)核准登记,具备担任融资和偿债主体的法定资质。

2. 持续经营能力。具备持续经营能力和良好发展前景、具有或预计能够产生稳定可靠的收入和现金流、财务情况良好。

3. 信用状况。信用状况良好,最近两年无违约等不良信用记录。

4. 还款来源。偿债主体的还款来源要求明确、真实可靠,能够覆盖债权投资计划的本金和预期收益。

5. 关联关系。与保险资产管理机构不存在关联关系。

八、投资项目合规性风险

（一）基础资产要求

1. 产品基础资产明确；募集资金投资方向和投资策略符合国家宏观政策、产业政策、监管政策及相关规定；

2. 交易结构清晰，制定投资者权益保护机制；

3. 债权投资计划受益权划分为等额受益凭证。

（二）偿债主体要求

1. 债权投资计划的资金应当投资于一个或者同类型的一组基础设施项目。

2. 投资项目应当符合国家宏观政策、产业政策和相关规定，履行项目立项、开发、建设、运营等法定程序，项目资本金符合国家有关资本金制度的规定，且还款来源明确合法、真实可靠。

3. 投资项目为一组项目的，其子项目应当分别开立财务账户并确定对应资产，不得相互占用资金。

4. 投资项目为非基础设施类不动产的，还应当符合保险资金投资不动产的相关监管规定。

5. 债权投资计划投资基础设施项目的，在还款保障措施完善的前提下，可以使用不超过40%的募集资金用于补充融资主体的营运资金。

（三）资金投资负面清单

1. 将债权投资计划资金投资于国家以及监管部门明令禁止或者限制投资的行业或产业；

2. 将债权投资计划资金挪用于《债权投资计划实施细则》或债权投资计划合同约定之外的其他用途；

3. 与相关当事人发生涉及利益输送、利益转移或获取超出受托职责以外额外利益的交易行为，利用债权投资计划的资金与关联方进行不正当交易、利益输送等；

4. 投资商业住宅项目；

5. 法律、行政法规以及银保监会规定禁止的其他行为。

（四）债权投资计划负面清单

专业管理机构不得发起设立该债权投资计划的情形：

1. 存在重大法律或合规性瑕疵，或者法律合规意见提示重大法律合规风险；

2. 专业管理机构风险管理部门提示重大风险；

3. 无内部或外部信用评级，或者内部或外部信用评级低于可投资级别；

4. 参与评审、决策的部门，对发起设立债权投资计划持否定意见。

(五)发起债权投资计划基本流程①

1. 受托人与偿债主体签订投资合同,约定以债权方式投资于指定的投资项目;偿债主体应付的投资收益、投资本金及偿债主体应向受托人承担的其他债务由担保人提供本息全额无条件不可撤销连带责任保证担保。

2. 委托人通过签署认购书认购受托人发起设立的投资计划份额,分别与受托人、托管人签订受托合同和托管合同等法律文件,并指定投资计划生效后的受益人。

3. 委托人向受托人为投资计划在托管人处开立的托管账户缴纳委托资金。

4. 托管人根据受托人指令向偿债主体账户划拨委托资金,形成投资资金,投资资金自该日起计算投资收益。

5. 经投资计划受益人大会审议通过,授权独立监督人监督投资计划运行管理情况。

6. 项目公司增设监督专户,由独立监督人对投资资金进行监督,确保投资资金专款专用。

7. 偿债主体在投资收益偿付日前×天将当期应付投资收益及本金归集至偿债专户。

8. 偿债主体在投资收益偿付日将应付投资收益划付到托管账户。

9. 托管人根据受托人指令,及时向受益人分配投资计划收益及本金并支付投资计划报酬。

10. 自投资计划发行若干年起,偿债主体开始逐年等额偿还投资资金本金。

债权计划交易结构,见图9-3-1。

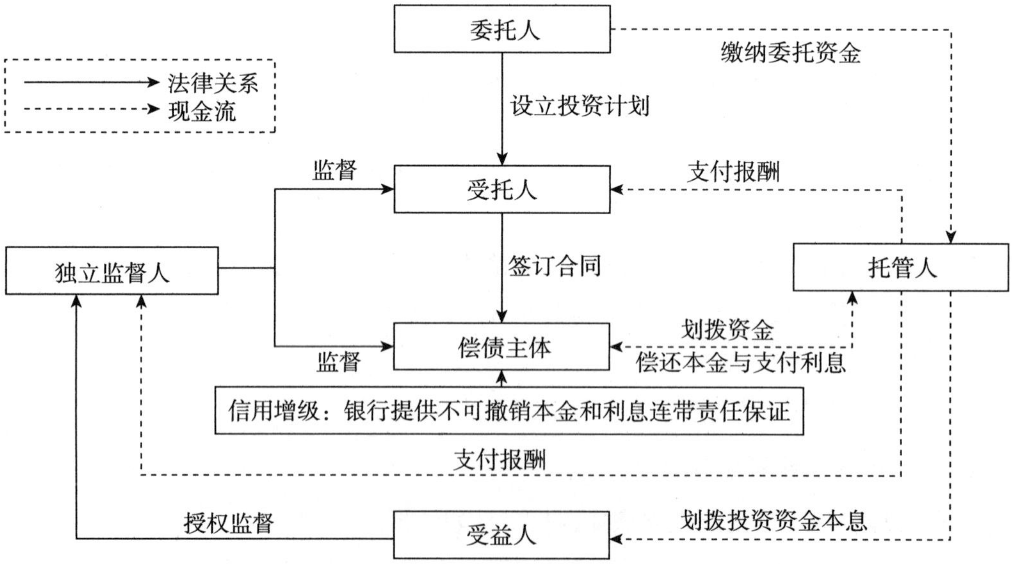

图9-3-1　债权计划交易结构

① 高慧:《保险资金运用——债权计划投资》,载微信公众号“高慧学堂”,2018年6月25日。

九、信用增级合规性风险

债权投资计划必须采取法定的信用增级措施，信用增级应符合下列要求：

1. 信用增级方式与融资主体还款来源相互独立。

2. 信用增级采用以下方式或其组合：

（ⅰ）设置保证担保的，应当为本息全额无条件不可撤销连带责任保证担保，同时符合以下条件：担保人信用等级不低于被担保人信用等级，担保行为履行全部合法程序；同一担保人全部对外担保金额占其净资产的比例不超过50%，中债信用增进投资股份有限公司除外；由融资主体母公司或实际控制人提供担保的，担保人净资产不得低于融资主体净资产的1.5倍。

（ⅱ）设置抵押或质押担保的，担保财产应当权属清晰，质押担保办理出质登记，抵押担保办理抵押物登记，经评估的担保财产价值不低于待偿还本金和收益的1.5倍。

（ⅲ）银保监会认可的其他合法有效的信用增级方式。

3. 融资主体信用等级为AAA级，且符合下列条件之一的债权投资计划，可免于信用增级：融资主体上年末净资产不低于150亿元，或者融资主体最近三年连续盈利，或者投资项目为经国务院或国务院投资主管部门核准的重大工程。

十、托管人合规风险

实践中投资计划的托管人要求持有银保监会保险资金运用监管部签发的《关于商业银行从事保险资金托管业务审核意见书》，具有从事保险资产托管业务资格，托管人与受托人、偿债主体、担保人、受益人非同一人，且不具有关联关系。根据《保险资金间接投资基础设施项目管理办法》第44条规定，托管人应当履行下列职责：

（一）忠实履行托管职责。

（二）根据不同投资计划，分别设置专门账户，保证投资计划财产独立和安全完整。

（三）根据委托人指令，及时托管投资计划财产，办理委托人的资金划拨。

（四）根据投资计划约定，审核受托人指令，及时办理投资计划的资金划拨，将投资收益及到期投资计划财产划入受益人指定账户。

（五）确保融资主体支付投资收益和清算财产分配进入投资计划专门账户。

（六）负责投资计划的会计核算，复核、审查受托人计算的投资计划财产价值。

（七）了解并获取投资计划管理运营的有关信息，要求受托人、融资主体作出说明。

（八）监督投资计划资金使用及回收、投资计划收益计算及分配情况，发现受托人违规操作的，应当及时向其他当事人及中国保监会和有关监管部门报告。

（九）定期编制托管报告。

(十)及时披露投资计划信息,如实提供相关材料,报告投资计划执行情况,接受委托人、受益人及独立监督人的查询。

(十一)保存投资计划资金划拨指令、收益计算、支付及分配的会计账册、报表等。

(十二)主动接受委托人、受益人以及中国保监会和有关监管部门的监督,向其报送相关文件及资料。

(十三)投资计划约定或者法律、行政法规以及中国保监会规定的其他职责。

十一、独立监督人合规风险

实践中投资计划的独立监督人一般由银行担任,要求其持有中国银行保监督管理委员会核发的金融许可证;具有良好的诚信和市场形象;具有完善的内部管理、项目监控和操作制度,并且执行规范;具备承担独立监督职责的专业知识及技能;从事相关业务 3 年以上并有相关经验;近 3 年未被主管部门或者监管部门处罚;与受托人及偿债主体非同一人且不存在关联关系。

担任独立监督人的金融机构除了需要向银保监会提交符合上述要求的证明材料之外,还需要向中国银保监会报送下列文件材料:相关业务经营许可证和相应资质证明文件的有效复印件;公司基本材料,至少应当包括公司名称、组织架构、注册资本、经营范围,以及会计师事务所审计的最近一年公司财务报表;内部管理制度,至少应当包括实施监督的动态监控制度、信息披露制度、监控操作流程、监督报告制度等;基础设施项目监督经历及监督主要项目说明;监督基础设施项目建设及运营的专业人员简历;监督基础设施项目建设和运营的基本方法及措施;依法履行监督职责的承诺书。

中国银保监会从监督基础设施项目经验、公司治理、资信状况、信用等级、管理能力、内控制度、监督机制等方面,对独立监督人提交各项申请材料内容的完整性进行形式审核,并出具审核意见书。

根据《保险资金间接投资基础设施项目管理办法》规定,独立监督人可由下列机构担任:投资计划受益人;最近一年国内评级在 AA 级以上的金融机构;国家有关部门已经颁发相关业务许可证的专业机构。

独立监督人应当履行下列职责:

(一)遵守职业准则,忠实履行监督职责。

(二)必要时聘请法人、自然人及其他组织,协助完成独立监督职责。

(三)监督受托人管理投资计划以及履行法定、投资计划约定职责的情况。

(四)跟踪监测融资主体管理的基础设施项目情况,包括但不限于投资计划资金投向,项目期限、质量、成本、运营以及履行合同情况。发现融资主体财务状况严重恶化、担保方不能继续提供有效担保等重大情况,应当及时向有关当事人以及中国保监会和有关监管部门报告。

(五)分析项目建设及运营风险,及时提出防范和化解建议。

(六)了解、获取投资计划管理及项目运营的有关信息,并要求受托人、融资主体作出说明。

(七)列席受益人大会。

(八)向受益人和中国保监会提交监督报告,主动接受受益人以及中国保监会和有关监管部门的监督检查,报送相关文件及资料。

(九)投资计划约定或者法律、行政法规以及中国保监会规定的其他职责。

如果发生下列情形之一,受益人大会可以按照投资计划约定解任独立监督人:独立监督人违反与受益人合同约定或者未能履行合同规定及其承诺的职责;独立监督人利用投资计划财产谋取约定报酬以外利益,或者为他人谋取不正当利益;独立监督人监督受托人、项目方不力,不能有效监督投资计划财产管理和项目运营情况;独立监督人向投资计划有关当事人提供虚假文件资料,或者有其他欺骗行为;独立监督人依法解散、被依法撤销、被依法宣告破产或者被依法接管;受益人大会有证据认为更换独立监督人符合受益人利益。

十二、信息披露合规风险

按照《债权投资计划实施细则》(银保监办发〔2020〕85 号)的规定,保险资产管理机构管理债权投资计划,除按照《保险资金间接投资基础设施项目管理办法》第八章规定披露信息外,还应当定期披露经审计的融资主体和担保人年度财务报告、债权投资计划涉及的关联交易和专业服务机构履行职责等情况。信息披露规则由注册机构另行制定。

受托人应该及时披露的信息包括偿债主体、投资项目及增信安排情况;经会计师事务所审计的偿债主体年度财务报表;债权投资计划跟踪信用评级;债权投资计划本息回收和兑付情况;债权投资计划涉及关联交易金额、占债权投资计划资产余额比例、实际转让价格和市场公允价格等;债权投资计划财产损失及产生原因;与债权投资计划相关的重大突发事件等。

同时,受托人应当按照投资计划约定向委托人和受益人披露下列信息:公司内控管理建议书;投资计划设立情况,包括项目方和项目基本情况、委托人和受益人范围和数量、资金总额等;尽职调查报告;投资计划财产评估程序和方法;投资计划管理最新情况,包括项目风险,收益变化因素,后续管理情况等;投资计划潜在风险和可能造成的损失,包括项目方出现财务状况严重恶化,项目出现重大事故导致损失发生,担保方不能继续提供有效担保,各方当事人对合同约定的责任产生重大争议等,以及拟采取的策略、实施方案及选择理由;管理投资计划财产和其他不同类型财产的风险隔离措施;投资项目担保方财务状况及其提供担保的理由;投资计划终止以及财产的归属和分配情况;投资计划季度、半年、年度管理报告,其中财务会计报告应当经会计师事务所审计;涉及投资计划和各方当事人的重大诉讼;投资计划重大事项的专项报告;各方当事人的关联关系;突发紧急事件情况和拟采取的措施和预案;重大股权变更情况;高级管理人员和相关部门重要变动情况。

十三、突发事件报告义务

按照《债权投资计划实施细则》(银保监办发〔2020〕85 号)(以下简称《债权计划细则》)的规定,债权投资计划存续期间发生异常、重大或突发等风险事件或可能影响债权投资计划安全的其他事件,保险资产管理机构应当立即采取有效措施,启动风险处置预案,并在 5 个工作日内向受益人、独立监督人等相关当事人和银保监会、注册机构履行信息披露或报告义务。

2020 年 9 月 7 日,银保监会办公厅发布《中国银保监会办公厅关于印发组合类保险资产管理产品细则等三个文件的通知》(银保监办发〔2020〕85 号),印发施行《组合类保险资产管理产品实施细则》《债权投资计划实施细则》和《股权投资计划实施细则》。作为已于 2020 年 5 月 1 日起实施的《保险资产管理产品管理暂行办法》(银保监会令 2020 年第 5 号)的配套规则,三项实施细则的发布使保险资产管理产品监管领域形成“1 + 3”的制度框架,成为落实《关于规范金融机构资产管理业务的指导意见》(银发〔2018〕106 号)、细化保险资管产品监管要求的重要规则。

为落实《保险资管新规》及实施细则,2020 年 9 月 11 日,中国保险资产管理业协会(以下简称中资协)发布《关于印发〈债权投资计划产品登记管理规则〉〈股权投资计划产品登记管理规则〉的通知》(中资协发〔2020〕66 号)及《关于印发〈中国保险资产管理业协会产品管理指引第 1 号:产品登记材料规范〉〈中国保险资产管理业协会产品管理指引第 2 号:产品存续期信息报送规范〉的通知》(中资协发〔2020〕67 号)。

上述新的监管规定和自律规则的发布,为保险资产管理产品的稳步发展提供了制度保障。

第四节 股权投资计划合规与风险控制

一、股权投资计划适用法规规范文件梳理

1.《关于股权投资计划和保险私募基金注册有关事项的通知》(资金部函〔2019〕1

号,2019 年 5 月 28 日发布,2019 年 5 月 28 日实施)

2.《银保监会办公厅关于印发组合类保险资产管理产品实施细则等三个文件的通知》[银保监办发〔2020〕85 号,2020 年 9 月 7 日发布,2020 年 9 月 7 日实施。其中,附件1《组合类保险资产管理产品实施细则》实施后,《中国保监会关于保险资产管理公司开展资产管理产品业务试点有关问题的通知》(保监资金〔2013〕124 号)、《中国保监会关于加强组合类保险资产管理产品业务监管的通知》(保监资金〔2016〕104 号)和《中国保监会关于保险资产管理产品参与融资融券债权收益权业务有关问题的通知》(保监资金〔2015〕114 号)同时废止。附件 2《债权投资计划实施细则》实施后,《关于印发〈基础设施债权投资计划管理暂行规定〉的通知》(保监发〔2012〕92 号)、《关于保险资金投资有关金融产品的通知》(保监发〔2012〕91 号)第 6 条、《关于债权投资计划注册有关事项的通知》(保监资金〔2013〕93 号)和《中国保监会关于债权投资计划投资重大工程有关事项的通知》(保监资金〔2017〕135 号)同时废止。附件 3《股权投资计划实施细则》实施后,《中国保监会关于保险资金设立股权投资计划有关事项的通知》(保监资金〔2017〕282 号)和《关于印发〈保险资金设立股权投资计划报告要件及要点〉监管口径的通知》(资金部函〔2016〕440 号)同时废止]

二、股权投资计划细则出台背景

由中国人民银行、银保监会、中国证券监督管理委员会、国家外汇管理局于 2018 年 4 月 27 日发布的《资管新规》,2018 年 1 月 5 日,保监会发布了《关于保险资金设立股权投资计划有关事项的通知》(保监资金〔2017〕282 号),对保险资产管理机构设立股权投资计划业务进行了规范,切实防范保险资金以通道、嵌套、“名股实债”等方式开展股权投资计划业务的风险,使保险资金股权投资计划回归“股权投资”本源,强化其服务实体经济的作用。

2020 年 3 月,银保监会发布《保险资管新规》。《保险资管新规》系《资管新规》在保险资管领域的落实,属于保险资管产品的“母办法”,着眼于原则定位、基础制度和总体要求。在此基础上,银保监会构建“1 + 3”的规则体系。“1”是《保险资管新规》,“3”分别是组合类保险资产管理产品、债权投资计划和股权投资计划的实施细则。2020 年 9 月 11 日,银保监会以银保监办发〔2020〕85 号文发布《保险资管新规》的配套实施细则,即《组合类保险资产管理产品实施细则》(以下简称《组合类产品细则》)。

2020 年 9 月 7 日,银保监会办公厅通过《银保监会办公厅关于印发组合类保险资产管理产品细则等三个文件的通知》(银保监办发〔2020〕85 号)印发施行《股权投资计划实施细则》(以下简称《股权计划细则》),作为已于 2020 年 5 月 1 日起实施的《保险资管新规》的配套规则之一,规范股权投资计划产品的运作。2020 年 9 月 11 日,中资协同步修订股权投资计划产品登记规则及指引,发布《关于印发〈债权投资计划产品登记管理规则〉〈股权投资计划产品登记管理规则〉的通知》(中资协发〔2020〕66 号)及《关于印发〈中国保险资产管理业协会产品管理指引第 1 号:产品登记材料规范〉〈中国保险资产管理业协会产品管理指引第 2 号:产品存续期信息报送规范〉的通知》(中资协发〔2020〕67 号)。随着《股权计划细则》的发布,股权投资计划的投资范围进一步扩大,与同类资管产品监管要求趋向一致,股权投资计划产品作为补充企业长期权益性资本的重要途径和方式,将发挥支持实体经济建设的重要作用。

三、282 号文的解读

随着《股权计划细则》的发布施行,此前规范股权投资计划运作的 282 号文和《关于印发〈保险资金设立股权投资计划报告要件及要点〉监管口径的通知》(资金部函〔2016〕440 号)(以下简称 440 号文)同时废止。但是它们的历史作用和意义却是不可否认的。它们为《股权计划细则》的颁布奠定了基础,《股权计划细则》基本沿袭了 282 号文的监管精神和内容。下面简要介绍一下 282 号文。

(一)282 号文发布的目的及背景

282 号文开篇便列明其发布的目的:一是贯彻落实全国金融工作会议的精神,规范保险资产管理机构股权投资计划业务;二是切实防范保险资金以通道、名股实债等方式变相抬高实体企业融资成本;三是避免保险机构通过股权投资计划直接或间接违规增加地方政府债务规模,更好发挥保险资金服务实体经济作用。早在 2017 年 7 月 14 ~ 15 日召开的第五次全国金融工作会议上就释放了明确的监管信号,提出“金融要回归本源,服从服务于经济社会发展;金融要把为实体经济服务作为出发点和落脚点”,要“优化结构,完善金融市场、金融机构、金融产品体系……保障风险可控”,要“促进金融机构降低经营成本,清理规范中间业务环节,避免变相抬高实体经济融资成本”,要“增强金融监管协调的权威性有效性,强化金融监管的专业性统一性穿透性,所有金融业务都要纳入监管,及时有效识别和化解风险”,要“严控地方政府债务增量”等。而在 2017 年 11 月 17 日,中国人民银行发布《指导意见》《征求意见稿》,要求规范金融机构资产管理业务,统一同类资产管理产品监管标准,防控金融风险,更好地服务实体经济。

(二)282 号文之主要内容及监管重点解读

1. 明确股权投资计划的定义

虽然早在 2 号令中就明确提到“投资计划可以采取债权、股权、物权及其他可行方式投资基础设施项目。”但是,282号文是首次就“股权投资计划”作出明确定义。根据282号文第1条之规定,股权投资计划,是指保险资产管理机构作为管理人发起设立,向投资人募集资金并进行投资管理,由托管人进行托管,直接或间接投资于未上市企业股权的金融工具。

实际上,282号文对“股权投资计划”的定义基本上是沿用了124号文中对“资产管理产品”的定义。124号文第1条规定:“本通知所称产品是指保险资产管理公司作为管理人,向投资人发售标准化产品份额,募集资金,由托管机构担任资产托管人,为投资人利益运用产品资产进行投资管理的金融工具。”在产品投资范围方面,124号文第6条规定:“产品投资范围限于银行存款、股票、债券、证券投资基金、央行票据、非金融企业债务融资工具、信贷资产支持证券、基础设施投资计划、不动产投资计划、项目资产支持计划及中国保监会认可的其他资产。”虽然该条并没有明确提到“股权”,但其提到了“保监会认可的其他资产”。而早在2010年发布的《保险资金投资股权暂行办法》(保监发〔2010〕79号)中就已规定,“保险资金可以直接投资企业股权或者间接投资企业股权……间接投资股权,是指保险公司投资股权投资管理机构发起设立的股权投资基金等相关金融产品的行为”。可见,保险资管产品的投资范围包含股权,保险资管公司通过股权投资计划运用保险资金早就获得认可,此次282号文不过是对其做了进一步的明确。

综上所述,保险资金股权投资计划,是保险资产管理公司作为管理人发行的,直接或间接投资于非上市公司股权或私募股权投资基金份额的资产管理产品。

2. 明确投资范围,服务实体经济

根据282号文第2条之规定,股权投资计划应当投资符合国家宏观政策导向和监管政策规定的未上市企业股权或者私募股权投资基金份额。同时,282号文第7条规定:“保险资产管理机构设立股权投资计划,应当在中国保监会指定机构办理注册。对投向国家重大发展战略、重大改革举措、重点领域、重大建设工程,以及投资于实体经济项目的股权投资计划,中国保监会指定机构予以优先注册”。从第2条和第7条的规定可以看出,明确股权投资计划投资范围,体现了监管部门对股权投资计划作为保险资金参与实体经济的重视和支持,是“金融要以服务实体经济为出发点和落脚点”的具体落实。

3. 要求回归“股权投资”本源

名股实债主要是信托公司和资产管理公司、私募基金等金融机构在房地产领域使用较多的一种投资方式,其基本结构是资金方以增资的方式成为项目公司股东,但是通过一系列协议约定固定的分红、利息和回购事项,最终通过分红和回购实现收益。名股实债,其本质是投资方控制法律风险的一种投资方式。但是,一旦项目公司经营出现资不抵债进入破产程序,投资方能否作为债权人申报债权在司法实践中存在巨大的不确定性。

实践中,金融机构如保险资产管理公司、信托公司往往为了融资方降低财务杠杆的需要,设计较为复杂的金融产品,如通过资管产品或者信托产品投资有限合伙基金,以有限合伙基金投资项目公司的方式实现最终的投资,表面上是一个股权投资,实质是通过合伙协议约定回购条款,除了回购协议,还需要融资方的实际控制人或者关联方提供回购的担保,当然也有不做嵌套基金的投资方式。但是,无论是否有基金嵌套,这种金融产品往往是因为融资方财务杠杆较高才不得已采用如此复杂交易模式,从本质上讲这种金融产品往往是融资主体、普通合伙人、劣后级有限合伙人及担保人之间存在一定的交叉、重合或从属关系,不符合保险投资要求的金融产品结构简单、基础资产清晰的要求。

因此,保险资金投资结构复杂,存在嵌套基金的金融产品时,需要穿透核查基础资产,明确其法律关系是否清晰、约定是否明确、回购主体及担保主体公司治理是否健全、运行是否稳健、内控是否健全且有效运行、在当前及还款期限内是否具有真实的回购能力等。有限合伙基金嵌套结构见图9-4-1,非有限合伙基金嵌套结构见图9-4-2。

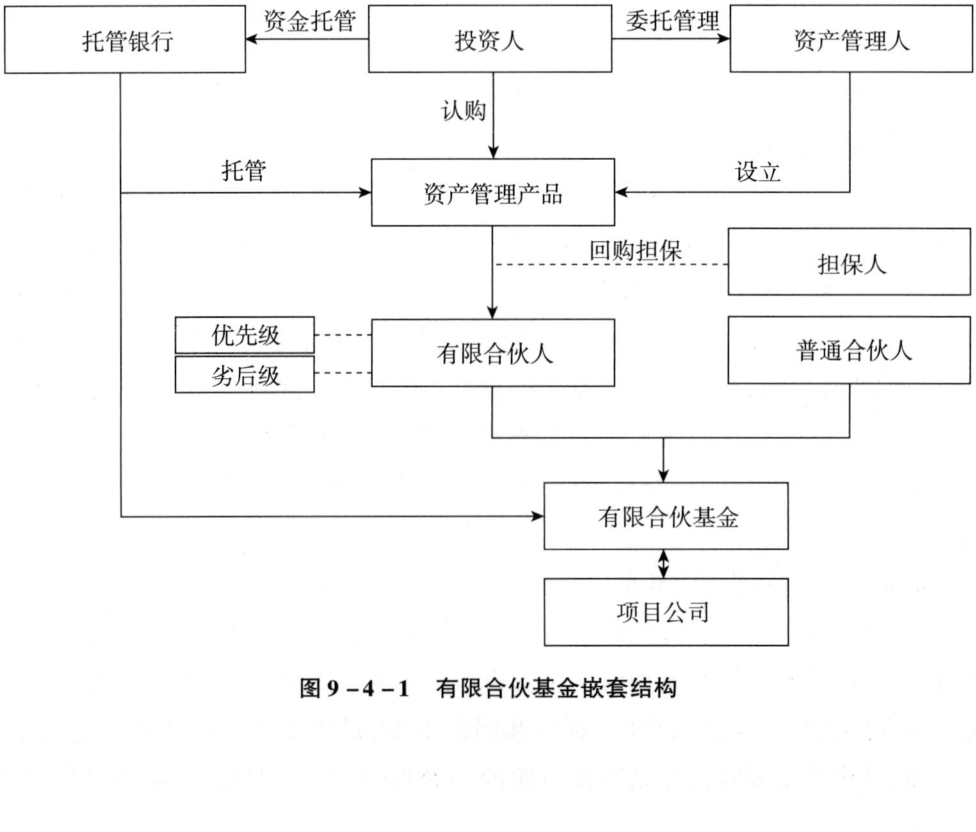

图9-4-1　有限合伙基金嵌套结构

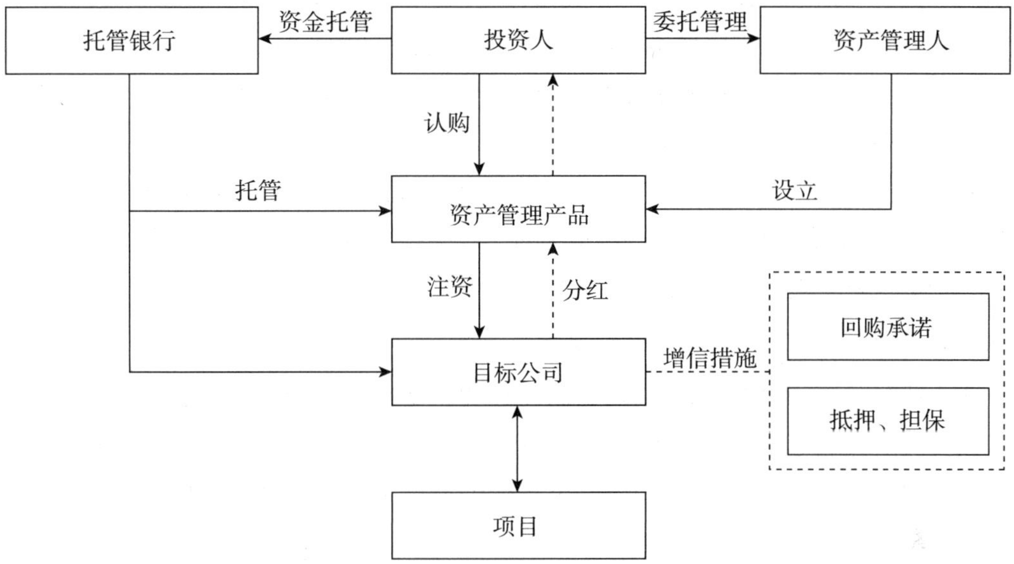

图 9－4－2　非有限合伙基金嵌套结构

（三）明确保险投资金融产品的交易结构

关于保险投资金融产品的交易结构，91 号文第 8 条明确了一个原则："产品结构简单，基础资产清晰，信用增级安全确凿，具有稳定可预期的现金流"。但是金融机构为了融资主体降低财务杠杆和表外资产处理的需要，运营金融工具设置了非常复杂的交易结构。虽然形式上做到了金融产品合规、权利义务的合同设计明确，但是因为交易结构复杂，一旦发生系统风险，追责程序亦会因交易结构复杂而不能穿透到基础资产，甚至会出现各金融机构互相推诿，不能及时有效控制风险的问题。

282 号文第 3 条明确规定："股权投资计划取得的投资收益，应当与被投资未上市企业的经营业绩或私募股权投资基金的投资收益挂钩"，同时，明确列举不得采取"（一）设置明确的预期回报，且每年定期向投资人支付固定投资回报；（二）约定到期、强制性由被投资企业或关联第三方赎回投资本金"的方式承诺保障本金和投资收益，并以"（三）中国保监会认定的其他情形"作为兜底条款。

282 号文第 3 条的规定，明确了股权投资计划权益投资的特点，旨在明确"债是债""股是股"，划清股、债之间的界限，使"股权投资计划"回归到"股权投资"的本源。此后，之前保险资管中常用的"名股实债"的经典交易模式将不复存在。从短时间来看，这会使保险资金的夹层投资业务受到大幅影响，可能会导致保险股权投资计划的数量减少；但从长远来看，这有利于避免变相违规增加地方政府债务规模、降低整体融资杠杆。

实际上，此前央行发布的《关于规范金融机构资产管理业务的指导意见》征求意见稿之"十八、打破刚性兑付监管要求"中就提到"经人民银行或者金融监督管理部门认定,存在以下行为的视为刚性兑付:(一)资产管理产品的发行人或者管理人违反公允价值确定净值原则对产品进行保本保收益。(二)采取滚动发行等方式使得资产管理产品的本金、收益、风险在不同投资者之间发生转移,实现产品保本保收益。(三)资产管理产品不能如期兑付或者兑付困难时,发行或者管理该产品的金融机构自行筹集资金偿付或者委托其他金融机构代为偿付。(四)人民银行和金融监督管理部门共同认定的其他情形。”可见,282 号文第 3 条的规定,也是对《关于规范金融机构资产管理业务的指导意见》征求意见稿中“打破刚性兑付”的落实。

(四)强调“主动管理”,禁止通道业务①

通道业务,是指资金来源与投资标的均由商业银行等机构确定,保险资产管理公司通过设立资产管理计划等形式接受商业银行等机构的委托,按照其意愿开展银行协议存款等投资,且在其委托合同中明确保险资产管理公司不承担主动管理职责,投资风险由委托人承担的各类业务。

1. 根据中国人民银行、银保监会、中国证券监督管理委员会、国家外汇管理局发布的《资管新规》的规定,金融机构不得为其他金融机构的资产管理产品提供规避投资范围、杠杆约束等监管要求的通道服务。

2. 根据《保金管理办法》(保监会令〔2018〕1 号)的规定,保险资金委托保险资产管理机构、证券公司、证券资产管理公司、证券投资基金管理公司等专业投资管理机构投资的,不得为委托机构提供通道服务。

3. 根据 98 号文的规定,保险资金不得参与认购保险资产管理公司发起的通道类业务。

4. 根据《国务院办公厅关于加强影子银行监管有关问题的通知》(国办发〔2013〕107 号)规定:

(1)明确信托公司“受人之托,代人理财”的功能定位,推动信托公司业务模式转型,回归信托主业。运用净资本管理约束信托公司信贷类业务,信托公司不得开展非标准化理财资金池等具有影子银行特征的业务。建立完善信托产品登记信息系统,探索信托受益权流转。

(2)规范金融交叉产品和业务合作行为。金融机构之间的交叉产品和合作业务,都必须以合同形式明确风险承担主体和通道功能主体,并由风险承担主体的行业归口部门负责监督管理,切实落实风险防控责任。

因此,保险资金在投资决策时,应当严格审核信托公司发起的集合资金信托计划是否属于通道类业务,如在集合资金信托计划合同中明确信托公司委托人应当自主对信托投资

---

① 参见高慧:《保险资金运用——合规监管和风险控制》,载微信公众号“高慧学堂”,2018 年 6 月 17 日。

项目进行尽职调查，以及在信托计划发生违约的情况下，将风险转移至委托人的条款。

根据《中国银行业监督管理委员会关于印发信托公司净资本计算标准有关事项的通知》（银监发〔2011〕11 号），信托产品融资类业务：包括但不限于信托贷款、受让信贷或票据资产、附加回购或回购选择权、股票质押融资和准资产证券化等业务。

282 号文第 4 条规定："保险资产管理机构设立股权投资计划，应当承担主动管理职责，不得直接或变相开展通道业务，不得投资嵌套其他资产管理产品的私募股权投资基金。"

禁止通道和多层嵌套，是未来资管监管的发展方向，与《关于规范金融机构资产管理业务的指导意见》《征求意见稿》的文件精神一致。2018 年 1 月 6 日，《商业银行委托贷款管理办法》公布，其对商业银行委托贷款业务进行全面、系统的规范，明确商业银行"不得接受受托管理的他人资金、银行的授信资金、具有特定用途的各类专项基金、其他债务性资金和无法证明来源的资金发放委托贷款"，从而阻断了"影子银行"的资金来源和通道，在通道业务上再加了"一把锁"。可见，保险资管率先禁止通道业务和嵌套投资业务，可以说是释放了监管信号，之后其他资产管理产品的监管规则也将随之调整。

此外，为加强主动管理，282 号文第 6 条规定："保险资产管理机构设立股权投资计划，应当设置专职业务岗位，配备足够人员，并切实加强业务全过程管理，防范投资风险"。如果参照 92 号文第 7 条之"（四）"中在专业管理机构设立债权投资计划时对其专业人员的要求，那么，资产管理管理机构设立股权投资计划时，也应当设置"投资管理、法律合规、资产评估、信用评级、风险管理、会计审计等专业人员"。另根据《保监会关于加强资产管理能力建设的通知》（保监发〔2009〕40 号）之附件 2《保险机构信用风险管理能力标准》之规定，保险机构应当配备熟悉信用分析，具备信用风险管理能力的专业人员，且符合下列条件：至少具有 4 名信用评估专业人员，并具有 2 年以上信用分析经验；部门主管具有 4 年以上信用管理经验或者主要评估人员具有 4 年以上专职信用分析经验。

（五）划定投资私募基金份额的比例上限

282 号文第 5 条规定："股权投资计划投资私募股权投资基金的，所投资金额不得超过该基金实际募集金额的 80%"。此条规定大概是避免保险资金在同一只中投入太多，以及降低保险资金投资私募股权投资基金时的风险。

综上，282 号文的发布，进一步明确了股权投资计划业务的规范，为其投资非上市企业股权和私募股权投资基金份额指明了方向，使保险资金更好地服务于实体经济。但需要注意的是，保险资金向来对安全性和现金流的要求较高，而在过往的实践中，往往通过通道、嵌套、"名股实债"等方式来平衡其对安全性的要求，282 号文出台明确去通道、严禁嵌套和"名股实债"，加之保险资金的安全性要求与私募股权投资基金投资风险性之间的冲突，使保险资金股权投资计划应及时做出调整、适应，为金融业"回归本源""服务实体经济”的大局指明方向。

四、《股权投资计划》要点解读

《股权计划细则》共17条,主要内容包括明确产品登记时限、适当拓展投资资产范围、设置产品投资比例要求、明确禁止行为以及强化信息披露要求等,总体上保险资管机构开展股权投资计划业务的门槛条件有所降低,在具体的投资范围上有所扩大调整,在具体的基金投资上的说法更加明确。可以说是对保险公司开展股权投资以及支持私募股权投资基金是更加有利的。① 现就细则中关于资质门槛、合格募集对象、投资范围、嵌套限制几个重点简要解读。

(一)股权投资计划的定位

按照《股权计划细则》第2条规定,本细则所称股权投资计划,是指保险资产管理机构作为管理人发起设立、向合格机构投资者募集资金、通过直接或间接方式主要投资于未上市企业股权的保险资产管理产品。

1. 股权投资计划是由保险资管机构设立的资管产品。可以理解为需要先成立“保险资管机构”,才能够发行和管理。符合《资管新规》中对资管产品的定义——金融机构开展的金融服务。

2. 股权投资计划仅能向合格机构投资者募集。考虑到股权投资的风险,虽然保险资管产品理论上可以向自然人、机构进行募集,但在股权投资计划上,限定了仅能向机构募集。

3. 股权投资计划通过直接或间接方式主要投资于非上市企业股权。直接投资,即由股权投资计划直接投资于非上市公司。未来可能需要解决股权投资计划是否可以直接担任非上市公司股东的问题,通常而言一般是由保险资管机构代持。间接投资,指通过投资私募基金、SPV等间接对非上市公司进行投资。不过,虽然限定词是“非上市公司股权”,但实际的投资范围是包括上市公司定向增发、大宗交易、协议转让的股票,以及优先股和可转换债券这些和上市公司相关的权益类资产的。

(二)产品管理人的业务资质

按照《股权计划细则》第3条规定,《股权计划细则》对保险资管机构开展股权投资计划提出了一些业务资质的最低要求。和征求意见稿相比,降低到三个核心要求:

1. 受托投资经验要求。即受托进行投资活动(不限具体的投资领域)需要有1年以

① 参见李寿双:《保险资管细则专题二:〈股权投资计划实施细则〉及登记规则解读》,载腾讯网,https://new.qq.com/rain/a/20201017A0DE9700;姜山:《〈股权投资计划实施细则〉详解》,载微信公众号“姜山基金小镇”,2020年9月25日。

上的经验(且如果是新设的话是不能豁免这一要求的)。

2. 具备股权投计划产品管理能力。《中国银保监会关于优化保险机构投资管理能力监管有关事项的通知》(银保监发〔2020〕45 号)规定保险机构投资管理能力包括以下 7 类:信用风险管理能力、股票投资管理能力、股权投资管理能力、不动产投资管理能力、衍生品运用管理能力、债权投资计划产品管理能力、股权投资计划产品管理能力,并对保险资管机构的组织架构、专业团队、制度体系、运行机制、风险控制体系等具体标准进行了细节化设计,以公司自评估、信息披露和持续监管相结合的方式对保险资管机构的投资管理能力进行管理监督。因此,在保险资管机构设立某项具体产品时,银保监会不再对其是否符合相应投资管理能力的具体标准进行重复性审查。

3. 最近 3 年无重大违法违规行为,设立未满 3 年的,自其成立之日起无重大违法违规行为。在最近 3 年无重大违法违规行为基础上同时给予未满 3 年的机构提供了特殊豁免,自成立起无重大违法违规行为即可。这一变化可能有两方面的原因,一是保险资管机构们开展股权投资计划的热情非常高;二是高层也有意鼓励保险机构通过股权投资计划来加强对权益类资产的支持力度。

(三)产品的投资范围

1. 投资标的范围

按照《股权计划细则》第 4 条规定,股权投资计划可以投资以下资产:

(1)包括未上市的股份有限公司的股票和未上市有限责任公司的出资额(股权)。理论上讲,新三板挂牌企业的股票也属于未上市企业的股权。但未上市企业的“可转债”(可转换为股权的债权)是否是适格的标的,未予明确。

(2)私募股权投资基金、创业投资基金(以下统称基金)。私募股权投资基金和创业投资基金也是股权投资计划的投资标的之一。这里的私募股权投资基金一定要和保险私募基金相区分开来。如果是保险私募基金,应当是组合类资管产品的投资范围,而不是股权投资计划的投资范围。如果股权投资计划中没有保险资金,全部是从机构投资者处募集而来,理论上讲,私募股权投资基金接受股权投资计划的投资的限制是较小的(无须受到《保险资金投资股权管理办法》的限制),应当仅需要接受多层嵌套规则的考验,对于受托管理的 GP 并无特殊要求;如果股权投资计划中有保险资金(大概率会有),则按照本条最后一款,投资运作还应当符合保险资金运用的相关规定,也就是要符合《保险资金投资股权管理办法》对受托管理的 GP 的资格条件。当然,即使在第二条股权投资计划可以对 GP 没有实质性要求,但不排除保险公司出于风控考虑,在实际上参考《保险资金投资股权管理办法》对合作的 GP 提出较高的标准。

(3)上市公司定向增发、大宗交易、协议转让的股票,以及可转换为普通股的优先股、可转换债券。

(4)银保监会认可的其他资产。

2. 投资基金的比例限制

按照《股权计划细则》第5条规定,股权投资计划投资基金受到以下比例限制:

(1)分级基金比例限制为1:1。依照《资管新规》,权益类产品的分级比例限制为1:1,因此股权投资计划投资分级基金的,也应当接受1:1的限制。

(2)投资比例限制为最高80%。股权投资计划所投资基金的金额,不超过该基金当前实际募集金额的80%。

(3)投资权益类资产不低于80%。股权投资计划投资于未上市企业股权等权益类资产的比例不低于80%。也是符合《资管新规》中关于对权益类产品的要求。

(4)不得充当劣后。出于对风险的顾忌,要求股权投资计划不得投资劣后级基金份额。

(5)不得双重分级。分级股权投资计划不得投资分级的基金,这也是遵照《资管新规》的有关要求,如果股权投资计划自己已经进行了分级,就不得再投资有分级安排的基金,避免层层加码放大风险。

3. 股权投资计划应封闭运作

按照《股权计划细则》第6条规定,股权投资计划应当为封闭式产品,并在投资合同、募集说明书等法律文件中对标的资产的退出机制作出相应安排。标的资产的退出日不得晚于股权投资计划的到期日。依照《资管新规》的要求,如果底层资产为非上市公司股权的,应当进行封闭运作。因此股权投资计划需要接受封闭运作的要求。在具体的运作要求标准上,《股权计划细则》提出的细节要求是:在投资合同、募集说明书等法律文件中对标的资产的退出机制作出相应安排。根据标的资产的不同,在具体的退出机制上可能会发生不一样的情况,对退出机制的设定主要包括退出方式和退出日两个关键信息。如标的资产为非上市公司股权的,对退出方式的要求可能是IPO、并购、回购、清算等,退出日可能需要根据投资合同来进行约定。标的资产为私募股权投资基金的,退出方式可能是基金分红、份额转让、基金清算等,退出日一般可能是基金的期限届满日。但实际上这一问题是《资管新规》的一个沉疴,非上市公司股权的低流动性决定了其不可能有非常明确的“退出日”,强行要求在合同中予以明确其实是违反市场规律的。后续如何解决这个问题,是否会影响实操,可能有待中资协在实际处理股权投资计划备案时才可得知。

4. 投资行为的禁止

按照《股权计划细则》第14条的规定,股权投资计划各方当事人不得从事的五种行为:

(1)保险资金通过股权投资计划对未上市企业实施控制。本款禁止保险资金对未上市公司进行控制。按照《保险资金投资股权暂行办法》的要求,保险资金想要控制未上市企业属于“重大股权投资”，需要银保监会批准。而股权投资计划属于登记业务而非核准业务，因而如果股权投资计划中有保险资金参与的，是不能对未上市企业实施控制性投资的。

(2)通过关联交易、股东代持、虚假出资、不公平交易等手段进行利益输送。本款禁止保险公司通过关联交易、股东代持、虚假出资、不公平交易等手段进行利益输送。

(3)保险资产管理机构让渡主动管理职责，直接或变相开展通道业务。本款禁止通道，强调主动管理职责。本条将“管理职责”限定在股权投资计划自身上。保险资管机构应该对股权投资计划主动管理和实施控制，不允许其他机构对股权投资计划实施实际控制，从而达到“虽无名，但有实”的借道经营效果。

(4)保险资产管理机构采取各种方式承诺保障本金和投资收益，包括设置明确的预期回报且定期向投资者支付固定投资回报、约定到期由被投资企业或关联第三方赎回投资本金等。本款之所以如此规定，原因在于《资管新规》确立了资管产品属于直接融资业务的特征，禁止刚性兑付为投资者保本保收益。股权投资计划同样，不允许保险资管机构向其投资人保本保收益，通过股权投资计划开展带刚兑色彩的融资类业务。

(5)股权投资计划投资的私募股权投资基金违反《指导意见》一层嵌套的有关规定，法律法规和金融管理部门另有规定的除外。本款在目前的金融机构的文件中第一次明确，私募股权投资基金需要遵守《资管新规》中关于多层嵌套限制的要求。《资管新规》的要求，资产管理产品可以再投资一层资产管理产品，但所投资的资产管理产品不得再投资公募证券投资基金以外的资产管理产品。按照目前的表述，私募股权投资基金不得违反一层嵌套的有关规定。字面上有两种理解：一是忽略股权投资计划这一层，仅在私募股权投资基金层面考虑嵌套，即基金可以再进行一层资管产品的投资。也就是股权投资计划投资于母基金无障碍；二是不能忽略股权投资计划这一层，股权投资计划所投资的私募股权投资基金，已经不能投资其他资管产品了，仅能直接投资于标的企业或者非资管产品的 SPV 结构。如果是这样，那股权投资计划就不能够直接投资于母基金了。目前倾向于第二种观点，原因在于目前金融机构的普遍观点认为，私募股权投资基金算是资产管理产品的一种，股权投资计划本身也是产品，产品投产品自然就是一层嵌套了(每一层都产生了相应的管理费等费用，也有相应的代理成本)。即使如此，本款规定“法律法规和金融管理部门另有规定的除外”，从而预留了空间。如国家发改委、中国人民银行、财政部、银保监会、证监会、外管局于 2019 年 10 月 26 日联合发布《关于进一步明确规范金融机构资产管理产品投资创业投资基金和政府出资产业投资基金有关事项的通知》(发改财金规〔2019〕1638 号)规定，符合要求的创业投资基金和政府出资产业投资基金接受资产管理产品及其他私募投资基金投资时，该两类基金不视为一层资管产品。即这两类基金可以不受到多层嵌套限制的要求。如果股权投资计划投资于政府出资产业投资基金(有政府财政出资)或创业投资基金(穿透的底层资产为非上市公司股权)的,这两类基金即使是母基金,也可以接受股权投资计划的投资。

(6)法律、行政法规以及银保监会规定禁止的其他情形。这是通常的兜底条款,避免法条出现挂一漏万的情况。

五、产品的登记

按照《股权计划细则》第7条规定,股权投资计划产品由注册修改为登记,并明确了产品登记时限。换言之,保险资产管理机构应当于股权投资计划发行前5个工作日在中资协等银保监会认可的注册机构(以下简称注册机构)进行产品登记。保险资产管理机构应当按照监管规定以及登记要求报送登记材料,报送的登记材料应当真实、完备、规范。注册机构仅对登记材料的完备性和合规性进行查验,不对产品的投资价值和风险作实质性判断。注册机构应当按照监管规定和经备案的登记规则办理股权投资计划登记工作,建立风险监测和报告机制,并接受银保监会的业务指导和监督。

六、产品的信息披露

《股权计划细则》第8条规定,保险资产管理机构应当在股权投资计划募集发行、投资、运营管理、退出、清算等阶段,按照经备案的信息报送规则向注册机构报送相关信息。

本条提出了保险资管机构作为股权投资计划的管理人所应当向注册机构承担的信息披露义务,分为日常信息报送和年度信息报送两种类型。《股权计划细则》强化了保险资管机构的信息披露职责,要求其及时充分地向投资者披露信息。如果保险资管机构未能履行信息披露义务或者信息披露存在虚假记载、误导性陈述或者重大遗漏的,将承担相应的责任。《股权计划细则》第9条规定,保险资产管理机构应当于每年4月30日前,向银保监会提交上一年度股权投资计划管理报告和经审计的财务会计报告。年度管理报告内容包括规模与投资明细、发行与清算、资产管理和运作、投资标的估值和变动、费用收支和收益分配、投资管理团队履职和任免、关联交易说明、重大突发事件和处置等情况。本条提出了保险资管机构作为股权投资计划的管理人应当向银保监会承担的信息披露义务。主要形式是管理报告和财务会计报告两个年度报告,并对报告内容有具体的要求。《股权计划细则》第10条规定,股权投资计划运作期间,保险资产管理机构应当按照监管规定以及合同约定向投资者及时、充分披露股权投资计划发行设立、投资、管理、估值、收益分配、重大事项和风险事件等情况,以及可能影响投资者权益的其他信息。本条提出了保险资管机构作为股权投资计划的管理人应当向投资人承担的信息披露义务。对信披的内容要求聚焦在几个事关投资者利益的方面。

七、产品的估值

《股权计划细则》第 11 条规定，保险资产管理机构应当制定股权投资计划财务管理制度，确定会计核算方法、账务处理原则，合理计量公允价值。股权投资计划的估值应当符合《企业会计准则》《指导意见》等相关规定。本条明确了股权投资计划的会计核算和估值参考的是《企业会计准则》和《资管新规》。

八、产品的投后管理

《股权计划细则》第 12 条规定，保险资产管理机构应当加强股权投资计划的后续管理，通过关键岗位人员委派、制度安排、合同约定、交易结构设计等多种方式，维护投资者合法权益。本条规定了股权投资计划的投后管理的核心是维护投资者合法权益。具体的方式包括：

1. 关键岗位人员委派。保险资管机构可能通过委派公司董事、基金投委等关键位置的方式加强对股权投资计划的后续管理。

2. 制度安排。体现在被投项目的公司章程，基金的组织架构设计和内部制度等方面。

3. 合同约定。指投资合同的签署和履行。

4. 交易结构设计。如分级结构安排、特殊交易安排等。

九、产品重大风险报告

《股权计划细则》第 13 条规定，股权投资计划存续期间发生异常、重大或突发等风险事件可能影响股权投资计划安全的，保险资产管理机构应当立即采取有效措施进行风险处置，并及时向银保监会、注册机构报告相关情况。本条规定了当股权投资计划发生重大风险事件时，保险资管机构有义务妥善处理，并及时向银保监会和注册机构报告。